U0921669

读史明鉴　察古知今

一/部/揭/秘/帝/国/背/后/的/秘/密/和/真/相

# 世界帝国简史

## 人类变迁中的文明与真相 上

A BRIEF HISTORY OF THE WORLD EMPIRE

成振珂/主编

中国商业出版社

**图书在版编目(CIP)数据**

世界帝国简史:全2册/成振珂主编.—北京:
中国商业出版社,2017.4

ISBN 978-7-5044-9123-7

Ⅰ.①世… Ⅱ.①成… Ⅲ.①世界史-高等学校-教材 Ⅳ.①K1

中国版本图书馆CIP数据核字(2015)第224611号

责任编辑 姜丽君

中国商业出版社出版发行
010-63180647 www.c-cbook.com
(100053 北京广安门内报国寺1号)
北京欣睿虹彩印刷有限公司

* * * *

710×1000毫米 16开 74.5印张 1060千字
2017年5月第1版 2019年2月第2次印刷
定价:138.00元(上下册)

* * * *

(如有印装质量问题可更换)

# 前言：世界帝国的传奇

这是一个春日的午后！适合品茗、阅读，更适合遐想穿越！

我们不妨手捧清茶一盏，慢慢地展开一幅历史画卷，让那些有着不同肤色，讲着不同语种的历史人物从历史的滚滚洪流中款款走来，向我们低声倾诉，这既是一段段历史，也是一个个帝国的传奇。

曾经，生活在现代这个浮躁而又孤独的时代的我们，多少次梦想——梦想着能够穿越、穿越时空、穿越古今、穿越中外，去看看那些充满神秘色彩，勾起我们无数想象的帝国、帝王以及他们的嫔妃们，他们的王子、公主们的生活；还有那一个个足以让我们听得入迷的、神话故事和魅力传说；最最令我们震撼和惊诧的是这一个个帝国的发展过程，它们是如何形成、崛起、称霸，最后又如何逐渐衰落，甚至慢慢地消亡在了滚滚的历史洪流之中的。带着好奇、带着惊叹，更多的是基于向广大的读者朋友们揭示一个个真实的大帝国——一段段真实的帝国传奇，我们组织编写了这本——《世界帝国简史》，多角度重现世界历史上一个个帝国的传奇故事，与读者进行一次图文并茂的亲密邂逅。

那么，带着穿越梦想的朋友们，不用远行，只要翻开这本《世界帝国简史》就可以到这些这个世界上最传奇、最伟大、最神秘、最辉煌的帝国来一次穿越之旅。可能会在金字塔边与古埃及的法老及其艳后们偶遇；在写满传奇和珠宝的路上偶遇智慧的波斯商人及聪明的波斯王子；在一个星灿烂的夜晚，在篝火边上偶遇正在进行舞蹈表演的印度少女，听一首动人的天竺仙乐；在中南美洲的热带雨林中，偶遇智慧的玛雅先民，聆听他们那些富有“先见之明”而且极为精准的预言；在墨西哥的平原和高地上偶遇被称为所谓的“没人认识这些陌生的面孔”的阿兹特克来先民，看看他们是如何从流民一步步地组建了自己的国家，并逐步强大的；在南美洲的湖畔或者是山涧偶遇传说中的金手杖，见识一下传说中的语言——彩色的绳子；在拜占庭古老而辉煌的城堡中偶遇东罗马一个个王朝，一代代君主对权力的争夺；在神圣罗马的城堡之内偶遇那如天神一般被称赞的奥托大帝；在漠北一望无际的草原上，一睹蒙古男儿的飒爽雄姿，也来一次策马扬鞭的畅快奔驰；在天山的某个角落偶遇红袖盗贼或者是美艳的奥斯曼 - 土耳其帝国王后，又或者到郁金香王国遨游一番，坐一坐驶向如梦般未来的诺亚方舟；在多瑙河波光斑斓的岸边去认识这个被誉为多瑙河女神的帝国——奥地利 - 奥匈帝国，在这里或许会偶遇音乐天才——莫扎特，听他演奏天籁之音，又或者就解开了他的死亡之谜；在地中海的海面上坐着贡多拉畅游由 118 个小岛组成的水上帝国——威尼斯，在某个小岛上偶遇威尼斯总督、水手或者是造型奇特的面具客，也可以到凤凰歌剧院聆听一场精妙的威尼斯歌剧，又或者偶遇威尼斯画派的艺术大师们来享受一场艺术盛宴；在伊比利亚半岛的西南部，在波涛汹涌的航船上偶遇在欧洲掀起黄金狂潮的马可，波罗和这位见多识广的航行家来一次促膝长谈，又或者偶遇麦哲伦，坐上他们航海的游轮，见证一下人类第一次环球一周航行的成功；在欧洲的西北部，在亚欧大陆桥的始发点，偶遇开启荷兰帝国盛世的君主——威廉一世，听他讲一讲他的的帝国传奇；在欧洲和非洲的交界处有一个被认为是世界上第一个日不落帝国——西班牙帝国，在这里偶遇发现新大陆的哥伦布，又或者是偶遇正在路途上奔走的唐吉坷德和他搭伙走上一场，又或者到葡萄酒的家乡饮上一杯香醇的葡萄美酒，又或者……

只要你愿意，请你打开这本书——《世界帝国简史》你就可以穿越到这些传奇的世界帝国，在这里有惊心动魄的权力争夺、帝国之间的厮杀；有引人入胜的故事、传说；有令人回味，意味隽永的教训；有让人恋恋不舍的美景、美图、美味以及艺术盛宴；这里还有让人连连惊叹的古老文明、人类智慧。

打开这本书，开启的是一段穿越之旅，合上这本书，依然会有无数的遐想浮现在您的脑海，通过阅读我相信您满足的不仅仅是好奇心、猎奇心，还将会获取大量的知识，开阔眼界，增长见识，壮大胸襟。

所以，亲爱的朋友们，让我们一起开启世界帝国的穿越之旅吧！

CONTENS

## 第一篇 神秘辉煌的帝国——埃及


**第一章 古埃及帝国** …… 002

尼罗河给予的礼物 …… 002

帝国初见雏形 …… 003

古埃及古王国时期 …… 006

古埃及中王国时期 …… 009

动荡的第二中间期 …… 011

埃及的黄金时期 …… 012

帝国后埃及时期 …… 019

**第二章 认识帝国的统治者们** …… 023

埃及第一王朝的创建者——美尼斯 …… 023

因其金字塔留名的——胡夫 …… 024

诸王之女王——克丽奥帕特拉七世 …… 025

假扮的法老——海特西朴苏女皇 …… 027

古埃及的“拿破仑”——图特摩斯三世 …… 028

时尚的法老图坦卡门 …… 030

业绩显赫的法老 …… 032

拉美西斯三世——最后一个大法老 …… 035

**第三章 古埃及辉煌灿烂的文明** …… 038

威严的狮身人面像 …… 038

神秘威严的神庙 …… 039

国王谷的传奇 …… 042

世人瞻仰的雕塑艺术 …… 043

远古文明的明珠：古埃及绘画 …… 044

来自生产的精密数学 …… 045
据尼罗河汛期制定的历法 …… 046
古埃及文字的演变 …… 048
被遗忘的古埃及财富——诗歌 …… 049
**第四章　探索古埃及传奇** …… 052
代表生命永恒的丧葬文化 …… 052
古代世界的七大奇迹之一——金字塔 …… 054
众法老的木乃伊 …… 058
神秘的法老咒语 …… 059
百门之都——底比斯 …… 062
最早的化妆饰品 …… 064
纸莎草纸画 …… 066
亚历山大灯塔 …… 068
王后石像的传奇 …… 069

## 第二篇　第一个世界性大帝国——波斯

**第一章　波斯帝国的兴衰** …… 072
波斯崛起之前的伊朗 …… 072
来自高原的古国 …… 074
消灭米底王国 …… 078
帝国不断的扩张 …… 082
波斯帝国的衰亡 …… 085
**第二章　历史上的波斯帝国** …… 087
阿契美尼德王朝 …… 087
希腊化时期 …… 090
安息帝国时期 …… 093
萨珊王朝时期 …… 098
**第三章　统治帝国的君主们** …… 103
居鲁士大帝 …… 103
冈比西斯二世 …… 107
高墨塔 …… 115
大流士一世 …… 122

薛西斯一世 …… 129
第四章 帝国光辉耀眼的艺术成就 …… 131
追求对称的波斯工艺 …… 131
波斯文学的演变 …… 135
波斯艺术最完美的表现形式——手织地毯 …… 141
享有国际声誉的波斯书法 …… 145
外镶珐琅的首饰艺术 …… 149
波斯的细密画 …… 151

## 第三篇 印度辉煌史的开启者——莫卧儿

第一章 莫卧儿帝国 …… 158
蒙古后裔统治下的印度 …… 158
莫卧儿帝国的诞生 …… 161
帝国初建期的扩张 …… 164
第二章 帝国天皇及其后宫女眷 …… 168
老虎巴布尔 …… 168
"有幸无运"的君主——胡马雍 …… 172
少年君主阿克巴之一 …… 176
少年君主阿克巴之二 …… 182
少年君主阿克巴之三 …… 195
世界之主——贾汉吉尔 …… 205
多情君主——沙·贾汉 …… 213
天生的政治家——奥朗则布 …… 222
后宫的女眷们 …… 229
第三章 帝国富强的经济与政治 …… 232
帝国的社会体制 …… 232
同等待遇的公共服务 …… 233
军事性质的官僚体制 …… 234
阿克巴的内政改革 …… 236
高度发达的工业与手工业 …… 240
优秀的科学文化技术 …… 241
纺织与印染 …… 242

广泛开展的冶金技术 …… 243
逐渐发展的军事技术 …… 244
**第四章　帝国的建筑与艺术成就** …… 246
胡马雍陵 …… 246
巴德夏希大清真寺 …… 248
宏伟的阿克巴陵墓 …… 249
阿格拉红堡 …… 250
无与伦比的美景——泰姬陵 …… 252
莫卧儿的乐园——花园 …… 255
历经磨难的名钻——沙赫 …… 256
莫卧儿大帝金刚石 …… 258
巨大钻石——光明之山 …… 259
孔雀御座 …… 260

## 第四篇　神秘消失的帝国——玛雅

**第一章　密林深处的文明** …… 266
神秘的玛雅人 …… 266
玛雅的疆域及周围环境 …… 269
文化地理马赛克及飞地 …… 271
玛雅文明的发展历程 …… 273
玛雅的王朝及君王业绩 …… 275
玛雅文明的发现及毁灭 …… 280
**第二章　权力及统治** …… 283
统治集团不外传的秘密 …… 283
玛雅人的政治“名片” …… 285
“阿卓台”惩罚的奥妙 …… 287
贵族、平民和奴隶 …… 289
飞上国旗的“克沙尔鸟” …… 292
政治神话：来自圣井的“神使” …… 294
**第三章　玛雅人的成就** …… 297
奇妙费解的玛雅文字 …… 297
精准的玛雅历法 …… 299

精美绝伦的玛雅建筑 …… 302
先进的水利沟渠系统 …… 306
不可思议的天文学 …… 307
数学计算中的伟大突破 …… 309
巧夺天工的壁画雕塑 …… 310
活灵活现的手工艺术 …… 312
用可可豆“货币”的贸易 …… 315
“米尔帕”耕作法 …… 317
**第四章　探索玛雅及传奇 …… 320**
玛雅与金星的不解之源 …… 320
神秘的水晶头骨 …… 321
玛雅古隧道内的秘密 …… 323
真的有玛雅星吗 …… 324
火箭浮雕之谜 …… 326
玛雅金字塔之谜 …… 328
青玉面具中隐藏的奥秘 …… 330
玛雅文明消失之谜 …… 332

## 第五篇　从流民到霸主——阿兹特克帝国

**第一章　帝国的崛起与覆灭 …… 338**
阿兹特克人的起源 …… 338
阿兹特克人的兴起 …… 340
太阳之石的预言 …… 341
西班牙人与印第安人的“结盟” …… 343
考拉卢大屠杀 …… 345
首次面对面的碰撞 …… 347
西班牙人卷土重来 …… 350
**第二章　孕育帝国的伟大文化 …… 352**
阿兹特克的神明 …… 352
流传至今的阿兹特克文字 …… 354
超乎想象的生死观 …… 357
有意思的王位继承制度 …… 359

战争的独特目的 …… 360
装束是处于炫耀的目的 …… 361
带有等级色彩的武器 …… 362
**第三章　帝国辉煌灿烂的历史** …… 364
繁荣的商业 …… 364
巧克力也疯狂 …… 366
阿兹特克人的战术 …… 367
首都特诺奇蒂特兰的建筑 …… 368
月亮和太阳金字塔 …… 370
石雕艺术 …… 372
**第四章　帝国流传的神秘力量** …… 377
泰诺克蒂兰之谜 …… 377
特奥蒂瓦坎之谜 …… 382
通天塔之谜 …… 387
科巴达之谜 …… 390
十一颗石头脑袋之谜 …… 393

## 第六篇　黄金之国——印加

**第一章　古印加帝国** …… 400
古印加起源的传说 …… 400
南美洲霸主的崛起 …… 401
古印加逐渐衰败 …… 404
**第二章　印加帝国那些帝王** …… 406
穷人的爱护者——卡帕克 …… 406
独一无二的萨帕·印卡 …… 408
用柳条建桥的人 …… 409
名言制造机——印卡·罗卡 …… 411
啼哭时流血泪的人 …… 412
玩转印加的人 …… 414
怀柔政策的倡导者 …… 417
金缆绳引发的血案 …… 419

**第三章 古印加的文明** …… 422
独特的语言：彩色的绳子 …… 422
高超的冶炼技术 …… 424
“与时俱进”的天体历法 …… 425
高度发达的农业 …… 426
特权阶级的特色教育 …… 428
四通八达的“捷运” …… 430
石头骨骼 …… 432
平常不平凡的陶器 …… 434
世界级的服装 …… 435
**第四章 破解古印加之谜** …… 437
寻找黄金宝藏的藏身之地 …… 437
木乃伊之谜 …… 443
销声匿迹——马丘比丘 …… 446
奇 谱 …… 451
揭秘古印加 …… 455

## 第七篇 千年古国——东罗马

**第一章 东罗马帝国开启与衰落** …… 460
帝国的创建与分裂 …… 460
帝国的天然继承者 …… 478
拜占庭与东罗马 …… 479
拜占庭帝国的“掘墓人” …… 481
君士坦丁堡的“凄然离席” …… 482
**第二章 光辉下的王朝** …… 489
狄奥多西王朝 …… 489
立奥王朝 …… 492
查士丁尼王朝 …… 493
希拉克略王朝 …… 496
非王朝时期 …… 500
伊苏里亚王朝 …… 500
非王朝时期 …… 502

弗里吉亚王朝 …… 503
马其顿王朝 …… 505
科穆宁王朝 …… 511
安格鲁斯王朝 …… 513
帕列奥列格王朝 …… 514
**第三章　帝国的文明长征** …… 517
拜占庭文化的源头 …… 517
东西文明的纽带 …… 520
盛世余晖的罗马法 …… 523
宗教信仰的形成 …… 525
光明之城：君士坦丁堡 …… 526
饮食与服饰 …… 531
经济与金币 …… 534
**第四章　帝国传奇的背后** …… 537
拜占庭的双头鹰 …… 537
传奇统帅贝利撒留 …… 539
十字军的东征 …… 540
古墓“长明灯” …… 544
秘密武器——希腊火 …… 546
神秘的地下城 …… 554
第八篇　既不神圣也不罗马——神圣罗马
**第一章　日耳曼人登场** …… 558
与罗马的渊源 …… 558
“第一帝国”登场 …… 562
奥托大帝：“祖国之父” …… 564
**第二章　帝国国王与战争** …… 569
征服之旅：国王们在意大利 …… 569
国王与教廷的战争 …… 572
帝国新秩序的形成 …… 575
空位时代与七选侯当家 …… 577
诸侯的胜利 …… 579

中兴之主：马克西米利安一世 …… 580
**第三章 分裂的信仰** …… 584
改革之魂：马丁·路德 …… 584
骑士暴动与农民战争 …… 587
宗教改革与反宗教改革 …… 590
改革的悲剧：三十年战争 …… 594
**第四章 终结与新生** …… 599
普鲁士王国的崛起 …… 599
普奥争霸 …… 607
法国大革命与神圣罗马 …… 611
解放与新生 …… 614
拿破仑——帝国终结者 …… 618

## 第九篇 马背上的帝国——蒙古

**第一章 蒙古大漠的统一** …… 630
蒙古族溯源及发展 …… 630
强势崛起的铁木真 …… 632
铁木真统一漠北各部落 …… 637
**第二章 横扫欧亚的“黄金家族”** …… 648
成吉思汗对周边的征伐和侵掠 …… 648
窝阔台汗灭亡金朝与西征 …… 656
贵由汗即位及吐蕃归附蒙古 …… 660
蒙哥汗征服中亚、东南亚 …… 662
**第三章 忽必烈汗的辉煌和遗憾** …… 667
忽必烈与阿里不哥的汗位之争 …… 667
忽必烈灭亡南宋，统一中国 …… 670
元朝廷与蒙古诸王之间的战争 …… 676
蒙古对外战争不顺和财政危机 …… 678
**第四章 消失在历史舞台的马背上的民族** …… 686
延续几代的皇室帝位之争 …… 686
蒙古四大汗国独立化及衰落 …… 689
政治黑暗、矛盾尖锐的社会现实 …… 695

蒙古对中原的统治被终结 …… 699
**第五章 众说纷纭的历史疑案** …… 705
成吉思汗陵墓之谜 …… 705
元朝皇帝为何死不留墓 …… 707
谋杀？酒精中毒？托雷死亡之谜 …… 708

## 第十篇 如月的弯刀——奥斯曼－土耳其帝国

**第一章 帝国出世占先机** …… 712
乌古斯出天山记 …… 712
突厥公国傲群雄 …… 714
横扫四邻归我朝 …… 716
金甲破敌拜占庭 …… 730
**第二章 帝国中兴成霸业** …… 737
写在帝国霸业前 …… 737
嗜血征伐亚非欧 …… 738
闪电君王苏莱曼 …… 744
红髯盗贼海雷丁 …… 753
圆月弯刀近卫军 …… 758
**第三章 帝国将亡终遗梦** …… 762
写在帝国遗梦前 …… 762
美艳妖后祸国殇 …… 763
昔日霸主穷末路 …… 766
血腥苏丹哈米德 …… 772
民主革命之先锋 …… 776
**第四章 千年帝国之谜** …… 782
伊斯兰国家的红新月会 …… 782
帝国为何在苏莱曼死后衰退 …… 783
清真寺为何没有人物画像 …… 789
南极洲究竟是谁发现的 …… 792
上古遗址：诺亚方舟 …… 795
地下迷宫：源自何人之手 …… 796
特洛伊木马：真实的存在 …… 800

地狱之门：临近死亡边界 …… 803
楔形文字：古老文明的衰落 …… 804
地下水宫：千年传说 …… 806

## 第十一篇　多瑙河上的女神——奥地利-奥匈帝国

**第一章　从边境到公国** …… 810
多瑙河岸的奥地利民族 …… 810
哈布斯堡家族崛起（诸侯战争） …… 812
皇室联姻增强实力 …… 816
查理五世称霸欧洲 …… 818
王朝“一分为三” …… 819
玛丽亚·特雷西亚改革富强 …… 820
弗兰茨·约瑟夫第二统治下的十年 …… 825
“神圣罗马帝国”名存实亡 …… 829
**第二章　封建家族式帝国——奥地利帝国** …… 835
帝国的滑稽演变 …… 835
维也纳会议分赃聚公愤 …… 835
民族运动孵化器 …… 838
专制自由的悲剧 …… 841
**第三章　中欧共主邦联国家——奥匈帝国** …… 846
弗兰茨·约瑟夫时代 …… 846
暴风雨前的沉寂 …… 848
新势力登上帝国舞台 …… 852
塔菲内阁的终结炸破同盟“铁环” …… 855
荆棘丛生的萨拉热窝之路 …… 860
奥匈帝国土崩瓦解 …… 866
**第四章　帝国历史上的悬疑** …… 873
哈布斯堡王朝衰落原因之谜 …… 873
奥地利帝国利奥波德勋章之谜 …… 875
莫扎特死亡之谜 …… 878
茨威格死因之谜 …… 881
咖啡馆传奇之谜 …… 882

中世纪的双面伊人之谜 …… 885

## 第十二篇　水上帝国——威尼斯帝国

**第一章　地中海的奇葩** …… 888
118 个小岛组成的帝国 …… 888
交通的桥梁：贡多拉 …… 890
威尼斯的天然城墙和防波堤：利多岛 …… 893
威尼斯七彩玻璃制造中心：穆拉诺岛 …… 895
威尼斯的发祥地：托尔切诺岛 …… 897
童话版威尼斯：布拉诺岛 …… 899
**第二章　威尼斯帝国兴衰史** …… 902
威尼斯的形成 …… 902
威尼斯的兴起 …… 904
威尼斯海上战争与势力扩张 …… 906
威尼斯称霸地中海 …… 911
威尼斯的逐渐衰落 …… 914
威尼斯共和国的灭亡 …… 917
**第三章　威尼斯总督、商人和银行家** …… 920
威尼斯的总督们 …… 920
威尼斯的贵族们 …… 923
威尼斯社会的等级制度 …… 925
“十人议会”与威尼斯商人 …… 926
威尼斯银行家与美第奇银行 …… 928
威尼斯商人——马可·波罗 …… 930
**第四章　风情独特的艺术文明成就** …… 933
威尼斯狂欢节 …… 933
放眼未来的威尼斯双年展 …… 935
群星璀璨的威尼斯电影节 …… 938
威尼斯保护神：圣马可 …… 941
感受提香画作的精髓 …… 942
威尼斯精美的艺术品：面具 …… 944
技法精湛卓越的威尼斯画派 …… 947

威尼斯歌剧 …… 952
威尼斯建筑艺术 …… 954

## 第十三篇 海洋时代的开启者——葡萄牙

**第一章 海洋时代的开启** …… 958
帝国身前事 …… 958
马可·波罗的黄金诱惑 …… 963
进军“死亡绿海” …… 967
如火如荼的海洋开拓 …… 970
**第二章 盛世末路** …… 973
葡西“瓜”分地球 …… 973
印度洋“霸主” …… 976
被兼并的时代 …… 982
不可避免的“下坡路” …… 986
父子反目寻契机 …… 989
“救星非洲”计划 …… 992
殖民大国旧梦难续 …… 995
**第三章 帝国的冒险家们** …… 998
“航海者”亨利王子 …… 998
完美太子：若昂二世 …… 1001
迪亚士的“好望角” …… 1002
欧洲航海到印度的第一人 …… 1005
“幸运儿”曼努埃尔一世 …… 1010
最早到达巴西的指挥官卡布拉尔 …… 1012
东方凯撒：阿尔布克尔克 …… 1015
第一个拥抱地球的人 …… 1019
**第四章 谜一样的葡萄牙** …… 1025
国王的爱情 …… 1025
法蒂玛圣母显现 …… 1027
土生葡人的故事 …… 1031
神秘的摩尔人遗迹 …… 1033

奇幻迷人的岩石村 …… 1037

## 第十四篇 小国霸业传奇——荷兰

**第一章 从乞丐到金融资本家** …… 1040
浴血荷兰:“我要独立” …… 1040
立志成为新航线上的后起之秀 …… 1043
三国争霸:成王败寇 …… 1047
独一无二的“海上马车夫” …… 1050
引领帝国崛起的“关键先生” …… 1054
**第二章 “空手套白狼”成为海上霸主** …… 1056
将“国家”转变成“公司” …… 1056
向印度尼西亚“进军” …… 1060
荷属殖民地崛起,势要排除异己 …… 1062
叫板老牌殖民大哥葡萄牙 …… 1066
让财富“滚雪球”式增长 …… 1068
创造出一个“曼哈顿” …… 1071
以鲁夫的智慧成为“海上霸主” …… 1074
**第三章 难逃“被征服”的厄运** …… 1078
拿破仑踏铁而来,荷兰再变天 …… 1078
“荷兰王国”的诞生 …… 1081
国家版图一再收缩 …… 1083
事与愿违的“中立国” …… 1085
**第四章 帝国的难解之谜** …… 1089
荷兰,为何不是第一个资产阶级国家 …… 1089
荷兰,为什么是“名为国家的公司” …… 1091
荷兰帝国,缘何昙花一现 …… 1094
荷兰文明,借殖民地之力而崛起 …… 1098
荷兰人为何向中国皇帝下跪 …… 1099
荷兰人,到底是率真还是拜金 …… 1102
尼德兰人讨厌西班牙统治 …… 1103
荷兰为何将自己托付给英国女王 …… 1105

贵族为何把城市的管理权转交给市民 …… 1107

## 第十五篇 日不落帝国——西班牙

**第一章 “日不落帝国”诞生** …… 1110
庞大帝国的诞生 …… 1110
帕维亚会战和《奥格斯堡和约》 …… 1113
战事频繁的多事之秋 …… 1115
接踵而至的困难 …… 1118
在神的庇佑下 …… 1121
**第二章 帝国的中衰** …… 1123
一场战争引发的悲剧 …… 1123
让改革与复苏之火熊熊燃烧 …… 1127
盛世余辉 …… 1129
无敌舰队的覆灭 …… 1131
最后一根救命稻草——非洲殖民地 …… 1132
**第三章 帝国历史上的名人** …… 1135
卡斯蒂利亚国王恩里克三世 …… 1135
诺曼底探险家让·德贝当古 …… 1136
巴斯科·努涅斯·德·巴尔沃亚 …… 1138
以少胜多的弗朗西斯科·皮萨罗 …… 1138
欧洲“大家长”卡洛斯一世 …… 1142
环球航行第一人斐迪南·麦哲伦 …… 1146
终结者弗朗西斯科·佛朗哥 …… 1150
**第四章 独具帝国特色的文明** …… 1152
拉丁美洲的西班牙语 …… 1152
文学创作的黄金时期 …… 1153
流芳千古的绘画大师 …… 1157
西班牙的雕塑和建筑 …… 1161
具有东方色彩的西班牙音乐 …… 1164
多姿多彩的服饰 …… 1168
饮食的地中海风情 …… 1169
葡萄酒的家乡 …… 1170

# 第一篇

# 神秘辉煌的帝国——埃及

# 第一章　古埃及帝国

## 尼罗河给予的礼物

从地理位置上来看，古埃及位于亚非大陆交界之处，阿拉伯沙漠和红海在它的东面，利比亚沙漠在它的西面，而南面与之相邻的是古称努比亚的苏丹王国，北面濒临地中海。流经这里的尼罗河长 6 648 公里，水量充沛，因此，两岸的河谷平原就成了肥沃的田野。

在距今 9000 多年前的时候，就有人开始在尼罗河的河谷定居下来，进行农业生产活动。公元前 5000 年左右，埃及文明逐渐形成，统一为上埃及和下埃及两个国家。公元前 3100 年，上埃及国王美尼斯征服了下埃及，然后建立了第一王朝。由此埃及成为一个统一的奴隶制国家，美尼斯则成为古埃及的第一个法老。

古埃及地图

古埃及的发展，大体上可以分为以下几个阶段：

早王朝与古王国时代

公元前 3100—前 2686 年的第 1，2 王朝被称为早王朝时代，传说美尼斯是第 1 王朝的第一位国王。公元前 2686 年前 2181 年的古王国时代的第 3 ~ 6 王朝，这是古埃及历史年上各项事业全面发展的第一个伟大时代。各州被兼并形成了统一奴隶制国家，君主被称为神之子，不仅在今世，而且在来生也要维持其统治地位，因此他们生前就为自己建造地下世界的“永恒之宫”——金字塔。

第一中间期与中王国时代

公元前 2181—前 2040 年的第 7 ~ 10 王朝称为第一中间期，这个时期中央集权专制统治已经瓦解，统一的王国分裂为彼此敌对的地方王国。在这期间连续发生了几次大饥荒，但是国家仍然横征暴敛，由此导致了埃及历史上第一次人民大起义。底比斯重新统一了埃及，创立了第 11 王朝，进入中王国时代，公元前 2040 年前 1786 年。青铜器广泛使用，社会经济有了新的发展。并建设了巨大的水利工程，开垦出大片土地，兴建了新的城市。

第二中间期与新王国时代

从第 13 王朝开始，埃及进入第二中间期，公元前 1786 年—前 1567 年。这一时期社会严重分化，导致阶级矛盾更加尖锐，再次爆发人民起义。第 18—20 王朝，公元前 1567—前 1085 年，是新王国时代，这一时期的埃及国王发动了空前规模的对外侵略战争，埃及版图不断扩大，形成强大的军事霸国。奴隶制进一步发展，中央集权制度得到加强。后期国内形势动荡不安。日益强大的僧侣集团篡夺了部分王权，导致了新王国的崩溃。

后王朝时代

公元前 1085—前 332 年的第 21—31 王朝为后了王朝时代，埃及南北分裂加剧，外族多次入侵，萨姆提克一世重新统一了埃及，建立了第 26 王朝。这一时期商业和经济生活较为繁荣，铁器、金属货币普遍流行。公元前 525 年，波斯帝国侵占了埃及，然后建立了第 27 王朝。由于波斯人统治十分残暴无情，激起了埃及人民的起义，公元前 404 年埃及获得独立，相继建立了第 28—30 王朝。之后波斯帝国再次征服埃及，建立第 31 王朝。公元前 332 年历山大大帝侵入埃及，消灭波斯王朝，结束了延续 3000 年之久的古埃及文明。

古埃及给我们留下了丰富灿烂的文明，高大的金字塔，宏伟的神庙，精密的天文历法等。埃及境内现有金字塔 90 多座，其中最大的是第四王朝法老胡夫的金字塔，是古代世界七大奇观中唯一现存的古迹。被视为“神的住宅”的神庙，是古代埃及文明史上最为瑰丽与深邃的一束奇葩，堪称建筑领域的经典。埃及的古代神庙吸引着无数的探秘者、好奇者。比较著名且保留至今的有卡纳克、卢克索和阿布・辛贝尔神庙。神庙建筑群规模宏大，门墙、围墙以及大殿内墙面、石柱上都布满了精美的浮雕与彩色绘画。古埃及对数学和天文学做出了伟大卓绝的贡献。数学上采用十进制记数法，算术主要是加减法，并已经初步掌握了分数的概念。在几何学方面，埃及人已知道圆形、矩形、三角形和梯形的面积。他们还创造了人类历史上最早的太阳历，把一年确定为 365 天。

## 帝国初见雏形

经过连年混战，大约在公元前 5000 年左右，古埃及最后形成了上埃及和下埃及两大地域性王国。上埃及是指南方的河谷地带，下埃及则是指北方的三角洲地带。上下埃及崇尚的颜色也不同，上埃及崇尚白色，国王头戴白冠，崇拜鹰神何露斯；而下埃及则崇尚红色，国王头戴红冠，崇拜蜜蜂神或眼镜蛇神。

在上埃及的提尼斯城诞生了一位改变古埃及历史的人物，他就是美尼斯。他出生在这片肥沃的土地上，最初他是提尼斯地区部落首领，后来成为上埃及王国的国王。他不断向外发动战争，公元前3100年左右，他征服了下埃及，初步统一了整个埃及，建立了古埃及的第一王朝。美尼斯成为第一个得到“上下埃及国王”称号的君主，由此埃及成为了一个统一的奴隶制国家。历史证明，在统一之后埃及文明迅速的发展，很快超过了纷争不断的两河流域文明。古埃及的31个王朝由此掀开了历史的序幕。

美尼斯金像

为巩固对下埃及的统治，美尼斯在河谷和三角洲的交界处建立了一座要塞城市——白城，这里被后来的希腊人称之为“孟斐斯”。美尼斯还修了一条长堤坝以防止城市在尼罗河泛滥时被淹没。

美尼斯在位时间约达26年，他是在一次打猎中不幸身亡的。美尼斯是埃及第一王朝的创建者，这对于埃及国家的发展、对这个地区文明的进步，都有着长久的积极作用。

埃及第一王朝，前后共有8个王，历时达250年之久。到了第5任国王时，埃及进入了专制统治时期，社会发展到全盛时期。这一时期的国王把土地视为自己的财产，将行政、军事、司法等所有权力集于一身。国王自称是太阳神的儿子，被视为神圣不可侵犯的对象。

但是继承美尼斯王位的到底是哪位国王，至今尚存争议。有记载的在一两位国王之后，哲尔继任国王。在哈拉发干河的布亨发现了一个哲尔王的岩石浮雕，浮雕上描绘了在一次战争中打死的敌人和被捆绑的俘虏，记述的是哲尔王对努比亚的征服。这一时期埃及的疆土已经向南扩展到了遥远的尼罗河第二瀑布。巴勒莫石碑上哲尔王统治时期其中的一格里记载着“重创赛捷特国土”，是迄今为止发现的埃及国王向上下埃及之外的地方用兵的最早记载。哲尔王的统治可能延续了长达50年之久。之后杰特王继任，他娶了哲尔王的女儿美丽奈特。在杰特王死时，他们的儿子登王尚且年幼。于是美丽奈特以“摄政王”的身份管理过国家事务，直到登王成年。登王在位时间可能在20年左右，在今天的萨卡拉和阿布拉瓦西发掘出的一些墓葬里出土了大量与登王有关的石板、雕刻、印章等等。这一时期的古埃及在登王统治下呈现出一片繁华的景象。登王采取了一些改革，这些改革中的许多部分都一直延续到了古埃及文明的末期。登王时期，首次设立了“下埃及大臣”职务，加强了国家的管理。为了宣扬他至高无上的王权，他还发明了个“红白双冠”。白冠和红冠分别是上埃及和下埃及的王冠。在登王以前，国王们通常是在不同的场合会选择不同的王冠，而登王把两个王冠合而为一，并保留了各自的特点，以此来彰显他对于上下埃及所拥有的统治权力。登王的改革遍及各个方面，政治、经济、信仰，他还鼓励发展艺术和技艺。登王在位期间不断地对外用兵。一块著名的象牙图刻上描绘了登王以权标头打击跪在地上的敌人。图刻上的象形文字铭文翻译是“第一次打败东方（人）”，这块版刻所描述的可能是登王对西奈或者沙漠游牧民族的远征。

登王的继任者阿涅德吉布，根据曼内托的记载他在位有26年，但实际上他在位可能仅仅只有7年。塞麦尔凯特是第一王朝的第7王。与其前任一样，他的统治也是短暂的，开罗残片上记载了他8年半的统治。可惜的是，在年表大事记上只简单地记载了一些祭祀或节日，没有记录他当时的统治情况。继任者塞麦尔凯特很有可能是阿涅德吉布与王后贝特斯特的儿子，也有观点则认为他可能是一个篡位者。而在篡夺王位之前，塞麦尔凯特可能是一个祭司。根据曼内托的记载，“在他的统治时期有许多的凶兆和特大的灾难”。我们也可以想象得出，第一王朝的后几位国王已经陷入了统治晚期的动荡局面。夸阿通常被认为是第一王朝的最后一位国王，他是塞麦尔凯特的儿子，在位至少有25年。夸阿王统治的情况今天我们尚无资料可以考证。在萨卡拉发现的几座墓室认为属于夸阿王统治时期。

夸阿王死后，古埃及第一王朝随之灭亡，但动荡的政治局面似乎并没有因为这个王朝的灭亡而结束。在夸阿之后至少出现了三个国王，他们可能是一些地方割据势力的领导者。在夸阿王死后两年，亥普特塞海姆威为他主持了葬礼，通常这被认为是古埃及第二王朝的开端。在第二王朝时期，古埃及开始出现青铜器皿，这种文明开始进入它自己的青铜时代。

由于第二王朝留下的史料非常得少，学者们尚在研究探讨中。传统观点认为，第二王朝处于一种混乱状态，因此许多学者偏向于将此王朝定义为一个“中间期”。到目前为止，人们所发现的可能属于第二王朝时期的王名多达十个以上，而可以被确定存在的王名可能只有五个，他们分别是：霍特普塞海姆威、尼涅特捷尔、拉涅布、帕里布森和哈塞海姆威，其他的还有许多王到底是否存在至今尚未确定。关于这些王名，由于缺乏足够的考古实证，因此说法不一。这些王可能是前后相继，也可能其中的一些为同时代的埃及统治者，分管埃及。考古资料的缺乏、王名十分混乱这种情况，意味着这一时期国家很有可能处于动荡或者分裂，而至今为止的许多考古研究结果也都表明第二王朝可能一直处于动荡的局势中。

霍特普塞海姆威是第二王朝的第一位国王，他的这个名字的含义是“两个权力和睦共处”，一般认为是他结束了夸阿王死后埃及的分裂局面。但这次统一似乎并没有给埃及带来长时间的稳定，他的继任者拉涅布被认为可能是一个篡位者。第三位王尼涅特捷尔的统治似乎集中在孟菲斯附近。巴勒莫石碑上记载了这位国王在位第 13 年对“北方之家”的军事进攻。在他之后连续有数位国王，我们至今依旧无法确认他们的存在。第二王朝最后一位国王是——哈塞海姆威。他名字的含义是“两个权力同时出现”，通常被认为他的这个名字表示他将分裂状态下的埃及统一了起来。从此，结束了第二王朝的动荡，也为埃及后来发展出来的中央集权政治奠定了一定的基础。

## 古埃及古王国时期

接下来古埃及时间的年轮走进了古王国时期，建都于孟斐斯，时间为公元前 2686—前 2181 年。这一时期是古代埃及的奴隶制经济得到重大发展的时期，国家统一，社会较为安定，有利于经济的发展。国王们开始大力修建金字塔，最大的金字塔就修建于此时期。

古王国时期可谓是太平盛世，这一时期的君王接连几位都勤政而又能干，确立起了组织完备的中央集权政府。国王是国家权力的象征和代表，拥有一切事务的决策权。在他之下有一位宰相协助他主持日常政务，主管行政、司法、经济和宗教事务等。国王直接占有了大量的土地、劳动力以及其他财富，国王们还可动用全国的人力和物力给自己、自己的亲属修建金字塔。

祭　司

这一时期，阶层分化加剧。政府高级官员和神庙的祭司组成了统治阶级的上层，都是奴婢成群、农庄遍布全国的大奴隶主、农庄主；社会的中层主要有中小官吏、下层祭司、管家、建筑师、医生、中下级军官和匠师等，他们有自己的家庭，可以从奴隶主那里领取津贴。他们还拥有一些财产，包括少量土地、房屋、牲畜等；构成社会底层的是大量农民、手工业者和奴隶，其中奴隶处于最底层。奴隶的主要来源是战俘或被抢掠的外族人，其中以战俘居多，比如法老斯涅弗鲁在一次战争中曾俘获7 000多名南方努比亚人，这些被俘者都被充作了奴隶。可以说埃及古代经济生产中创造的大量财富，主要出自奴隶的双手。

地方上最重要的行政单位是诺姆（州），其行政长官为诺马尔赫（州长）。诺马尔赫既有世袭的，也有由国王任命的。诺马尔赫管理地方行政、统帅地方上的军队、维持地方治安、代收国家赋税、管理在该诺姆中的王室经济和国家地产、管理地方神庙事务、维持地方上的灌溉系统等。诺马尔赫在本诺姆中的势力和影响都很大，古王国初期王权还能控制住他们，到了古王国末期，王权在很多方面都要依靠他们，从他们中选拔高级官吏，有的地方贵族甚至与国王联姻，担任了宰相等高级官职，君主专制被大大削弱；有的诺马尔赫表现出了极大的分离主义倾向，他们甚至靠削弱王室经济以自肥。

这一时期国王都利用神权来强化王权、巩固统治，诸如鹰神何露斯、太阳神拉。古王国初期及其以前，以鹰神何露斯为王权的主要保护神。第四王朝哈佛拉国王的一个雕像的形象就是由何露斯展开双翅保护着他的头。在古王国时期，对太阳神拉的崇拜逐渐发展起来，并在第5王朝占了上风。从第3王朝时起，将国王的名字写在一个椭圆形的框子里，象征的是国王在太阳照耀下，受到了太阳神的保护。魏斯特卡尔纸草上说第5王朝前三个国王都宣称自己是拉神的后代。为了得到神权势力的支持，古王国时期的国王们捐赠给神庙大量的土地和劳动力。神化王权既是王权本身的要求，也是当时统治阶级的需要。

进步特别显著的手工业生产行业还有造船业。当时航运已普遍使用帆船，大部分是单桅船，也有一些双桅和三桅的大船。据史料记载，斯涅弗鲁王为了从黎巴嫩运输木材建造金字塔，组建了一支有40只海船的商队，其中有的大船长52.3米，这个船队运来的极其昂贵的杉木，今天还很坚固地保存在达舒尔南部的金字塔里。1954年，在胡夫金字塔旁的石槽内发现了两只大船，船长达32.5米，船上有1 200多件构件，都标明了号码并依次捆束存放。

造船业和航海技术的进步大大促进了埃及的海上贸易，并成为了其重要的经济收入来源。考古资料表明，埃及古王国时期的海外贸易范围，向东至阿拉伯海及波斯湾，向北达地中海东部沿岸各地，向南到达非洲的东海岸各地。法老斯涅弗鲁曾派遣一支远征军到南方，一方面阻止叛乱和恢复南部边疆的秩序；另一方面也促进了南北之间的通商。他也派军队占领了西奈半岛以保护与西奈半岛和西亚地区的贸易。

除了海上贸易，埃及的陆路也有两条南北畅通的商道，南至努比亚，北达巴勒斯坦。这些地区的贸易活动为埃及提供了大量珍贵的原料和地方特产，埃及则把自己的工艺品远销域外，这些活动大大促进了埃及经济的发展。黎巴嫩的木材、塞浦路斯的铜、东非的象牙、阿拉伯的香料等，促进了埃及经济的发展，也带来了十分可观的经济效益。

在古王国时期的经济中，王室、官僚贵族奴隶主、神庙占有大量的土地和劳动力，拥有极为雄厚的经济实力，在经济结构中居于支配地位。在他们的经济中，既包括了农业，也包括了手工业、畜牧业、渔业、园艺业等部分，可以说是一个自给自足的整体，很少与市场联系。

层级金字塔

金字塔是古代埃及国王的坟墓，它的建造始于第 3 王朝第一个国王乔赛尔。最大的金字塔是第 4 王朝的胡夫当国王时修建的，位于孟斐斯附近的尼罗河西岸的基泽。虽然金字塔是古埃及文明的象征，但是修建金字塔加重了人民的负担，耗费了国家的人力和财力，是加剧了国内的阶级矛盾。在古王国末期，阶级矛盾不断激化，王权更加依赖神权势力和地方贵族。国王们把越来越多的土地、劳动力赐予神庙和地方贵族，豁免神庙的赋税，使神庙和地方贵族的势力更加膨胀，而王权更加速了衰落。第 6 王朝国王培比二世在长期统治后，古王国的统一局面逐渐被打破。政府已经再也无力去维护经济稳定，地方统治者更无法依靠国王来化解危机，接着发生的食品短缺和政治辩论升级为饥荒和小规模内战。地方统治者不再向法老进贡，开始互相争夺领土和权力。第 7 王朝时，埃及陷入分裂混乱的局面，小国林立，几乎一个诺姆就成了一个小国家。每个诺马尔赫都认为自己是独立的统治者，同时为了扩大自己统治的区域，他们争战不休，使局势更为混乱。从第 7 王朝到第 10 王朝的 100 多年里，即公元前 2181—前 2040 年。埃及始终处于分裂割据的局面，政治黑暗，经济受到破坏，这一动荡时期史称第一中间期。

在这样混乱的政局中，位于中部埃及的赫拉克列奥波里逐渐地强大起来，接着统一了北部三角洲和中部埃及的广大地区，建立了第9至第10王朝。但是，在其内部有人民起义、贵族叛乱；外有贝督英人入侵，尤其有兴起于南方的底比斯的争霸。为了巩固统治地位，第10王朝国王阿赫托伊给他的儿子美利卡拉留下了一份政治遗嘱：《对美利卡拉王的教训》。在这个《教训》中，他阐述了新国王应采取的国内外政策，包括对贵族、平民、军队、人民起义和贵族反叛的政策，以及对贝督英人和底比斯的政策，尤其是对如何加强王权做了较多的论述。在这份《教训》中，王权不再认为是神所赋予国王的超人的力量，而是认为是为臣民服务。

但是赫拉克列奥波里王朝没能统一埃及，而在它的南方的底比斯凭借有利地理位置，联合周边势力，对各诺姆采取了刚柔并举的政策。经过长期斗争，底比斯打败了赫拉克列奥波里，建立了第11王朝，并重新统一了埃及。

## 古埃及中王国时期

古埃及开始了中王国时期，首都位于底比斯，时间在公元前2040—前1786年，包括第11～12王朝。

第11王朝，公元前2133—前1991年。首都底比斯位于尼罗河中游的下埃及中心地带，向南可通努比亚等其他民族地区，东可至红海，是一处战略要地，也是商业的中心，在长达两千年的历史长河中一直是埃及的政治、经济、军事和交通的中枢。在第11王朝中期的孟图霍特普二世时期，底比斯完全打败了赫拉克列奥波里王朝，重新统一了埃及，孟图霍特普二世可谓是一位伟大的统一时代的开创者。

孟图霍特普二世虽然领导了统一埃及的战争并取得了胜利，但是王权一直很软弱，而贵族的势力却十分强大。贵族势力有自己的军队，拥兵自重。夸耀自己的丰功伟绩、世袭自己的职位，还截留中央税收和王室岁入，侵占相邻诺姆的疆土，不断地扩大自己的势力范围。但是孟图霍特普二世的统治王权在不稳固的情况下，依然需要地方贵族的支持，所以他的王权效力比较有限。由于11王朝时期各地割据势力仍未彻底消除，经常会有摩擦，对经济生产的恢复存在一定影响，所以中王国时期经济真正走向繁荣是在12王朝，公元前1991—前1786年，统治的200年出现的。

到第12王朝阿美涅姆赫特一世上台，他对地方贵族势力开始采取严厉的政策。他重新划定了一些诺姆之间的边界；他亲自巡行以整顿各地的秩序和赋税，使属于中央的税收得以上缴国库；他限制了一些诺马尔赫的世袭权力等。到了辛努塞尔特三世的时候，这些政策卓有成效，地方贵族的势力受到了沉重的打击，此后再也不能与王权抗争，君主专制得到强化。

在全国政局基本稳定的形势下，第 12 王朝继续兴修水利，灌溉农业进一步发展，使得埃及的经济基础也得到进一步的巩固。在这一时期青铜器开始使用，逐步取代了红铜器，这成为了埃及进入青铜时代的标志，也意味着整个生产领域的重大革新。

随着国家实力逐渐增强，埃及又开始了对外的战争，主要是对南方的努比亚地区，同时也远征西亚。战争的目的主要在于扩大领土以及掠夺黄金和矿产等。有铭文记载阿美涅姆赫特一世在他统治的第 29 年发动战争占领了瓦瓦特，他的继承者又屡次对努比亚开战。

中王国时期的统一促进了埃及农业和经济的进一步发展，中王国时期饥荒的记载明显减少。农具也有所改进，如直把犁改为了装有横木把手的犁。在这一时期在尼罗河流域灌溉系统对孟斐斯西南发雍地区进行了开发。发雍地区原本是尼罗河西岸沙漠谷地中的一块绿洲，后来由于这里地势较低洼，河水泛滥而逐渐形成一片湖泊和沼泽。第 12 王朝的第一任国王阿美涅姆赫一世开始了对这里的改造，历经 6 代到阿美涅姆赫三世才竣工。在这近 200 年的时间里，埃及中央政府频繁征调大批奴隶在这片地区修堤坝、挖沟渠，排泄积水，开垦土地，终于使这里 2 500 公倾的沼泽变成了沃野。

在手工业方面，纺织业中开始使用卧式织布机，使得织布效率得到大大的提高。青铜器更加广泛地使用，西奈铜矿不断加大开采的强度。这时还出现了一个新兴的玻璃制造业，生产的玻璃制品存留至今。

为了统治和开发努比亚地区，发展商业贸易，第 12 王朝的国王在第二瀑布地区开凿了运河。在对外交往上，埃及同叙利亚和巴勒斯坦地区的来往十分活跃，已同巴比伦尼亚建立了商业联系。1935 年，在埃及的一个神庙废墟中发现了四个箱子，其中的物品大多为具有典型的巴比伦尼亚风格的印章和护身符。与此同时也和东南方的蓬特（今索马里）建立了商业联系。第 11 王朝时有一位官吏留下的铭文提到埃及曾派了一支相当庞大的商业远征队去远征蓬特。《船舶遇难记》中叙述了一个水手乘船去西奈途中的故事。由于他们遇到大风，船被吹到了相反的方向，逆向而行。到了蓬特，150 名水手大多遇难，船也被撞坏了，最后只有这一个水手奇迹般地活了下来，而且从蓬特带回了大量珍贵的物品，诸如香料、肉桂、檀香木。

中王朝帆船

埃及社会的经济生活中活跃着商人阶层。商人是随着早期王朝奴隶制的发展而崛起的中小奴隶主，他们和手工业作坊主、中下层军官、政府官吏一起被称为“涅捷斯”，指不同于贵族的普通平民。但在经济不断发展的形势下，他们中的一些人财富逐渐充实起来，一般拥有二三十名奴隶可以驱役，并成为了法老专制政权的一个支柱。中王国时期，商人经常到集市上和城镇中买卖货物，这对商业经济和城市的发展建设起着重要作用。

中王国时期，奴隶制经济进一步发展，而且不断地发动对外战争，这样促进了阶级分化的发展。奴隶主积累了大量的财富，奴役和剥削本国人民和外族奴隶。而大量的人民陷入贫穷的生活中，甚至沦为奴隶。在布鲁克林的纸草中，记载了一个奴隶主拥有的 95 个奴隶，这些奴隶从事各种各样的职业：教师、家仆、厨师、酿酒工、纺织工、仓库看门人、理发师等。在该纸草的另一面，还记载了一个监狱中关押的犯人及逃犯的家属，他们被罚为奴隶，被迫劳动。有关开采西奈铜矿的铭文也记录了矿地上环境恶劣，工头极为粗暴，从埃及招去采矿的矿工处境十分悲惨。因此这一时期劳动人民与统治者的矛盾十分尖锐。在统治阶级内部，各种势力之间的矛盾也很尖锐。地方贵族与王权抗衡，王室、宫廷内部争权夺利。所有这些矛盾导致了中王国的衰落。第 13 王朝时，埃及陷入分裂状态，开始了第二中间期。

## 动荡的第二中间期

第二中间期包括第 13 ~ 17 王朝：第 13 王朝在南方，第 14 王朝在三角洲的西北部，第 15 ~ 16 王朝为喜克索斯人建立，第 17 王朝则是在第 13 王朝之后在南方的底比斯建立的。

由于政局的混乱，阶级矛盾不断激化，导致了第二次贫民奴隶大起义。参加起义的有农民、手工业者和奴隶等下层劳动人民。大起义导致整个国家发生了天翻地覆的变化。财产得以重新分配，富人变成了穷人，而穷人获得了财产、土地。人们的社会地位也发生了巨大的变化，王权被推翻，神的地位受到挑战，下层人民得以翻身，社会经历了极大的震荡。起义的情况曲折地反映在《一个埃及贤人的训诫》中，这篇资料充满了对起义者的谩骂和攻击，作者显然是站在敌视起义者的立场上的，而可以得知的是这场起义最后的结果是被镇压下去了。

在第二中间期里，埃及还遭到喜克索斯人的入侵和统治。喜克索斯人在埃及建立了第 15 和 16 两个王朝，统治过大半个埃及。但是因为留存下来的史料不全，至今有关喜克索斯人入侵的问题尚无定论。

喜克索斯人主要可能是属于塞姆人的游牧部落，同时也可能有其他一些人如胡里特人，其居住地大约在叙利亚、巴勒斯坦附近。他们向埃及入侵的原因，可能是那一带地区发生干旱，使得牧场受到影响而影响了他们的生存，于是这些游牧者便来到埃及这块水草丰美的三角洲。而恰恰当时埃及的统一已经瓦解，于是这些入侵者在埃及得以生存下来，并建立起了自己的政权。

他们的首都位于三角洲东部某地的阿瓦利斯，原来的首领叫“牧人王”。他们在埃及建立政权后，首领也自称法老，并称为“拉之子”。他们的行政机关沿袭了埃及旧制，如设立了下埃及国王的司库和司库长官的官职。

喜克索斯人不仅与第 13 和 14 王朝对立，也可能还曾迫使南方的第 13 及 17 王朝向它称臣纳贡。他们还联合南方的努比亚的库什王共同压制埃及。据《萨勒纸草 I》记载，在喜克索斯国王阿波比统治时期，他派一位使臣去底比斯，给统治南方的第 17 王朝国王捎去口信，要底比斯国王把位于底比斯城郊池塘中的河马杀死，因为这些河马的吵嚷声使远在阿瓦利斯的他难于安眠。第 17 王朝的国王对此未敢反抗，而是答应照办，说明他们对喜克索斯人处于臣属状态。

喜克索斯人的统治范围不仅包括了埃及大部，而且还包括了西亚的一部分地区。客观上说，喜克索斯人的统治对埃及和西亚的交往，起到了一定的沟通作用。

### 埃及的黄金时期

喜克索斯人是西亚游牧部落比较混杂的民族，他们的文化比较落后。他们占领埃及后，在当地实行残暴的统治，如毁灭神庙、杀戮当地人民，使妇孺成为奴隶，向上下埃及征收贡赋。他们的统治对尼罗河流域的农业生产造成了很大的破坏，给人民的生活带来了沉重的灾难，所以遭到了埃及人的普遍反对。他们在下埃及建立的第 15 和 16 王朝实行暴虐统治，埃及社会的经济一直不稳定，广大农民和奴隶更是处于水深火热之中。第 17 王朝的末代国王卡美斯及其兄弟雅赫摩斯一世领导了反抗喜克索斯人的战争。

1954 年在卡纳克发现了涅西石碑铭文，这个铭文记载了卡美斯同喜克索斯人进行战争的情况。涅西石碑铭文叙述了喜克索斯国王曾派遣使者带上信件前往努比亚的库什王国，他希望可以联合库什从而南北夹击卡美斯。但是使者在半途上就被埃及人所截，写给库什国王的信也被查获，所以夹击底比斯的阴谋也就未能得逞。卡美斯领导的反喜克索斯人的战争取得了阶段性的重大胜利。他占领了喜克索斯人的局部地区，从南方的库什到北方的涅菲努西斯地区，把喜克索斯人赶到了基诺波里，并夺取了阿勒格什。

卡美斯的兄弟雅赫摩斯不断推进着这场战争，在他统治的第 17 年，约公元前 1553 年，雅赫摩斯终于将喜克索斯人逐出了埃及，占领了喜克索斯人的首都阿瓦利斯。埃及终于重新获得了独立和统一，雅赫摩斯建立的是第 18 王朝，从此埃及进入了新王国时期，包括第 18～20 王朝，时间为公元前 1570—1085 年，这是它的政治、经济、军事和文化的繁荣时期。

埃及的统治阶级在赶走喜克索斯人后，并没有停下战争的脚步。第 18 王朝的国王们在接下来的一百多年的时间里，率领他们的军队继续南征北战，把埃及从包括尼罗河谷及其三角洲地区的王国，扩张为一个地跨西亚、北非的奴隶制帝国。雅赫摩斯一世向南方的努比亚和东北方的叙利亚、巴勒斯坦侵占。而且雅赫摩斯的继承者阿蒙霍特普一世执政时期，继续南征努比亚到达第二瀑布附近。阿蒙霍特普一世的继承人图特摩斯一世也多年征战，不仅同叙利亚巴勒斯坦人，而且同米坦尼王国也进行了激烈的争夺，将埃及帝国的北部边疆推进到了叙利亚北部，幼发拉底河上游；在南方，他将埃及边境扩展了到尼罗河第三瀑布之外。埃及的疆土就这样不断地扩大，可以说他是埃及帝国的奠基者。

经过图特摩斯一世、二世的进一步攻伐，到了图特摩斯三世统治时期，18 王朝的国家实力已经相当的强盛。埃及帝国的完成者是著名的图特摩斯三世，他不仅牢固地掌控了王权和对尼罗河两岸的统治，而且他一生征战，击溃了叙利亚联军，进而打败了米坦尼王国，使其成为埃及的盟友，巩固了埃及在叙利亚的统治。在南方，图特摩斯三世将埃及边境推进到了尼罗河第四瀑布以外。他率领军队数次远征巴勒斯坦并进逼幼发拉底河畔，还几度南侵努比亚，形成了南北 5 千里的西亚，北非势力范围。《图特摩斯三世年代记》记录了这位法老进行的一系列征战，前后共计 17 次。无数胜利为埃及帝国提供了大量的奴隶和财富，使新王国进入奴隶制经济发展的新高峰。图特摩斯三世的后继者阿蒙霍特普二世也对西亚进行过大规模的战争，不过他只是镇压了当地人民反对埃及的起义，巩固了图特摩斯三世远征的战果，并未进一步扩大埃及帝国的地盘。

**图特摩斯三世**

此时的埃及经历两千年的发展，从原始的阶级社会，小国寡民的诺姆国家到地域王国、形成了疆域广阔国力强大的埃及帝国。这是埃及统治阶级通过不断地对外发动战争实现的，它在客观上促进了东部地中海地区的文化经济上的交流，也给被征服地区的人民带来了无穷的灾难和痛苦。

埃及的政权逐渐强大起来，建立起了历史上空前强大的一个奴隶制国家。新王国时期，埃及仍然实行中央集权的君主专制。第 18 王朝初年的法老们在不断的战争中为自己树立起了威信：他们赶走了喜克索斯人，成为了民族英雄；对外侵略战争的胜利和掠夺到了大量的财富、劳动力回国，使他们成了统治阶级敬重的偶像。军队十分拥护他们，因为军队可以从每次胜利的战争中掠夺到许多战利品，并得到法老慷慨的赏赐。行政官吏们代表国王来管理地方，他们充分地施展自己的才干，也可以从奴隶制经济的发展中、从国家的富强中获得一份丰厚的俸禄，因而对法老感激不尽。神庙祭司集团更是从对外战争中获得了大量的好处，国王们将每一次战争的胜利都归之于神的保佑和庇护，因而总是把大量的财富，包括土地、战俘、城镇、牲畜赠给神庙。

同古王国时期相比，新王国时期官吏队伍的组成结构发生了很大变化。官吏的挑选已不仅是从王室家族、皇亲国戚中来选择，更多地是从整个统治阶级中来挑选。这反映了新王国时期君主专制的阶级基础的扩大，也表明了埃及奴隶主阶级构成的变化，埃及奴隶主阶级开始不断的壮大和成熟。这时的君主专制已经建立在整个奴隶主阶级基础之上了，新王国不再是王室家族和贵族们的政权了。

新王国时期，在国王之下的最高官吏仍是维西尔。但不同的是这时维西尔的权力被一分为二了，设置了两个维西尔：一个管理上埃及和努比亚；另外一个管理下埃及和西亚属地，分界线位于埃及中部的赫尔摩波里。维西尔主要的职责是管理行政、司法、经济和神庙事务。从第 18 王朝图特摩斯三世给维西尔列赫米留的训令以及一些相关资料可以看出，赋税、农事、土地诉讼、分家析产、灌溉系统等都属于他管辖的范围。在维西尔之下，还设有管理各种具体事务的机构和官吏，如管理北方港口、南方大门的官吏、管理土地的官吏等。地方上仍是以诺姆为主要单位，诺马尔赫的权力已经不如中王国以前了，多半只是中央任命的地方官，他们已经没有能力来反对王权。

对被征服地区，埃及派总督来治理，也利用当地土著的王公贵族来进行统治，同时有军队在当地驻防。埃及人每占领一个地方，总要把当地统治者的孩子带往埃及作为人质，同时也让他们接受埃及的教育，等到他们的父辈死亡后返回继位，充当埃及的忠实傀儡。《图特摩斯三世年代记》对此有明确记载："王公们及其兄弟的儿童被运走，以便送往埃及，作为人质。如果这些王公中有人死去，陛下就派他的儿子来接替他的位置，"可见埃及对于征服地区极其严格的辖制。

这一时期埃及君主专制仍是王权同神权结成联盟。法老利用祭司来维护和神化自己的专制统治，同时祭司也利用王权来为自己谋求政治上、经济上的利益。在新王国时期，阿蒙神是国家的主神，也是王权的保护神，所以阿蒙神庙，如卡尔纳克神庙和卢克索尔神庙，获得的赠予最为丰厚。长期发展下来，阿蒙神庙不仅在意识形态领域中处于支配地位，而且在经济上也拥有了越来越雄厚的实力，成为仅次于国王的大土地占有者、大奴隶主。神庙的势力逐渐强大起来，他们就开始同地方贵族联合起来成为王权的反对派，甚至削弱王权来加强自己。

阿蒙神庙势力对王权所造成的的威胁，不仅使法老对阿蒙神庙祭司产生了顾虑，而且也对信仰阿蒙神产生了疑问。因而在图特摩斯四世时代，一个古老的太阳圆盘神阿吞神便被请出来加以崇拜。在一次对西亚的纳哈林的远征胜利后留下的铭文中，图特摩斯四世把战争的胜利归功于阿吞神的保护和庇佑，并且把战利品赠送给了它，而不是像以前那样把胜利归于阿蒙。他的继任者阿蒙霍特普三世，更加明显地表明了自己对阿吞神的崇拜。他在底比斯为阿吞神修建了一个神庙，他的一个卫队也以阿吞神的名字来命名。

阿蒙神庙祭司集团对此十分不满，萌发了插手王位继承的想法，他们计划不让阿蒙霍特普四世继承王位，而要扶植一个自己的傀儡上台。他们这样的行为使得最终成为了国王的阿蒙霍特普四世忍无可忍，因而同阿蒙神庙势力进行了一系列的斗争，这就是著名的阿蒙霍特普四世的宗教改革。他先是重新崇拜起拉神，以此来对抗对阿蒙神的崇拜。然后他还提出废除对阿蒙神和其他一切神的崇拜，只准唯一崇拜阿吞神；接着没收了阿蒙神庙和其他一切神庙的财产，并将其转交给阿吞神庙；去掉一切建筑物上的阿蒙字样。为了摆脱阿蒙神庙祭司的控制和影响，他还将首都从底比斯迁到埃及中部的阿马尔那，命名为“埃赫塔吞”，意为“阿吞的地界”；国王的名字也改为“埃赫那吞”，意为“阿吞的光辉”。他的这些改革措施表明，埃赫那吞同以阿蒙神庙祭司为代表的神权势力彻底绝裂了。同时，他提拔了许多出身中下层奴隶主的人物担任了高级官吏。但是他这样一系列的宗教改革并不能完全摆脱神权，不过是用一种神权代替了另一种神权而已。

埃赫那吞石像

但最终这次改革由于得不到军队和人民的普遍支持，劳民伤财，以失败告终。埃赫那吞过世后，他的继承者图坦哈门放弃了宗教改革，恢复了对阿蒙神的信仰，归还了阿蒙神庙被没收的财产和土地，首都也从埃赫塔吞迁回了底比斯。阿蒙神庙势力复辟后气焰越来越嚣张。王权又与阿蒙神庙势力结盟，对神庙势力更加依赖。

第18王朝后期的埃赫那吞因忙于内部斗争而无暇顾及他在西亚的属地，于是一些属地宣布独立，另一些则投到了赫梯门下。仍然忠于埃及的一些属地的王公们曾多次向埃赫那吞求救，但是没有任何结果，甚至遭到他的训斥，说他们干扰了他的改革。于是西亚属地陷入一片混乱之中。

在第19王朝初期，霍连姆赫布、拉美西斯一世、谢提一世等几位法老统治时，埃及曾多次向西亚用兵，取得了一些胜利，基本上稳定了这一地区的形势，但却未能完全恢复埃及在西亚的全部属地，尤其未能去除埃及在西亚的主要威胁。

在拉美西斯二世统治时期，埃及同赫梯的争霸战争达到了高潮。拉美西斯二世在三角洲东部营建了新都培尔－拉美西斯，他还组建了四个军团，招募了一些雇佣军，兵力合计达3万多人。赫梯首领穆瓦塔鲁也为同埃及争霸而将首都从哈图斯城迁到了靠近叙利亚的小亚南部的城市达塔什。

在拉美西斯统治的第5年，他率领他的四个军团和雇佣军进攻了叙利亚。赫梯国王穆瓦塔鲁也将军队开进了叙利亚，他集中了2万战车兵于叙利亚的卡迭什城，准备与埃及军队决一死战。他将军队埋伏于卡叠石城的东部，准备将埃及军队诱至该城后进行围攻。埃及军队抓获了两个充当赫梯细作的贝督英人，据他们说，赫梯军队还在离卡叠石很远的地方。拉美西斯二世真的听信了这个假情报，亲自率领一个军团孤军深入，进到卡迭什城西北扎营，而其他三个军团则紧跟其后。拉美西斯二世并不知道此时赫梯的大军就近在咫尺，他们正以逸待劳，准备围歼他们。最终赫梯军包围了拉美西斯二世的这一个军团，并几乎歼灭了他们。不过因为赫梯军不知道拉美西斯二世也在军中，他们忙于抢夺埃及军队的财物，才使拉美西斯二世幸免于难。不久埃及援军赶到，打败了赫梯军，这才解救了拉美西斯二世。

这场战役双方都损失惨重无力再战，而且都还存在一些其他方面的问题：亚述对赫梯和埃及的威胁，以及两国内部都存在困难等。所以，卡叠石战役实际上也标志着埃及与赫梯之间的争霸战争到此基本结束了。

公元前1283年，拉美西斯二世统治的第21年，赫梯的新王哈吐什尔向埃及提出要求，希望能缔结和约，并派人送去了和约的草案。拉美西斯二世同意了这份缔结和约，正式结束了两国之间近一个世纪的争霸战争。

埃及和赫梯在叙利亚、巴勒斯坦的战争，给两国的人民都带来了沉重的负担和巨大灾难，严重削弱了两国的实力，加剧了国内的阶级矛盾，给两国的发展带来了严重的后果。不久“海上民族”入侵，横扫了整个地中海东部地区，灭掉了赫梯。埃及虽然顶住了“海上民族”的入侵，但也受到沉重打击。

新王国时期的奴隶制度进一步发展，奴隶人数大大增加了。长期大规模的对外战争提供了大量的奴隶。奴隶作为主人的财产可被自由买卖、转让、继承、出租和雇用，也可作为财产而被没收。据杜林博物馆藏第 2021 号纸草记载：一个奴隶主在分家产时把奴隶作为财产来分配。奴隶的生活状态各有不同，有的奴隶被释放为自由民，有的被收为养子，有的还可以独立租种土地、有自己的家庭和经济，甚至有的还占有土地。但这些奴隶的生活境况也不好，如《维勒布尔纸草》记载的租种神庙土地的奴隶，他们所租的土地很少，还要交很重的租，要养家活口估计也很难的。因此，奴隶采用了各种办法来反抗，企图改善自己的生活状况，甚至改变和提高自己的地位。

《维勒布尔纸草》是一份神庙和王室土地的丈量和租佃清册，它记载了每块土地的所有者，地块的位置、大小面积以及租佃者的姓名、职业、应缴纳的租税额等。从该纸草的资料可以看出，租佃者中有奴隶、农民、沙尔丹，也有仆人、养蜂人、马厩长官、牧人、小祭司等。每人租佃的土地数量不等，多的可能有 200 多斯塔特，少的只有 3 ~ 5 斯塔特，甚至更少。

有的学者根据《维勒布尔纸草》记载的内容推测，新王国时期埃及农民交纳的租税大约占其收成的 1/2；但有的学者认为租税最多不超过其收成的 1/7。从第 20 王朝时期的《兰辛克纸草》可以知道农民交不起租税时他们就会被捆绑、吊打，他们的家属甚至邻居也都会受到牵连。农民不仅需要租佃土地，甚至连农具、牲畜、种子这些都要租用，所以农民的负担十分沉重。再加上还有兵役、劳役，大多数的农民处境都极为艰难。

新王国时期采用农田管理的轮作制，并且普遍使用新式的梯形犁和骡、马等畜力，耕地效率要比过去高。引水灌溉开始采用多层桔槔，可以连续提水把河水扬到高程，大大增加了灌溉的功效；此外青铜制作的农具也在增加。在这些大的改革中、埃及的农业生产达到了古代埃及的最高水平，奴隶制经济十分发达。在萨卡拉墓地的一些墓室墙壁上还遗留着一系列反映新王国时期埃及农村生活的图景，包括翻地、播种、收割、打谷、储藏的各个场面。在河岸的花园和贵族宅院中，种植着棕榈树、石榴树、苹果树、橄榄树，以及蔬菜、花卉等，也有一些浮雕刻画的是葡萄园和手工业作坊中酿酒、制蜜的过程。这些是当时农业经济在人们生活中的真实反映。

随着生产力的巨大提高、对外战争中掠夺回来的大批财富、对外联系的加强和发展，埃及商品货币关系快速的发展。金属开始作为流通手段，流通的金属包括铜、青铜、白银和黄金，用银作为价值尺度的情况比较常见，但是这时还没有出现铸币。这一时期借贷关系也在发展，资料表明已经出现借债要立字据，保证偿还，还要有证人签字才有效。这一时期商品货币关系发展的一个最为明显的标志应该算是真正的商人的出现。据第11号波拉克纸草记载：一个名叫明－纳克赫特和一个名叫舍利布恩的商人售卖肉、葡萄酒和糕点等，他们都是零售商。

新王国时期埃及的经济进一步大大发展，其中建筑业是埃及的重要手工业部门之一。新王国时期的建筑材料多采用石头，如沙石和石灰石，也有用砖作原料的。卡纳克和卢克索两大神庙建筑的主要部分都是在新王国时期建成的。这两个大神庙都以其众多巨大的圆柱而著称，卡纳克神庙有12根大圆柱，每根高约70英尺，柱子上有70吨重的横梁；此外还有122根圆柱高45英尺，圆周长28英尺。这两大神庙的圆柱和墙壁上都是各种雕刻和象形文字铭文，著名的《图特摩斯三世年代记》、拉美西斯二世有关卡迭什战役的情景和铭文就刻在这些柱子和墙壁上。在埃赫那吞改革时期，建造起了一座新的城市——埃赫塔吞。第19王朝的拉美西斯二世在三角洲东部也营建了一座新都——培尔－拉美西斯，他把这里作为向西亚用兵的前沿基地。这些事实都说明了当时埃及建筑业队伍很庞大，建筑技术也很高超。

这一时期以亚麻和羊毛为原料的纺织业也很发达。从图特摩斯四世和图坦卡门墓中发现的一些亚麻织物残品来看，具有很高的纺织技术水平。新王国时期的纺织机械也得到了改进，用垂式织布机取代了中王国时期的卧式织布机，这种织布机用一人操作即可，而且可以织出比较宽的布幅。玻璃制造业也不断发展，而且达到了很高的水平。在底比斯发掘出好几座玻璃制造厂。这时生产的玻璃品种很多，有紫水晶、白色、红色、棕色、黄色，以及无色透明的玻璃等。

在各个生产领域，青铜工具的数量都有所增加。传统的冶炼金属都是靠口吹筒管来鼓风加温，这时已开始使用脚踏鼓风机，并且用皮革制成的风箱来进行连续操作，这样大大提高了工作效率。当时制作的金属板材最长的可达2米，大约有几十公斤重。制作青铜器的手工作坊规模也有明显的增大，在图特摩斯三世时期的一位宰相墓的壁画上可以看到阿蒙神庙的大作坊，这种作坊包括各类工匠有150人之多。另有史料提到有12名工匠的一间小作坊就能生产出斧、锯、锄、剑、小刀、长矛和弓箭等各类器物，还可以制作出许多祭神用的器皿，甚至能冶炼6种合金的质量上乘的青铜器。

这一时期木制品被广泛使用，木制品成为平民百姓日常生活中的必需品，也是王公贵族们所追求的奢华工艺品。著名的图坦阿门陵墓中，出土了大量精美的工艺品，其中就包含了一批木制家具和武器、王杖、战车等。其中有法老的宝座，椅背用金银贴面、宝石镶嵌的浮雕来表现少年法老和王后在一起时的情景。

在经历了埃赫那吞改革、同赫梯长达一个世纪之久的争霸战争，尤其是“海上民族”的入侵之后，埃及被大大地削弱。埃及国内外矛盾达到了十分尖锐的程度。到第20王朝时，埃及的亚洲属地大部分丧失了。埃及国内外矛盾的发展，导致了埃及的再度衰落。

## 帝国后埃及时期

第21～31王朝为后王朝时代，时间大约为公元前1085—前332年，从第21王朝至阿拉伯人占领时期为止的时期。这一时期先后有利比亚人、埃塞俄比亚人、亚述人统治过埃及。以后埃及又沦于波斯人、希腊人和罗马人统治之下。

公元前1078年，拉美西斯十一世去世，公元前1085年，阿蒙神庙祭司赫利霍尔篡夺了王位，他自行宣布为埃及国王，同时又保留阿芒神僧侣长的职位。与此同时，在塔尼斯城有一个名叫斯蒙迪斯的国王，势力及于整个三角洲和中埃及的大部分。斯蒙迪斯一世则取得了埃及北方的统治权。南方则在底比斯阿蒙神庙的大祭司的有效统治之下，后者仅在名义上承认斯蒙迪斯的权威。

赫利霍尔过世后，他的儿子彼安基继任阿芒僧侣长并兼任陆军统帅，但他从来没有宣称自己是国王，而是把国王名义让给了塔尼斯城的家族。

在斯蒙迪斯之后，他的儿子普苏尼斯继位。之后不久，彼安基的长子彼内哲姆娶了普苏尼斯的女儿。在彼安基死后，长子继任阿芒神憎侣长，而在普苏尼斯死后，又自立为国王。埃及在这时国力逐渐下降，国内的革命不断发生，许多人纷纷逃难出走。此时底比斯仍旧是圣都，但这已经是一个衰落的地方，真正的首都在东三角洲的塔尼斯城。如今考古发现的塔尼斯城王陵里有几个坟墓，其中就包括了彼内哲姆王的墓。在墓室内藏有丰富的宝藏，这说明了塔尼斯城的国王积累了大量的财富。第21王朝的彼内哲姆王对木乃伊实行保护政策以避免盗墓贼的窃人。他把所有还保留下来的埃及国王的木乃伊以及阿芒神僧侣长的木乃伊都收集聚拢起来，将其放置在安全隐蔽的地方。这些木乃伊被迁移到一个荒凉的中王国的陵墓，靠近提埃尔巴哈利，并一直保存在那里。

这一时期，利比亚人已经在三角洲西部地区定居，移民的首领们逐步取得了自治权。公元前945年，利比亚王子舍尚克一世控制了这块三角洲地区，建立了“利比亚王朝”，即第21王朝，持续了200多年。不仅如此，舍尚克还将自己的家族成员安置在重要僧侣位置上以控制埃及南方。在利比亚统治十分腐朽的同时，在三角洲地区的对手开始在利安托波力斯兴起。在第21王朝时，埃及分裂为两个部分，法老统治北部，而僧侣王统治南部。在第21王朝被利比亚人雇佣兵推翻之后相继建立了第22，23王朝。根据曼尼托的记载，古埃及第22王朝由布巴斯梯斯的9王组成。

舍尚克一世是第22王朝的开国法老，他是出身利比亚部落的王公或族长的后裔，被称为“美什维什的伟大首长”，定居于中埃及的赫拉克利奥坡里。在第21王朝普撒塞尼斯二世法老去世后，他进入了塔尼斯，他可能没有经过斗争就取得了王位，并把布巴斯梯斯作为首都。他的儿子奥索尔康与普撒尼塞斯二世的女儿结了婚，这样得以加强王位的合法性。为了控制上埃及底比斯僧侣集团的势力，舍尚克一世任命他的儿子为阿蒙高僧。大约在公元前930年，舍尚克一世出兵巴勒斯坦，干预所罗门王之子罗波安继承王位。他还恢复了与腓尼基沿岸国家毕布罗斯的贸易。奥索尔康二世，第22王朝第四位法老。在他统治的第三年，尼罗河大泛滥，卢克索大列柱厅的西北角的铭文写道：“底比斯所有的神庙像是沼泽。”他统治的第22年，举行了赛德节。在布巴斯梯斯的大神庙的两个主要大厅之间，他建造了大门，并且装饰各种活动的场面。在埃及当时因为内部矛盾国力逐渐削弱的同时，亚述帝国在向西部的扩张则从外部动摇着埃及的国际地位。埃及被迫采用外交与一定军事力量相结合的办法，利用和联合巴勒斯坦和叙利亚诸国以对抗亚述。奥索康四世，第22王朝的末代法老。他在位期间，埃及的北方几乎陷入了无政府状态。他的王国被法尔拜托斯那里统治的“玛的首领”分裂成了两部分。

舍尚克一世

埃及第23王朝统治了约300年。大约在公元前727年，库施国王皮耶侵入北方，他首先占领了底比斯，并最终占领了三角洲地区。第24王朝是三角洲舍易斯地方统治者的政权。第24王朝法老博科里斯制定了法律，要废除债务奴隶制，限制高利贷的盘剥，但是这些政策并没有真正实行。第21～24王朝时期埃及陷入国家分裂、权力分散，这一段又被称为第三中间期。这一时期商品货币关系和高利贷业开始发展起来，债务奴隶制流行。

努比亚人乘埃及衰落之时趁机入侵，建立起了第 25 王朝。舍易斯地方统治者萨姆提克一世重新统一了埃及，建立起了第 26 王朝。这个王朝通常被称为埃及的复兴时代。这一时期铁器、金属货币流行起来，商业和经济生活都比较繁荣。尼科二世法老统治时期，开凿了尼罗河通向红海的运河，并派腓尼基水手开辟航道绕航非洲。尼科二世及其继承者与新巴比伦王国为争夺埃及在叙利亚、巴勒斯坦的霸权进行了战争，这使得埃及原本深远的影响力被大打折扣。它的外国盟友逐渐沦为亚述的势力范围，到了公元前 700 年两国间发生了战争。公元前 671—前 667 年，亚述人开始攻打埃及，他们遭到了塔哈尔卡和他的继任者坦沃塔玛尼的顽强抵抗，埃及赢得了几次胜利。但最终亚述人将库施人赶回了努比亚，从而最终占领了孟斐斯。

亚述人没有打算长期占领埃及，使得统治权落入 26 王朝一系列称为“赛特王”的诸侯手中。到了公元前 653 年，赛特王普萨姆提克一世借助唯利是图的希腊雇佣军驱逐了亚述人，并在希腊人的帮助下建立了埃及的第一支海军。希腊在埃及的影响急剧膨胀，纳奥克拉提斯这个位于三角洲地区的城市成了希腊人的家园。建都塞易斯的赛特王们见证了这次短暂而充满生气的经济文化复兴。

公元前 525 年，波斯帝国侵占埃及，建立起了第 27 王朝。埃及成为波斯帝国的一个行省，每年向波斯帝国缴纳 700 塔兰特银作为贡赋，还有实物税。大约在公元前 460—前 455 年，波斯人在埃及的残暴统治激起了伊那路斯和阿米尔泰乌斯领导的埃及人起义。公元前 404 年，波斯王朝被推翻，埃及获得独立，相继建立了第 28～30 王朝。公元前 343 年，波斯帝国再次征服埃及，建立起了第 31 王朝。

公元前 332 年，希腊马其顿王亚历山大大帝侵入埃及，消灭了波斯王朝，埃及成为了亚历山大帝国的一部分。亚历山大为使被征服地区忠心归顺于他，他采取了宗教宽容政策。在埃及，他拜谒阿蒙神庙，为女神伊西丝建庙。

亚历山大于公元前 323 年死后，他的部将经过一番激烈的争夺，托勒密的势力得到加强，在公元前 305 年称王，占有了埃及和其他一些地区，建立了托勒密王朝，他进一步巩固了对埃及的统治。

托勒密王朝保持了过去诺姆的区划，上下埃及大约分为 40 个诺姆。诺姆之下是县，县之下是村。每一级都有专门的官吏管理。军队驻屯在全国各地。诺姆的真正首长是由希腊—马其顿人来充任的将军，他主要负责维持秩序，可能还要主管刑事案件的审判。在托勒密统治时期，祭司集团的地位有所下降。国王是神权的代理人，寺庙、土地都被收归国王所有，寺庙的一切活动都必须在国王及其行政官员的监督下来进行。

托勒密国王把埃及土地的一部分收归王室经营，称为“王田”；其余的统称为“授田”：或赠予神庙（神田），或赐给官员私人（赐田），或分配给军人作为份地。留在国王手中的土地由王田农夫耕种。他们主要通过短期租借的方式来获得一块土地，种子由国王提供，收割后必须归还，然后还要交纳实物佃租。除耕种土地外，王田农夫还要服一些劳役，如修堤坝、开运河等。除此之外他们还要交纳名目繁多的苛捐杂税，连租带税占到一年收成的50%以上。

长期的战争大大消耗了托勒密埃及的国力，加之苛捐杂税使得内部民族矛盾与阶级矛盾激化，其末代女王克奥帕特拉七世先后投靠凯撒和安东尼，最后在公元前30年因罗马的屋大维而自杀。公元前30年罗马占领埃及，埃及成为罗马的领地。公元395年罗马帝国分裂后，埃及由东罗马帝国统治。公元642年，阿拉伯人占领埃及，埃及成为阿拉伯帝国的一个组成部分。

一系列的外族入侵和统治，打断了埃及历史独立发展的进程，灿烂的埃及文化也大多遭到毁灭，其古老的文化渐渐被时间湮没。经历了几千年，拿破仑的入侵发现了罗塞塔碑才揭开了这个地域的古老文明。

# 第二章　认识帝国的统治者们

## 埃及第一王朝的创建者——美尼斯

美尼斯是埃及第一王朝的创建者，他最先完成了埃及历史上的统一，这是他一生中最伟大的功绩。

美尼斯出生在上埃及的提尼斯城，最初他是提尼斯地区的部落首领，后来成为了上埃及王国的国王。统一了上埃及之后，他就不断向外发动战争。公元前3100年左右，美尼斯巩固了自己在上埃及的地位，继而率军队北上，在美尼斯的领导下终于统一了下埃及。

美尼斯不仅有着杰出的军事才能，他还是一位杰出的统治者。他统一了上、下埃及之后，考虑到自己刚立足，根基不稳，为了赢的下埃及人民对自己的拥戴，美尼斯采取了一系列的措施。由于下埃及较为富裕，所以美尼斯做出了一些让步，在上述两个地区分别设立了国库，实行各自独立的财政管理。

他不标榜自己代表古埃及，尊重下埃及国王在位时的一些做法。只有在上埃及他才宣称自己是上下埃及的国王，而在下埃及，他则戴着下埃及的王冠，以表明自己尊重那里的人民。美尼斯甚至允许下埃及的人民信奉自己的保护神，能照顾到下埃及人民的宗教感情，这些举措使得他赢得了下埃及百姓的拥护。

在王国统一前，上下埃及统治者的王冠是不一样的，上埃及的统治者头戴白冠，以鹰为保护神，以白百合花为国家象征；下埃及的统治者则戴红冠，以蛇为保护神，以蜜蜂为国家象征。这些差别使得美尼斯在实现统一后在上埃及、下埃及分别进行了加冕，宣称自己是“上下埃及之王”。自此，继任的国王在十余年都沿用此王号，同时必须具有双重身份，经过两次加冕，举行两种不同的典礼。但是这一切也说明美尼斯在位时，埃及的统一只是初步的，很不稳固。

他采取了一系列措施来加强对下埃及的控制，最重要的就是在下埃及尼罗河三角洲他创建了新都城——白城，将国家的政治、军事中心放在下埃及，以达到由上制下的目的。后来白城改称为“孟斐斯”。“孟斐斯”又被称为“吉加普特”，其意为“普塔神之宫”，埃及的希腊文名称“埃及普托司”由此而来，这也是埃及国家名称的来源。

由美尼斯开创的埃及第一王朝，共有8个王，前后历时达250年之久。其中至第5任国王时，埃及进入专制统治时期，社会发展也到了全盛阶段。

美尼斯开创了第一王朝，古王国时期六个王朝中的第一个。所以，很多学者把美尼斯统一埃及作为古埃及文明的开端。埃及的统一在历史上意义重大，社会的安定稳固使得埃及人民免受战争的摧残，统一加强了整个埃及的经济和文化交流，同时也使埃及逐渐形成了比较完善和稳定的国家体制。历史证明，埃及文明在统一后发展迅速，并超过了纷争不断的两河流域文明。古埃及的31个王朝由此开始，就像尼罗河一样漫长……

## 因其金字塔留名的——胡夫

胡夫，他富于盛名，这主要是源自于他所修建的金字塔——胡夫金字塔。作为埃及金字塔群中最宏大的一个，胡夫金字塔的修建大概花费了30年的时间，平均每年用工达10万，总共用了约230万块大小不等的石头，在那个机械不发达的时代，真是一个伟大的人类奇迹！而这个金字塔传说中的离奇的咒语，更是给后人留下了难以解开的谜团。

胡夫金字塔

胡夫是古埃及第四王朝的法老，相传公元前2656年至2633年执政，在位23年，他可能是古埃及早期最强有力的法老之一，也可能是世界上最早的独裁者之一。他发动了远征西奈半岛和努比亚的战争，并大获全胜，巩固了从尼罗河三角洲到努比亚这样一个统一大国。他加强了王权统治，把自己塑造成神的化身，在记功铭文上被尊为“伟大的神”。从目前的考古资料来看，他的事迹留下来的不多，但从他能役使如此多的劳工建造金字塔来看，当时的国力肯定是十分强大的。他在位统治的时期是埃及古王国时代的盛世，他实现了中央集权的专制主义统治。相信随着考古学发现的不断增加，胡夫对古埃及历史的影响会被更多的人认识。

胡夫金字塔是人类古文明史上最高的建筑物。它的底边原长 230 米，由于塔外层石灰石脱落，现在底边缩短为 227 米，倾角为 51°52′分。塔原高 146.59 米，因顶端剥落，现高 136.5 米，相当于一座 40 层的摩天大楼，塔底面呈正方形，占地 5.29 万平方米。它的 4 个斜面正对着东、南、西、北四方，误差不超过圆弧的 3′。大金字塔四周还整齐排列着许多贵族的平顶石墓，如众星捧月般衬托出大金字塔的雄壮与威严。

胡夫金字塔工程浩大，结构精密，它的建造涉及测量学、天文学、力学、物理学和数学等各领域，被称之为人类历史上最伟大的石头建筑，而它至今还有许多未被揭开的谜。历经了 4000 多年的风吹雨打，石缝之间依然严丝密缝。金字塔的每一块石块平均有 2.5 吨，最重的达到 100 多吨，以当时古埃及人的劳动力，又是如何把巨大的石块开采出来，并且运到这里的，又是运用什么样的工具或者机器把它们堆叠起来的？金字塔的底部四边几乎对着正南、正北、正东、正西，误差很小，古埃及人又是怎么计算得这么精确的呢？虽然胡夫金字塔被广泛的认同为胡夫法老的陵墓，但至今也没有在里面找到他的遗体，厚厚的石壁、精密的结构还需要时间与科技的力量让人们来探寻胡夫金字塔内的奥秘。

为了揭开金字塔之谜，人们进入大金字塔探密的尝试从未停止。但最让人不解的是胡夫金字塔上刻有一段让人不寒而栗的文字："不论谁打扰了法老的安宁，死神之翼将降临在他头上。"美国《医学月刊》刊登过报告，证实 100 名曾经进入过大金字塔的人之中，未来 10 年内死于癌症的概率高达 40%，这真的是法老的诅咒，还是金字塔内细菌病毒的影响？不管怎样，人类对于未知，对于胡夫金字塔内部的探秘一直在进行着。

胡夫死后，他的两个儿子捷德夫拉和哈夫拉先后继承王位，哈夫拉还在胡夫的金字塔旁边造了一座规模稍小的金字塔。

## 诸王之女王——克丽奥帕特拉七世

在埃及的历史上有这样一位女性，她同恺撒、安东尼关系密切，但是却被丁但、莎士比亚等称之为"旷世的性感妖妇"，这是怎样的一位具有传奇色彩的女人呢？她就是——克丽奥帕特拉七世，她是埃及国王托勒密十二世和克丽奥帕特拉五世的女儿，出生于公元前 69 年。她才貌出众，聪颖机智，她的一生颇具戏剧性，特别是卷入罗马共和末期的政治旋涡。

克丽奥帕特拉的父亲托勒密十二世指定他的长子托勒密十三世和她共同执政统治埃及。公元前 51 年，克丽奥佩特拉登上王位。克丽奥佩特拉这位埃及绝世佳人有着倾国倾城的姿色，但她和她的异母兄弟托勒密十三世两人因派系斗争和争夺权力而失和，公元前48年她被逐出亚历山大里亚。野心极大的克利奥帕特拉在埃及与叙利亚边界一带聚集军队，准备攻入埃及，以武力争夺埃及王位。

此时，罗马的凯撒大帝追击庞培到了埃及，托勒密十三世的手下伯狄诺斯将庞培杀害，把他的头颅献给了凯撒，以此来讨他的欢心，想利用凯撒来除去他的姐姐克丽奥帕特拉，但是这一举动并没有让他获得凯撒的好感。而克丽奥帕特拉也想借此机会利用凯撒助她夺得王位，于是她命自己的属下装扮成一个商人，将自己包裹在一床大毯子中。商人到凯撒住处求见时，她就从毯子里面出来，那时克丽奥帕特拉正处妙龄，美艳惊人，倾城倾国，于是她用自己的美貌和智慧，把凯撒给迷住了。凯撒下令执行克丽奥帕特拉父亲的遗嘱，由克丽奥帕特拉和托勒密十三世一起执政。

克丽奥帕特拉七世复原像

随后波希纽斯发动叛乱，他叛乱失败后被杀，托勒密十三世在逃亡的时候也丧命了。凯撒征服了埃及，但是却没有把埃及归入罗马的领土。从此，克丽奥帕特拉与凯撒生活在了一起，并生下一个儿子，名叫盖厄斯·儒略·凯撒利恩。同时，凯撒恢复了克丽奥帕特拉的王位。公元前45年，托勒密十四世和克丽奥佩特拉七世一起应邀前往罗马，他们住在恺撒的私人宅邸。恺撒在罗马建造了一座祭祀其尤利乌斯族系祖先的维纳斯的神庙，还把克丽奥佩特拉七世的黄金塑像竖立在女神之旁。不幸的是恺撒于公元前44年3月15日被刺身亡，克丽奥佩特拉七世黯然离开了罗马。

克丽奥佩特拉七世返回埃及后，毒死了托勒密十四世，立她和恺撒所生的儿子为托勒密十五世，他们共同统治埃及。此时罗马发生了动乱，凯撒的养子屋大维及属下马克·安东尼平定了动乱，两人划分了势力范围。屋大维统治西部，安东尼则统治东部。安东尼在攻打安息时要求召见克丽奥帕特拉七世，希望获得埃及的财富以解决军队的给养问题。

埃及正当托勒密王国发生深刻的社会危机之时，克丽奥帕特拉七世对罗马政局和人物颇为了解，认为这又是一个绝好的机会，于是巧做安排加以利用。企图在罗马的强权之下，维护和发展托勒密王国，进一步加强和扩大自己的统治权力。

她乘坐金色的大船，穿着艳丽，打扮成维纳斯女神的模样来到了塔尔苏斯面。安东尼被邀至船上赴宴，看到她迷人的风姿，优雅的谈吐，他不禁神魂颠倒，彻底被迷倒了。他当即一一答应了她所提出的要求，他们两人在塔尔苏斯长住下来，而克丽奥帕特拉也给安东尼生育了3个子女。女王用自己的智慧与美貌成功地保住了她的王位和埃及王国。

公元前34年，安东尼出征亚美尼亚得胜后，两人同登王座，克丽奥帕特拉称为“诸王之女王”，其子托勒密十五世称为“诸王之王”。安东尼把征服来的一些土地赠给了克丽奥帕特拉七世，但是他的所作所为，受到了罗马人的非议。在罗马，人们认为克丽奥帕特拉对罗马造成了很大的威胁，这就使安东尼丧失了国内的有力支持。

公元前32年安东尼和屋大维的矛盾趋于尖锐，屋大维全然不顾罗马的传统习俗，他从维斯塔贞女手中取得安东尼放置于神庙中的遗嘱并将之公布于众。安东尼的遗嘱记述了他对克丽奥帕特拉七世及其子女的领土分配，还指令克丽奥帕特拉七世将其遗体安葬在亚历山大里亚。遗嘱一经公布，罗马国内舆论哗然，群情激愤。于是剥夺了安东尼的执政官职务以及其他一切权力，并向克丽奥帕特拉七世宣战。

公元前31年安东尼和屋大维大军会战于阿克提乌姆海角，正当安东尼舰队受挫的时候，克丽奥帕特拉七世突然撤离战场，驶回埃及，安东尼抛下战斗部队，随即追赶而去。公元前30年，屋大维进攻埃及，包围了亚历山大里亚。安东尼看到大势已去，自刎而去。

克丽奥帕特拉七世为屋大维所智擒，屋大维决定要把她带回罗马，在举行凯旋式时示众。她得知后，万念俱灰，忠诚的侍女们把一条叫作“阿普斯”的毒蛇装在果篮子里送到她面前，她让毒蛇咬伤手臂昏迷而死，结束了她传奇、戏剧性的一生。随着克丽奥帕特拉七世之死，长达300年的埃及托勒密王朝也告结束，埃及并入了罗马。

## 假扮的法老——海特西朴苏女皇

海特西朴苏女皇，埃及古代三大美女之一，埃及历史记载中第一个伟大的女人。她继承了父亲的勇敢，削去了继子的继承权，使自己成为了法老王。

海特西朴苏的父亲图特摩斯一世骁勇善战，这对她产生了很大的影响。她希望自己也是个男孩，就可以像父亲那样成为一个有所作为的大人物，不过女性的身份并没有阻止她成为一代伟人。她嫁给了同父异母的弟弟图特摩斯二世，法老去世后，王位继承人还不到10岁，她自然就成了摄政女王，全权管理国家事务。在她执掌政权期间，她停止了埃及对外的战争，使得埃及在叙利亚及巴勒斯坦的统治权有所动摇，但她开始了与邻国的商贸，使埃及变得十分繁华富庶。图特摩斯三世慢慢长大，心怀雄心不愿再作傀儡。于是，她在三世成年正式亲政之前就将他流放到偏远的地方。长期的执政，她的羽翼已经丰满，于是她索性宣布自己是法老。她联合僧侣来编造自己的身世，声称她是太阳神阿蒙之女：太阳神为了让自己的后代统治埃及，化身图特摩斯一世与王后产下一女，如今，这位女子已历经磨难，可以成为统治埃及的法老了。她还在神庙石碑的顶部放置了许多金盘，用以反射太阳光芒，以此来向世人证明她与太阳神的关系十分亲密。接着，她开始女扮男装，头上戴着“哈特”头巾，上边有象征权力的神蛇“瓦杰特”，下颚则戴上了假胡须，身穿法老的三叶短裙，还下令所有人用男性代名词称呼她。她力图给人一种印象，她是一个真正的法老，跟男人一样的法老。有了这些铺垫之后，她的统治就有了合法的外衣，其统治也逐渐被人们接受认可了。她如愿地使自己成为了埃及首位、也是唯一一位女法老，一直统治了埃及20年。

海特西朴苏女王塑像

事实证明她也的确是一位能力超群的女法老。她在当上法老后，精心治国，使古埃及继续保持兴盛。在她执政期间埃及经济繁荣，她继续扩展了埃及同其他国家的商贸关系。为了奖赏神庙中的僧侣，她复修了许多古建筑、寺庙，并赠送给神庙4座高达30多米的石雕方尖碑，为太阳神吟诗作赋。她还派队远航蓬特，带回了许多宝贵的东西，有黄金、香料，还带回了31棵乳香树，种植在她修建的神庙院落中，今天仍能看到这些移植树木的残根，这可能是人类历史上最早的植物移植的记载。这次航行记录下了异域的风光，诸如一些动植物，包括长颈鹿、猴子、豹等动物以及末药、乌木等珍贵植物，这么远的航行在这样远古的年代应该说是具有深远意义的大事。

她的继子长大成人，在她执政20多年后，她的突然死亡将埃及帝国归还给了原本的继承人——图特摩斯三世，他名正言顺地取代了她的位置，成为了新的法老王。

图特摩斯三世执政后企图抹杀人们对女王的记忆，他破坏雕像、碑文上的女王形象和名字，但是女王的统治智慧和美貌还是留传了下来。

## 古埃及的“拿破仑”——图特摩斯三世

图特摩斯三世被称为古埃及的“拿破仑”，他10岁登基，一开始并没有掌握政权，王权被女王操纵着，他一直忍气吞声。直到他即位的第22年才亲自当政，他在位期间，带领军队取得了17次大战的胜利，是埃及新王国时期第 18 王朝的一位国王。第 18 王朝是古埃及历史上延续时间最长，版图最大、国力最鼎盛的一个朝代。

他从小受到了良好的军事训练与教育，这为他以后的军事活动奠定了良好的基础。图特摩斯三世是古埃及第十八王朝最以尚武著称的法老。

海特西朴苏女皇死后，卡叠石国王率先发难，然后所有叙利亚和巴勒斯坦地区的城市国王都一致叛变。在卡叠石国王的指挥下，他们率军队占领了麦吉杜要塞，封锁了从埃及通往幼发拉底河流域的大路。图特摩斯三世率领着他的部队通过了麦吉杜谷地，进入了麦吉杜平原。第二天他的部队开始进攻，图特摩斯把他的部队分为一支中间部队与两支侧翼部队，以这样的阵式向麦吉杜进攻。而此时，卡叠石国王指挥的联军正在麦吉杜要塞的城外宿营。他乘着闪亮的战车，指挥着他的部队进攻，俨然一只张牙舞爪的鹰神。图特摩斯的袭击使敌人陷于混乱，由许多领袖率领的叙利亚和巴勒斯坦军队是乌合之众，他们立即从营地逃跑，企图逃入城堡中。但图特摩斯三世并没有下令立即攻城，而是收拾战利品，并对麦吉杜加以围困。不久，麦吉杜城宣布投降，而卡叠石国王却乘隙逃走了。第一次战役就这样以埃及军队的彻底胜利而告终。麦吉杜之战为埃及打开了进攻叙利亚的门户。埃及军队乘胜北侵，直达黎巴嫩山南麓，攻占了很多城市。

取得这次麦吉杜之战的伟大胜利后，图特摩斯三世为了长治久安，首先废黜了那些城市的国王，起用了一些对他忠心耿耿的贵族，并且给这些贵族一定的统治自主权；其次，他把这些统治者的长子送到埃及去接受教育，以继承他们的父业，对自己更加效忠。

图特摩斯三世先后发动了 15 次战役，为了征服卡叠石和它的内地，在叙利亚海岸登陆并建立了一个作战基地，图特摩斯三世建造了一支海上舰队。在第 6 次战役时，他的部队在西米拉登陆，这里位于叙利亚海岸上的的黎波里的北面。接着，他指挥部队向卡叠石城进攻。卡叠石城是一个强有力的要塞，所图特摩斯三世用了很长时间才将其攻克。在第 7 次战役中，他在他的后方平定了一连串叛乱。在第 8 次战役中，他攻入了雅利安人建立的米坦尼国，夺占了米坦尼王国位于幼发拉底河西岸的土地。

因为长期对外的征战，图特摩斯三世威名远播，许多地方的亲王纷纷向他进贡。他的舰队也威震四方，可以说基本上控制了东地中海。爱琴海诸岛屿、塞浦路斯岛和克里特岛这些也都完全在他的控制之中。经过长期的征服，图特摩斯三世将埃及南部的边界扩展至尼罗河第四瀑布，还使利比亚、亚述、巴比伦及赫梯的统治者们都向他纳贡。

图特摩斯三世不仅是位军事战略雄才，还是位伟大的建筑者。他为卡纳克的阿蒙神庙建筑了第6塔门和一些圣所殿堂，竖立了4座方尖碑，另在赫利奥坡里斯建立了2座方尖碑。

图特摩斯三世在公元前1425年逝世，他在位共54年。他的遗体葬在"国王谷"，为了防止盗墓者，王陵的入口被建在了悬崖上。如今他的遗体依然保存在开罗的博物馆里。

## 时尚的法老图坦卡门

图坦卡门是新王国时期第18王朝的一位法老，他在位时期是公元前1334年—前1325年。他的坟墓1922年被英国人哈瓦德·卡特发现，挖掘出大量珍宝，震惊了西方世界。卡特花了大约五年的时间来挖掘图坦卡门的坟墓，花了八年时间清理，以及花了将近十年为坟墓里发现的约5000件左右的陪葬品编目。

结合文献史料和壁画文物大体可以得知：图坦卡门登基时年纪非常小，只能同老臣阿伊共掌大权。图坦卡门与埃赫那吞的女儿结婚，埃赫那吞曾经进行过一次宗教改革树立阿吞为主神，以削弱宗教势力。图坦卡门即位3年后，在宗教人士的怂恿下重新树立阿蒙神，恢复寺庙，并且把首都迁回了底比斯。

图坦卡门墓穴内部场景

他在18岁时突然死去，没有留下子女，老臣阿伊继承了王位。对图坦卡蒙的死，历史上没有任何记录。考古学家对他的木乃伊进行了检验，发现他的头上有一处受伤的痕迹，但在他死以前已经部分治愈。但也不排除被暗杀的可能，因为根据X光照片显示，他头胪后的下方有一个暗点，表示他的后脑可能有被重击的慢性创伤。《星期日泰晤士报》报道，曾有许多研究人员认为他可能是因为争夺继承权而被他的老臣阿伊杀害，但对图坦卡门木乃伊的进一步更详细的检测发现阿伊并非凶手。最新研究表明：图坦卡门死于谋杀。凶手是他最亲近的人：艾，艾是图坦卡门最亲近的侍从，职务为日轮神牧师，可后来信奉老教阿蒙神。艾谋杀了图坦卡门，并且利用王后想要孩子的心理，迫使王后嫁给了他。最后，他就成了王室的亲戚，有了继承权。

图坦卡门死时才18岁，图坦卡门的石棺与陪葬品原本是留给他的一位祖先用的，可临时来不及特别为他准备。他的整座墓由前室、墓室、耳室和库室组成。除墓室外，几乎所有的地方都放满了各式家具、器皿、箱匣等器物。墓中的器物，都以金银珠玉装饰而成。

在他死后埋葬不久，他的坟墓很快就被古代盗墓者盯上了，盗墓者可能光顾过两次。卡特推测，图坦卡门坟墓里的珠宝大约有60%已经被偷走了。尽管如此，这里还是出土了大量奇珍异宝。与同时期的其他法老陵墓相比，图坦卡门的陵墓规模并不算大，形式上也比较简易。墓室的主体由甬道、前厅、棺椁室、耳室和库房组成，其中甬道长达120米，而面积最大的前厅仅有34平方米。前厅后面的墓室由两个真人大小、乌木镀金的武士雕像守卫着。里面的棺椁共有七层，把墓室塞得满满的。外椁是四层木制圣柜，通体用黄金覆盖，四面镶着鲜艳的蓝釉饰板，上面雕饰着各种旨在保护死者的宗教象征图形。外椁里边是由整块黄色石英岩雕成的内椁，盖则是用重达1.25吨的玫瑰色花岗岩制成的，石棺周身雕刻的女神伸开双翅以托住棺脚。宠大的石棺盖下，还有三层人形棺。最外层是贴金木棺，棺盖上是国王的金像，脸是用纯金铸成的，前额上镶嵌着艳丽的眼镜蛇和秃鹰——分别代表着上埃及和下埃及。第二层也是贴金木棺。最里层是黄金颜面人形棺，前后都是用3厘米厚的金板制成，长1.83米，宽0.51米，重110.4公斤。黄金棺上的法老两臂相互交叠，手里握着权杖和神鞭，线刻的守护女神羽翼环绕着金棺，工艺极为精湛。

棺内即是图坦卡门的木乃伊，黄金面具套在他的头部和肩上。这是一件引人注目的，做工精美、表情哀愁但又宁静的金制面具。它高约54厘米、宽约40厘米，重约10.23公斤，和金棺一样，眼镜蛇和秃鹰徽章都位于前额的中间位置。他的面具上镶饰着各种宝石和玻璃，眼睛是由石英、黑曜石制成的，眉毛和眼圈用的是上好的透明蓝玉；面具下颌处垂着胡须，象征着古埃及神话中的冥神奥西里斯。

木乃伊的头上有一块亚麻布头巾，颈部和胸前放了一大串由珍珠和花朵组成的颈饰，可以清晰地分辨出矢车菊、百合花和荷花。这些花虽然都已枯萎，却还保持着若有若无的颜色。

图坦卡门是个时尚的男士，他酷爱流行。在他坟墓中发现了大批衣物和服饰，包括手套、鞋子、项链、珠宝和腰带等。图坦卡门大约有100双鞋，有用皮做的、有用木头做的，也有用柳条编的，甚至还有用黄金做的。衣物旁还有一个依他体型而做的木型模特。另外还发现了图坦卡门洗礼时用的围巾，质料好而且手工又细，专家推测用手工来做这条围巾，恐怕要每天工作11小时，连续做9个月才能完成。从这些遗物和珍宝中我们可以发现这位英年早逝的法老，在穿戴上是十分奢华的。他能活得长久一些，可能留给世人的就不仅是墓室里的奇珍异宝，还有他的丰功伟绩……

## 业绩显赫的法老

从1988年开始，在美国大学的古埃及学专家Dr. KentWeeks的率领下，一群考古学家在尼罗河畔的底比斯附近挖掘国王谷的第五墓穴。在Dr. KentWeeks锲而不舍地的挖掘下，1995年5月他终于发现了原来这座墓穴是别有洞天，里面还隔着许多的“房间”，这些都是拉美西斯二世的儿子的安葬之处，房间多的足以容纳他的50多个孩子，这个惊喜的发现让考古学家们兴奋不已。1995年5月《时代》杂志以拉美西斯二世这位留下盛名的法老作为封面，也由此揭开了探索埃及文明的一页。

拉美西斯二世，公元前1304—1237年在位，是古埃及第十九王朝的法老。他在位67年，其显赫业绩可与中国的康熙大帝相媲美。他的头上充满着各种光环：他是一位强大的国王，又是一位善于征战四方的将军；他是一位和蔼可亲的父亲，更是一位不知疲倦的建设者。

当时，来自小亚细亚的赫梯人不断地向外扩张，他们攻占了叙利亚和巴勒斯坦，还攻陷了巴比伦帝国的首都巴比伦。接着为了争夺中东，他们又与埃及打了起来。于是拉美西斯二世带领部队积蓄力量向赫梯国发动了猛攻，部队向赫梯国浩浩荡荡地行进。公元前1276年，他们首先占领了南叙利亚的别里特和比布鲁斯。次年4月末，拉美西斯二世亲征。他把军队分成了4个师：阿蒙、拉、普塔和塞特军团，先锋车队由拉美西斯二世亲自率领，他乘坐着一辆十分华丽的战车，四周还镶嵌着黄金和宝石。很快他们就接近了被赫梯人占领的叙利亚的卡叠石城，在卡叠石城以南约15英里处的高地宿营。这一处地势十分险要，河水湍急又峭壁耸立，可以说是联结南北叙利亚的要道，也是赫梯军队的军事重镇和战略要地。拉美西斯二世率领的埃及军队试图首先攻克卡叠石城，控制北进的咽喉，然后再向北推进，恢复对整个叙利亚的统治。

拉美西斯二世率领的埃及大军的袭击让赫梯王大惊失色，10万埃及大军让他不禁犯难。军中一个叫纳丁的将军献计，于是赫梯王制订了以卡叠石为中心，扼守要点，以逸待劳，诱敌深入，粉碎埃军北进企图的作战计划。

次日，拉美西斯二世率主力部队向卡叠石进击，想要在黄昏之前攻下。拉美西斯二世率阿蒙军团冲锋在前，拉军团、普塔军团居后跟进，塞特军团由于行动迟缓，尚滞留在阿穆路地区，一时难以到达战场。当阿蒙军团进至卡叠石以南大约8英里的萨布吐纳渡口时，他们截获了两名赫梯军队的“逃亡者”，但是这两人实际上是赫梯的密探，他们谎报赫梯军主力尚远在卡叠石以北百里之外的哈尔帕，并佯称守军士气低落，力量薄弱，畏惧埃及军。拉美西斯二世被这两名密探给骗了，他信以为真，然后立即指挥阿蒙军团从萨布吐纳渡口跨过了奥伦特河，他们孤军深入，直抵卡叠石城下。赫梯军主力秘密转移至奥伦特河东岸，构成包围圈，将埃及军团团围住。拉美西斯二世才知道自己中计，立即派急使催促拉军团和普塔军团紧急来援。当拉军团到达卡叠石以南的丛林后，这时早就设伏于此的赫梯战车出其不意地攻其侧翼，拉军团损失惨重。接着，赫梯军队向埃及军的阿蒙军团发起了猛烈的攻击，一路奔波的埃及士兵一触即溃，纷纷四散逃命。陷入重围之中的拉美西斯二世在侍卫的掩护下，奋力抵抗，并祈求阿蒙神的庇佑，还将他护身的战狮放出来“保驾”。在此危急时刻，埃军北上远征时曾留在阿穆路南部的一支部队赶到了。这支援军分三线来配置，其中一线以战车为主，轻步兵掩护；二线则是步兵；三线士兵和战车各半，突然出现于赫梯军队侧后，对赫梯军猛攻，把拉美西斯二世从危局中解救了出来。

埃及军连续发动了 6 次冲锋，将大量的赫军战车赶到了河中。赫梯王也不断增派战车投入战场，以猛击埃及中军，并令 8 000 名要塞守军短促出击，予以配合，战斗十分激烈。黄昏时分，埃及的普塔军团先头部队终于赶到加入到了战斗中。入夜时赫梯军退守要塞。战斗结束，双方可谓势均力敌，胜负未分。而实际上，是拉美西斯终于逃脱了一次惨败，当他在战场上陷入困境时，没有士兵冲上前去为他护驾，只得求助于他的护狮，他的军团十分艰苦地才抵挡住了赫梯军的冲击。但他的傲气使得他不允许任何人对这场战斗的胜利提出置疑，他还大张旗鼓地命人将战斗的激烈场面绘制在神庙的墙壁上，用以供后人来瞻仰，希望使他的英明与威猛永留史册。

卡叠石大战之后，赫梯和埃及的仇恨也越来越深。双方之间的战争不断进行，就这样埃及人和赫梯人展开了长期的拉锯战。他们之间的战争前后持续了十多年。最后，双方都精疲力尽，损失惨重，再要打下去两个国家都要灭亡了。

公元前 1296 年，赫梯的老国王一病不起，然后就过世了。新国王是老国王的弟弟：哈图西里，他派出友好使团去与埃及讲和。而此时拉美西斯二世也无力再战，于是双方在孟斐斯签订了和约。和约镌刻在一块银板上，因此又称为“银板文书”。上面写着：“伟大而勇敢的赫梯国王哈士西尔”和“伟大而勇敢的埃及法老拉美西斯”共同宣誓：“从此互相信任，永不交战；永远保持美好的和平和美好的兄弟关系；而且，一国若受其他国家欺凌，另一国应该出兵支援……。”这是留传至今的最早的一份和平条约。此后，两国在数百年间相安无事。

埃及与赫梯之间的战争，是古埃及历史上的重要事件。拉美西斯二世是古代埃及军事帝国的最后一个强有力的法老，当时的赫梯也处于其鼎盛时期。双方长达数十年的军事较量，使双方的实力都受到严重削弱，使得拉美西斯二世的后继者面临着内外交困的局面。

在战争之后，拉美西斯二世将自己的后半生主要用于修建巨大的建筑工程之中，他认为所修建的神庙是巩固自己统治的“永恒之石”。他的名字在埃及的纪念碑和建筑上随处可见，他甚至还频繁地侵占他前辈的建筑，在不是他修建的雕塑上留下他自己的名字。此外拉美西斯还将卢克梭鲁的阿门候普三世的神庙扩建了，并且完成了卡纳克的多柱大厅，这个大厅至今依然是世界上最大的有圆柱的房间，比如拉美西斯二世在众多石刻上记录下他的战争功绩，撰写有关拉美西斯专著的弗朗克·齐米诺说：“在古代，还没有哪一次战争拥有如此多的史料。拉美西斯战争归来之后，在他王宫的墙壁上，在阿布·辛贝尔神庙、卡纳克神庙及卢克索神庙里刻下了描绘战争的场景。这些巨型的艺术品分别展示了士兵、埃及人安营扎寨、战斗的场面以及被俘的士兵。当然，其中占突出地位的还是拉美西斯二世，在画面中，他只身一人就击溃了敌军。流传给我们的还有叙述这场战争的两首史诗，其中最重要的一首就是《潘道尔之歌》，它与庙宇中的壁画一同向人们叙述了这段历史。”

拉美西斯二世在努比亚建造了好几座宏伟壮观的神庙，这些神庙都以古埃及人崇拜的主神阿蒙命名，称为阿蒙神庙。其中最雄伟、最特殊的要算座落在阿布·辛贝尔的石窟神庙，它可以说是埃及石窟神庙中最有代表性的杰作。神庙的正面有四个高大巍峨的法老拉美西斯二世的坐像，它们都是直接雕在崖壁上的，约高达20米。雕像面向东方倚山而坐，气势宏伟。它们高居于尼罗河最高水位之上，凡是在河上航行的人们，都能从远处看到这四尊正襟危坐、令人生畏的法老坐像，并留下十分深刻的印象。而旁边的小庙则是献给他的最爱——他的正室奈菲尔塔莉。拉美西斯在他皇后的墓碑上刻着他对她爱的表白：“我对你的爱是独一无二的。当你轻轻走过我的身旁，就带走了我的心。”

阿布·辛贝尔石窟神庙的法老坐像

在拉美西斯二世漫长的统治期间，他大约养育了40个女儿和50个儿子。他巧妙地把一个个儿子安排在王国里重要的位置上。年纪较大的儿子成为了他在军队的重要力量，而小一些的儿子则成为孟斐斯和赫利奥波利斯的最高祭司。在他统治的整个时期里面，他的儿子们竟然从来没有为争权夺利闹过矛盾，可见他在政治上的智慧和统治的威望。但是在拉美西斯二世执政的最后几年里，三角洲的整个西部地区都陷落到了外族人的手里，埃及东部的国土也被外族移民给侵占了。他奢侈的修建计划破坏了国家的经济实力，使得人民陷入穷困潦倒，埃及正面临着失去三角洲地区的危险。直到他在位第67年，这位统治者才停止了建设，进入了自己的神庙。

## 拉美西斯三世——最后一个大法老

拉美西斯三世，是古埃及第二十王朝的第二位法老，在位约31年，在位时间是公元前1197年—前1166年。

拉美西斯三世的王位是直接继承他父亲的，一个相对不出名的法老，叫作塞塔克特。虽说塞塔克特被埃及人认为是20王朝的开国者，但事实上，他可能是伟大的拉美西斯二世的孙子。拉美西斯三世可能在与他的父亲在一段较短的时间里共同执政过。拉美西斯三世统治的初期国家是相对比较平稳的。当时，他主要的任务就是继承他父亲的工作，即收拾19王朝末期留下的残局，巩固他的帝国。

在拉美西斯三世统治的头几年里，他励精图治，继续巩固了他父亲的业绩，使得埃及逐渐团结了起来。这个时期，南方的努比亚人比较温顺，他们屈服于埃及人的殖民统治。但在他执政的第5年，埃及遭到了利比亚人的侵犯。埃及早已有所准备，拉美西斯三世很轻易地就解决了这次来袭，消灭了大部分侵略者，并将剩余的侵略者当作了奴隶。

拉美西斯三世金身

自从莫艾颇泰赫击退他们的进攻，到这时已经有27年之久了，现在他们卷土重来，被埃及军队轻松地击败了。但是3年之后，他们组织了一场更大的进攻，而此时的海人正在迁居中。他们已经处在新青铜器时代，他们这次行动的目的是要在埃及定居。这个庞大的游牧民族在朝南进发，他们拥有一支强大的海上舰队支撑着他们陆上的行动。拉美西斯迅速地估计了他们可能带来的危害。他在南部巴勒斯坦建立起了一道防线，并召集所有能调用的船只来保护尼罗河的咽喉。埃及边境线上的军队都收到指令，他们原地待命，直到大军队采取行动。当冲突来临时，在陆上的海人纷纷被击溃了，但海人的海军仍旧朝着尼罗河三角洲的东岸进发。他们现在的目的是击败埃及海军并在河边登陆。而此时拉美西斯已经在岸边部署好了弓箭手，等海人的海军一到，他们就会用箭截击敌人。随后埃及海军用格斗钩攻击敌舰，这迫使他们的船改变方向。在残忍激烈的格斗后，海人被全面击溃。有关拉美西斯三世抗击海上民族入侵的文献出现在第二瀑布北面的外城墙上和他的祭祀庙内。在神庙北城墙的位置上，拉美西斯三世命人绘制了这场战役的全部经过。由于这次胜利，在接下来的很多年里，埃及保持着安定与繁荣。然而在埃及西部，随着外族移民的不断渗透，在拉美西斯三世统治的第 11 年里，来自埃及西部边界的利比亚人，伙同其他五个部族，发起了另外一场大规模的入侵活动。拉美西斯三世又一次战胜了敌人。被捕获的敌人的首领也被处决，缴获了大量的战利品，这些被缴获的家畜和财产后来都被捐赠给了阿蒙神。有关这次战役的详细内容可以在第一瀑布北面城墙的内部被发现。

在同利比亚再一次发生冲突后，拉美西斯三世的统治开始进入和平稳定的时期。古埃及与各国的商贸开始复苏，在这些联系中，最著名的当属埃及的贸易老伙伴蓬特了。这是继 18 王朝的海特西朴苏特派探险队来到蓬特进行通商探险以来，埃及再次与这个岛国的接触。拉美西斯三世还派遣了一支前往阿提卡的探险队，并且在那里找到了铜矿的具体位置。

拉美西斯三世还热衷于在国内大兴土木，希望以此来巩固传统的法律与秩序。在 19 王朝末期，众多神庙的建设被荒废。他不得不花很大的力气来修建埃及境内的众多神庙。拉美西斯三世最重要的建造物是为他自己修建的坐落于美迪奈特哈布的祭祀庙，该庙大概在他统治的第 12 年完工。在卡纳克，他为那儿的巨柱提供了不可计数的浮雕装饰，并且还为它新添了两座小神庙，其中一座是献给月神孔苏的。

拉美西斯三世有许多的妻子，因此他也有许多的儿子，其中就有三位成为了埃及以后的三任法老——拉美西斯四世、五世和六世。

根据历史记载，拉美西斯三世是因宫廷政变而死的，但是并没有指出具体的死因，研究人员希望能够借助现代科技手段来揭开真相。拉美西斯三世的木乃伊保存得十分完好，从外观上看他没有任何明显的创伤。X 光片显示他也没有内伤，各部分的骨骼都完好无损。他的脊柱很直，腿骨形状优美，骨质很好，这说明他生前摄入了充足的钙元素。研究人员认为他被毒死的可能性也不大，因为古埃及的毒药通常带有苦味，很容易被发觉，于是，他们想到了眼镜蛇。

据说埃及艳后克丽奥帕特拉七世最后就是用眼镜蛇来结束自己生命的，古埃及人在处死罪犯时也经常使用毒蛇。在埃及的博物馆里，有一尊拉美西斯三世的雕像侧面有隐约可见的象形文字，雕像背后有一条蛇，蛇下面有个半圆，是“全部”的意思。研究人员分析称在当时，这尊雕像可能本身就是一个大符咒，保护人免受蛇的袭击，而这似乎也从另外一个方面说明拉美西斯三世就是死于毒蛇之口。

或许，我们可以据此推测出当年的谋杀情形：他的妾中有一个名叫 Tiy 的女子，她图谋杀死皇帝，以使自己的儿子潘特瓦瑞特登基。她和她的同盟者搅起了一场叛乱，并收买了一名耍蛇人，让他偷偷混入法老的寝宫。古埃及的耍蛇人技艺高超，他们能把凶猛的毒蛇驯养得服服帖帖，可以让它们一动不动，也可以让它们闪电出击。人如果被眼镜蛇咬伤，会很快死亡，由于拉美西斯三世是在事后 12 天后死去的，所以，耍蛇人当时使用的有可能不是眼镜蛇，而是一种毒性比较小的蛇，人被这种蛇咬伤后尚可存活一些时日。

但这场阴谋很快就败露了，牵涉在其中的 40 多人全部被抓起来了，由 14 名高级官员组成的法庭进行审讯，除了 Tiy 幸免于难，多数同谋者被判处死刑。

拉美西斯三世死后被葬在了国王谷中，公元前 1151 年，他的儿子拉美西斯四世继承了王位。拉美西斯三世的去世宣告了新王国时代以及埃及在世界舞台上的统治地位的终结。他在位 31 年，是最后一个大法老，埃及从此开始了她的衰退……

# 第三章　古埃及辉煌灿烂的文明

## 威严的狮身人面像

它面朝着东方，似乎在向初升的太阳行注目礼；它雄踞在巍峨的金字塔旁，为法老的陵墓增添了些许威仪和神秘感；它原本头戴皇冠，前额装饰着圣蛇浮雕，下额挂着长须，微露出一丝神秘的笑容。它就是位于哈夫拉金字塔东面的狮身人面像。

狮身长 240 英尺，高 66 英尺，相传人面部是哈夫拉法老的肖像。这种创造起源于图腾崇拜：把某种动物当成祖先或神加以崇拜，再把法老的面容雕在这种动物身上，这就意味着法老是神的化身，借以显示无上权威。

狮身人面像

相传在公元前二三世纪，这时希腊人统治埃及，一批批希腊旅行家横渡地中海来到埃及参观旅游。他们一见到这座奇怪的石像，便有人脱口惊呼："斯芬克斯!"于是斯芬克斯的名字就在西方传开了，直到现在人们仍然以此来称呼它。那么斯芬克斯到底为何物？为什么希腊人一见此石像便如此惊恐万状，失声相呼？原来在古希腊神话中有一头可怕的怪物，它长着人的头，狮子的身躯，还有两只翅膀，而它的名字就叫斯芬克斯。传说它生性十分残酷，它从智慧女神缪斯那里学到了一些谜语，便常常守在大路口叫过路行人猜谜。谁猜不出，就把他当场杀死吃掉。这个谜语是"今有一物，先是四足，后是两足，最后三足，这是何物?"最终一个叫奥狄浦斯的人猜中了这个谜语，谜底是人，因为人在婴儿时期匍匐爬行，长大时两脚步行，年迈时拄杖行走。这个故事暗示斯芬克斯是全知的，在今天斯芬克斯仍是智慧的象征。

如今，狮身虽然还傲然屹立，威风凛凛，但经过几千年的风吹日晒，它的前爪已残损，面目也已斑斑不堪。不仅额上的圣蛇和下颌的长须已不复存在，甚至连他脸上那 2 米长的鼻子也不知去向了。

关于狮身人面像为什么会破损，古代有很多传说，一说中世纪的埃及统治者马末娄克将狮身人面像作为靶子让士兵进行射击练习，所以致使面部被打坏；另一传说是 18 世纪末拿破仑攻占了开罗后，他趾高气扬，整个埃及都拜倒在他的脚下。但是唯有斯芬克斯面向东方，昂首雄踞，表现出毫不屈服的气概。这使得拿破仑恼羞成怒，他命令士兵用大炮轰击这个巨兽，狮身人面像遂被毁容。

其实历史并非如此。据中世纪阿拉伯著名的历史学家马格里齐记载，那时石像的身躯都被沙土所覆盖，这时有一名叫沙依姆·台赫尔的伊斯兰苏菲派教徒，他反对偶像崇拜，不满有人常来此朝拜，于是他爬上沙丘猛砍暴露在外的鼻子，以毁坏其面容，阻止信徒们的朝拜。马格里齐还说，此事发生后飞沙掩埋了附近的农田，当地老百姓把这归结为太阳神发怒的缘故。

此后，一些历史学家提到类似的史实。可见，传说的拿破仑的破坏应是不存在的。虽然在 18 王朝时，托特莫斯将石像从沙土中清理出来，并加上围墙用以阻挡风暴，第 19 王朝拉美西斯国王之子赫姆瓦斯王子也曾对石像清理修缮过，以后历代又有所修补，然而当我们走近石像仔细端详时还是会发现经过漫长无情岁月的洗礼，石像虽然“人面”仍似哈夫拉国王，但脸上有着一道道的“皱纹”，昔日外层的红色胶泥大部分已经脱落，皇冠、圣蛇和长胡子也不复存在；它的鼻子深陷，项圈无影无踪，只剩下头顶上一个四方形固定皇冠的深洞；它身上斑斑驳驳，遍体鳞伤，彩绘也消失殆尽。

狮身人面像，它和金字塔一起显示了法老生前无上的权威以及死后的灵魂不灭。它的名声大大超过了它所守候的哈夫拉金字塔，可与胡夫金字塔并驾齐驱。它硕大威严的形象为世人所熟悉、所景仰，牵动着古往今来亿万人的心。

### 神秘威严的神庙

神庙，被视为“神的住宅”，它是神圣的、是神与法老完美的统一，在古代埃及文明史上是最为瑰丽与深邃的一束奇葩，堪称建筑领域的经典。多少年来，埃及的古代神庙深深地吸引着无数探秘者、好奇者和崇拜者。

神庙由石像道、塔门、外庭院、大殿和密室组成，多以石块砌筑。石像道两侧是狮身像，如卢克索神庙是人面狮身、卡纳克神庙是羊面狮身。沿着一条两侧通常有狮身人面像和其它巨型雕塑的大道，就能直达神庙的庙墙和通往神庙主体的宏伟的塔门。在建筑施工技术和艺术表现手段上，神庙比金字塔更进一步。

神庙分成两部分：外神庙与内神庙。外神庙可让新加入者进出，内神庙只能让经过认可的，更深学识的人进去。神庙的装饰丰富，以浮雕和绘画为主，门墙、围墙以及大殿内墙面、石柱、梁枋上都刻满了彩色浮雕。

新王国时期的埃及，神庙代替了金字塔，成为法老崇拜的纪念性建筑物。比较著名且保留至今的有卡纳克、卢克索和阿布·辛贝尔神庙。

卡纳克神庙

卡纳克神庙

卡纳克神庙位于卢克索的尼罗河东岸，它的建造时间很长，它大约始建于公元前2133年—公元前1786年的中王国时期，一直扩建到公元前后希腊人的托勒密王朝时期，前后共营建了2000年之久，最终形成一片约25万平方米的巨大的综合建筑群，整体规模为世界宗教建筑之最。一再增修扩建的卡纳克神庙，到新王国时期已经成为可与古王国的金字塔相媲美的宏大建筑工程。它是埃及现存最大的露天神庙，也是至今为止世界上发现的最为壮观古老的建筑之一。它完美地体现了古埃及神庙的建筑风格与文化内涵。整座神庙建筑群规模宏大，全部用巨石修建。卡纳克神殿的大柱厅，约5 000多平方米，厅内树有134个石柱，分16行排列，中央两排特别粗大，每根高达21米，直径3. 57米，可容纳100个人在上面站立。整座大厅用密集的粗柱营造出一种高大雄伟震撼人心的效果。杰克·特里希德指出，“在古代世界，柱子的象征意义极为重要，它代表着神明的力量和权威，也代表着生命力”，巨石柱作为古埃及神庙建筑的代表性构件，恰好印证了此说。

在卡纳克神庙的一座高达43. 5米，宽113米，巍峨壮观的塔门外，是拉美西斯二世建造的“公羊之路”，公羊是阿蒙神的化身，几十座羊首狮身斯芬克司的雕像分列两侧，每个公羊头下和狮子的两个前爪之间，有一尊法老的小雕像，象征着法老受到阿蒙神的庇护。神庙的门墙、围墙以及大殿内墙面、石柱上都布满了精美浮雕与彩色绘画。这些浮雕与绘画生动形象地表述了埃及的历史，描写了古代埃及的战争、狩猎、祭祀、聚会、耕耘等场面，更为重要的是表现法老从人向神转化的过程的内容，可以说这些雕塑与绘画是体现在墙壁和巨柱上的古埃及文明史的叙事描述，顺着这部叙事史的踪迹后人才可以多少弥补一点由于历史记录的失传而失落的埃及古代文明的缺憾。

主殿塔门后赫然耸立着两座方尖碑，与角锥体的金字塔一样，也象征着对太阳神的崇拜。碑体造型为方形，向上逐渐收分，至顶端则与金字塔一模一样，成为方锥体。方尖碑四面均刻有象形文字和法老的标志，向世人展示法老的丰功伟绩。侯雷恩说，“一切建筑都是有宗教意义的”，有学者指出，碑、柱、塔类建筑直刺云霄的“垂直”结构，实际是指涉了隐性的父权。

卢克索神庙

卢克索神庙大约始建于公元前 14 世纪，是古埃及第十八朝的第十九个法老阿梅诺菲斯三世为祭奉太阳神阿蒙、他的妃子及儿子月亮神而修建的。图特莫西斯后来加以扩建，到第十八王朝后期，又经拉美西斯二世扩建，形成了现今留存下来的规模。卢克索神庙前院的西南是一座巨大的大门，门楼是由 19 王朝拉美西斯二世建造的。门楼前原本有拉美西斯二世的两尊坐像、四尊立像和两根方尖塔。坐像就高达 15.5 米，目前尚存两尊坐像和一尊立像，原来像前竖着的两座 25 米高的方尖碑，现在仅存一座。另外一座于 19 世纪被埃及总督作为礼品送给了法国国王，今天这根卢克索方尖塔位于巴黎协和广场，作为交换总督从开罗的一座清真寺获得了一座钟塔。

神庙大门两边有两条很厚、很高的墙。墙的外部有拉美西斯二世与赫梯作战的凹浮雕。右墙上的浮雕是拉美西斯二世正在大本营中开战前会议，与此同时赫梯正在进攻埃及的营地；左墙上的浮雕是拉美西斯二世向加低斯追击逃跑的赫梯人。通过大门进入拉美西斯二世建造的院落，这个院落被两重廊柱围绕，这些廊柱由纸莎草捆组成，上有柱台。

阿布·辛贝尔神庙

阿布·辛贝尔神庙，坐落于尼罗河畔，由公元前第 13 世纪法老拉美西斯二世建造的。在 20 世纪 60 年代时尼罗河建筑水坝使得水位上升，随时会淹没这座伟大的遗址，1963—1967 年由联合国教育科学文化组织领头将神庙搬到更高更为安全的地方。

大法老的四座巨像俯瞰于神庙前，巨像戴着独特的头巾，冠以上下埃及的王冠，每座 20 米高，然而从正面看要宽于 35 米，高于 30 米。随伴着国王的是他的众多妻子，儿女，他们在他腿边，要比他小得多。在入口正顶的一座小壁龛供奉着拉－哈勒刻特神。中心入口通入一个大廊柱大厅，大厅的前面是奥西里斯国王模样的塑像。神庙的方位布置精妙，每年的 2 月 22 日与 10

月 22 日当最早的太阳光线照在最内室的后墙上，使得坐在那儿的四神像明亮发光。也称塔门，是神庙的大门。门楼是埃及神庙的一大建筑特色。我们看到的芦克索神庙的门楼算是保存较完整的。门楼通常由两堵梯形的高墙组成，中间夹着一条低矮、窄长的门道。门楼前成对地置放着法老巨大的雕像，像前是一对比门楼还要高得多的方尖碑。方尖碑和墙上还刻满了彩色的浮雕。在通往大门前的长长的宽敞的石板大道的两侧还排列着一个个巨大羊头狮身石像，羊头代表太阳神，狮身代表法老，意味着太阳神和勇猛的法老结合在一起。

虽然这些神庙经历了千年的沧桑有些残破，但还是让人想起昔日不凡的气势，神庙前那高大威严的门楼就让人产生一种对神肃然起敬的感觉，这神秘威严的神庙吸引着无数的观光旅游者。

## 国王谷的传奇

孕育了古埃及文明的尼罗河，奔腾不息，河水的泛滥给东岸地区带来了肥沃的黑土，庄稼茂盛，而西岸却是无尽的沙漠。在与卢克索城相对的尼罗河西岸的一条山谷中，集中了许多国王和王室成员的陵墓，这就是著名的国王谷。

考古学家陆续在这片山谷发现了 60 多座墓穴。这里埋葬着第 17 王朝到第 20 王朝期间的 64 位法老，最大的一座是第 19 王朝沙提一世之墓，从入口到最后的墓室，水平距离达 210 米，垂直下降的距离是 45 米，巨大的岩石洞被挖成地下宫殿，墙壁和天花板布满壁画，装饰华丽。第 18 王朝的墓的特点是前室和墓室成直角，而到了 19 王朝之后，大多成了直线式的了。

在国王谷，海特西朴苏女法老的陵庙依峭壁建造在地面之上，在国王谷最北端，分为三层建在山石峭壁上，刻有许多富含深义的浮雕。女法老以一种女性独有的优雅的姿态，显示着其统治的长治久安。其他的墓穴都深藏在地下，墓穴从表面是看不出来的，只有从地表向下深挖，才会发现甬道，甚至地宫。尽管如此戒备森严，但历朝历代的盗墓事件还是层出不穷。

其后考古学家又陆续发现发掘了 60 多座墓穴，有的已被盗墓者洗劫、有的则远比考古学想象的要惊人得多。如拉美西斯一世和拉美西斯六世的墓穴里都有保持完好的精美壁画。拉美西斯三世葬祭殿保存有表现他英勇事迹的浮雕：讨伐敌人、捕杀野牛等。院落内有由 24 根石柱组成的列柱室，顶部保存有色彩鲜艳的浮雕。1995 年，考古学家肯特·威克斯在对“5 号墓”进行考察时发现，它比原先预想得要大得多，里面竟有超过 120 间墓室！

目前国王谷对外开放的主要墓室有：第十八王朝的图特摩斯三世、阿蒙荷太普二世、图坦卡门、荷莱拇赫布王；第十九王朝的西蒂二世、美耐普塔、塔乌塞尔托女王、拉美西斯一世；第二十王朝的拉美西斯三世、拉美西斯四世、拉美西斯六世、拉美西斯九世的墓室。这些墓室诉说着古埃及法老和王室成员的一段段往事，让人神往！

## 世人瞻仰的雕塑艺术

古埃及的雕塑，数量众多，技巧娴熟，在古代世界艺术史上是无与伦比的，可谓一场雕塑的盛宴。古埃及的雕塑作品通常出自于陵墓和寺庙。神庙中的神像和葬祭庙中的国王像，通常是具有纪念性的，以供人们瞻仰和崇拜。

古埃及的雕塑作品一般是用石、木、象牙和陶土等原料构成的。在古埃及第一中间期，主要为木质雕刻，工艺较粗糙，保存下来的不多。在中王国时代，雕刻致力于人物细节的真实，追求个性化。特别是到了第十二王朝以后，注重表现日常生活各场面的普通人、奴仆和战士。

在新王国时代，主要是在神庙和陵墓中风格各异，题材多样化的神、王以及普通人物的雕像，不仅创作了真人一般大小的雕像，而且雕塑巨像。新王国时代的雕塑艺术发展中，阿玛尔纳时期的作品开创了一个新的天地，具有不可磨灭的贡献。阿玛尔纳艺术一反传统的、固有的模式，具有明显的自然主义的、现实主义的倾向。到了后埃及时代，社会陷入了动荡不安的状态，出现的主要是国王、僧侣和神的青铜和金制的小雕像。

阿布·辛贝尔大神庙

神和王公贵族的雕像通常有两种表现形式，即行进式和坐式。前者往往是人物的左腿往前迈开一小步，如《卡培尔王子像》；后者有时人物坐在底座上，或者盘坐在地面上，如《拉荷太普和诺弗尔特夫妇像》。人物雕像的表现手法，一般都采用“正面律”的原则。不论雕塑的人物直立或端坐，其头部和躯体必须保持垂直。面部雕刻，除了相貌和真人相似外，往往还要有与人物本身的不同等级的社会地位相适应的特殊标准的形象。

在陵墓中陪葬的各类劳动者雕像没有严格的造型限制，表现的人物形象更为自然，尤其是那些酿酒、磨谷的女仆雕像，身体丰满健壮，形象生动逼真。

卡培尔王子像，木质雕像，高110厘米，大约创作于公元前3000年，现收藏在位于开罗的埃及博物馆。

这尊木雕属于古埃及第四王朝时期，是在马里厄特进行考古发掘时从卡培尔王子的墓穴里发现的，所以被命名为《卡培尔王子像》。这一雕像中卡培尔王子呈直立姿势，左手持杖，右手自然下垂，左脚向前迈出。他双眼直视，目光炯炯有神，显示出盛气凌人和自命不凡的高傲气质。雕像的眼睛是用铜和水晶镶嵌而成的，双臂是接上去的，可以活动，原来涂有色彩，现在大都已经脱落了。雕像逼真生动，具有很强的现实感，整个作品表现出了作者对人体结构惊人的观察力和把握力，令人叹为观止。数千年来墓穴中一直处于真空状态，木质雕像才一直没有腐烂，今天人们才得以欣赏到古埃及如此精湛的雕塑艺术。

《拉荷太普和诺弗尔特夫妇像》这部作品是古埃及双人坐像的代表，保存至今十分珍贵。这尊雕像人物表情生动，拉荷太普体格强壮，围白色短裙，脖子上挂着护身符，目光直视前方，给人以威严的感觉。他的妻子诺弗尔特体态丰满，脸颊丰腴，双唇丰满而厚实，脖子上戴着绚丽多彩的项饰。两人手按在胸前，显示着虔诚和尊严。两尊雕像的眼睛都用宝石镶嵌而成，通体着色，使雕像更加栩栩如生，形象安祥庄重而且富有神采。

### 远古文明的明珠：古埃及绘画

古埃及的绘画是远古文明的一颗明珠，它们往往画面饱满，疏密均匀，具有强烈的装饰艺术效果。古埃及的绘画主要有三种样式：线刻、象形文字和壁画。

“线刻”，类似于浅浮雕，就是在石头上刻画人物或动物的形象。这些形象都是平面造型，类似绘画造型，实际上是界于雕刻和绘画之间的一种美术样式，比如在一些陪葬的雕像背后、带有装饰性的石柱表面上会有一些人物、动物等故事场景的描述，简单刻画出来的线条构成画面。

另一种样式是象形文字，这种象形文字最初是用一个符号代表一件实物，每一个符号就是一幅独立的绘画。后来，象形文字虽然逐渐发展为会意，但始终保持着象形的符号，我们现在看到他们把人和鸟、狮子等动物与各种植物的形象一个个真实而生动地画出来，配在画面或浮雕的背景上。尽管古埃及的象形文字作为记述事件的工具为人们所掌握，可是古埃及的文字并不仅仅局限于此，而是也可以当作一种艺术品。

第三种绘画样式是墓壁画，这是古埃及最主要的绘画形式。这个不同于线刻，仅仅使用线条构图；也不同于象形文字，需要一种高度的简约和概括性，而是需要一种丰富多彩的感觉，为死者死后的生活能够营造出一种和现实相仿的情景，所以壁画不仅有线条，更需要有色彩来渲染。当我们观赏和研究古埃及的壁画时，似乎可以看到几千年前古埃及奇妙的、充满生气的生活情景。在我们初次见到这些壁画时，常常会深感迷惑：他们既不像欧洲人那样根据物象去画，也不像我们中国画家依照想象去画。原来他们是根据实际的目的和用途去创作的，因此他们的画不是精致、漂亮，而是完整、圆满。画家尽可能地把一切东西都制作得明确而又耐久。

古埃及的绘画都是为了实际生活的需要应运而生的，比如上面所讲到的三种样式，线刻是为了实际生活、象形文字是为了记述事件、墓室壁画是为了丧葬需要。因此，这些绘画都是根据实际目的和用途而创作出来的。古埃及绘画最大的特点有三个：第一构图上是一种平面化的构图，整个图案横带排列起来，有时候会朝着一个方向、有时候根据具体的需要中间会有相对的方向。人物依尊卑和远近不同来规定形象大小，井然有序，追求平面的排列效果。注重画面的叙述性，内容详尽，描绘精微；第二正面定律，是古埃及绘画不同于其他民族绘画最大的一个特色。脸是侧着的，但是眼睛是正面的。身体是侧着的，但是肩膀是正面的。脚是侧着的，但是腿是正面的。总结起来就是脸侧眼正、体侧肩正、脚侧腿正；第三写实和变形装饰相结合，象形文字和图象并用。始终保持绘画的可读性和文字的绘画性这两大特点。

不同的民族将一些简单的刻画当作艺术来装饰自己的生活，由于刻画所产生的时代、影响的范围都是不一样的，表现出来的形式也会有很大差异。中国早期的绘画艺术表现为彩陶和彩绘陶器表的图案，而埃及由于其所处的地理环境和自然因素等方面的影响，也形成了自己的绘画艺术。特别是古埃及的壁画宏大而细致，庄严而温和。多样的绘画艺术犹如古埃及文明中一颗璀璨的明珠，装点着人们的生活和墓室里的神秘文化。

## 来自生产的精密数学

古埃及人在数学知识方面取得了较高的成就。古埃及人所产生的数学知识是从古埃及人生产生活的需要中产生的。尼罗河每年都定期泛滥，泛滥时会把全部谷地都淹没，水退后，就要重新丈量居民的耕地面积。由于这种需要，多年积累起来的测地知识便逐渐发展成为几何学。

考古发现一些古埃及人的有关数学的纸草文献，如《兰德纸草》《莫斯科数学纸草》《阿那西塔西纸草》等，如兰德纸草书，它是在底比斯古都的废墟中发现的。公元1858年由兰德购买，然后和遗赠给伦敦大英博物馆，因此叫作兰德纸草书。这种纸草书长550厘米，宽33厘米，摹本出版于公元1898年。这部纸草书是底斯人统治埃及时，约公元前1800年以后写成的，是僧人阿梅斯所著。这部草纸书全书分为三部分：算术、几何和杂题，共有85题。纸草书记载着劳动人民生活中遇到的一些实际问题，如对劳动者酬金的分配，面积和体积的计算，不同谷物量的换算等。从这些数学纸草文献中可以看出，古埃及人的数学知识包括算术、代数和几何三个方面。

在算术和代数方面，他们主要是采用迭加法，加法和减法是用一个走近或走开的腿形来表示的，乘除法也是化作用迭加的步骤来做的。埃及很早就用十进记数法，但却不知道位值制，每一个较高的单位是用特殊的符号来表示的。例如，111，象形文字写成三个不同的字符，而不是将1重复三次。埃及算术主要是加法，乘法则是加法的重复。他们能解决一些一元一次方程的问题，并有等差、等比数列的初步知识。占特别重要地位的是分数算法，即把所有分数都化成分子是1的分数的和。

几何方面，古埃及最常用、最重要的长度单位是钦定的腕尺，长度是从肘到中指尖的长，约合20.62英寸。在象形文字中用前臂和手表示，读作迈赫。边长为一腕尺的正方形，它对角线的一半，叫作雷曼，是第2个长度单位，也是丈量土地的主要单位。“步”也是常用的长度单位之一，北方的步长为12.2英寸。后来从叙利亚和波斯传入的“步”则长度各异。古埃及人主要的容量单位是哈努，合29.0±0.3立方英寸；另一个容量单位是哈尔，等于一立方腕尺的2/3。他们已经可以计算等腰三角形、长方形、梯形甚至圆的面积。他们给出圆面积的计算方法：将直径减去它的1/9之后再平方。计算的结果相当于用3.1605作为圆周率，不过他们并没有圆周率这个概念。根据莫斯科纸草书，推测他们也许知道正四棱台体积的计算方法，同时他们也会求柱体等的面积。

古埃及的数学是从实际生产、生活产生的，他们再把所获得的数学知识应用于实践。数学在他们看来是一种工具，用于解决人们在日常生活中所碰到的问题。埃及人把数学应用到管理国家和教会的事务中，如计算付给劳役者的报酬，求谷仓的容积、田地的面积，征收按土地面积估出的地税，计算修造房屋和防御工程所用的砖数。

### 据尼罗河汛期制定的历法

我们今天所使用的公历，究其根源可以追溯到公元前4000年的古埃及，那时的埃及人就已经制定一年为365天。

在埃及境内，尼罗河在每年6月开始涨水，7—10月是泛滥期，这时洪水夹带着大量的养分灌满着两岸的农田。几个星期后洪水退去，农田就留下了一层肥沃的淤泥，等于上了一次肥。11月进行播种，到第二年的3—4月收获。尼罗河还有一个特性，那就是每年的涨水基本上是定时定量，虽有一定的出入，但差别都不是很大。这就为古埃及人制定历法提供了方便。

古埃及人为了不违农时，发展农业生产，认识到自己必须掌握尼罗河泛滥的规律，才能准确地计算时间，这就需要有一种历法。古埃及天文学家已经认出了五个星球：水星、金星、火星、木星及土星，也认出了天狼星。他们发现尼罗河每次泛滥之间相隔的时间大约是365天。同时还发现每年6月的某一天早晨，当尼罗河的潮头来到今天开罗附近时，天狼星与太阳是同时从地平线升起的。以这些为根据，古埃及人便把一年定为365天，把天狼星与太阳同时从地平线升起的那一天，定为一年的起点。他们将一年分为12个月，每月30天，年终加5天作为节日，这就是太阳历。古埃及人把一年分为3个季节，每季4个月，他们还发明了水钟及日晷这两种计时器。此外还有一种称为麦开特的天文仪器，用以专门测量通过子午线的星体，埃及目前仍保存有西元前1000多年前的麦开特实物。每当天狼星与太阳同时升起的那一天就是他们的新年，也就是一年一度的尼罗河泛滥期又要来临了。

古埃及人认为宇宙就像是一个长方形的盒子，盒子的底是地，盒盖是天，天则是由大地四周隆起的四座大山撑着，或圆或平，埃及在大地的正中央。星星则是悬挂在天上的灯，由神来支持。他们将昼夜平分为各有12小时，日出到日落为昼，日落到日出则为夜。把每天分为24小时，但因为一年中每天的昼夜长度事实上并不相同，所以一小时的长度也不相同。埃及人为了计量不等长的时间，设计了一种特殊的漏壶，在不同季节使用不同高度的流水量。

埃及的太阳历将一年定为365天，与地球围绕太阳公转一圈的时间相比较，只相差四分之一天，这在当时已经是十分准确的了。但是他们没有加上闰年，因此在阳历制定出来约几百年后，古埃及的农夫开始向法老抱怨，他们明明是在春天的月份播种，可是植物却都冻死了。其实算算每4年差一天并不算多，但当时间过了400年可就相差100天了，确实是会让春夏秋冬整个差了一个季度。公元前46年，罗马统帅凯撒大帝决定以埃及的太阳历为蓝本，重新编制历法。凯撒主持编制的历法，被后人称为“儒略历”。儒略历法对埃及太阳历中每年约四分之一天的误差，做了这样的调整：设平年和闰年，平年365天，闰年366天。每4年置1个闰年。单月每月31天，双月中的2月平年29天，闰年30天，其他双月每月30天。

恺撒死后，他的继承人奥古斯都因为自己在8月出生，便从2月中抽出一天加在8月上，这样使8月也成为大月，即31天，同时相应地把9，11两个月定为小月，10、12两个月定为大月。经过这样的改动，各月的天数与今天使用的公历基本相同了。后来随着生产的发展和天文学的进步，又几经修改终于形成了我们今天通用的公历。

先进的历法为古埃及人民掌握农时提供了便利，从而孕育了发达的农业生产，为古埃及文明创造了物质基础。直到今天，我们使用的是以古埃及历法为基础的公历。

## 古埃及文字的演变

古埃及人信奉神灵，他们认为他们的文字是月神、计算与学问之神图特所创造的。距今5000多年前，古埃及出现了象形文字。

古埃及的象形文字，是一种绘画形式的文字体系，被古埃及用来记载某些事物或事件。象形文字是由绘画文字演变出来的最古老的文字形式，它通常是由描绘具体的生物体和非生物体的各种符号组成，既可作为图画或图画符号，也可以作为象征性的符号来阅读。

古埃及的象形文字形成于公元前3500年左右，它们是直接描摹物体形象的文字符号，最初主要是僧侣使用。这种文字通常被刻在神庙的墙上和宗教纪念物上，因而古希腊人称之为“圣书体”。

中王国时期开始用芦苇笔来书写，写在纸莎草纸上，所以象形文字中演变出一种简化的速写形式，称为“僧侣体”，一般用来抄写文学作品和商业文书的等。公元前7世纪左右，僧侣体又演变出一种书写速度要更快捷的草书体文字，被称之为“世俗体”。它最初是政府官员们用来书写契约、公文和法律文书等。到了托勒密王朝和罗马统治时期，不仅商业上甚至平民日常生活中、宗教文献和文学作品也都用世俗体来书写，在石碑上也偶尔可以见到这种书体。这三种书体虽然日趋简化，但其内部的基本结构并没有改变。

埃及的象形文字经过发展逐渐有了表意的功能，如太阳可以表示“天”或者“光明”；荆棘则可以表示“锐利”。文字更进一步的发展，有些具有了抽象的表音功能，这样就出现了表形、表意和表音相结合的“圣书”，其意符和声符都来源于象形的图形。埃及人创造出了24个表音符号，这是目前人类考古史上所知道的人类历史上最早创造的标声符号，但这还不是真正的字母文字。后来的腓尼基人在埃及这24个表音符号的基础之上再加以创造，他们创造出了世界上最早的字母文字。古希腊人又在腓尼基的22个字母的基础上，增加了元音字母，形成了希腊字母文字。现在欧洲各国的字母文字都是从希腊字母文字发展而来的，由此可以看出埃及的象形文字在世界文明发展过程中的地位。

象形文字通常使用的符号约有700个，到了罗马时代激增到5 000个。象形文字作为雕刻的碑文或铭文，大约流行了4000年之久，最后的象形文字是公元4世纪菲莱岛上的铭文。公元4世纪左右，只有很少的埃及人还能够读出埃及的象形文字。罗马皇帝狄奥多西一世在公元391年发布敕令，关闭了所有非基督教的神殿，从此就再也没有建造过刻有埃及象形文字的纪念碑或者神殿，此后逐渐就真的成了一个“谜”。

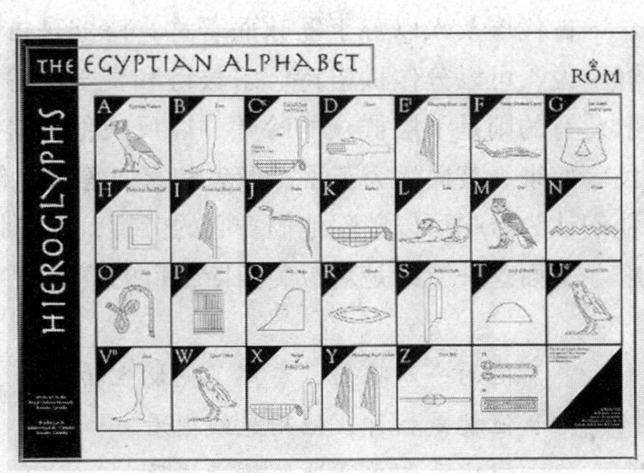


古埃及文字对照表

公元1799年拿破仑远征埃及挖掘战壕时发现了罗塞塔碑，碑上分别用象形文字、阿拉伯草书、希腊文刻有三段铭文，学者们大胆假设：这是同一篇文献的三种文字版本。现今，这块石碑就竖立在伦敦大英博物馆埃及厅的入口处。

罗赛塔碑长约4英尺，宽2英尺4英寸半，厚11英寸。碑体为磨光玄武岩。一面镌刻着三段文字，经过2000多年的风沙侵蚀，已经变得有些模糊了。第一段是象形文字，共11行；第二段是通俗体文字，共32行；第三段是希腊文，共54行。

《埃及信使报》认为从罗赛塔碑上可以找到通往这个过去的王国的钥匙，因为这块石碑是“用埃及人之口来说明埃及”。以这块石碑为线索，许多学者进行了长期的研究。到公元1822年，法国的商博良博士借助自己丰富的语言知识，从国王托勒密的名字入手，经过10年艰苦卓绝的努力，他终于对三种字体解读成功。

今天我们所见到的埃及象形文字中的圣书体，主要见于比较庄重的场合，如神庙、纪念碑和金字塔的铭文的雕刻；僧侣体则多书写于纸草上。这些留存下来的铭文是我们认识古埃及文明最好的渠道。

## 被遗忘的古埃及财富——诗歌

“诗歌是最被人遗忘的古埃及财富”，古埃及诗歌专家里查德·帕金森说，

"古埃及墓葬内部墙壁的记述对墓主人的生平都做了更多的理想化描述，而诗歌却让我们看到了古埃及人充满人性化的世俗生活的真面貌"。

古代埃及人以善于歌咏而著称，诗歌是古代埃及文学的最早形式。从内容上说，可以分作世俗诗、宗教诗和赞美歌等。其中许多是对神和国王的颂歌，有的则是下层群众的吟唱，以反映他们喜怒哀乐的感情。广大的下层农民、奴隶、贫民、穷苦手工业者和家奴等人，他们往往一面劳动，一面唱歌。他们认为吟唱可以消除他们身心的劳顿，排遣胸中的烦闷。

下面这一节诗是对拉美西斯二世的赞美：

他的一双眼啊，看穿了一切生物。
他就是拉神，他用光线观看，
他比太阳更亮地照耀着埃及，
他比尼罗河更能使国家繁荣，
他给信徒以粮食，
追随他的人他都养活。

这里诗人把国王比作拉神、比作太阳、比作尼罗河，表现出了对太阳神的礼赞和对人间君王权力的礼赞。

下面是一首反映出劳动人民心声的朴实的诗歌：

搬谷人的歌谣

难道我们应该整天搬运大麦和小麦吗？
仓库已经装得满满，
一把把谷子流出了边沿；
大船上也已经装得满满，
谷子也都滚到了外面，
但还是逼着我们搬运，
好象我们的心是用青铜铸成！

歌谣语言朴实，是劳动者们思想、生活的真实写照，也反映了那个时代的阶级关系，奴隶和农民处于被压迫、被剥削的底层。

古代埃及还有反映浪漫爱情生活的诗歌：

花之歌

你的声音就像甘甜的美酒，
让我用生命去追求。
如果每一眼都能看到你，
胜过——
日饮甘甜的美酒。

这首诗已经使用了我们今天常用的诗歌表现技巧——比喻手法，表现出了对于爱人热烈深挚的情感。

这些留存于世的古埃及诗歌，给世人展现出生动的埃及世俗生活的一面，也是全人类的宝贵财富。

# 第四章　探索古埃及传奇

## 代表生命永恒的丧葬文化

木乃伊和金字塔是古埃及文明最重要的象征，而这两者都和古埃及人的丧葬文化有密切的关系。对古埃及人来说，死亡只是生命的中断，而不是结束。人死后并不就此消失，会进入另一个比今生更为美好的永恒生命。

古埃及法老之所以耗费巨大的人力、物力去修建坟墓，是因为古埃及人认为，人的生死不过是从一个世界走向另一个世界，不过是其灵魂与肉体的暂时分离，总有一天它们会重新结合。他们看到太阳每天从东方升起，傍晚于西方隐去，周而复始。尼罗河年夏一年地定期泛滥，植物一年又一年地生长。于是他们想象着人同太阳、尼罗河、植物一样，生命不息，死后还会复生。

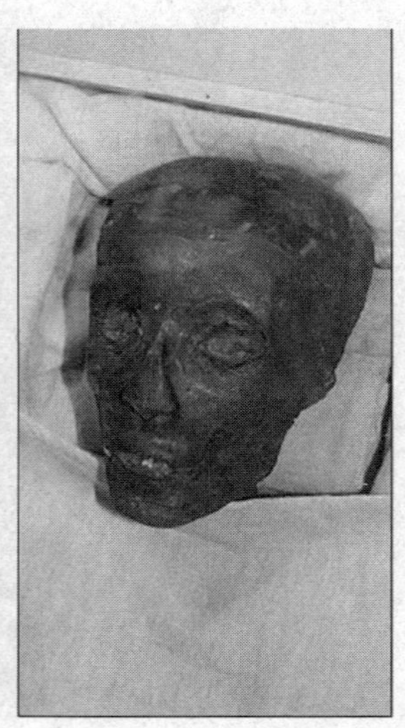

法老图坦卡门木乃伊

在古代埃及，人们一般都把尸体埋在河谷两岸高地的沙漠里，由于这里少雨干燥，而且气候炎热，所以遗体渐渐风化成了干尸，经久不腐。当人们后期在埋葬新尸时，他们就发现旧尸保存完好，这就使得古埃及人确立了一种转世轮回的信念，他们认为死亡仅仅使人失去了昔日的活动能力，但是这并不是生命的结束，而是另一种生命形式的开端。当一个人死去，他还会要继续的生存，所以他的身体和生前的财富也还要随着死者到另一个世界去，这就要应当不惜一切地隐藏自己的身体和财富。

将死者的遗体放入坟墓之前，首先要给其涂上防腐香料。在遗体上涂香料时，人们认为神已经在尼罗河的另一侧做好了准备，阿努比斯神已将死者引荐给了奥西里斯神。死后的极乐是他们的追求，所以他们要妥善地保存好尸体，也就是制成木乃伊。

关于古埃及人对死亡的态度，可以从新王国时期一座墓室里的铭刻得知，“原来喜欢走动的人现在被禁锢着；原来喜欢穿戴盛装的人现在则穿着旧衣服沉睡；原来喜欢唱的人现在置身于没有水的地方；原来富有的人现在来到了永恒和黑暗的境界”。在另一个墓室的墙上写着：“西部（死者的领域）是睡眠的国土，漆黑无光。死者在那里唯一的事情就是睡眠。他们从不醒来见他们的父亲和母亲。他们看不到他们的弟兄。他们的心里没有妻子和儿女。生命之源的水对他们只是渴。”在古埃及人的观念里，人之所以活着主要依靠两大要素：一是看得见的人的形体；二是看不见的灵魂。灵魂“巴”是一只长着人头，人手的鸟。人死后，“巴”可以自由地飞离尸体。但尸体仍是“巴”依存的基础。为此，人们要为亡者举行一系列名目繁多的复杂仪式，使他的各个器官能够重新发挥作用，从而使木乃伊能够复活，继续在来世生活。亡者在来世生活，还需要有坚固和稳定的居住地。诸如金字塔和中王国、新王国时期在山坡挖掘的墓室，这些地方都是亡灵永久生活的住地。古埃及人认为，现世是短暂的，来世才是永恒的。

埃及人认为，尸体和灵魂的重新结合并不能使人回到人间，而是只能在地下王国继续生存。而生活在地下王国的人们同样需要吃喝和住所。而坟墓就是其永久的住所，那么吃喝穿用呢，为了实现这种需要，法老们采取了一些方法：一是在坟墓里配置好各种吃喝用的物品来随葬，比如谷物、面包、酒、蔬菜和衣服等；二是在墓壁上刻画上各种图画，让死者留存的环境如同生活在现实的人类社会。在壁画上，我们能看到他们吃饭饮酒、耕种收获、狩猎捕鱼，以及舞蹈、雕刻、建造等。同时古埃及人还要进行祭祀。贵族们在死前一般都会留下遗嘱或者与祭司签订契约，将会把土地、劳动力等都转让给祭司，将这些东西作为他们死后的祭祀费用。祭品则一般有面包、酒、油、鸭、鹅、牛、羊等。古埃及人认为，死者是可以享用到这些东西的。

死者丧葬的重要配饰护身符种类繁多，数量巨大，现已被确认的竟达275种。在埃及年轻的法老图坦卡门木乃伊的裹尸布中，人们就曾发现了多达143件护身符。它们保佑着主人趋吉避凶，同时它们又是护卫死者平安通往冥界的神祇。护身符有着的不同类型，如月神托特、何露斯之眼、托利斯女神、狮首女神、哈皮神等，还有头垫、双指、蛇首、伊西斯圣结、心脏等抽象形护身符。

古埃及护身符“何露斯之眼”是一件镂空成形的釉器，它的构图十分复杂，玲珑剔透，主体的纹饰是鹰隼何露斯的眉目，眼下的水滴与卷毛幻化为带利爪的鹰腿和拍动的翅膀。古埃及人尊奉何露斯为天神，而鹰隼是何露斯的化身，他的双眼分别代表了太阳和月亮，埃及人用其右眼制成了护身符，这是因为这只眼背后隐藏的传说。

相传，伊西斯是奥西里斯的妻子和妹妹，他们二人都充满了智慧，以王的名义治理万民。但是奥西里斯的弟弟塞特嫉贤妒能，他用计谋害死了奥西里斯，然后把他的尸体扔进河里。伊西斯十分伤心，她四处寻找，最后在叙利亚找到了丈夫的尸体，然后用船运回，藏在三角洲。可是尸体被塞特发现了，他又把奥西里斯的尸体斩为数段，伊西斯把丈夫的残肢拾回收拢，失声痛哭，居然受丈夫尸体的感应而怀孕，并生下了何露斯。何露斯长大后要为父亲报仇，在与杀父仇人塞特多次交战中，他不幸地失去了一只眼睛，后来月神托特帮他治愈了。因此此眼又称为月亮之眼，每次在月缺时损伤，踏入月满时痊愈，而这分别代表了太阳和月亮的双眼，也就带有“健全”和“损伤”之意。所以，古埃及人取其右眼作为护身符，祈求它能使佩带者远离痛苦，战胜邪恶。护身符可以说是古埃及人的必备品，他们相信这些护身符的形状、材料、颜色，都有着奇妙的力量，可使佩戴者具有特殊的能力，从而有消灾挡难的功用。

丧葬文化是古埃及文明的精髓所在，当人们走进古埃及参观金字塔和博物馆时，会感觉到一种神秘的气氛，感觉千年的灿烂文明只是刚刚逝去了一瞬！

## 古代世界的七大奇迹之一——金字塔

金字塔是古代埃及国王为自己修建的陵墓，被誉为古代世界七大奇迹之一，有着4000多年的历史，这些金字塔主要分布在首都开罗及尼罗河上游西岸吉萨等地。

“金字塔”英文为pyramid，源于希腊语pyramis，意思是“糕饼”，指的是古代希腊人常食用的一种尖顶状的糕饼。古埃及人称之为“庇里穆斯”，意思是“高”。在汉语中将其译为“金字塔”，是因为金字塔的外形颇似汉字中的“金”字。埃及共发现金字塔80座，其中最壮观的金字塔——胡夫金字塔，塔高原为146.59米，经过长期剥蚀，现高为137米。塔基呈四方形，每边宽约230米，十分壮观。当年拿破仑曾来到金字塔下，巨大的塔身与他矮小的身材形成了鲜明的对比，使他油然产生了“5000年的时间在俯看着我”

的感觉。

为什么古埃及的法老们要将坟墓修成角锥体的形状？历史学家们对此众说纷纭，有人认为这是古代埃及王陵自然发展的结果。古王国时期的埃及国力十分强盛，法老为了神化和抬高自己，所以把自己的陵墓修建得要高于过去的马斯塔巴。也有人认为，这是从沙漠里的角锥形沙丘所得到的启示，因为当时的建筑师们认为这种形状能经得起风沙的不断冲击，能够保护陵墓。但是大部分人认为这与古王国时期的宗教崇拜有关。金字塔的铭文里有这样一句话："为他建造上天的天梯，以便他可由此上到天上。"这暗示着建金字塔是要送法老上天，因为他是神派到人间的代表，他死后还是要上天的。同时建成角锥体，也是为了表示对太阳神"拉神"的崇拜，因为拉神的标志就是太阳的光芒，而金字塔象征的就是刺破云天的太阳光芒。

金字塔群

古代埃及人是怎样把石块砌成陵墓，陵墓内部的通道和陵室的布局就像迷宫一般，古代埃及人是用什么方法来设计的呢？陵墓的通风道倾斜深入多层地下，石壁十分光滑，而且刻上了十分精美华丽的浮雕，那么古埃及人是怎样掌握这么精湛的挖掘雕刻技巧以及运用怎样的加工工具呢？古老的金字塔给我们留下了太多的疑问……

据估计建设金字塔时，埃及当时的居民至少得是五千万人，否则就难以维持工程所需的粮食和劳力。可是当专家考证历史时，发现问题令人更难以理解，公元三千年的时候这里的人口只有二千万左右。而且还有众多的劳动力必须在农田上耕耘，用以保持持久的粮食供应。但是地势狭长的尼罗河流域所提供的耕地，并不足以维持施工队伍的需求。再者，用什么来运载神殿所需的巨大石料。据测算大金字塔是由 260 万块每块重约 10 吨的石块堆砌成的。在塔身的石块之间，没有任何水泥之类的黏着物，而在历经了 4500 年的风吹雨打之后，其缝隙迄今仍相当紧密，一把锐利的刀也难以插入。这么精湛的工艺是出自 4500 年前古埃及的工匠或奴隶之手，确实是令人难以相信。

根据众多研究者的发现和学者推测大金字塔的建造方法可能是这样的：直接指挥建造大金字塔的是当时的宰相海莫。他首先选定了场所，也就是选在了离尼罗河西岸不远也不近的岩盘坚硬的高地。这是因为古埃及人都认为太阳西沉的尼罗河西岸是死者之国。而为了避免过于接近尼罗河可能会遭到洪水的淹没，以及避免尼罗河过远不便于搬运石头——所以选择了吉萨高地为建造大金字塔的处所。

场所确定了之后，海莫就命人在高地岩盘上，挖网眼状的沟渠，并使水流入沟渠中。水痕印在各种沟渠上，借此来测定大金字塔的正确平准度。接着再将金字塔的四角配合东西南北 4 个方位。建造这个工程时，需要利用星座才能正确无误，但是不知道当时的人们是怎样来计测的。

在胡夫的金字塔旁，还有同一王朝的哈佛拉和孟卡拉两个国王的金字塔。

在这些金字塔四周，还仆伏着许多贵族的马斯塔巴，这象征性地反映了君主专制对其臣属的至高无上的地位。

建造金字塔所用的石材大部分是人们从尼罗河东岸的图拉采石场采掘而来的，长廊和房间中所使用的花岗石，一般是从尼罗河上游的亚斯文等地采掘的。人们在凿石头时，首先用凿子在石材上开洞，再把木楔子打入洞中，而后再放入水中使其膨胀，最后再使用将石头从岩盘切离的方法。凿下后的石头，先放在橇上，再放在并排的圆木上，用绳子拉到河岸。当时他们还不会利用车轮或马。在尼罗河上装载物品时，大都使用加了动物皮制浮袋的木筏，只要再用滚轴一推就起来了。希罗多德说很可能是用起重机，但是埃及人自古以来所使用的木制卸货机，实在是不可能举起平均 2.5 吨的石材。因此，他们应该是先在金字塔的侧面建造斜坡道，再随着石阶的抬高，再往上建斜坡道。也在斜坡道上埋入了圆木，用以减少撬的阻力。当建造至金字塔的塔顶时，就再一边降低斜坡道，一边填入上等的石灰岩加以润饰。

最早真正的金字塔，即方形基座、四面平整向顶点倾斜的金字塔，是第三王朝最后一位国王胡尼建造的美杜姆金字塔。美杜姆金字塔的核心是几大台阶组成的金字塔，表面是厚厚的当地的图拉石灰石，再加上石块和砖块填充阶梯，形成一个几何学意义上真正的角锥形金字塔。目前只留下坟墓的底部，上部则由于重力、气候和石块被盗而崩解。

第四王朝第一位国王圣法鲁在代赫舒尔兴建北塔。北塔的底边长 220 米，稍短于胡夫大金字塔，但高度只有 99 米，因而显得平展，缺乏高大雄伟之感。此塔由地面按一个角度 43°40′直砌到顶点，形成“金”字状。缓和的坡度使它成为有利于盗石者的采石场。盗石者们搬走了一块又一块的优雅得令人心动的白色磨光石灰石面料，只剩下基座上袒露出来的红色石灰石块，所以被称为红色金字塔，它是人们所知最早的角锥形金字塔。代赫舒尔的弯塔和红塔，显示了从梯形金字塔和美杜姆金字塔的小块砌石到基萨大金字塔的宏伟巨石的过渡。可见，金字塔的建造者们学会了通过斜面铺设内层石灰石基座或用一些其他方法来增强稳定性，随之而来的是吉萨金字塔的庞大规范：巨大的石块和约52°的陡峭角度。后来的金字塔坡角更大，但由于结构设计的改进而得以保存。

从早王朝的马斯塔巴，到乔赛尔的层级金字塔，然后发展成了角锥体的金字塔。这以后历任法老们都修建金字塔，前后持续了达1000年之久。虽然每个塔的高度、边长、角度不尽相同，但外观都是"金"字形。由于金字塔起源于古王国时期，而且最大的金字塔也是这一时期建造的，因此人们通常称古王国时期为"金字塔时代"。

金字塔与天文学、数学有着让后人难以解读的联系。大金字塔的长度单位是根据地球的旋转大轴线的一半长度而确定的，即大金字塔的底是地球旋转大轴线一半长度的10%；另外，大金字塔内陈列法老灵柩的墓室，尺寸是2∶5∶8和3∶4∶5，这个数字正是座标三角形的公式。这个公式的发明人是古希腊的哲学家华达哥拉斯。而华达哥拉斯诞生的时候，金字塔早已建好2 000年了。金字塔的建造可确定一种度量衡体系。

围绕着大金字塔，有着解不开、数不尽的神秘，如有人认为胡夫金字塔的结构存在着一些不解之谜。胡夫金字塔的高度扩大了10亿倍，恰好等于地球与太阳之间的距离；若将塔高除塔的底边的两位倍，其值约为3. 14，正好是圆周率π的值；其底面正方形的纵平分线一直延长，就是地球的子午线，它正好把地球上的陆地和海洋一分为二；金字塔高度的平方和每面的三角形面积正好相等；金字塔底面正方形的四方正对着东、南、西、北；而塔的进口隧道是正对着北极星的。这些谜团都有待我们的学者进一步研究，但近年来较热门的金字塔的神秘性话题是金字塔神力。它说的是金字塔形的构造物，其内部产生着一种无形的、特殊的能量，故称之为"金宇塔能"。法国人安东尼·博维于1930年前往埃及参观了吉萨金字塔群，他进入"国王墓室"后发现尽管墓室中非常潮湿，但是尸体却没有腐烂。他认为这种现象应该和大金字塔的几何学图形有关，于是在回国后他就立即用硬纸板做了一个底边为0. 9公尺的大金字塔的模型，并将其4个方位放置在东西南北的方向，再将猫的尸体放在与墓室相同，距底部1/3高度之处。结果过了数日他发现猫的尸体竟然变成了木乃伊。接着，他又用肉片及蛋等加以实验，结论是在这里面不论放入什么都不会腐烂。科学家们研究表明，金字塔的形状使它有着一种奇异的"能"，这种"能"能使尸体迅速脱水。假如把一枚锈迹斑斑的金属币放进金字塔，不久金属币就会变得金光灿灿；假如把一杯鲜奶放进金字塔，24小时后取出，依然是鲜美纯正的。今天在法国、意大利一些国家的乳制品公司已把这项实验成果运用到了生产实践上，他们采用金字塔形的塑料袋来盛鲜牛奶。据说，比起其它的包装形式，金字塔形内的鲜牛奶存放时间是最长的。据说，金字塔能还有着许多用途和奇特的功效。法国工程师杜拜尔在他的《形状波》一书中指出，各种形状，如圆锥形、正方形、金字塔形，都能通过宇宙射线或阳光改变其内部的宇宙波，从而产生某种特殊的能量。

总之，金字塔给世人留下了太多的谜团，随着科技的发展和考古的推进，历史悠久的金字塔将一点点地揭开它神秘的面纱。

## 众法老的木乃伊

金字塔里保存下来最珍稀的就是众多法老的木乃伊，据考古学家考证，“木乃伊”出于阿拉伯语的“沥青”一词。当公元7世纪阿拉伯人在入侵埃及时，他们看到埃及人保存下来的尸体表面涂着一层黑色的油脂物，于是他们就称之为“mummiya”，即阿拉伯语“沥青”，后来发展成为英语就是“mummmy”，汉语将其音译为“木乃伊”，指的是经过特殊处理而保存完好的尸体。

公元1881年7月5日考古学家在尼罗河西岸的德尔巴赫里发现了新王国时期的墓葬群，并进入了其中一座墓室。他惊奇地发现了40具木乃伊，这其中包括著名法老如赛提一世与拉美西斯二世的尸体。由此揭开了人们对金字塔内的木乃伊的探秘之旅。

目前可以考证的最早的木乃伊大约形成于公元前3200年。这一时期还没有文字的记载。因此关于这些早期木乃伊的情况人们知之甚少。据推测，那时由于耕地十分匮乏，所以死去的人都被埋葬在尼罗河谷两边沙漠边缘一个简单的墓穴中。这种简单的墓穴不过是沙漠中一个椭圆形的浅坑。人们把尸体倦曲着，头向南，脸朝北，放在坑中向着太阳落下的地方，然最后再用沙土覆盖。因为埃及人将尸体埋入沙中大约只有1米，所以过了一些时候沙层逐渐漂移，必然会使一些尸体暴露出来。这些尸体被滚烫的沙炙烤得很干，难以发生腐烂，所以几千年以前的尸体、皮肤以及相貌得以保存如初。这种木乃伊叫“沙地木乃伊”。现存最早的木乃伊拆开裹尸布后的塞索斯一世（前1318—前1304年在位）。

木乃伊的制作方法有以下几个步骤：首先用青铜制的钩棒从鼻子处钩出脑髓，内脏器官则从腹部的小切口中摘除，然后将这些存放在礼葬瓮中以永久保存。再将尸体浸入苏打水中脱水，用含盐混合物包裹尸体，这种混合物的名字叫作泡碱，可以用来做防腐剂，从而保持尸体的干燥，并且减少气味。他们还会在尸体的心脏部位放上护身符，心脏是尸体中唯一保留下来的内脏器官。他们再用细亚麻布来包裹木乃伊，并将其全身都饰满祷文，最后涂上树脂即可。

古埃及人为什么要制作木乃伊呢？有人认为，古埃及人制作木乃伊最主要的原因是他们相信“来世永生”。

据推测，从旧石器时代开始，埃及人就对死亡产生了恐惧，他们相信来世存在或多或少能摆脱这种恐惧，因此，当时的人们在埋葬死者时就要进行精心准备。到了法老时代，社会的贫富差距日益扩大，等级制度也逐渐森严，人们对美好的来世更加向往，进而形成了对死者尸体的崇拜。他们认为死者的尸体清晰完整可以辨认，那么人身上的精灵，也就是“灵魂”就会重新回到死者的躯体；如果躯体完整且没有腐烂，灵魂与躯体就会存活到另一世界里；而如果尸体腐烂了，灵魂也就不再存在，人也将真正地死去；如果尸体的某一部分损坏了，就会使死者在来世也丧失身体的同一部位，所以为了使死者能继续在来世更好地生活，就必须把尸体完好保存。

同时，古埃及独特的自然环境也让古埃及人产生了对来世的希望。尼罗河每年都有规律的泛滥与消退，植物相应地茂盛或枯萎，太阳每天升起和落下，这些自然现象的周而复始让古埃及人有了这样一种感念：世界是循环往复的，自然万物可以生死轮回，人也应当是这样的。为了准备来世的复活，所以必须好好保存尸体。正是这种来世永生的信仰，使古埃及人十分专注于木乃伊的制作与埋葬方式。

今天，木乃伊不仅在埃及博物馆里有展览，在美国、加拿大和法国等国家的博物馆里也有收藏。

### 神秘的法老咒语

人类对于远古历史的探索之路总是充满着未知与危险，众多西方学者和探险家在埃及发掘古迹，然而一个多世纪以来有不少探索者、盗墓者染上了不治之症或因意外事故，莫名其妙地死去。于是人们开始怀疑法老墓室里的咒语是不是将灾难降临于进入墓室的人。

1922 年 11 月 19 日，人们在发掘第 18 王朝的法老图坦卡门的陵墓时，在幽深的墓道里，铭文“谁打扰了法老的安宁，死神的翅膀就将降临在他头上”印入人们的眼帘。在主墓室一尊神像的背面，又写着另外一行咒语：“我是图坦卡门的保卫者，是我用沙漠之火驱赶那些盗墓贼。”探索者曾经以为，把这种咒语刻在墓道上，不过是想吓唬那些盗墓者，使法老的遗体和墓中的财宝免遭动难。但是随着进入法老墓室的人连续发生的情况，人们不得不在法老的咒语面前感到畏惧。

20 世纪 80 年代初，德国的学者菲利普·范登堡创作了《法老的咒语》，他在书中列举了许多“意外”的死亡，以论证和解释法老咒语。这本书在欧美风靡一时。

花费巨资赞助并参与图坦卡门墓穴发掘的卡纳冯勋爵，进入陵墓后不久，他精心饲养的一只金丝雀就被一条眼镜蛇吃掉了。次年 3 月，卡纳冯勋爵遭到一只毒蚊子的叮咬，不幸受到感染。他被送回开罗仅两个月，便撒手西去，死因据说是重症肺炎。到 1929 年，直接或间接参与这次发掘的人员中，先后有 22 人死因不明的离去，包括第一个解开图坦卡门裹尸布并用 X 光透视的雷德。他在拍了几张 X 光照片后，身体忽然极度虚弱，第二年回到伦敦就死了。当时的英国《每日快报》这样报道说：“接二连三的不详之兆使得人们迫不急待地将其解释为法老的咒语显灵了。”英国《每日邮报》的资深撰稿人、古埃及学权威阿瑟·威格尔也推波助澜道：“这是古埃及神灵的诅咒”。

德国的杜米切恩教授，他经常在埃及金字塔和神庙中抄录碑文，而且在墓穴和废墟一待就是几个星期。可是后来他陷入了神经狂乱，会一连几个钟头向人们讲述自己根本没有去过的考古地点。他告诉别人在墓穴中工作十分苦，“那儿充满了蝙蝠的可怕恶臭，我只好在嘴巴上，绑上一块橘子皮，才能继续我的抄录工作”。后来他整天都疯疯颠颠，不久就丧命了。

这一系列的死亡事件引起了人们对法老咒语的关注。后来，考古学家在其他陵墓里也发现了一些类似的咒语，如在米杜姆一座陵墓的甬道里，有这样的咒语：“死者之灵将会把盗墓者的颈部，像一只鹅似地扭断。”在这个墓中有两具尸体：一是法老木乃伊；一是盗墓者。可能是当盗墓者伸出手想去取木乃伊身上的珠宝时，墓顶的一块石头刚好掉了下来，把他砸死了。

身材高大、十分健壮的意大利考古学家贝尔沙尼，他在埃及各地考古，整天置身于木乃伊中，但是在公元 1823 年春，他带领考察队前往非洲的途中也患了其他考古学家类似的神秘怪病：他整天发高烧，胡思乱想，医生给他服药也拒绝，而且叫了起来：“我觉得死神的手在我身上。”后来，他说话变得含糊不清，毫无条理，在这年的 12 月 3 日他就离世了，这时他才 45 岁。

胡夫金字塔中法老的墓室建于金字塔中央的 1/3 处，从入口到墓室要猫腰爬过一条狭长的斜道。在观看时，一位西班牙妇女在斜道顶端墓室入口处，突然她尖声大叫起来，然后倒在地上，全身痉挛。众人把她抬出斜道，她才渐渐的恢复了知觉。她说：“好像有什么东西，突然打了我一样，以后就什么也不知道了。”第二天，开罗的报纸刊登了这则消息，人们纷纷说这可能是“法老显灵”了。

一个个发掘和考察金字塔陵墓的科学家都神秘地死去，他们的症状都是发高烧、中风、血液循环崩溃，最后突然得了迅速致命的不治之症，这难道真的是“法老的咒语”显灵了吗？

半个多世纪以来，众多的专家学者对这些事件进行了认真的探索和研究。现代科学研究表明，咒语本身是不会有任何物理化学作用的，但是会对相信它的人产生某种心理上的暗示，事实上它属于恐吓性的“标语”。因此，一些专家学者从病理学、心理学、物理学等角度提出了一些新的解释。

首先是病理学上的解释。埃及古文物学会秘书长、考古学权威扎西·哈瓦斯博士撰写了一部新书，全面驳斥所谓的“法老咒语”。在书中他披露道，法老陵墓中充满着一种可以致癌的氡气，在木乃伊身上寄生着一种致命的病菌孢子。开罗大学的生物系教授阿扎丁·塔哈通过对博物馆的考古学家和工作人员进行身体检查，他发现经常与古埃及纸草文书打交道的人中，不少人感染了一种病菌，这种病菌会致使人的呼吸系统发炎，然后呼吸困难，皮肤上也会出现红点，这在当时被称为“古埃及疹”。他还宣称，在电子显微镜下他发现了一种病菌能在木乃伊体内、墓穴和金字塔里生存三四千年之久。但他也表示，这些病菌可能不是导致神秘死亡的唯一原因。塔哈的研究结论得到了许多科学家的认同和肯定。德国的微生物学家哥特哈德·克拉默果经过检测发现，尼罗河谷诸法老陵墓的石灰墙内一般都有一种叫作氡的有害气体，而氡气可以致癌，也许这正是导致部分考古人员患病的诱因。

那么，墓室内的病菌到底是如何形成的呢？他们认为这主要是法老或墓主为防止盗墓而使用了毒物的结果。

在古埃及，毒物的历史十分悠久。在公元前 3000 年古埃及的人们就种植了有毒植物，而且还记叙了各种有毒植物的效用，如鸦片、毒胡萝卜、砒霜等。古埃及人也很可能利用剧毒的害虫及毒物，作为一种特殊的武器，用以保护法老的陵墓，免遭盗墓或暴力侵犯。1956 年，南非的地质地貌学家怀特，他在非洲一个国家的深山里发掘古墓时，遭到一群毒蝙蝠的袭击，他被这种蝙蝠咬上后染上了前所未闻的重病。他致病的过程，与死于和金字塔打过交道的人很相似。于是，有人通过对金字塔墓穴进行考察，果然在那里发现了类似的蝙蝠，并且从其粪便中验出了相似的病毒，他们的死很可能与这有关。再者古埃及人把蟾蜍当作圣物，瑞士药物学家梅耶教授发现蟾蜍的毒腺能分泌 12 种毒液。

其实，在金字塔墓室里那些金碧辉煌的壁画就是有毒的，壁画的颜料含有剧毒，这些毒物即使干了，它们的毒性也不减。或者化成了有毒的气体，在墓室里密封了几千年。而且当人们最后把墓穴封起来时，可能同时点燃了有毒的蜡烛，燃烧后散发出的有毒气体，在密不透风的墓穴里，长期存在着。

而且木乃伊本身也会散发尸毒，这种种因素导致那些经常接触这些有毒物质或气体的人就容易患上各种怪病，直到死亡。

对于那些不是经常和陵墓打交道，甚至只进去过一次的人所发生的“意外”事件，学者们认为一般可以从生理上和心理上来解释，比如个别人受不了金字塔内闷热的、令人窒息的空气，再加上游览者爬上爬下的疲劳和对法老心存已久的惧怕心理，所以可能会晕倒，甚至引发其他疾病而死。

今天人们已经渐渐深入地了解了古埃及的墓室之谜，依靠科学这把利器，一个个法老的咒语正被人们排除淡忘。

## 百门之都——底比斯

底比斯原名卢克索，在埃及盛行一句“没有去过卢克索就等于没有到过埃及”，说明底比斯这座古都在古埃及文明史上的重要地位。底比斯雄踞在尼罗河中游，被古希腊大诗人荷马称为“百门之都”。

底比斯是一座充满神奇色彩的古都，它的兴衰是整个古埃及兴衰的一个缩影。从公元前 2134 年左右，埃及第十一王朝法老孟苏好代布兴建底比斯作为都城．直到公元前 27 年，底比斯被一场大地震彻底摧毁时止，在 2000 多年的漫长岁月里，底比斯在古埃及的发展史上始终起着重要作用。底比斯横跨尼罗河两岸，位于现今埃及首都开罗南面 700 多公里处。

底比斯古城面积约 15. 5 平方千米，历代法老们在这里大兴土木，建造了无数神庙、宫殿和陵墓。这里的建筑规模浩大、工艺精湛，堪称世界古建筑艺术最为璀璨绚丽的瑰宝。

在埃及古王国时期，底比斯只是一个不是很大也并不出名的商道中心。它的兴盛因为阿蒙神和法老的定都。法老孟苏好代布把首都定在底比斯，然后将阿蒙神奉为“诸神之王”，成了全埃及最高的神，从此开始在这里为阿蒙神大兴土木。底比斯的重要地位就这样被奠定了下来。到了公元前 2000 年左右，第 12 王朝的开创者门内姆哈特一世把首都从底比斯迁到孟斐斯附近的李斯特，但是在底比斯仍然为阿蒙神继续兴建各种纪念性的建造物。

公元前 1790—前 1600 年，外族喜克索斯人入侵。喜克索斯人占领了大半个埃及，最后他们定都阿瓦利斯，建立了第 15 王朝和第 16 王朝。底比斯经历了第一次衰落，然后又兴盛起来，在埃及人阿赫摩斯一世的率领下在底比斯建立了第 17 王朝，并把喜克索斯人赶出了埃及，开创了古埃及新王国时代。

底比斯不仅是众多法老们生前的都城，也是他们死后的冥府。底比斯的右岸，是当时古埃及的宗教、政治中心，这里有着各种神殿。底比斯的左岸，是法老们死后的安息之地，这里有各位法老和贵族的陵墓。

新王国时期的法老们再次选定底比斯，将其作为埃及的宗教、政治中心。他们不断发动侵略战争，掠取了无数的财富和战俘，他们在东底比斯为阿蒙神和他们自己建起了一座座壮观的神庙和宫殿，把底比斯建成了当时世界上最宏伟壮观的都城。

拉美西斯二世在任时的底比斯阿蒙神庙主殿，总面积达5 000平方米，支撑的圆柱有134根，中间最高的12根大圆柱高达21米，规模十分宏大。另外拉美西斯二世的宫殿、阿蒙诺斐斯三世寺院等，也都十分宏伟壮观。与此同时，他们又在西底比斯修建了一系列工程浩大的陵墓，其中著名的拉美西斯二世墓和图坦卡门墓非常的豪华。

但是，鉴于以前兴建的金字塔陵墓太引人注目，即便有着严密的防范措施还是未能逃脱盗墓者的侵袭。于是，法老们经过反复琢磨，决定不再建造大的金字塔陵墓，而是把荒山作为天然金字塔，沿着山坡的侧面开凿地道，修建地下陵寝。

在西底比斯一个盛产建筑材料石灰岩的山谷里，法老和贵族们为自己修建了一座座陵墓。这个山谷被称为“国王谷”。墓穴分布在山谷两旁，依势开凿，浅的只有数十米，深的有上百米，或笔直或弯曲，构成了几个阶层的长廊。廊道两边刻着各种宗教图案和描述“地下世界”的图像，还有象形文字书写的歌颂神灵的诗篇。墓道尽头停放着御棺的，有的狭窄、有的宽敞、有的甚至还是几套间。墓室中一般都是珠宝罗列，器皿杂陈。墓穴之上用乱石堵住了洞口，这样从外边看不出什么痕迹。

第21王朝以后，底比斯统治集团内部矛盾不断的加剧，爱琴海和小亚细亚一带的“海上民族”也在不断入侵，新王国日益衰落，底比斯开始了自己的厄运。公元前663年左右，入侵埃及的亚述军队再次火烧、洗劫了底比斯。公元前27年又发生了一场地震，使底比斯城里仅存的一些纪念性建筑物都坍塌了。

到公元19世纪，底比斯只留下一堆废墟，这里成了古墓盗劫者的乐园。在今天埃及的卢克索和卡纳克一带，人们还能看到底比斯遗址的一些残垣断壁。底比斯现存的遗址一般均建于公元前21—前11世纪。古建筑物的雕刻都十分精湛美观，神庙的殿堂廊柱布满细致的彩绘浮雕，陵墓中的壁画形象生动，至今色泽如新。

现在国王谷已经发现法老陵墓64座，其中已经公开的有6座。墓穴里两边的壁画绘制精细，色彩鲜艳。壁画的内容主要是描述天上的神灵和法老的丰功伟绩，有神话，历史，法老的前世、现世和来世。譬如用双手双脚来支撑丧失身躯的奈特女神，其体内的红球象征着太阳。另外，还可以看到木乃伊的开口仪式，国王在手持竹竿的奥西里斯神面前接受审判，死者之神制作木乃伊等画面。从这些墙上的彩色浮雕，可以揣测法老所持的对死后世界的观念。

今天底比斯古城及其墓地是埃及的著名古迹，1979 年联合国教科文组织将其作为人类文化遗产，列入《世界遗产名录》。

## 最早的化妆饰品

当我们看到埃及艳后浓妆艳抹的靓丽画像时，总要惊异于她的美丽，同时也会质疑在古埃及就有色彩艳丽的化妆品和精美的饰品了吗？实际上远在古埃及王朝，化妆艺术就已经十分发达。在这里无论是男人、女人、孩子，还是法老、官吏、农民，所有的古埃及人都有化妆的习俗。不同的妆相，可显示出不同的社会地位。更令人惊讶的是，几千年前的古埃及工匠们竟能了解合成物质的秘密，并且制造出和现代化妆品原理相似的化妆用品。

在古埃及，化妆不仅用来装点人们的外貌，还被赋予了宗教信仰上的神圣含义——象征着古埃及人的来世再生。大量化妆品被死者带入坟墓并保存至今，使得我们有才有幸目睹这些辉煌灿烂的古文明的化妆艺术珍品，从而探知古埃及的化妆艺术。

古埃及人很早就开始使用各种化妆品，结合古埃及象形文字的记载，从存留至今的古埃及化妆用品来看，当时人们的化妆主要是涂抹香油、香膏，还要涂抹眼线膏，这时已经有镜子了，他们使用镜子来察看自己的化妆效果。当时人们还不懂得用蒸馏法来提取纯酒精，因而不存在现代意义上以酒精溶液为基础的香水，但是人们把花的香味混合在动植物的油脂中制成了香油和香膏，这可以说是香水的前身。古埃及人不仅将香油或香膏涂在脸上，还涂遍全身。此外，人们还将香膏制成香料堆戴在头上，油膏逐渐融化并流到假发

古埃及化妆用品盒

和上衣上，在现存的古埃及假发和上衣图画中可见这种橙黄色油脂的痕迹。

人们用孔雀石制作的青绿色料涂眼影，将其涂在眼圈及睫毛处，这样使眼睛看起来又大又明亮，而且可降低烈日的强光。古埃及人起初直接用指头来涂画眼线，后来经过发展，发明了末端呈球状的化妆墨涂棒。还有用散沫花做成的腮红、口红和手脚指甲油。在他们的观念里，油膏、香水和眼线膏是今世和来世的必需品，古埃及史书上说："你要真心爱你的妻子，供她吃、供她穿，还要供她涂抹用的油膏。"

古埃及的化妆用品大多是用玻璃、象牙这类奢侈材料制成的。玻璃在当时是十分稀有的物品，主要用来制作化妆品容器。当时制造玻璃器皿的方法是将模制内范浸入玻璃溶液中，然后用不同颜色的玻璃软条绕遍器身和瓶颈，再用工具来梳或者剔画，造出独特的火焰或花纹，最后将内范通过瓶颈取出。由于内范很少能全部取出，因此尽管玻璃本身几乎是透明的，但大部分化妆品容器却呈不透明状。玻璃化妆器皿的造型十分多样，有多彩壶、两耳细颈罐、花瓶和高脚杯等。此外，象牙制品、动物形状的小陶器和石器、花卉形的木盒以及陶制瓶子也用来装载化妆品。古埃及的镜子一般是由铜来做镜身和象牙做镜柄的，镜面需经常磨光。在当时镜子属于奢侈器物，只有贵族或有钱人才拥有。

从那些古埃及文明的遗物来说，人们已经广泛地使用首饰。社会上的各个阶层，甚至于生者死者，人人都佩戴首饰，包括神兽也不例外。古埃及法老、贵族的首饰大多是用贵重金属和半宝石做成的，二者都是当时人们喜爱的材料。贵重金属指的是金银的合金，埃及盛产黄金，但是白银十分稀有，而金银的合金比较耐用。半宝石是指介于宝石和石头之间的各种色彩斑斓的矿石，如绿长石、孔雀石、石榴石、玉髓等。平常百姓所戴的首饰一般用釉料制成的，通常是以石英砂为胎，再用玻璃状的碱性釉料来装饰，也可在石子上涂釉彩而成。

古埃及首饰的种类丰富，主要有项饰、耳环、头冠、手镯、指环、腰带、护身符及项饰平衡坠子等，这些都制作精美，装饰比较复杂，并带有特定的含义。

法老墓中曾随葬着大批精美绝伦的首饰珠宝，但是经过长年的盗掘，大多都已经流失殆尽。在少数尚未被盗掘的法老墓中，第 18 王朝法老图坦卡门墓的首饰最为有名。法老的饰物深具象征意义，他们所持的弯拐和连枷代表着他们对领土、牧人及农夫的权力。眼镜蛇是埃及君主们专有的象征，它被装饰在王冠和鹰状头巾上。

自前王朝时代起，人们就开始穿戴项链之类的物品。项链、臂环、手镯和脚镯一般是用金子、珊瑚、珍珠、玉髓等制成的。银被人们称为“白色金属”，古埃及人认为神的骨头就是由银构成的，所以当时的珠宝很少用银。项饰是把贝壳、珠子、宝石等镶入黄金而做成的。它既可以当作项链来戴，也可以连到项圈上。自古以来大量陪葬的珠宝吸引了无数盗墓者，要完好无损地挖掘到这些珠宝是十分难的。但在公元1834年，一个意大利探险家裘塞珀、费里尼，他在苏丹境内一处名叫米洛衣的地方发现了属于阿玛尼莎赫图王后的一个金字塔，其中发现了一整套珠宝，保存得较为完好。

古埃及制作首饰的材料大多有仿天然色彩和其象征意义，比如金色是太阳的颜色，而太阳是生命的源泉；银色代表月亮，也是制造神像骨骼的材料。绿色的宝石，比如来自西奈半岛的绿松石和孔雀石则象征着尼罗河带来的生命之水，也可用利比亚沙漠的长石甚至绿色釉料代替。尼罗河东边沙漠出产的墨绿色的碧玉就像新鲜蔬菜的颜色，代表再生；红玉髓及红色碧玉的颜色像血，象征着生命。

同时花也是古埃及人常用和喜欢的饰品。他们把鲜花剪裁串成项饰，在葬礼或节日的宗教仪式上穿戴。埃及人之所以喜欢花，一来花儿十分美丽；二来还因为它们蕴含着各种象征意义。莲花是埃及的象征，传说一朵大莲花从远古的水域生长出来，在开天辟地后的第一个清晨里，这朵莲花是太阳的摇篮。

古埃及发达的化妆艺术和精美的珠宝首饰，不仅表现出他们对于美貌的追求，更体现出不同阶层的人对于个性的追求和身份的彰显。

## 纸莎草纸画

它与木乃伊一样长久，却比金字塔更加绚丽斑斓；它传承数千年而不腐，题材名目繁多，它就是堪称埃及文化瑰宝的、世界上最早的纸画——纸莎草纸画！

纸莎草的诞生据说可以追溯到距今4000多年前，它生长在尼罗河三角洲广袤的沼泽中，它摇曳生姿，貌似芦苇，细长的针叶浓密而锦簇顶端，远远看去好像放大了的蒲公英。它的花被人们用来制作敬神的花圈，嫩枝可以做食物，多纤维的茎秆还能用来编织席子和箩筐，甚至还能用来造船和盖房子。纸莎草被喻为埃及的国花，与荷花和椰枣树一起，同为古埃及人膜拜。但是真正让纸莎草变得珍贵的是因为它可以做成纸，也正是它成就了历史上最早、最便利的书写材料。

纸莎草的茎杆可以长到人3米多高，碗口那么粗。它的茎部富有纤维，把硬的外层除去后，里面的芯剖是长条，将它们排列整齐，然后连接成片就可以造纸。这种纸莎草纸后来成为了古代地中海地区人们通用的书写材料，希腊人、罗马人以及阿拉伯人都曾经用它书写。英语中的Paper（纸）就是由

Papyrus（纸莎草纸）发展而来的。

纸莎草纸不是任何人都可以制作的，这受到寺院的严格控制。在托勒密王朝时期，纸莎草纸的制作曾经一度由王室所垄断。这是因为帕加马帝国的国王迈尼斯二世热衷于收集和抄写图书，他希望帕加马图书馆的藏书量能够逐渐与埃及亚历山大图书馆的藏书量相匹敌，而托勒密五世下令严禁向帕加马帝国输出纸莎草纸，企图能遏制帕加马图书馆的发展，帕加马人在无奈之下只好将已有的羊皮纸加以改进。这样羊皮纸就逐渐发展起来，并且还以较低廉的价格逐渐取代了纸莎草纸。但是，直到 11 世纪教皇还在使用显示尊贵的纸莎草纸来书写诏书。

目前发现的最早的一卷纸莎草纸是在第 1 王朝时期的一个墓穴中，但是纸卷上并没有任何文字。法国人普利斯在古埃及的首都底比斯附近发现了“普利斯文献”，这份书卷是现存最早的纸莎草书。时间上大约是公元前 2500 年，用对话体裁写成，内容是告诫人们怎样处世。现在传世最长的纸莎草书是公元 1885 年发现于底比斯近郊的一个墓室中的，它以英国人哈里斯命名，称为“哈里斯”大纸莎草。它长达 40. 5 米，包括 6 大部分。大英博物馆藏有古埃及的《死者之书》片段，它是写在长卷纸莎草纸上的各种咒文、祈祷文和颂歌等的杂集。埃及人把这些配有彩色图像的作品和死者一起入葬，希望能够帮助他们度过阴间诸劫，前往极乐世界。埃及人称这些符文为“白昼来临之书”，也就是跨越死亡之国度，大约有二百章之多。

尽管古埃及生产了大量的纸草纸，但是它的生产技术并没有相关的文字记载。拿破仑的随军学者曾偷运许多纸草纸回法国研究，但是一直没找到它的生产奥秘。1960 年，埃及一位大使哈桑·拉加伯，他研究了纸草和纸草纸，并且考证了古代留下来的纸草纸，通过现代的反复试验，终于摸索出了纸草纸的生产工艺。

今天，开罗城中很多纸莎草纸画的店主都能完整的演绎古老的纸莎草纸的工艺过程，但是制作的工具实在是太简单了，简单得令人有些难以置信。仅仅是一块窄板、一个粗木棍、一个木槌、一个水盆、还有两块能吸水的纸板棉布和一个小型铁质压板机。

制作纸莎草纸的过程也比较简单。首先将纸莎草的叶子去掉，截成所需要的长度，再用小刀剥去外层绿色的硬皮后便能看到雪白的内茎，这就是制作纸莎草纸的核心材料。然后将白白的内茎切成薄薄的长片，将其放到清水中，等浸泡着的薄片变成浅黄色、可以拿在手里任意弯曲的时候，便可打捞出来。将薄片放到模板上，再用木槌不断地敲打挤压，挤尽水分的薄片变得平整；接着将薄片纵横交错地拼放在棉布和硬纸板上，待到拼成所需尺寸，再平摊在两层亚麻布中间，用小型铁质压板机或者石头这种重物压紧挤出糖质黏液使其黏结起来，3 天后取出晾干，再用象牙或者贝壳磨平草片的表面，这样一张相互粘连、结实耐用的纸莎草纸就制成了。如此反复，还可将多张草纸沿边黏合，做成长卷。这样的工艺制作的纸草纸柔软而耐用，质地优良的呈纯白颜色。

今天我们所看到的纸莎草纸画的纸张有些发黄、发皱，却富有弹性。入画的既有金字塔、埃及古代的各种神祇，也有名目繁多的吉祥物和田园风光，画风古朴、简洁而凝重。

### 亚历山大灯塔

古代七大奇观，其中就有两个在埃及，一个是七大奇迹之首的金字塔，另一个就是名列第七位的亚历山大灯塔。而远在 2000 多年前，亚历山大灯塔的名气就远远超过了金字塔，这座灯塔从公元前 281 年建成点燃起，直到公元 641 年阿拉伯伊斯兰大军征服埃及，火焰才熄灭。

亚历山大灯塔的遗址位于埃及亚历山大城边的法洛斯岛上。公元前 330 年，马其顿国王亚历山大大帝攻占了埃及，然后他在尼罗河三角洲西北端即地中海南岸，建立了一座以他的名字来命名的城市。这个城市有着十分重要的战略地位，在以后的 100 年里，它成了埃及的首都，也是当时世界上最繁华的城市之一，而且也是整个地中海世界和中东地区最大最重要的一个国际转运港。考虑到亚历山大港附近的海道十分危险，亚历山大便下令修建了灯塔，这个工程于公元前 290 年竣工。亚历山大灯塔是当时世上最高的建筑物，它的烛光在晚上照耀着整个亚历山大港，保护着海上的船只。

亚历山大大帝雕像

亚历山大灯塔高 120 米，加上塔基的高度有 135 米。整座灯塔都是用花岗石和铜等材料建筑而成的。塔楼有四层，并微微向内倾斜。第一层是方形结构，高约 60 米，里面有 300 多个大小不一样的房间，是用来作燃料库、机房和工作人员的寝室的；第二层是八角形结构，高约 15 米；第三层是圆形结构，这里有着巨大的火炬，不分昼夜地冒着火焰，8 米高的 8 根石柱围绕着圆顶灯楼；第四层，8 米高的海神波塞冬的青铜雕像在这里站立。灯的燃料是橄榄油和木材。塔身的下层内部十分宽阔，从这里修筑了通到塔顶的倾斜的螺旋式上升的通路。在通道中层和上层的倾斜梯上还分别筑有 32 个和 18 个台阶。正中间有一个相当于现代电梯的人工升降装置，用来运送火炬的燃料和各种物品，使得火炬长年日夜不息。据传，火炬的作用除本身的火焰光芒外，还设有一个凹面金属镜，反射出的火光能使 60 公里以外的航船遥望到灯塔的方位，从而不会迷失方向。

亚历山大港整个灯塔的面积约有 930 平方米，大灯塔是现代灯塔的鼻祖，是当时世界上最大的灯塔。它宏伟、精美、光芒远照，作为亚历山大港的标志而文明于世。但是非常遗憾的是，公元 796 年发生了一场地震，这座大灯塔的灯室和波西顿立像塌毁了。公元 880 年，对灯塔加以修复。但是在公元 1100 年，灯塔再次遭到了强烈地震的破坏，仅残存下面的第一部分，灯塔失去了往日的作用，成了一座瞭望台，人们在台上修建了一座清真寺。可是 1301 年和 1435 年又发生了两次地震，灯塔全部都毁掉了。

尽管现在那里的灯塔已经没有踪影了，今天埃及人在亚历山大港仿照亚历山大灯塔的格局，修建了新的城堡，它的总体成四方形，但每个角都有一个圆柱形的炮楼，是一座典型的阿拉伯建筑。这里每年吸引着成千上万的国际旅游者前去观光。城堡正门的广场上陈列着一些古老的兵器，内部主要展示的是古埃及的航海文化以及亚历山大港的繁荣景象。如博物馆一楼介绍了埃及上古时代的航海成就和当时著名的海战。展示了几幅从法老墓内发现的有关造船、打鱼、海战的壁画，逼真地描绘了当时船舶的结构及规模，那时船上可乘十多个人，并有竹篙。此外还有一幅这一时代的造船图，生动地展示了古埃及先民用纸莎草来制造船只的生产过程。将纸莎草捆绑成束，编结在一起做成船只，这就是埃及最原始的造船业。一件巨型浮雕壁画复制品描绘了第 18 王朝的 5 艘帆船从尼罗河出发，途经苏伊士古运河、大苦湖、红海，最后到达索马里贸易的情景。这幅浮雕壁画细致地展示了海上贸易的场面以及海船的结构和设备。

亚历山大灯塔虽然今日我们已经见不到其原貌了，但是它在古埃及历史上的功绩不可磨灭！今天新修建的城堡和微缩复原建筑仍旧可以让我们一窥亚历山大灯塔的雄姿。

## 王后石像的传奇

1912 年 12 月 6 日中午，德国考古队在埃及离路克索不远的荒漠进行挖掘，他们在无意中发现有一个“人体肤色的脖颈”露出了地面，经过考古人员小心清除积沙，发现竟是一个头朝下和真人大小一样的“女子”头像，用天然石灰石雕成，头像颜色依然鲜艳如新。

经过长期的研究考证，考古学家终于论证并宣布这个头像正是古埃及历史上最美貌的王妃——古埃及第 18 王朝法老埃赫那吞的王妃妮菲蒂蒂。该发现在世界考古界引起了巨大震动，因为阿肯那顿法老和他的美丽王妃一直是古埃及神秘的传说之一。妮菲蒂蒂是古埃及出色的美人，在埃及历史上的名声仅次于“埃及艳后”克丽奥帕特拉的女政治家。她出身于显赫家族，是古埃及著名贵族阿依的女儿，12 岁就嫁给了第 18 王朝埃赫那吞法老。可以说她是人类历史上为人们所知的最早的第一夫人。妮菲蒂蒂不仅有着美丽的外貌，而且十分聪明贤惠，她通晓天文地理，成为了辅助其丈夫统治古埃及的一把好手，以至于被她的人民称为“尼罗河的统治者”“真主之女”。

在古埃及第 18 王朝时，法老即埃赫那吞首次推行了“宗教改革”，尽管改革最终失败，但在一定程度也代表了平民阶层的愿望，从而促进了当时文化艺术的发展。在这以后，埃及艺术开始摆脱陈旧僵化的旧俗。那时的埃及雕刻家们，他们都执着地雕刻，追求雕像与人容貌的相似，他们经常从死者脸上印下面模，然后直接翻制成雕像，所以掌握了很高的写实技巧。传说中妮菲蒂蒂王妃十分美丽动人，是法老的得力助手。这尊雕像采用三角形的造型，充分突出了她那高贵的气质。她面颊修长，五官的线条柔和纤秀。她那高耸的王冠、富有性格的脸部表情，都展现出优雅与秀丽。特别是浓黑的眼眉和深红的嘴唇都显得端庄而雅致。这尊雕像一直被后世奉为古埃及最完美的雕塑杰作之一。

这幅雕像是在她生前，由技艺高超的石艺雕刻师按照她本人容貌雕成的，栩栩如生，美貌绝世。但是发现头像时并没有人注意到雕像的价值，直到 1923 年头像在柏林博物馆展出时，才令雕像的名声震动了全世界。第二次世界大战后，雕像神秘失踪，不知去处。

1945 年 4 月，一位美国兵在德国法兰克福以北的盐矿巡逻，一位德国女人告诉他矿中藏有黄金。他们进入 640 公尺深的矿穴中，发现这是德国纳粹秘密收藏抢来的金银珠宝和珍贵文物的地方。之后他们找出数千箱的宝藏，其中有一个箱子中就装着女王头像。

1956 年，第二次劫后余生的女王像被安置在西柏林新建的博物馆中，埃及政府曾通过各种途径要求索回国宝，但是均遭到拒绝。

妮菲蒂蒂王后石像历经千年，淘尽尘埃与世人见面；又经历了世界大战所带来的波荡，尚能有今天这样完整的容貌，其本身就是一个传奇！

# 第二篇

# 第一个世界性大帝国——波斯

# 第一章 波斯帝国的兴衰

## 波斯崛起之前的伊朗

当你费尽心思想要找一个不太一样的地方时，发现，其实所有地方都在同类化。值得宽慰的是，他们也在花心思寻找自己的影子，至少，在花心思想要有点情调。现在，我们将视线定格到孕育了波斯文明的伊朗高原。

就地理环境而言，伊朗高原属于亚洲西南部的高原地带，东起小亚细亚东部和高加索地区，一直往东延伸至印度旁遮普平原，其西部大半部一个大山岳地带，其中涵盖今阿富汗绝大部分以及巴基斯坦较大部分。

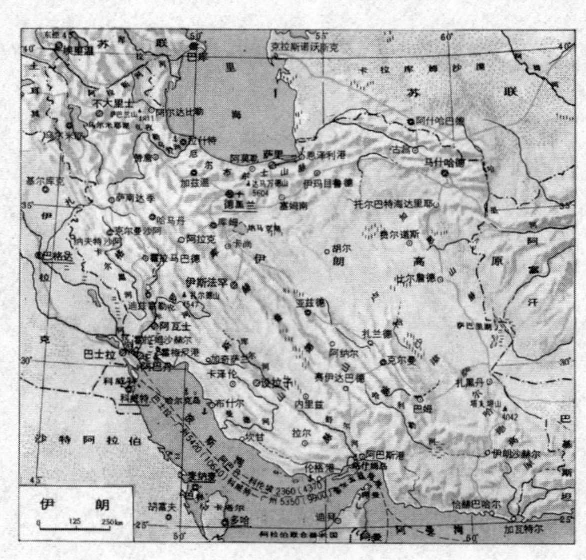

伊朗高原地形图

在古代的时候，由于自然环境，该地区的农牧业十分发达，且城市繁荣，称之为“千城之国”。这里曾经是古印度河流域文化与两河流域文化交流的要塞。时光荏苒，岁月洗礼，千年的巨变，东伊朗地区现已被土库曼、乌兹别克、吉尔吉斯、阿富汗和巴基斯坦诸国分属占有。但是，在古代，这一地区则长期被称为伊朗的一部分，对伊朗的历史文化有着重要的贡献。

根据有限的考古材料，我们大体上可以勾勒出伊朗早期人类活动的轮廓。在伊朗边境地区有过舍利以及阿舍利文化类型的工具，而大致的年代在40—20万年前。据当地史料记载，从旧石器时代中期开始，人类就已经开始在伊朗境内进行活动，且覆盖较广。而在伊朗西部地区的雷扎耶湖、中部的大盐滩、西南的法尔斯和其他地区，都发现了属于这一时期的典型的穆斯特文化石器和尼安德特人生活的遗址。在洛雷斯坦和库尔德斯坦地区发现得尤多。欧洲的穆斯特文化年代上限为10万年以前，下限为5.5—3.5万年前。伊朗现有旧石器时代中期的遗物，基本上可以称之为穆斯特文化后期的产物。人们在洛雷斯坦和扎格罗斯山西部的岩洞中，就曾经发现过原始人类的遗物，经过放射性碳元素的监测和判断，其均在5万年上下。在伊朗及其周围地区，都曾发现了尼安德特人居住过的痕迹和遗址。

伊朗有着众多的穆斯特文化遗址。塔姆塔迈赫，在雷扎耶湖西北部地区，人类的股骨化石和燧石工具就在此地发现。在伊朗的东北部地区，胡尔尼克和西南部尼里兹湖周边，也发现了旧石器时代中期人们使用的石器。

这一时期人们处于原始公社时期。人类最初的交往活动通常是伴随着人类的生活、生产活动而有交集和发生互动的。根据考古发现的文物，我们基本上可以描绘出伊朗东部旧石器时代晚期最后阶段到新石器时代开始之前，人类从事生产活动的画面。约公元10000年前，里海的水位逐渐下降，其沿岸的岩洞开始变得干燥，适宜人类居住，但是海水却仍旧在岩洞附近高低起伏地徘徊。此时，里海平原却呈现出一派草原风光，附近山区则森林茂密。于是，生活在这里的原始居民们便到海边捉海鱼、海豹，在陆地的话，人类锁定在森林中猎取鹿和其他小动物，其他如需要追逐羚羊则会去草原中，另外到万不得已之际则会捕捉田鼠充饥。所以，这些居民则被后世考古专家称之为“猎海豹者”“食田鼠者”以及“猎羚羊者”。差不多与“猎羚羊者”同一时期，当地的居民将剩余的动物进行驯化，开始饲养家畜。约在公元前5000年，该地就出现了如石斧等新石器时代的工具，这也意味着新石器时代就此开始。在公元前5000年初期的文化层，又出土了彩陶。

旧石器时代末期，伊朗各地的发展具有不平衡性和地方性的特性。有些地区已经处于由攫取经济时代向生产经济时代过渡的阶段。在伊朗，这个时期的村落遗址主要集中在伊朗的西南部地区和东北部地区。

根据不同地区出土的文物可判断，早期农牧业的部落大体属于氏族公社的晚期。氏族公社是由若干个小家庭或对偶家庭组合而成的。他们的宗教观念和宗教仪式正在慢慢的形成之中。在甘季列达遗址中，人们发现了一个宗教祭祀的场所，其中绵羊的头骨碎片下抹了泥。

交往行为是实随着人类的诞生而形成的，它是人类存在与发展的方式，它不断消灭人类孤立和封闭的状态，不断加强社会个体之间联系以及促进社会整体化的进程。而对于尚未迈人文明行列的伊朗原始居民而言，尽管生产力发展水平依旧低下，社会分工仍然处于最初阶段，但交往行为已经初步显示出十分强大的威力和作用。

首先，最早的部落迁徙运动传播了生产生活技术和文化，成果相当丰硕。公元前7000年后期，农业和畜牧业经济在伊朗境内广泛传播开来。人们通过考古发现，伊朗的西北部地区居民，最早可能是由南方迁来的，其文化和伊朗扎格罗斯地区及伊拉克西北类似。

农牧业部落的迁徙，对当时伊朗的历史产生了巨大影响，对伊朗及邻近居民的民族特征的形成也产生了重大作用。据公元前3000—前1000的埃兰文献记载，我们发现埃兰语和达罗毗荼语极为相似，而这种语言现在流行于印度的南部。而公元前4000年时，埃兰人就已经生活在胡泽斯坦、法尔斯以及克尔曼地区。从此我们判断，约在公元前4000年前，原始埃兰人和达罗毗荼人开始接触。这也说明伊朗高原南部的居民可能来自埃兰人和达罗毗荼人的类群。迁徙的结果则是埃兰人融入了波斯人之中，达罗毗荼人则成了印度人的一部分。

人类迁徙必然引起交往，而交往的最终结果通常是物质文明和精神文明的传承、保留、创新乃至发展。公元前5000—4000年，伊朗就开发了许多铜矿。而在加兹温——克尔曼一线的中伊朗山区，许多矿区则发现了具备较高难度冶金技术的村落遗址。

农牧业部落的迁徙，直接影响并传播了先进的农业、畜牧业以及手工业技术。而这些行业的进步在更大程度上促进了更大范围的经济文化交流。当时参与交换的物品主要有食盐、赭石、黑曜石以及农牧产品。这种商业经济交往在西亚各地区蔓延，从土耳其、两河流域开始蔓延至伊朗，较远的地方甚至到达中亚地区。

随着物质文明的不断交往，自然会形成精神文明的交往。由于历史久远，此时的人类还没有正式踏入文明社会，因此缺乏历史文献以及考古材料，所以无法了解更加详细的情况。

## 来自高原的古国

当伊朗高原的原始文明的光芒暗淡下来的时候，我们从伊朗高原的边缘地区看到了伊朗文明的曙光。

伊朗有文献记载步入文明社会的最早的是埃兰古国。埃兰（Elam），现在的胡泽斯坦地区。古代埃兰及其东部、北部到扎格罗斯山，西邻巴比伦尼亚，南靠波斯湾。境内的苏撒平原是伊朗最大的冲积平原。它是发源于扎格罗斯山的卡尔黑河——卡仑河和源于扎格罗斯山的幼发拉底河——底格里斯河共同冲积而成。在地理上，它既是伊朗高原的延续，又是美索不达米亚平原的一部分。这里气候适宜，土地肥沃，水源丰富，自古盛产粮食和水果。埃兰东部山区有丰富的矿产、森林资源，且地势险要，是一道天然的屏障。

埃兰的得名来源于古希伯来人的《圣经》，至今沿用。苏美尔人称其为尼姆（意为“高地”）。古代埃兰人自称国号为“神之国家”。根据古代文献的记载，埃兰地区还有许多城市国家，最重要的有阿万、苏撒、西马什、安尚等。

由于埃兰政治形势变幻莫测，这使得埃兰边界一直处于变动之中。它最为鼎盛时期的势力可东达波斯波利斯，东北延伸至大盐滩地区，西接巴比伦，西北与亚述接壤，而其影响则远及中亚、印度河流域和阿拉伯半岛。

古代埃兰的主要居民是埃兰人。现在还不能确定他们的人种类别，一般认为是原始洛雷斯坦人，还有两河流域迁移来的闪族居民。由于地理位置上的邻近，埃兰人和两河流域的居民交往都十分频繁和便利，因此埃兰文字也受到两河流域的影响较大。埃兰人最早开始使用的文字是象形文字，一直延续使用至公元前 3000 符号与两河流域，公元前 4000 它的文字的象形文字有些类似。埃兰文字由其自创还是来源于两河流域，现在还无法下结论。公元前 3000 符号与两河流域后期，埃兰则采用两河流域的楔形文字，并一直使用至阿黑门尼德王朝时期。

由于缺乏足够的资料，埃兰早期的社会状况、社会结构还不太清楚。我们从两河流域有限的文献中查找出埃兰时断时续的历史。一般认为，埃兰类似于苏美尔城市国家，其剥削形式与生产力发展水平相适应，具有早期奴隶制的特征。

古埃兰最早的立国时间大约在公元前 2700 年左右。埃兰的历史可以划分为三个明显的阶段：古埃兰时期（约前 2700—前 1600 年），中埃兰时期（约前 1400—前 1100 年）、新埃兰时期（约前 800—前 600 年）。各个时期之间都有长期的间隔，史书无载，被称为“黑暗时期”。

由于和两河流域的临近和自身的富饶，埃兰很早就成了两河流域诸邦掠夺的对象。反过来，埃兰也经常侵略和掠夺两河流域的城邦国家。除这种战争交往外，埃兰与两河流域还存在广泛的和平交往：居民的迁移、语言文字的流通、商业贸易的频繁往来，等等。交往促进了埃兰的进步和发展，

古埃兰遗址

促使它很早就进入了阶级社会。

公元前26世纪初，埃兰的阿万第一王朝击败两河流域的城邦国家乌尔，称霸苏美尔地区。公元前2550年阿万第二王朝建立，两河流域的拉迦什国王安那吐姆击败乌尔等邦，称霸苏美尔地区。但希塔在位时，埃兰国势强盛，甚至阿卡德王纳拉姆辛也不得不派使者往埃兰首都苏撒订立同盟条约，以抵御库提人的进攻。公元前23世纪末，埃兰建立起统一的联邦国家，摆脱了外族统治。阿万第二王朝灭亡后，埃兰又兴起了西马什王朝。其最初臣服于拉迦什，后又被乌尔第三王朝征服。公元前2004年，西马什王攻灭乌尔第三王朝，将其首都夷为废墟，埃兰重新获得独立。公元前1860年左右，西马什王朝为来自安尚的埃帕尔提王朝所取代。该王朝曾一度为古巴比伦王国所征服，旋又重新获得独立。公元前16世纪，埃帕尔提王朝为加喜特人攻灭。此后两个世纪没有任何有关埃兰的资料。古埃兰时期就这样无声无息地结束了。

中埃兰时期从安尚王朝的崛起开始。安尚王朝多次入侵巴比伦地区，后为亚述王所灭，时间在公元前13世纪末。苏撒王朝随之崛起。该王朝利用亚述衰落之机，大举进攻两河流域。国王舒特鲁克·纳洪特（约前1185—前1155年）灭掉了加喜特人的巴比伦王国，把著名的《汉谟拉比法典》石柱和其他许多珍贵文物掠到苏撒。苏撒国王希尔哈克·印舒希纳克（约前1150—前1120年）在位时，埃兰占领了两河流域的许多重镇和扎格罗斯山以东的地区，一跃成为当时的军事强国之一。但好景不长，公元前12世纪末，埃兰被巴比伦国王尼布甲尼撒一世所灭。此后，埃兰又进入了一个没有记载的“黑暗时期”。

公元前18世纪，埃兰重见历史记载，是为新埃兰时期的开始。公元前8—7世纪，对于近东历史来说是“亚述的世纪”。先是提格拉比利萨三世（公前744—前727年），武功烈烈，兼并南邻。继而萨尔贡二世扫平西方和南方，击溃北敌。亚述的军队捷报频传于除小亚外的整个近东地区。此时的埃兰深感威胁日益严重，又不敢贸然直接与亚述对抗。于是，它在亚述的附庸国挑起叛乱，并以援助的形式来支持亚述的敌国。所以，萨尔贡二世及其后继者一直与埃兰相对抗。埃兰支持巴比伦人、加勒底人、叙利亚的阿拉伯人与亚述对抗。但亚述的萨尔贡王朝国势正隆，埃兰人胜少败多。公元前646年，亚述王阿淑尔巴尼帕在降服了叙利亚沙漠的阿拉伯人、镇压了巴比伦的叛乱之后，再次把矛头指向埃兰。这次战役对埃兰是毁灭性的打击。亚述全面地摧毁了埃兰12个地区、14座王城和无数村镇。苏撒城被洗掠一空，19个埃兰神也被劫至亚述。亚述王夸口说：“我让野驴、黄羊、各种野兽像住在家里一样自由自在地在这里生活。”从此，埃兰消亡。在经历了亚述、新巴比伦以及米底王国的短暂统领之后，埃兰成为阿黑门尼德王朝的一个非常重要行省。苏撒作为波斯帝国的行政首都，并作为西亚重要的城市存在了上千年。

滚滚长江东逝水，浪花淘尽英雄。历史就是这样公正无情。多少王侯将相，像历史上的匆匆过客一样，很快被人遗忘，但只有人们所创造的物质和精神、制度文明被后世的人们承继下来。而且也只能从这些继承下来的文明中认识先人的丰功伟业。所以，王朝兴亡、英雄成败的过程本身并不重要，重要的是他们对后世的影响。人们力图探知历史的真实存在，意在探知在此基础上产生的真实影响。

古代埃兰的政治制度非常复杂。在古埃兰的中古时期，由于没有形成真正的统一国家，各邦统治者或自称国王，或被称为总督。这一段时间的特点主要为：一是盛行三头政治。最高统治者被称为国王、伊萨库、萨卡纳库，它意味着世俗、宗教和军事三重权力。这三个职位有时候可由一人兼任。西马什王朝和埃帕尔提王朝也大体相同；二是实行母系继承制。根据后来的资料表明，国王、伊萨库和萨卡纳库在母系方面有亲属关系，王位继承制实行兄终弟及和传甥制（传位于“姐妹之子”）。只有特殊情况下，才出现传位于子的现象。

在阿万王朝时期，凡与王族在母系方面有亲属关系者都可以参加竞选，角逐王位。因此，王族旁派支系也有当选为王的可能。王室为防止大权旁落，就实行兄妹为婚的内婚制。

自新埃兰时期开始，父系王位继承制度就已经确立起来了。父位子继或辅之以传位于侄。这种继承制断绝了王室其他支系成为国王的梦想，自然会引起王室旁系贵族的不满，导致了整个埃兰分裂为许多独立的小国，纷纷称王称霸，目无中央，势成一片散沙。即使外敌当前，他们也无法再团结起来。亚述统治者坐山观虎斗，利用埃兰统治者内部的争权夺利，终于灭掉了埃兰。

**神庙类型建筑物**

从社会经济状况看，古代埃兰基本上属于两河流域的“神庙城市”类型。

社会经济的基础是农业。在苏撒平原上，成片的大麦、芝麻、豌豆、小麦长势旺盛，椰枣树林到处可见。为了储藏丰收后的粮食，埃兰建立了许多大型的仓库。古代埃兰的商业活动非常活跃，它与伊朗高原、两河流域和印度都有密切的往来。根据古代苏美尔的史诗记载，公元前3000年年初，两河流域的乌鲁克城邦的统治者为了修建神庙，曾要求埃兰阿拉塔城邦统治者为其提供建筑材料。后者提出要求，以粮食交换。经过一番周折，乌鲁克终于用大量谷物换到了贵金属和矿物，而阿拉塔城邦人民也“吃饱了”，达到了互通有无，皆大欢喜的目的。在两河流域和埃兰的双边贸易中，金属锡占特殊地位，因为锡是普遍使用的金属，是制造青铜器的重要原料，而两河流域锡矿产资源匮乏。古代伊朗境内的哈蒙湖北边和赫尔曼德盆地各有一个重要的大锡矿。埃兰借此向两河流域出口大量的锡。此外，中亚、印度的产品也途经埃兰，和两河流域发生经济交往。

对于伊朗文明而言，古代埃兰文明起了沟通东西、承上启下的作用。无论是从两河流域所学来的，还是其自己的传统，均为后来的波斯人所继承或借鉴。埃兰人融入了波斯人中，把楔形文字介绍给了波斯人，帮助波斯人创制了古波斯楔形文字、司法和历法。大量埃兰人在波斯帝国管理机构协助波斯人处理政务，埃兰人的兄妹通婚制对波斯人也产生了重要影响。不仅如此，埃兰作为古代东方各文明交往的中介，通过广泛的商贸经济文化交往，在遥远的印度河流域、中亚和两河流域之间架起了沟通的桥梁。

## 消灭米底王国

起初在里海和成海以北那一片弧形的大草原上繁衍、生息的印欧语系诸部族。公元前4000—前3000年开始向外迁徙，其中一支向南迁徙到伊朗高原和印度，征服了当地的土著居民而定居下来，成为伊朗人和印度人。

定居在东方的印欧语系印度伊朗人部落通常称为雅利安部落。因为他们自称为雅利安人，该词的本意是“高尚的人”或“贵族”。现在的伊朗人就是雅利安人的转译。国名“伊朗”，意为雅利安人的国家。公元前3000年中期，印度伊朗人还是一个部落共同体。他们在语言、文化、宗教、风俗等方面有许多共同或相似之处。公元前2000年中期，共同体开始解体。一些部落南迁到了印度河流域，而另一些部落则留在伊朗高原。留在伊朗高原的称为伊朗人，南迁印度的称为印度人，从此各自走上了自己的发展道路。

公元前8世纪后期，伊朗人在许多地区都成了多数。伊朗部落进入伊朗高原的初期，并不是武力征服，而是和平的迁徙。他们最先依附于当地原有居民所建立的国家，如埃兰、马拉尔图、亚述等。当伊朗人建立起自己的国家之后，当地的土著居民也开始使用伊朗语并为伊朗人所同化。尽管这个过程是长期而又复杂的过程。在伊朗的历史上，米底王国和阿黑门尼德王朝对伊朗语言、文化的传播和伊朗民族的形成起到了极为重要的作用。从伊朗迁入部落和土著居民和平交往看，伊朗人的社会经济文化已经达到了相当高的程度，而且对原始的当地居民产生了巨大的吸引力，尽管他们也向土著居民学习了许多东西。

在迁居伊朗高原的伊朗人中，首先建立国家的是米底人。米底人原是不同部族构成的部落联盟，后来所建立的国家称“MEDIA”。米底之名最早见诸于史册是公元前843年亚述国王沙尔马纳塞尔三世的文书。

米底王国的诞生之地——哈马丹，意为“四方交汇之地”，这里是一个风景秀丽、土地肥沃、有雪水消融、灌溉便利的山谷。当时的米底人处在各个部落散居各处的一盘散沙状态。全部米底人相互争斗，无法无天。而西亚的强国亚述多次侵袭米底，掳掠财富和人口，并将大批米底手工业者强行移至亚述。乌拉尔图的国王也对米底进行过侵略性远征。此外，米底还得抵御来自东方的一些游牧部落的进攻。内乱和外患促进了米底各部落之间的团结和部落联盟的形成。

米底国家的创立者戴奥凯斯，本是一个部落首领的儿子，异常聪明而又野心勃勃。他为了取得僭主（有时与“王者”并称。）的地位，便力所能及做些沽名钓誉之事。他努力在本部落忠诚而热心地主持公正，本部落的人因其正直的行为而推举他仲裁一切争端。功夫不负有心人。戴奥凯斯很快声名远扬，他不仅得到本部落人们的赞赏，而且其他部落的人也知道只有公正无私的戴奥凯斯主持正义，解除他们长期以来受到不公正审判的痛苦。戴奥凯斯很会掌握火候。当他感到自己得到一切人的信赖时，便宣布说他不愿做仲裁者了。因为他这样整天耗费时日调解邻人的事情，对自己毫无益处。结果，各部落马上乱了套，掠夺与不法行为的发生比以前更猖獗了。于是，米底各部落便聚在一起，开会讨论：“如果这样下去，我们就待不下去了。让我们自己立一个国王吧，这样这个地方治理得好，我们才能各安其业，不致于无法无天的事把大家弄得家破人亡。”会议的结果是，大家一致认为戴奥凯斯是米底国王的最佳人选，并一致推举、拥戴他任国王。戴奥凯斯虽然如愿以偿，但他还要做一个有名有实的国王。他要求国人给他修建一所与他的国王身份相称的宫殿，并拨给他一支保护他个人的亲卫队。米底人求贤若渴，一一照办。这戴奥凯斯登位以后，大摆排场，强制米底人为他修筑了一座城池——就是今天的哈马丹。根据希罗多德的说法，哈马丹的城墙共有七圈。最外围的一圈城墙是白色的；第二圈是黑色的；第三圈是紫色的；第四圈是蓝色的；

第五圈是橙色的；第六圈是用银包着的；最里面的一圈则是用黄金包着的。这些说法让人难以置信。在古典作家的笔下，东方就是人间的天堂，黄金遍地，财宝无数，到处流着酒河、奶和蜜汁……

一切修葺停止，戴奥凯斯的架子也因此端了起来。他要求，国王不能随意接见任何人，一切事项需要通过报信来处理，禁止臣民看到国王。他还要求在国王面前，任何人不得嘻皮笑脸或吐唾沫，否则就被认为是一件可耻的冒犯而应受到惩罚。戴奥凯斯这样做，一则为保卫自己的安全；二则增强神秘感，让熟知他的人以为：戴奥凯斯和先前判若两人了。王位坐定后，戴奥凯斯依然勤于政务。所有的诉讼案件，都交到国王那里，由他据其内容秉公御批后再送还当事人。在全国各地都有国王的密探。若有人横暴不法，作奸犯科，就会被召到国王那里，受到相应的惩罚。这样，戴奥凯斯统一并统治了米底民族各部落。米底人的立国传说反映了由原始社会的民主制向阶级社会的君主专制过渡的历史景况，这一历程是人类社会交往的必然结果。

公元前675年，戴奥凯斯驾崩，其子普拉欧尔铁斯登上了王位。这位国王雄心更大，不满足于统治区区米底，把军队开进同种同族的波斯人的地区，使波斯人变成了米底人的臣民。接着，他挥师亚细亚，征服了一个又一个民族。最后，和西亚的霸主亚述短兵相接。由于米底的盟友西徐亚人的背叛和临阵倒戈，米底两面受敌，结果战争失败，普拉欧尔铁斯阵亡，其子库阿克撒列斯继承王位。此人更是个好战分子。他进行军事改革，把过去非常紊乱的军事组织，划分为长矛兵、弓箭兵和骑兵等兵种，创建了以骑兵为主的常备军，尤其是吸取了游牧民族西徐亚人的机动灵活的战术经验，使米底军队的威力大增。

这时候的形势发展也有利于米底。公元前630年，亚述各派发生内战，亚述帝国面临瓦解。公元前626年，巴比伦爆发起义，亚述人任命的巴比伦尼亚南部的总督乘机宣布独立，建立起加勒底王朝。公元前624年，米底国王库阿克撒列斯击败西徐亚人，将其彻底赶出米底。为报杀父之仇，挥师指向亚述。大军攻至亚述

空中花园复原图

都城尼尼微，但久围不克，于是转而攻下阿舒尔城。米底军队克城之后，大开杀戒，居民被斩杀殆尽，城市变为一片废墟。正在此时，巴比伦的加勒底王赶到，米底人和巴比伦人缔结城下之盟，誓灭亚述。为巩固关系，两国大搞和亲，巴比伦太子尼布甲尼撒娶了米底王国的公主。据传说，尼布甲尼撒为了取悦来自米底的爱妃，表达自己炽热的爱情，特意为她在巴比伦王官的西北角建造了著名的“空中花园”。

据说，空中花园是一座多层塔式建筑。每层内部都有砖拱、石板做成的斜坡式阶梯可通往上一层。建筑物的内部以芦苇为心，外部则堆砌厚厚的泥土。花草树木都种在表面的泥土上。每天，奴隶用提水机、皮桶从幼发拉底河提水到花园灌溉。远远望去，鲜花争奇斗艳，竞相开放。草木郁郁葱葱，十分繁茂，犹如一座花山，甚是好看。正由于此，这个“空中花园”被称为世界七大奇迹之一。公元前612年，米底和巴比伦再次出兵亚述。在围城三月之后，亚述都城尼尼微被攻占。国王战死，军士非死即逃，尼尼微也成了一片废墟。百余年后，后人就不清楚尼尼微在什么地方了。

消灭亚述后，米底军队继续向西挺进，先后占领了乌拉尔图、卡帕多启亚。公元前598年，米底又挥戈指向小亚细亚的强国吕底亚。鏖战了五年，也没有分出胜负。公元前584年5月28日，双方正在激战时，当地出现了日食。太阳突然消失，大地一片黑暗。双方将士被这异象吓得惊慌失措，忘记了战斗和敌人。好在太阳不久又出现了。于是双方认为此乃上天警示，战争不为诸神所喜。米底和吕底亚决定休战，并缔结和约，规定以哈里斯河为两国的界河。为表示亲善，两国再度和亲，米底王子娶吕底亚公主为妻，从此米底王国西线无战事。这时的米底已成为西亚最强大的国家之一。其疆域东到阿姆河或卡拉库姆沙漠，北达亚美尼亚和阿塞拜疆，西以哈里斯河为界，西南与巴比伦相邻，南达波斯湾。尽管米底版图辽阔，但其国家组织相当脆弱。国内尚有不少不承认米底宗主权的独立的地区和部落。他们不断加强自己的势力，一有机会就力图摆脱米底国王的控制，和国王貌合神离，各打自己的算盘。公元前584年，库阿克撒列斯去世，其子阿司提阿格斯继位。新国王承先王之威烈，出兵征服了原臣服于巴比伦的埃兰国。于是米底和巴比伦同盟破裂，对方积极准备战争。没料想，米底后院起火，它的属国波斯在居鲁士二世的率领下发动了大规模的起义，不久便摆脱了米底的统治而独立。面对波斯蒸蒸日上的态势，米底国王力图尽快剿灭之。岂知自己的军队里出了个“第五纵队”，以宗室成员、军队司令哈尔帕哥斯为首的米底贵族与居鲁士暗通消息，里应外合，推翻了阿司提阿格斯。至此米底王国灭亡，为居鲁士所建立的新王朝所取代。

米底王国是伊朗语雅利安人建立的第一个国家，是波斯帝国登台亮相的前奏序曲。米底人对整个人类文明的发展没有做出多大贡献，但对波斯人而言，米底文化极为重要。从雅利安语言、以羊皮纸和笔代替泥板书写工具，到建筑中廊柱的大规模运用、勤俭持家作战勇敢的道德观念、袄教、多妻制、统治帝国所必需的法律等，都是米底人传给波斯人的。米底被征服后，在形式上仍保留了米底王国。波斯帝国将哈马丹作为波斯帝国的首都之一，米底在行省中的地位仅次于波斯。部分米底贵族长期保留了各种特权，米底的国家制度为波斯人所承袭。米底文化在历史交往中汇入了波斯文明。

## 帝国不断的扩张

波斯帝国扩张的冲动最初来自于它本身与不同文明的接触，现在帝国征服历程中的困局也多缘于它与陌生文明的冲撞。在大流士的得胜多多的频繁征战中，有两个对手居然祭拜了他，那就是在习俗、文化和战略方式等方面与波斯完全不同，且它们彼此间也迥然不同的锡西厄和雅典。

对锡西厄人的征服战争是一场徒劳之役，并且是希罗多德的叙述方式展开的一幅黑色幽默图景：锡西厄骑兵总是出现在波斯人前方一天行程的地方，波斯人则总是在后面穷追不舍但却又始终不及；然而，当波斯人不堪困苦而要其投降的时候，锡西厄人顿感受辱而决定突袭波斯大军，结果却被他们从从未见过的骡子和驴子吓到而惊慌失措使突袭未遂。将陌生动物的气味和叫声当作最厉害的武器，凸显了交战双方之间文明鸿沟中最为滑稽的一幕。值得回味的是生长于波斯陌生的文化之中的锡西厄人的战争方式和战略方式。游牧民族是天生的战略包围家，包抄、环绕、围歼对他们来说犹如日常的放牧那样驾轻就熟。波斯人与锡西厄人这样的游牧民族进行战争，殊难指望终告胜利。然而，在大举进兵锡西厄之时，大流士完全没有意识到农业民族与游牧民族之间的差异，以及波斯人与锡西厄人之间在作战方式和战略思维上的巨大鸿沟。

希腊雅典人，喜爱自由和城邦独立，而在面对波斯的征服者之时，行为方式既与波斯人，也与锡西厄人大相径庭。一方面，政治上更成熟的雅典人更加信任和仰赖自己的政治决断，而不是像锡西厄人那样大概多半出于对异族文化的拒斥；另一方面，雅典人的传统的英雄崇拜和英雄性格在战争中被强烈地激发出来，从而得到升华。面对异邦人征服军队之时，雅典领袖米尔提亚戴斯用这样的话来警醒、劝说和鼓舞其同僚：今日之抉择，要么是向异邦人屈服，令整个希腊世界陷入暴君手中；要么为自由而战，使雅典成长于战争和自由中，腾升为希腊第一城邦。马拉松战役中，米尔提亚戴斯旗下的士兵在列队行礼、献祭众神后，飞也似的朝敌人奔杀过去。希罗多德说这是害怕美地亚人的希腊人从未做到过的，也是波斯军队从来没有碰到过的。波斯帝国显然开始遇到它在扩张过程中所遭遇的最具魄力的抵抗，它植根于一种波斯几乎全然不熟悉的民族性格、政治文化以及战争手段之中。

不断对陌生的民族和土地发动征服战争的帝国迟早将遇到阶段性乃至终极性的阻遏。一方面，征服战争的挫败阻滞帝国进一步地对外扩张步伐，暂时稳固了帝国的地理边界；另一方面，帝国冲动和扩张惯性依然存在，到时候大有可能引发心理上更迫切的新一轮扩张努力。就波斯帝国而言，需要一场更加野心勃勃且规模宏大但最终意外惨败的征服战争，去给帝国的征服历程和扩张惯性划上一个真正的句号。

希腊世界与波斯帝国的相遇。正是处于鼎盛时期的波斯在希腊的最不可思议的失败，促发了波斯的真正失败，波斯帝国对希腊世界的征服战争不仅仅出于草率的决定或武断的偶然，而是一项由深思熟虑催生的政治决策。波斯远征军踌躇满志，在希腊作战的主要过程中践行波斯传统方面没有犯错。但却最终走向了灭亡。

对希腊世界的征服欲望既出于波斯的帝国传统，也出于马拉松战役的失败，既来源于据称希腊丰沃土地的诱惑，也来源于玛尔多纽斯的个人激情。薛西斯的御前会议给了这些征战理由充分的交融与碰撞，显露出它们之间的层次与互动关系这是个典型的“合理决策”过程，其中没有犯下任何鲁莽冒失或狂热亢奋的“非理性”错误。

在御前会议上发言的三个人，就代表了这三种不同的想法：玛尔多纽斯主张战、阿尔塔巴诺斯主张和、薛西斯本人则在表兄弟玛尔多纽斯和叔父阿尔塔巴诺斯的对立主张之间徘徊与挣扎。玛尔多纽斯强调希腊犯有大罪（即击败先王大流士的征服努力），阿尔塔巴诺斯则强调希腊民族勇敢优秀，薛西斯心知肚明。薛西斯还面临着每一位新君均面对的诱惑与责任，就是要以不逊于前任历位君主的战争功勋将帝国事业的荣光发挥到极致。

同希腊开战的决策几乎就此夭折之时，一名游走于薛西斯和阿尔塔巴诺斯夜晚沉思的梦中人出现了。它运用各种手段，其实包括劝说、威胁和恐吓等手段，催生了开战的决断。它以隐喻式的话语，要求关切血缘亲友构成的波斯共同体的命运，提醒薛西斯履行其父祖留给他的君主责任，暗示非如此薛西斯可能会王位不保。梦境中的发令者其实就是帝国的习俗律法和政治文化，特别是帝国的经久扩张要求。在居鲁士时代还算是政策选项之一的帝国性扩张，到薛西斯在位时则已经完全变为了“波斯本质特征的表达”。

显而易见，对希腊发动征服战争的决定并非意味着波斯的决策阶层完全可能不知的重大困难和风险。阿尔塔巴诺斯向薛西斯指出，土地和偶然都会是他的敌人。这预言包括了帝国在扩张中遇到的两大类困难：其一，土地象征持久坚固，它既是其培育出来的作物、人民甚而其文化的恒久体现，也是帝国的战略伸展的最大克星，因为它使战略伸展几乎总是与战略强度的递减相随，以致成强弩之末，到最后力不从心；其二，偶然本身是世间尤其是人世间必有之事，在希罗多德与其同代人看来是神意的流露，体现了凡人不能预知的那部分命运。就此，立志守卫家园的希腊人用另外一种简明扼要的语言去概括波斯面临的最大困难：前来征服他们的是凡人，而并非神；而凡人不可能不会遇到不幸的事情。

如果说同希腊开战不是一个草率的政治决定的话，那么波斯在准备战争方面更没有草率从事。在平定埃及之后，薛西斯花了长达四年的时间整顿军队，最终组成了一支由各个民族构成、规模骇人、兵种齐全的庞大武力。不仅如此，波斯富庶、希腊贫困是无须争论的事实，双方战争的物质基础堪称悬殊。玛尔多纽斯宣称欧洲土地富饶、植被美好，每天都享用的是令希腊人称奇的豪华膳食，正是他为了唤起对希腊的征服欲望而颠覆了关于贫穷希腊、富饶波斯的希腊基本常识。

一样重要的是，希腊世界的战争统筹与战略谋划能力相对于波斯帝国可谓薄弱。一些希腊城邦轻易臣服、献出水土；雅典多次请求斯巴达为首的伯罗奔尼撒诸邦前来支援与援助，但斯巴达和雅典始终没有形成牢固严密的作战同盟；雅典领导人铁米斯托克利为了贯彻自己的后来证明正确甚而辉煌的抗战战略，不得不进行几乎无休止的政治献金、勒索、欺骗和曲解。总而言之，希罗多德充分阐述了在希腊世界形成和贯彻较为统一连贯的规划和指挥是多么的困难。与之截然相反的是波斯严肃整齐的帝国气象。薛西斯虔敬、威严、姿容美好；他统御百军，严明纪律，赏罚分明；他敬神、纳谏、虑远，尊敬勇敢的对待敌对者。到薛西斯时期，作为波斯政治一大基本样式的对外征服战争已变得形式非常严整，执行十分有力。

然而，帝国气象终究是必亡的。这个事实被海列斯彭特的一名路人在百万王军面前说出的一句话简直像神谕般蕴含深意的话，他对国王薛西斯说，宙斯啊，你怎么变作了波斯人的模样，你自己一人就可以毁灭希腊了。希罗多德笔下的这句话指的是希腊不是波斯人可以毁灭的，它只能被宙斯毁灭。这意味着希腊人对自身命运的把握，而带领希腊人实现这种把握的，正是那个出身平平、品行微瑕的铁米斯托克利。

## 波斯帝国的衰亡

国王薛西斯是继承波斯大统的尤为关键的人物。薛西斯沐浴于强烈的欲望，也继续掌管生杀大权，但在惨败于希腊之后，他斩杀名士不再是为权势扩展和帝国扩张而服务，他困陷于宫廷流连粉黛表明，他的欲望再也达不到继承波斯征服传统的高度，而仅是普通的人间情欲。君主成了俗子，帝国势无可依。

玛尔多纽斯是曾远征希腊的主要鼓吹者和波斯军队的主要将领。他为自己的帝国激情送掉了性命。薛西斯撤回波斯之后，玛尔多纽斯重整 30 万军队继续战斗，直至战败灭亡。可以说，在帝国欲望下降为普通人间欲望后，波斯作为行动上的帝国仍存在了短短一段时间，直到作为这方面的意象的玛尔多纽斯死于和斯巴达军队的战斗之中。

波斯英雄玛西司提欧斯的形象就像玛尔多纽斯，然而他仅仅是一名战斗行动英雄。勇敢的玛西司提欧斯战死之后，其遗体姿容十分美好，引来希腊士兵竞相观看。这可以说隐喻一个成熟的政治帝国对一个成熟中的政治民族的不自觉引诱。然而无论如何，波斯帝国已死，虽然它遗容美好，让希腊人羡慕和追忆。

还有另外一位人物阿尔塔乌克铁斯，是让波斯失掉的最后一座城池赛司托司的太守。他劣迹斑斑，作为波斯帝国意象的最低层当然体现了帝国理念里最为卑微且猥琐的那部分。他不仅欺上罔下，贪恋财帛，而且怀抱短视、庸俗和自杀性的政治欲望。也许希罗多德让读者体会到，指向宏大权势的帝国理想和指向一般财帛的政治欲望一样，说到底也是目光短视、庸俗和自杀性的。通过这个卑微猥琐的政治意象，希罗多德就像传统的古希腊悲剧作家那样，用亚里士多德的话说在读者心底催生恐惧，引发同情，激起反思。反思之一是，政治欲望和物质欲望的混合是危险的，它模糊掉了战略目的，腐蚀了战略手段，引发了非分的热烈欲望。

居鲁士的战争规定或塑造了波斯帝国的传统、根本存在方式以及成长方式。在冈比西斯统御的时期，波斯作为行动上的帝国，由于其君主的狂野个人激情以及狂妄冲劲，从而以一种特殊的或极端的方式上承居鲁士，下启大流士。在大流士时期，波斯帝国面对纷繁复杂的征服对象，取得了帝国在经验、知识和技艺上的日渐成熟，但也随着征服范围的三代扩展，开始显露出文化和战略上的匮乏，以及遭遇初现的帝国克星。此后，薛西斯以深思熟虑、规模巨大、准备充分但终究意外惨败的希腊征战，在其臻至巅峰后不久急剧终结了事实上的阿契美尼德波斯帝国。

这番波斯帝国史展现了帝国扩张在其冲动、惯性和极限等方面丰富的战争和战略机理，为把握帝国的一般命运、理解国际关系中的帝国主义传统提供了十分丰富的经验证据以及理论素材。

# 第二章　历史上的波斯帝国

## 阿契美尼德王朝

阿契美尼德王朝（前550年—前330年），又称“波斯第一帝国”，“阿契美尼德帝国”是波斯首个征服大部分中亚领域的帝国。领土东至巴基斯坦，西北至土耳其、欧洲的马其顿、色雷斯，西南至埃及。

阿契美尼德王朝

活动在公元前七世纪初的阿契美尼斯是其始祖。作为部落的始祖，阿契美尼斯经常被认为具有传奇色彩。

人们认为，阿契美尼斯是波斯诸（10～15个）部落之一的帕萨尔加德的首领。在波斯的皇家铭文，如《贝希斯敦铭文》中，则将他称之为大流士大帝的五世祖。这些铭文表明，阿契美尼斯生活在西元前700年左右。这些铭文也表明他是一位“国王”，可能意味着他是伊朗人的第一位正式的国王。

除了波斯的皇家铭文，记载了关于阿契美尼斯的确切历史，几乎没有其他的文献资料有所记载。阿契美尼斯也被一些专家学者认为，他只是“波斯皇室神话中的祖先”。这些专家通常认为，大流士大帝杀害岳父居鲁士大帝的次子巴尔迪亚（有说法是反对冈比西斯二世的祭司高墨达伪装的）后成为波斯皇帝（沙赫），他需要证明自己的皇位合法，所以他就认为自己是阿契美尼斯的子孙，并且他能够做到这一点，所以他们认为阿契美尼斯并不存在，而是大流士大帝虚构的人物。不过，一篇帕萨尔加德的铭文显示，居鲁士大帝也宣称自己是阿契美尼斯的后代。

据历史记载，阿契美尼德王朝是从大流士大帝开始追尊阿契美尼斯，并且将他奉为王朝创始人，尽管他的生平事迹极少被人提及。假设阿契美尼斯是真实存在的，他很可能是一名前7世纪的领导波斯一部落的战士、首领或许是第一位国王，也是米底帝国的诸侯。公元前700年，阿契美尼斯以安善（即安赞）为中心创造了波斯王国，但是受到埃兰的制约和限制。一篇公元前691年亚述国王辛那赫里布时期的铭文提到辛那赫里布在今伊拉克萨迈拉附近的哈路勒城几乎被巴苏瓦、安赞、米底、迦勒底、巴比伦和埃兰等国的联军击败了。在这篇铭文中，我们可以看出阿契美尼斯是联军的指挥官之一，他曾统领波斯安善军队，而这场战役就是最为著名的哈路勒战役。阿契美尼斯的表现说明了一点，当时安善和波斯已经具备了一定的独立性。

古希腊的学者出具了一些关于阿契美尼斯传奇色彩的信息：他们称阿契美尼斯所在的部落为帕萨尔加德，并且解释道，阿契美尼斯是“由一只鹰抚养长大的”。柏拉图在写波斯人的时候，认定阿契美尼斯和希腊神话中波斯人的祖先珀耳塞斯是同一人，是希腊英雄珀耳修斯和埃塞俄比亚公主安德洛墨达的儿子，是宙斯的孙子。之后还有一些学者认为，阿契美尼斯和珀耳塞斯并非同一人，而是属于两个人，珀耳塞斯则是阿契美尼斯的先祖。

据记载，有专家认为阿契美尼斯是当时契美尼德王朝的建造者，当时整个波斯地区仍然处于米底王国的统治之下。阿契美尼斯逝世后，其子泰斯帕斯（约生活于公元前七世纪中叶）成为波斯阿契美尼德王朝初期的国王，并在米底王国斯基泰时期带领阿契美尼德脱离米底王国的统治。泰斯帕斯逝世后，他将土地分封给自己的两个儿子：居鲁士一世和阿里亚拉姆尼斯。而他们逝世后则将自己的王位又传至自己的儿子：冈比西斯一世和阿尔沙米斯。

截至公元前558年，他的儿子居鲁士二世“大帝”（前599—前529年）统一波斯，次年（前550年）击败当时统治波斯的米底人，便开始用“米底诸国国王”作为称号。在短短数年中征服帕提亚（源自波斯游牧民族——帕尔尼部落（Parni）之名，帕提亚人属于白匈奴的一支，我国汉代取其开国者Arsacids汉语的音译，称之为“安息”，作为其国名，今伊朗呼罗珊地区）、吕底亚（小亚细亚中西部的一个古国，今土耳其的西北部地区，约公元前660年开始铸币，可能是最早使用铸币的国家）和小亚细亚（土耳其的亚洲部分被称为安纳托利亚，也称小亚细亚）的各希腊城邦、德兰吉亚那（位于今阿富汗与伊朗之间的西亚赫尔曼德河下游盆地）、马尔吉安那（位于今伊朗东部）、花剌子模（中亚西部的古国，位于阿姆河下游、咸海南岸，今乌兹别克斯坦及土库曼斯坦两国的土地上）、粟特（中国古书中记载的西域古国之一，它的具体活动范围，应该位于今中亚阿姆河与锡尔河之间的泽拉夫尚河流域，而它的首都“马拉坎达”则位于今撒马尔罕）、巴克特利亚（中亚的古国名，中国历史上称为大夏，具体位置在中亚阿姆河与锡尔河上游之间到兴都库什山麓地区，即今阿富汗北部，居民属波斯人）、阿里亚（即今阿富汗西北部历史名城赫拉特省首府，古代称之为阿里亚，具体方位在喀布尔西约 600 公里处，位于赫里河的中游右岸。历史上为中亚、南亚同西南亚各地区交通和贸易的重要枢纽，其战略地位不言而喻）、格多路西亚（今阿富汗的南部地区）、萨塔吉底亚、阿拉科西亚（今阿富汗南部）、犍陀罗（又作健驼逻、干陀卫，意译香行、香遍、香风。位于今印度西北喀布尔河下游，五河流域之北）等地，斯基泰人（他们是出现在公元前 8—2 世纪的游牧民族，他们的活动轨迹多位于顿河与多瑙河之间，黑海以北，而在此之前，就一直居住在伏尔加河流域）但慑于其威力而告臣服。

到公元前 539 年，居鲁士大帝再次率领波斯大军进攻巴比伦王国［今伊拉克（Iraq）共和国境内，西亚巴比伦尼亚南部奴隶制城邦，以巴比伦城为中心，公元前十九世纪中，阿摩列依人在此建国，前 1894—前 1595 年］，巴比伦以西直至埃及边界的许多国家纷纷自愿归降。建造了阿契美尼德王朝，成为了历史上亚历山大帝国之前最大的帝国，也使得波斯规模空前壮大。

居鲁士大帝

公元前 547—546 年，波斯人同小亚强国吕底亚王国发生了战争。吕底亚是一个非常富饶的国度，在鼎盛时期，曾控制希腊世界与东方之间的海上和陆上贸易。米底王国灭亡后，它于公元前 547 年出兵卡帕多细亚（原属米底，现已归波斯人统治），从而引发了与波斯人之间的战争。居鲁士率军反击，打败了吕底亚，还将其国王克列伊索斯俘虏。不久之后，波斯人又借镇压吕底亚人起义之机，攻占了小亚西海岸各希腊人的城邦。消灭吕底亚后，居鲁士乘着巴比伦国内政局不稳之时挥军向其进攻。公元前 539 年，巴比伦城陷落，居鲁士为表示愿意以巴比伦人的身份来管理此地，一入城便握住巴比伦守护神马尔杜克塑像的手。自此，阿契美尼德王朝的势力扩大至埃及的边界。

而居鲁士大帝时期，他开始扩张自己的领土。首先，他公开反叛米底王国，并在公元前 550 年将其歼灭。随后，他与巴比伦形成联盟，以确保其王国后方不会受到威胁。

继承其王位的是冈比西斯一世（前 600—前 559 年，CambysesI）是居鲁士一世之子，他与米底国王阿斯提亚格斯的女儿结了婚。

值得一提的是，在公元前 539 年，居鲁士大帝攻占巴比伦时，释放了当时被称为“巴比伦之囚”（前 597—前 538 年，犹太王国两次被新巴比伦王国的国王——尼布甲尼撒二世所征服，大批群众、工匠、祭司和王室成员被掳往巴比伦犹太人被掳到巴比伦之后，耶路撒冷成为一片废墟，四周的城墙被摧毁，圣殿和王宫被焚烧，城中所有的金银铜器皿都被带至巴比伦。公元前538年波斯国王居鲁士消灭了巴比伦之后，被囚掳的犹太人才获准返回自己家乡）。犹太人重归故土之后，在犹太教的法典上是如此记载的。

阿契美尼德帝国是亚历山大帝国以前世界上存在过的最大的帝国。

## 希腊化时期

公元前492年，波斯派大军渡海进攻希腊。波斯海军遭受飓风袭击，大部分舰只毁灭，陆军遭受色雷斯部落袭击，统帅受重伤，不得不退回亚洲。波斯对希腊本土的第一次远征就这样失败了。但是，大流士不肯就此罢休。他一面下令准备新的远征；一面派使者前往希腊各邦索取“土和水”，即要求各邦臣服波斯。多数城邦答应了波斯的要求，只有雅典和斯巴达坚决反对。

公元前490年，波斯军队再度进攻希腊。大军首先攻占了那克索斯岛，毁灭了该国。随后，波斯军队又攻占埃利特里亚，城市被烧毁，居民被强制迁往埃兰地区。波斯人报复埃利特里亚的目的已经达到。但波斯人的暴行，坚定了雅典抵抗到底的决心。几天后，波斯军队渡海来到阿提卡，在雅典北部的马拉松平原登陆。雅典派米尔提阿德斯指挥10 000名雅典重装兵和1 000名普拉特亚重装兵，前往迎敌。波斯军队约15 000人，但波斯指挥官在决战前夕犯了严重错误，将骑兵调上运输舰，企图偷袭雅典，只留下轻装兵在马拉松。在古代，重装兵与轻装兵在装备上有很大差别。重装兵是主力部队，而轻装兵只是辅助部队。因此，雅典军队在数量和装备上都占有很大优势8月12日，雅典军队主动进攻波斯军队。波斯军队战败，狼狈逃窜。雅典军队据说杀死波斯军队6 400人，自己仅牺牲了129人。波斯军队随即撤回亚洲，第二次远征又失败了。

薛西斯大帝

波斯军队在马拉松的失败，使大流士更为愤怒。他下令准备发动更大规模的远征。就在这时，波斯帝国内部发生动乱，埃及、巴比伦等地发生起义。大流士来不及镇压这些起义便逝世了。薛西斯继位后，镇压了起义，重新开始准备远征希腊。

公元前480年，波斯军队在薛西斯亲自率领下进入希腊。这时，希腊大多数城邦已向波斯贡献了“土和水”，表示臣服。许多城邦表示支持波斯，甚至想借波斯之手削弱雅典和斯巴达的实力。希腊最著名的德尔斐神庙也公开支持波斯，宣称抵抗不如逃亡。波斯军队进入希腊，首先在铁尔摩披耒（温泉）关和希腊盟军发生激战。斯巴达王李奥尼达率领的300名士兵在波斯优势兵力的进攻下，全部壮烈牺牲，表现出了高度的爱国主义精神，在人类历史上写下了光辉的一页。为了悼念阵亡将士，人们在战场上为李奥尼达建立了纪念碑。铁尔摩披耒关失守后，波斯军队占领雅典，大肆破坏，洗劫并放火烧毁了整个雅典卫城和雅典娜神庙，作为对雅典人烧毁萨地斯女神庙的报复。波斯海军则乘势南下，包围了萨地斯的希腊海军。希腊海军在雅典将领提束斯托克利指挥下，在萨拉米海面与波斯海军进行了古代世界上最大规模的海战。波斯参战舰只有400~500艘，希腊舰只300~400艘。波斯舰只虽然略占优势，但波斯舰队指挥混乱，被胁迫来进攻希腊本土的爱奥尼亚海军在战争中故意敷衍。因此，这场海战便以希腊盟军的胜利，波斯海军败北而告终。

萨拉米海战之后，薛西斯决定撤回亚洲，只留下少数陆军继续在希腊作战。后来，双方还断断续续进行了30年的战争。最后，他们都认识到单靠战争并不能解决问题，便开始进行谈判，签订了所谓的《卡利阿斯条约》。这个条约实际上只是一个口头的协定。双方划分了东地中海东岸的势力范围，波斯承诺少派军舰进入爱琴海。希波战争至此结束，东两方文明的交流，至此陷入停滞状态，出现了鸡犬之声相闻，民众老死不相往来的现象。

希波战争是人类历史上第一次大规模的东西方冲突。史学界过去常常把它的起因，归之于东方专制主义所具有的侵略性，而实际上希腊最伟大的史学家、希波战争的见证人希罗多德却认为是雅典人首先侵略了波斯。后来的历史学家往往把希波战争说成是希腊人民反抗外来侵略的伟大胜利，而希罗多德却说波斯人在攻占埃利特里亚和雅典城之后，“就达到了远征的全部目的”，当希腊人沉浸在埃斯库罗斯《波斯人》所宣传的伟大胜利的喜悦之中时，波斯人却在自己国内建立起了希波战争胜利记功碑。希腊人可能是过分地夸大了自己的胜利，认为波斯帝国行将分崩离析。但对波斯而言，由于其地大物博，人口众多，希波战争的失利只不过是局部战争的失利，并不能动摇其统治的根本。但从希腊各邦来说，由于东方市场的丧失，和平的往来被人为地隔断，希腊世界从此进人了内乱和衰落时期。

公元前4世纪末，希腊世界一片衰败，满目疮痍。为了摆脱自身危机，希腊思想家大肆鼓吹联合起来，共同进攻波斯，“把希腊变为世界贸易的中心，把战争带给亚洲，把亚洲的财富带回希腊”。同时，他们和正在崛起的马其顿王国结成同盟，在喀罗尼亚击败各邦反马其顿联军。公元前337年，希腊各邦在科林斯开会，成立了泛希腊同盟远征波斯，并推举马其顿国王腓力为远征军司令。这时的波斯帝周，正处于内乱之际，为希腊人的入侵创造了条件。

公元前336年，就在远征开始之前，马其顿发生宫廷政变，腓力遇刺，亚历山大继承了王位。关于这次政变，古典作家的说法不一。普鲁塔克认为这次阴谋和腓力之妻、亚历山大之母奥林匹亚达有很大的关系。亚历山大也被怀疑插手其事。原因是腓力遇刺之前，马其顿宫廷出现了权力之争。公元前334年春，亚历山大巩固了自己在希腊的统治，建立了可靠的后方，便率领希腊联军渡海进入亚洲，开始了古代世界上最著名的军事远征。远征军人数很少，据说只有34 000～50 000人。然而，最令他头痛的还是给养。据说他在出发前，曾将自己的财产全部变卖，慷慨地散发给全军将士，一点不剩。当战友问他给自己留下了什么时，他的回答是“希望”。亚历山大就是带着这种胜利的希望，踏上了远征的道路。

远征军进入波斯帝国之后，首先在格拉尼卡斯河大败波斯军队，夺得大批粮草、金钱。随后，亚历山大打着解放希腊城邦”和“复仇”的旗号，占领了小亚细亚沿岸的希腊城邦。但这些城邦并不欢迎马其顿人来解放自己。因为他们发现自己在摆脱波斯统治之后，又陷入了同胞的压迫和剥削。公元前333年11月，亚历山大与大流士三世在伊萨斯城进行了第一场大战。亚历山大在战争中不避刀斧，冲锋在前，以少胜多，取得了远征以来第一场决定性的胜利。亚历山大的军事才能得以充分体现，后来被各个时代公认为最优秀的指挥官之一。

随后，亚历山大乘胜夺取叙利亚、巴勒斯坦、腓尼基、埃及等地。公元前332年，他在尼罗河三角洲建了亚历山大城。这座城市后来成为古代世界政治经济的中心和东西方文明交流的中心。他还特地前往锡亚绿洲参拜阿蒙神庙，受到埃及祭司集团的欢迎，被宣布为“阿蒙之子”表示他的统治取得了合法的地位。

公元前331年，亚历山大由埃及出发，进攻波斯腹地。他的进军路线，基本上与当年塞诺芬的长征路线相同，也是沿着丝绸之路干线前进。大军胜利渡过幼发拉底河，与波斯军队在高加美拉进行了第三场大战。波斯军队在大战中丧失殆尽。从此，波斯王如丧家之犬，吓得逃往东部地区。

亚历山大东征，是东西方文明史上的一个重要转折点。在这之前，希腊人前往东方还是无组织的、小规模的个人行为。而在亚历山大之后，这种迁徙就变成了有组织、有计划、大规模的集体迁徙。大批的希腊商人、工匠、教师、艺术家沿着丝绸之路蜂拥而来，企图在东方的土地上大展宏图，寻找新的家园。他们丰富的经验，促进了东西方经济文化的交流。希腊语言、教育、艺术的传人，对后世所谓希腊化文化的形成，起了重要的作用。

亚历山大的远征，对科学文化的发展也起到了重要的作用。参加远征的不仅有普通士兵，也有许多学者。他们对地理学、植物学、动物学资料的搜集，大大扩展了科学研究的视野，丰富了古希腊的自然科学。亚历山大之后，西方出现了大量有关东方的著作。其源头动力，都归功于东征的结果。不过，这些成就的取得，是在不平等的暴力压迫之下取得的，因而也是不能持久的。

亚历山大生前，希腊哲学家德米特里就预言人类的命运是反复无常的。命运不顾人们的期望摆布一切，显示出神奇莫测的力量。所以，他认为命运今日不过是把波斯人的幸福暂时授给了马其顿人，而同时它又是别有用心的。公元前 323 年 6 月，亚历山大因恶性虐疾病逝于巴比伦，他所建立的大帝国立即迅速瓦解了，分裂成的若干个大大小小的希腊化国家。

## 安息帝国时期

亚历山大帝国瓦解后，伊朗成为他的部将塞琉吉所建塞琉两王朝的领土。这个王朝因为是希腊马其顿人所建，所以国家的政治经济中心皆置于帝国西部叙利亚地区，忽视的东方各地的利益。塞琉西王朝与埃及托勒密王朝为争夺东地中海的霸权，长期混战不止，加重了东方各族人民的负担。公元前 250 年，中亚游牧部落阿帕勒人在部落首领阿萨息斯率领下攻人帕提亚行省，占领了尼萨地区。公元前 247 年，阿萨息斯在阿萨克城自立为王，建立起伊朗历史上的阿萨息斯王朝。我国古代以阿萨息斯之名称呼该国，名叫安息。这也是我国史书对伊朗的最早记载。西方则以该国立国之地称呼它，名叫帕提亚王国。公元前 238 年，安息人杀死塞琉西王朝的帕提亚总督，占领了整个帕提亚。

安息王朝的建立者阿萨息斯在古代有许多传说。有人说他是西徐亚大益部落的阿帕勒人，也有人说他是巴克特里亚人，还有人说“他是一个来历不明，勇敢非凡的人。”他平常专靠抢劫为生。当他所说塞琉古在亚洲遭到失败的消息之后，便不再害怕国王，率领一帮盗匪进攻帕提亚人，击败并杀死他们的统治者安德罗戈拉斯，夺取了统治帕提亚人的权力。过了不久，阿萨息斯又占领了赫卡尼亚王国。他对于帕提亚人而言是波斯的居鲁士、马其顿的亚历山大、罗马的罗慕洛。阿萨息斯年纪很大才去世，帕提亚人非常尊敬他，以至于后来所有帕提亚国王统统都使用阿萨息斯的名字，阿萨息斯的儿子和继承人也叫“阿萨息斯”。因此，可以说安息的历史，从一开始就蒙上了某种神秘的色彩。

安息王朝的建立，与帕提亚位于丝绸之路交通要道有很大关系。帕提亚行省面积不大，多山而且贫穷。历代诸王经过这里，总是带领随从匆匆忙忙走过去，因为当地连短期供养军队的能力都没有。但是，由于丝绸之路经过当地，帕提亚从丝路贸易中获利巨大，因而才使他们有可能在这个地区建立国家。正因为如此，安息王朝从建立之初，就不断东征西讨，扩大自己的领土，争夺对整个丝绸之路中段的控制权。

安息建国之初，被迫臣服于塞疏西王朝。公元前231年，塞琉西王朝镇压东部行省独立运动的企图失败，安息从此获得独立，开始向西进攻，占领了赫卡尼亚的赫卡铜皮洛斯城，把它作为自己的都城。后来，安息利用塞疏四王朝内外交困之机，大举西进。公元前2世纪中期，安息占领了米底、将都城迁往哈马丹。不久，安息占领了两河流域重镇——古代东方文明的中心塞琉西亚城。因为这时的巴比伦已因风沙进逼而被放弃，塞琉西亚取代巴比伦的地位，成为古代丝绸之路上最重要的国际城市。安息都城不久后也迁往附近的泰西封村。这个小村后来也发展成为了古代东方的重要都市。

这时，安息在东方开始遇到麻烦：中亚塞神部落在吐火罗与贵霜人的率领之下，攻占了索格底安那和巴克特里亚地区，消灭了希腊人建立的巴克特里亚王国，安息人则乘机攻占了马尔吉安那绿洲，把自己的边界扩张到阿姆河西岸，并和继续西进的塞神部落发生了冲突。

密特里达特斯二世（前123—前88年在位）时，安息进入空前鼎盛时期。他在位时期废除了先前对两河流域居民的严厉政策，恢复了安息对西部各地的统治。他又实行军事改革，吸收塞神部落骑兵作战的经验，对安息军队进行全面改组，建立了以骑兵为主，步兵为辅的军队。骑兵主力为重装骑兵，号称“铁骑兵”或“无敌兵”。他们身着金属鱼鳞甲、头戴尖顶盔、胸前有皮护心甲。铁骑兵使用的战马是尼赛亚出的良马，战马全身披着长长的护甲，还有金属笼头和护胸甲。重骑兵使用的武器是长矛。每千人一队，每队有刺绣龙旗一面。因此，希腊人也把安息重骑兵称为“龙旗兵”，即可怕的军队，铁骑兵由声名显赫的贵族组成。其周围是轻骑兵和装备较差的步兵。轻骑兵由平民组成，皮盔皮甲，胸前有铁制护心镜，主要武器为弓箭。

密特里达斯二世依靠这支军队，重新和塞族部落作战。公元前115年，安息夺回马尔吉安那的木鹿城。经过多次恶战，他迫使塞族部落将西进的矛头转向南方，定居在以萨巴里湖为中心的德兰古安那和邻近的阿拉霍西亚。从此，当地开始称为塞斯坦，即今伊朗锡斯坦。塞族部落首领承认安息的宗主权，成为当地的统治者，拥有许多特权。像塞族部落最高首领苏林家族，据说其地位仅次于国王，是安息第二号人物，获得为新王加冕和指挥军队的世袭特权。有关苏林家族的故事，后来演变为菲尔多西《列王纪》中伟大英雄鲁斯塔姆的传说，成为伊朗民族史诗中最主要的人物。

在密特里达特斯二世时，伊朗第一次和中国、罗马发生了直接关系。据《史记》记载，公元前 119 年，张骞第二次出使西域，曾派副使前往安息，受到安息国王隆重而热烈的欢迎：安息王将二万骑兵在东界迎接。东界到王都有着数千里路程，行至此处，需经过数十座城池，人民甚多。汉使回来时，而后发使跟随汉使来此观汉广大，以大鸟卵及黎轩善眩人献于汉。

这里所说的安息国王就是密特里达特斯二世。

不过，这位副使所报告的欢迎情况，可能有所误会。我们知道安息打败罗马名将也只用了 10 000 名骑兵，而为了迎接一名不入流的副使却出动 20 000 名骑兵，实在是难以想象。大概安息军队这时正好战胜塞族部落，准备班师回朝，汉使随凯旋的军队一起前往安息王都，而非安息国特派 20 000 名骑兵迎候汉使。这个王都在《史记》中虽然没有说出地名，但很多学者认为他很可能是安息帕提亚行省的尼萨。因为这里距安息东界也有几千里之遥。中伊两国第一次友好交往之后，由于两国政府的共同努力，丝绸之路全线终于最后贯通。东西方文化的交流从此揭开了新的一页。

安息和罗马的初次接触，是非常不愉快的。公元前 92 年，苏拉被罗马元老院派往东方，恢复罗马傀儡，卡帕多西亚国王阿里奥巴赞涅斯的王位，遏制本都国王和亚美尼亚国王。苏拉没有用很大力气便击败了他们，恢复了阿里奥巴赞涅斯的王位。

卡帕多西亚

苏拉在东方时，接待过一个安息代表团。这时，两国尽管没有正式建立关系，但安息人是为寻求友谊而来的，却因为苏拉的横蛮无理和狂妄自大而受到严重的伤害。据说在这次会见时，苏拉命令在会场放置三把椅子：一把给罗马傀儡阿里奥巴赞涅斯；一把给安息的使节奥洛巴宙斯；一把给他自己。会谈时，他坐在正中，俨然是双方的主人。我们不知道这次会谈取得了什么成果，只知道会谈后安息国王下令将奥洛巴宙斯处死，原因是他没有回击苏拉的挑衅行为。这次不愉快的来往使安息认清了罗马在东方实行侵略政策的真面目，促使安息和西部邻国结成同盟，共同对抗罗马的威胁。

公元前1世纪，安息和罗马开始发生激烈的军事冲突，宣告两国争夺西亚霸权，控制丝绸之路的漫长斗争正式开始。

公元前54年，罗马大将克拉苏带领军队来到东方。他没有任何借口便渡过幼发拉底河，侵人安息的领土。克拉苏在他所占领的地区大肆抢劫，屠杀人民，引起了当地居民的强烈仇恨。

公元前53年4月，克拉苏率领大军由丘格马渡过幼发拉底河，直捣安息腹地，企图一举击败安息。这时，安息国王奥罗德斯二世率领步兵前往亚美尼亚，防止罗马军队由后方袭击安息心脏地区。大贵族苏林则带领10 000名骑兵前往两河流域北部迎战罗马军队。他派出骑兵不断袭击罗马军队侧翼，诱使克拉苏离开幼发拉底河沿岸，深入草原荒漠寻找对手决战。

罗马军队进入草原后，因干渴与劳累而精疲力尽。5月，罗马军队来到卡雷，与安息军队发生决战。这就是世界历史上有名的卡雷大战。

双方军队在卡雷城下混战了两昼夜，罗马军队除少数逃脱外，罗马大将克拉苏及20 000多名将士阵亡，10 000人被俘。这些战俘被送往中亚的木鹿，在那里生活了多年。其中，有一部分人可能由木鹿流落到中亚和中国境内，在中国的史书中隐隐约约可以看见他们的身影。前些年在我国有学者提及甘肃的骊干城，曾经是罗马逃亡战俘所建殖民地。骊干就是罗马的译音。不过，这个问题在没有确切的考古文物证明之前，暂时还只能算是一种猜测或一个历史之谜，尽管它是一个美妙的梦幻般的谜。

公元前36年，罗马大将安东尼再度出兵安息。企图先征服安息，夺取丝绸之路控制权、夺取东方的财富后，再与屋大维争夺西部的霸权。他率领10万大军，企图由亚美尼亚直取米底，切断安息的战略后方，彻底击败安息。但安息军队依靠当地人民的支持，利用山区有利的地形，消火了4万名罗马士兵，使罗马遭受到自卡雷大战以来又一次更大的失败。这一战也削弱了安东尼的实力，使他后来在与屋大维争霸的斗争中遭到可耻的失败。后来，屋大维在战胜安东尼之后，采取与安息和平共处的政策，与此不无关系。

公元前20年，安息和罗马签订条约。安息承认亚美尼亚、阿特罗帕特斯米底为罗马势力范围，归还罗马军旗，释放历次战争中被俘的罗马士兵。罗马答应送还安息国王之子，并送给安息国王一名意大利女奴穆萨以示友好。这个和约结束了双方长期的战争状态，罗马为此举行了隆重的仪式，庆祝罗马军旗归还。这件事被描绘成罗马的重大胜利，因为亚美尼亚和阿特罗帕斯米底宗主权的取得，使罗马控制了从里海到达东方的商路，这是陆上丝绸之路的重要干线之一。但不久之后，上述两地又落入安息控制之下。

安息国内政局也不稳定。公元前 2 年，弗拉职特斯四世被其妻穆萨和幼子所杀，后者登上王位后，号称弗拉阿特斯五世。他娶生母穆萨为妻，并发行有两人头像的银币，这也是安息发行的唯一“文独为王面、幕为夫人面”的钱币。而其他所渭“夫人面”的钱币，实际上都是希腊女神像。从此，安息开始进入内部动乱和分裂的时期。史称小安息时期。

公元 l 世纪中期，安息和罗马为亚美尼亚问题再度发生战争。正当双方关系趋于缓和时，贵霜帝国崛起于东方。丘就却（公元？—75 年）占领巴克特里、高附（今喀布尔）、濮达（今帕洛帕美萨）和厨宾（今克什米尔）。其子阎膏珍（78—126）占领旁遮普和贝拿勒斯。他又派兵攻略我国新疆和田地区，结果大败而回。有人推测当时领兵进攻和田的，就是后来贵霸的名王迦腻色迦。接着，阎膏珍又出兵进攻安息，迫使安息撤退到木鹿城。故《后汉书》称安息东界为木鹿城。公元 107—108 年，贵霜派使节前往罗马，要求结盟共击安息，说明这时贵霜和罗马已有直接往来。贵霜使节的到来，坚定了罗马进攻安息的决心。

公元 113 年，罗马皇帝图拉真借口亚美尼亚王位问题，率兵进攻亚美尼亚，杀死安息所立亚美尼亚王帕萨马西里斯，将亚美尼亚置为罗马行省。罗马军队几乎攻到“里海门”，他又进攻两河流域，占领杜拉·幼罗波斯、高伽美拉、安息都城泰西封、古巴比伦，直达波斯湾。据说他还在波斯湾头泛舟游览，并且为自己年事已高，不能仿效亚历山大远征印度的壮举而感慨万千。大有烈士暮年，壮心不已的气慨。就在这时，犹太人发动了反抗罗马统治的大规模起义。图拉真被迫撤兵，前去镇压犹太起义。罗马在安息的胜利随之化为泡影。

后来，罗马和安息为争夺亚美尼亚多次发生战争。战争的目的都是为了掌握丝绸之路控制权。经过上百年的争斗，罗马最后控制了亚美尼亚地区，可以通过里海的商路与东方直接往来。但这条商路与安息所控制的商路相比，重要性不可同日而语。安息之所以死死抓住丝绸之路控制权不放，主要是为了商业垄断的暴利。甘英使大秦，临西海而还。我国史书就指出这是安息故意从中阻拦，不让中国与罗马直接往来。其原因就是安息人垄断了中国与西方的丝绸贸易，在与罗屿交易时获利 10 倍以上。

公元 2 世纪末，安息开始急剧衰败。在尼萨王宫的国库之中，曾经发现了这个时期的假币（皮币 mumm pelliculati），说明其财政已经枯竭。安息这时所遇到的困难，据说是由于中国东汉末期天下大乱，商旅断绝，丝路贸易中断，使安息财政收入锐减所致。东汉末年的政治动乱延续了半个世纪之久。

最后，东汉王朝灭亡了，安息王朝也灭亡了。熟读中国历史的朋友是否能想到，仅仅是由于中国内乱造成的丝绸贸易中断，就导致了我们的西部安息王朝的灭亡。然而，这个故事却是千真万确的。

## 萨珊王朝时期

萨珊王朝的创始人阿达希尔，据说是帕佩克之子，帕佩克据说是萨珊之子，萨珊的先祖，据说是古波斯末王大流士三世的儿子。根据菲尔多西所说，大流士三世身后留下一子萨珊。萨珊连传五代，都取名为萨珊。不过，这种说法只是伊朗的民间传说，由大流士三世到第五位萨珊去世，相距500年之久，即使连传五代，也不可能如此长寿。这个传说，不过是要把萨珊王朝与阿契美尼德王朝拉上关系而已。

根据泰白利所说，萨珊是斯塔赫尔城安那希塔神庙的祭司，娶巴兹兰加王朝公主为妻，生帕佩克。斯塔赫尔城在古波斯波利斯遗址附近，紧靠波斯文化的中心。帕佩克起初继承父职，担任安那希塔神庙祭司。公元208年左右，他成为斯塔赫尔城附近的小王公。这一年就成为萨珊王朝起始之年。帕佩克之子就是阿达希尔。

萨珊波斯人

不过，现在学术界对这种说法的真实性产生了怀疑。其根据是阿达希尔之子沙普尔一世的铭文。他在铭文中并没有称萨珊是帕佩克之父。菲尔多西《列王纪》中说帕佩克听说其牧奴萨珊有古波斯王室血统，便将女儿下嫁萨珊，赐给他精美的宫殿和无数财产。阿达希尔即萨珊与帕佩克之女所生。萨珊随后消失不见了，帕佩克由外祖父变成其父。也有可能，萨珊在其子出生不久之后就去世了。帕佩克按照祆教的习俗将阿达希尔收养为义子。在提倡血亲通婚的古代伊朗，父亲娶女儿为妻，外祖父收外孙为养子，都不是什么奇怪的事情，而是常见现象。

帕佩克成为国王之后，利用安息末年动乱之机扩张势力，统一了波斯大部分地区。这时，他要求安息国王阿塔巴努斯承认其长子沙普尔为斯塔赫尔城的国王，遭到拒绝。阿达希尔也不同意沙普尔为王，准备兴兵争夺王位。

只是由于沙普尔突遭横祸，死于建筑物倒塌，才避免了一场兄弟相残。公元216年左右，阿达希尔继承了王位。阿达希尔上台后，利用安息与罗马混战之机，大举扩张，占领了克尔曼，伊斯法罕和胡泽斯坦地区。接着，他又带兵进攻安息国王。公元224年4月，双方军队在米底的奥尔木兹达干平原大战。安息大败，安息国王阿塔巴努斯五世据说被阿达希尔亲手所杀。安息人的失败，不仅是波斯人，也是阿达希尔领导的反安息同盟的胜利。根据史料记载，当时很多小王公也参加了这场战争。

公元226年，阿达希尔占领安息都城泰西封，登上伊朗王位。随后，他又征服中亚各地，直达印度边境。公元240年，阿达希尔去世，他的儿子沙普尔一世继位。

在伊朗历史上，阿达希尔与居鲁士二世、安息大帝一样，都是富于传奇性的历史人物。萨珊时期的钵罗钵文书《帕佩克之子阿达希尔行传》以及中古伊朗大诗人菲尔多西《列王纪》中的《帕佩克之子阿达希尔》，可以说都是传奇小说，而不是真正的历史。这两种传说都说阿达希尔在奥尔米兹达干大战后才娶安息国王之女为妻，生沙普尔。实际上，沙普尔当时已是成人，参加了这场大战。萨珊时期编造的这个传说，不过是要将王朝的传统合法化和正统化，把它说成既是占领波斯帝国，又是安息帝王的合法继承人。

沙普尔一世在位时，伊朗和罗马矛盾再度激化。原因是阿达希尔攻占了萨珊与罗马之间的缓冲国哈特拉。那是两河流域最主要的国际贸易城市，也是罗马防御体系中重要的一环：公元243年，罗马皇帝戈尔迪安趁沙普尔一世忙于东征之际，打败萨珊，收复原先丢失的卡雷、尼西比斯城。公元244年，双方军队在萨珊都城泰西封附近的马西克（或安巴尔）再战。戈尔迪安阵亡或被部下所杀，其继承人腓力在付出50万第纳尔金币，答应不再支持亚美尼亚国王之后，双方缔结和约。公元256年，罗马与萨珊军队在幼发拉底河中游的巴尔巴利萨城决战，罗马军队大败，损失6万多人。这也是两国发生战争以来，罗马损失最惨的一次。因此，罗马人不敢向国内公开这次失败的情况。关于这次战争的详情，只有伊朗才有记载。

这次大战之后，萨珊分兵两路进攻罗马的东方行省，攻占了叙利亚、安条克、西里西亚、卡帕多西亚、小亚美尼亚等地。沙普尔一世把从上述地区俘获的战俘和居民强制迁徙进胡泽斯坦境内的一座新城《贡迪沙普尔》（意为“胜于安条克城的沙普尔城”），该城后来成为萨珊帝国主要的文化中心。

公元259年或公元260年，沙普尔一世亲自率兵围攻卡雷和埃德萨城，罗马皇帝瓦列里安率兵迎战。双方在埃德萨城进行决战，结果罗马惨败。这时，罗马士兵又像克拉苏东征时一样，大骂统帅瓦列里安，并要求立即向波斯军队投降。最后瓦列里安和全军将士都成为波斯人的俘虏。萨珊军队乘胜再度攻人叙利亚、卡帕多西亚、小亚细亚等地，占领了许多城市。沙普尔一世将安条克城主教、教会上层分子和许多工匠强行迁往波斯帝国各地。这些人后来成为波斯景教徒的基本群众。

瓦列里安后来的命运很难说清。据说他身穿紫袍，戴着枷锁，被波斯人拴在街头示众。波斯国王上马的时候，瓦列里安就必须跪下，以脖子做国王上马的脚蹬。瓦列里安悲伤和羞辱而死后，表皮被剥下填进了干草，做成标本放在波斯最著名的神庙里，作为胜利纪念碑。不过，这些说法的真实性很值得怀疑。

根据史学家所说，瓦列里安和罗马战俘被送往胡泽斯坦的贡迪沙普尔城服苦役。在今舒什特尔和迪兹寓勒之间的卡隆河上，有一座水坝据说就是当年罗马战俘所建。这座水坝至今仍然称为“班迪凯撒”（“皇帝水坝”），为了纪念战胜罗马的功绩，在比沙普尔城和纳克希－鲁斯塔姆建立了大型摩崖石刻和碑铭来庆祝胜利。在比沙普尔的石刻中，沙普尔一世骑在战马之上，其对手瓦列里安则跑在马前求饶。石刻中另有两个人物，有人认为就是被沙普尔一世打败的戈尔迪安和腓力。

但是，也有人认为伊朗人可能过分夸大了自己的胜利。这次战争的结果与其说是伊朗的强大，不如说是罗马的软弱。因为，沙普尔一世得胜回国的途中，竟被帕尔米拉国王奥德那特所击败，一直逃到泰西封城，他在这次战争中所占领之地也全部丢失。

伊朗和罗马后来在两河流域及亚美尼亚还进行过多次战争。双方各有胜负。最后，双方同意由两国瓜分亚美尼亚，伊朗获得东部多数地区，西部则划归罗马，两国在亚美尼亚的斗争宣告结束。不久，两国都发生了重大变化。罗马帝国分裂为东西两个帝国。东罗马帝国长期卷入西部事务，减少了和波斯的纠纷。伊朗由于封建制度的发展，出现了上室内讧、分裂割据、教俗贵族纷争、人民起义和游牧部落入侵，萨珊王朝迅速由极盛走向衰落。

萨珊王朝末年，国内出现了王室内讧，走向分裂割据，这时，伊朗的统治者与其说是国王还不如说是中央的教俗上层分子和各地总督，同时，这个时期已经僵化的种姓制度引起了各阶层的不满，造成社会各个阶层的分裂。有人猜测伊朗的景教，这时已有可能取代了祆教成为主要的宗教。这说明伊朗这时不仅出现了政治危机，还有类似于今天的“信仰危机”。这种情况，有利于阿拉伯人的征服。

不过，导致萨珊王朝最终灭亡的原因，并不是宗教问题，而是胡司洛二世开始的政治动乱。胡司洛二世是拜占廷国王莫里斯帮助上台的。公元602

年，莫里斯被部将福卡斯所杀。胡司洛二世以报仇为借口，侵入拜占廷，占领大片地区。拜占廷大将希拉克略推翻福卡斯，夺取帝位，遣使向萨珊求和，遭到胡司洛二世的拒绝。萨珊军队攻占了耶路撒冷，夺得基督教最重要的圣物“真十字架”，传说耶稣基督就是被钉死在这个十字架上的。希拉克略再度求和又遭拒绝，不得不进行重大改革，加强军队实力。公元 603 年，拜占廷军队转入反攻，击败萨珊，占领了萨珊腹部地区，破坏了祆教最主要的火祠，洗劫了达斯特卡尔特王宫。这时，萨珊发生宫廷政变。卡瓦德二世在贵族支持下夺取王位。为了项固自己的统治．他又杀死其父和自己所有的兄弟，据说共有 17 人。萨珊内乱由此开始。

卡瓦德二世即位半年，即被王太后毒死。其子即位不久，又被大贵族所杀。此后不到两年的时间，先后有 12 位国王被杀，每王平均在位不足两月。公元 632 年，贵族代表拥立胡司络二世的后裔耶兹德格德三世为王，他在军队统帅鲁斯塔姆的支持下入主泰西封，稳定政局。

就在这时，两亚地区风云突变。公元 636 年，阿拉伯人高举伊斯兰教的旗帜，在哈里发欧麦尔的领导之下，开始大规模地对外侵略和扩张。被宗教狂热和掠夺战利品所驱使的游牧部落贝都因人像一股巨浪，猛烈冲向周围地区。首先遭到他们进攻的是拜占廷，然后是伊朗。1000 年前古波斯帝国的厄运，同样又降临到新波斯帝国的头上。

公元 634 年，阿拉伯人第一次进攻伊朗，被伊朗大将马勒堂·肖所败。但伊朗国内局势混乱，根本没有人去考虑阿拉伯人第二次进攻的问题。公元 635 年，阿拉伯人再次进攻伊朗，在库法附近大败伊朗军队，兵锋直逼萨珊都城泰西封。

这时，萨珊国王任命大将鲁斯塔姆为统帅，率领大军抵抗阿拉伯人。鲁斯塔姆坐在彩轿上，高举着伊朗民族的象征“卡维之旗”向卡迪西亚进发。随行的还有大批祆教祭司。伊朗军队表面上神气活现，气壮如牛，实际上人心涣散、士气低落，不敢主动与敌军交战。

公元 635 年年初，两军在卡迪西亚发生大战。这次战争的时机是阿拉伯人选定的。激烈的战斗进行了二天三夜。伊朗军队作战虽然勇敢，但由于部分军队叛变，再加上天气突变，狂风大作，飞沙走石，使不习惯在风沙中作战的伊朗军队大败。

这面旗帜曾经是胜利的象征，鼓舞士气的力最。现在这面旗帜落入阿拉伯征服者之手，被敌人撕成碎片，以抢夺旗帜上的珠宝。它给伊朗军队士气以极大的打击。随后，阿拉伯人占领了底格里斯河右岸的维赫·阿达希尔城，接着又攻占了泰西封城。耶兹德格德丢下国库无数的宝藏，带领后宫匆忙逃往帝国东部地区。

公元642年，萨珊军队与阿拉伯军队在尼哈万德进行了第二次决战。这次大战全歼萨珊帝国的军队，决定了萨珊帝国灭亡的命运。因而被阿拉伯人称为关键的和决定性的胜利，号称“胜利中的胜利”。

尼哈万德大战后，耶兹德格德三世在帝国东部各省到处奔波，企图组织力量抵抗阿拉伯人的侵略。但是，这时伊朗各地大封建主已经无心抗战，企图与阿拉伯人议和。因此，耶兹德格德三世在克尔曼、锡斯坦被大封建主拒之门外，不得不启程前往霍拉桑。

耶兹德格德三世到了霍拉桑的图斯城，受到当地总督马霍伊·苏里的隆重欢迎。他在这里向伊朗东部地区统治者和中国发出书信，请求出兵帮助。但马霍伊害怕国王处理他在财政上玩忽职守之罪，联合撒马尔汗统治者比然，图谋杀死国王。比然是因为向公主求婚未准而怀恨在心。双方合力消灭了国王的卫队。耶兹德格德三世的残军被比然消灭后，被迫连夜逃出城外，到一个磨坊中躲避。马霍伊获悉国王的藏身之处，便派人去刺杀了耶兹德格德三世。也有人说是磨坊主看见国王衣着华丽、满身珠宝，因而见财起意，乘其熟睡时将其杀死，尸体投入河中。耶兹德格德三世的尸体被河水冲到齐克附近，被路过的景教主教发现，才被捞起埋葬。这位国王在位期间，一直在为伊朗的生存而四处奔波，没有片刻的逍遥自在，最后却倒在自己人的刀下，尸体还是由饱受萨珊国家镇压的景教徒收葬，下场十分悲惨。

公元651年，耶兹德格德三世被杀，标志着萨珊王朝的灭亡，伊朗伊斯兰时代的开始：伊朗古代历史从此结束，但伊朗先进的文化成功地征服了征服者，成了伊斯兰文化的基础。在伊斯兰文化的夜空中，最灿烂的明星就是伊斯兰化的伊朗。

# 第三章　统治帝国的君主们

## 居鲁士大帝

提到居鲁士大帝，首先人们会联想到阿契美尼德帝国，而他也是该帝国兴起的缔造者。。说到居鲁士的出身，则颇具有传奇色彩，希罗多德是这样描述的，他说居鲁士的祖父是米堤亚王国最后一位没落国王阿斯迪亚吉斯。居鲁士的母亲则是阿斯迪亚吉斯的女儿，爸爸凯姆比西斯是阿契美尼德部落中的一个波斯人，当居鲁士出生时，他的祖父就曾经下令把出生不久的外孙处死，因为阿斯迪亚吉斯曾经梦到居鲁士将来有一天会推翻他的政权。

但是，阿斯迪亚吉斯的计划以失败而告终，否则也就不会有后来的故事了。当时被阿斯迪亚吉斯命令去处死居鲁士的人是哈帕格斯，但是他最终违抗了国王的命令，将居鲁士交给了一位牧羊人。这位牧羊人对居鲁士视如己出，将他抚养成人。后来，阿斯迪亚吉斯终于发现哈帕格斯欺骗了自己，居鲁士还活着。但是，他的贤明之臣对他的梦进行了重新解释，结果这位外祖父就不再担心来自居鲁士的威胁了。居鲁士被秘密送往波斯，在那里他与父母重新团聚。然而，哈帕格斯则没那么幸运，当时国王阿斯迪亚吉斯邀请他参加一个宴会，宴会上，阿斯迪亚吉斯命人将哈帕格斯儿子身上的肉和羊肉混合在一起逼他吃。

故事往往会有另外一个版本，故事说的是当时居鲁士被牧羊人遗弃了，但是幸运的是，居鲁士被一只母狗用自己的奶水挽救了。故事还有一个版本，说居鲁士的妈妈是一个牧羊女，爸爸则是一个波斯强盗。无论如何，居鲁士都顺利来到了波斯，并于公元前 559 年成为阿斯迪亚吉斯统治下的波斯诸侯王。数年以后，针对阿斯迪亚吉斯，居鲁士发生了叛乱。众多波斯部落和氏族都十分拥护与支持他，支持他的主要力量还是阿契美尼德，还有一股力量当属当时被迫承受食子之痛的哈帕格斯。

大约在公元前 550 年，阿斯迪亚吉斯被居鲁士所击败，最终居鲁士征服了整个米堤亚王国，并接管了其属国亚述、美索不达米亚、叙利亚、亚美尼亚以及卡帕多西亚。公元前 539 年，居鲁士还征服了利迪亚王国（位于今天的土耳其境内）和可怕的近邻巴比伦王国。从此，居鲁士成为有史以来最大帝国的统治者。

就本质而言，居鲁士当时所采用的策略是“斩首”行动，这个斩首并非字面上的将领导者的脑袋砍掉，真正的含义在于割掉他们的职位。居鲁士每当他征服一个新王国后，他都会废除当地原来的领导者，一般是让他享受奢华的生活，但是不能参与政治，然后任命一个新总督管理这一地区或者总督辖地。

居鲁士征服利迪亚王国

总督通常由波斯的贵族人士来担任。但是，除了担任总督事务之外，居鲁士是非常少干预其臣民的日常生活的，他允许他们继续信奉原来的宗教和文化。他从不干涉人们说什么语言，包括允许阿拉米、埃兰、巴比伦、埃及、希腊、吕底亚利西亚帝国在行政管理中使用自己的语言。他对于当地的法律进行了修改和制定，并对地方行政机构进行了适当保留。但是在阿契美尼德统治时期这种情况非常少见，当时被征服的高级官员极少能够保住自己的官职。根据古巴比伦文献记载，在居鲁士征服前后，往往都是同一个家族在统治某一地区。

也许，最引人关注的是居鲁士的宗教宽容政策，据史料记载说，他十分乐意去祭拜各种寺庙，参加不同种类的宗教祭拜活动，虔诚地礼拜他所征服地区人民所信奉的神。从某种程度上而言，在古代，统治者们更加能够接受人民崇拜各种不同的神灵。与犹太教和基督教不同，古代近东地区的宗教具有融合性。人们认为世界上存在着很多神，每一个神灵都守护着自己的城市，以及城市居民和生活的方方面面。但是，这种融合性的世界观并不一定意味着一个人必须尊重或包容他人的宗教信仰。相反，很多征服的古代帝王大都喜欢证明自己信奉的神更加高尚，并通过压制或破坏对手信奉的偶像巩固自己宗教的势力。

例如，在亚述帝国消亡前不久，埃兰国被亚述国王亚述巴尼伯所征服。他彻底销毁了这个王国，除掉了当时最为主要的城市，亵渎了神庙、拆除了供奉的偶像。他还命令自己的军队破坏了埃兰王室的皇家墓地，因为，按照亚述巴尼伯的说法，这些人不信奉他的神，即阿叔尔神（Ashur）和伊师塔神

（Ishtar）。亚述国王们同样采取了极端的方式，销毁了耶路撒冷（Jerusalem）和底比斯（Thebes）的城市，使得当时许多地方荒芜一片，渺无人烟。

由于狭隘的宗教思想，巴比伦国王纳布尼德斯也被居鲁士所征服。纳布尼德斯阻止当时的人民对影响广泛的马杜克神进行祭祀，而强迫人民去信奉自己所信仰的月亮神希恩（Sin）。如果我们相信现在收藏在大英博物馆（BritishMuseum）中的居鲁士圆柱上的文献记载，纳布尼德斯当时对自己国家的人民确实是十分残忍的，他强迫人民去信仰他们不所不信仰的神灵。相比之下，居鲁士采取的则是另外一种宗教策略。

当时，居鲁士在率领自己统领的大军进入巴比伦之后，他祭拜了马杜克神，最主要的目的是为了笼络当地人民。居鲁士说，他是受当地人们信仰神灵的指派和保佑的，他是为了前来解放巴比伦的。而在居鲁士圆柱上曾经记载了他自己的这样一段话：

“当我在隆重且盛大的欢迎仪式中进入巴比伦后，人们都处于欢呼和雀跃之中，我便住进了王宫。英明的马杜克神将巴比伦最为高贵的人交由我统治和管理，我肯定会每天对他进行礼拜的。

我将不会允许任何人以任何恐怖的手段来统治苏美尔（Sumer）和阿卡德（Akkad）的任何地区。我将会努力维护巴比伦和马杜克神保佑的其他地区的和平。对于巴比伦的人民而言……我会取消强制奴役……从尼尼微城（Nineveh）、亚述（Assur）和苏萨（Susa）、阿卡德、埃什努纳（Eshnunna）、德尔（Der）以及扎木班（Zamban），乃至古提姆地方（Gutium），我会再次恢复底格里斯河彼岸的这些神圣村庄，以及被毁掉许久的圣殿。”

虽然这些文献记载从某种程度上，是为了记载自己的丰功伟绩，以及自我炫耀，但是我们仍不能否认，居鲁士是非常希望得到自己子民的爱戴的。

据古文献史料记载，居鲁士是一个十分宽容和大度的人，如古希腊历史学家、作家色诺芬就曾在自己具有浪漫主义色彩的《居鲁士的教育》一书中这样描述居鲁士：

“由于我认为居鲁士是应该得到至高无上的尊重的，所以我们就调查了他的生平、出身、天才和他受到的教育，以至于他能如此完美地进行统治……居鲁士建造的帝国是亚洲所有王国中最大最繁荣的，它的历史中应该记载了一些有益的资料……虽然这个帝国十分宽广，是由他一人来实施统治的，他是那么地尊重和关爱自己的臣民，就如同关爱自己的孩子一般，反言之，臣民们也应该像对待父亲那样敬重居鲁士。”

当作佐证，色诺芬还不吝夸奖居鲁士为了培养自己的良好公众形象，他使用的手段十分高超。在一次波斯波利斯的游行中，居鲁士“看上去如此高贵，那般伟岸”，很明显这可能是他刻意选择了富有装饰作用的米迪亚传统服饰的原因：

“（居鲁士）认为，如果一个人在身体出现缺憾，那么（米迪亚）服饰可以帮助他掩盖他本身的缺点，并且让穿着这种服饰的人看上去是那么的高大和美丽漂亮。这种款式的鞋子如此特别，在不用脱下的情况下就可以很容易地在鞋底中塞入某些东西，所以他看上去更加高大。他还鼓励人们要想变得更加美丽动人，可以使用铅笔描画自已的眼睛，使它们看上去更加具有光泽，并且可以使用一些化妆品让自己的肤色变得异常漂亮。他对于自己的官员也有着十分严厉地要求，他不允许他们随地吐痰，不准在公众场合擤鼻子。”

而在《圣经》中对居鲁士的描述更是充满赞美之词。当居鲁士在征服巴比伦之后，他将被关押在巴比伦监狱中的犹太人通通释放，并允许他们返回耶路撒冷。由于居鲁士的宽容仁慈，犹太的先祖们纷纷尊称他为拯救者。《以赛亚书》（Isaiah）将居鲁士描绘为耶和华（Yahweh）的“使者”，耶和华是犹太人对上帝的称呼：

“耶和华对居鲁士说：我将会握住你的右手，让摆在你面前需要征服的王国一并被你征服，将剥掉国王腰间的玉带，打开阻挡在你面前的城门，让它们永不关闭；我会为你夷平高山，我会为你打破青铜禁门，捣毁铁制围栏。我将为你提供隐蔽的财宝，秘密的宝藏，让你知道耶和华的神奇力量。”

根据《以斯拉书》的记载，居鲁士不仅释放了被关押在监狱的犹太人，还将尼布甲尼撒（Nebuchadnezzar）所抢夺到巴比伦的“白银容器”归还给耶路撒冷。居鲁士还重新修葺了属于耶路撒冷的犹太庙宇，而且显然是自掏腰包进行的。

就历史而言，居鲁士大帝毫无疑问成为了众多文人喜爱的对象。从历史上古希腊文献记载再到居鲁士圆柱乃至《旧约全书》，都足以表明这位阿契美尼德帝国的第一位国王是如此宽容，以至于有些拥护者称他为“人权”的缔造者。但是，这种观点存在着时代性的错误，具有一定的误导性。与古代某些记录相比，居鲁士的征服过程却是如此血腥和残暴，战斗也十分的激烈，是常人难以想象的，而更加令人没有想到的则是，米堤亚和巴比伦人却能十分兴高采烈地去迎接波斯人。

更为重要的是，大多数专家认为，居鲁士的宽容只是一种权宜之计，而并非真正的原则性精神。通过接受当地人信仰的神灵，无论是巴比伦人信仰的马杜克神还是犹太人信仰的耶和华，都可以帮助居鲁士获得合法的统治者身份。通过尊重当地的传统和习俗，可以有效地降低被征服者的反抗。而现代人认为宗教信仰自由是一种人权的观点，这或许也是居鲁士和他的继任者们无法想到的。对于阿契美尼德国王们而言，宽容只是一种务实的政治手段而已。

## 冈比西斯二世

公元前530年8月，居鲁士去世，其子冈比西斯二世即位。居鲁士与王后卡桑达涅生育了两个儿子：长子冈比西斯，次子巴尔迪亚。作为王储，冈比西斯从小就受到各种严格的训练，跟随父王东征西讨，学习行军打仗的本领和治国的经验。公元前538年，冈比西斯被任命为巴比伦王，并参加了巴比伦新年宗教仪式。在这种宗教仪式上，马都克神庙祭司将手中象征王权的纳布神权标递给冈比西斯，冈比西斯自此也就成为了合法的巴比伦王。冈比西斯怀揣着父王居鲁士的雄心壮志，一心扩大帝国的版图。

当时统治埃及的是阿玛西斯。他是撒伊司诺姆西乌铺城人，出身平民而非贵族，一次偶然的机会使他成为国王。埃及国王阿普里埃司在位时，曾派军攻打西顿，并和推罗的国王发生海战。后来又派大军去打库列涅，但吃了惨重败仗。国人对他极为不满，认为是国王故意让他们去送死，以便可以更加安稳地统治其他的埃及人。于是，将士哗变，公然反抗国王。阿普里埃司闻风，忙派他的亲信阿玛西斯前去安抚，争取将士们的回心转意。阿玛西斯虽然出身卑微，但在军中口碑甚好。一到军中，当他劝告将士时，一个埃及人把一顶头盔戴在他头上，说这是王权的标志。就这样，阿玛西斯被黄袍加身，并欣然接受。万般无奈，阿普里埃司只得率领自己的近卫军去平叛。毫无疑问，这种以卵击石的做法无疑是自取灭亡。阿普里埃司兵败被俘，尽管阿玛西斯对前国王优礼有加，但在国人强烈要求下仍然把前国王处死了。

阿玛西斯非常有智谋。由于他出身低贱，埃及人对他甚为蔑视，不予尊重。他运用智巧让臣民心悦诚服，执礼甚恭。原来，他有一个金盆，经常用来和他的客人们洗脚。他把这个金盆打碎，铸成一尊神像，放到城里最适当的场所。于是那些埃及人便常来顶礼膜拜。阿玛西斯把臣民召集起来，宣谕他们说，欺骗他们的这座神像是用洗脚盆铸成的。君臣们曾用它洗脚、呕吐或者小便，但现在臣民却尊敬它。于是，他借题发挥说，他以前曾是一个平常人，但现在是国王了，因此命令臣民要尊敬和重视他。

阿玛西斯勤于政事，敬奉神灵，和希腊人有着和平的友好交往。据说，阿玛西斯统治时期是埃及历史上空前繁荣的时代。尼罗河的定期泛滥，灌溉了河岸的良田。良田肥沃，粮食丰收，百姓也安居乐业。但在这时，西亚突然崛起了波斯帝国，对其虎视眈眈。

冈比西斯身边有一个宫廷御医是埃及人。他向冈比西斯吹风说，埃及国王有一个具有闭月羞花之貌、沉鱼落雁之容的女儿，应该娶来做妃子。冈比西斯马上派使者去埃及求婚。原来，冈比西斯听说埃及医术高超，曾向埃及国王要求一名医生。阿玛西斯千挑万选，把这个人挑中了，并强制送到波斯。这个医生离家别业，妻子离散，对国王阿玛西斯怀恨在心。出这个主意的目的在于：他知道阿玛西斯特别钟爱自己这个独生女儿，视若掌上明珠，决不情愿远嫁波斯。如果在波斯的压力下答应了，国王心里肯定不舒服。如果不答应，那他就成了波斯国王的敌人，后果不堪设想。这医生不仅会治人，还会整人。

阿玛西斯接见波斯使臣，听明来意后，心中着实烦恼。他很不情愿把女儿嫁给冈比西斯，去当侍妾。冈比西斯也并不打算娶他的女儿作妻子，只是侍妾而已。但是，面对势力强大的波斯又不敢拒绝他的要求。绞尽脑汁，阿玛西斯想到了一个自认为两全其美、万无一失的办法。前国王有个女儿叫尼太提司，长得也是亭亭玉立，风情万种，是王族唯一留下来的人。阿玛西斯把尼太提司找来，好生劝慰一番，按公主的装束打扮起来，作为自己的女儿送到波斯去了。

毕竟纸里包不住火。不久之后，当冈比西斯和尼太提司亲热拥抱，叫她阿玛西斯女儿的名字时，尼太提司便把真相全抖了出来。冈比西斯听罢，怒火中烧，当下决定进军埃及。

要出征埃及，必须经过叙利亚和埃及之间那片干燥无水的荒芜沙漠。为此，冈比西斯采纳了别人的建议，去向当地的阿拉伯人请教。阿拉伯人和波斯的使臣结盟之后，立刻想出了下面的办法：他们把水装到骆驼的皮囊里，再叫他们所有的骆驼驮着这些水囊，到无水的沙漠地带，等候冈比西斯的军队。

公元前525年，冈比西斯在阿拉伯人的帮助下通过了西奈沙漠，开到尼罗河三角洲地区。这时，阿玛西斯已死，其子普撒美尼托斯继承了王位。而军队经过一场激烈的战斗，埃及人溃败下来。随后，埃及首都孟斐斯城投降，埃及国王普撒美尼托斯被俘。

冈比西斯是位性格暴躁、刚愎自用的人。他一反其父居鲁士仁慈宽容的做法，对被俘的埃及国王不是礼遇，而是羞辱。冈比西斯让普撒美尼托斯同其他埃及人一同坐在城外以表示对他的轻蔑。国王的女儿被迫穿上奴隶的衣服和其他显贵的女儿一起去扛着水袋打水。这些从小衣来伸手，饭来张口，手不提篮、肩不挑担的小姐们哪受过这种苦楚？不禁悲痛难忍，哭声震天。当这些女孩子悲泣着从她们父亲的面前走过时，那些昔日的王公贵族也是无可奈何，只能以悲号相应。一时间，哭声一片。独那亡国之君普撒美尼托斯没有哭，低头不语。接着，国王的儿子和2 000多和他年纪相仿的埃及人被送上刑场，也从他们跟前经过。在生离死别之前，埃及人更是放开喉咙大哭，只哭得日月无光、风云变色，连那波斯士兵也为之动容。可普撒美尼托斯依然是心如死灰，面如槁木，毫无反应。这时，他突然看到一个过去经常在一起饮酒作乐、而现在已经一无所有沦为乞丐的伙伴，正在向波斯士兵行乞。这时普撒美尼托斯有了反应，放声大哭起来，拍打着自己的脑袋呼叫着那个乞丐的名字。旁边的哨兵把这事禀报给冈比西斯。冈比西斯对埃及国王的举动感到特别惊讶，就派人去询问他：他的女儿受苦，他的儿子受死时，他没反应。现在为什么看到一个乞丐就大放悲声？普撒美尼托斯回答说，儿女的遭遇，使他的痛苦已经超过了哭泣的程度。

现在看到他的昔日伙伴在行乞，为一个失去幸福和财富、濒临老境又去行乞的不幸遭遇的人，引发了同情之心。随军远征埃及的克洛伊索斯触景生情，联想自己，也不禁流下两行心酸的眼泪。在场的波斯人也被感染，同情心被激发出来，也陪着掉下眼泪。冈比西斯也动了恻隐之心，命令把国王的儿子从法场解救回来。可是为时已晚，那小伙子被第一个砍了头。

但是，普撒美尼托斯总算保住了性命，从此再也没有受到任何虐待。按照波斯对征服地区的处置惯例，他还是有希望重新成为埃及国王的。然而，普撒美尼托斯并不安分，而是煽动埃及人起来造反。这消息传到冈比西斯那里的时候，普撒美尼托斯便畏罪自杀了。

冈比西斯对阿玛西斯的欺骗一直耿耿于怀。尽管他已经死了，也决不放过。在从孟斐斯城向撒伊司城进军的过程中，他进入阿玛西斯的王宫，打开阿玛西斯的陵墓，把他的木乃伊拖出来后，先鞭尸，然后拔掉头发，用棒子戮刺，用各种办法侮辱尸体。干腻了之后，冈比西斯下令把阿玛西斯的木乃伊烧掉。这一下干了件犯忌的大事。波斯人信奉袄教，也叫拜火教，奉火为神，对之特别尊敬。波斯人死后，一般实行天葬。人死后把尸体放到荒野，任由鸟兽吞食，然后把剩下的遗骸收集到石壶中埋藏。用火焚烧尸体，对波斯人来说是万万不可的事情，他们认为火化意味着把尸体给神，这是绝对不允许的。对埃及人来说，自古以来，他们就形成了特别的丧葬习俗。远在新石器时代，人们就把死者埋于地下。

由于埃及较为特殊的自然条件，死者的遗体被埋藏之后，尸体上腐败的液体被干燥的沙漠所吸收而出现脱水现象，最后变成了干尸。这种古老的埋藏习惯又影响了埃及人的信仰，导致形成了只要保住尸体，死人的灵魂就可以永远保存在尸体中，并永久地生活下去的来世观。从早王朝和古王国时代开始，人们开始制作木乃伊，并为国王建造存放国王木乃伊的金字塔。埃及人还认为火是一个活的野兽，它吞食能捕捉到的一切东西。在它吃饱时，就和它所吃的东西一块死掉了。所以，冈比西斯的这种做法遭到两个民族传统的反对和恶毒的诅咒。

公元前525年夏季，波斯人就占领了埃及全境。随后，利比亚人、昔兰尼人加入，巴尔卡人都自动来降，向冈比西斯进贡了礼物。是年8月，冈比西斯正式号称为埃及国王。从此一直到公元前450年，是波斯第一次统治埃及时期，历史上称为埃及第27王朝。战争结束后，冈比西斯下达命令，下令所有军队停止抢劫，并且离开神庙，还赔偿了神庙的损失，人们正常的经济生活得到恢复。为了得到埃及人的支持，冈比西斯还重用了埃及贵族，并且尊重埃及当地的宗教和风俗习惯，向埃及神祇致敬献礼。由于他自己的个性，还有他所患的癫痫病十分严重地影响了这些政策的实施与开展。

攻占埃及后，冈比西斯便着手准备下一次的征服计划。这次目标是埃及以南的努比亚和利比亚沙漠中阿蒙绿洲。据说，努比亚人是全人类最魁梧、最漂亮、最长寿的人。按他们的风俗习惯，国人中只有最魁梧而且拥有与其身材相宜有力的人才有资格当选国王。他们吃煮肉，喝奶乳，泉水甘美，富有黄金。进攻努比亚之前，冈比西斯派了一批间谍假扮使者去探听努比亚人的虚实。努比亚人的国王知道这些所谓使者的真实来意，让他们捎信给冈比西斯说："努比亚人的国王忠告波斯人的国王等波斯人能够像我这样轻易地拉开这样大的一张弓的时候，再以优势的兵力来攻打我们吧。"说完，把这张大弓交给了来访的波斯人。

间谍们返回以后，如实地向冈比西斯禀报了努比亚人的情况。冈比西斯听后十分震怒，即刻点兵进军努比亚。这种未经冷静思考而仓促做出的冲动的决定害苦了波斯军队。由于没有足够的军粮准备和供应，还未走到五分之一路程的时候就把粮食吃光了。于是军士们就开始吃军中的马匹、驮兽，直到一个不剩。这种情况下，冈比西斯若稍加思考，就应该决定退兵了。但是他一味猛进，驮兽吃光了，就开始吃草。到了沙漠什么也没有了，就发生了这种事。军队中10个士兵当中抽签选出一个人来给大家吃掉。冈比西斯听到这种事情，害怕自己的军队变成吃人兽，才放弃进攻努比亚，下令撤军。这次出征不仅无功而返，而且损失了许多军队。本来脾气暴躁的冈比西斯，更容易发怒了。

冈比西斯出兵努比亚之时，曾专门拨出一支军队由向导带领着从底比斯出发攻打阿蒙人。但是，这支军队既没有到达阿蒙人那里，也没有返回埃及，就这样莫名其妙地失踪了。按阿蒙人的说法：当波斯军队正行进在进攻阿蒙人的途中沙漠里时，一场狂暴的风沙把他们就地埋了起来。

冈比西斯狼狈地回到孟斐斯的时候，正巧该地出现了一只神牛阿庇斯。埃及人穿上盛装隆重举行祝祭活动。不明事相而又神经过敏的冈比西斯认定埃及人对他的不幸遭遇感到幸灾乐祸，于是把当地的领袖们召来，问他们为什么在他损兵折将、无功而返之后，他们竟会有这样的举动。人们告诉他说，每隔很久才会出现一次的一位神现在出现了，所以举国欢庆，以示祝贺。冈比西斯以为这些人在撒谎，竟下令处死了这些人。随后，他又把孟斐斯的祭司们召来讯问。当祭司们的回答和先前一样时，冈比西斯即刻命令祭司们把神牛带来。神牛被带来了，是一个具有某些特征的小牛犊。埃及人认为，阿庇斯神牛是由于母牛受到天光的照耀怀孕而生的。它是黑色的，前额有一个四方形的白斑，背上有一个像鹰似的东西，尾巴上的毛是双股的，舌头下面有一个甲虫状的东西。

阿庇斯被牵领进来了。看到所谓的神牛只是一个小牛犊，冈比西斯不由火气更大了。“不就是一只普遍的小牛犊，竟让埃及人为之举国庆贺，对我的遭遇熟视无睹?”冈比西斯丝毫不顾及埃及人的宗教信仰、传统和感情，竟拔出剑向牛犊刺去。没有刺中腹部，只是神牛的腿部受伤了。冈比西斯冷笑着对祭司们说：“你们这群傻瓜，这个一剑刺中、流血不止的动物就是你们的神吗？你们也只配拥有这样的神!”冈比西斯下令把祭司们痛打一顿，取消任何庆祝活动。由于腿部受伤，神牛也很快就死了。祭司们偷偷地把它埋掉了。因为这个缘故，冈比西斯受到埃及人的敌视和诅咒。

阿庇斯神牛

冈比西斯的暴怒，缺乏理智也越来越严重，几乎达到了疯狂的地步。冈比西斯的亲弟弟巴尔迪亚本来和他同来埃及，与他并肩浴血奋战。但是，出于嫉妒，冈比西斯把弟弟送回波斯去了。就在进攻努比亚之前，努比亚人让间谍带回来的那张弓，是除了巴尔迪亚能拉开之外，就没有任何人能够拉得动它。冈比西斯在梦中，曾梦见有位来自波斯的使者，说巴尔迪亚已经登上了国王宝座，而他的头一直触着上天。他醒来之后，他就开始担心自己的弟弟会抢夺王位，就派了他的亲信普列克撒司佩斯回到波斯，将巴尔迪亚杀掉。按照大流士铭文的说法，巴尔迪亚是在出征埃及之前，就已经被害了。

冈比西斯的情绪一直处于不稳定状态。不久，他又因为自己的一时暴怒，将自己的皇后杀死了，这也是他的亲妹妹。根据古希腊作家希罗多德的记载，在此之前，波斯是没有娶自己姐妹为妻的风俗习惯的。冈比西斯既然看上了自己的妹妹，但又不合惯例，于是把王官的法官召来咨询。法官给了一个圆滑的答复：根据波斯的法律，尚未有娶自己姐妹为妻的先例。但是，他们又寻找到另一条法律规定，就是波斯国王有权力去做他所想做的任何事情。这样一来，他们既没有因害怕冈比西斯而破坏了法律，也没有因维护法律而丢掉性命。既然君权至上，可以为所欲为，冈比西斯就不顾一切地娶了自己的两个妹妹。他将一个带至埃及。事实上，波斯人的内婚制是深受埃兰人影响的。自从冈比西斯杀害了巴尔迪亚后，他的皇后就常常思念自己的另一位亲兄弟，终日以泪洗面。有一天，夫妇俩坐在桌子旁。皇后拿了一支萵苣，把它的叶子掰下来。然后问他的丈夫喜欢什么样的萵苣，带叶子的，还是不带叶子的。冈比西斯说他喜欢带叶子的，皇后便说："可是你把居鲁士的一家弄得光光的，和这支萵苣一样。"冈比西斯听了这番话后，愤怒至极，并对皇后拳打脚踢。导致怀孕的皇后流产而死。

随着时间的流逝，冈比西斯变得越发疯狂，而且暴虐乃至丧失理智的行动愈演愈烈。冈比西斯最尊重和信任的人——普列克撒司佩斯，在宫廷里担任着传奏官的重要职位，而他的儿子也在冈比西斯的宫廷里担任着十分尊荣的行觞官的职务。但是，伴君如伴虎，对冈比西斯来说，更是如此。稍有不慎，如果一句话触动了冈比西斯那极端过敏的神经便会招至杀身之祸。有一次，冈比西斯问普列克撒司佩斯："波斯人认为我是怎样的人，他们都谈论我什么?"普列克撒司佩斯说："陛下，他们称颂您的一切，只是说您嗜酒太过了。"那怕是一点点过失，冈比西斯也是无法容忍的。

他十分愤怒地说："如果波斯人真的认为我会嗜酒过度，那他们以前说的便都是些谎话了?"原来，在这件事情发生之前，有一次冈比西斯就曾经问过他手下的几位波斯大臣，说自己和父王居鲁士比起来，到底怎样。这些大臣一致回答说："冈比西斯比他的父亲要好，因为他不仅取得了居鲁士的全部领土，而且还取得了埃及和大海。"在场的克洛伊索斯，提出另外一种看法说："在我看来，您还比不上您的父亲先王居鲁士大帝。因为你还没有像你父亲那样，有像你这样的一个这么优秀的儿子。"

听了回答之后，冈比西斯别提有多高兴了。而现在却有人说自己嗜酒，真是怒不可遏。他说："现在我要判断一下，那些波斯人说的是谎话还是真话。现在你的儿子就在门外，如果我一箭射去，射中他的心脏，那波斯人就错了。如果我射偏了，那他们就说对了，我丧失了理智。"说完之后，冈比西斯就开始弯弓搭箭，向着门外那个完全不知情的小男孩射去。而这一箭正中小男孩的左心房，男孩子当即丧命。冈比西斯则放声大笑道："你们看，怎么样？很明显，我是非常清醒的，而波斯人却丧失了理智。世界上还有谁能射得这么准确吗?”普列克撒司佩斯看到冈比西斯已完全丧失理智，却又害怕自己丢掉性命，连忙应答道:“陛下，我认为神也不会射得这么准。”

冈比西斯的颠狂症表现的越来越严重，他更加目空一切、怀疑一切。当时就有 12 个波斯的知名人士，因为一些非常微小的过失就被冈比西斯抓了起来，而且把他们头朝下全都活埋了。受居鲁士之遗命辅佐冈比西斯的克洛伊索斯看在眼里，觉得应该进谏忠言了。他对冈比西斯说:“陛下，请您克制少年的盛气和激情。真正的智慧是谨慎，最大的美德是宽容。如果你以为一些微不足道的过失而将人处死。最后会导致波斯人背叛你的。”谁知道，冈比西斯根本就不买他的账，十分愤怒地对他说:“你还敢向我说出这样的话?你治理国家好像蛮有办法，结果亡国了。你向父王建议渡过药杀水作战，结果导致父王战死疆场。看我今天不收拾你。”说着，冈比西斯拿出弓箭来就要射死克洛伊索斯。克洛伊索斯见状，撒腿跑了出去。冈比西斯命令侍卫，将克洛伊索斯捉住并且处死。可是侍卫们知道他那反复无常的脾气，就偷偷将克洛伊索斯藏了起来。后来，冈比西斯说要见克洛伊索斯。侍卫们还在偷偷高兴，而他想念的克洛伊索斯却还活着。冈比西斯一方面高兴地看到克洛伊索斯还活着。另一方面把那些庇护克洛伊索斯的侍卫统统给杀死了。冈比西斯还做了许多类似疯狂的事情:他在孟斐斯的时候，曾打开那里的古墓检验里面的尸体。当地人认为这种举动打扰了墓主的安息，侮辱了墓主及其活着的后人。冈比西斯还随心所欲地进入祭司才能进入的神殿，放肆地戏弄、焚烧神庙中的神像，肆无忌惮地取乐其他民族的风俗。虽说不上无恶不作，却也是暴虐至极、荒唐透顶了。

正当冈比西斯在埃及胡作非为的时候，波斯本土发生了政治大地震。一个叫高墨塔的袄教僧侣，利用他在宫廷多年工作，对其内幕了如指掌的有利条件，假冒是冈比西斯国王的弟弟巴尔迪亚，篡位称王。篡位的高墨塔派使者到各地宣布命令，从此以后，波斯帝国的臣民要听命于在波斯的巴尔迪亚的命令了。

冈比西斯听到帝国腹地发生了政变，王弟巴尔迪亚夺取了王位，不由气急败坏。他马上把普列克撒司佩斯召来，问他是否按自己的命令亲手杀死了巴尔迪亚。普列克撒司佩斯信誓旦旦地说，他的确亲手杀死了巴尔迪亚，并亲自把他埋掉。除非死者复活，那个自称国王的决不是王弟巴尔迪亚。篡位者可能是你委托掌管家务的袄教祭司。冈比西斯心里明白了，他立即召集军队打回波斯去夺回王位。天作孽，犹可恕，自作孽，不可活。冈比西斯翻身上马的那一下，他腰刀的刀鞘扣松开了，锋利的刀刃一下刺到冈比西斯的大腿。据埃及人说，刚好是冈比西斯刺到神牛阿庇斯的那个位置。由于天气炎热，又没有消毒措施，冈比西斯的伤口很快感染发炎，脓血不止地腐烂起来。冈比西斯自知不行了，临终前召集随身的波斯显贵，嘱咐说："我现在不得不把一件我认为最秘密的事告诉你们了。我在埃及的时候，曾梦见波斯来了一个使者，说巴尔迪亚已经登上了王位，而且他的头一直触到天上去。我害怕我的兄弟从我手中把统治权夺走，就派人把他杀害了。现在看来，我是多么愚蠢，没有一个人能够改变自己的命运的。本来我以为，从此就可高枕无忧了，可还是失去了王位。但是那做国王的决不是巴尔迪亚，而是我的家庭总管玛哥斯僧。我以王族诸神起誓，命令你们，特别是阿黑门尼德家族的人，一定要把主权夺回来。无论用策略还是暴力都没关系。如果你们这样做了，我祝愿你们生活富裕、多子多孙，永享自由。如果你们不这样做，那我就诅咒你们事事不顺，最后落个和我一样的下场。"不久，冈比西斯就自取灭亡，呜呼哀哉了。

综观冈比西斯的一生及其短暂的7年统治，确实是不幸的悲剧性人物。本来乘其父王之余威，纵使不去开疆拓土，做守成的君主也是一位了不得的人物。然而，他却最终落了个身死埃及的下场。诚然，他的个人生理、心理因素，对他的悲剧性命运有着深刻的影响。他的傲慢性格也是由来已久。当他被任命为巴比伦王，参加巴比伦宗教祭祀仪式时，他竟然身穿埃兰式华丽的服装，手持长矛，腰挎箭袋，对马都克神大为不敬。好在当时居鲁士仍在，他还不敢为所欲为。于是听从了祭司的规劝，把箭袋取下，把长矛放下，才得以参加庆典和献祭。也可能因此之故，冈比西斯被任命为巴比伦王不久，就被其父居鲁士免职。他颠痫病的频繁发作，肯定对他的精神状态乃至决策都有影响。生于忧患，死于安乐。居鲁士到10岁前，在奴隶牧人的抚育之下长大，多少知道生活的艰苦，对人生别有一番深刻的体验。冈比西斯生自宫廷，由其光辉四射的父王罩着，自然容易养成自大任性的习惯。但是，作为一国之君，这可是致命的缺点。

冈比西斯与其父居鲁士最大的区别在于交往理性的差别。居鲁士虽然也东征西讨，攻城掠地并建立起了大帝国，但是他没有实行大规模的破坏、杀戮或强制移民。他尊重各地的宗教传统，善待各地上层分子。他释巴比伦之囚，复耶和华圣殿，保护巴比伦神庙，礼遇吕底亚王克洛伊索斯，不征收过分繁重的赋税，允许各族实行自治。所以得到各族景仰，万邦拥戴。但冈比西斯只占领了埃及，就杀神牛，毁神庙，焚神像，取消宗教节日，肆意取乐外民族的传统风俗。对异己文明没有丝毫的理解、宽容和尊重，事事反其道而行之。即使对本族人，冈比西斯也是动辄大开杀戒，弄得人人噤若寒蝉，朝不保夕。最后，众叛亲离，自取灭亡也是情理中之事。

由是观之，交往规律也是不以人的意志为转移的客观规律。顺之者昌，逆之者亡。冈比西斯自取其咎，理固宜然。

按照希腊历史资料记载，冈比西斯根本就没有继承父亲平静的性格。事实上，赫罗多斯（Herodotus）认为："我相信，冈比西斯就是个疯子，他绝对是脑子有问题。"赫罗多斯就曾经记录过一段趣闻，其中讲到了冈比西斯试图实施法治的行为："有一个名叫西萨姆涅斯的法官因为受贿做出了十分不公正的判决结果，冈比西斯知道之后，就把这个法官像杀羊一样处死了，剥掉他的皮。然后，他把这张人皮割成了条，安装在这个法官儿子奥塔尼斯（Otanes）所坐的法官位置上，冈比西斯希望借此严厉警告这位接替他父亲工作的新法官。"

如果说冈比西斯是个疯子，那么他也是一个十分富有且具有成就的疯子。他即位不久，就发动了入侵埃及的战争，在公元前 525 年，他攻占赫利奥波利斯（Heliopolis），像他的父亲那样在那里继续推行尊重本地习俗和宗教的做法。

在攻占埃及之后，冈比西斯就称自己为"太阳神之子（sonofRa），且备受眼镜蛇女神（Wajet）的爱戴"。而他的埃及顾问吴迦荷瑞斯尼（Udjahorres-net），则建议他去塞斯城（Sais），在埃及女神奈斯神庙（Neith）祭拜。他接受了埃及传统中的规范和仪式，祭拜当地神灵，帮助人们修葺庙宇。在公元 1851 年埃及出土的著名萨拉皮雍石碑上，冈比西斯的打扮宛若一个埃及王室成员，脖子里围着神圣的毒蛇（uraeus），埃及人饲养的用于宗教用途的眼镜蛇。历史学家皮埃尔·布莱恩特（PierreBriant）指出，在埃及时冈比西斯让自己"埃及化了"。他并没有将波斯文化强加到民众的头上，而是表现得与他的父亲一样，成为埃及神的虔诚信徒，证明他自己是埃及法老的合法继承人。

除了埃及之外，冈比西斯还先后征服了腓尼基、利比亚以及小亚细亚区域的众多希腊城市。在完成这些征服之后，阿契美尼德帝国不仅完全侵占了近东和中亚的所有重要王国，而且通过收编腓尼基和埃及的舰队，建立了世界上实力最大的海军，统治了从地中海到波斯湾的大片海域。而在公元前 522 年，有记载说，冈比西斯死于坏疽抑或是自杀，不同的文献有着不一样的说法。而当年稍晚时期，冈比西斯的远亲，名叫大流士（Darius）的人继承了他的王位。

## 高墨塔

公元前 522 年 3 月 11 日，在波斯宫廷担任总管的米底穆护（也译作麻葛，旧译为玛哥斯僧，是祆教祭司，在古代伊朗社会生活中占有重要地位）。

高墨塔乘冈比西斯久留埃及，远征努比亚失利之际，发动政变。自称是冈比西斯的弟弟巴尔迪亚。由于冈比西斯秘密派人暗杀巴尔迪亚的事不为大众所知，他们以为真是冈比西斯的弟弟、居鲁士的儿子巴尔迪亚。于是，广大臣民，波斯、米底以及其他地区都背叛了暴虐的冈比西斯，倒向高墨塔一边。

虽然冈比西斯临终前说出了事实的真相，即巴尔迪亚已被他派人杀死，那假冒国王的是穆护高墨塔。但在场的波斯人心里一点也不相信：他们认为冈比西斯是打算用巴尔迪亚的死亡来欺骗他们，以便把整个波斯都卷入对巴尔迪亚的战争。所以，他们相信做了国王的就是居鲁士的儿子巴尔迪亚。冈比西斯派去暗害巴尔迪亚的普列克撒司佩斯现在也矢口否认他曾杀死巴尔迪亚。因为杀死居鲁士的儿子可是株连九族的重罪。

因为所有王国境内的臣民都承认了他的国王地位，也没有人对他的权威提出质疑和挑战。所以，高墨塔放手统治了 7 个月。为了取悦民心，争得支持，他下令免除全国各地 3 年的赋税和兵役。这一措施深得百姓拥戴。他死以后，除了波斯人之外，国人无不盼望着他再做国王的奇迹发生。他废除各地氏族庙宇，推行袄教信仰，统一宗教祭祀。这一措施意味着摧毁控制人民的氏族寺庙势力，瓦解氏族残余组织，打击地方氏族的势力，加强中央集权。高墨塔为了恢复米底的地位，加强米底贵族的社会经济地位，还打击了波斯等地贵族，进行了部分移民调整。高墨塔的几番举措，也是有人欢喜有人忧的。那些利益有损的贵族自然必生不满，只是暂时敢怒不敢言。

高墨塔本来是假冒巴尔迪亚才得到举国拥戴的，自然四处小心翼翼，担心万一露出破绽，不仅前功尽弃，而且性命难保。“巴尔迪亚”即位以后，深居简出，从不离开他的城堡。既不召见任何有名望的波斯贵族，也绝不在公共场合露面，弄得首都的贵族们个个百思不得其解。但是，纳闷归纳闷，只要自己的利益不受损失，也就睁一只眼闭一只眼，稀里糊涂混下去。是真的，假不了；是假的，真不了。纸里包不住火。在高墨塔统治第八个月的时候，有个波斯贵族、冈比西斯王妃帕伊杜美的父亲欧塔涅斯对国王产生了怀疑。再说，高墨塔登上王位后，冈比西斯后宫的嫔妃他也一概悉数接管，每晚都从妃子中挑一个伴宿。于是，欧塔涅斯捎信问女儿说，晚上和她同床的是不是居鲁士的儿子巴尔迪亚。帕伊杜美回信说，她从来没有见过居鲁士的儿子巴尔迪亚，所以也不知道和她同床的人是谁。欧塔涅斯又给女儿送去第二封信，既然她不认识居鲁士的儿子巴尔迪亚，就让她去问居鲁士的女儿，也是冈比西斯妃子的阿托撒，因为她一定认识她的亲兄弟。帕伊杜美第二次回信说，她见不着阿托撒，也看不到他家中的任何其他妇女。因为不管这个人是谁，在他做了国王之后，立刻就把后宫的嫔妃分散到各自被指定的地方居住，彼此不相往来，不通信息。欧塔涅斯收到信后，心中更是生疑，马上又给女儿去了第三封信。欧塔涅斯告诉女儿，他现在怀疑那人不是巴尔迪亚而是穆护高墨塔。因为这高墨塔既是宫廷总管，又长得和巴尔迪亚极为相像，完全有可能有机会冒充巴尔迪亚。但是，这个高墨塔早在居鲁士在位时就因为一次犯有重大过失被割去了耳朵。所以，欧塔涅斯再三叮嘱女儿，为了自己高贵的出身，为了神圣的波斯王位，一定要把这事搞个水落石出。具体做法是，等到轮到她伴宿时，趁他熟睡之际，摸一摸他是不是有耳朵。如果没有耳朵，那肯定就是穆护高墨塔。于是，等到帕伊杜美伴宿之夜，她按父亲的吩咐照办，果然发现那人是没有耳朵的穆护。

欧塔涅斯闻风，深感震惊，也觉得事关重大，必须谨慎从事。于是，他把两位他认为最可靠而地位极高的阿司帕提涅斯和戈布里亚斯请来，在密室里把事情的来龙去脉交代得清清楚楚。实际上，这两个人也是早已产生了怀疑，只是不敢确定。现在，事情已经到了这个地步，他们决定积蓄力量，以便采取行动。他们每一个人再找一个最可信任的人加入他们的同盟。最后共有 7 个人：欧塔涅斯、戈布里亚斯、阿司帕提涅斯、普塔普列涅司、美伽比佐斯、叙达尔涅斯，以及后来的大流士。

大流士的父亲叙司塔司佩斯是波斯行省的总督，也是冈比西斯的堂兄，所以大流士是个王族。早在居鲁士率军征讨马萨革太人的时候，居鲁士就曾经做过这样的梦：他梦见大流士的肩头上长出了翅膀，一只翅膀遮住了亚细亚．另一只翅膀遮住了欧罗巴。那时候，大流士尚不到上阵的年龄，还在后方的波斯。居鲁士醒来之后，马上把大流士的父亲召唤过来，告诉他：“叙司塔司佩斯，我发现你的儿子准备推翻我，并且想要夺取我的王位。诸多神灵在梦里告诉了我。所以你尽快回去，等我征服了马萨革太人之后，我再好好地询问你的儿子。”叙司塔司佩斯吓了一跳，坦诚地表白说：“陛下，上天不会允许任何活着的波斯人对您有二心。您使被奴役的波斯人变成了自由的人，是您让波斯人臣服于你，并且变成了他们的统治者。如果我的儿子真有什么阴谋想要反对你，那我就把他交给你，任由你处置好了。”说完，叙司塔司佩斯就回到波斯，把他的儿子监控起来，后来，居鲁士战死沙场之后，这件事也就不了了之了。但是，大流士虽然年轻，却是一个有勇有谋、堪当大器的人。

7 个波斯贵族聚在一起，进行了密谋。大流士年轻气盛，主张立即动手。他说：“我原以为只有我自己知道那国王不是巴尔迪亚，而是穆护。我来这里的目的，就是要设法铲除他的。既然大家都知道了事情的真相，那我们就一块儿动手吧。事不宜迟，久则生变。”欧塔涅斯是个小心谨慎的人，他主张集合更多的人，有了足够的力量，再动手不迟。大流士对他们晓之以利害，明确指出：兵贵神速，乘其不备，出其不意，才能克敌制胜。如果一味地积蓄力量，延续时机，一旦有风吹草动，把这个秘密泄露出去，这些人恐怕就死无葬身之地了。欧塔涅斯忧心忡忡地指出，宫廷守卫极为严密，如何破坏守卫们这一关呢？大流士不以为然，认为作为他们这样有身份的贵族，通过岗哨还是很容易的。那些宫廷守卫出于畏惧和尊敬，不会不让他们进去。关键是有一个冠冕堂皇的借口，理直气壮地闯进宫去。大流士虽然年纪轻轻，但深通权谋之道。诚实，不说谎话是波斯人最看重的道德品质。大流士开导这些波斯贵族说，在必要的时候，是可以说谎话的。因为不管是说谎，还是说真话，目标只有一个：铲除那个假冒巴尔迪亚的米底穆护。大流士刚从波斯来到苏撒，便有一个最好的借口，就说他的父亲、波斯总督叙司塔司佩斯有口信捎给国王。这是很容易蒙混过关的。贵族戈布里亚斯完全赞成大流士的建议，强调说，机不可失，时不再来。现在波斯人被一个米底穆护、一个没耳朵的米底人统治着，是可忍，孰不可忍？更何况，冈比西斯临终前说，如果波斯人不试图把王位夺回的话，波斯人就要受到诅咒。最后，戈布里亚斯表示完全同意大流士的计划。于是，大家也一致同意，便把这事定了下来。

正当大流士等结党密谋之际，高墨塔也在招兵买马，拉拢亲信。他首先决定把普列克撒司佩斯笼络为私党。因为他的儿子是被冈比西斯亲手射死的，而且也是他受冈比西斯之密令杀死了巴尔迪亚，也只有他确实知道巴尔迪亚已经死了。何况，普列克撒司佩斯在波斯人中享有崇高的威望，具有很大的号召力。如果他站在自己一边，将会大大壮大自己的势力。于是，米底穆护高墨塔就把普列克撒司佩斯召来。首先要他做出保证并发誓不把事情的真相说出去。高墨塔同时许诺把任何东西都可以大量送给他，同享荣华富贵。普列克撒司佩斯当表示同意。高墨塔又给他提了第二条建议，说他们要在宫墙前面召集波斯人开个大会，要他到城楼上去，宣布并做证说国王就是巴尔迪亚，让国人不要胡乱猜测。高墨塔信任了他，因为他常常断言巴尔迪亚还活着，并且否认受冈比西斯派遣杀巴尔迪亚的事。

大流士王在波斯波利斯的雕像

普列克撒司佩斯站在城楼上，面对下面黑压压的波斯人时，早把高墨塔的要求和嘱托抛到九霄云外。他从王朝的始祖阿黑门涅斯开始，历数王族的家谱。说到居鲁士时，他高度赞扬了居鲁士的丰功伟绩，以及他对波斯人所做的一切事情。随后，话锋一转，普列克撒司佩斯便把真相揭露了出来。他说，是把真相讲给大家听的时候了。他之所以一直隐瞒，是因为他没有机会让大家听到。他向波斯人表白说："我是在冈比西斯的逼迫之下才把居鲁士的儿子巴尔迪亚杀死的。现在统治你们的不是巴尔迪亚，而是宫廷总管、米底穆护高墨塔。"接着，他号召波斯人把王位夺回来。否则，将受到他最恶毒的诅咒。说完，普列克撒司佩斯纵身从城楼上跳下来，结束了自己的生命。

普列克撒司佩斯的所为引起一片混乱，人们议论纷纷，不知何去何从。高墨塔见形势不妙，留在京城凶多吉少，就转移到米底的西卡亚乌瓦提什宫，思考着如何应付当前的形势。

大流士等人对这事的发生并不知晓，他们在半路上，听到了这个消息。欧塔涅斯几个人主张等等看，不要趁这个混乱的时候进攻。大流士几个人则主张一鼓作气，毫无迟疑地去做早已确定的事情。据说，正当他们争论不休之时，看到七对鹰在追赶两对秃鹰，抓落他们的羽毛并把它们的身体撕裂了。看到这种景象，在鹰的兆示下，他们决定按大流士的意见，杀奔高墨塔所在的行宫。

他们的行动基本顺利。守卫者因为他们是波斯人中的显贵，丝毫没有怀疑他们有阴谋，未经盘问就领他们进去了。当时宫中正在举行一个宗教节目，庆祝的人们也疏于防范，这 7 个人很容易地就把高墨塔及其主要追随者杀死了。时为公元前 522 年 9 月 25 日，高墨塔称王仅 7 个月。此后，大流士夺得王位。从此，波斯帝国便进入极盛时期。

千百年来，高墨塔政变一直是历史上布满疑云的一段公案。有的说高墨塔本人就是巴尔迪亚，而不是高墨塔；有的则持相反的意见。从 20 世纪 50 年代的奥姆斯特德到当代著名波斯专家李铁匠教授均认为是巴尔迪亚搞政变，只不过被篡位的大流士指鹿为马。李铁匠教授有以下看法：

第一，根据《贝希斯顿铭文》记载，冈比西斯确实有个亲兄弟，名叫巴尔迪亚。冈比西斯远征埃及之前就秘密处决了他。事情机密，无人知晓。因此，当冈比西斯停留埃及，远征努比亚失利之际，伪巴尔迪亚利用人民不知内情之机发动了政变。所以李教授"卡拉"的真实含义入手，指出卡拉不仅包括一般的自由民和贵族，也包括以阿托撒为首的宗室贵族和各地高官显要，并推断他们参与了政变。李教授还指出，从巴尔迪亚被杀到高墨塔假相被揭露，长达 4 年之久。根据巴尔迪亚的身份，要把这消息隐瞒这么长时间既不可能，也不需要。之所以不可能，因为阿托撒既是冈比西斯与巴尔迪亚的亲姐妹，又是二者的妻子，她不可能不知道巴尔迪亚的真伪。

第二，如果政变领导人确如大流士所言，是用欺骗手段篡夺王权的。那么，冈比西斯回国后，那些受蒙蔽的卡拉就必然会反戈一击。如果政变领导人确实是伪巴尔迪亚，冈比西斯从一开始就绝不会放过这一点，以争取各地支持。所以，李教授认为，真伪巴尔迪亚问题是大流士一伙结成阴谋集团，并将夺权计划付诸实行的前后才出现的。伪巴尔迪亚说是大流士为弑君篡位的行为进行辩护而故意捏造的谎言。

第三，李铁匠教授指出，《铭文》问世不久，就有人反对"伪巴尔迪亚说"，奥姆斯特德根据《波斯人》，指出：埃斯库罗斯并没有把马尔多斯（即伪巴尔迪亚）看成是篡位者，而是把他视为君主。因为埃斯库罗斯反对并谴责阿尔塔弗里涅斯一伙"用奸计"杀害了马尔多斯。

第四，李铁匠教授指出，根据希罗多德与克铁西阿斯的记载，他们都说伪巴尔迪亚之所以长期不被人识破的原因是真伪巴尔迪亚的名字与相貌完全一样，以至于连巴尔迪亚的生母、姐妹和妻妾都分不出来。由此，李铁匠教授推论，透过这些貌似荒唐的记载，从反面证明了真伪巴尔迪亚本来就是一个人。只是由于大流士为了替自己篡夺王权进行辩护，才把他硬说成是两个人。

第五，李铁匠教授指出，根据希罗多德的记载，这次政变的罪魁祸首是穆护两兄弟：哥哥叫帕提截铁斯，是政变的主谋；弟弟叫巴尔迪亚，是被其兄鼓动起来参与政变的。现在国外史学家普遍认为，希罗多德所谓帕提截铁斯不是人名，而是官职名称，其本义为"宫廷监督"或"宫廷总管"。因此，希罗多德所说的穆护两兄弟，实际上是一个人，即宫廷总管巴尔迪亚。据文献记载，波斯宫廷中的穆护不过是管理粮米用度的小吏，不会拥有主宰一切宫廷事务的权力。

第六，李铁匠教授指出：据希罗多德所说，阿黑门尼德诸王御驾亲征之前，都必须按照波斯人的法律，在出征前宣布一个人为其王位继承者。由居鲁士、大流士和薛西斯在远征前宣布了自己的王位继承人或代理人，可知希罗多德所说的这条法律确实存在。而且，有权力担任这种职务的人，都必须是阿黑门尼德宗室男性成员。由此，李教授推断：冈比西斯在远征埃及前，即使没有宣布一位男性宗室成员为其王位继承人，至少也委托了一位男性宗室成员代其主持后方。而当时有资格担此重任的，只有巴尔迪亚一人。李教授进而推断：冈比西斯在远征埃及之前，确实已将其弟巴尔迪亚从外省调回首都，委以后方大事。其官职为"宫廷总管"或"宫廷监督"。当冈比西斯在埃及出师不利，百姓苦不堪言，人们"心怀异志""恶行到处蔓延"之时，为挽救帝国免遭瓦解，由巴尔迪亚出面领导政变，宣布革除冈比西斯之暴政，是势不可免的。

第七，李铁匠教授还认为，居鲁士长女阿托撒是这次政变的关键人物。她曾是冈比西斯、巴尔迪亚和大流士三人的妻子。由于阿托撒对冈比西斯遗弃感到不满，才鼓动巴尔迪亚发动政变的。正是由于阿托撒的大力支持再加上巴尔迪亚在后方掌权4年，羽翼丰满，因而非常顺利地搞起了政变。

第八，李铁匠教授认为，巴尔迪亚当国王不到几个月就被大流士等人所杀，原因主要得从阿黑门尼德帝国的形势和他所实行的政策中去寻找。居鲁士在短时期速立起来的庞大帝国，其内部并不巩固。王权与氏族贵族，征服者与被征服者之间存在着一定的矛盾。帝国草创之初，各种机构、各项制度也不健全。冈比西斯在努比亚失利之后，这些矛盾更加尖锐、激化，帝国面临瓦解的危险。巴尔迪亚上台之后，实行改革，打击贵族宗法势力，尤其是打击了氏族的势力。对于瓦解氏族关系，打击贵族势力，以及加强以王权为代表的中央统治，巴尔迪亚实行的改革措施有着一定的推动作用。因此，他采取的措施使贵族利益受到严重损害，终于引发了宫廷政变。但巴尔迪亚的改革是大势所趋，人心所向。所以，大流士上台以后，也不得不推行改革。

高墨塔的政变随着他的被杀而落下帷幕。和历史上其他政变一样，高墨塔政变是历史发展到一定程度的产物。

利益是产生交往的根源。只要把利益具体物化为经切历史事件的最终答案。

高墨塔政变就是波斯帝国内部一次利益的重新调整，也是其内部交往特别是内部政治交往的一种表现。它和革命、改革一样，在某种程度促进了其内部的交往，无论是和平的，还是非和平的。

从文明交往的发展规律看，冈比西斯与其父居鲁士恰恰相反，起了一种阻碍的作用。他对努比亚等地进行的战争交往，既没有攻城掠地，也没有掠得财富，反而是损兵折将，狼狈返回，这本身就是战争交往的失败。冈比西斯性格暴虐，让臣民噤若寒蝉，又严重阻碍了其内部的政治信息交往。冈比西斯不尊重被征服地区的宗教风俗习惯，肆意妄为，本身就是对文化交往的破坏。冈比西斯久留埃及，与本土必然有所疏远。他横征暴虐，以充军资，必然加重人民的负担。于是波斯、米底以至全国各地，心怀异志，谎言盛行，这正是政不通、人不和，内部交往受阻的反应。于是，高墨塔乘此时机，顺利地搞成了政变。

然而，高墨塔所努力建立的交往基础是极不稳固的。王权的合法性、居鲁士的伟功丰绩应该说是当时波斯帝国内部政治、文化交往的基础因素。高墨塔如果不从这一基础出发，必然是名不正，言不顺，则事不成。所以，他打了巴尔迪亚的旗号。然而，这种虚假的本身使他不得不为内部政治交往设置障碍。他不敢召见波斯的高官显贵，不敢让宫廷后妃自由往来，他还得处心积济利益、政治利益、宗教利益等，就得找到所有疑虑他的把那些怀疑他的人收拾掉。又由于他代表米底僧侣、贵族的利益，侵害了波斯贵族的权益，又必然遭到波斯贵族的反对。这种状况决定了他的统治不可能长久维持下去。七个月而亡，已属不易了。高墨塔假冒巴尔迪亚的虚假捆住了交往的手脚，也就为自己准备好了坟墓。

随后，一代英主大流士走上了前台，波斯帝国步入鼎盛时期。

## 大流士一世

历史上，阿契美尼德帝国的鼎盛时期，是大流士大帝在位统治期间，他统治该帝国长达四十年（前522—486年）。而他在位期间也将波斯帝国版图拓宽至印度，从而进一步扩大了对希腊的占领，甚至对东欧发动过进攻，他的军队跨过了多瑙河（Danube），但是没有征服塞西亚人（Scythian）。（塞西亚人来自俄罗斯南部地区的大草原，戴着头盔，擅于骑射，在举办葬礼的时候，他们经常把大麻籽丢到烧得通红的石头上，然后用鼻子吸食从大麻中飘散出来的烟雾）。在即位初期，有人质疑他接替王位的合法性并借机叛乱，而大流士采取的措施是对这些叛乱人士进行镇压，当然在镇压时手段也十分残酷，按大流士的话来讲，就是“将他们淹死在充满鲜血的汪洋大海之中”。

对于大流士的个人评价众说纷纭，但是所有的历史资料显示，大流士确实是一个十分出色的管理者。他是个十分用功的管理者，在众多战争的空隙中，他都进行了大量的案头工作，他曾经发誓将阿契美尼德帝国打造成为有史以来最辉煌且最先进的国家。当时，他亲自监督各地都城的建造，其中波斯波利斯就是其中之一，被后人称为古代建筑史上的奇迹。他颁布了统一的货币，在国内的基础设施上，他也做出了不少贡献，他重新规划和设计了整个庞大帝国的道路交通网络和邮政体系，其中包含皇家邮递驿站、快递信使和烽火通信等基础设施。

由于这项工程所需资金非常庞大，所以大流士为了替自己缓解紧张局面，他重新完善了帝国税制和进贡制度，并要求每一个总督区每年都必须交纳固定的税费，主要以金银为主。赫罗多斯提出，巴克特里亚（Bactria）和印度的年贡均为360塔兰特（talent）。埃及的年贡为700塔兰特，外加默利斯湖（LakeMoeris）的渔产。有些地区年贡为1 000塔兰特，另外附加“500名年轻的太监”。此外，至今令人费解的是，有些人是不用缴纳税费的，仅仅需要提供“礼物”便可。例如，科尔奇斯（Colchis，高加索地区的一个王国）给他送来“100 个男孩和 100 个女孩”作为礼物，而埃塞俄比亚人、（Ethiopian）则提供更加丰富的“礼物”，其中包括两夸脱的粗制金块、200 根黑檀木、500 名埃塞俄比亚的小男孩以及 20 根象牙，根据历史上普鲁塔克的描述，大流士还十分擅长虚拟的减税艺术。他惯用的手段是在一个总督区制定了相当高的纳税定额之后，他会召集地方领袖进行“协商”，询问他们税额是否过重，然后就实行自己的虚拟减税艺术，大度地宣布税额减半。

他执政期间，对于阿契美尼德帝国文化和宗教传统，大流士还在继续信奉，而事实上，他正慢慢进一步深化了这一政策。大流士显然对于自己庞大帝国包罗万象的特质感到骄傲。他为自己发明了一个新的头衔，翻译过来就是“包含所有人种的不同国家的国王”，或者可以译成“不同国籍人民的国王”。他十分推崇自己帝国包含着不同的语言，他更是将敕令翻译成多种语言，他给总督所发出的命令，他要求必须采用希腊、巴比伦、利西亚语言的版本，或者采用古埃及简写文字，因此在这个帝国中有不少翻译人员。有趣的是，大流士本人肯定仅懂一种语言，甚至有可能是个文盲。

大流士所发布的部分敕令中，他通常将阿胡拉·玛兹达称之为“至尊无上的神、雅利安之神”。历史学家们一直对下述内容充满争论：阿契美尼德帝国信奉什么宗教？大流士和居鲁士是否信奉同样的神？阿契美尼德人是不是索罗亚斯德教教徒？但是，至少他们在某一点上是达成共识的：像居鲁士所实施的宗教政策一样，大流士并没有强迫子民去信奉波斯神。相反地，大流士和他的总督们都十分尊重当地的宗教和神灵。大流士甚至并未对各个地方的社会结构进行变动。“大多数在他统治下的人民，但可能不包括埃及，并不认为波斯国王是一个外国统治者或者是一个暴君，而是为了保障社会的公共秩序和政治稳定以及经济繁荣的守护者，他最终确保了人民的正常生活”。还有最为重要的一点，大流士修订了各地的法律。例如，波斯王会保证乃至支持埃及法官判决的有效性。另外，大流士也承认并支持以色列所用的犹太律法。

在各地实施类似这样的宽容政策，大流士也获得了巨大的效益。他并没有动用非常庞大的资源去迫害被征服的人民，或者强迫他们实现“波斯化”，而是充分利用各国不同的技术背景、智慧，乃至资源。这样，大流士建造了一些世界上前所未有的辉煌都城。

例如，在苏萨地区建造宏大的行宫时，大流士选择了各地最为上乘的材料和最为优秀的工匠，他所用的工匠至少来自十六个不同的民族。用三种不同语言写成的苏萨《成立宪章》中，大流士说：

“我下令建造苏萨王宫，它们的材料均来自遥远的地方……巴比伦人挖掘了制砖用的泥土；雪松大梁来自一个叫黎巴嫩的地方，那里的人们费尽千辛万苦将这些材料运至此地……象牙工艺品来自埃塞俄比亚、印度和阿拉霍西亚（Arachosia）……石匠是爱奥尼亚人（Ionian）和萨迪斯人（Sardian）。在此期间，从事黄金制作的工人是萨迪斯人和埃及人。而烧砖的工匠则是巴比伦人，装饰台基的是米堤亚人和埃及人。”

阿契美尼德建筑

一位著名的历史学家，理查德·福来这样评价道：“这些工匠可能是当时最具国际特征的建筑施工队。”

从建造这个庞大的工程，帝国招募到各个民族最优秀的人才，不仅是大流士个人最为典型的成功策略，而且是所有阿契美尼德国王们的共同特征。当时在他的皇宫里有着来自埃及的大夫、希腊地区的科学家以及巴比伦的星相学家。根据希腊文献记载，阿契美尼德国王常常以丰厚的回报为诱饵吸引著名的希腊思想家们为他们工作。公元前 513 年，大流士准备打造一座跨越博斯普鲁斯海峡（Bosporus）的大桥，方便通往欧洲，为此他选择了一位来自萨默斯岛的建筑师（希腊萨默斯岛〈Samos〉）。三十年以后，阿契美尼德国王薛西斯（Xerxes）又下令在达达尼尔海峡（Hellespont，即 Dardanelles）建造了两座大桥。当时薛西斯所聘请的专家，皆来自不同的国家，其中包括了会使用白色亚麻制绳的腓尼基人，还有一部分来自会用纸莎草制绳的埃及。

最为关键的一点是，就是阿契美尼德帝国之所以成为人类历史上最强大的战争机器，最主要的还是其种族宽容政策。居鲁士在位期间，波斯军队主要由波斯人和米迪亚人构成（米迪亚人和波斯人显然具有非常紧密的关系，以至古希腊人和古埃及人常常将“米底亚人”和“波斯人”二词通用）。波斯的核心军队被称之为“不朽万人军”（TenThousandImmortals），这支军队之所以这样取名，那是由于这支军队的数量从来没有少于一万人，“军队中一旦有人生病或牺牲，马上就会有一个人替补他的空位”。据赫罗多斯说，这些不朽军士兵“不仅穿戴着饰满黄金的盔甲，而且在行军的途中，还被允许携带家眷，包括小妾和仆人，同时还有骆驼和其他牲畜为他们驮运丰富的佳肴”。这“不朽万人军”中，其中九千名的士兵，其佩带的长矛上带有白银石榴状装饰，而剩下的一千人则是国王的御林军，他们的长矛则带有黄金石榴装饰。

但是，每一次新的征程，对于阿契美尼德军队而言，就意味着进一步的扩军，其中包括增加完整的骑兵、步兵以及海军。大流士统治时期，波斯军队更加具备较为明显多国部队的特征，不过主要由波斯人统领。每一个总督都提供自己的兵员，然后每十人分为一个班，每一百人为一个连，每一千个人组成了一个团，依此类推。士兵们都佩戴头盔和头饰，且携带较为明显的自己国籍的武器。包括波斯步兵携带的长弓、短剑和柳编盾牌。他们在甲胄外面还穿上了彩色的束腰外衣，头戴软帽和头饰。相对地，阿拉罗地亚士兵（Alarodian）戴木质头盔，帕弗拉戈尼亚士兵（Paphlagonian）头戴皱褶形头盔，而皮西迪亚士兵（Pisidian）则头戴有牛角和牛耳形状的青铜头盔。或许，如果不算过分失礼的话，我还可以告诉大家最后这种士兵还会穿戴紫色的绑腿，让他们看上去显得十分特别。

为了让功能与角色完美地结合，波斯军队想尽了一切办法。例如，作为波斯海上巨大的力量源泉，阿契美尼德海军主要由腓尼基人统领，他们都是十分优秀的水手，这也形成了波斯舰队的核心力量。波斯人自己虽然不善于航海，但是促进了海上贸易和商业活动，些在阿契美尼德统治下，获得巨大利益的则是腓尼基商人。与此同时，阿契美尼德统治者也获得了相应的好处，因为他们从关税和通行费上均获得了巨大收入。

同时，波斯人还依靠埃及和希腊的海上力量。大流士在位统治时期，艾奥尼亚的海军上将西拉克斯（Scylax）就曾沿着印度河（IndusRiver）航行至印度洋地区，然后一直航行至埃及。大流士很可能还派遣过其他远征船队，甚至曾经环绕过非洲。此外，波斯人招募了大量的希腊雇佣兵，这些兵都是以骁勇善战闻名。至少，在希腊的历史学家看来，这些雇佣兵日后都变成了阿契美尼德军队中最为精锐的部队。

像以往一样，当我们用现代的词汇讨论古代的帝国时，通常会犯下时代的错误。虽然阿契美尼德帝国在自己统治范围内招募了最为优秀的工匠和武士，但是他们当时的招募和我们现在大学里招募篮球队员是完全不一样的。很多工匠或者武士很有可能是通过强制性手段征召的，个人自由和服役自由并非古波斯帝国的组织原则。而且，对于大流士的为人，有史料记载，对于那些冲撞和冒犯过他的人，大流士一般会采取的方法是将他们通通钉死在木桩上。当沙加迪亚的反叛头目西坎泰克玛（Cicantakhma）被虏以后，大流士说："割下他的鼻子和耳朵，挖下一只眼睛，把他绑在宫殿的进口之处，目的是为了让所有人都能亲眼看到。然后，我在阿贝拉把他钉死。"对于米迪亚人弗拉瓦提斯（Fravartis），大流士同样给予了这样的处罚手段："我将他的鼻子、耳朵和舌头割掉，挖掉他的眼睛，我用锁链将他绑在我宫殿的大门旁，并有士兵看守，每个人都会看到他。然后，我在埃克巴塔纳（Ecbatana）将他钉死在木桩上。”

而且，阿契美尼德帝国的宽容根本并非咱们现代意义的平等。相反，阿契美尼德波斯帝国是一个等级十分鲜明的政治制度国家，自然波斯人是等级的最高处。权力集中在高高在上的国王一人手中，而且无论在哪里，他都是权力的中心，包括苏萨、波斯波利斯和孟菲斯（Memphis）（阿契美尼德统治者并不会长期待在一个城市，而是根据季节的变化，会从一个都城迁往另个都城，而且还有大批的随从侍卫伴随其左右）。国王以下，那些拥有小王国的总督们无一例外地全为波斯人。总督以下的职位，整个帝国内部最高等级的职位也是由波斯贵族担任。赫罗多斯是这样描写波斯人的：“他们是世界上最具有优越感的人，根据距离远近给予其他民族相应的好处和利益，那些距离最远的，在他们看来也就是条件最差的。”

然而，阿契美尼德国王们成功掌管这个面积空前的帝国长达两个世纪之久，其最重要的先决条件就是他们采取的宽容政策。通过接受当地法律和传统文化，保留当地语言、宗教和习俗，阿契美尼德帝国最大程度地减少了被统治人民的反抗和起义。通过充分利用帝国最优秀的艺术家、思想家、工匠和武士等不同人才的专业技能，不受任何民族和宗教信仰的阻碍，阿契美尼德的国王们将这种来自多个民族的多元文化转变为优势互补和力量的来源。

国际化特征是阿契美尼德帝国的文化所表现出来的最强大的特点。他们天堂般的花园中，收藏了来自整个帝国最罕见、最珍贵的奇花异草和珍禽异兽；阿契美尼德国王的餐桌上摆满了来自被征服国家的最精美、最奇异的食物：分别为来自阿拉伯的鸵鸟、来自卡尔马尼亚的茛菪油、来自波斯湾的鱼、来自伊奥里亚阿索斯田野中的粮食、来自巴戈阿斯田野所特别提供的巴比伦小枣，等等。色诺芬描述道：“波斯国王拥有众多的葡萄酒商，他们走遍每一片土地为他寻找最可口和醇的美酒。”皇家厨师游历到很远的地方只为寻找最新奇的美食烹饪制作方法，如果谁能为国王烹饪出独特的美食，丰厚的奖赏就会等着他。

后来，希腊人大肆抨击波斯人在饮食上的奢华和浪费。赫罗多斯写道，当富裕的波斯人过生日的时候，他们首先会烤一头牛或者一匹马或者一头骆驼或者毛驴（但是，相较贫穷的波斯人而言，他们过生日可能只有山羊和绵羊来代替）。赫罗多斯也强调了波斯人饮食方面的丰富多样，并与希腊人的克制性进行了比较：“他们有很多种甜品，不同的菜会分开端上来。正是由于这种风俗，波斯人总是说希腊人的餐桌上菜肴非常少，人们看上去感觉总是饥饿得不得了，因为如果在第一道菜上来之后，他们再也没有什么值得称赞的东西了。波斯人对于吃饭则是这样认为，如果我们还没有完全吃饱，我们就应该继续吃。”

皇家宴会档次又有所不同。赫拉克里迪斯说：“为了给国王准备饮食，他们每天要屠杀一千头牲口。”（这个数字似乎看起来非常难以置信，但是至少一位历史学家认为这应该是针对士兵的定额而言的）。国王使用的盘子和酒器都是金银制造而成。在宴会上，三百多名皇家歌妓弹奏竖琴或者表演歌舞。

阿契美尼德的宫殿金碧辉煌，综合了被征服王国的不同建筑风格，这也正是整个帝国的象征。在建筑和纪念物中，他们将亚述、巴比伦、埃及以及其他外国元素融入其中，阿契美尼德国王宣称他们继承了昔日帝国的风格，并证明他们更伟大。对于阿契美尼德国王们来说，如果想更有效地展示自己的权力，将人民同化或者波斯化并不是最好的办法，最好的办法应该是保留、包容和利用帝国庞大的多元民族文化，这样才能实现。

为了促进交流，大流士在位期间完善了波斯驿道制度。其中，有一条由小亚细亚的以弗所开始，经过萨地斯、卡帕多西亚、亚述、巴比伦，直达苏萨，全长 2 400 公里。驿道设施完备、安全可靠，曾令亲历此道的希罗多德赞不绝口。还有一条是由巴比伦开始，经哈马丹、帕提亚、巴克特里亚通往中亚、中国和印度的驿道。这条道路后来就成为著名的丝绸之路的主干线。大流士还修复了埃及法老尼科修建的苏伊士运河。这些驿道和运河虽然是为了调动军队、运送物资方便，但对古代东西方文明的交流起到了重大的促进作用，成为东西方文明传播的重要道路。

大流士时期，在波斯统治下的小亚细亚沿岸爱奥尼亚城邦进入了繁荣时期，在整个希腊世界起着主导作用。像米利都、以弗所和其他许多城邦，都拥有大片肥沃的土地，高度发达的工商业和广阔的市场。波斯的征服，统一了整个古代东方地区，为爱奥尼亚城邦经济文化的发展，提供了无限的机会。大批的希腊商人、工匠和学者，往来于东西方各地之间，使当地出现了空前繁荣的景象。米利都产生了杰出的哲学家安那克西曼德列斯、历史地理学家海卡泰欧斯。萨摩斯产牛了大数学家毕达哥拉斯，哈利卡那索斯产生了历史之父希罗多德，波斯国王支持爱奥尼亚各邦统治者，各邦也忠于波斯国王，双方关系比较融洽。

但是，这种和睦关系，后来被一个意外事件所破坏。公元前 500 年，那克索斯岛发生政变，贵族寡头被民主派势力推翻。被赶下台的贵族逃到米利都城邦，请示僭主阿里斯塔哥拉斯帮助他们夺回政权，并允诺给他大笔经费。后者也想乘机扩大自己的势力，便极力怂恿吕底亚总督、大流士的弟弟阿塔弗列涅斯出兵远征那克索斯，帮助恢复当地寡头政体。他说这样不但可以得到一笔巨款，而且可以为国王赢得新的领土。阿塔弗列涅斯将这事报告大流士获得批准。公元前499年，大流士任命美加巴铁斯为统帅，率领200条军舰和一支庞大的陆军远征那克索斯和其他岛屿。随同出征的有阿里斯塔哥拉斯。这次远征最后由于这两个人争权夺利而失败了。据希罗多德说，阿里斯塔哥拉斯是个极其卑鄙龌龊的阴谋家。他极为害怕承担失败的责任，便丌始策划叛乱。他以平等、自由、推翻僭主政治为口号，拢络人心，鼓动所有爱奥尼城邦起而反抗波斯统治。公元前499年，爱奥尼亚各邦纷纷推翻僭主政治，建立民主政体，大规模的起义开始了。由此可见，如果当初波斯不听信阿里斯塔哥拉斯的谎言，就不可能引起这场冲突。

爱奥尼亚起义爆发后，阿里斯塔哥拉斯前往希腊本土求援。他首先到斯巴达，要求国王出兵援助，并以波斯的富饶相诱。他说波斯有取之不尽，用之不竭的黄金、白银，色彩绚丽的衣服，鼓动斯巴达人进攻波斯都城苏萨。“谁要是占有了苏萨的财富，就可以和宙斯斗富”。这句话后来成为东方拥有无穷无尽财富的象征。不过，斯巴达对和波斯作战不感兴趣，拒绝了他的请求。然后，他又来到雅典。这时，雅典和波斯正在为流放者希庇斯发生纷争。阿里斯塔哥拉斯在民众大会上大谈波斯的富饶、波斯兵弱易胜。他又说米利都人是从雅典移民出去的，雅典人理应帮助自己的同胞。但他在这里也没有获得很大的成功。雅典人只答应派遣20条军舰援助他们。埃列特里亚也派了5条军舰来支援。

雅典军队到达米利都后，双方合兵进攻波斯在小亚细亚的统治中心萨地斯城。城市被攻占后遭联军洗劫一空，最后被放火烧毁。连著名的吕底亚女神庙也未能幸免。正因为如此，历史之父希罗多德认为，在波斯入侵略希腊之前，希腊人先就侵略了波斯。因为在波斯人眼里，亚细亚和居住在这里的所有异邦民族都是属于自己的。后来，波斯军队在吕底亚人的帮助下，击退了雅典军队。雅典军队撤回希腊。随后，波斯军队将爱奥尼亚起义镇压下去。挑起这场大动乱的阿里斯塔哥拉斯在起义的紧要关头带领亲信逃之夭夭，客死在异乡色雷斯。但波斯人后来不但没有对起义者进行报复（除米利都外），还进行了对当地居民十分有利的改革，如：禁止各邦互相攻掠；设立仲裁法庭调解各邦争端；重新划分各邦边界；丈量土地；整顿赋税；恢复法制与和平；建立民主政体，以保证当地居民忠于波斯政权。这些措施在一定程度上受到当地居民的欢迎。

爱奥尼亚起义被镇压后，大流上借口报复雅典和埃列特里亚在萨地斯的暴行，决定远征希腊本上。但是，这时雅典当权的是亲波斯派的政治家。他们采取各种消极措施，防止事态激化，极力避免和波斯作战。公元前493年，当雅典上演《米利都的陷落》时，雅典当局为防止政敌利用戏剧鼓动群众，达到自己的政治目的，采取了严厉措施。当局判处剧作者弗里尼霍斯 1 000 德拉克姆的罚金。这在当时是一笔很大的数目。同时，还禁止在雅典再演此戏。直到反波斯的民主派政治家提米斯托克利当选执政官之后，雅典才开始建造军舰，准备和波斯作战。

## 薛西斯一世

提到薛西斯大帝，我们对他了解主要来自希腊人，希腊人告诉我们，为了镇压了帝国范围内的叛乱活动，他采取了十分残忍的手段，不停地摧毁庙宇和神殿，屠杀牧师，甚至最后还奴役国民。除了残暴和狭隘以外，薛西斯生活颓废放荡。他的后宫佳丽已经不能满足他的欲望，所以他与很多其他女人有染，包括自己的弟妹、儿媳甚至侄女。据希腊史料记载，他还坚持推行帝国的“波斯”特征。他将波斯神阿胡拉·玛兹达奉为至高无上的神，这是他之前的阿契美尼德国王们所从来没有做过的。在埃及和巴比伦，居鲁士和大流士曾经给予了当地人足够的自治权，对于当地的风俗习惯，他们十分尊重与尊崇，而薛西斯却让这些国家的人民全都处于被奴役的状态。

薛西斯领导的战争

当然，古希腊文献资料可能对薛西斯的描述有些许偏差。毕竟，薛西斯曾经对希腊发动过大规模战争，并短暂占领了雅典，摧毁了雅典卫城的神殿。但是，古代统治者通常会采取这些手段来报复叛乱者，所以很难说薛西斯是否比以前的阿契美尼德国王更暴虐。根据某些历史学家的研究发现，薛西斯其实还是继续沿用了阿契美尼德宽容的策略，只是在一些大的战略情况下；或在不可能的情况下通常选择残酷的镇压，唯一不同的一点就是，薛西斯时期的波斯统治面临着较为严重乃至广泛的威胁。

对于薛西斯而言，历史上有着很多的见解，无论如何，他也算成功地维护了波斯帝国的完整，尽管阿契美尼德帝国后期硝烟四起，尤其在小亚细亚形势更加严峻，他当然以残酷手段进行镇压。大约在公元前 400 年，阿契美尼德失去了对埃及的统治，过了 60 年才由阿塔薛西斯三世（ArtaxerxesIII）重新收复，他是历史上阿契美尼德帝国倒数第二个国王。作为一名征服者，阿塔薛西斯的统治和管理风格与薛西斯更为相似，而不像居鲁士或大流士的统治风格。狄奥多罗斯（Diodorus）文献记载表明："在攻占埃及主要城市之后，波斯人对当地神庙进行了大肆抢劫，获得了大批金银，并带走了神庙中的文字记录。"最后，阿塔薛西斯是被宫中一个太监所毒死的。在这个时期，我们可以看出阿契美尼德王朝所面临的问题，其实在以前王朝也都出现过。

# 第四章　帝国光辉耀眼的艺术成就

## 追求对称的波斯工艺

在埃兰境内有3个古波斯之前的考古遗址，人们从中发现了岩石的平台式建筑，其上有火坛，保存火种的房屋和其他生砖建筑。遗址中还发现有陶器碎片和各种装饰品。

公元前6—5世纪，古波斯艺术追求绝对的对称和明显相同的题材结构，波斯波利斯雕刻便有如此特点。波斯波利斯的官门有两个门框，不仅图案相同，而且连铭文也是一样的。波斯波利斯以巨大的平台、高大的石柱、万国门的人首飞牛、阿巴丹的浮雕令世人惊叹，但是，人们也发现其中有许多重复的场面，刻板的人物，千篇一律的姿态和特征。有学者认为波斯波利斯的浮雕是一部完整体裁的连续的短篇小说。波斯波利斯雕刻艺术对周边地区有极大的影响。在大流士一世的衣服边缘上绘有一行狮子行进场面的图案。这种图案传到远在几千公里之外的阿尔泰巴泽雷克地区。当地墓葬中的毛织品就有一模一样的狮子行进场面的图案。

这种重复的雕刻风格，被人们称为“阿契美尼德王家的风格”，它自大流士一世起就已经确立，并且统治了整个古波斯帝国建筑装饰艺术。为了宣扬帝国的强大、王权的伟大、宗教的伟大。尽管古波斯艺术受到各种不同因素的影响，吸取了各地艺术之长。但它并不是各种因素、各种艺术风格的简单堆砌、凑合，不是大杂烩。而是经过自己的消

波斯波利斯雕刻

化、创造，成为东西方艺术的结晶。因此，这些外来影响，只是形式的、表面的东西，它们在新的内容中失去了自己原有的性质，成为古波斯艺术的一部分。

在波斯波利斯宫廷雕刻中，出现了季维叶（萨基斯）艺术的风格。这就是国王和怪兽搏斗的雕像。这些怪兽从造型而言，与季维叶的造型是相同的。

古波斯的金属浮雕工艺也有很高的水平。像古波斯流行的角杯，它的制作技术就反映了米底、小亚细亚和西徐亚艺术的风格。但是，它的外形、材料、装璜和尺寸，又与上述地区有所不同，比如说它的材料有角质、金属仿角形材料，外观装璜更为华丽，形状多种多样，尺寸大小不一，等等。这主要是因为波斯角杯大多为王家祭祀的礼器。还有些属两河流城传统金属浮雕工艺的题材，如国王在祭坛边献祭，国王与怪兽搏斗，狩猎和凯旋的浮雕，在波斯时期继续流行，但内容有了新的变化，必须按照袄教的教义加以解释，成为宣扬和维护王权的艺术形式，古波斯时期流行两河流域圆印章与小亚细亚的金字塔形印章。这些印章原有的题材，如怪兽、斯芬克斯、生命树等，都与季维叶宝藏相同。但是，也出现了某些新的内容，如阿胡拉马兹达的象征。

在波斯古都帕萨加迪，人们意外地发现了一个宝库。其中有金银工艺 1 162 件，其中有金手镯、金耳环，宝石、玉石的项圈、金铃等。这些首饰大概是某个王室女性的，它们大概在亚历山大占领帕萨加迪之前被埋在地下，因为当时波斯波利斯发生的暴行已经传到这里。宝藏的主人全家后来很可能死于战乱，因而使它得以安全地保存到现在。这也是至今为止伊朗考占学家所发现的最丰富的宝库，它充分体现了古波斯帝国宫廷艺术的特点。

公元前 330 年春天，波斯波利斯宫廷之火标志着古波斯艺术开始了一个新时代——希腊化时代。从此，伊朗的艺术充满了希腊化的情趣、工艺。不过，希腊的影响并不是在这时，而是从古波斯帝国建立之始，就已经存在了。因为那时已经出现了“天下一统”的理论，希腊化艺术就是这种理论在艺术上的反映。

安息是古波斯帝国的继承者，同时，它又深受希腊化的影响，安息国王都以亲希腊化而白诩。这两种因素渗入艺术领域之中，就形成了安息时期混合型艺术的特征。安息混合宫廷艺术之中。宫廷艺术是与王权有关、为王权服务的艺术，它表现出安息宫廷特有的审美观，同时也影响到其他一切的艺术流派。

安息官廷艺术的指导思想，最明显地反映在钱币图案的设计上。安息时期的每枚钱币，甚至是最小的钱币，图案的设计都充分反映了国家的政治思想纲领，反映了官方的思想。

最早的安息钱币，号称“无须头像”钱币。钱币的国王头像是无须的、头戴西徐亚人的头饰。钱背的人像是坐着的、身披游牧部落的外套斗篷，手持长弓。而文为“阿萨息斯”。这组钱币是安息国家建立的证明。钱币上的西徐亚服装表明阿萨息斯是出自西徐亚游牧部落的阿帕勒人。面文只有阿萨息斯之名却没有头衔，说明他这时尚未自立为王。这大概是阿萨息斯刚刚击败帕提亚总督安德罗戈拉斯之后不久发行的货币。安息钱币背面图案上的弓，象征着国王的权力。这在贝希斯敦铭文中也可以看到。它宣扬的是神或神化的祖先将象征王权的弓授予国王。

后出的安息钱币和早期的钱币只有面文的不同，从中可以看出安息国家发展的不同阶段，在战胜塞琉古二世之后，面文中出现了“国王”的称号。在占领赫卡尼亚之后，面文中出现了“伟大的国王”的称号。在密特里达特斯一世时期，面文为“阿萨息斯国王，专制君主”。“专制君主”的称号显得尤为重要，它标志着安息已成为一个独立的国家。

安息钱币反面（幕）图案种类繁多。大致分为三类：王像和神像。安息开国君主阿萨息斯钱币正反面都是自己的肖像：后代储王为纪念他的功劳，曾多次发行反面铸有阿萨息斯一世手持弓箭，坐在盾或宝座上的银币。还有希腊女神将桂冠授予国王的图案。

神像与后妃像。这类图案大多取自希腊神话中的男、女诸神或英雄，如主神宙斯、太阳神赫里奥斯、胜利女神尼卡、命运女神提贺、荷马史诗中的英雄赫克托尔等。国内有学者曾经提出《汉书》所谓“夫人面”，实为希腊女神肖像，这无疑是正确的。但我们也千万不要以为安息钱币就没有真正的“夫人面”，即后妃肖像的钱币，这种钱币也是有的。弗拉阿特斯五世在位期间，就发行了铸有他自己和王后穆萨肖像的银币。穆萨本是罗马皇帝奥古斯都送给弗拉阿特斯四世的尤物，后得宠为王后，生弗拉阿特斯五世。穆萨生性毒辣，贪恋权势。公元前 2 年，她指使弗拉阿特斯五世弑父自立，又强迫他与自己正式结婚，宣布她为王后与女神，企图借此巩固自己的地位。但由于她早已丧失人心，难逃灭亡之命运，上台才几年就被臣民所杀。他们留下来的这套钱币，也就成了安息钱币中唯一的一套“文独为王面，幕为夫人面”的银币了。

在安息钱币反面图案中，还有五谷、飞禽走兽等，如鹰、骏马和麦穗，等等。这些图案也具有王权或宗教的象征意义。

造型艺术在安息时期有很大的发展。考古工作者在各地都发现了一批具有地方色彩的艺术流派作品。其中最杰出的有埃里迈达地区沙米出土的安息贵族青铜塑像。这位贵族身着典型的安息服装，衣服上的软褶纹表现得非常精细清晰，反映出希腊化艺术的风格。在苏萨，人们发现了一尊女士头像。王冠上刻着工匠的名字，说明这尊头像是由居住在苏萨城的希腊雕刻家安条克制作的，时间在公元前1世纪末。像主本人面貌姣好，加上制作年代与穆萨相近，因而有很多人推测它就是穆萨的雕像。若果真如此，那我们有幸可以一睹这位在安息历史上兴风作浪的王后的尊容了。

安息浮雕有很高的水平，如沃诺吉斯三世的小石像是用来做项饰的。还有纪念性的浅浮雕，描绘着授职场面、宗教祭祀、个人决斗。另外，他们还有金属浮雕工艺，代表作有贝希斯敦的戈塔尔兹雕像、苏萨的浅浮雕等。

安息工艺品吸收希腊、古波斯和游牧部落的传统，创造出全新的独特艺术。最重要的实用艺术品是用象牙做成的角杯。这种角杯在尼萨已经发现了很多。

萨珊帝国是西亚前伊斯兰时代的最后阶段和最高阶段。因此，萨珊帝国的艺术可以说代表了古代西亚几千年的最高水平。同样，它也代表了古代伊朗上千年艺术成就的顶峰。

萨珊艺术是安息艺术的直接继承者。我们从萨珊艺术中可以很容易地区分出希腊、罗马的因素，古代东方古典风格和纯伊朗的主题，如晚期萨珊工艺品王家狩猎图就具有上述特点。但是，萨珊工匠在接受外来影响的同时，使这些外来因素适应了本民族的传统。传世萨珊工艺品，除大型宫廷建筑外，室内装饰也占有很重要的地位。最常见的装饰材料是石料与拉毛烧砖与砖坯。在比沙普尔城宫殿与室内墙壁上都有彩绘拉毛装饰，回纹、叶片和披针形图案，用以掩盖凸凹不平的墙面石料。这些图案后来又被骑射、怪兽、植物，甚至国王的画像所代替。萨珊晚期，宫廷装饰中出现了马赛克。画中人物肖像面部仅露出1/3，这是叙利亚、罗马的影响。人物肖像有男有女轮流出现。绘画中还有宫廷仕女，或高级艺妓，艺妓身着长袍、戴花冠，手持花束。或者是裸体女音乐家演奏乐器。

萨珊时期传世石刻有很多，内容有纪功石刻，如沙普尔一世战胜罗马皇帝瓦列里安的石刻，还有国王、大臣、后官嫔妃的雕像。从沙普尔一世起，雕像的衣纹有了新的装饰。衣纹直接雕刻在石像上，对表现人体美更有感染力。萨珊雕刻受罗马影响较大，但两者仍然有区别。主要表现为：罗马雕像场面生动，具有连环画形式，说明历史事件，真实、富有象征意义；萨珊雕刻场面静止，记载历史事实仅限于一人一事，有对称性结构，严格照应，具有文章的风格。

金属浮雕艺术在萨珊时期有重要的发展。传世的萨珊金属器，包括大量的银盘、银杯、银壶、银瓶。金属浮雕艺术的主题是国王骑射图。萨珊银器另一个常见的场面是王家宴饮，还有的场面是表现舞伎和外人。银盘上所刻的动物，无论是真实的动物还是神化的瑞兽，图案都十分生动，说明其制作工艺精湛。

水晶雕刻、宝石雕刻在萨珊时期受到高度重视。其中最有名的是圣丹尼斯库藏金杯的中央圆雕（大徽章），描绘的是萨珊国王骑马飞驰的场面。我国西安出土的玛瑙角杯，是萨珊时期宝石雕刻的一件珍品。萨珊晚期，玻璃制品逐渐取代了水晶雕刻。

由于地处世界最大的丝绸生产国——中国和最大的丝绸消费国——罗马之间，伊朗不但十分关心边境丝绸贸易，而且自萨珊时期便开始建立本国的丝绸生产基地。伊朗丝织品向西传入罗马和欧洲，成为贵族上层分子的专用品和基督教堂用以包裹圣徒遗体、遗物的材料。欧洲很多教堂现在仍保留有萨珊时期的丝绸。萨珊丝织品向东传入了中国。伊朗丝织品的图案设计，来自灰泥和金属浮雕艺术的工艺设计。其中很多图案传入中国后，对中国丝织品图案设计产生了一定的影响。在我国新疆就发现一些既有伊朗图案，又有汉字吉语的丝织品。这说明我国工匠在引进伊朗的图案设计时，也竭力使这种图案设计能更适应我国人民的文化观念。这就创造出了一种新的中西结合的图案设计。它既能得到伊朗人民的喜爱，又能得到中国人民的喜爱，一时成为丝绸之路上非常受欢迎的丝织品。

### 波斯文学的演变

从公元前 550 年，居鲁士对波斯帝国建立统一的中央集权至今，它的语言文字发展可分为三个阶段：分别是古波斯语时期（前 550—前 331 年）、中古波斯语时期（前 250—651 年）和近代波斯语时期（9 世纪初至今）。

古波斯文明已经失落两千余年，而古波斯的楔形文字也变成了一种“死文字”，对于大多数人而言，它是相对陌生的，我们又该如何透过这几千年以来的迷雾，重新看待它呢?

楔形文字

在伊朗与伊拉克边界旁的伊朗境内，在波斯高原西部，有这样一座名叫克尔曼沙的城市，它位于城东 2 ~ 3 公里处，有一个名叫贝希斯敦的小村庄。两千多年以来，它远离城市的喧嚣与吵闹，让人们忘却过去，也被人们遗忘在记忆的角落里。然而时至今日，“贝希斯敦”这个名字不仅走出了克尔曼沙这座城市，而且走向了世界。这要完全归功于它附近的一处著名的悬崖，因为上面有一种古文字，让人们从中找回了失落的文明；这也同样应该归功于一个名叫罗林森的英国人。

公元1835年，英军少校罗林森，接到命令前往伊朗上任，担任当时库尔迪斯坦省总督的军事顾问。他是一位业余的考古爱好者，他到任不久，就耳闻附近有块著名的石刻。对于此他当然不会置若罔闻，便前往一探究竟，他果然发现在贝希斯敦村附近有一尊大型摩崖石刻。只见该峭壁铭刻离地面约有100公尺，石刻本身高约8公尺，宽约5公尺。石刻的上半部分是一个浮雕，下半部分则是用古波斯语、埃兰语和阿卡德语三种楔形文字写成的铭文。楔形文字是西亚时期古老的文字，距今也已有5000余年的历史。这些文字是用木棒或者芦苇当作笔，在黏土制作的泥板上书写而成的。书写了文字的泥板被置于太阳底下晒干，有的被火烘干，像“书”一样封存起来。如果是信件的话，往往会在泥板文书外面抹上一层粉，再装进同样是用泥制成的“信封”之中进行传送。由于这种文字笔画是楔形的，因此考古学家就称之为“楔形文字”。

随着公元前330年波斯帝国的灭亡，古波斯的楔形文字也逐渐演变成为一种无人知晓的死文字。人们并不知道这些文字的含义如何？或者说它向人们诉说着什么？因此，罗林森下定决心要解开这个不可能解开的“谜”！他不顾生命危险爬上悬崖峭壁，小心异常地拓下一片片铭文，开始了艰苦卓绝的释译工作。功夫不负有心人。踏着前人的脚步，经过12年的不懈努力和钻研解读，罗林森终于在公元1845年成功破解了其中古波斯文的含义。从此，悬崖上的这种让人不惑的文字终于不再是一个不解之谜了，人们最终了解到它背后那个不为人知的故事。

而在贝希斯敦的摩崖石刻上，记载的正是大流士的丰功伟绩，其中不乏赞扬和溢美之词。铭文全部采用第一人称叙述，其中这样写道：“我，大流士，是个伟大的王，众王之王、波斯之王、诸省之王，叙斯塔斯帕之子，阿尔沙马之孙，阿黑门尼德……按阿胡拉·马兹达的意旨，我是国王。”原来，待江山稳定之后，大流士自感自己功成名就，他踌躇满志，并于公元前520年9月踏上巡查各地之行。在巡查到米底首府爱克巴坦那地区（今伊朗哈马丹一个叫贝希斯敦的小乡村时，他的心情无比豪迈和开心，回想这些年所经历的坎坷，顿时感慨万千，于是命人在村庄旁边的悬崖峭壁上，随即刻下自己这些年来的丰功伟绩，尤其是镇压叛军的经过，以扬名后世。

贝希斯敦摩崖石刻铭文被英军少校罗林森（即楔形文字）成功破译之后，也为人们打开了一扇尘封多年，关于古波斯帝国的记忆，逐渐为世人还原了一幅十分清晰且场面壮观的历史画面。

古波斯灭亡之后，它古老的文明却并没有因此湮没。因为无数的“贝希斯敦铭文”以及那些书写着楔形文字的泥板文书被成功留传下来，因为人类充满智慧。

前伊斯兰时期，古波斯文学少说也得具有上千年的发展史。从流传至今的古籍经文来看，几乎全是用萨珊帕拉维语著作的，根据内容，我们可分为富含哲理的宗教神话、歌功颂德的帝王英雄主义的传说以及劝善惩恶的箴言故事。这些神话、传说和故事，连同波斯古经《阿维斯塔》一起，旨在宣扬琐罗亚斯德教以“善恶二元”论为核心的教义、教法和规仪，它具有浓厚的道德训谕主义色彩，对后世影响尤为深远。

作为祆教的经书——《阿维斯陀》，其已经是具有萌芽状态的诗歌。波斯安息王朝建立之后（公元250年之后），伊朗国内所通行的语言则是中古波斯语，是巴列维的语言（可称为北巴列维语）。萨珊王朝时期（224—651年）通行的是萨珊巴列维语（南巴列维语）。萨珊巴列维语有丰富的文献资料保留下来，包括众多宗教、地理、历史和文学著作。中世纪，波斯语文学也进入鼎盛时期，它的许多作品，我们可以在早期巴列维语文学中看到它的雏形，比如那部已经失传的巴列维语《列王纪》，就是10世纪菲尔多西所创作的史诗《王书》的基本素材。《一千零一夜》也是源于巴列维语故事集《一千个故事》。

阿拉伯哈里发在位时期，伊朗彻底失去了政治上的独立地位，伊斯兰教随即取代伊朗的祆教，成为伊朗人民心中最为主要的宗教信仰。通过阿拉伯文的翻译，伊朗人较前且更为广泛地接触到希腊的哲学和科学著作。波斯诗歌采用了阿拉伯诗的韵律（阿鲁兹），波斯散文吸收了阿拉伯散文中韵文（萨治）的表达方式，这也是这两大民族密切接触后的结果。

7世纪中叶笃信伊斯兰教的阿拉伯人入主波斯，灭了萨珊王朝（226—651年）。推行民族歧视政策的阿拉伯倭马亚王朝（661—750年）统治不足百年，就被以波斯释奴为主要力量的人民起义所推翻。阿巴斯王朝前期（750—847年）诸哈里发汲取以往的经验教训，改而启用波斯显贵，效仿和实行昔日萨珊王朝的行政制度；支持和赞助“百年翻译运动”，全面借鉴吸收波斯、希腊和印度的优秀文化遗产；受“舒欧比”思潮影响，赞同伊斯兰教旗帜下各穆斯林民族一律平等的主张，因而造成阿拉伯帝国范围内各民族文化交流的融合，出现空前繁荣的景象。这当中，以阿拉伯语进行写作的波斯作家和诗人，如伊本·穆加法（724—759年）和阿布·努瓦斯（762—813年）等人，做出了宝贵贡献，前者赢得“阿拉伯艺术散文鼻祖”的美称，后者被誉为“阿拉伯诗歌革新派的代表”。至阿巴斯王朝中期（847—945 年），彼此对立的逊尼派和十叶派相继形成，苏菲派获得发展；此时哈里发大权旁落，各地异族政权纷纷独立，称霸一方，只在形式上承认中央的宗主权。波斯语文学的崛起，正是在伊朗各地方王朝的扶植和赞助下得以实现的。

公元9 世纪，由于伊朗人民的不断起义，以及上层统治集团不断扩大的政治势力，到了公元9 世纪末期，伊朗实际上已经基本独立了，摆脱了阿拉伯人的统治，在各地建立了许多地方政权。

随着伊朗地方政权和王朝的初步建立，这种起源于霍拉桑和阿姆河以北地区的达里波斯语（新波斯，简称波斯语），随即逐渐取代帕拉维语（中波斯语），从而成为伊朗通用的书面语言。萨曼王朝（875—999 年），这个位于伊朗东北部霍拉桑地区，其统治者较其他地方政权的君主更加注重保护文人和提倡文学创作。

9 世纪中叶陆续出现波斯语诗歌创作，并于萨曼王朝时期（874—999 年）形成初步的繁荣局面。鲁达基（850—942 年）是萨曼宫廷诗人的代表人物，他以其丰富的内容、体裁多样的古典格律诗创作，获得“波斯语诗歌之父”的殊荣。他所作的“伽西尔”抒情诗《劝说君主返回布哈拉》，“玛斯纳维”叙事诗《卡里莱与迪木乃》（只残存百余行）等堪称佳作。据传鲁达基还是短小精悍的“鲁拜”和“杜·贝蒂”诗体的创始人。与鲁达基同时代的拉贝埃（生卒年月不详），是波斯诗歌史上第一位女诗人，她的爱情诗感情沛然，流丽纤巧，值得称道。

鲁达基（850—941 年），这位波斯文学史上第一位著名的诗人，就曾是萨曼王朝的宫廷诗人。

鲁达基出生于撒马尔罕（前苏联塔吉克共和国境内）跟他同一时代的波斯诗人仅有数十位。当时世界上有两个诗歌中心：一个位于中亚撒马尔罕和布哈拉地区；另一个在巴尔赫和木鹿。鲁达基精于音律，熟悉民间创作，他的诗在一定程度上表达了人民的感情和愿望。波斯诗歌形式如颂诗、抒情诗、叙事诗和四行诗等，通过鲁达基及同一时代诗人的创作更加趋向定型。因此，后人称鲁达基为“波斯诗歌之父”。

波斯文学史上诗歌因为一人的逝世与另外一人的诞生，而产生交替。正是鲁达基逝世的时候，波斯文学史上最著名的诗人菲尔多西（940—1020）在霍拉桑图斯诞生。他正是史诗《王书》的作者。《王书》的语言使用的正是十分优美流畅的波斯语。当时，阿拉伯语在伊朗甚为流行，但作者有意识地避免使用阿拉伯词语。在菲尔多西创作《王书》之前，萨曼王朝宫廷诗人塔吉基（卒于978 年）曾奉命进行诗体《王书》的创作，但他只完成一千行便去世了。菲尔多西则把他这一千行诗照录在他的《王书》中，以此作为纪念。

长达10万余行的史诗《王书》，以纯正朴实、自然流畅的语言，成功地塑造了鲁斯塔姆的光辉形象。他身披虎皮战袍，手持狼牙大棒，举长弓箭而没有虚发，掷套索可百发百中，胯下的坐骑行走如飞，驰骋疆场，所向披靡。他接连3次过关斩将，保驾救主，先后7次力挽狂澜，捍卫社稷，可谓劳苦功高。不幸的是，这位"盖世英雄"屡遭国王的刁难、诽谤和暗算，以致给他带来莫大的痛苦和灾难：糊里糊涂，他在战场上错手杀害了自己的爱子苏赫拉布；又被迫无奈，将屡获战功的王子埃斯梵迪亚尔举箭射死；最后应验了神鸟大鹏的预言——英雄纷纷倒在同父异母的兄弟设置的陷阱中。鲁斯塔姆及其世家由此而败落，绝不只是个人和家族的不幸，而是整个伊朗民族的悲剧。联系诗人所处的时代，英雄形象的悲剧意义，正在于激起人们的"悲悯和畏惧"，从而避免自相残杀的历史重演。菲尔杜西将呕心沥血30余年写成的《王书》，按惯例献给伽色尼的富厥君主，不但没有得到赞美和奖赏，反而遭到朝廷的追捕和迫害，死后遗体不准葬于穆斯林公墓；然而，千百年来诗人却赢得了广大民众的爱戴。恰如诗人所言："谁若有理智、见识和信念，我死后完全把我热情颂赞。不，我是不死的，我将永生！因为我把语言在大地播种。"

菲尔多西所写的《王书》，反映了当时伊朗人民其民族独立的思想，激励着伊朗人民的爱国主义精神，从而也鼓励着他们一同反抗异族的侵略，继承和发扬伊朗古时文学传统和在创造波斯文学语言等方面都发挥了较为重要的作用。

波斯文学迅速崛起，后来居上，取代阿拉伯文学而占据伊斯兰文学的主导地位。在借鉴和改造阿拉伯诗歌韵律基础上形成的波斯古典格律诗，特点为语言质朴，没有雕琢，叙事简单明了，通俗顺畅，史称"霍拉桑体"，其代表诗人为鲁达基和菲尔杜西。以英雄史诗《王书》的问世为标志，日后逐渐形成表现民族主义和英雄主义的文学潮流，与当时的时代精神相适应，带有一些悲壮和崇高的美学特点。

菲尔多西之后，伽色尼王朝，其中较为著名的诗人分别为昂萨利（卒于1039年）、法罗西（卒于1038年）以及玛努切赫利（卒于1041年）。他们都曾经是宫廷诗人。昂萨利曾被封为"诗人之王"。

这一时期波斯诗歌和散文从内容到形式均发生了极大的变化，与崛起时期迥然不同，赞颂古波斯帝王英雄的诗文创作，数目明显减少。代之而起的是饱含人生哲理，宣扬伦理道德的宗教诗歌和散文著作。特别是神秘主义文学教派——苏非派的兴起，改变了波斯帝国文学乃至整个伊斯兰文学的发展轨迹，使其在宗教与文学的结合上另辟蹊径，并以独树一帜的风格，丰富了世界古典文学的宝库。

霍拉桑地区，其诗人作品的共同特点就是叙事简单明了，用词非常朴实，描写环境和人物的语句不太过铺排，科学名词和阿拉伯词语则较少被载入诗。这种语言风格，在文学史上被称之为“霍拉桑体”。

公元12世纪之后，波斯文化的中心向处迁移。11世纪末，霍拉桑地区诗文创作开始走向衰落，西部以及西南部的创作却呈现繁荣状态。西南诗人的作品与霍拉桑体有着较为明显的迥异差别。他们叙事多用比兴手法，描写更加委婉细腻，阿拉伯词和科学词语入诗，诗歌内容较前丰富，文字典雅含蓄，文学史上称之为“伊拉克体”。它的代表人物有昂瓦里（卒于1187年）、哈冈尼（1126—1198年）和内扎米（1141—1209年）。南方诗人萨迪（1208—1292年）则是伊拉克体的改革者，他的诗文主题思想更为明确，语言也更为平易。

自菲尔多西之后，内扎米是其之后最为优秀的叙事诗人。他是阿塞拜疆人，出生于甘贾（位于前苏联境内）。他个人的代表作品有《五卷诗》，分别为《秘密宝库》（1173—1180年）、《霍斯陆和西琳》（1181年）、《莱伊丽和马季农》（1188年）、《七美人》（又名《七宝宫》，1196年）和《亚历山大故事》（1200年）。

《五卷诗》，作为内扎米最为著名的代表作品，这些作品在中亚及印度等地区享有非常高的声誉，各族诗人都竞相模仿和学习他的作品。

13世纪初蒙古人从东北部开始渗透式入侵，霍拉桑地区则首当其冲，文人纷纷开始内逃，由于文人的内逃导致南方文坛开始活跃。这一时期波斯文学两位伟大的诗人萨迪和哈菲兹（1320—1389年）皆诞生于南方名城设拉子。

《果园》和《蔷薇园》是萨迪的代表作。他的作品充满着深厚的人道主义精神，反映出社会底层人民对封建压迫的不满和憎恶。《蔷薇园》则取得了广泛的世界声誉，成为人们学习波斯语言的教科书，同时在波斯散文发展史上也是一部承先启后的作品。

波斯文学是另外一个让世人啧啧称奇的文化遗产。在中世纪，伊朗文学创作已进入快速发展阶段。有许多使用波斯语写成的著作闻名于世，特别是11世纪初横空出世的伊朗民族史诗《列王纪》（作者为诗人菲尔多西，940—1020年），在当时被广为传抄。伊朗上下喜闻乐见，城乡传唱。后来，还有被世人称为古伊朗民族英雄史诗，祆教圣经的《阿维斯陀》《贝希斯敦铭文》以及《纳克希·鲁斯坦铭文》等著作。

波斯文学中最具有价值的部分，当属诗歌。当时社会中就曾涌现出一批著名的诗人，创作了很多广为传颂的诗篇，不仅为伊朗人民所喜爱，在世界范围内也甚为流传。著名的波斯诗人分别有菲尔多西、海亚姆、萨迪和哈菲兹等，他们的著作已被译成多种文字，在世界文学史上占有重要地位。

### 波斯艺术最完美的表现形式——手织地毯

波斯自古以来，就是一个充满艺术灵感的国度，也是一个杰出工匠辈出的地方。波斯手织的地毯，在伊朗文明发展史上有着不可磨灭的，且十分重要的地位。波斯手织地毯编织技艺已有长达 2500 多年历史，经过一代代的传承与创新，发展至今，已具有一流的图案设计与制作水平，编织地毯的精湛技艺问鼎世界，这是伊朗人民聪明才智以及伊朗悠久历史的深刻体现。公元 7 世纪，中国旅行家玄奘，就曾在他的回忆录中提及波斯手织地毯的编织艺术。

两千多年之前，古丝绸之路就是将象征着中华文明的丝绸、瓷器等传入波斯古国，与此同时也让中国人民开始了解并学习具有波斯文明最高艺术象征的手织地毯编织技艺。手织地毯编织其实是一门较为复杂的手工艺术，每一张手织地毯都体现出波斯艺术家们极度的耐心、毅力以及对艺术的较高品位和个人的创造力，每张高品质的波斯地毯都需要数月或数年的不懈努力去完成。手织地毯是波斯艺术最完美的表现形式。

随着时间的流逝，手织地毯编织业逐渐成为伊朗经济中最为重要的支柱产业，在国家财政外汇收入中，仅次于石油工业的排名，位居第二。但是，由于沿用多年来的一些国家的政策法规却十分不利于伊朗地毯的对外出口。12 平方米以上高档波斯地毯不准随便带出，需要办理一套烦琐的手续，据说这是为了防止国家文物的丢失。伊朗人十分钟爱地毯，他们对于地毯的理解和喜爱，已经远远超出其本身的使用价值，对祖辈传下来的古董地毯更是倍加珍惜，走进伊朗人的家中，一眼望去，挂在墙上的、铺在地上的、箱子里珍藏的全都是地毯。在伊朗要想知道一个人或者一个家庭的富裕程度以及文化修养，往往只需通过他所拥有的地毯一看便知。

波斯地毯织染名城

*1. 伊斯法罕——半个世界（Isfahan）*

古波斯谚语这样说过：伊斯法罕是半个世界。伊斯法罕城，它位于海拔 1 600 米的伊朗高原，它是一座具有深厚历史且富有文化底蕴的文化古城。世界上最好的地毯均来自伊斯法罕。波斯地毯能有今天如此盛名，在很大程度上需要归功于伊斯法罕，伊斯法罕地毯是由宝石般的中心葵、沙哈巴斯棕榈叶、卷曲的树叶、缠绕的藤蔓及花草构成地毯的主要图案，用世界上最好的羊毛——科尔克羊毛，在真丝的经纬线上进行编织，伊斯法罕地毯成为当今世界上最好的波斯地毯当之无愧。

2. 库姆——波斯真丝地毯的故乡（Qum）

纯羊毛的编织手法是波斯地毯一直闻名于世的编织手法，同时，波斯也会出产十分稀少的真丝地毯。库姆地区，正是这种波斯真丝地毯的最著名出产地，这里出产的地毯，拥有独特的图案设计、细致的编织手法，绚丽的色彩搭配，使它当之无愧地成为世界上最好的手织地毯之一。我们所看到的中国丝毯上的精美图案，多源自于库姆。除了真丝地毯之外，库姆地区的羊毛地毯也与伊斯法罕、娜因和塔伯利兹地区的地毯形成三足鼎立之势，共同分享着地毯圣地的圣誉。

3. 娜因——伊斯法罕的近邻（Nain）

娜因城，这个位于伊斯法罕城以东150公里的小城，虽然并不是历史最悠久的地毯编织城市，但同样是一个高质量、高品质的地毯出产地，因为它吸收了邻城伊斯法罕绝大多数的地毯编织技巧，同时融合自身的编织特点。娜因一般是羊毛与真丝合在一起进行编织，用白色的真丝来构绘花纹的轮廓，是它最为典型的特征。丝毛的比例非常协调。

4. 毕扎尔素——波斯铁毯（Bijar）

毕扎尔向来具有“波斯铁毯”的美称，是因为毕扎尔不仅十分漂亮，而且它可称为最坚固耐用的手织地毯。这种地毯，是由生活在伊朗北部毕扎尔的库尔德人编织的。毕扎尔因其毯面厚度大，结构坚固和重量大而闻名，经常有其他产地模仿毕扎尔但都不成功，因为毕扎尔使用独特的湿织架的技术。这种“湿织架技术”，指的是在编织的过程中，通过喷水让打结的羊毛和经纬线都保持湿润，这样会使它们在编织的时候暂时收缩，这样编织的地毯就会十分紧密，而毯子晾干后则会变得更加紧密且十分坚固。而毕扎尔地毯的纹样大多采用连续图案。

5. 塔伯利兹（Tabriz）

塔伯利兹，这个伊朗西北部的高原城市，它是伊朗的第二大城市，也有着“波斯地毯之乡”的美誉，这也是波斯最古老的地毯出产地；它占据着整个波斯地毯产量的最大比例，以传统的纹样为中心，囊括了几乎所有波斯地毯的图案。

塔伯利兹地毯，这是波斯最美丽且最富传奇色彩的地毯之一。大多数情况下塔伯利兹以花草为基本元素、图案中包含着大尺寸的棕榈叶、花瓶、树叶、小花朵以及花园元素等。同时也有着属于自己的独特设计，比如：塔伯利兹的玛黑（Mahi）鱼形图案，被很多鉴赏家认为是波斯地毯中最典雅的设计。

6. 马什哈德（Mashad）

马什哈德城，这个位于伊朗东北部的小城，它承担着科洛桑省和周围部落手织地毯的重要集散中心的地位。马什哈德地毯通常会采用独特的图案设计，包括独特中心葵图案以及大尺寸的边角图案。

7. 科尔曼（Kerman）

科尔曼，是伊朗西南部的沙漠城市，该地区的手织地毯较多采用精美的花草图案，编织和材料都属一流，其图案设计相对偏向保守和正式，传统花草图案流传至今，尤其是形象化的玫瑰图案最为常见。

8. 俾路支（Baluch）

俾路支部落是一个典型的游牧民族，大多生活在马什哈德周围的伊朗东部地区以及东南部波斯湾地区，他们与自家的羊群一起自在地生活。大多数俾路支手织地毯产自于东南边境的西斯坦省和俾路支斯坦省。但也有许多俾路支地毯产自于西北地区和阿富汗之间的科洛桑省。俾路支地毯采用的大多数颜色以暗红、深蓝和浅褐色为主，多使用连续图案、生命树或礼拜图案。

历史上知名的东方手织地毯

1. 最古老的手织地毯（ThePyzyrykCarpet）

世上没有人知道，人类的第一张手织地毯出现在何时、产于何地。因为任何事物都有着属于它的天然寿命，随着时间的流逝和推移，手织地毯自身也会有所损耗且会随着时间而逐渐消失。保养好的高品质手织地毯通常可以较容易地使用几十甚至几百年。

根据历史记载，人类现今保存的最古老、最完好的东方手织地毯是目前保存在俄罗斯圣彼得堡国家文化遗产博物馆的，距今已有2500多年历史的巴泽雷克（Pyzyryk）手织地毯。这块地毯的发现是在1949年，当时俄罗斯考古学家卢登科博士率领考古探险队，在南西伯里亚巴泽雷克山谷挖掘一处2500多年前的阿尔泰王子墓穴时，幸运地发现了这张保存完好的手织地毯。这张地毯当时被保存在一个永冻冰层之中。人们在一个较为合理的推测中，认为当时的盗墓贼曾经访问过这个墓穴，他们盗走了墓中的金银珠宝，却忽略了这张世上最早的地毯，后来雨水灌入墓穴，形成了这个自然保护冰窖。这张手织地毯6尺6英寸见方，编织密度为每平方英寸220个节点，这种编织密度照现今标准一点也不低。图案的设计也相当细致且十分精美，中间的几何图案由小方块组合而成，有着两个主边界：一个边界里有曾经生活在伊朗北部里海地区南端，且早已灭绝的黄斑鹿，而在另一外个边界中有骑在马背上的勇士，这充分显示出2500年前手织地毯编织工艺的高水平，也证明了手织地毯编织是一门古老的艺术。

人类在发现这张手织地毯之前，专家们主要是依靠文献资料来证明历史上某些手织地毯存在的可能性，但是始终无法证实它们的编织方法。这张地毯所用的编织手法是双节点的对称结，这也被叫作土耳其结，这种对称结的打法和当今对称结的打法保持一致。这张地毯的图案设计也能充分说明早期地毯的图案设计是以几何图形为主，包括抽象图案和形象图案。

2. 阿德比尔地毯（TheArdabilCarpet）

现如今，在波斯萨法维王朝之前所生产的手织地毯，至今能够如此完整保存下来的也仅有这一块，它正是“阿德比尔地毯”，这个目前被存放于英国伦敦维多利亚阿尔伯特美术馆。传说由公元1893年一位不知名的英国人从伊朗带回来一对制作于十六世纪的波斯手织地毯，为完整修复其中的一张，而将一对中的另一张地毯牺牲掉了。目前展示在该馆东方展示厅内的就是那张被重新修复过的阿德比尔手织地毯，这个长为38英尺（15.59米），宽为18英尺（5.49米）的地毯，是一张制作于公元1539年较大尺寸的羊毛喀桑手织地毯，在这地毯的毯面最下方织有其制作人的名字以及年代。另一张用于修复而不完整的手织地毯现存于美国洛杉矶州立美术馆。

3. 传说中最大的东方手织地毯

公元531年—公元579年，罗马军队被波斯帝国所征服，并顺势攻占阿拉伯南部地区。为了庆祝这胜利时刻的到来，波斯国王考斯罗一世下令制作一块巨大的地毯，史上称之为“考斯罗的春天毯”。该毯是用羊毛和真丝织成的，并镶嵌有金、银、贵重金属和宝石，尺寸长为400英尺（121.92米），宽为100英尺（30.48米），这是一张十分巨大的地毯。这张罕见的地毯中，采用经典的花园图案进行设计，其寓意是在沙漠地区难得且罕见的绿色植物、流水与花鸟的景象，被使用在塞锡封宫殿巨大的会议厅当中。这张光彩异常的大型地毯，具有重要的政治意义，象征着国王的权力和经济实力。公元651年，波斯人被阿拉伯人击败，阿拉伯人攻占了塞锡封。这张神话般的地毯则被当成他们的战利品而掠夺走，并最终被割成碎块分给打了胜仗的战士们。

即便如此，这张充满传奇且极其富丽堂皇的地毯，在未来的几个世纪中仍然增强了波斯人民的信心，更是激励波斯民族在以后创造出更加辉煌的历史、诗歌和艺术。这张地毯也最终成为后世波斯地毯图案设计灵感的源泉。

## 享有国际声誉的波斯书法

波斯古代书法与中国书法有着许多较为相似之处，同时也有些许不同的地方。在历史上，这个时期中国的文字是象形，波斯的文字则是图形。象形文字更加倾向事物的本身，而图形文字则更加清楚直接地勾勒出舞蹈着的符号。但是不管是在中国还是伊朗，书与画的区别都同样分明。书法的书写和文本是有次序的，从右到左，这一点古代中国和波斯是完全一样的。这里有两幅波斯书法的代表作品，是现代伊朗著名书法大师 S. MohammedEhsaey 的作品。Ehsaey 是伊朗文化部评定的三位当代书法大师之一，他在伊朗地位很高，在国际上也享有盛誉，西方许多博物馆都收藏了他的作品。

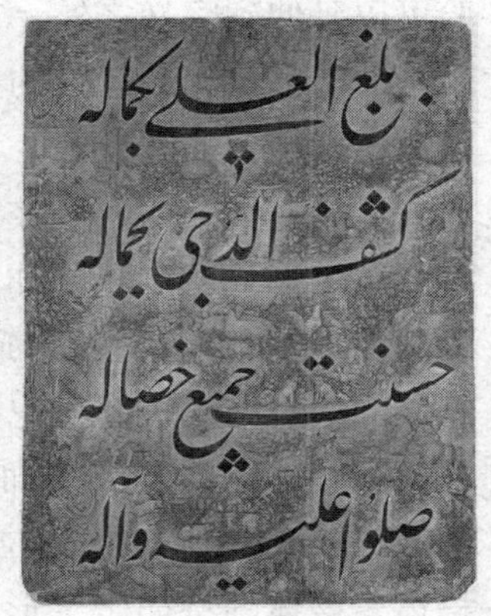

伊斯兰书法

公元 642 年，伴随着“伊斯兰教的征服”，伊斯兰书法被传到伊朗，从此，书法演变成波斯艺术和文化的核心部分，也成为各大王公贵族们的必修课。而伊朗艺术家对书法的关注也催生了两种主要的本风格，Nastaliq 和 Shekastee，这是伊朗艺术家对伊斯兰文化的贡献，也成为伊朗的骄傲。尤其是 . astaliq 风格，几乎可成为伊斯兰书法波斯一脉的标志继承，被人们称之为伊斯兰书法的“波斯新娘”。

除 . astaliq 和 Shekastee 之外，波斯书法还有许多具有特色的书写流派，如：气势磅礴如虹的 Muhaqqaq 风格、丰润华丽的 Rihani 风格以及清秀柔美的 Thuluth 风格。书法因其对书写品质和风格的追求使其自身超出了对原典的记录而成为一门真正意义上的艺术。波斯书法家的笔都属于精心打造，用芦竿按照较为严格的规则制作而成的，被称为“知识花园中的柏树枝”。

跟中国一样，书法在伊朗既被认为是书写者精神的表现，同时也可以看作是穆斯林内心的呈现，如伊斯兰圣哲阿里所说的——是“心灵之纯净中孕育的自然、纯洁的书写过程”。所以每一位伟大的伊斯兰书法家都必须经受长期的修养和灵魂冶炼——要具有圣贤一般纯洁、坚定的心灵。

在当代跨文化的语言环境当中，书法比任何艺术形式都更加要求欣赏者的本分。作为文字的独特反映——表意形态，书法是需要去辨认和解读的。尽管它同时也是“象”，是一个需要人们花功夫去品鉴和欣赏的对象。在跨文化的解读中，书法往往被当作一种图像，字似乎被当作某种事物，可以观察和描绘。然而，书写与文字的关系，以及绘画与物的关系有着些许微妙的不同。正如在最原始的歌唱中那样，音调与辞章二者是共为一体的。歌唱并非是为了表达，而仅仅是在歌唱，在歌唱当中，音调和意义相互焕发。调子决不是手法和简单的媒介，与词义相比，它更加接近歌唱的根本处。

不论是在中国还是在伊朗，书法都能保持着这种非常原始的同一性，这种在文字和书写之间随意转换的现相。人们在书写的过程之中，对文字的经验可以延伸到字义之外，文字的力量便由此而产生。

波斯书法具备超强的造像能力。波斯接受了阿拉伯字母，演化出达里波斯语，即现代的波斯语，自然而然地便对阿拉伯文的书法十分喜爱，并由此将它发扬光大，变成了波斯书法；但又几经创新，业已成为伊朗人民雅俗共赏的艺术形式，广泛地加以推广利用，从寺院、圣殿到街头、路口，无处不见波斯书法的身影。波斯书法起源于阿拉伯文的库法体（角形与直线的结合）。该书法体到14世纪则被人摒弃，被纳斯赫体所取代。

纳斯赫体柔美圆润而趋向自然。波斯书法泰斗米尔·阿里·大不里士（1360—1420年），将阿拉伯的纳斯赫体与波斯的塔里格体合并成为纳斯塔里格体，该体的特征是字形圆润、点线分置、潇洒流畅、婀娜多姿，富有浓郁的生活气息。传说米尔痴迷书法，梦里还常常练习书法。有一次梦见伊玛目阿里劝他，要练好娴熟的书法就必须仔细观察鹅的姿态。从此，他开始细心揣摩鹅的一举一动并开始练习，最终悟出波斯书法的真谛，成为一代大师，其造诣和影响远远超越了波斯的疆界。

另一位波斯书法大师，是萨法维王朝时期的米尔·伊马德·哈萨尼。他天资聪颖、勤奋好学，虚心借鉴诸先贤独特之长，其笔锋将刚劲、沉稳、柔和、清新完美地融为一体，并形成自己独特的风格，一时洛阳纸贵。可惜他与王子的密切关系及书法的成就招来妒忌，最终惨遭谋害。深爱其书法的印度国王吉罕格尔扼腕长叹："如果他们把他交给我的话，我会送给他们与他同样珍贵的珠宝。"当代波斯书法百花齐放，既有属于传统的纳斯塔里格体、沙卡斯提体，也有属于气势磅礴的穆哈嘎格体、丰润典雅的瑞哈尼体和柔美秀丽的苏勒斯体。当代波斯书法大师穆罕默德·伊赫桑归结书法是"心之所见"，书法之人需长期修养、灵魂砺炼，才能具备圣贤般纯洁而又坚韧的心灵。

书法家哈桑·马卡雷米这样总结道，书法是一种将书面文字风格化的艺术，它最初源于对自然的观察。在天人合一的小小动作中，将宇宙的文字转化为曲调，这是生命的演变。波斯书法如同阿拉伯书法，前期的主要功能是书写《古兰经》文。米尔·阿里·大不里士就是用阿拉伯文抄写《古兰经》从而开始自己的书法生涯的。在伊朗，众多圣祠、博物馆、图书馆保存着各式各样版本的《古兰经》，可以欣赏到各种不同版本且规范典雅的阿拉伯文书法。波斯文的书法是在引进和吸收阿拉伯文书法的基础上，进行突破性的改造与创新，归根结底是依照波斯民族性格来诠释书法。从龙飞凤舞的笔画之间渗透出狂放不羁、气冲霄汉的牛劲，从千姿百态的布局中彰显出苏菲主义情趣和不拘一格的求新图变心态。在众多波斯书法的展览中，令观看者无形之中就能获得莫名的奇妙享受。把书法演绎成大自然千奇百怪的生态，或似章鱼捕猎，或如柏枝迎风，或像雁行远去……赏心悦目，自不待言。甚是夺目的是，书写已故领袖霍梅尼的名句“伊斯兰革命是光明之突破”，就像熊熊火焰的图腾，冲上云霄。为了表达对圣贤的崇拜，圣墓、圣祠、清真寺、侯赛尼亚特修道所等建筑，从里到外，由上至下，用各色各体书法装饰，这在其他伊斯兰国家是极为少见的。

库法体

【名称】库法体

【历史】库法，是在公元641年由兵营组成的城市，当时它的文化艺术极为繁荣，且孕育出著名的字体——库法字体，该字体由哈米里体和希里体繁衍而来。9—10世纪演变成为叶状库法体和花状库法体。

【特点】对于纵向的笔画十分强调，且线条十分笔直，棱角也相当分明，它具有朴厚大方的特点，且装饰性极强。

【用处】常用于镌刻金属和石碑，或抄写《古兰经》。

【说明】使用最早、流传最广的书法。

纳斯赫体

【名称】纳斯赫体、誊抄体

【历史】据说，第一任哈里发艾布・伯克尔在位期间，宰德・萨比特，这个穆圣生前的秘书，就是用纳斯赫体书写的《古兰经》，而在10世纪，由伊本・穆格莱进行定型，阿巴斯后期，与库法体一同成为当时最为官方的文字，16世纪在土耳其更是达到登峰造极的地步。

【特点】笔画微小，外形呈现出圆形，直线横竖笔画一样的长，曲画则十分饱满，字母结构非常优雅、美观，布局十分谐调，装饰性很强，且便于记忆和认识。

【用处】誊抄、打印、印刷。

【说明】阿拉伯最早的书法体之一。

三一体

【名称】三一体、三分体、苏勒斯体

【历史】不详

【特点】笔画十分舒展，强调纵向的线条，字体灵活多变，倾向曲线的变化，字体中直线笔画和曲线笔画有固定的比例，直线笔画占三分之一。雍容华贵、粗犷有劲。装饰性的变体则非常多，书写起来有着非常大的难度。

【用处】多用于书名、《古兰经》的抄写，还会出现在标题、条幅、匾额等处。

【说明】该字体被称作“阿拉伯书法之母”，有人称只有擅长三一体的人，才真正称得上书法家。

迪瓦尼体

【名称】迪瓦尼体、公文体、宫廷体

【历史】这个字体诞生于15世纪，它的创始人是易卜拉欣·穆尼夫。这个字体是他经过波斯－土耳其塔里克体演变而来的，后由哈姆杜拉而定型。

【特点】该字体豪放且飘逸，柔软且清秀，字体中运用多种不同的造型，其中较多使用圆弓形，呈流动飞扬的形状，仿佛游龙戏凤般，具有书法与装饰互相协调的整体效果，是一种十分讲究字间行距乃至笔画相结合的字体，聚散十分明显，互相糅合，具有强烈的节奏感，除书写者本人外，恐他人很难认识。

【用处】多用于清真寺宣礼塔、建筑柱头和旗帜上，也可用于签署公文，敕令以及君主书信方面。

【说明】与三一体都是常用的字体。

波斯体

【名称】波斯体，塔里克体

【历史】它是由“菲拉穆兹”体演变而来的，这种字体也是波斯人鲜为人知的阿拉伯书法。而在9世纪时，该书法流行一时，14—15世纪在伊朗得以发展，主要应用于抄写爱情诗和悲剧诗歌。

【特点】曲线淳朴，笔画如同蔷薇，强调纵向的笔画，以牵丝引带连接着一个个字母，竖线较短，横曲线较长，线条流畅且平衡，自上而下向右倾斜，看上去十分优美且潇洒、流畅且自然。

【用处】重要场合、雕刻等

【说明】在伊朗、印度和土耳其等穆斯林中广泛使用。

卢格阿体

【名称】卢格阿体、卢格尔体、小体、行书

【历史】这种字体，最初是作为一种记录文献的手写楷书，流行起来、公元1864年，穆泰兹贝克，这个奥斯曼国王阿卜杜·马吉德的书法教师，以他的书写方式作为最正确的书写规则。

【特点】平淡且朴实，庄重且大方，装饰非常少，十分简洁，便于辨认。

【用途】广泛用于手写。

【说明】是一种最简便、最大众化的书法体。

## 外镶珐琅的首饰艺术

公元前6世纪，居鲁士大帝统一了伊朗各个部落，建立起波斯帝国。聪明且具有智慧的波斯人，“擅长建筑、绘画、制毯等，历史十分悠久，工艺非常精美”。除此之外，自古以来还擅于制陶艺术。元人吴莱诗咏之《大食瓶》，就是同我国瓷器相媲美的“描金彩绘陶器”。数千年来，波斯人所创造的的艺术文化十分璀璨，始终保持着别具一格的民族特性。

而我们中国早在公元前17世纪，大约是在商周时期，就诞生了采用瓷土作胎施高温釉的“青釉瓷器”制作手法，称之为“原始青瓷”，世界瓷艺术的新纪元从此被开辟。几乎同一时期，在不产瓷土的西亚波斯却出现了在金属胎上施低温釉的“烧瓷”技术。这种烧瓷技术是在金银镶嵌工艺基础上发展乃至创新。由于通过低温釉料施用，打破了其原生镶嵌物在色泽、艺术效果上的种种局限性，赋予了古代金银镶嵌艺术更为新鲜的生命力。如今，我们纵观珐琅艺术的发展，此时的烧瓷术无疑又是初始的、萌芽的，我们也可以称其为“原始烧瓷”。尽管如此，可我们不得不承认，正是由于这种“原始烧瓷”，从此便开始了世界珐琅艺术的新纪元，波斯也因此成为珐琅艺术的明珠。

波斯工艺

让你惊讶的是，在法老图坦卡门的墓中的嵌物中竟然出现了古波斯“原始烧瓷”的踪影，多处放射着珐琅镶嵌物的光亮，诸如作为这位少年法老上朝理政的宝座，是一款由木雕镶嵌的座椅，靠背周边的图案皆用珍稀珠玉、珐琅镶嵌而成的；金棺不仅仅以纯金作为主体，同样还镶嵌着大量珍稀的宝石和珐琅玻璃。

这种“原始烧瓷”如今也被称之为“嵌丝外镶珐琅”，“嵌”的意思就是“开张之貌”，欲则意味着“填镶”。据此，我们可以推断其原始烧瓷（或嵌丝处镶珐琅）最重要的工艺就是为铸出釉片，切理成型，镶入嵌槽，即为波西尔在他的《中国美术史》中称的“外镶珐琅”。这同现在称之为“掐丝珐琅”的有着最为根本的区别。如将“嵌丝外镶珐琅”或“外镶珐琅”误认为“掐丝珐琅”，则极易发生概念上的误解，更何况“掐丝珐琅”如今已众所周知地成为景泰蓝的专称、代称、别称。

古波斯的“原始烧瓷时期”，一直延续至公元四五世纪。作为珐琅艺术发展的第二个时期——佛郎嵌时期，我们可以粗略地界定为东罗马帝国（拂菻或佛郎）时期，即公元四世纪至十四世纪。

波斯烧瓷窑，这个被阿拉伯帝国贴上“大食”伊斯兰教标签的波斯工艺，摇身一变成为了“大食窑”，波斯烧瓷的工艺，却在之前被东罗马帝国打上了“佛郎”这个基督教的印记，从而形成了“佛郎嵌”。尽管如此，可这是史实，用“佛郎嵌”来概喻东罗马帝国时期珐琅艺术的面貌却再适宜不过了。

东罗马的拜占廷艺术，是罗马艺术的一种延伸，这种艺术形式以宗教性建筑物作为中心。而拥有这种艺术形式的建筑，其形式与内部镶嵌画装饰相融合的风格构成了拜占廷艺术的最为主要的特色。它把彩色大理石、佛郎嵌（釉片：釉料膏体熔流浇注然后固化，再切割成型）和琉璃的马赛克镶嵌画发挥到了极高的程度。拜占廷镶嵌画中的佛郎嵌的那个部分，不仅是这种古老的波斯烧瓷艺术在基督教建筑物镶嵌画中使用的结果，也是对“原始烧瓷”时期“嵌丝外镶”的革新与发展，更是拜占廷艺术所带有的独具的东方韵味，也正是佛郎嵌时代珐琅艺术的最新标志之一。

拜占廷艺术有着许多特征，但是有一个是不可忽略的，那就是利用很多种手段对当时的基督教及帝王进行过度地崇拜与极度的夸耀之事。在拜占廷犹如纪念碑林的基督教堂的内部镶嵌画中无不充满着各式各样的《圣经》故事和使徒传记。波斯“细密画”在这里为《圣经》之类插图尤为普遍，且工整优美，细润可赏。不仅如此，这种“细密画”的技艺手法与风格也同波斯一样运用到了“佛郎嵌”艺术品上。只不过与伊斯兰化了的波斯在描绘艺术主题上迥然有异，这里多为《圣经》故事及帝王偶像，服务于贵族与宗教的传播，据史料记或载：珐琅工艺主要集中在拜占廷帝国（东罗马帝国）是在公元5—7世纪，而在这一时期内，君士坦丁堡的珐琅技术成为当时金银器物装饰的主流状态，胎丝大多以金银质为主。有史料介绍：目前，斯布鲁克裴狄南德拉姆美术馆收藏着一块珐琅盘，以红、黄、蓝、白、绿色珐琅釉描绘的是亚历山大大帝驾御天马升入天堂的故事。据说这个作品诞生于12世纪前半叶，是两河流域的产物。另外，在我国的南宋（1127—1279年）《负喧杂录》中有这样一段文字：“予得一瓶，以铜为胚胎，付之以革，外为觚棱，彩绘外国人之奇形诡状……。”书中描述的便是，东罗马拜占廷帝国制造的以基督圣徒为纹状样式的金属胎珐琅制品，而这一作品的大致时间是公元11—12

世纪。这也就能够说明，这一阶段，产生“嵌丝描绘珐琅”（或叫“有丝珐琅”）艺术品应该视为无可置疑的事实。这里所说此时的“嵌丝”，不论金银质或是铜质，都应是具有相当规格的圆型丝，这跟“原始烧瓷时期”的“外镶珐琅”之嵌丝有所不同，这也和我国景泰蓝的“扁丝”有着完全不同的差别。十分明显，这是由“嵌丝外镶珐琅”“嵌丝描绘珐琅”和“掐丝珐琅”的加工工艺及艺术效果要求有别所致，如将“嵌丝描绘珐琅”或“有丝珐琅”误认为“掐丝珐琅”，同样非常容易发生理念上的偏差，况且“掐丝珐琅”已经成为景泰蓝的专称。根据这一点，就应该视它为“佛郎嵌时期”珐琅艺术最为重要的标志。这也就标志着珐琅艺术由“佛郎嵌时期”向“现代珐琅时期”演进及转化之趋向。“佛郎嵌”这个名称，虽然反映出东罗马帝国的一个弊端，就是这个基督东正教王国的专政与强权，并带给波斯这个烧瓷术发源地，一种莫名的屈辱和不公平，我们只需要清醒地看待这个问题便可，只不过这都是悠久的历史所留下的一丝丝痕迹而已。但是我们应从这历史痕迹中辨别出其光亮点：古波斯烧瓷艺术，不仅为阿拉伯伊斯兰文化的形成与发展起过十分重要的作用，也为东罗马帝国的拜占廷艺术增色不少。

### 波斯的细密画

细密画（miniature），是波斯艺术中最为重要的门类，一种精细刻画的小型绘画。主要作书籍的插图和封面、扉页徽章、盒子、镜框等物件上和宝石、象牙首饰上的装饰图案。这种绘画方式，多出现在羊皮纸、纸或者一些书籍封面的象牙板或者木板上。而这些绘画的题材较多采用人物肖像、图案或者优美的风景，也会出现一些风俗小故事。多用矿物质颜料，有的竟然用珍珠、蓝宝石磨粉作颜料。

细密画最早出现在两千年前埃及的卷物上。在欧洲中世纪基督教的物件上也曾看到镶有细密画，16 世纪以后，这种画作更是普遍地出现在《圣经》以及祈祷书《古兰经》上，作为其边饰图案。文艺复兴时期的德国画家贺尔开因是杰出的肖像细密画家。是波斯艺术的重要门类，一种十分精细刻画的小型绘画。其主要会在书籍的插图和封面、扉页徽章、盒子、镜框等物件上出现，另外还会在宝石、象牙首饰上当作装饰图案。大多出现在羊皮纸、纸或书籍封面的象牙板或木板上。这类画作的题材较多采用人物肖像、图案或风景，也有风俗故事。多

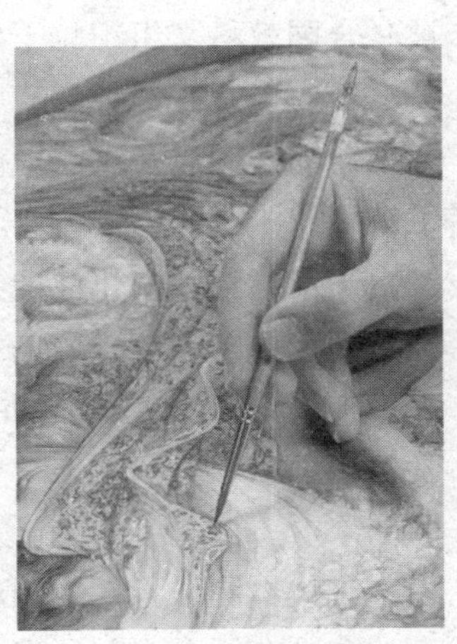

细密画

采用矿物质颜料，甚至以珍珠、蓝宝石磨粉作颜料。

细密画最早是出现在《古兰经》上，是一种边饰图案。它是一种十分精致的小型绘画，一般用来装饰书籍，普遍认为它起源于欧洲的手抄本和小型木板蛋胶画。它最为巅峰的时期是在帖木儿王朝（1369—1500 年），18 世纪后因欧洲殖民者入侵而几乎消亡。

人类在公元前 16 世纪埃及新王朝法老王的陪葬物品中，发现了插图卷物，这也被人们认为是世上最早的细密画。因为能够完整保留下来的古希腊罗马时期的细密画十分稀少。目前能够完好保存的，大多为拜占庭、波斯、加洛林、尼德兰时期的手抄和小型木板蛋胶画。

公元 1433 年，尼德兰林堡兄弟所创作的 10 幅《祈祷文插图》尤为著名，它用十分罕见且珍贵的颜料画在羊皮纸上，其作品十分精美。

波斯细密画同样盛名在外，它最为鼎盛的时期分别为阿尔－卡尼德、萨非以及后萨非这三大时期，而这每个时期内又被分为各种不同的派别。有一支十分庞大的细密画队伍，在 14—16 世纪非常活跃，宫廷乃至贵族圈当中无不广为流传，它代表伊朗美术的一个高峰。细密画是为少数人服务的艺术，并未在民间流行，本质上这是一种贵族艺术，中世纪的欧洲上层社会和波斯伊斯兰教哈里发的宫廷当中，他们将细密画当作珍品，而被人们之间互相赠送、收藏与赏玩。而进行细密画创作的画师多数聚集在宫廷之中。由于活字印刷术和照相技术的发明与普及，细密画形式也逐渐消失，但细密画的艺术风格仍对现代的艺术继续产生着影响。

奥斯坦·穆罕默德·法尔希奇扬，一位伊朗细密画代表人物，他 1930 年出生于伊朗的伊斯法罕，是伊朗非常著名的绘画大师伊玛米的学生。他对诗歌有着异于常人的天赋及灵感，并成功地将其运用到他自己的作品当中。他被联合国教科文组织总干事马约尔赞誉是“一位属于全人类的画家”。

历史上，穆斯林一直十分重视文字与书籍，因此，在伊斯兰艺术中，装饰书籍的插图以及书法就会显得非常重要。虽然，穆斯林从 10 世纪起就开始了解了印刷术，但是对于守旧的他们而言，一直在固守着对手抄本的偏爱；又由于伊斯兰教禁止偶像崇拜，《古兰经》里是不会配有插图的，所以大量装饰封面和插图就会频繁亮相在供上层权贵和富裕民众消遣的读物以及欣赏的手抄本书籍当中。这些插图一般描绘着非宗教的波斯或印度的寓言、传说、爱情诗篇以及一些帝王、英雄的传记，能够塑造出丰富多样的动物以及人物的形象。

时代不同，人们绘画地点的选择也会不同，它们有的会画在羊皮纸上面、有的会画在纸上面，还有的会画在书籍封面的象牙板或者木板上面，形式各不一样。它们大多采用矿物质颜料进行创作，还有的甚至把珍珠、蓝宝石研磨成粉当颜料。埃及新王朝（公元前16世纪）法老陪葬品中曾发现过插图卷物，人们认为这是最早的细密画。而随后在希腊和罗马，细密画曾广泛流行起来，但能够保存下来的实物却极为少见。目前，全世界各国的博物馆、图书馆、私人所收藏的细密画，大部分都是拜占庭、波斯、加洛林、奥托、尼德兰的手抄和小型木板蛋胶画。

在波斯文化影响范围之内，13—17世纪，发展起来的波斯细密画，都是伊斯兰细密画的代表作品。如果要追溯细密画的历史渊源，我们可以一直延伸至公元3—7世纪波斯帝国的萨珊王朝时期。萨珊波斯艺术中用自然主义手法描绘动物形象和变形手法创作装饰及抽象图案的双重倾向，也被看作是波斯细密画的优良传统而保持了下来。细密画发展过程中会受到多方画派的影响，受西方和中国绘画的影响最大，这些因素被波斯文化同化且吸收之后，形成了不同的阶段与流派。波斯细密画追求的是那种平面空间的视觉享受，运用阿拉伯几何和植物纹饰，并结合了中国的传统山水画技法，极具装饰性，也营造出一种别样的“精神启示的氛围”。在空间的表现上，细密画绝不会拘泥于焦点透视，它们讲究的是突出平面的超自然构图，艺术家的想象力得到充分的施展。

《星座图说》，是一部流传于世最古老的阿拉伯语插图写本，这也是一部天文学著作，这本书最终成稿于10世纪末到11世纪初，其作者叫作苏菲。书中将所有星座描绘为人物的形象，该书多半是在模仿拜占庭的作品画风。真正的波斯细密画开始于12世纪的阿拔斯王朝。在阿拔斯王朝和赛尔柱王朝统治时期的摩苏尔和巴格达，这是最早的细密画中心地区，当时出现了一个属于巴格达的画派，而且十分重要的一点是，当时细密画受到了社会各个阶层都特别是统治阶层的钟爱和鼎立支持。最初的插图本均为一些学术论文，后来插图也被用于故事和寓言的书籍中，从而为细密画的发展提供了更广阔的天地。传世有《解毒药典》、《卡里莱和迪木奈》，

伊朗细密画

还有来自哈里利的《麦卡麦》和《乐书》等少数几部作品。以哈里利的《麦卡麦》一书为例，又被称为《哈里利集会诗》。"麦卡麦"指的则是在阿拉伯叙事诗中一种有押韵的散文诗体的文学形式，作者哈里利是阿拉伯诗人、语言学家，他曾经当过伊拉克巴斯拉城的警察首脑，深入体察过当时的社会现实，在他的作品中，我们可以看到社会各阶层的奇闻逸事都被他淋漓尽致地展现出来。《麦卡麦》这部作品所涉及的人物可以从王侯到乞丐、从工匠到学者，地域上几乎涵盖了整个伊斯兰地区，而它的内容之丰富也吸引了无数艺术家前来大显身手。《麦卡麦》成书于公元1237年，现存有圣彼得堡图书馆和巴黎国立图书馆的两个版本的藏书。书中插图作者一方面吸取拜占庭的美术样式；另外一方面他又非常熟练地掌握了萨珊波斯的细密画的技法，因此形成了自己的独特风格。他对于骑骆驼的商队的刻画以及在结婚行列中的人物的把握，均具有丰富的表情和鲜明的个性，对动物的刻画则在写实之外不乏漫画风趣。巴格达画派受到外来艺术以及当地传统的双重熏陶和影响，他们的艺术感觉更加接近阿拉伯和拜占庭的绘画，他们所作绘画作品中，人物脸形都为椭圆形，胡须则大多连着鬓，人物多展现出粗犷状态，看上去十分有生气，后期波斯细密画中人物多以文弱和秀丽为主，两者形成了极为强烈的对比。《麦卡麦》插图画就是巴格达画派的代表作品。

13世纪蒙古人攻占巴格达以后，在巴格达和大不里士等地区，就陆续出现了一批细密画作品，而这种作品融合波斯风格与中国画画风；15世纪帖木儿王朝时期，波斯细密画再一次得到发展，以赫拉特、撒马尔罕为中心发展壮大起来，为萨非王朝时期细密画的大繁荣做了铺垫。萨非王朝（1502—1736年）于15世纪初兴起于阿塞拜疆的东北部地区，后来就逐渐开始统领伊朗，并成为奥斯曼帝国争霸欧亚大陆时期，唯一能与之抗衡的一股势力。其第一任国王伊斯玛尔于公元1501年登基，建都大不里士，他政治上联合埃及马木路克王朝对抗奥斯曼土耳其人的威胁，宗教上则推崇伊斯兰教什叶派为正统。伊斯玛尔擅于征战，同时也十分热衷于艺术文化，他尤其是对中亚和波斯的文化传统有着深深的敬意。大不里士作为蒙古人伊儿汗王朝的都城，具有十分丰厚的文化底蕴，伊斯玛尔将它进一步发展成为当时的文化艺术中心，而最突出的代表了绘画成就的则是一位伟大的画家毕扎德和他带领下的大不里士画派。

萨非细密画之所以如此繁荣，与其具有一批杰出的画家和具有影响力的画派是密不可分的。毕扎德作为大不里士画派的奠基人，原本是帖木儿王朝末代苏丹的宫廷画师，在伊斯玛尔占领赫拉特城后，毕扎德与该城的诗人、音乐家一起来到大不里士，担任了萨非王朝的宫廷画师和皇家图书馆馆长。

在流传于世的手抄本插图中，甚至有一些毕扎德亲笔签名的作品，如萨迪的《果园》中的插图，该图线条十分细密，在着色方面也十分讲究，丰富且典雅，人物服饰、表情及动态则刻画的十分生动，有的画面还配有十分规整的装饰性的纹样。又例如作品《优素福从佐莱哈闺房中逃走》，人物被安排在回廊式建筑的一隅，构图奇特，色彩金碧辉煌。毕扎德对大不里士宫廷最大的贡献莫过于其主持且描绘了菲杜希的大型民族史诗《列王传》。作为菲杜希（941—1020）的代表作品，《列王传》结构非常宏大，人物也十分众多，从开天辟地、文明伊始到伊朗萨珊王朝被信仰伊斯兰教的阿拉伯人所灭，贯穿上下四千余年，历经五十位国王的统治，书中再现了各个历史阶段伊朗人民的生活劳作、社会斗争以及精神风貌，被认为是古波斯人政治、精神、文化的百科全书。全书可分为三大部分，分别讲述波斯远古的神话传说、英雄故事以及中古时期的历史大事记。公元1010年该书问世以来，曾在民间广为流传。伊斯玛尔称王之后，为了借鉴前史，永固王业，特别命毕扎德主持《列王传》的抄绘。该书完成之后，成为当时宫廷藏书中装帧最为豪华的藏本。毕扎德也借机搜罗各地有造诣之人才，以培养学生为由，由此他门下出了一批十分有成就的画家，如阿卡·米拉克、米尔扎·阿里、米尔·赛义德·阿里等人，他们成了大不里士画派的中坚。公元1539—1543年，该期间宫廷组织绘画的豪华插图本尼扎米的《五卷诗》，大不里士派很多画家都成为其中的主力军。

塔赫玛斯普作为伊斯玛尔的继承人，是一个疏于政治却勤于艺术的统治者。他自幼成长于富有艺术氛围的赫拉特城，在加兹温继承王位。塔赫玛斯普统治的五十二年中，也是萨非王朝细密画的黄金时期。这时的绘画将早期大不里士派粗放的风格与赫拉特画派的优雅相调和，出现了一批十分优秀且有许多杰出作品的画家。苏旦·穆汉默德，这个塔赫玛斯普时期的宫廷画师，无疑成为了当时画坛的魁首。他先是塔赫玛斯普的绘画恩师，又在毕扎德之后出任加兹温皇家图书馆的馆长，除负责图书和绘画之外，还监管皇家的织造。苏旦的绘画最初受到毕扎德一派画风的影响，后来逐渐变化形成了自己的独特风格，精细典雅且富有装饰意味。他的代表作品——《情人》，当中就描绘了一对男女恋人，十分优雅的

加兹温画派

色调、精细秀美的风景和装饰化的处理，呈现出一种唯美的情调。苏旦·穆汉默德的艺术影响到了整个加兹温宫廷的趣味。在他倡导下，一批著名的波斯诗集都配上了精美插图，一批优秀的画家集合在他的周围，从而形成加兹温画派，直至他离开人世，绘画局面都兴盛不衰。

随着苏旦·穆汉默德的离世，加兹温画派便很快走向下坡路，塔赫玛斯普也从而放弃了对艺术的那种热情，成为一个离群独居的禁欲主义者。但是，江山代有才人出，各领风骚数百年，一位新的艺术保护人出现了，他就是治理马什哈德的苏丹易卜拉欣·米尔扎。他极力赞助文艺，扶植画家，马什哈德于是成了艺术家新的聚集地。公元1556年，他赞助波斯著名苏非派诗人贾米（Jami，1444—1492）完成了其代表作品《七宝座》的绘制。这部诗集是贾米仿照尼扎米的《五卷诗》而撰写成的，书中并不缺乏讽喻现实、歌颂生活和赞美爱情的优美诗句。《七宝座》的绘制成为萨非艺术史上的一件盛事。

塔赫玛斯普去世之后，在十余年的王位争夺斗争中，萨非细密画艺术一度呈现停滞状态。公元1587年“阿拔斯大帝”登上帝位，他将都城迁往伊斯法罕，采取中央集权制。在他统治的43年，国力达到鼎盛，伊斯法罕成为政治、经济和文化的中心。这时细密画也出现了开始复兴的痕迹。但是从流传于世的作品来看，伊斯法罕时期的作品，则是过分地在追求优雅感，笔风十分柔弱，人物造型也有媚而无骨之感，因此有着“波斯的样式主义”之称。伊斯法罕画派最有代表性的人物是雷扎·阿拔斯，其作品如《贾汗吉尔的相逢》《年轻的司酒官》等都给人清雅的视觉效果。雷扎·阿拔斯，他最为主要的活动是在当时的宫廷之内，其画风也影响了当时的一代人。阿拔斯大帝之后的萨非王朝，是在与土耳其人的征战中开始接触到了西方文明，尤其深受意大利文艺复兴时期艺术的吸引和影响，以后的细密画发展加入了西法的改良意识。这虽然在一段时间内使萨非细密画呈现出新鲜的感觉，却不可挽回细密画的颓废之势，曾经一度辉煌的波斯细密画终将退出历史舞台。但是作为艺术灵魂的延续，波斯细密画的风格则被印度莫卧儿王朝（1526—1858年）所传承下来，从而发展成为又一个细密画的盛世。

## 第三篇

# 印度辉煌史的开启者——莫卧儿

# 第一章　莫卧儿帝国

## 蒙古后裔统治下的印度

印度北部紧邻喜马拉雅山山脉，地势险恶，极难跨越。而东西两边也被山脉包围，与外界几乎隔离。而南印度则是一个被印度洋半包围的大半岛，东为孟加拉湾，西邻阿拉伯海。于是当时的印度，除了西北部可与中亚连通外，印度与外界几乎不可能接触。

而印度的居民像她的地势一样，复杂混乱。最早居住的土著居民达罗毗荼人在印度历史中占有很重要的地位，后来的雅利安人从西北部入侵印度河流域，随后，马其顿人、贵霜人、匈奴人、波斯人、土耳其人、阿拉伯人及其他外族人接踵而来，不断入侵和迁徙的过程中，就形成了印度民族复杂的现象。

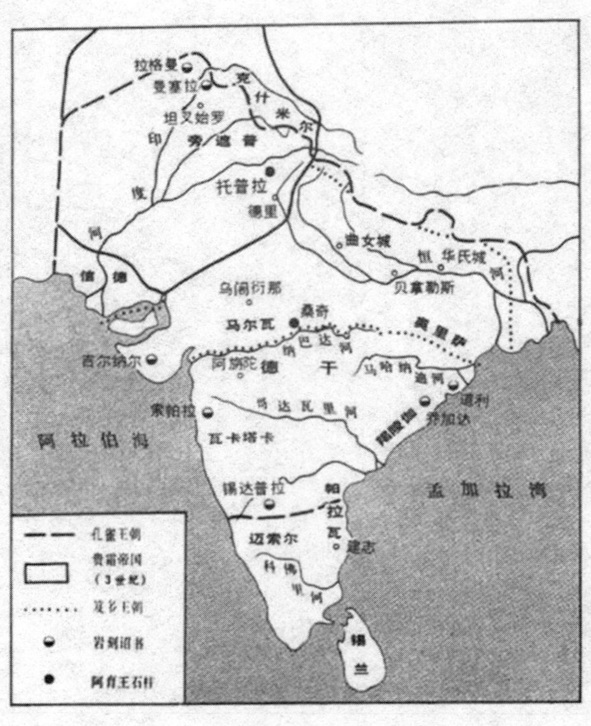

古印度全盛时期的疆域

恒河自喜马拉雅山起，流经被孟加拉湾、阿拉伯海和印度洋环抱的亚洲半岛，不仅滋润了这一方水土，更孕育了一片灿烂的文明，当之无愧成为这一个国度的“圣河”，而这个幸运的国度就是世界四大文明古国之一——印度。

印度不仅仅是一个具有悠久历史的文明古国，她古老的传统文化更具有强大的同化力。早期入侵印度的众多外族人，从希腊人到塞种人，再到白匈奴人，尽管他们通过强大的军事力量在政权上取得了胜利，但在文化上却不得不屈服于土著文明。

然而，信奉伊斯兰教的穆斯林征服者们并没有被这古老的文化所同化。尽管印度教与伊斯兰教之间存在着明显的差异，但强大的土著文化却未能将外来的伊斯兰文明同化。而同时，具有历史传承的印度教也十分强大，并没有被伊斯兰教国家所消灭。于是，这两种具有不同文化却有着相同的强大生命力的教派在印度的土地上并存并流传开来。

伊斯兰对印度的真正征服始于十一世纪，以中亚的突厥人对印度的进攻为起点。位于阿富汗东南部的伽色尼王朝（1001—1026 年）的苏丹马茂德（999—1030）先后入侵印度 15 次以上，对北印度造成了严重的破坏，但是马德茂的远征以掠夺财物为目的，并未在印度建立其统治。

原为伽色尼王朝藩属的古尔王公于公元 1173 年建立了古尔王朝。古尔王朝不断向印度扩张，并征服印度北、中、东部。公元 1206 年，古尔王朝的苏丹穆罕默德遇刺身死，其国家分裂。而统治印度的总督（穆罕默德的一位部将，名叫顾特布－乌德－丁·艾贝克）以德里为中心独立，故称德里苏丹国家，开始了德里苏丹王朝（1206—1526）时代。

伽色尼突厥近卫军

德里苏丹国，这个由来自阿富汗的突厥人建立的穆斯林政权，先后经历了五个王朝的统治：奴隶王朝、卡尔吉王朝、图格鲁克王朝、赛义德王朝和罗第王朝。不过，德里苏丹国并非统一了整个印度，只是北印度最大的王国，南印度几乎从未进入苏丹政权的版图。

在德里苏丹国统治时期，来自印度的穆斯林文化有了空前的发展。许多苏丹都实行了相对宽松的宗教政策，只是对非穆斯林居民征收人头税，除此之外，并没有压榨和迫害这些非穆斯林居民。

而闻名世界的伊斯兰式的宏伟建筑也是在当时的印度建立起来的，这一时期所形成的建筑风格有时被称为德里风格。

值得一提的是乌尔都语就是在苏丹时代产生的，除此之外，在罗第王朝末期出现了锡克教。

在德里苏丹国时期，印度的大多数地区受到了外来的伊斯兰教文化的冲击，其中唯有维查耶那加尔王国始终保持着印度古老的宗教和文化传统，继续以印度教维护了它的统治地位，梵语以及泰卢固语、泰米尔语经久不衰，种姓制度和农村公社与古代相比变化甚微。

然而突厥人也为印度带来了不好的制度，即在宫廷和贵胄之家中流行的奴隶制。

公元1565年，位于德干高原北部的伊斯兰教政权（其中包括比达尔、高康达、亚马那加和俾查浦尔四个苏丹）联合起来，在塔利科塔战役中击败了维查耶那加尔王国的军队。也正是由于这次战役，维查耶那加尔王国遭到毁灭性的一击，从此一蹶不振。

随着维查耶那加尔王国的日渐衰落，印度教最终丧失了在南部复兴的机会。正是这个原因，使得德里苏丹国成为了印度历史上第一个信奉伊斯兰教的国家。信仰的分歧也为日后的内部争端直至导致后来的莫卧儿人征服德干高原敞开了大门。

尽管德里当时已经取得了政权，而北印度的拉其普特人依然有着强大的力量，对于德里苏丹国仍然是极大的威胁。除此之外，困扰德里苏丹国的两大问题主要是内部叛乱和外敌入侵。

纵览整个德里苏丹国时期，王室内的讧乱和反叛几乎没有间断过，在全国范围内，各地的敌对势力从来不曾放弃过对政治权力的争夺。而在这个时期，几个著名的苏丹都曾经出面镇压过国内大规模的叛乱和反叛。而外敌的入侵最初主要是来自蒙古人，后期是中亚的征服者帖木儿。正是帖木儿所领导的强大入侵使得本来就已摇摇欲坠的苏丹政权彻底崩溃。帖木儿撤离之后不久，德里苏丹国就面临解体的命运，自此后，各地独立王国林立，虽然苏丹称号依然还存在，但他们的权力几乎只限于德里和旁遮普。

十五世纪初期，罗迪王朝爆发了一次皇室内乱，而身为帖木儿帝国统治者的后裔——巴布尔看到了机会，乘机入侵。当时的巴布尔有大军两万人，他率领这支军队进攻了德里苏丹国，而德里国的苏丹则亲率4万多大军迎战，两军几番交战后，巴布尔取得了战争的胜利，德里国的苏丹战死。几年之后，蒙古后裔巴布尔占领了德里苏丹。在印度历史上走过了三百多年的德里苏丹王朝就此陨落，而印度，从此进入了莫卧儿帝国的统治时期，开始了新的辉煌。

莫卧儿在波斯语中是蒙古的意思，由于帝国的官方语言是波斯语，由此说来，莫卧儿帝国其实就是蒙古帝国，也就是帖木儿蒙古帝国的延续，是突厥化的伊斯兰教蒙古人在南亚次大陆上新建的国家，同时它又是伊斯兰教文化与印度教文化的交汇点。统治了331年之久的莫卧儿帝国在公元1857年被英国殖民者侵入，由此告别了历史的舞台。

## 莫卧儿帝国的诞生

莫卧儿帝国在印度持续了三百年之久的统治，是印度历史上版图最为广阔的一个帝国，她在印度历史上占有极其重要的地位。她的诞生更像是一部传奇。

第一章的内容中提到，莫卧儿帝国的创立者是伟大的领导者巴布尔。巴布尔的父亲是帖木儿的第四代孙子，大宛的统治者阿米尔。他的母亲则是成吉思汗的次子察合台汗国汗王的直系后裔。公元 1494 年，巴布尔在父亲去世后继承了拔汗那的统治权，并且信奉伊斯兰教。他本身具有突厥血统，为了标榜蒙古征服者的显赫战功，他自称为莫卧儿。

巴布尔所统治的拔汗那，是一个中亚古国，在锡尔河中游谷地，是今天的吉尔吉斯斯坦费尔干纳地区，汉代称大宛。

撒马尔罕是中亚地区的历史名城，也是伊斯兰学术中心，如今是撒马尔罕州的首府，乌兹别克斯坦的旧都，是第二大城市。在乌兹别克语中，“撒马尔罕”的意思是“肥沃的土地”。

撒马尔罕在十四世纪时为帖木儿帝国国都，这里也是帖木儿陵墓的遗址所在地，清真寺也是著名地标之一，雷吉斯坦广场则是市区古老的中心。

年轻时期的巴布尔

这座象征了帖木儿王朝昔日权力和荣耀的城市深深吸引着野心勃勃的巴布尔。

几度征战之后，巴布尔攻占了撒马尔罕，然而因拔汗那内部发生了叛乱，他不得不撤离撒马尔罕，从占领到撤离，期间共一百余天。在他的撤退途中，拔汗那已经丢失。此后一年中，他成了无家可归的流浪者，只能四处漂泊。公元 1500 年，他再次占领撒马尔罕，但在次年被乌兹别克人驱逐了出去，又一次变成无国之君。

在经过了多次辗转和征战之后，他于公元 1504 年 10 月占领了喀布尔。公元 1507 年，他得到了“帕德杪”的称号，即波斯语“大王”之意，同时他取得了对帖木儿汗国诸王公的领导权。他对喀布尔进行重新组织，使之成为攻城掠地的根据地，这也成为他一生事业的转折点。

侵略成性的巴布尔，在完成了他在喀布尔的统治后，把侵略目标转向南方和东方，迫不及待地想要进行新的扩张。很快，如一盘散沙的德里苏丹王国就成为巴布尔理所应当的猎取物了。巴布尔对德里苏丹国的入侵，给印度历史带来了新的变化。

公元1518年，巴布尔率领莫卧儿军队通过开伯尔山口攻占了巴焦尔，接着向杰卢姆河畔进军。在进军过程中他采取了谨慎又狡猾的态度。与之前的侵略者不同，他把该地居民视为自己的臣民，因为他的祖先帖木儿曾经征服过这里；同时他还采取了外交上的怀柔政策，派出使节与德里苏丹王国的统治者伊卜拉欣劳迪和旁遮普的总督道拉特汗进行了谈判。

巴布尔利用这些统治者之间的矛盾，坐收渔翁之利。他深知阿富汗统治阶级内部不和，借支持道拉特汗之机，打击伊卜拉欣。后又将道拉特汗的领地，擅自给予他的儿子，制造父子不和，最终道拉特汗的儿子阿拉姆汗逃往喀布尔，投顺了巴布尔。

经过了几年的备战，巴布尔于公元1525年12月初，率领一支装备精良的军队向印度斯坦进军，一举击败了道拉特汗。道拉特汗因投降而幸免于难。公元1526年2月26日，巴布尔的长子胡马雍击溃了伊卜拉欣的一支前锋部队。巴布尔率部队于公元1526年4月12日到达了德里北部的帕尼帕特，在此发动了著名的帕尼帕特战投。

两军对峙了一个多星期之后，巴布尔以小股部队突击骚扰，迫使伊卜拉欣离开阵地发动进攻，这时，巴布尔再借机歼灭敌军。傲愤自负的伊卜拉欣，终于因激怒而上了圈套。他按捺不住怒气，终于向巴布尔精心部署和严密防卫的军队发动了正面进攻。巴布尔有意让出一段狭小的正面阵地，因为众多的军队拥到这里肯定会施展不开，这样能够抵销德里军队在数量上的优势。伊卜拉欣的军队在行进中遇到阻击，阵形大乱，拥挤成混乱的一团，这时遭受到对面配备着大炮、火枪和弓箭的莫卧儿军队的袭击。同时，巴布尔军队的两翼又迂回袭击了德里军队的后卫，进行包抄合击。战斗进行到中午，德里军队就已经全部被击溃了，巴布尔的军队继续乘胜追击。

这次战役使德里苏丹国军队阵亡了四五万人，成群的战象和其他军品被莫卧儿军队缴获。伊卜拉欣在这次战役中战死，他的头颅被割下来，作为战利品呈给了巴布尔。

帕尼帕特战役具有重大的意义，它是莫卧儿在印度建立统治的标志，巴布尔随即向德里进军。

公元1526年4月，德里苏丹王国终于在巴布尔的攻击下屈服了。巴布尔坐上了梦寐以求的德里的皇位，建立了莫卧儿帝国。在占领德里的同时他获得了旁遮普省，并派兵向其他地区进军。巴布尔以占领的土地大小对部下进行封赏。在帕尼帕特战役后的八个月内，巴布尔的势力由阿托克扩张到了比哈尔，木尔坦也并入到了他的版图。在南部，巴布尔的领土扩张到了卡尔皮和瓜廖尔。

帕尼帕特历来是决定印度命运的地方。这是由于如果德里的军队没在开伯尔将从北面入侵的敌人堵住的话，那么，萨特里日河和朱木拿河之间的开阔平原（即帕尼帕特所在地）就自然成为决战的地点。一旦敌军攻破此地，他们即可长驱直入进入德里。

巴布尔深知这一地点的重要性，虽然他在军队人数上不敌德里，处于劣势，但他有着坚强的性格和沙场宿将的经验，面对他的敌人伊卜拉欣，则如巴布尔本人所说："他是一个没有经验的人，行动粗心大意，前进时没有秩序，驻军或撤退时没有规划，而在作战时又没有深谋远虑的布置。"由此可见，这场战役，巴布尔有着相当大的信心。

正如巴布尔所预料的那样，伊卜拉欣自负拥有大军，以为只要把他的象队派到战场之上，便可踏平蒙古军的这支名不见经传的小小队伍。而巴布尔深谋远虑，精心部署，命令军队北据帕尼帕特城堡，南据挖掘好的一道道战壕之中，排放许多砍倒的树木，并分兵防守，防备敌人的侧击。在城堡和战壕之间，向西布置好主力阵地，派他的长子胡马雍率领右翼，米尔柴率领左翼，他自己则统帅中军。此外，巴布尔用一排战车加强了脆弱的前线，把敌人牵制在一道漫长的防线上，以便他向两翼进军。

第一次帕尼帕特战役

那时候火药和大炮都还没有传到印度，印度人还是用弓箭刀枪厮杀，而巴布尔军中却早已暗暗购进了大炮。伊卜拉欣带领大军缓缓地向帕尼帕特前进，对巴布尔军中的大炮一无所知，他自己和他的将领们甚至连大炮这个名字都未听说过，他和军队在到达帕尼帕特之后马上就驻扎休息了。

第二天早晨，太阳已从东方缓缓升起，伊卜拉欣见巴布尔方面毫无动静，便用象队打头阵，后面跟着大部队，向巴布尔阵地猛扑过来。巴布尔的军队并不出来迎战，只等敌人的前锋到达射程之内以后，才命令炮手一齐开炮。

“轰！轰!”

一阵雷鸣般的炮声划过长空。烟雾起处，只见伊卜拉欣的象队纷纷倒下。那些受了伤、受惊的象队，回身便向自己军队的方向奔逃，反而把自己的队伍冲散了，并将军队人员踏伤。伊卜拉欣的军队顿时乱作一团。巴布尔趁机命令左右翼向敌人后方包抄，自己则指挥中军踏过炮兵阵地，向前冲杀。

一场鏖战持续了三个多时辰，到了中午时分，已经决定出了胜负。伊卜拉欣的军队死伤过半，遍地的死尸中间也躺着伊卜拉欣自己的尸体，其余的部队不是被俘，便是逃散。英勇善战的巴布尔乘胜追击，采取了骑兵协同炮队作战的策略，两翼包抄敌军后方，一举歼灭印度大军，取得了第一次帕尼帕特战役的胜利。在印度的历史上，帕尼帕特是第一次大战，也是印度战争史上第一次使用大炮的战争。

第一次帕尼帕特战役为莫卧儿帝国的建立奠定了基础。

帕尼帕特战役刚刚结束，巴布尔乘胜追击，当天便派长子胡马雍领兵进袭亚格拉，另派先锋部队进取德里城。巴布尔自己则在朱木拿河休息了一会儿，一路上游览名胜古迹，然后挺进德里城，登上了他早已梦寐以求的皇帝宝座。

4 月 27 日，在德里大清真寺的礼拜仪式上，巴布尔宣布为“印度斯坦皇帝”，结束了德里苏丹国在印度 320 年的统治。

## 帝国初建期的扩张

巴布尔进攻德里的行为的的确确是一个征服者和侵略者，但他和他的继承人，从来都不把自己当作外来的贵人高居人民之上，而是把印度当作自己的祖国来治理。

当巴布尔的军队进人德里城时，老百姓听说帖木儿的子孙杀来了，他们都异常惊恐。但巴布尔的军队并未杀人放火。巴布尔进城后，仍然重用德里苏丹国洛提王朝的臣子们帮他做事，还派人保护伊卜拉欣的母亲，让她继续住在王宫。一系列的行为，让全德里的人都安下心来，渐渐觉得巴布尔与洛提王朝的国君相比，更加的体恤民情，百姓们都心悦诚服地拥护他了。

印度虽然有着古老而悠久的文化，却没有中亚的良马、驯狗、花园、清泉、葡萄和甜瓜，而且天气酷热，部下都觉得不如阿富汗舒服，闹着要撤回凉爽的阿富汗，巴布尔提供给他们非常优厚的待遇，让他们同享荣华富贵，而坚持要回去的也不勉强，立即遣送回去。

巴布尔在他的《回忆录》中描写了当时印度的情形："居民害怕莫卧儿军，纷纷逃避；同时乡间盗匪蜂起，加以热风为灾，死亡者很多。不但粮食奇缺，即使饲料亦难供应。"，"此地既无良马又无驯狗；既无葡萄又无甜瓜；既无凉水又无好面包；既无蜡烛又无热水浴。住宅内不见花园和流水；房屋也欠整齐和美观。但印度斯坦毕竟是一个大国，有成堆的金银、有成千上万的石匠和其他手工艺者。我们雇用了1 400多石匠正在亚格拉、西克里、瓜廖尔等处兴建大厦和花园"。由此可见，巴布尔决心要把印度打造成属于自己的旷世帝国。

巴布尔召集了全体将士，向他们说明无土地、无财富就不能称雄于世界的道理；并说明了既然已经牺牲了不少性命来冒险进据印度斯坦，就要继续扩大战果，出征北印度各地，没有必要效法帖木儿，班师退回喀布尔。

他还派人到喀布尔把自己的爱妻月光夫人和留在喀布尔的儿女们都接到印度来。这样，稳定了军心，他的部下有许多人都愿意留下来，而且他过去统治的地方不少人也投奔到他的麾下。

摧毁德里苏丹国后，巴布尔并不能高枕无忧，因为他依然面临着两个主要敌人，即拉其普特诸邦和前洛提王朝在各地的阿富汗军事首领。正如一位现代作家所评论的，"我们说帕尼帕特战役其实只是巴布尔所要完成任务的开始，从这一点，可以看出他的任务有多艰巨。帕尼帕特使他走上了建立帝国的道路，但在这条道路上的第一大障碍便是阿富汗各部落的反抗"。

拉其普特人

以梅瓦尔的拉那·桑伽为首的拉其普特军事领袖也企图夺取德里和亚格拉，谋求在北印度建立霸权。他们积极联合另一个阿富汗军事首领马茂德·洛提，意在共同反击莫卧儿人。

公元1527年春天，拉那·桑伽率领120位拉其普特酋长、8万骑兵和500象军向莫卧儿军进攻，马茂德·洛提和他协同作战。拉那·桑伽这个拉其普特民族复兴的英雄确实是一个比伊卜拉欣更难对付的敌手。因为拉其普特人勇敢、侠义、好斗和嗜杀，而且为强烈的民族精神所激励，乐于同最勇猛的沙场老手进行面对面的厮杀，并随时准备为了荣誉而牺牲自己的生命。

拉其普特人王公拉那·桑伽是一位战场经验丰富的军事家，他身经百战，身上的伤痕令人触目惊心，曾在战争中被打瞎了一只眼睛，打断了一条腿和一条胳膊。然而他身残志坚，总是冲锋在前。

巴布尔那支小小的军队被吓得惊慌失措，巴布尔本人也充分意识到了他所面临的强敌对他的威胁。可是，他天生就具有一往无前的精神，丝毫没有气馁，并且努力向他那些惊恐万分的战士们心里灌注勇气和热情。

他摔碎了酒杯，把随身所带的酒都倾倒在地上，发誓再也不饮烈酒，并且用振奋人心的话激励他的部下。这样做确实产生了预期的效果，他的全体士兵都将手搁在《古兰经》上发誓为他而战。人心的所向，又一次为巴布尔创造了难以比拟的成就。

公元 1527 年 3 月 16 日，气势汹汹的两支大军在亚格拉以西的坎奴村（即坎瓦）进行决战。这一次，虽然拉其普特人做了拼死的英勇搏斗，但是，巴布尔采用与帕尼帕特相同的战术战胜了他们，取得了决定性的胜利。拉其普特人完全失败了，拉那在他的一些追随者的帮助下逃脱了，但在大约两年以后因悲伤过度而去世了。

坎奴战役无疑是印度历史上决定性的战役之一。在某种意义上说，其结果比第一次帕尼帕特战役更为重要。

帕尼帕特战役标志着实际上已不再行使君主权的徒具虚名的德里苏丹的败北，而坎奴战役导致强大的拉其普特同盟的失败。坎奴战役使拉其普特人丧失了在政治上复兴的机会，也为巴布尔的成就涂抹上了浓厚的一笔。

事实上，拉其普特人退出政治舞台只是暂时的。大约 30 年以后他们又再次复兴，并且对莫卧儿帝国的历史产生了深刻的影响，甚至连舍尔沙也不得不认真对付拉其普特人的敌对行动。

无论如何，坎奴战役之后，拉其普特人的暂时隐退为巴布尔完成在印度的统治提供了方便、为建立一个新的外国统治的政权提供了机会。如历史学家所说："在坎奴战役以前，占领印度斯坦可能被人们看作是仅仅是巴布尔冒险生涯的一个插曲；但是，从此以后，这就成了巴布尔一生余下岁月活动的主要动向了。他寻求出路的流浪时期现在已经结束；他已交上了好运，现在只要表明自己不会再辜负这种好运了。此后他再也不必把王位和生命当作赌注，押在战场的胜败上了，这说明他的事业进入了新的阶段，这个阶段的标志便是坎奴战役。仗还在打，而且还有许多仗要打；然而却是为了扩大权力，铲平叛乱，整顿王国，而再也不是为了夺取王位而打仗了。从此以后，他的权力重心便从喀布尔转移到了印度斯坦，这也说明巴布尔是理解这一极其重要问题的。”

以后的几年里，巴布尔轻而易举地征服了从旁遮普到比哈尔的北印度平原，成为西起阿姆河、东至格拉河、北起喜玛拉雅山、南至瓜廖尔这一广大地区的统治者。他的胜利为莫卧儿帝国的建立，奠定了第一块基石。

# 第二章　帝国天皇及其后宫女眷

## 老虎巴布尔

巴布尔是莫卧儿帝国的开国皇帝，但是最初他也只是中亚一个小邦塔什干（今乌兹别克斯坦首都）的统治者。他的父亲就是费尔干纳的帖木儿王乌马尔·沙黑（1469—1494），为帖木儿次子米兰沙的曾孙。

乌马尔·沙黑于公元 1494 年 6 月 8 日去世，他的兄长河中王阿黑麻便企图夺取费尔干纳，不过还未成功夺取，他便死于一场战争之中。后来，又经历了一系列的政权战争，年仅十四岁的费尔干纳王巴布尔便成为了这次骚乱之中最大的获利者，终于在公元 1497 年底成了撒麻耳干的君主，但是，他并未能留在该城，也只是短暂的接管了半年。帖木儿帝国灭亡后，巴布尔被驱逐出了河中，但他并未曾放弃终身的志向和事业，带领一小部部人翻山越岭进入阿富汗，夺取了喀布尔，在喀布尔建立了一个小王朝。公元 1511 年 10 月，他率领伊斯迈尔借给他的军队匆忙赶回河中，胜利地进入了撒麻耳干城。继撒麻耳干之后，布哈拉又向他敞开了大门，而蒙古乌兹别克人退到塔什干。

布哈拉大战

巴布尔从未停止过对疆土的渴望，又率兵去占领塔什干，成为塔什干和中亚的统治者。公元 1512 年 12 月 12 日，波斯将军纳吉姆·沙尼和巴布尔与乌兹别克人在布哈拉以北的加贾湾发生了一场大战，这次巴布尔与纳吉姆的盟军被乌兹别克人打败，纳吉姆被杀，巴布尔也放弃了对河中的所有企图，退回到他的喀布尔王国，加贾湾大战之后，布哈拉、撒麻耳干和整个河中地区又回到了蒙古乌兹别克人手中。

七年以后，他重新从喀布尔出发，前往征服印度。

公元1525年，巴布尔南下进攻印度，次年攻占德里，屡败印度诸侯联军，征服北印度大部分地区，建立莫卧儿帝国（1526—1857年）。

对军事有着无比热情的巴布尔不仅仅是一位伟大的政治家，还是诗人、作家和冒险家。由他编写的《巴布尔回忆录》流传至今，并成为当今史学家研究当时印度史的重要史料。

巴布尔的父亲是帖木儿的后裔，母亲出身高贵，是成吉思汗的后裔。巴布尔是中亚小国的继承人，他十一岁掌权，过着到处掠夺的生活。

对巴布尔来说，公元1504年是个重要的年份，这一年对他来说是人生的一次巨大转变。他控制了阿富汗的喀布尔，终于在阿富汗开拓一个新的王国。安顿下来后，他开始将注意力转向其他地区，巴布尔于公元1525年入侵印度。

公元1526年春天，巴布尔率军两万五千人，在帕尼帕击败了拥有多达100 000人的伊卜拉欣洛迪的军队，很快占领了德里，并以德里作为他的新首都，建立了莫卧儿帝国，攻占德里，成为踏上印度本土的第一步，之后又推进到亚格拉，并在亚格拉布置了一座波斯花园（莫卧儿帝国的许多君主都大力支持引进波斯文化）。当时很多人都决定离开印度本土，回到阿富汗，但巴布尔不以为然，坚持继续留在印度本土，并进行扩张。

当得知巴布尔留在印度后，印度本土的许多国家再度联合起来对抗巴布尔，组织起了一只八十万人的军队开赴亚格拉，巴布尔发表了演说，他砸碎了金杯，对自己的部下说："拥有荣誉，即使我死了，我也感到满足。我的身体既然属于死神，那么请让荣誉属于我。"这次演说使军心涣散的巴布尔军队又一次团结起来，经过十小时在坎奴的战斗，使巴布尔再一次获得了胜利，也使印度诸邦再也无力反对巴布尔。奠定了莫卧儿帝国在北印度的统治地位，公元1528年，马茂德召集十万阿富汗联军于比哈尔，准备与巴布尔一决雌雄。在恒河与哥桥拉河交汇处，两军摆开阵势。巴布尔亲自指挥莫卧儿大军在强大炮火掩护下强渡哥桥拉河，分兵夹击敌军。两军交战勇者胜，阿富汗人全线崩溃，马茂德逃亡到了孟加拉。这一仗成了巴布尔一生中征战之绝笔。

然而，烈酒、鸦片、长期的流亡征战和印度酷热的气候，损坏了他的身体，公元1530年，他死于亚格拉，享年48岁。临死时，他把王位传给长子胡马雍。

他对胡马雍说："我去了，孩子，我要你好好看待你的三个弟弟！"

穆斯林的一位历史学家阿布勒·法兹勒讲述了一件关于巴布尔逝世的荒

诞逸事。据说他的儿子胡马雍生病斯间，巴布尔热切地向真主祈祷，要真主把他儿子的病转移到他自己的身上，因此在儿子开始好转期间，父亲的身体就渐渐垮了下来，到胡马雍康复后的两三个月，他就突然去世了。

当然这是迷信的说法，一位现代作家争辩说，巴布尔去世是由于患了某种疾病，而“没有理由相信阿布勒·法兹勒所讲的巴布尔的去世是由于他为儿子做牺牲的无稽之谈”。

巴布尔的遗体起初放在亚格拉的阿兰巴格，后来被移到喀布尔，并安葬在他最喜爱的一个花园里。巴布尔在回忆录中写到，他待别喜欢喀布尔。他这样写道：“这里气候十分宜人，在已知的世界里再也没有这样好的地方了。”

巴布尔在印度斯坦度过的四年时间，旁遮普和北比哈尔都被他征服了，拉其普特人的主要国家梅瓦尔也归顺了他。但是，他所实现的也仅仅是征服而已，如果不在征服的同时，或在征服之后立即进行行政上的巩固工作，光是军事上的征服是不足以使一个帝国稳定下来的。因此，正如一位现代著作家所评论的，“他的未竟事业”比他已完成的事业“更为重要”。

虽然他在军事上的征服使他有了广阔的领土，但“这个辽阔帝国的各地政治状况很少具有一致性。除了王公拥有无限权力这一条之外，几乎没有一条法律能够在各地普遍通用。每个王国、每个省、每个行政区，甚至几乎可以说每个村庄在日常的事务上都是以其独特的惯例来管理”。

事实上，巴布尔在征服以后根本没有时间来制定新的法律，也无暇整顿行政，当时的行政仍保持着中世纪的封建性质，弊病百出。他无法建立健全财政制度来支持他将大量的钱财馈送他的部属，而且豁免了对穆斯林的一些捐税。他身后也未能留下任何“值得注意的公共慈善机构”去博得臣民的好感。

因此，我们从巴布尔施政中的这些缺点来看，完全可以这样说：“他传给他儿子的是一个只有在继续战争的情况下才能维系的君主国，这个君主国在和平时期是脆弱的，而且结构是松懈的。”

即使如此，巴布尔仍然是亚洲历史上最富传奇性的、最令人感兴趣的人物之一。他是一个具有大无畏精神和卓越军事才能的人，但他并不是喜好杀戮无辜、肆意破坏的残暴征服者。他是慈爱的父亲、善良的主人、慷慨的朋友，他坚信真主，热爱大自然和真理，而且擅长音乐和绘画，赋有文学才能，是诗人和作家。他能用土耳其文和波斯文写漂亮的文章，最出色的是他的自传，全篇用土耳其文写成，由他的儿子胡马雍誊写，后来又由他的孙子阿克巴译成波斯文。

他的自传记录了他的各种思想和感受，如伊尔费斯通所说：“他的传记包含了一个伟大的鞑靼帝王一生极其详尽的叙述，并且自然地流露出他的见解和情感，他没有做作和保留，也没有极端坦白和直率的毛病。他的风格朴素、雄伟，而且生动有趣，表现了他的同胞和同时代人的面貌、风度、志向和行动，就像在一面镜子里那么清楚。在这一方面，它几乎是亚洲真实历史的唯一范本。他绘出了每个人物的形态、衣饰、爱好和习惯，还描述了好多地方以及这些地方的气候、风景、物产，介绍了很多艺术品和手工艺品。但作品最动人的地方在于著者的性格。这是一个突出特征，在冷酷无情的亚洲历史中，我们竟发现有一个皇帝能连日哭泣，并告诉我们，他是为了童年时代的伴侣而流泪的。"

据说，巴布尔打起仗来像狮子一样得勇猛，但他内心深处又是一个以慈悲为怀、和善可亲的人，尤其在家庭中是一个不可多得的慈父，他对儿子爱护备至。他经常让胡马雍跟着他一同出征打仗，希望他能够增加阅历，以便将来担当大任。而且总是让胡马雍带领最精锐的部队，给他最好的助手。每当胡马雍远离巴布尔时，巴布尔总是天天挂念他，叫他经常写信告知一切情况。如果胡马雍因忙碌而忘记写信，巴布尔和月光夫人就会议论和推测儿子不写信的原因，还要写信去追问。如果儿子的信写得太短或过于草率，他便会回信说："接到你的信，虽然使我很高兴，但是你要认认真真地写，不可太草率。"

当他的家属从喀布尔到达亚格拉的时候，他骑马出城迎接。这时，他完全不像一个煊赫的皇帝，也不像是一个威武的大将，而是一个普普通通的慈爱的父亲，温柔的丈夫。当他望见家属的车马时，他竟快活得从马上跳下来，跑步上前去迎接，像小孩子似的抱住他最心爱的小女儿，眼泪从眼眶里直流了出来。

巴布尔把异于阿富汗人的文化和生活方式带到了印度，如伊朗人的有名的风雅，中亚的建筑、绘画艺术以及华丽、严肃的朝仪，都对印度有很大的影响。所以后来印度人称巴布尔是"一位典型的文艺复兴时期的君主"。更重要的是，巴布尔是给印度莫卧儿帝国这座大厦奠基的第一个建筑师，他杰出的孙子阿克巴就是在这个基础上建立起它上层建筑的辉煌时期的。正如莱恩普尔所评论的那样："他是中亚细亚与印度之间、以掠夺为生的游牧民族与帝国政府之间，以及帖木儿与阿克巴之间的桥梁。在他的血管里，他把波斯人的教养和温文尔雅与鞑靼游牧民族的勇敢和好动结合了起来。他以蒙古人的干劲、突厥人的勇武征服了懒散无力的印度教徒。他本人是一个幸运的战士，却不是帝国的缔造者，然而他却给他的孙子阿克巴所建成的辉煌建筑物奠定了第一块基石；他在历史上的不朽地位在于他征服了印度，从而为一个帝王世家开拓了道路。”

一生征途，巴布尔却英年早逝，公元1530年去世时的巴布尔年仅四十八岁。在他的一生中，为莫卧儿帝国征战了大片的国土，占领了东起哥桥拉河，西至阿姆河，南起瓜廖尔，北至喜马拉雅山山脉的大片领土。他的一生异常艰辛，从童年时代就天天与天斗、与地斗，更要与人斗，斗了四十年。他每天都在谋算着怎样进行有效的进攻、防御、转移和退却。他拥有着过人的智慧和精力。一生都在为这个庞大的帝国基业付出自己的努力和智慧。尽管还没有完成一半，他对莫卧儿乃至整个印度的贡献都是无人能及的。

## “有幸无运”的君主——胡马雍

胡马雍（1508—1556），是莫卧儿帝国的第二代君主。“胡马雍”这三个字的意思，本来是“幸运”。他有一个勇敢慈祥的父亲，又把王位传给了他，是最幸运不过的了。

有幸无运的莫卧儿第二代君王胡马雍

胡马雍

可是，他即位后的遭遇却十分不幸，没有谁比他更倒霉，历史上称他是一个“有幸无运”的君主。胡马雍十三岁登基，但他从他父亲巴布尔那里继承的是一个问题成堆的帝国。这个帝国结构松懈，没有建立起行政、司法和财政制度；皇族内部很不团结，胡马雍的三个异母兄弟都在觊觎王权，他们能向长辈巴布尔效忠顺服，但对平辈的胡马雍却是嫉恨在心，正如厄斯金所评论的那祥：“武力就是权力的最高主宰，因此每个儿子都准备同他的兄弟们比试下运气；宫廷中的贵族也在策划阴谋，企图谋取王位；军队的成分十分复杂，有察合台人、乌兹别克人、波斯人、阿富汗人、印度人，是一个由互有利害冲突、民族各不相同的冒险家组成的混合体；胡马雍面对的敌人亦不可轻视。阿富汗人还没有被彻底粉碎；比哈尔的舍尔沙在东方崛起了，成为随时准备反叛的阿富汗贵族的新的领袖；古吉拉特的巴哈都尔沙军力强盛，对胡马雍也是严重威胁；舍尔沙和巴哈都尔沙，在东面两方面对胡马雍形成夹攻之势。”

当时的莫卧儿帝国虽然在政权上取得了统一，但是在国家制度和控制力度上都并未完善，依然存在许多弊端。新成立的国家面临的财政问题和政局不稳固，宗教利益冲突等问题，都要求一位新的继承人兼具军事能力与外交能力，而这一切，胡马雍都不具备。所以，当胡马雍接手莫卧儿帝国之时，可以说他是战战兢兢，如履薄冰，处境十分艰难。

事实上，他本人就是他自己最大的敌人。他虽然知书识礼、喜爱文化、勇敢慈祥，可是缺乏他父亲所具有的智慧、谨慎以及坚韧不拔的精神。正如莱恩普尔所评论的那样："他缺乏坚持不懈的忍耐力，一旦取得一点点成功，就沾沾自喜，身居后宫，在吸食鸦片的极乐之中，虚度宝贵的光阴，而他的敌人却正在紧叩大门。"

他生性仁慈，该惩罚的时候，他却给予宽恕。他无忧无虑，喜欢交际，该备鞍上马的时候，他却在席前畅饮。他有引人注意的性格，但决不以势压人。在私人生活中，他可能是使人喜欢的伴侣，忠实可靠的朋友。但是，作为国王他却是不称职的。

胡马雍的名字取了"幸运"的意思，而这个倒霉的君王，却是最不幸运的一位统治者。

胡马雍所犯的第一个错误是对他的兄弟们表现了轻率的宽容，这也许是根据他父亲临终的嘱咐。但是他的兄弟们既然是他强劲的竞争者，他就理应把他们置于有效的控制之下。

他把桑巴尔这块封地封给了阿斯卡里，欣达勒则得到了阿尔瓦尔，而三个兄弟中最年长的卡姆兰不仅获准占有喀布尔和坎大哈，并且在经过一次反对胡马雍派驻拉合尔的将军米尔·尤努斯阿利的军事示威以后，还攫取了旁遮普以及旁遮普以东的希萨尔菲鲁扎地区。占有希萨尔菲鲁扎又使卡姆兰控制了旁遮普与德里之间的大路。这样，胡马雍就破坏了巴布尔帝国的完整。

此外，把印度河及其以外的地区转让给了卡姆兰，就使胡马雍失去了为他的军队补充兵员的最好基地，而实力雄厚的军队则是保障莫卧儿在印度新建立的统治的安全绝对且必要的屏障。巴布尔去世后，胡马雍想征服全印度，实现他父亲的遗愿。而事实却恰恰相反，原本被巴布尔打败的拉其普特诸侯，又重整旗鼓，向胡马雍的国都亚格拉开始进攻。

胡马雍亲自出战，虽然把叛军给击退了，但是他的胜利是短暂的。他性格的弱点便暴露了出来。

在胜利的狂热中，他和他的兄弟阿斯卡里和他的大多数士兵都大吃大喝，狂欢作乐，结果自然造成"他的军务变得杂乱无章；甚至连他的兵营也呈现出一派吵吵闹闹、不听指挥的景象"。古吉拉特的苏丹利用这个机会，从莫卧儿人手中收复了他失去的领土。就在这时，阿富汗人舍尔沙又从后方向亚格拉进攻。胡马雍只得赶快回军备战，向东去征讨舍尔沙。

舍尔沙战败逃跑，胡马雍随后追赶，舍尔沙逃到山上碉堡避难。这时，胡马雍放弃追赶，开始饮酒狂欢作乐，纵情享受，一晃就是几个月。这时，印度的雨季到来，一连几天，大雨滂沱，河水陡涨，低洼地带被洪水淹没，变成一片汪洋泽国，胡马雍的运粮道路被截断。就在此时，舍尔沙的军队忽然从山上冲下，向胡马雍的营地突袭，胡马雍的军队顿时乱作一团，狼狈不堪。

胡马雍虽然想挣扎，可是士兵与马匹都受不了这样的湿热，一批又一批病倒了。胡马雍只得与舍尔沙讲和，接受舍尔沙提出的条件，在孟加拉一带独立称王。

胡马雍在讲和后，马上带领军队准备返回亚格拉。他的军队到达恒河边，因为人困马乏，便解甲休息，预备翌日渡河。四更时分，胡马雍的军队都在营帐中熟睡，打着鼾声，舍尔沙的军队突然偷袭。因为舍尔沙并不以和解为满足，他要把胡马雍置于死地，以便进攻北印度，自己做印度皇帝。

胡马雍的军队从睡梦中惊醒，猝不及防，被杀无数。胡马雍丢掉妻室，落荒而走，在匆促中带了几个随从，骑上马背，把马赶下恒河，向恒河对岸逃去。那时，恰逢恒河水涨，又阔又深，水势又急，马匹不易泅渡。胡马雍的坐骑被水冲向下游，他从马背上跌人水中，几乎淹死。这时，来了一个背着羊皮袋的灌水夫，把皮袋吹饱，叫胡马雍伏在浮起的皮袋上，用劲划水，才从万分危急中捡了一条命。这位莫卧儿皇帝答应灌水夫，等他回到亚格拉，将让灌水夫坐上他的王座，做三个钟头的皇帝。

当胡马雍回到亚格拉，这位灌水夫骑着牛，带了他的灌水袋来了。胡马雍很守信用，果真让这位地位低贱的灌水夫，坐上他的王座，当了三个钟头的皇帝。灌水夫坐上王座，下令把他曾经救了胡马雍生命的羊皮袋，割成一块一块的小圆块，打上印记，作为钱币使用，又下令赠送许多财物给他的亲戚朋友。胡马雍都照着灌水夫的命令，一一做了。足以见得，胡马雍是一位十分守信的皇帝。

舍尔沙打得胡马雍丢弃妻室、落荒而走后，于公元 1539 年十二月自立为王，称舍尔沙，并以他的名字铸造钱币。“沙”系波斯语，意为帝王。从此，胡马雍避居德里，闭门不出。但是，舍尔沙仍不肯罢休，紧追不舍。

公元 1540 年五月十七日的曲女城之役，胡马雍再次败于舍尔沙之手，他的四万大军丧失殆尽。胡马雍逃到印度河下游信德，后来因再次失利而转往腊其普德，这里的王公又拒绝他人境。胡马雍不得不流浪于沙漠地带，他所住的地方和他的数十名随从人员不断遭受袭击。在沙漠中流浪了一年之后，胡马雍辗转到了信德的东南部。胡马雍向他的三弟乞求援助，可是，他三弟不但不理他，反而出兵攻击他。于是，他又退到信德。

在舍尔沙和他三弟的追击下，胡马雍再也无法立足于印度这块土地了，于是，他向波斯逃亡，开始了他长达十五年的流浪生活。

正如《印度通史》所写的那样："他从刚刚还由他统治的每一个地方被驱逐出去，深恐自己可能落到他弟弟的手里，他决定放弃他父亲的帝国，投奔到一个陌生人那里去，求助于人家那种可疑而未经尝试过的慷慨去了。"

巴布尔奠定的莫卧儿帝国，在胡马雍手里暂时丢失了。舍尔沙占领德里和亚格拉后，建立了历时十五年的苏尔王朝，并把势力扩大到拉贾斯坦、马尔瓦、旁遮普、木尔坦和信德。

为阻止胡马雍卷土重来，舍尔沙采取高度集权的、开明的君主专制统治，实行了行政、经济、司法、军事、宗教等改革，使苏尔王朝成为了一个幅员辽阔、国力强盛的帝国。舍尔沙所建立的帝国，在他逝世后没有持续多久，这位坚强有力的人物的消失及其继承者的软弱，导致了当时贵族的妒忌心理和不服管束的痼疾的再度复发，使整个王国陷入无政府的混乱状态之中，从而为莫卧莫儿人卷土重来铺平了道路。

胡马雍经过十多年的颠沛流离，寄人篱下的流浪生活后，在波斯萨非王朝的帮助下，出师重征印度平原。

波斯人、阿富汗人和突厥人都是信奉伊斯兰教的。波斯人所信奉的是什叶派，统治印度北部和中部各地的阿富汗人有些信奉什叶派，有些信奉逊尼派。但来自撒马尔罕的突厥人即莫卧儿帝国的王室则信奉逊尼派。

胡马雍进入波斯境内的时候，波斯王塔玛斯普沙把他当作俘虏，迫使他皈依了什叶派。后来波斯王想乘机夺取坎大哈，便答应出兵协助胡马雍打回印度。

胡马雍在公元1544年率骑兵140 000人，从阿斯卡里的手里夺取了坎大哈，并将其交给波斯王。同时他的三个弟弟，阿斯卡里、欣达勒和片姆兰，都依附了胡马雍。后来，卡姆兰在信德发动叛乱，但被镇压下去了。公元1533年，在一系列的纷扰中，卡姆兰被俘，并被挖掉了双眼。这样，胡马雍再度成为一家之长，并选定喀布尔为他进攻印度的基地。

公元1555年，胡马雍乘苏尔王朝发生内乱之际，从喀布尔出兵，直趋拉合尔。攻取拉合尔后，又东进大败苏尔王朝的军队，占领德里和亚格拉，恢复了莫卧儿帝国的统治。胡马雍抓住时机，收复了由于他自身的软弱和优柔寡断而丧失的领土，挽回了以往的失败，为日后莫卧儿帝国更加牢固的建立，开拓了道路。

胡马雍为人很文雅，晚年却吸上了鸦片烟。虽然他懒惰而又吸食鸦片成瘾，但是却很喜欢学问，他所爱好的科目是数学、地理、天文学、哲学和神学。他对书本爱好到总是“随身带着一批精选的藏书”，即使在行军时期也是如此。他在德里建立了一所学院，并把舍尔沙在普拉纳城堡修建的一个欢乐厅改为了一所图书馆。

胡马雍像其他帖木儿后裔一样，也爱好艺术。他把流亡波斯的时间花在研究中国和波斯的音乐、诗歌和绘画上，并且与波斯艺术家来往。平日每个黾期，他听两次音乐，他曾从俘虏中选拔音乐家而给以优待。

他从波斯聘请了两位美术家，到德里来教他自己和他儿子阿克巴绘画。这两位外国艺术家与其他印度的助手一起工作，“形成广莫卧儿画派的核心”。胡马雍把这一画派作为一份珍贵的礼物传给了阿克巴。

胡马雍重回德里，仅仅统治了七个月。公元1556年1月24日傍晚，他在宫内图书馆屋顶上同占卜星象的人谈话，当听到晚上祈祷的警号，起身准备赴清真寺做祈祷。不料，他所拄的棍杖没有扶好，意外地失足从阶梯上跌下来，摔破了脑袋，两天后不治而死。阿克巴被指定为继承人。部下为了避免引起騒乱，对胡马雍的暴卒一直保密，直到阿克巴继位的准备工作就绪才宣布了胡马雍的死讯。

重振莫卧儿帝国的重任，从此便落在了这位少年君主阿克巴的肩上。不过，他的儿子要比他强得多，这个叫阿克巴的第三代帝王扩大并巩固了乃祖父开创的莫卧儿帝国，成为这座辉煌的“帝国大厦”最成功的“建筑师”。

## 少年君主阿克巴之一

十六世纪后半期，胡马雍的意外死亡，将莫卧儿帝国的统治权交到了他刚刚年满十三岁的儿子阿克巴的手上。

莫卧儿帝国的第三代君王——阿克巴，无疑是莫卧儿历史上最伟大的君主。在他统治时期，着手完成了父亲胡马雍未能完成的事业，又经历了长期战争，扩大了帝国的版图。一个北起中亚，南达德干高原，东西都达到海滨的大帝国就此形成了。

阿克巴

阿克巴出生在其父胡马雍的流亡生涯中，历经了人们难以想象的艰辛。

胡马雍当年在信德不毛之地流浪期间，遇到了哈米达，并于公元1542年年初结婚。哈米达的父亲谢赫阿利·安巴尔贾伊尼曾经当过胡马雍的弟弟欣达勒的导师，所以算是他臣子的女儿。

娶了哈米达后不久，胡马雍在信德这个地方也待不下去了，于是又带全家流浪到阿尔科特。公元1542年11月23日，阿克巴在阿尔科特呱呱坠地。

蒙古人有个风俗，当第一个王子出生时，国王要把金银珠宝分送群臣，以示庆贺。可是，这个时候的胡马雍穷困潦倒，身上一无所有，他的口袋里只有少许香料。他就把香料分给随从，于是，馥郁的香气立刻充溢在空气之中。

胡马雍说："我希望当我的儿子做皇帝时，可以像香料一样散播出香气来，并使它充满天下。我给他起名叫阿克巴，就是'伟大'，我希望我的儿子是一个伟大的皇帝。"而阿克巴也没有辜负他父王的意愿，最终成为了一位伟大的帝国领袖。

阿克巴的童年是在东奔西走、颠沛流离中度过的。胡马雍身遇不测去世时，阿克巴年仅十三岁。当时，阿克巴任命旁遮普的省长，他父亲的老战友拜拉姆汗为他的保护人。当胡马雍不测的死讯，传给阿克巴和拜拉姆汗后，阿克巴便在旁遮普小城兰诺尔的一个花园内，举行了登基典礼。

年仅十三岁的阿克巴继位后，由拜拉姆汗摄政。拜拉姆汗任宰相摄政大臣，掌握帝国实权。公元1556—1560年的四年，是拜拉姆汗的"摄政时期"。拜拉姆汗是土库曼人，他曾随同波斯军队援助过巴布尔，征服撒马尔罕和布哈拉，后留在巴布尔和胡马雍手下做官。

初登王位的阿克巴，虽然年纪轻轻，却面临着严峻的局势。莫卧儿帝国的统治很不稳固。胡马雍去世时，莫卧儿帝国所掌握的领土，实际上只有德里和亚格拉地区，印度的其余地区都在莫卧儿帝国的控制之外，大部分仍在阿富汗首领和苏尔王朝留下来的几个贵族手里，而且这些贵族也并不满足于现状，依然想重掌王权。当时的拉其普特人也在坚持着斗争。西北边境的坎大哈时时受着波斯人的威胁。此外，经过连年的战争，很多省份已经是一片荒芜，北方已经连续两年在闹饥荒，百姓生活得不到保障，政府经济窘迫，外实中空。

而来自一个印度教的首领赫穆对阿克巴的威胁比所有的这些困难都更加的紧迫。赫穆出身于印度教第三种姓吠舍，是前苏尔王朝贵族阿边尔沙的将军，是一个精明干练、经验丰富的政治家。

种姓制度是印度社会的一个重要特征，是世界上最森严、影响最深远、持续时间最久的。印度种姓制度分婆罗门、刹帝利、吠舍、首陀罗四等，除此之外，不在种姓之内的人被称为贱民

出身吠舍种姓的印度教首领赫穆，在胡马雍去世后，起兵反叛，很快攻占了亚格拉和德里，控制了从瓜廖尔到萨特累季河的领土。赫穆在德里建立

了王朝，号称“超日王”。由此看来，阿克巴即位之初所面临的局势，是非常严峻的，他的世袭是朝不保夕的，他建立一个帝国的任务是非常艰巨的。

赫穆攻陷德里称王后，阿克巴的群臣建议阿克巴留守喀布尔，而摄政王拜拉姆汗主张进军德里。阿克巴经过考虑，也想要把父王留下的江山要回来，便采纳了拜拉姆汗的建议。

公元1556年，阿克巴与拜拉姆汗带军，与赫穆的军队在帕尼帕特决战，这也就是印度历史上著名的“第二次帕尼帕特战役”。

赫穆依靠兵力上的优势取得了最初的胜利。莫卧儿军用迂回战术攻敌两翼，同时利用前锋向前进攻，使敌军阵脚混乱。阿克巴带领军队，充分发挥了炮火和弓箭手的威力，攻击敌军战象，获得重大战果，使赫穆两员大将阵亡。赫穆为扭转不利战局，主动发起攻击，但在作战中，眼睛中箭并深入脑部，立即昏倒在地。阿富汗军因失去主帅而惊慌逃窜，莫卧儿战士们趁机发动总攻，取得了最后的胜利。当时赫穆昏迷不醒，被拜拉姆汗活捉。拜拉姆汗将赫穆带到阿克巴面前，请求年轻的国王对赫穆处以死刑。

阿克巴看着倒在地上昏迷不醒的囚犯，若有所思地说：“我怎能杀死已经受伤的俘虏？”于是，拜拉姆汗拔出佩剑，剑光一闪，赫穆的脑袋与身体便分了家。阿克巴皱了皱眉头，两眼茫然。拒绝杀害昏迷不醒的受伤俘虏，可以看出阿克巴的慈悲天性。

第二次帕尼帕特战役结束了。莫卧儿人与阿富汗人之间的长期斗争，粉碎了阿富汗人再度复兴的希望，标志着莫卧儿帝国对印度的统治权的确立，从此莫卧儿帝国走上了领土扩张的道路。

第二次帕尼帕特战役

阿克巴虽然取得了第二次帕尼帕特战役的胜利，开始了对印度莫卧儿帝国的统治，但是帝国朝政仍然被拜拉姆汗所控制，阿克巴还不能独立行事。

拜拉姆汗的摄政期延续了近四年。作为摄政大臣，他过于专横，对待部下过于严厉，结果树敌太多，开始失势。阿克巴此时已经十八岁，羽毛渐丰，不再愿意接受拜拉姆汗的严厉管束，想做一个既有名又有实的国王。

拜拉姆汗的骄傲和专断触怒了过多的宫廷大臣，他们对拜拉姆汗的暴虐独裁表现出了强烈不满。拜拉姆汗是一个什叶派信徒，而皇族和多数大臣却是正统的逊尼派信徒，他的一些行为引起正统逊尼派的愤懑。阿克巴的母后和乳母及其亲属，是扳倒拜拉姆汗的主要策划者，他们劝诱、怂恿阿克巴应该维护自己的权力，除掉摄政王，亲自执掌朝政。

公元1560年，阿克巴正式告知拜拉姆汗，他决定亲政，并免除了拜拉姆汗的职务。拜拉姆汗无可奈何地服从了阿克巴的决定，并同意前往麦加。阿克巴委派皮尔·穆罕默德护送拜拉姆汗出帝国国境。皮尔·穆罕默德是拜拉姆汗的旧部下，也是拜拉姆汗的宿敌。拜拉姆汗认为，阿克巴的这一做法，是对他的一种侮辱，于是起兵反叛。然而他在贾朗达尔附近战败被俘。不过，阿克巴非常的仁慈，考虑到拜拉姆汗过去的劳绩而宽恕了他，仍然给予合乎他身份的排场到麦加去任职。

拜拉姆汗在去麦加的途中，在古吉拉特被一个阿富汗人刺死，此人的父亲曾被拜拉姆汗指挥的莫卧儿军队杀死。这个阿富汗人把拜拉姆汗带的东西洗劫一空。但拜拉姆汗的家眷未遭凌辱，他的小儿子得到了阿克巴的保护，被带进宫廷，长大后受封为大汗。

拜拉姆汗的倒台，并没有使阿克巴马上就能完全亲理朝政。有四年的时间，朝政大权仍旁落到于后宫集团，即阿克巴的养母马哈姆·阿纳加及其子阿达姆汗之手。阿克巴不堪忍受后宫势力的掣肘，处死了阿达姆汗，四十天后，阿达姆汗的母亲也悲伤而死。

就这样，到公元1562年5月，阿克巴开始摆脱了后宫的影响，真正掌握中央权力。莫卧儿帝国的中央政权开始稳定下来。阿克巴生性是个有着强烈的帝王雄心的人，他的野心是做一个巨大帝国的统治者。

阿克巴热心于征略兼并，是历史上最伟大的帝政主义者之一。他曾说："既为帝王，就应该时刻不忘征略，否则他的敌人就会起兵打他。"阿克巴的这句话十分直白地道出了一般的帝王所怀有的雄心。

和胡马雍不同，阿克巴的一生都是在马背和军营中度过的，他终其一生没有停止过扩大领土的战争。经过四十多年的频繁的征略兼并，阿克巴实现了几乎整个北印度和中印度的政治统一。由阿克巴设计的帝国道路被他的继承人们忠实地追随着，直到莫卧儿帝国的领土在奥朗则布统治下扩张到最大限度为止。

阿克巴对马尔瓦的征服并不是一帆风顺的，其间经历了许多的曲折。阿达姆汗和皮尔穆罕默德使用种种手段，打败了巴哈都尔，实现了对马尔瓦的初步的征服。阿达姆汗被阿克巴召回之后，皮尔穆罕默德被委任管辖多个还没有完全征服的省区。不幸的是，皮尔穆罕默德在追击巴哈都尔时，意外被水淹死，经过几年的时间，他的继承者终于驱逐了巴哈都尔。但不久，巴哈都尔又收复了马尔瓦，直到公元1571年，他才最终归顺了阿克巴。

阿克巴接着征服的地方是冈德瓦那。冈德瓦那处于加拉·卡坦加王国统治之下。该国的国王比尔·纳拉扬尚未成年，他的母亲样貌美丽又十分英勇、精明强干的拉其普特妇女杜尔加瓦，她以摄政的身份统治着这个王国。

在她当政期间，她的王国有了很大的发展。阿克巴看到她王国的威望日益增长，倍感不安，便派人送给她一架金纺车，其中的含义是：作为一个妇女，应该坐在家里纺纱织布，管理国家不是妇女的事。

而聪明的杜尔加瓦则做了一把金弹花弓，回赠给阿克巴，意思是：如果妇女的任务是纺纱织布，那么你阿克巴也应该从事弹棉花的工作。阿克巴见了弹花弓之后，恼羞成怒，立刻向杜尔加瓦宣战。

公元1564年，阿克巴派遣阿萨夫，率领一支庞大的军队，征服冈德瓦那，直捣加拉·卡坦加王国的京都贾巴尔普尔。

杜尔加瓦虽系女流之辈，却善于使枪骑射，领兵打仗，她拥有一支20 000人的军队和一千头大象，面对阿克巴的挑战，她毫不示弱，毅然迎战，进行了英勇顽强的抵抗。

但是，在加拉和曼达拉之间发生的一次战役中，杜尔加瓦遭到了挫败。面对失败，她没有辱没她的拉其普特祖先，而是以真正的拉其普特人的精神，宁死不屈，剖腹自杀。正如当今的历史评论家所说："她的死正如她有益的一生一样，崇尚而忠诚。"

而杜尔加瓦心爱的儿子，年轻的加拉·卡坦加的国王比尔纳拉扬，继续以勇武骑士的气概与征服者作战，直到阵亡。

阿克巴取得了冈德瓦那战役的胜利，却并未停止征战的脚步。他最著名的军事冒险，是接下来对齐图的围攻和占领。齐图是拉其普特土邦梅瓦尔的首府。梅瓦尔是北印度到古吉拉特各商港的必经之路，在商业上具有极其重要的地位。而梅瓦尔的统治者苏迪家族在拉起普特人中深受尊敬和拥护，苏迪家族不仅拒不承认阿克巴的宗主权，还暗中帮助抵抗莫卧儿的阿富汗人民以及莫卧儿内部中反叛的贵族。

因此，为了实现建立一个全印度帝国的理想，也为了莫卧儿帝国的经济利益，阿克巴必须控制梅瓦尔。梅瓦尔的统治者拉那·辛格死后，王国内部倾轧之风盛行，新国王乌德·辛格懦弱无能，这一切都有利于阿克巴实现他野心勃勃的计划。

从公元1567年10月至次年2月，阿克巴对齐图的围攻长达四个月之久，梅瓦尔的新国王乌德·辛格怯懦地逃到阿拉瓦利山上的森林里，把保卫齐图的重任交给他的部下贾伊马尔和帕塔。

而阿克巴在围攻齐图时，表现出了出色的耐心和技巧，他使用了二种东西：一条深长的壕沟作为保护军中人员活动的盾牌；一座临视全城的高层建筑物。在这场战争中，阿克巴对贾伊马尔的重重一击，使得士气大增，围攻变得更加顺利。随后，帕特也战死了。防守将领的牺牲令被围困的守军们失去了信心和耐心，于是他们手握战刀冲向敌人，勇敢搏斗到全部壮烈牺牲。而齐图的妇女们在最后被俘之前，都以“兆哈尔”仪式，投火自焚了。

阿克巴取得胜利后，马上攻克了齐图堡垒。根据阿布勒·法兹勒的说法，有 3 万人被屠戮，这个数字似乎过于夸大。阿克巴还迁怒于被托德称之为“王国的象征”的铜鼓。他把庞大的铜鼓（其直径为 8 ~ 10 英尺，鸣鼓宣告君主进出齐图城门之声周围几英里都能听到）拆下来，还把有齐图伟大之母称号的神宝座上的巨大烛台拆下来，一起运往亚格拉。其他那些长期公然反抗阿克巴的拉其普特酋长们，也因为齐图的失守而感到惊恐，纷纷归顺了阿克巴。

兰桑波尔是邦迪土邦的首府，也于公元 1569 年陷落，拉伊苏尔贾纳哈拉把要塞的钥匙交给了阿克巴，开始为帝国效劳。

紧接着，本德尔汗德的卡林贾尔酋长罗阇拉姆金德，也跟着投降。阿克巴对卡林贾尔的占领，大大地加强了莫卧儿的军事地位，也令莫卧儿帝国扩张的进程又迈出了重要的一步。

公元 1570 年，比卡内尔的统治者和贾萨梅尔的统治者，不仅归顺了莫卧儿皇帝阿克巴，而且还把他们的女儿嫁给他。就这样，莫卧儿逐渐控制了拉其普特的各个酋长的领地，唯一没有臣服于阿克巴的是梅瓦尔邦，虽然它的首都失去了控制，但它非但没有向阿克巴投降，反而进行了几十年的英勇抵抗，并一直保持独立。

公元 1572 年，乌德·辛格的儿子普拉塔普·辛格即位，他并没有停止抵抗莫卧儿帝国，继续防着莫卧儿的侵略。普拉塔普是一个真正的爱国志士和领袖，他忠于他的国家传统，对侵略者进行了毫不妥协的抵抗。但因实力悬殊，还是遭到了毁灭性的打击，惨遭失败，他的阵地也接二连三地落到了莫卧儿军的手里。这位拉其普特爱国志士，甚至在他一生最后一刻，还为他的祖国忧虑。他临终前强令他的酋长们“起誓不背弃他的国家，以免其落入突厥人之手”。

普拉塔普的儿子阿马尔于公元 1597 年接替他，领导人民继续斗争。梅瓦尔几代拉其普特人英勇地反侵略斗争，在印度中世纪史上，写下了可歌可泣的感人篇章。

公元1569年，阿克巴将兰桑波尔和卡林贾尔兼并后，觉得自己可以自由自在地更加专心地关注西方和东方了。他下一步征服的便是他父亲曾经征服而又失掉的重要地区古吉拉特。

古吉拉特位于印度西海岸，有着漫长的海岸线，这一地理特点使得她拥有诸多富庶繁荣的港口，具有引人注目的商业地位和诱人的经济利益。

阿克巴准备对古吉拉特征服时，古吉拉特正陷于一片混乱状态。名义上的苏丹穆扎法尔沙三世，无力控制那些犯上作乱的酋长。这种形势正好为阿克巴的征服提供了良机。

公元1572年，阿克巴率兵亲征古吉拉特，粉碎了一切抵抗力量，逼近阿歌达巴德，傀儡国王穆扎法尔沙三世立刻就投了降，阿克巴发给他养老金，令其退位。

紧接着，阿克巴继续向苏拉特进军，中途在沙纳尔的一次艰苦战斗中，他表现得非常勇敢。终于，在全军奋力围攻苏拉特一个半月后，攻克了该城。

此时的葡萄牙人见识了阿克巴的英勇和莫卧儿的强大，希望与阿克巴建立友谊。阿克巴在坎拜与葡萄牙人签订了条约，这给麦加圣地的参谒者创造了安全的通行。

阿克巴安顿好了古吉拉特的行政事务后，便回到新都法特普尔西克里。

但是，阿克巴刚刚到达首都西克里，这个新征服的省份古吉拉特，就爆发了叛乱。那些本来就有反叛意愿的莫卧儿王公们和阿克巴的几个堂兄弟一起制造了叛乱。

阿克巴以惊人的速度装备了一支远征军，飞速前进，九天之内兼程六百英里，抵达阿默达巴德。阿克巴没有等待援军，以仅有的三千人的军队，对两万名叛军发动了猛虎般的突击，一举粉碎了这次叛乱。阿克巴对古吉拉特的远征，被称为印度战争史上前所未有的最快捷的战役。

古吉拉特就这样纳入了阿克巴的统治范围，从此成为他的帝国的一个组成部分。它不仅增加了莫卧儿帝国的资源，而且还为帝国获得了一条到达海边的自由通道，使它和欧洲商人（葡萄牙人）有了联系，这对印度历史产生了重大影响。但是莫卧儿人从来没有建立任何海上武装的尝试，由于他们这方面的短浅目光，助长了欧洲商人后来对莫卧儿的入侵。

## 少年君主阿克巴之二

阿克巴接下来征服的是孟加拉。当时的孟加拉被苏莱曼卡拉拉尼所控制。他是南比哈尔的总督，一位阿富汗酋长，他利用孟加拉在位的年轻国王被弑后的混乱局面，把他的势力扩大到了孟加拉，于公元1564年继承苏尔王室，成了孟加拉的统治者。

卡拉拉尼曾率军包围罗塔斯，当阿克巴派军解救这个堡垒时，他主动撤回了孟加拉，并以赠送贵重的礼物正式承认了阿克巴的霸权。他在位期间，一直正式承认阿克巴的封建君主地位，并与之保持友好的关系。他把首都从高尔迁到坦达，并兼并了奥里萨这个信奉印度教的王国。

奥里萨被誉为纯粹的印度教之乡，并有印度教圣地之称，古籍中说它是“神圣之国”，“可以赎罪的地方”。奥里萨人的全部宗教生活同印度教三大主神之一的札格纳特神即毗湿奴神联系在一起，札格纳特不仅是天神，而且是奥里萨的民神。

公元 1574 年，阿克巴亲自率师讨伐这个放肆不羁、桀骜不驯的孟加拉总督。阿克巴在印度最不利于兴兵打仗的阴雨绵绵的季节，率兵沿恒河顺流而下，一举将达乌德逐出巴特那和哈吉普尔。阿克巴在雨季中对巴特那的占领，几乎是史无前例的壮举。阿克巴将战事交给他的将领穆尼姆汗，自己返回首都法特普尔·西克里。

穆尼姆汗乘胜追击，达乌德连连败北，撤退到奥里萨，后来战败身亡。孟加拉成为莫卧儿帝国的一部分。奥里萨于公元 1592 年也并入了帝国版图。

阿克巴的异母兄弟哈基姆是喀布尔的亲王。虽然他名义上从属于莫卧儿帝国皇帝，但实际上是作为独立的统治者来统治喀布尔的。

哈基姆是“一个懦夫，一个无用的酒徒”，但他野心勃勃，图谋不轨。他与东方几个省份的一些贵族，以及帝国朝廷里心怀不满的官员，串通一气，结成了同盟，抱着为自己篡夺印度王位的野心，率领 1.5 万名骑兵进犯旁遮普。

阿克巴认为，不能再无视哈基姆的阴谋和举动了，决定予以反击。劳伦斯·宾扬写道：“他看他的兄弟就像鹰看蚊子一样。”

公元 1581 年，阿克巴带领 50 000 骑兵、500 战象和大量步兵，从首都出发，向阿富汗挺进。哈基姆闻风丧胆，毫无抵抗，从旁遮普逃到喀布尔。阿克巴顺利进占喀布尔，哈基姆逃遁山区。哈基姆在发誓效忠皇帝之后，被恢复了在喀布尔的统治。

在喀布尔所取得的胜利使阿克巴大为宽慰。史密斯写道，这使他“可以在其余生中完全腾出手来，这个成就可以认为是阿克巴一生事业的顶点”。

公元 1585 年 7 月，哈基姆饮酒过度而死，喀布尔正式并入莫卧儿帝国。喀布尔并入莫卧儿帝国，使阿克巴不得不密切注视西北边境。这个地带从克什米尔的西部伸展，环绕白沙瓦、科哈特和班努，然后向南延伸，沿印度河流域而下，直到信德海边，它的总长度，包括曲折在内，大约有 1200 里。

这个地区在政治、军事和经济上都占有重要地位。这个地区有许多不易防御的重要山道，它们是印度的门户，来自波斯或中亚细亚的外来入侵者，通过这个门户，便可长驱直人，轻易地进入印度。这个地区也是一个重要的贸易中心，来自亚洲各地的商人，聚集在这里交换商品。由于葡萄牙人控制了红海，加上他们与波斯的关系不太友好，因此各种货物都比以前更频繁地通过这里，从印度运往亚洲其他国家。

此外，边境上好战的阿富汗部落，如乌兹别克人和尤苏夫扎伊人，史书记载他们“都相当民主并酷爱自由，他们在当地山区里是很危险的人。他们的国土提供了最好的天然屏障，他们就在这块国土的要塞之中作战，他们永远反抗任何想使他们屈从于毗邻君主的企图”。他们对莫卧儿帝国的态度不甚友好，而且还不时出现骚乱。

阿克巴充分认识到有效地巩固这一边境地区的重要性。他派军彻底击败了尤苏夫扎伊人，接着，他又派兵五千，征服了克什米尔。

克什米尔多山多谷多湖，在高山上的皑皑白雪，终年不化。而山谷地带却碧绿如茵，河流纵横，湖泊密布，冬暖夏凉，春华秋实，因此克什米尔素有“地上天堂”和“花雪丽国”之称。

公元1586年，阿克巴打败克什米尔苏丹，将其并入莫卧儿帝国版图。信德和俾路支分别于公元1591年和公元1595年被征服。莫卧儿帝王对克什米尔的风光很感兴趣，阿克巴、贾汉吉尔、沙·贾汉都曾数次来过这里，他们称这里是地上天堂，并在此地大修公园，广建屋舍，以供享受。

公元1595年，坎大哈的波斯省长，未经抵抗，便向阿克巴投降了，阿克巴和平地占领了坎大哈。这样，经过一系列征服兼并活动，莫卧儿帝国在西北边境的地位，得到了巩固，帝国的威望也随之大大提高了。

除了印度河彼岸一个狭长的部落地区和其他几个地区之外，阿克巴使自己成了从喜马拉雅山到纳尔马达河、从兴都库什山到布拉马普特拉河这块土地的毫无争议的统治者。阿克巴巩固了他对北印度和中印度的权力以后，就决定把他的统治扩大到南印度，专心从事德干的征服。

阿克巴征眼德干出于两个目的：首先，将德干五个苏丹国纳入他的霸权范围，实现他建立全印度大帝国的理想；其次，作为一个精明的政治家，他要利用他对德干的控制，作为把葡萄牙人赶回海里去的手段。虽然阿克巴与萄萄牙人的关系表面上尚且友好，但是他认为听任匍匍牙人享受帝国的一部分经济资源并干预其政治不是明智之举。

因此，阿克巴着手征服德干的工作。阿克巴首先于公元1591年派遣大使，分赴德干苏丹国各朝廷，意在要求他们接受德里的宗主权。但是，除了坎德什外，所有其他德干苏丹国对他的提议的答复，都是含糊其辞，模棱两可。

外交使团的失败，导致阿克巴诉诸于武力，大动干戈。他派遣大军讨伐阿马德纳加尔，并于公元1595年包围了该国。阿马德纳加尔前国王的姐姐，俾查浦尔的皇太后昌德比比，英勇顽强，率军坚决地保卫着这座城市。莫卧儿军队久攻不克，遂于公元1596年与昌德比比缔结和约，年幼的国王答应承认阿克巴的霸权，并割让贝拉尔给莫卧儿帝国。

莫卧儿军队离开后，阿马德纳加尔的另一派系迫使昌德比比放弃权力，驱逐了她，并且违背她的意志和忠告，违反和约，与莫卧儿人重新开战。

阿克巴亲自出马，昌德比比在内部暴乱中被谋杀，帝国军队轻而易举地于公元1600年8月攻克了阿马德纳加尔。这时，坎德什的新国王不堪忍受莫卧儿人的束缚，企图凭借易守难攻的阿西尔加尔堡皇对抗英卧儿皇帝，拒不归顺帝国当局。

阿克巴于公元1599年7月率军南进，攻占了坎德什首府布尔汉普尔，并轻而易举地围困了阿西尔加尔这座强大的要塞。虽然要塞内发生了可怕的瘟疫，致使许多人丧生，但被围困的守军仍然保卫着这座要塞达六个月之久。

由于他儿子萨利姆反叛，阿克巴不愿意把围困拖延下去，遂以保证人身安全为诺言，诱骗坎德什国王到兵营谈判，国王一到，即被扣压，并被迫写信给守军，下令交出要塞。然而，守军仍然坚持抵抗，拒不投降。接着，阿克巴又在坎德什的官员中大量分发金钱，施以贿赂。就这样，阿西尔加尔的大门，最终“被金钥匙打开了”。

这也是阿克巴一生中的最后一次征服。经过四十多年连绵不断的征略兼并，阿克巴将莫卧儿帝国的版图扩大到：北起克什米尔，南至戈达瓦里河上游；西起喀布尔，东到布拉马普特拉河的广大地区。

阿克巴以骁勇善战著称，是一位善用武功的征服者和军事家，同时也是一位雄才大略的统治者和政治家。在他东征西讨建立了统一的庞大帝国的同时，还实行了一系列开明的政治、军事、经济、司法、社会、文化、教育改革。阿克巴首先建立了强有力的中央集权制。国王是中央政府首脑，掌握帝国军政、司法大权。在阿克巴的议事日程上，国王决不是一个懒散的人，他必须过一种奋斗的生活。阿克巴每天通常有三次会议：第一次是早上的公开事务，也就是早朝；第二次是处理日常事务；第三次是在夜里或下午。在这些会议上，不仅讨论宗教问题，而且还商议政府政策和公务。所有这些会议对一般的行政都有着强烈的影响。阿克巴还会单独拿出一天来专门处理司法案件。一切政务都必须由国王裁决。国王即使在出逃也必须遵守日常规定。

国王之下是四位大臣：宰相、税务大臣、军事部大、宗教、司法大臣。这四位大臣有帝国政府“四根支柱”之称，由于财政和税收对维护莫卧儿帝国统治起着关键作用，因此，税务大臣迪万成为最重要的大臣。

阿克巴建立了完善的省、县地方行政制度。全国划分为十五个省，省级行政机构是中央政府的缩影。

总督是掌握一省实权的最高长官，有时也称为苏巴达尔，即省长，官方则称为尼柴姆。省的财政税务长官称为迪万，兼管民政，直辖于莫卧儿帝国中央政府，并有替中央政府监视和牵制总督的权力。

省以下划分为若于行政区“萨卡尔”，由负责行政和军事警备任务的长官“法吉达尔”主管。法吉达尔是莫卧儿帝国地方统治体系的关键，他负责农村地区的治安任务，并监督赋税的征收工作。每个行政区又划分为若干帕尔加纳（县），它是农村行政的核心，其行政首长称为阿米勒。

阿克巴为扩大王权，主张教权必须服从政权，宗教应该为加强君主专制权力服务。

公元1582年，他撤销了对施政有很大约束的宗教、司法大臣萨德尔这一职务，将其贬低为宗教官吏。

阿克巴拥有中央部队及地方军备十五万人，战象五千头，骑兵是主力部队，他亲自指挥的中央禁军有骑兵四五万人，拉其普特骑兵是中央禁军的劲敌。

这些拉其普特骑兵都是惯于保卫自己土地的武装农民，作战时异常勇敢。当他们发现被敌人包围时，往往将妻女召集一室，四周围堆上干草，放火焚毁，以免妻女落入敌人手中，然后自己穿上朱红色衣服，进行最后的决战，直到全体阵亡为止。

为了提高军队的战斗力，阿克巴进行了军事改革，于公元1573年创建曼沙而达尔制度。这是对以军职官员为主，包括一部分文职官员在内，实行军事编制的军阶等级制。

根据《阿克巴则例》记载，按照曼沙布达尔制，统帅十骑至一万骑的指挥官共分为33级，最高的3个级位（指挥7 000人、8 000人和10 000人）保留给三个王子，有1 388个指挥官指挥10～150人，412个指挥官指挥200～500人。

莫卧儿帝国政府对不同军职级别的官员颁发曼沙布达尔军指任命状，其上注明官位级别。

对文职官员的曼沙布达尔不封赐札吉达尔军事采邑土地，而由中央敢府根据其曼沙布达尔级别，按月支付现金俸禄。

在阿克巴统治末年的各级曼沙布达尔中，约有三分之二支取现金俸禄，其余三分之一封赐札吉达尔土地。

受封札吉达尔军事采邑的曼沙布达尔，只能在该札吉这尔土地上取得相当于其级别规定的田赋收人。田赋征收后，有义务用收入的一部分为中央政府供养与其级别相当的数额的骑兵、战马，并提供武器装备。

据英国历史学家统计，一个指挥五千骑的一等曼沙布达尔月俸为三万卢比，净收入为两万卢比；一个指挥十骑的三等曼沙布达尔月俸为七十五卢比，净收入则为三十一卢比。

曼沙布达尔官位级别的升降由阿克巴决定。他还深谋远虑地规定：曼沙布达尔的官位不得终身享有或世袭继承。

如果失去曼沙布达尔官位，即失去他所领有的札吉达尔军事采邑。而且曼沙布达尔不得连年领有同一处札吉达尔，军官的札吉达尔所在地往往与其驻地分离，不得结合在一起。

阿克巴并不将札吉达尔军事采邑的土地所有权封赐给曼沙布达尔，所以曼沙布达尔对札吉达尔并无土地所有权，只有田赋征收权力。

拉其普特王公受封为曼沙布达尔的都是将其原有领地在名义上改为札吉达尔，仍封给该拉其普特王公，归其统治。

曼沙布达尔制度也显露出一些弊端。欧文曾写道：“假花名册是一种祸害，莫卧儿军队在其极盛时期也因这一祸害而遭殃。贵族们互相借用士兵，以凑够他们的兵额，或者让集市上贫困的游手好闲的人搞到一匹驮运辎重的小马骑上，也和其他士兵一起算作精锐士兵。”

对此，阿克巴采取了种种措施，予以杜绝。他采用了定期检阅制度：建立曼沙布达尔的附有说明的名册，“注明他们的姓名、所属的部族或种姓、籍贯并附注他本人外表的详细特征”，恢复给马烙印的制度。

曼沙布达尔制度的建立，使军官及其部队置于莫卧儿帝国中央政府严密的控制之下，而且是对莫卧儿军早期由部落首领征集小支部队的旧军事制度的改革，所以在其创建初期大大提高了战斗力，对莫卧儿帝国的巩固和领土扩张起了重要作用。

为了增加财政收入，恢复和发展农业生产，阿克巴实行了田赋税收制度改革。田赋制度的政革先后进行过二次：

第一次于公元1570—1571年在中央政府成立整顿财政的机构，在托达尔马尔的协助下调查了某些地区村会计“昆鲁果”的土地账册，对田赋额做了新的估定。

第二次改革是公元1575—1576年实行分区包税制，除古吉拉特、孟加拉、比哈尔三省外，将全国划分为182个“克罗尔”即“一千万卢比税区”，每个税区设置一名“千万总管”为税区长官。但分区包税制实行的结采失败了，首先是因为“千万总督”穷凶极恶地勒索，使农民陷入水深火热之中。

第三次实行“统括课税制”。公元1582年，阿克巴任命托达尔马尔为中央政府的迪万（财政、税务大臣），主持田赋制度的彻底改革，在北印度广大地区推行统括课税制。其要点如下：

（1）认真丈量土地，并划分为四类，对实际耕种的土地才征税；

（2）规定固定的货币税率以代替涨落不定的实物税。折算时有两个依据：一个是税率表；一个是有关谷物产量的资料。

土地总产量按上、中、下三等产量的平均数计算。根据土地产量确定实物税率——约占实际产量的三分之一。这一实物税率再根据最近十年（后改为五年）全国各地区农产品的平均市价换算为固定的货币税率。

允许农民按照此固定的货币税自由地选择缴纳现全或缴纳实物。赋税不是草率确定的，十年以后才有所增减。

田赋由国家直接向农民征收，废除包税制度，减少了中间剥削。

由于札吉达尔未完全取消，所以阿克巴的财政部门就设有两司：其一司专管各省税吏征收的田赋；另一司专管札吉达尔上缴的田赋。

统括课税制实行的结果，大大简化了估税的过程，使全帝国的田赋制度接近统一。稳定的田赋收入，保证了国库财政收入的充裕和增加。在阿克巴时代，全国每年田赋收入达到13 210万卢比。田赋制度改革的成功不但有利于加强莫卧儿帝国的中央集权制，而且减轻了农民的负担，有利于农业生产的恢复和发展。

马克思在《印度编年史》中充分肯定了它的意义，指出：“阿克巴废除了土地税交人承包的陋习，这种陋习是虐政及勒索的根源。”

阿克巴非常重视法律和司法，以即时执法作为他的重要职责之一。阿克巴说道：“要是我犯了处事不公的罪，我就要起来审判我自己。”

佩鲁斯奇根据蒙塞拉特的说法写道：“对于执法，他是最热诚、最得意的。”皇帝是最高的执法者，是正义的源泉和最高的上诉法院，有时也起初审法院的作用。御前案件大多涉及刑事，处极刑的案件必须由皇帝批准。

阿克巴赋予臣民以直接申诉的权利，他在宫殿外面悬挂一条系着铃铛的链索，申诉者可以拉响链索铃铛，直接向皇帝上诉。

皇帝任命主要司法官卡济长，即首席卡济。首席卡济经皇帝批准委任各省卡济。省长也像皇帝一样审判案件，省长亲审政治犯，并对刑事审判实行监督。税收案件移交给“迪万”，属于宗教法的案件移交给“卡济”。这类

“卡济”不仅在城市里有，而且被派往基层。

穆斯林关于继承、结婚，离婚的诉讼只能由“卡济”和“穆夫蒂”来判决，印度教徒的继承、婚姻等民事案件则依据印度教的宗教性法律判决。

在契约和刑事审判的诉讼中，阿克巴做了某些修改，要求“卡济”不要单单依靠证人，也要依靠其他的材料来源。

言归正传，在莫卧儿时期残害妇女的这些习俗已经存在。而阿克巴大帝对上述残害印度妇女的种种社会陋习非常的反感，极力反对。他规定必须经过新娘和新郎双方同意和父母许可方能缔结婚约，禁止任何一方在青春期以前结婚、禁止近亲通婚、禁止接受高价嫁妆、禁止一夫多妻；准许寡妇再嫁。

阿克巴还希望能够制止妇女跳入火堆为自己丈夫殉葬的风俗。当他听到一个孟加拉贵族的寡妇要跳火殉夫，他马上远道赶去阻止。他还委任了几个督察专员到各地去辨明谁是真心自愿牺牲的寡妇，以便保护那些并不想这样断送性命的妇女。

阿克巴还制定了进步的科学和文化政策。他以波斯语为官方语言，促进了波斯文化与印度文化的融合。根据他的命令，许多梵文、希腊文、阿拉伯丈的书籍都译成了波斯文。许多著名的历史著作和有价值的诗歌、韵文也是用波斯文写成的。

阿克巴大力提倡印地语文学，他的朝臣中有许多著名的印地语作家。在阿克巴的赞助下，许多学者享有盛名，写了许多有趣而且重要的著作，一位孟加拉语诗人在《对难近母的献辞》中，高度赞扬了阿克巴皇帝对文学的赞助。

阿克巴统治时期，莫卧儿帝国政府设立学院和公立小学，并对课程进行了改革。标志着学校和学院教育制度进入了一个新时代，他在法特普尔·西克里、亚格拉和其他地方建立学院。阿布勒·法兹勒曾写道：“各国都有教育青年的学校，但是印度斯坦却因为有学院而特别闻名于世。”

阿克巴规定，数学、天文学和医学是所有学院的必修科目，还设置逻辑学、测量、会计、行政管理和农业方面的课程，从而使整个教育体系有了非宗教化的倾向。在他的赞助下，德里、亚格拉、贝拿勒期等地也建立了天文台。

阿克巴统治时期，也实行了一些对妇女的教育，皇家妇女可以得到正规的培养，受到正规教育，一些受了这种教育的妇女在文学界也颇有名气。

同一时期，建筑艺术得到了显著发展。这位皇帝以其一贯的一丝不苟的作风，掌握了这种艺术的每一个细节，他具有既分散又能够抓住主题的才能，他用来源不同的各种艺术思想用来充实自己，被他召集在自己周围的熟练技师们又赋予这些艺术思想以实际的形态。

阿布勒·法兹勒写道："阿克巴设计壮丽的大型建筑物并给他理智与心灵的作品穿上泥石做成的外衣。"弗格森也评论道，帝都法特普尔·西克里"是一位伟大人物心灵的反映"。

阿克巴的活动不仅限于建筑上的伟大杰作，同时他也建筑了一些堡垒、别墅、塔、学校、储水池和井。

他的这些艺术细胞不仅仅来源于他的母亲。阿克巴的母亲出生于贾姆一个波斯的显赫家庭，虽然阿克巴仍然坚持他从其母亲那里继承来的波斯思想，但这却并不影响他对印度教徒的宽容，对其文化的同情以及争取他们拥护他的事业的政策，使他在许多建筑物中采用印度教的风格。

那些建筑的装饰特征更像是在印度教和普那教庙宇中发现的图案的复制品，这一点从公元1569—1584年的帝都法特普尔·西克里的许多建筑物中可以得到显著的证明。法特普尔·西克里的建筑物中最宏伟的有：乔德·巴伊宫，供阿克巴和皇后们居住；勤政殿，即皇帝的办公室，其阳台的屋顶伸出在柱廊上，是印度教的设计；奇妙的枢密殿，即便殿，在设计、建筑和装饰上都具有明显的印度特点；名叫大清真寺的大理石清真寺，是一座"石头传奇"。凯旋门，即坐落于这座清真寺南门的巨型胜利牌楼，是为纪念阿克巴征服古吉拉特而用大理石和沙石建成的；名叫潘奇·马哈勒的金字塔形的五层建筑物，显示了在印度某些地区仍然存在的佛教寺院的设计图仍然在继续使用。

这一时期其他两座卓越的建筑物是阿拉哈巴德的"四十柱宫"和锡坎达尔的阿克巴陵墓。

阿拉哈巴德的宫殿具有明显的印度风格，它伸出的阳台屋顶由一排排印度式的柱子支撑着。建筑这座宫殿花了四十年时间，雇用了五千到两万个不同工种的工人。

这座恢宏庞大的建筑是在阿克巴在世时就完成的设计，它由五层越高越小的平台构成，用白色大理石建成的最高一层之上有一个拱状的屋顶，这一结构的印度图样是受到印度的教佛寺院以及交趾支那的高棉建筑的启发。

阿克巴时期的绘画艺术像建筑艺术一样，是印度以外的因素与印度因素的巧妙结合。

中世纪，中国艺术的一种乡土形式——它是印度佛教、伊朗、大夏和蒙古影响的一种混合物——被蒙古征服者传到了波斯，并为其帖木儿的继承者传了下来，后者又把它传入了印度。

阿克巴时期，这种印度、中国、波斯艺术的特点在印度当时的各个画派的作品中被吸收、混合和结合起来，作为早期印度教、佛教、耆那教的风格的一种复兴，这些画派在印度的不同地区涌现出来，并导致了一种绘画风格的发展，在这种风格中，蒙古的因素逐渐衰退，而印度的因素则占着支配地位。

在阿克巴的宫廷里，波斯或其他外国画家数量不多，信奉印度教的画家在数量上占优势。在阿克巴统治时期的十七个主要画家中，印度教徒不少于十三个。

阿布勒·法兹勒在谈到他们的艺术水平时这样说道："一百多个画家成了著名的艺术大师，臻于完善或第二流的画家的数目非常大。在印度教徒中尤其如此，他们的画是我们想象不到的艺术作品，在全世界确实罕有匹敌。"

他们协同工作，擅长于画人物肖像、书籍插画、装饰画和动物画。

阿克巴与他的家族其他人一样，热衷于欣赏世界的奇观和壮丽，用尽一切办法鼓励绘画艺术，并且不顾伊斯兰教关于禁止描画生物外形的禁令，而赋予绘画艺术以一种宗教色彩。

阿克巴曾说："在我看来，画家似乎有一种认识真主的十分特殊的手段；因为当画家在描绘任何有生命的东西的时候，在构思它的肢体、羽翼的时候，一个个终于感到他不能赋予他的作品以个性，他就不得不想到生命的赐予者——真主，因而增加他的认识。"

他试图以这种方式消除正统的穆斯林的不满，因为他们反对绘画艺术。阿布勒·法兹勒写道："拘泥于法体条文的信徒们敌视绘画艺术、但是他们的眼睛现在看到了实际的情况。"

阿克巴也欣赏音乐艺术，对此大加资助。根据阿布勒·法兹勒的说法，有36个歌唱家享受阿克巴朝廷的资助。其中最著名的是坦森和巴兹·巴哈杜尔。

关于坦森，阿布勒·法兹勒写道："最近一千年印度都没有再出现过像他那样的歌唱家"；巴兹·巴哈杜尔受雇为阿克巴服务，并被视为"他的时代中在音乐科学和印地语歌曲这方面最有造诣的人"。

阿克巴的一系列改革，顺应了时代发展的要求，促进了南亚次大陆政治上较长时期的统一、稳定和经济文化的发展。

阿克巴为了维护帝国的领土扩张，同时巩固统治，争取占人口绝大多数的非伊斯兰教徒，他改变了过去德里苏丹国对印度教徒的歧视和迫害的错误政策，实行了相当彻底的怀柔宽容的民族宗教政策。

鉴于德里苏丹国家统治时期，穆斯林君主对印度教拉其普特封建王公单纯采取武力征服的政策，结果导致印穆民族矛盾加深，造成削弱德里国家统治基础的恶果；同时也鉴于拉其普特封建王公的政治、军事力量日渐强大，很可能成为与莫卧儿人争夺印度统治权的劲敌。阿克巴以政治家的真知灼见和开明头脑，认识到对拉其普特人既要征服，更要加以怀柔和笼络，与其建立巩固的联盟，把他们变为莫卧儿帝国统治印度的重要政治支柱。

为此，阿克巴采取与拉其普特和亲联姻的政策，他娶斋浦尔邦的拉其普特公主为皇后、娶梅瓦尔的拉其普特公主为皇妃，这种联姻为阿克巴与拉其普特的结盟奠定了持久的基础。

阿克巴对臣服的拉其普特王公封赐官爵，使其成为莫卧儿帝国的重要大臣和军事将领。拉其普特人成了皇帝最忠诚的战士，拉其普特骑兵成为莫卧儿帝国的最精锐的武装力量，占莫卧儿骑兵力量的三分之一。

托德把阿克巴描写为“拉其普特人的独立主权的第一个成功的征服者；他的刚毅对于这个结局是有力的补助，这也犹如以他在心理分析上的技巧及其对行动的最敏捷的反应，使得他能在用以束缚他们的锁链上镀上金咒”。

阿克巴一改德里苏丹国统治时期穆斯林贵族垄断高级官职的错误做法，把被征服的拉其普特王公调到亚格拉的莫卧儿王朝中央政府，担任高级官职。

在地方官的任用方面，采取印穆间杂相伴的做法。他还限制穆斯林大贵族的势力，力图使印穆两种力量保持平衡，使他们都成为莫卧儿帝国统治的政治支柱。

在阿克巴时代，莫卧儿帝国的415名高级官吏中，有51名是印度教徒，而且几乎都是拉其普特人。

阿克巴以其开明的政策，赢得了大多数拉其普特人的人心，有记载称拉其普特人的忠心到了这样的程度：他们为阿克巴帝国做出了宝贵的贡献，甚至为之流血牺牲。

对骁勇善战的拉其普特人采取怀柔政策，是阿克巴的扩张得以顺利进行的因素之一，也是莫卧儿帝国得以巩固的因素之一。

如《高级印度史》中所说：“阿克巴帝国事实上是莫卧儿人的杰出才能和外交手腕与其拉其普特人的英勇和效劳互相配合的产物。”

阿克巴扩大了莫卧儿帝国统治的阶级基础，使帝国政权成为外来穆斯林军事贵族与印度教封建主的联合专政。

阿克巴宣称，他既是穆斯林的，也是印度教徒的，不偏不倚的君主，给予他们同等的权利。他取消了印度教徒的香客税和人头税。这一政策完全归功于阿克巴本人，而不是任何顾问。

据阿克巴自己说：“我没有找到能干的大臣，这是真主的恩赐。不然人民会认为我的措施是由大臣策划的。”他准许所有被强迫改信伊斯兰教的印度教徒归宗原来的信仰，准许印度教徒营建寺庙，崇拜其神祇、庆祝宗教节日、和平地宣传其宗教信仰。

阿克巴本人也停食牛肉，以表示对印度教习俗的尊重。

在此，介绍一下印度教中对牛的神化。牛，古今中外，各国都有，但对牛的崇拜与爱护，则以印度为最，印度教徒视牛如神，视其粪便如宝。

在印度教中，牛被视为最神圣的动物，不仅享有优越的社会地位，更是民众所崇拜和信奉的对象。相传，牛是印度教三大主神之中毁灭之神湿婆的坐骑，湿婆骑着一头白牛，手执一柄三股叉，可降服一切妖魔鬼怪。

牛代表繁殖，是生命的象征。对基督教徒来说，玛丽亚是上帝之母，而对印度人来说，母牛是生命之母。由此，对印度人来说，杀死母牛即等于亵渎神灵，犯下的是亵渎上苍的弥天大罪。

牛作为人们维持生计的依靠，有着多种多样的用途。母牛可以产牛奶，而牛奶又可以提炼黄油以及酥泊等十分有营养的食品，而公牛可以拉车、耕地，是种庄稼的好帮手。

从前，有些虔诚的印度教徒还喝牛尿，以净化肉体和灵魂。牛粪更有用处，不仅作肥料，还可以当燃料。用牛粪烧饭，香甜可口，因为牛粪燃烧时，干净无灰，火势文微，燃烧时间较长，食物不易烤焦。

将牛粪配上水调和后，制成糊状，就可以当作居室里的地板材料，而在十分肮脏的地面上涂抹这种混合品，等到晾干后，其表面平滑，这样地面上的灰土便可以用扫帚轻易滑扫干净。人死以后，用牛粪焚尸，可使灵魂圣洁。另外，有的地方，把泡有牛粪的水洒在地上，以示敬神，然后人们才可以吃饭。

正因为牛粪如此有用，所以古代《摩奴法典》中特地做了规定："偷牛粪者被罚款。"

所以就不用奇怪，在城镇里，每天清晨可以看到专事清扫工作的人，三三两两，头顶铜制大盒，四处寻找牛粪。一旦发现牛粪，便视为宝贝，争先跑上前去，用手把牛粪抓进盆里。

捡回来的牛粪做成饼状，贴在墙上或者地上等待晾干后，可以用作燃料出售。他们专靠向家庭主妇出售牛粪为生。

城镇是这样，乡村更是如此。村庄中的小孩整日尾随自家的牛群，以便把牛群当天的粪便拾回家来。农村中牛群多，所以当人们进村之后，扑鼻而来的是一股浓烈的"牛味"。

对牛的崇拜和热爱，渗透到社会生活的各个方面。政府部门为母牛开设养老院，主人无偿向那些滴奶不产、年老体衰的牛提供食物。在马德拉斯，警察将那些流离失所、身染疾病的牛收容下来，终日饱食，直至病体痊愈。

而农户人家更是将母牛视为重要的家庭成员，不仅对它们百般装饰，花环冠首，红缨垂地，当母牛生病时，他们更是无比虔诚地祈祷上苍保佑平安；一旦小牛出世，他们又会邀请亲朋好友和祭司，热闹地庆贺一番。

更加形象的是，在印度境内，印度教徒们会在墙壁上挂上年历，年历上面画着天姿国色、珠光宝气的少女玉首，而身体却是肥壮庞大的母牛躯体。这些半人半牛的女神的乳头，正向外喷涌着奶汁。

牛生在印度，算是走了红运。无拘无束的牛群四下闲荡，悠然自得；它们徘徊于街头巷尾；游荡于繁华闹市和百货而店；大摇大摆地横闯私人宅院；悠然自得地吃着庄稼、果树；趾高气扬地站在交通繁忙的十字路口，四处张望，毫不畏惧；无忧无虑地卧在路上，晒着太阳，慢悠悠地反刍着佳肴，旁若无人地悠然打盹。

印度教的牛崇拜

因为牛被视为神圣的动物，所以它在历史上受到很好的保护。《摩奴法典》明文规定：“犯误杀死牛这种二等罪恶者，应当剃光头，披他所杀的牝牛的皮，吞大麦稀粥并栖身在牝牛牧场内一个月”；“要每天尾随牝牛后，直立，吞食大量牛蹄扬起的尘埃，在伺候完后要向它们敬礼，并坐在一旁守卫它们”。而偷牛者也要受到惩罚，在《摩奴法典》中规定：“歹徒应被立即切断半只脚。”

言归正传，因此，禁杀与禁吃牛肉成为印度教的戒律，也成为印度教徒的的习俗。阿克巴不仅停食牛肉，而且在亚格拉以西建立印度教式的帝国新首都法特普尔·西克里，并采纳印度教帝王的惯例，实行阳台接见习俗，每天清晨在宫廷阳台露面，接收臣民伸冤的申请书。

阿克巴被印度教徒欢呼为“世界的领导者”。阿克巴不仅对印度教实行宽容政策，同时也被记载为“尽了最大努力，使印度的伊斯兰教从阿拉伯化的状态中解放出来，并使之适应印度的需要，就如波斯人发展了什叶派教义，使伊斯兰教适合于他们的民族精神一样。为使伊斯兰教适应于印度的传统，一个伟大的宗教和文学怀柔宽容运动开始于阿克巴，而以达拉告终”。

在阿克巴的统治下，莫卧儿帝国变得更为印度化，而不是突厥化或莫卧儿化。

## 少年君主阿克巴之三

阿克巴在新都法特普尔·西克里建筑了一座礼拜堂，用来讨论哲学和神学问题。他首先把博学的伊斯兰神学家召集到那里，但不久，他们的讨论就成了"发泄庸俗的积怨，拘泥于病态的正统观念和进行人身攻击"，而且他们对阿克巴提出的一些问题，也不能做出满意的回答。

这种无聊的争论，不能满足阿克巴那颗喜欢探索的心灵，于是，他把各种不同宗教派别的有识之士都召集到礼拜堂，其中有印度教徒、穆斯林、祆教徒、耆那教徒、基督教徒，辩论宗教问题，他耐心倾听各种宗教信仰的代表人物的争论，他"对每种宗教甚至都觉得，不同的人们都有其合理的理由断言自己是一个祆教徒、印度教徒、耆那教徒或基督教徒"。

通过这无止休地辩论，阿克巴明白了，"一切宗教里都有光，而光总带有或多或少的阴影"，即使逊尼派正统的伊斯兰教的教义也并非完美无缺。

公元 1579 年，阿克巴决定向伊斯兰神学家乌勒玛的专断挑战，他撤销了法特普尔·西克里的首席布道士的职位，以他自己的名义宣读"呼图白"（宗教讲词）并宣布"无误法令"。

阿克巴宣布他的新的王权理论，声称他不仅是政治上的最高主宰，而且也是宗教上的最高权威，当伊斯兰教宗教导师解释某项法令发生意见分歧时，由皇帝决定。

阿克巴认识到，印度是一个多民族、多宗教的大国，他本人对宗教问题抱有极大的兴趣。葡萄牙总督看到皇帝对宗教有兴趣，赶快派传教士来说服他入教。阿克巴的目的并不是要皈依哪种宗教，而是对社会和哲学进行思考，要制定出一个他的帝国的意识形态。从以下几则他的言论中，可以看出他对宗教问题的观察与分析："印度教妇女们从河流、水塘和井里取水，她们不少人用头顶着好几个水罐，说说笑笑，在崎岖不平的路上走着。如果人心能像水罐这样保持平衡，任何灾难都不会降到他们身上。为什么人们在对待万能之神时做不到这样呢?"，"我从前曾迫使人们接受我的信仰，即伊斯兰教。当我的知识增加以后，感到无地自容。我自己都不是穆斯林，让别人当穆斯林是没有道理的。强迫人家信教能指望他们忠实吗?"

阿克巴还对祆教进行分析，他不相信古人拜的火是从天上取下来的，他认为那是夸张，因为用镜子或晶体对着太阳就能引燃火绒。

经过种种思考，阿克巴认为所有的宗教都含有一些共同的法则。因此，他总结出了这个共同法则，创立了没有上帝和教条的、折中并杂糅了伊斯兰教、印度教、佛教、耆那教、祆教、基督教各种成份的圣教——丁·伊·伊拉希，意为“神圣信仰”。

他将圣教定为国教，自任教主，自称是人民的精神导师。他的指导思想是将所有信仰熔于一炉，提倡和平与宽容，不主张大量杀生，尽量少吃肉，至少要定期把斋，在宗教仪式上拜火、日、光。

阿克巴的普遍宽容的思想确实是一种崇高的思想，十分鲜明地证明了他的理想主义。

根据对阿克巴进行批判的巴道尼所提供的证据，以及那些肯定因为自己未能使皇帝信奉他们的宗教而对他不满的耶稣会教士的著作，史密斯错误地评论道：“神圣信仰”是阿克巴的蠢行而不是智慧的标记。全部设想都是荒谬可笑的虚荣心、无限的专制政治制度发展的产物。”

研究阿克巴的德国历史学家冯·内尔，对“种学信仰”做了正确的评价，他写道：“巴道尼为了一再对这位大皇帝进行攻击，确实是利用一切机会搜集阿克巴神化自己的想法。然而，他从来也没有深切了解‘丁伊伊拉希’，只不过是重复流行干群众中的误解而已，而这些误解又因当时一般人的理解方式而弄糟，并有了一些搀杂。阿克巴可以当之无愧地为他自己的业绩感到骄傲，但是他一生中许多事件都证明他是一个最谦虚的人。使这位兼政治、哲学和宗教制度的创立者和首脑干一身的人物成为神的是人民。他的创造之在宗教事务中宽宏大度和普遍容忍，确保他永远在人类的思想中占有杰出的地位。”

阿克巴崇高的思想、宽容的性格和广阔的理想，是由各种因素综合形成的。

首先，是祖先的遗传对他的影响：“赋予他那些理智与感情方面的品质，使他能接受环境对他造成的影响，并以最好的方式把它反映出来。”

尽管帖木儿及其后裔都是征服者，但是他们都爱好艺术和文学，而且主要是由干他们跟苏菲派的接触而有着超脱于宗教之上的正统观念。

这里有必要简要介绍一下“苏菲派”。“苏菲”意为穿羊毛衫的人，是伊斯兰教的一个神秘主义派别，因其成员身着粗羊毛织的衣服以示简朴和苦行而得名。苏菲派经历了禁欲主义、神秘主义、神智教和泛神论的演变。

“苏菲”这个词，最初只是用来称呼某些禁欲主义者，苏菲派的禁欲主义主要表现为不贪图今世的享受、独身、孤独冥想、徒步朝觐和长期守夜等。这些苦行生活显然受到基督教和佛教的影响。巴黑里人伊卜拉欣可以作为禁欲主义者的典型。苏菲派模仿佛的故事，编造了一个关于伊卜拉欣转变的传奇。

他们编造说，最初的伊卜拉欣是一个王子。有一天，他出去打猎，正在兴致勃勃打猎的时候，突然听到一个声音，警告他说：“你被创造出来难道是为了打猎的吗?”于是伊卜拉欣匆匆下了马，自此永远地抛弃了荣华富贵，出家修行，潜心向佛。

而还有另外一个传说，是说伊卜拉欣的转变完全是受到一个乞丐的启发。话说有一天，王子从皇宫中向宫外远眺，看到一个乞丐正在吃一片捡来的面包，他把那片面包浸在水里，用一点粗盐做佐料，吃得津津有味，心满意足。伊卜拉欣深受启发，于是便穿上粗毛布衣，开始了一种流浪的生活。

八世纪中叶以后，禁欲主义发展成为神秘主义，求得拯教成为首要目标。神秘主义者把苦行和禁欲作为一种修行的方法，目的是认识真主，喜爱真主，最后达到与真主合而为一，面不是企图在彼岸获得真主的报酬。

他们还认为，认识安拉是由于个人灵魂的闪光所获得的一种神秘直觉，并不是由于理性和公认的圣训；人类灵魂的本质是若干状态，或各种感觉，而爱是最主要的本质；爱能使人们与安拉相亲近，引导人们到达安拉的道路是爱，而不是恐惧，也不是希望；安拉是永恒的美，人的幸福就是与安拉相结合。这样，爱便成为了神秘主义的要素和精髓。

神秘主义之爱的信条，在一位女神秘主义者赖比尔·阿德威叶的言行中得到了发展，她是苏菲派历史上起过重要作用的第一位女性。她年轻时曾被人拐卖为奴隶，她主人看见她在做礼拜时，周围放出光彩，就把她解放了。她不肯出嫁，愿过一种抛弃红尘的极端苦行的生活。

没过多久，她便成为了一位令人尊敬的导师。她谆谆教诲人们要学会悔悟、忍耐、感恩、敬畏、安贫、乐道、绝对信赖真主。而当有人问她是否憎恨恶魔时，她回答道:“我的时间和精力都用来敬爱真主了，根本没有时间来憎恨恶魔。”她曾梦见先知穆罕默德问她是否喜爱他，她回答说:“我满心喜欢真主，心中没有憎恨或喜欢他人的余地。”

赖比尔·阿德威叶曾经宣称说:“我崇拜真主，不是因为惧怕他，也不是因为贪图天堂，只是因为喜爱真主，向望真主。”

九世纪中叶，苏菲派从思辩的神秘主义发展到神智教，新柏拉图主义为这种发展提供了理论根据。苏菲派神智学的代表是一位外号叫“左农”的埃及人，左农的意思是鱼人。

左农首创了一种观念:“只有入神，才能真正认识真主，除此之外，别无他途。”根据麦斯欧迪的记载，左农的祖国埃及有许多古迹的废墟，左农常在这些废墟中徘徊，试图来辨认那些古迹上的神秘的象形文字，想要把这些文字当作一把钥匙，去打开已遗失的古代科学的宝藏。

要做到入神，使自己与真主相结合，这个过程最好是通过把可以用作一体的各种感官合而为一来完成。有一个苏菲派的诗人曾用下述的诗句来表达这种思想：

我的眼睛在交谈，
而我的舌头在注视；
我的耳朵在说话，
而我的手指在倾听；
我的耳朵是一只静观万物的眼睛，
我的眼睛是一只聆听歌曲的耳朵。

苏菲派最后由神智教发展为泛神论。苏菲派的一些学者认为，“只有真主才是真正存在的；除真主之外的任何存在物，均如镜子中的形象一样不真实。”

只有真主的存在是借其本体而自足的，而世界不过是真主的若干状态中的一种状态，并不由其本体而存在。这种学说叫作“万有单一论”。这些学说的崇拜者们希望在与真主的相处之中能够达到无我的境界，希望通过消除个人意识从而完全地服从真主，使自己完全融于真主，达到无我，即“寂灭”。这种无我土义是佛教涅槃的反映。极端的苏非派进一步主张，真主存在于万物，万物即真主，这样，人的本体便和真主的本体化为了一体。这实际上是泛神论。

曼苏尔·哈拉智不仅认为人神是同等的，甚至自比为神。他曾说过“我就是真主”，“这长袍里只有安拉”等十分肯定自己的话语，并写了许多具有代表性的诗词：我即我所爱，所爱就是我；精神分彼此，同寓一躯壳；见我便见他，见他便见我。

哈拉智在其所著《塔瓦辛之书》中，还教导人们说：“抛弃远离你的那个被造的大自然吧，你何必要他。你会成为真主，而现实中的真主就是你！”

他还形象地把苏菲派信徒比作小灯蛾，把真主比作蜡烛；小灯蛾不满足于蜡烛的光和热，于是扑向火苗，在烛火中燃烧了，什么也没有留下。这时，它已经认识真主，融合于真主，当然也就不必再回来了。

首先，是苏菲派的教团，是伊斯兰教唯一的教会组织，苏菲派的宗教礼仪，是伊斯兰教中唯一复亲的礼仪。各教团的宗教仪式五花八门，稀奇古怪：有的舞弄活蛇，吞火焰，吃玻璃，走红炭，以针刺肉；有的由音乐伴奏狂舞，摇头耸肩，前仰后合，剧烈扭动；有的以不同声调，千万遍地重复呼唤主名或经文，以至神智昏迷，而求人神交往。其次，阿克巴早年留在喀布尔宫廷，当时有许多苏菲派圣徒在萨法维迫害的压力下逃离波斯，来到那里。其间与苏菲派的接触，以及后来他的导师阿卜杜勒拉蒂夫的影响，使他深深感到自由和崇尚的思想的价值，并且使他渴望得到与神的本体直接接触时所具有的不可言喻的幸福。

最后，受到他身为拉其普特人的妻子的影响，他与印度教徒的接触，以及当时的改革运动，都对他富于想象力的头脑产生了影响。

因此，“他这个非常聪明、头脑机灵、喜欢探索的人，在出身、教养和交往方面都善于极其敏税地观察到那些成为他所生活的那个世纪特征的种种渴望和精神的不安。他不仅是他那个世纪的产儿，而且是它最好的反映”。

此外，他要建立一个全印度的莫卧儿帝国的政治目的，对他的宗教政策也产生了某些影响，正如政治因素在很大程度上影响了与阿克巴同时代的英国伊丽莎白女王在宗教上的决策一样。

但是，毫无疑问，阿克巴本人向往宗教，渴望真理，“在阿克巴的灵魂里泛起情感的波涛”是屡见不鲜的事。

甚至怀有敌意的批评者巴道尼也告诉我们：“许多个早晨，他总在坐落于僻静处的法特普尔·西克里皇宫附近的、幛古老建筑的一块平坦的大石上，独坐祈祷，神情忧郁，头垂胸前，搜集清晨的天福。”

“不同的宗教和派别冲突给了阿克巴心理上重重的震撼，由此他开始致力于开创与发展一种新的宗教，并且希望这种宗教表达的是对所有敌对教义的综合，通过宗教的调和能够把他那辽阔的帝国各种不协调的因素统一在一个和谐的整体内”。

他的理想是广泛综合他认为是各种不同宗教中的一切精华。

阿克巴的宗教宽容政策，改变了莫卧儿人在印度当地居民心目中作为入侵者的形象，成为帮助阿克巴扩张领土、巩固统治、使莫卧儿人最终立住脚跟的重要因素之一，同时也给遭受穆斯林入侵和破坏达数百年的印度社会带来了普遍的安定与繁荣。

尽管年轻时的阿克巴雄心壮志，并且为帝国的扩大和繁荣做出了重要的贡献，但遗憾的是，我们的一代枭雄阿克巴的晚年时光却因为悲伤和痛苦而郁郁不乐。他的晚年经历了一个又一个令他伤心的事件，使得他那饱受征战之苦的身心，一再蒙受磨难，得不到片刻安宁。

先是他心爱的朋友和诗人费济的去世，接着是他的儿子萨利姆犯上作乱，自立为王。

阿克巴共有三个儿子，萨利姆是阿克巴仅存的儿子，他的两个哥哥比阿克巴先去世了。

幼子萨利姆从小备受娇宠，导致他的个性复杂多变。他就像是一个奇怪的矛盾体，性格多变，并且十分极端。有时候很残忍，令人畏惧，有时又非常温和。他可以眼睁睁看着人被活活剥皮，却又能热爱正义，能在高尚的交谈中度过星期四的晚上。他可以在下令或者谋划杀死某个令他厌恶的人后毫不自负地坦率承认这一事实，却又可以在寒天雪地时对洗冷水澡而冻得打战的皇家大象们而感到可怜和心疼。

性情虽反复无常，但是美酒和美女是他不变的爱好。他虽喜欢寻欢作乐，但又具有高超的审美能力，热爱大自然，擅长艺术和文学。

而这样的一个王子，却曾经几次图谋篡夺他父亲的王位，给他暮年的父亲惹来无尽的烦恼。

公元1601年，萨利姆利用阿克巴在南方征战的机会，在北方古城阿拉哈巴德僭行独立。

阿拉哈巴德是印度一个最古老、最神圣的城市，古名钵罗耶格，十五世纪起改名阿拉哈巴德，意思是“真主的宅邸”。

阿拉哈巴德坐落在恒河、来木拿河和神话中的悉罗湿伐底河的汇流处，另有一个古名叫“三河口”。阿克巴大帝曾在三河口筑起要塞，作为他的帝国东方边陲的标志。

恒河、来木拿河在印度人眼里被视为圣河，如果能够在河里洗澡或者沐浴的话，不仅可以消灾去难，还能够使灵魂圣洁，死后可以升天。这样的传说一代代传下来，因此，每天的黎明和黄昏，都有许多男女老幼到河里去洗澡，甚至有些人一天当中连洗好几次。河岸与河里人山人海，熙熙攘攘，场面之热闹，令人叹为观止。

圣河也是死者的理想归宿。人死后便被抬到河边焚烧，最后把骨灰撒进河里。因为很多人相信，骨灰撒进圣河，便可灵魂升天，所以不少年迈老人或重病患者临终之前，都来到圣河岸边等死，担心死后不能在圣河里焚尸。一旦骨灰被撒进圣河，算是人生的莫大幸福，实现了一生最大的心愿。

但说来奇怪，虽然每日有水牛在河里游泳，信徒们在河里洗澡，每到节日时大家会抛掷鲜花和燃着的油灯等物，焚烧尸体，抛撒骨灰，除此之外，还有些路面上的大小便在下雨时都会被冲入河中，然而，河水依然洁净，不会变脏。

洁净的圣水常常被当地居民当作饮用水，慕名前来的外地人有机会也取点带走。后来，据科学家研究，恒河水的这种“神奇”现象是由于它的净化能力很强，它可以将杂物聚结，沉入河底，有一定排毒除害作用，因此，它比其他河水洁净，称为圣河当之无愧。

恒河和朱水拿河两河河水汇流之处更为神圣，两河汇流后的一段流程仍浊清分明。多少年来，年年都有成千上万的印度教徒到这里来沐浴涤罪，也有来到这里，站在无花果树下，投河自杀的。

特别是，每逢十二年一次的贡帕节，又称贡帕庙会，有数十万乃至成百万的人来自四面八方，云集到阿拉哈巴德，在特定的时辰，成群结队地到河里沐浴，以求圣洁和长寿。

言归正传，萨利姆在阿拉哈巴德这样的地方，建立了一个独立的朝廷，他发布诏谕，封授封建军事贵族“札吉达尔”。除此之外，为了达到尽早夺取王权的目的，他还不惜与欧洲殖民主义着葡萄牙人相互勾结。更使他父亲伤心的是，他怀疑他父亲的亲密朋友和饮伴阿布勒·法兹勒，在他父亲阿克巴面前进谗言，并唆使公然反叛了他父亲的班德拉设下埋伏，在阿布勒·法兹勒从德干回亚格拉会见皇帝的路途中暗杀了他。

费济和阿布勒·法兹勒兄弟俩是阿克巴最亲密的朋友，相继离开了人世。

伤心无比的阿克巴下令追捕凶手班德拉，但是，作为首要嫌疑犯的王子，却没有受到惩罚。而父亲天生的弱点，使阿克巴于公元 1603 年四月与儿子和解，重归于好。

萨利姆对这次和解在他的自传中用极其朴实的笔法描述出来了，“我明白一个国王该有何等的忍耐，它的基础是建筑在对父亲的敌意上的。”

与父亲和解后的萨利姆，回到阿拉哈巴德后，没过多久，又开始图谋不轨，想要重建独立的朝廷。就在此时，朝廷里一些贵族及曼辛格、阿扎姆等人，正在密谋废除萨利姆的继承权。

萨利姆于是再次请求同父亲和解。阿克巴也只是把他当作任性的孩子，严加斥责，关禁闭十天，作为惩罚，之后却再次宽恕了他。

不久，阿克巴患了严重的痢疾，于公元 1605 年 10 月 17 日逝世了。

临终前的阿克巴为萨利姆举行了授权仪式，将头巾和礼服授予他，并给他佩上广自己的短剑，展示了一位征战终生的帝王的慈父胸怀。

印度第一任总理贾瓦哈拉尔·尼赫鲁，在《印度的发现》一书中，用大量的篇幅评介了阿克巴。他写道：“阿克巴富有吸引力、具备伟大的品德。他是一员良将，温文尔雅而富于同情心，他是理想家兼梦想家，又是一位实干家和群众的领袖，他能够激起部下的热诚拥为一位战士，他征服了印度的大部分土地，但他的眼光却放在另外一种更持久的征服上面，那就是要赢得人民的心悦诚服。正如他的宫廷中的葡萄牙籍的耶稣会教士告诉过我们的那样：‘他那双炯炯逼人的眼睛，像照耀在日光中的海洋一样地震颤着。’在他的身上，那统一印度的这个旧梦又形成了，这不仅仅是在政治上并为一家，而且是要有机地融合为一个民族。从公元 1556 年起，在他那将近五十年的漫长统治时期中，他为这一目的鞠躬尽瘁。”

阿克巴集合了一批对他以及他的理想忠诚拥戴的聪明有才智的人们于左右。他的宫廷成为拥有各种信仰和一切有新思想及新发明的人们的集会之地。在他统治时期，印度北部的印度教徒的文化和伊斯兰教徒的文化融合向前迈进了一大步。阿克巴确实同样受到印度教徒和伊期兰教徒的欢迎。

阿克巴充满了好奇心，老是企图发现精神上的及世俗上的一切事物的究竟。他宫内的葡萄牙籍耶稣会士这样说：“他对于许多事物发生兴趣，渴望学习，他不仅对于政治上及军事上的事情有完全的知识，他对于许多机械方而的艺术也一样。在强烈的求知欲中，他竭力想一下子学会一切，像一个饿汉想一口吞下他的食物一样。”

不过他的好奇心何以停于某一点上，而并没有引导他向那摆在面前的某些显明的路上去勘探，却是很奇怪的。尽管他有莫卧儿大帝的伟大威望、尽管他在陆地上有巨大的力量，但他在海上却没有势力。

阿克巴有一个庞大的大陆等待他去征服，很少有剩余的时间来对付海洋上的主人翁葡萄牙人。虽说葡萄牙人偶然刺痛他一下，他也认为无关紧要。

有一个时期，他确实曾想到建造船舶，但是他并没有认真地发展海军，只不过是一时的高兴作为消遣而已。

莫卧儿的陆军由外国专家训练，他们通常是来自奥斯曼领土内的土耳其人。这些外国专家训练本地人，但是为什么阿克巴或其他人不派遣自己的手下到外国去受训练，或用鼓励研究方法来提倡这种改进工作的兴趣呢？

耶稣会教士把一本排印的《圣经》和几本印刷出来的书赠送给阿克巴。阿克巴对于这种在他的政府工作和他的远大事业上能有巨大裨益的印刷术何以小觉得新奇而予以注意呢？

莫卧儿的贵族很喜欢时钟，先是葡萄牙人带来的，后来英国人又从欧洲运来。莫卧儿并没有企图去了解这些有弹簧的钟是怎样制造的，也不设法在印度试行仿造，印度有的是非常精巧的手艺人和技工。

阿克巴的世纪是公元十六世纪，这一个世纪在欧洲看见动力学的产生，这在人类的生活上是一种革命性的进步。正当欧洲在利用和开发大自然的力量时，静止而冬眠的亚洲还是照古代传统的方式继续着依靠人力的辛苦劳作。

印度，从一切外表看来，所呈现的景象不唯有一个光辉灿烂的朝廷，而且有繁盛兴旺的商业、贸易、制造和手工艺。以当时印度观察者看来，欧洲各国在好多方面好像是落后而粗俗的，但是欧洲那种正在日趋显著的动力特性在印度却是完全缺少的。

如果阿克巴求知心切的智力转向社会变革的方向，来研究世界上其他地方所发生的事情，他也许已经奠定这种变革的基础了。但是他太忙于巩固他的帝国，他面临着的重大问题是如何使伊斯兰教与印度的宗教和民间习俗获得调解，从而造成国家的统一。

他企图用理性主义的精神来解释宗教，在当时他好像引起了印度情况的巨大转变。然而，这种直接的手段并未成功，正如它在其他地方很少成功一样。

因此，甚至阿克巴这样的人也并未能在印度社会的前后关系上发生过根本的影响。在他死后，他所倡导的改革气氛和进取精神又消沉了，而印度重新恢复了那呆滞不变的生活。

阿克巴特别喜爱拉其普特人，他所爱慕的是他们也有他自己本人所具备的品德，不顾一切的勇气、光荣感及侠义感和信誓的遵守；他把拉其普特人争取过来了；但是，这些拉其普特人虽然有他倾慕的品德，而其所代表的乃是正当新势力方兴的时候他种已经过时的中古类型的社会。阿克巴未曾意识到这些新兴的势力，因为他本人就是他自己的社会遗产的俘虏。

以上是尼赫鲁对阿克巴的评价。的确，阿克巴是一位无畏的战士，仁慈而明智的统治者、思想开明、有胆有识、在印度历史上具有独一无二的地位。

阿克巴个性威严，看上去是个十足的帝王，萨利姆在他的回忆录中说，他父亲“一举一动都不像个凡人，在他身上显示出真主的灵光”。

阿克巴像帖木儿王朝其他君主一样，富有过人的勇气，非凡的膂力。他在临阵和追击时，都无所畏惧，“像马其顿的亚历山大一样，时刻准备冒生命危险，而不顾政治后果”。

他常常在雨季策马跃入洪水横溢的江河，安全地渡到对岸。他虽然是个强有力的征服者，但并不出于残忍而滥施暴行。他对他的亲属充满深情，不无故报复。他对他的兄弟哈基姆所采取的行动，说明他能宽恕改悔的叛变者。偶尔，他的怒气占了上风，那么罪犯就即刻被处决，如他对他的舅父穆阿札姆和同奶兄弟阿达姆汗就是这样。

但是，他一般能很好地自我克制，宽大为怀，如他对赫穆和萨利姆就是这样。他风度翩翩，谈吐文雅，为此受到所有与他接触的人的高度赞扬。他能赢得臣民的爱戴和崇敬，他们认为这位德里的统治者是世界之王。他饮食极其节制，喜欢水果，不大喜欢肉食，晚年完全不吃肉。

阿克巴自幼爱好打猎和各种运动，不喜读书，目不识丁，总是请别人给他读书。

虽然阿克巴一生不识字，不知道如何阅读和写作，但他具有极高的文化修养。他有出色的文学鉴赏力、浓厚的求知欲和惊人的记忆力，对各门学科，如哲学、神学、历史和政治学都有浓厚和强烈的兴趣。

他有一座藏书楼，里面装满各门学科的书籍。他喜欢跟学者、诗人、哲学家交往，他们向他大声朗读书籍，因此，使他能通晓伊斯兰教苏菲派、基督教、袄教、印度教和耆那教的作品。史密斯写道："任何一个听过他对争论的问题发表深刻而精辟的议论的人，都会相信他具有广阔的文学知识和渊博的学问，而决不会想到他是文盲。"

虽然阿克巴雄心勃勃地进行领土征服，通过征服把莫卧儿帝国的范围，几乎扩大了到北印度最远的界限，可是他不是一个自私而任性的独裁者。他不是只顾自己的利益而无视被征服者的感情，践踏他们的权利和特权。

他的王权理想是崇高的，他说道："任何行动方针有效与否取决于君主的行为。"因此，他对真主的感激应该表现在他的公正政治以及论功行赏之上；而他的臣民的感激则应该表现在唯命是从和歌功颂德上。由于他具有天才的远见，他把莫卧儿帝国的政治结构和行政制度建立在所有臣民的合作和友好的基础之上。

他真正认识到，虐待占人口绝大多数的印度教徒或使他们长期处于不平等和屈辱的地位是不合理的。这表明阿克巴作为政治家的卓越才能。他不仅公平对待印度教徒，任命他们担任要职，而且还力图消除穆斯林与非穆斯林之间的一切令人反感的差别。

他为任何一个想追求印度全国的统治者这个地位的人，开拓了一条合理的途径。

阿克巴爱好绘画。他"热情欣赏世界的奇观和壮丽"，用尽一切办法鼓励绘画艺术，并不顾伊斯兰教有关禁令，赋予绘画艺术以一种宗教色彩。

喜爱艺术的阿克巴供养了一百多位画家，其中印度教画家人数远超过穆斯林。宫中每月开绘画展览三四次，对每一次展览他都要加以品评和分别赏赐。那时各画家不断地交流经验，养成了相互学习、共同观摩的风气。

阿克巴也对音乐艺术有较高的造诣。他供养了36位歌唱家，其中有些是在音乐方面很有造诣的人。他每天轮流听取印度、波斯、中亚、克什米尔等地区的音乐。他自己亦能作曲，并命令将梵文乐谱译成波斯文。

阿克巴对于建筑和工艺同样关爱。他亲自监督宫殿和陵墓的建设工程，并在拉合尔和亚格拉等地建立了布匹、地毯和其他日用品的作坊或工场。中国瓷器当时已经由克什米尔和古吉拉特逐渐输入印度西北部和北部。阿克巴也爱好机械。他被认为在火绳枪的制造方面有许多发明和改进。

由于有天赋的不屈不挠的魄力和孜孜不倦的勤奋精神，他建立了一个庞大的行政机构，并进行了全面的政治、经济、社会、法律、文化、宗教改革。

正如《阿克巴则例》所说的那样："他把最微小的细节看成是能反映全貌的镜子。"

《世界文明史》一书中这样评价阿克巴："阿克巴具有复杂的个性和罕见的多方面爱好，这就在他统治时期的各个方面都打上了印记；他明显深受癫痫发作或偶尔出现的郁症之苦，但通常显得轻松愉快，精神状态很好；他天生一副魁伟的体格，酷爱武艺和冒险行为，有时会冒着生命危险，不顾一切地徒手与雄狮格斗或骑御野象；在发火时他可以变得残酷无情，但一般来说判断准确，对已被击败的对手往往表现得宽宏大量；这位易于冲动的皇帝有着强烈的求知欲和开阔的思想。"

记在他名下的发明有好几项，主要与火炮改良有关。虽然他执拗地拒不学习读书写字，但他喜好文学，藏书甚众。他还是位天才的音乐家，不仅精通演奏乐器，尤其善于敲定音鼓，而且通晓十分繁复的印度声乐理论。

从各个方面看，阿克巴统治时期，是印度历史上最辉煌的时期之一。

一个是他的中亚细亚祖先的世界，这是一个人类精神十分强烈的世界，为自身而崇拜那种能力，为狩猎的狂热所迷，猎取兽类或者猎取人——这是一个狂暴行动的世界，这种行动像梦幻般飞逝；另一个是印度的世界，它固然沉醉于豪华与残暴之中，可是它也能产生佛陀和阿育王的崇高精种，和那些野蛮的征服者相比，他们从遥远的过去对我们发言，但声音仍然是活生生的，能够感动我们。

阿克巴一生的渴望都是贪得无厌的权力和荣誉，他似乎是行动的化身，而在他的天性的深处，却有点和以上一切截然不同，它渴望思考和瞑想，它追求正义，并希望和平。而更加引人注意的是，在阿克巴的统治下，印度人统一印度的古老理想又实现了，他要努力实现的不仅是政治的统一，而且也是文化的融合。史密斯这样评论道：阿克巴生来就是人中之王，称得上是人类历史上最强有力的君主之一，这种看法有其牢固的基础，这就是他的非凡的天资，创造性的思想和巨大的成就。

阿克巴大帝为莫卧儿帝国的繁荣强盛奠定了坚实的基础，创造了丰厚的条件。在他之后的三位继任者统治时期，莫卧儿帝国达到了鼎盛的颠峰。

## 世界之主——贾汉吉尔

贾汉吉尔是印度莫卧儿帝国的第四代皇帝，生于公元 1569 年，死于公元 1627 年。贾汉吉尔原名萨利姆，是阿克巴唯一活着的儿子。阿克巴死后将帝位传给了萨利姆，贾汉吉尔有"世界征服者"的意思，是他登基以后才用的名字。

早前的莫卧儿帝国的统治者们和他们的祖先帖木儿一样，不仅爱好艺术，更热衷于提倡和赞助文学艺术。而贾汉吉尔不仅如此，他还是个杰出的鉴赏家和艺术批评家，同时还是一位画家。除此之外，他热爱大自然，喜欢花卉，并且很多情。他曾经为一个叫阿纳尔卡莉的宫女修建了一座大理石墓，上面镌刻着深情款款的题词："啊！如若再得一见我爱之面容，我当感激真主直至复活之日。"也正是因为他如此的多情和感性，一个波斯移民的女儿才能以其妩媚的容颜吸引了这位皇帝的目光，最终成为他的皇后，然而她并不是一位好皇后，她的存在导致了外戚专权、宫廷内讧加剧。

贾汉吉尔在位（1605—1627 年）时期，经历了锡克教第五代祖师阿尔琼对教区的改革，将教区改为行政机构，同时开始向信徒征收赋税。可以想象，这样的变革和举动立刻在莫卧儿帝国内掀起了一阵骚乱和震动。祖师阿尔琼还在阿姆利则建立了金店，作为锡克教圣地和行政管理中心。锡克教圣典《阿底格兰特》也是这个时期完成的。在过去的时间里，锡克教一直标榜为和平静修的团体，祖师关心的只是如何传教授道解惑，几乎从不干预政治。而到阿尔琼这一代，他却卷入了莫卧儿皇室的纷争，并且还庇护叛乱的王子，因此激怒了贾汉吉尔国王，公元 1606 年引来杀身之祸。以此为发端，锡克教的和平发展时期结束。

贾汉吉尔

胡斯劳是贾汉吉尔的儿子，曾得到他祖父阿克巴大帝的溺爱和庇护，是帝国中最得人心的王子，有许多权势显赫的支持者。据说，他是一个"风度翩翩，举止文雅的君子，深得庶民百姓的爱戴，他正是所有庶民百姓拥戴和喜爱的人"。

贾汉吉尔才登基五个月不到，野心勃勃的胡斯劳就潜逃出宫，离开了亚格拉，逃往旁遮酱，在拉合尔举兵谋叛。

贾汉吉尔亲率大军讨伐他的儿子，力量之悬殊导致王子的军队被国王的军队轻而易举地打败了，王子和他的两个得力的追随者全部被俘。胡期劳双手被捆绑，脚带锁链，被押到一个开阔的觐见厅内面见他的父王，遭到了贾汉吉尔的严厉斥责，并被下令监禁起来，他的支持者也遭到了残酷的惩罚。

贾汉吉尔写道："我把胡斯劳监禁了起来，下令把两个恶棍用一张牛皮和一张驴皮裹住，驮在驴背上，脸朝尾巴，在城内到处游街。"

这个被监禁的叛乱王子，在公元 1622 年去世了，然而在死之前，遭受了许多的痛苦。首先是他在阿拉哈巴德狱中双目被挖，虽然后来胡斯劳被赦免出狱，但不久又被其弟弟胡拉姆毒死了。

锡克教第五代首领阿尔琼也被监禁处死。有人说他的罪名是用一笔钱帮助过叛乱王子，也有人说是因为他为叛乱祈祷过，还有人认为他的行为可能是出于他仁慈而善良的品性，而不一定是表明他对皇帝本人有什么敌意。

无论怎样，处决这位锡克教师尊是贾汉吉尔的失策之举，因为这么一来就使锡克教徒离心离德，成为帝国的敌人。

如果说把努尔·贾汉的一生看成是一部浪漫的爱情史一点都不为过。努尔·贾汉的父母是波斯人，他们在极端穷困的情况下从波斯迁移到了印度。她父亲在阿克巴大帝的军队中服役，后来跃居高位。

传说贾汉吉尔第一次看到她那妩媚的容颜时便被她深深地吸引了。但是，当时的阿克巴大帝不同意他们的联姻，并把努尔·贾汉嫁给了波斯一个冒险家舍尔·阿富汗，并命令他们定居孟加拉。

贾汉吉尔即位不久，就听到传言说舍尔·阿富汗不服从命令，并有图谋叛乱的想法。贾汉吉尔当即就派同胞兄弟，也是孟加拉的新任总督去惩办舍尔。

而这位新任总督却死在了强壮的舍尔·阿富汗的刀下，虽然舍尔·阿富汗最终被总督的随从砍成了肉酱。于是，舍尔·阿富汗的遗孀努尔·贾汉及其年幼的女儿被带到了亚格拉宫廷。

贾汉吉尔再一次见到心爱的女人，发誓这一次一定要娶她为妻。几年以后，贾汉吉尔终于和努尔贾汉结了婚，并立她为皇后，并授予新皇后“宫廷之光”称号，不久又改为“世界之光”。

当然，贾汉吉尔是非常非常爱着她的妻子的，但这并不能阻止多情的贾汉吉尔与宫中其他的女子相恋。

贾汉吉尔的皇后努尔·贾汉确实是一个十分美丽的女子，她不仅妩媚端庄，同时博学多才，对波斯文学、诗歌和艺术有高超的鉴赏能力，历史家评论她“有洞察一切的才智、有多才多艺的禀赋、有充分的常识”。

努尔·贾汉不仅是当时的莫卧儿帝国里妇女界中的领袖，而且也被公认是一股强大的政治力量。她最大的特点就是拥有妇女们少有的野心，这份野心使得她时常左右她的丈夫、当时的皇帝。

充满野心和报复的努尔·贾汉成为公元1611—1627年莫卧儿帝国朝廷中最有权力的人物。在新实行的钱币上铸有她的名字，还有铭文：“奉国王贾汉吉尔之命，金币由于刻上皇后努尔·贾汉的名字，增加了百倍的光彩。”

努尔·贾汉的父亲也位列总管大臣，而她的哥哥被委任为皇室的总管，并于公元1611年开始了他显赫的官场生涯。她还把她与第一个丈夫哈尔·阿富汗所生的女儿嫁给贾汉吉尔最小的儿子沙尔亚尔，以进一步巩固她的地位。

贾汉吉尔在外交政策上追随着他的父王阿克巴的政策，因此这个朝代被称为阿克巴朝代的继续。贾汉吉尔将位于莫卧儿帝国最东边的孟加拉列为最重视的地区，该地经常处于骚乱之中，总督更迭十分频繁。

公元1612年3月12日，伊斯拉姆总督打败了独立的阿富汗人在孟加拉的最后一个领抽，同时结束了一直对抗莫卧儿帝国的阿富汗人的政权。贾汉吉尔采取怀柔政策，使他们从此与帝国友好相处，莫卧儿的安抚政策也为群龙无首的阿富汗人的全部投降铺平了道路。

贾汉吉尔最卓越的胜利是战胜了长期一直蔑视其权力的梅瓦尔的拉其普特人。

公元1613年，贾汉吉尔任命其三子胡拉姆王子（也是贾汉吉尔的继承人，后改名沙·贾汗）为统帅，带兵攻打梅瓦尔。胡拉姆采用焚烧、掠夺和破坏的策略，用饥饿迫使拉其普特人从森林密布的高山中走了出来。

当时的拉其普特人的首领阿马尔·辛格远不及他父亲普拉塔普顽强刚毅、饥饿和鼠疫迫使他求和。这样，梅瓦尔臣服了莫卧儿人，承认了帝国的宗主权。阿马尔·辛格本人免于参朝，其家族的公主也免于进宫，他们可以从朝廷获赐丰厚的礼物。贾汉吉尔写道："真正重要的是，阿马尔·辛格及其祖先以他们多山的国家地势和兵力强大而妄自尊大，从来没有觐见也没有臣服于任何一个印度斯坦国王，而这一点在我统治期间得到了实现。"

贾汉吉尔后来命人依照阿马尔·辛格及其儿子拉杰·辛格两个人建造了两座与真人一样大的大理石雕像放在他亚格拉宫殿的花园里。

由于对梅瓦尔许以宽厚的条件并采取了怀柔政策，贾汉吉尔一直使梅瓦尔对莫卧儿帝国保持忠诚，直到奥朗则布时所采取的政策才使拉杰·辛格疏远起来。

《印度通史》评论道，这位贪图舒适、寻欢作乐的贾汉吉尔对于创造帝国的艺术要比他那个没有同情心的好走极端的孙子奥朗则布精明得多。

在德干，贾汉吉尔执行他父亲的急进政策，同艾哈迈德纳加尔王国进行了一场时断时续的战争，这场战争在他整个统治时期一直拖延下去。

这是因为，莫卧儿人要用武力完全战胜艾哈迈德纳加尔王国是不可能的，其原因有二：一是这个德干王国本身的强大；二是莫卧儿帝国军队的作战行动不力。

艾哈迈德纳加尔王国当时得到阿比西尼亚族大臣马利克·阿姆巴尔的得力辅佐。此人是天生的带兵之将，也是中世纪印度所产生的最伟大的政治家之一。他根据正确的方针对王国的税收制度进行了改革，稳定了财政；他用游击战的作战方法训练士兵，使他们能有效地对付帝国军队。莫卧儿的朝廷史官这样描述他："这个阿姆巴尔是个奴隶，却是个能干的人。在作战、指挥、正确判断和行政管理方面，他是无与伦比的。他精通掠夺式的战争，这种战争在达金语中叫作'巴尔吉—吉里'。通过这次战争，他不仅平息了国内骚动的情绪，终生保持了显赫的地位，也光荣地结束了他的一生。历史记载上还没有过别的阿比西尼亚籍奴隶晋升到如此卓越地位的例子。"

另一方面，莫卧儿帝国军队的行动由于其将领之间不断地相互掐架而受到阻碍。名义上的指挥权起初授子巴尔维兹王子，后来又授予胡拉姆王子，但实权却由阿卜杜尔·拉希姆大汗和其他贵族操纵。他们花在互相争吵上的时间比花在跟德干人打仗上的时间还要多。

公元 1616 年，胡拉姆王子攻占了艾哈迈德纳加尔和其他一些堡垒，莫卧儿人才取得了局部胜利。由于这次胜利，贾汉吉尔授予胡拉姆以沙·贾汉的称号，意为"世界之王"。沙·贾汉得到了各种奖赏，并被擢升到统帅三万步兵、二万骑兵的职位。

但是，莫卧儿人战胜艾哈迈德纳加尔只是虚有其表，而非真正的胜利，德干远远没有被完全征服。有人正确地评论道："什么也无法掩盖这样的严峻现实：花了数百万卢比，牺牲了数千人的性命，并没有使莫卧儿的疆界比公元 1605 年的疆界向外推进一丝一毫。"

在贾汉吉尔执政期间，还有另外一个十分卓越的军事成就。是 1620 年 11 月 16 日攻占旁遮普东北部崇山峻岭中坚固的坎格拉要塞。这个易守难攻的要塞控制着雷维河和萨特里日河之间的山区。

在阿克巴时期，托达尔·马尔曾经征服了这一山区的一些酋长，并将他们置于莫卧儿的控制之下，但坎格拉要塞还是没有被吞并。山区里有一个传说：托达尔·马尔曾用一个巧妙的比喻把他的布置告诉了阿克巴，"他割去了肉，留下了骨头"。而在贾汉吉尔时期，莫卧儿帝国终于攻克了这个要塞。贾汉吉尔也被山谷的美丽所倾倒，他形容这个要塞有二十三个棱堡，还有七座寨门。

传说贾汉吉尔经常到旁遮普一个叫宾多利·迈亨达的地方狩猎。一次，他想召见这里有名的大仙人迈亨达，迈亨达拒绝觐见，并凭借法力穿山逃遁。后来，贾汉吉尔抓住了大仙的儿子那拉因，将他带到拉合尔，灌了七大碗剧毒，但那拉因安然无恙。贾汉吉尔大为吃惊，只好在宾多利·迈亨达为迈亨达修了一座庙，名罗怙纳特庙。这座庙一直保存至今。

宾多利·迈亨达地区的人，每年在拜萨喀节这天，要用大轿抬着大仙人迈亨达的塑像游行，一直走到湖边的巴拉德利庙旁，给迈亨达的塑像沐浴，然后开始膜拜。随后，抬回到原地。傍晚时分，大家云集一堂开始唱颂神曲。这个传说反映了旁遮普人民反侵略的愿望。

然而，尽管贾汉吉尔可以为此而自鸣得意，可接踵而来的却是无沐止的灾难和叛乱，直到他溘然长逝。

帝国的第一个严重灾难是丧失了坎大哈。这个地方长期以来是莫卧儿人与波斯人发生摩擦的一个根源。当时，亚洲最强大的统治者之一沙·阿拔斯，以礼物和花言巧语蒙骗莫卧儿官员，乘帝国内部骚乱之机，于公元1621年包围了坎大哈，终于在公元1622年攻占了该要塞。

贾汉吉尔授命他的儿子沙·贾汉率军远征，收复坎大哈。然而，沙·贾汉担心后母努尔·贾汉利用他离开首都之机危害他继承王位的权利，因此按兵不动。

努尔·贾汉企图让她的女婿，贾汉吉尔的第三个王子沙尔亚尔继承王位，因此挑拨贾汉吉尔与沙·贾汉的关系。贾汉吉尔不敢抑制皇后，也无力抑制皇后，沙·贾汉逐渐被疏远。于是，沙·贾汉起兵叛乱，反对他父亲。

此时的贾汉吉尔进退两难，处境十分困难：西北部面临着波斯人的压力，帝国的心脏地区又有沙·贾汉的叛变。

最后，他还是不得不把注意力转移到对付国内的叛乱上。沙·贾汉反叛后，在年迈的阿卜杜尔·拉希姆大汗的协助下，向亚格拉进军，但被由巴尔维兹王子指挥、马哈巴特汗率领的帝国军队彻底打败。他被迫到处逃亡，在德干和孟加拉流浪了两年。

最终在公元1625年，沙·贾汉将两个儿子达拉·舒科和奥朗则布（后来的莫卧儿帝国的继承人）送到皇宫做人质，自己则带着妻子穆姆塔兹·马哈勒（即努尔·贾汉的侄女）和幼子穆拉德回到纳西克。终于与其父亲言归于好。

贾汉吉尔之墓

沙·贾汉枉费心机的叛乱就这样结束了，结果是他一无所获，却给帝国带来了巨大的损害。用贾汉吉尔的话来说：“沙·贾汉的反叛好像是‘拿起斧头却砍掉了他自己统治的根基，成为他在事业道路上的障碍’，他根本就不配接受我所赐给他的一切恩惠和珍爱。”

马哈巴特汗在平定沙·贾汉的叛乱中做出了杰出贡献，得到了皇帝的擢升。但他的成功却招致了皇后努尔·贾汉及其兄弟阿萨夫汗的忌妒，结果，马哈巴特汗也被迫起兵叛乱。

在皇帝去喀布尔的途中，马哈巴特汗发动了一次大胆的袭击，在杰卢姆河畔囚禁了贾汉吉尔，但努尔·贾汉却逃脱了。

努尔·贾汉企图用武力营救丈夫，但也失败了，一起被马哈巴特拘禁。她和丈夫施计哄骗马哈巴特汗，趁机逃到了罗塔斯，并纠集了一支大军。马哈巴特汗见势不妙，最后投奔了沙·贾汉，与他为盟。

但是，努尔·贾汉的胜利是短暂的。她的丈夫贾汉吉尔早已疾病缠身，在公元 1627 年 10 月 28 日，从克什米尔返回亚格拉的途中病逝了。贾汉吉尔的遗体埋葬在拉维河畔沙达拉的一座坟墓。

贾汉吉尔的陵墓位于今天的巴基斯坦拉合尔市西北 5 千米处的拉维河畔，在河畔的沙达拉公园的花木丛中。

由于贾汉吉尔的妻子努尔·贾汉素有的“风雅女流”的素质，莫卧儿艺术风格中一种新的变化可以从其陵墓看出来，除了它那高度的美学风味外，它还标志着由阿克巴和贾汉吉尔时代的简卑的沙石建筑到沙·贾汉时代的白色大理石结构的转变。

关于贾汉吉尔的评论

在印度历史上，贾汉吉尔是一个复杂的人物。特里对他这样评论道：“说到这位国王的性格，我一直认为是由各种极端组成的：他有时很残忍、有时又似乎非常公正而温和。”

这位皇帝的最近的一位传记作者认为：他是“一个明白事理，心地善良的人，有强烈的家庭感情，对人人都十分慷慨大方，痛恨压迫，热爱正义。他在当王子和皇帝时曾有过几次因暴怒而表现出个别残忍的行动，并不是无缘无故的。不过，一般来说，他还是以仁慈、和蔼和坦率著称广弗朗西斯，格拉德温也评论道：“贾汉吉尔在其统治期间自始至终对其臣民的意向看来都是仁慈而体贴的。”

他废除了一些令人不满的过境税和租税，还企图禁止买卖太监。他具有强烈的正义感。他自己曾写道：“我下达的第一道诏令就是拴紧法链。”这条法链系着六十个铃铛，他的臣民中最卑贱的人都可以摇动这条链子向他申诉冤情。

他施加刑罚时不考虑被控告者的职位高低，因此，在宣布对权势显赫的谋杀犯判处死刑时，他说道："真主不允许我在这种事情上照顾王子，更不必说照顾阿米尔了。"

关于外交方面他也起到了很好的作用，他在位期间，欧洲与印度开始了新的交往。

贾汉吉尔有高超的审美能力，他本人就是一个画家，他赞助艺术和文学，热爱大自然。

除此之外，贾汉吉尔还是一位花园艺术的爱好者，在他在位期间，莫卧儿帝国完成了著名的莫卧儿花园，这座花园不仅有台地形式的广场，还有人造池塘和喷泉，设计十分独特和先进。贾汉吉尔本人还在克什米尔建筑了可爱的沙利马尔花园。

贾汉吉尔是个杰出的鉴赏家，他花高价购买任何一幅能满足他的审美爱好的图画；他还是个艺术批评家，能说出一幅集体作品中参与创作的各个画家的名字。

贾汉吉尔相当熟悉第一流的微小绘画的特点，经常购买印度和国外最优秀的艺术流派的代表作；他的热情与他的艺术家们的技巧结合起来，就使莫卧儿绘画艺术从波斯影响的指导下解放了出来，并使一种基本上是印度的艺术风格发展了起来。

贾汉吉尔有一定的文学鉴赏力，广泛阅读了波斯文以及突厥文的书籍，他发布了一项命令，一个没有继承人的富人或旅行者死后，其财产要收归国王，用以建立或修缮学院、寺庙等。

贾汉吉尔继位后不久，"甚至修复了那些三十年来已成为鸟兽栖息之地的学院，使里面又有了济济一堂的学生和教师"。他还在德里建立了一所学院，修缮了那里的一所几乎已成废墟的名叫"永恒之宫"的学院。

贾汉吉尔步其祖先巴布尔后尘，写了一部著名的回忆录。这部回忆录是其文学造诣的光辉见证。

在宗教政策上，贾汉吉尔同他父亲阿克巴大帝一样，对各种宗教，包括从西方传来的天主教，他都一视同仁。他不是个折中主义者，但他却喜欢与印度教和伊斯兰教圣徒以及基督教传教士交谈，但是他不接受印度教徒、祆教徒或基督教徒的习俗和礼仪。然而，这位帝国的君主却喜爱酗酒，正是这样，渐渐损害了他性格中比较美好的方面，导致了他性情的反复无常，并损害了他的健康。他五十三岁时就已经疾病缠身，久不问朝政，五十八岁病逝于路途之中。

公元1627年贾汉吉尔去世，沙·贾汉和他的兄弟以战争的方式展开了权力的角逐。沙·贾汉得到了波斯王大汗的支持，他的兄弟则得到了他的后母也是他妻子的母亲，努尔·贾汉的支持。最后沙·贾汉大获全胜，登上了帝位，开始了他对莫卧儿帝国的统治。

## 多情君主——沙·贾汉

沙·贾汉（1592—1666 年，1628—1658 年在位），是莫卧儿帝国的第五代国王，也是一位名垂青史的多情君主。十七世纪中期，在他在位的三十年，是莫卧儿帝国的黄金时期。

贾汉吉尔去世后，接踵而至的是一场争夺王位的战争。他原有四个儿子，长子胡斯劳早年被次子胡拉姆（即沙·贾汉）毒死，三子巴尔维兹因嗜酒沉饮也早逝了。次子和最小的儿子沙尔亚尔之间展开了一场短暂的王位争夺战。

沙·贾汉

当贾汉吉尔去世时，次子沙·贾汉远在德干。他的弟弟沙尔亚尔在其岳母努尔·贾汉的支持下，率先在拉合尔称帝。而身在德干的沙·贾汉则得到了他的岳父阿萨夫汗（努尔·贾汉的哥哥）的得力辅佐。

阿萨夫汗非常机智地给沙·贾汉送了封信，要他北上亚格拉。同时，为了安抚首都民众，他把已故的胡斯劳王子的儿子达瓦尔·巴赫什王子推上王位，作为临时皇帝。

阿萨夫汗将手握兵权的统帅伊拉达特汗拉拢了过来，并集中向拉合尔进军，打败了沙尔亚尔的军队，将他的妹妹努尔·贾汉软禁了起来，并囚禁了沙尔亚尔并弄瞎了他的双眼。而临时皇帝达瓦尔·巴赫什王子不仅被赶下了王位，还被关进了监狱，后来获释并移居波斯，靠波斯王给的养老金度日。当时的编年史家把他描写为一头“狱祭的羔羊”，再恰当不过了。

大权在握的沙·贾汉从德干匆忙赶往亚格拉，于公元 1628 年 2 月在首都登基为皇帝，尊号为沙·贾汉·帕德沙加济。“沙·贾汉”在波斯语中的意思是“世界的统治者”。

沙·贾汉刚刚开始治统莫卧儿帝国治时十分乐观，也十分的成功。他轻而易举地平定了两次叛乱：一次是一个本德拉酋长儿子的叛乱；另一次是德干前副王的叛乱。这两次叛乱分别爆发于他即位的第一年和第二年。叛乱平定后，马哈巴特汗被任命为德干省长。

十六世纪末，葡萄牙人占据了孟加拉。他们在加尔各答附近的胡格列设立根据地，逐渐发展成为重要的商业中心。但是，他们不满足于和平的商业活动，而是到处胡作非为。

他们向印度商人勒索重税，特别是烟草税，触犯了莫卧儿当局，使朝廷税收受到损失。他们还从事可恶而残忍的贩奴勾当，诱拐和绑架印度教孤儿和穆斯林儿童，迫使他们改信基督教。更甚者，他们竟狂妄放肆到抓走了沙·贾汉妻子的两个女奴。这种种劣迹终于激怒了莫卧儿皇帝。

沙·贾汉命令孟加拉总督卡西姆·阿利汗严惩葡萄牙人。公元 1632 年 6 月 24 日，胡格列被卡西姆·阿利汗的儿子率领的大军包围，经过了三个月的激战被攻克。葡萄牙人虽有七千炮兵，却仍被莫卧儿军队击败。从葡萄牙人的牢狱中解救出来的印度人，多至万人以上。许多葡萄牙人被杀死，大批葡萄牙人作为俘虏被押到亚格拉。沙·贾汉命令四千五百名葡萄牙人俘虏全体放弃天主教而改奉伊斯兰教，否则就把他们终身监禁或当作奴隶，也算是出了一口恶气。

沙·贾汉为收复坎大哈进行了不懈的努力，因为没有坎大哈，莫卧儿在西北边境的地位是相当脆弱的。然而，沙·贾汉在位期间，为收复坎大哈所进行的三次战役，均以失败告终。多次的失败，除了损失了许多人的生命外，还花费了不下一亿两千万卢比，也就是国家岁入的一半以上，但莫卧儿人还是永远地失去了坎大哈。莫卧儿军队在坎大哈城下的一再败北，严重地影响了帝国的威信，同时也相应提高了波斯的军威。从此以后的许多年，波斯的威胁就像乌云一样笼罩着印度的西北边境。

除了坎大哈，莫卧儿人在中亚的冒险，也是以失败而告终。尽管沙·贾汉像他的父亲和祖父那样，梦想夺回其祖先在中亚的旧领土，然而结果却并不是理想的。

阿卜杜勒·哈米德·拉霍里写道："皇帝从即位之初起就下决心征服巴里黑和八答黑商，因为这两个地方是他的家族的世袭领地，而且是夺取他伟大的祖先帖木儿的家乡和首都撒马尔罕的要隘。"

但是，要动员一支大军通过巍峨的兴都库什山脉并不是那么容易，而且这样的冒险计划对印度的莫卧儿帝国究竟有什么帮助暂时也都是未知。然而，沙·贾汉无暇考虑这些。他统治时期的繁荣昌盛和他的朝臣对他的阿谀谄媚，冲昏了他的头脑，他当时正做着虚无缥缈的梦。

公元 1646 年，穆拉德王子和阿利·马尔丹乘当地爆发内战之机，攻占了巴里黑和八答黑商。但穆拉德王子厌恶巴里黑的恶劣气候和艰苦环境，违背他父亲的意愿，决定返回印度。

皇帝沙·贾汉丝毫没有放弃他的征服地的意思，派遣首相萨杜拉汗和奥朗则布王子相继进入巴里黑。但是，乌兹别克人这时已经组织了一场全民族抵抗莫卧儿人的运动。面对这种抵抗，奥朗则布虽然做出了最大的努力，最终还是一无所获，在经历千辛万苦之后，不得不撤回印度。

远征中亚的战争使莫卧儿帝国在兵员和金钱方面都遭受到了巨大的损失。正如萨尔卡尔爵士评论的："沙·贾汉在巴里黑的愚蠢战争就这样结束了，在这场战争中，印度国库两年之内花费了 4 千万卢比，而从征服国里只得到公元 225 万卢比的收入，没有兼并一英寸领土、没有改换一个王朝，也没有一个由同盟者取代敌人登上巴里黑的王位。五百士兵战死，十倍于此数的人在山上的冷风大雪中冻死。这就是侵略性的帝国政权为越过西北边境进行战争而使印度付出的骇人听闻的代价。"

《印度通史》评论道："远征中亚失败的主要原因是莫卧儿的贵族们不愿意在那遥远而荒凉的地区服务。他们已经太习惯于奢侈淫荡的生活，觉得冷酷的中亚不合他们的胃口。他们曾被描写为'穿细洋布裙的面色苍白的人'，而且，他们也不曾得到当地居民的同情。"

在南方，沙·贾汉恢复了传统的扩张政策。艾哈迈德纳加尔的尼扎姆·沙希王国紧邻莫卧儿的南部边界，首当其冲地受到莫卧儿人武力的威胁。莫卧儿人先用武力后用金钱攻占了一个又一个要塞。

公元 1633 年，艾哈迈德纳加尔终于被并入莫卧儿帝国，有名无实的国王胡赛因沙终生被囚禁在瓜利奥尔堡垒。尼扎姆·沙希王朝就这样灭亡了。

公元 1636 年 2 月 21 日，沙·贾汉亲自率师向德干进军。高康达苏丹阿卜杜拉沙承认了沙·贾汉的宗主权，每年向皇帝纳贡，并以沙·贾汉的名字铸造钱币。随后，莫卧儿三路大军向比贾普尔推进。比贾普尔麾下的大军采取了切断敌人的粮草供应和通过在水井里下毒这些历来惯用的应急手段，十分勇敢地保卫了都城。不过比贾普尔王国的其他地方却没能避免莫卧儿人的蹂躏。

阿迪勒沙苏丹最后被迫求和，于公元 1636 年 5 月缔结了和约。他承认莫卧儿皇帝的宗主权，并答应不骚扰当时已臣服莫卧儿的高康达王国。

萨尔卡尔爵士写道："这样，经过四十年（1595—1636 年）的冲突之后，德干的事务终于解决了。皇帝的地位无可置疑地得到了维护；他的疆界已明确划定；他对南方诸王国的宗主权也正式确立了。"

公元 1636 年 7 月 11 日，皇帝沙·贾汉离开德干，派他的三子，时年十八岁的奥朗则布任莫卧儿所属德干的副王。当时，德干的领土相当辽阔，包括坎德什、贝拉尔、特仑甘纳和道拉塔巴德四省，估计每年可以得到五千万卢比的收入。它有六十四座山上堡垒，其中的一些依然被敌对的酋长所占有。

沙·贾汉的晚年其实是十分悲惨的。这是由于他的儿子们之间爆发了一场可怕的王位继承战争。

公元1657年9月，他刚一病倒，这场战争就爆发了，并使这位年老的皇帝蒙受了极端的屈辱和痛苦，直到他离开人世。

沙·贾汉共有四个儿子，他病倒时他们都已长大成人：长子达拉·舒科，四十三岁，次子舒贾，四十一岁，三子奥朗则布，三十九岁，四子穆拉德三十三岁。他还有两个女儿：长女沙·贾汉纳拉，站在达拉·舒科一边，小女劳什娜拉，则站在奥朗则布一边。

四兄弟作为省督和军队司令官，在民政和军事方面都有相当丰富的经验，但是在个性和能力方面却有相当大的差别。

达拉·舒科是个观点折中、心胸开阔而且具有学者气质的人物，他与其他宗教信徒交往密切，研究《吠檀多》《犹太教法典》《新约全书》和苏菲派作家著作的教义，力图在明显敌对的教义中找出一种妥协的办法。

但是，他并不是异教徒，他从没有抛弃过伊斯兰教的基本教条；他只是表现了得到伊斯兰信徒承认的苏菲派的折中主义而已。如果说他蔑视宗教的表面礼节的话，他也只是与各种教派中许多诸如约翰·米尔顿那样的著名思想家采取同样的立场而已。

一位传记作者在评论达拉·舒科时写道："无论将来任何人想着手解决印度的宗教和平这个问题，都要接着达拉遗留下来的工作做起，并且沿着这位王子所开拓的道路前进，这么说也不为言过其词。"

但是，由于父亲对他过分宠爱，欲立他为继承人，他又一直留居宫廷，因而，在他身上未能培养出一个敏锐的政治家所具备的品格和一个勇敢的将领应有的能力，反而使他滋长了骄傲的意识，常常轻视别人的忠告。

舒贾当时任孟加拉总督，他天姿聪明而且是个勇敢的军人，但他过于贪图安逸享乐，使得他的性格中又有软弱、怠惰、粗心大意，不能坚持不懈，不能小心谨慎，不能深谋远虑等缺点。穆拉德当时任古吉拉特总督，他坦率、大方、勇政，但他沉溺于狂饮，因此不具备领袖所需要的品性。而三子奥朗则布是所有兄弟中最能干的一个，他勤奋过人，有高超的外交手腕和军事才能，有无可置疑的行政能力。此外，作为一个热诚的逊尼派的穆斯林，他自然得到了正统的逊尼派的支持。

可以看到，这几个互相竞争的王子在性格上的差异，对斗争的进程产生了很大的影响。达拉·舒科虽然是个宽宏大量的人，却是个不合格的将军和政治家，他不是聪明而理智的奥朗则布的对手。舒贾和穆拉德也由于在具有杰出的将才、机智老练的奥朗则布面前自己的无能，就只有吃亏。

公元1657年9月，沙·贾汉生病时，四兄弟中只有达拉·舒科在亚格拉。沙·贾汉病情严重，三个在外地的儿子怀疑父亲已经去世，怀疑达拉·舒科把父亲病逝的消息秘而不宣。

舒贾在当时的孟加拉首府拉杰马哈尔自行称帝，并向帝国首都进军，但在贝拿勒斯附近被达拉·舒科的儿子苏莱曼·舒科率领的讨伐大军打败，被迫退回孟加拉。穆拉德也于公元1657年12月5日在艾哈迈达巴德自行加冕。他与奥朗则布结成联盟，达成瓜分帝国的协议，会师于马尔瓦。

奥朗则布与穆拉德的联军向北挺进，皇帝派遣贾斯万特·辛格和卡西姆汗率军前去阻击。公元1658年4月15日，西军在达尔马特遭遇。

由于印度教士兵与穆斯林士兵彼此猜忌和意见分歧，加上在军事战术上贾斯万特·辛格不如善于征战的奥朗则布，帝国的军队被打得丢盔卸甲，死伤累累。贾斯万特·辛格也落荒而逃，他的那位自尊心很强的妻子因他临阵退却而紧闭城门，不让他入城。

达尔马特战役大大增加了奥朗则布的物资，提高了他的威望。萨尔卡尔爵士评论道："这位德干战争的英雄和达尔马特的胜利者，不仅以毫无损失的战役，而且以无敌于印度的军事声誉雄视天下。"

奥朗则布和穆拉德的联军涉水渡过昌巴尔河，到达亚格拉附近的萨姆加尔平原。这时，达拉·舒科也勇敢应战，率领一支5万人的大军前去迎战，这支大军表面看起来十分强大，却不过是一伙被匆匆集合起来的来自不同阶级和地方的人组成的乌合之众，本来就不能相互配合，又没有有受过一致行动的训练。

5月29日，两军在萨姆加展开了一场决战。战争十分激烈，双方作战都很勇敢，穆拉德脸上两处受伤。而达拉·舒科手下的拉其普特人英勇奋战，全体阵亡，无一例外。

不幸的是，达拉·舒科坐的战象被一支箭射成重伤，他下了战象，骑上一匹马。这一举动决定了这场战争的命运。尚存的军队发现其主人战象的象轿里没有了人，以为达拉·舒科已经阵亡，于是一片慌乱，纷纷逃离战场。

达拉·舒科失望至极，向亚格拉逃去，听任敌人夺去他的军营和枪炮。历史上大概没有一次胜利比这一次更彻底，也没有一次失败比这更悲惨。萨穆加尔战役实际上决定了沙·贾汉的儿子之间这场王位继承战争的结局。

其实，奥朗则布夺取莫卧儿帝国的王位，几乎是他在萨穆加尔所取得的胜利的合乎逻辑的结果。

这次胜利后不久，奥朗则布就向亚格拉进军，他对沙·贾汉为谋求和解所做的一切努力都不予理睬，并击败了防守的禁军阻止城堡被攻占的种种企图，随后于6月8日夺取了该城堡。

沙·贾汗被赶下了王位，只好忍受最无情的待遇。当奥朗则布断绝了朱木拿河水的供应时，这位不幸的皇帝沙·贾汗在六月酷热而又干渴的夏天里不得不饮用城堡里咸涩的井水。他以极其伤感的语气写信给奥朗则布："印度教徒应该永受赞扬，彼等对死者常奉献水汤；吾儿真乃一奇异的穆斯林，你使我生时为缺水而悲伤。"沙·贾汉作为一个普通的囚犯被严密监禁，连一般的方便也被剥夺了。

奥朗则布对他的父亲沙·贾汗的一切请求置若罔闻。这位不幸的皇帝"终于向不可避免的命运屈服，像一个一直哭到睡着的小孩那样，再也不发出抱怨之声了。"

他在宗教中寻求慰藉，抱着无可奈何的态度，由他孝顺的女儿沙·贾汉纳拉陪伴着，在祈祷和反省中度过了晚年，最后直到公元1666年1月22日，七十四岁去世时，才使他从一切痛苦中得到解脱。而奥朗则布对他父奈的处置被后人称为"不但污辱了道德感，而且也侮辱了当时社会的礼仪"。

公元1658年6月13日，奥朗则布从亚格拉向德里进兵，这时，穆拉德已识破了他哥哥的图谋，早就对他产生了猜忌。而聪明的奥朗则布并不在战场上与穆拉德对阵，而是将他诱入圈套。

这个不幸的王子最终也被监禁在萨利姆加尔城堡，后又被转移到瓜利奥尔要塞，公元1661年12月4日以谋杀罪被处决。奥朗则布于公元1658年7月21日在德里加冕为皇帝。他下一步的计划就是着手对付其他的竞争者。

公元1659年1月5日，奥朗则布在阿拉哈巴德附近的杰瓦，打败舒贾，并对其穷追不舍，将其驱逐到缅甸边境的阿拉干森林区。此后，再也没有听到关于舒贾的消息，舒贾全家死于土人手中。

奥朗则布的长子曾一度与舒贾联合，因而也遭到终生监禁。奥朗则布的女儿查伯恩妮莎反对他父亲的这种做法，亦被捕入狱。兄妹二人均死在狱中。

达拉·舒科的儿子苏莱曼·舒科，带着他的妻子、几个嫔妃、他的同奶兄弟穆罕默德沙和仅仅十七个追随者四处逃窜，最后得到加尔瓦丘陵一个印度教罗阇的庇护，这位罗阇对这位落难的贵客十分同情。

然而，在奥朗则布的逼迫下，罗阇的儿子于公元1660年12月27日把苏莱曼·舒科交了出来。被俘的王子当时正是青春年华，异常英俊，他带着镣拷被押到奥朗则布面前。

王子对奥朗则布说，他宁愿立即被处死也不愿服用浸泡罂粟梢面成的药酒慢性毒死。奥朗则布答应了他，但奥朗则布并未遵守诺言。每天早晨都给这个不幸的王子服用这种可怕的药酒，直到公元1662年5月，他的看守才下手将他处死。

传说中达拉·舒科的下场，其悲惨和可怜的下场，并不亚于他的弟弟穆拉德和儿子苏莱曼·舒科。奥朗则布攻占亚格拉并监禁了沙·贾汉以后，达拉·舒科从德里逃往拉合尔。他到达拉合尔后约一个月，奥朗则布就率领军队赶来了，把他和他的家人赶到了木尔坦。

公元1659年4月2日—14日，达拉·舒科与奥朗则布交锋，经过三天激战，达拉·舒科被打败，匆忙逃遁以保全性命。公元1659年6月，达拉·舒科向西北边境逃去，因为他被奥朗则布的军队追赶着在拉杰普塔纳、卡奇和信德四处逃窜，在印度找不到藏身之地。他想在达达尔的阿富汗酋长吉万汗那里避难。

但是，在赶往达达尔的途中，不幸中的不幸降临到他的头上。他颠沛流离的日子里最忠实的伴侣娜迪拉贝加姆，终因长期腹泻的折磨又缺少医治和安稳的休息而溘然长逝。爱妻的去世使他不知所措，悲痛欲死。

达拉·舒科对夫妻间的爱情表现出了强烈的眷恋。印度事务部图书馆里一本漂亮相册是达拉·舒科的爱情令人感动的纪念物，上面有他的亲笔题词："这本相册是沙·贾汉皇帝的儿子穆罕默德·达拉·舒科王子于公元1051年赠给他最亲爱的伴侣、夫人娜迫拉贝加姆的。"

哈菲汗评论道："重重苦恼就这样接踵而至，压抑着达拉的心头。悲伤添悲伤，痛苦增痛苦，他的心情再也不能平静。"使他更加不幸的是，那个背宿弃义的阿富汗酋长出卖了他，把他连同他两个女儿和第二个儿子西皮赫尔·舒科交了出来。公元1659年8月，达拉·舒科被押到德里，穿着破烂衣服在城里四处游街。

萨尔卡尔爵士写道："皇帝命令达拉坐在一头满身污秽的小母象背上的一乘敞开的象轿里。在八月里灼热如火的阳光曝晒下，被带着通过当年他荣耀、显赫一时的地方。他沉浸在耻辱的痛苦中，既不抬头，也不旁视，而是像一根被压垮了的嫩枝一样坐着。这是对达拉最大的羞辱。"

他的悲惨处境激起了市民内心的怜悯。一位目击者写道："聚集起来的群众人山人海；我到处都看到人们在哭泣，用最使人感伤的语言痛惜达拉的命运。我从每一个角落都听到尖锐刺耳而又使人痛苦的喊叫声。男人、妇女和儿童都号啕大哭，仿佛他们自己遭到了什么大灾。"

达拉·舒科被骑兵和弓箭手团团围住，没有谁能够伸出手来拯救这个不幸的王子。接着8月30日爆发了一场矛头指向叛徒吉万汗的民众暴乱。达场暴乱加速了达拉的死亡，奥朗则布再也不允许延续他的生命了。当天晚上，刽子手把西皮赫尔从他父亲的怀抱中拉走，将达拉·舒科斩首。根据奥朗则布的命令，达拉·舒科的尸体在全城示众，让老百姓知道，他们特别喜爱的人已经不在人世了，然后掩埋在胡马雍陵墓圆顶下的一个墓穴里。

于是，莫卧儿帝国的第五位皇帝沙·贾汉的统治以其辉煌的开头，却在一连串阴郁的悲剧中结束了。历史上对他的评价也是褒贬不一。

沙·贾汉既不是一个伟人，也不是一个伟大的统治者，但总的来说，他的一生是成功的，只是公元1657—1660年的内战，给他带来了屈辱的下场。

作为一个行政长官，他以公正与仁慈享有应得的名誉。正如道乌所说："他以其执政的严格公正和宽厚以及对其臣民幸福的关心，足以抵偿他早年的罪过。"

沙·贾汉中等身材，黑眸白脸，额部很宽，右眼、手指以及左脚都有黑痣。他不到五岁就开始识字读书，说得一口流利的波斯语，也学会了印地语和土耳其语。他不喜欢饮酒，但爱好骑射、击剑、打猎、诗歌、音乐和美术。

他黎明起身，祷告完毕即开始问政。他往往站在大殿的窗口向远处看去。这时红色堡垒的墙下百姓争相要瞻仰他。

沙·贾汉每日朝见群臣，并接受各省呈递上来的奏折。而每个星期三的早上，他都会亲自审理重大案件。群臣退出后，他开始批阅奏折，有时监督正在建筑中的工程，并且召见亲信讨论问题。中午，他会去内宫中批览王后蒙塔兹·玛哈尔准备的他关于福利或慈善事业的各种呈文。傍晚，他还会召见少数人谈话。

晚餐后，忙碌了一天的沙·贾汉会在内宫听妇女们歌唱。在人睡前，总有人在帘幕后把历史、游记和伊斯兰教先知的传记朗诵给他听。

作为一个征服者，沙·贾汉是严厉冷酷的，对其政敌也毫不留情，他夺取王位时所用的手段确实令后人觉得可恶。但是，考虑到由于努尔·贾汉不断玩弄阴谋而使他一直处于悲屈的环境，那么正如道乌所写的，"他采取这种令人不快的手段是由于环境逼迫所致"，这样一想，我们的怒气也就打消了一半。

虽然作为一个战士，沙·贾汉没有他的祖先们那么伟大，可是他并不缺乏军事才能。他热心提倡他的宗教仰信，而且增加了穆斯林的人数。

沙·贾汉在位斯间，是莫卧儿人在印度统治的黄金时期，莫卧儿的统治达到了鼎盛。在继承王位之战以前，对皇帝的权威没有严重挑战，对印度本身也没有重大的外来威胁。

也正是在这个时期内，印度与西亚之间开始发展了对外贸易，同时印度与欧洲的对外贸易也开始了，国家的财政蒸蒸日上。

沙·贾汉在位期间，所有的建筑风格都有一个共同的特点就是壮丽与豪华，他在建筑上的辉煌成果充分证明了这一点。沙·贾汉从亚格拉迁都于德里。自公元1638—1656年，在德里建筑了红堡、宫殿、花园、清真寺等，建造清真寺工程就花了上百万卢比。

历史学中，关于“德里”一名的来历，有种种不同的说法。有些学者认为，德里是根据孔雀王朝的一位国王“德鲁”的名字演变而来的，它是“德鲁”的变音。另有学者则认为，公元前十世纪，这个城市就以因陀罗｜婆勒斯特而闻名，国王阿恩格巴尔曾把它改名为拉勒高德，并且建立了许多铁柱，由于铁柱立得不稳，虽然对其进行了加固，但仍松弛不牢，“不牢”印地语读为“梯里”，因此，这个城市便以“梯里”（即德里）而得名。

德里这座古老的城市，在历史的长河中几经沧桑和磨难。在某种程度上，这座城市是印度历史的缩影，而这里的古迹文物和宏伟建筑都是印度历史的见证。历代有许多帝王曾看中这块地方，把它选作首府，对它不断进行装饰和扩建，使它更加美丽迷人。沙·贾汉曾一度把德里改为“沙·贾汉巴德”，巴德是住地的意思。但是，德里这一名称却并未因此而消失。

公元1628年，沙·贾汉称帝时并未住在德里，而是住在距德里两百多公里之外的亚格拉城。他之所以要迁都德里，有一种说法是：公元1631年，他妻子玛哈尔逝世后，他悲痛至极，为摆脱对爱妻的怀念之情和躲避当地酷暑，选中广德单为首府，终于迁离亚格拉。于是，从公元1638年动工对德里进行整修和扩建，历时十余年才竣工。

沙·贾汉在德里城周围修建了高大的围墙。墙高九米，墙厚四米，全由红石砌成。围墙有六道门，五个窗口，另有二十七个守望塔。红堡也是沙·贾汉所建。围墙高大，并且都是由红沙石所建，因此得名。然而红堡里面的亭台楼阁却又是另外一种颜色，材质上这些建筑基本上都是用大理石所建。而在大理石柱和墙壁上，常常有雕刻精致的花卉和人物，还有些镶嵌了许多红、绿、黄、紫的宝石，衬着灰白色的大理石，相映成趣，璀璨夺目。

沙·贾汉时期，和红堡齐名的另一件著名的艺术品当属孔雀宝座。这个宝座的形状像个由金制的腿脚支撑着的吊床架。彩色的华盖由十二根绿宝石柱子支撑着，每根柱子有两只用宝石镶嵌的孔雀。一棵覆盖着钻石、绿宝石、红宝石和珍珠的树矗立在每对孔雀之间。

公元1739年，纳迪尔沙把这个宝座搬到了波斯，不幸的是，在当今世界的任何地方都再也找不到这个宝座了。

沙·贾汉时期的的建筑虽然在恢宏与创新方面不及阿克巴时期，但在奢华程度以及丰富和巧妙的装饰方面却更胜一筹，以致他的建筑“成了大型珠宝”。他在德里的枢密殿以其昂贵的银质天花板和大理石、黄金和宝石的混合装饰证明了刻在它上面的题词是正确的:“人间若有幸福乐园，即在此地，舍此无他。”

在这众多的名胜古迹中，最著名的是沙·贾汉为其死去的宠妃蒙塔兹·玛哈尔建造的礼物——阿格拉市的泰姬陵。这座动用两万名工匠、倾全国财力、历时二十二年修建完成的陵墓，不仅是印度灿烂辉煌的古典建筑艺术的代表、世界七大建筑奇迹之一，同时也是当今的印度中旅游业的热门景点和标志性建筑。每年为印度的旅游业带来不少收入。泰姬陵有人间建筑奇迹之美称，其建筑宏伟壮观，精美绝伦，全部用洁白的大理石建成，以其华丽、庄严、优美而享誉世界。

当然，这不是沙·贾汉唯一的成就，除此之外，他还在亚格拉建立了珍珠清真寺。公元1638年，他把首都迁到了德里，也叫沙·贾汉巴德（世界之城的意思)，在那里，沙·贾汉为他自己修建了一座宏伟的宫殿——红堡。以大理石为主要材料，镶嵌有黄金和宝石的红堡，成为了地位和身份的象征。沙·贾汉经常到勤政殿花两个小时接见臣民，处理事务。大厅长五十英尺，宽二十四英尺，三面开放，天花板是由黄金和白银制成的。大厅正中央，安放着宝座，也就是所谓的孔雀宝座，宝座由黄金制成，宝座后面有两只开屏的孔雀，并且还镶有红宝石、蓝宝石以及各种颜色的宝石，大厅的上方是由黄金与红宝石镶嵌而成的天花板，中间有雕刻精美的翡翠鹦鹉。国王就坐在宝座之上接受臣民的拜见。晚上，国王来到枢密殿进行放松，最后回到后宫听宫女唱歌或者仆人给他讲一些神话或先王出游的故事。他还在此修建了印度最大的清真寺遍观寺，也是世界上最大的清真寺之一。

奥朗则布

## 天生的政治家——奥朗则布

奥朗则布是一位足智多谋、奸诈、残忍，同时又具有军事才能的一位君主，直到现在，奥朗则布也是奸诈，狡猾的代名词。

当时沙·贾汉去世之时，实际上是想立达拉舒科也就是奥朗则布的哥哥作为继承人的，这位长子在当时非常得民心，他以宗教宽容和开明的作风而威名远扬，许多大臣也认为达拉舒科作为继承人是理所当然的。然而，达拉舒科终究不是久战沙场的奥朗则布的对手，奥朗则布凭借沉着、精明最终赢得了胜利。不仅如此，奥朗则布后来对其他同胞兄弟的残害，加之对父亲的软禁，令他得到了残忍、多疑的名声。

奥朗则布（1618—1707 年，1658—1707 年在位）统治莫卧儿帝国长达四十八年，他的统治伴随着十七世纪的结束。一直到八十八岁高龄的奥朗则布依然掌握着莫卧儿的最高领导权，毋庸置疑，他绝对是一位天生得政治家。然而与阿克巴和沙·贾汉相比，他并不是那么地令人尊敬而心生敬畏，他令人感到地是恐惧和害怕。据说，他的儿子每次在接到他的信件时双手都是颤抖的。不过令人畏惧的奥朗则布在他执掌国家大权时，帝国领土延伸到了次大陆的最南端。

为了得到皇位，奥朗则布于公元 1658 年 7 月 21 日举行了非正式的登基仪式，而将正式庆典向后推迟了。正式登基的仪式是在次年 6 月举行的，以他的名字宣读“呼图白”，称号为“阿拉姆基尔”。

在争夺王位期间，硝烟四起，战事连连。帝国的大部分地区的民政事务被迫处于瘫痪状态，而天灾更是加重了民生的艰难。久旱不雨，粮食以低价格出售，人们发现难以负担政府官员严厉征集的各种国内通行税。

在奥朗则布第二次登基（1659 年 6 月）两年后，他接待了一些与莫卧儿帝国有着贸易关系的穆斯林国家的大使。这些国家的大使们受到了热情的招待，同时也目睹了莫卧儿皇宫的辉煌壮丽。

萨卡尔教授写道：“奥朗则布的最初政策在于通过给外国王子和他们的大使赠送奢华的礼物使他们眼花缭乱，从而使外部穆斯林世界忘记他对他父亲和兄弟的处置，特别是当他可以自由处置他的金钱的时候，或者至少显示成功行动人士和印度无尽财富主人的好意。”

在众多的大使中，较为重要的是由波斯、巴士拉、马瓦拉·恩·纳赫尔、麦加沙里夫、阿比西尼亚王子和荷兰东方殖民地派来的大使。伯尼尔、曼努西和一些当时的波斯作家记录了皇帝和这些大使中的一些人之间的会见场景。萨卡尔教授关于波斯沙阿巴斯二世大使布达克·贝格接待细节的论述，值得引述。

这位大使于公元 1661 年 5 月 22 日抵达德里，受到了奥朗则布十分盛情的招待。“士兵排列在大使将通过的街道两旁，有三里长。主要街道装饰一新，包括商店和窗户，大使在一些军官的陪同下从中穿过，音乐声、鼓声、管乐声和喇叭声震耳欲聋。他进入城堡或皇宫时，所有大炮齐鸣向他致敬。一个壮观的场景是，大使身后跟随着五百名骑士，几乎有着同样的身高和长相。个个高大威猛，英俊潇洒，并且都骑着品种优良、设备精良的马匹”。皇帝十分热情地接待了他，很高兴看到来自波斯的礼物，“六十六匹伊拉克快马，一个重达三十七克拉、价值六万卢比的圆珍珠——总价值四十二万二千卢比”。大使在朝廷待了二个月，于 7 月 27 日起程离开，从皇帝那里得到总价值约五十三万五千卢比的礼物。

虽然在外交上奥朗则布使尽了浑身解数，然而东部的边境还处在火热的争夺之中。阿克巴征服并巩固整个北印度之后，印度比较和平，不再受战争的干扰。贾汉吉尔和沙·贾汉在位期间又主要忙于与波斯国王争夺坎大哈或忙于臣服南方十叶派穆斯林王国的事务中。而奥朗则布的军官们同样在北印度版图内没有什么事可做，在帝国东部边境找到了发挥能量的余地。

在莫卧儿帝国的东北角，坐落着库奇比哈尔王国和阿萨姆王国。这一带地区受到了大自然很好的保护：茂密而难以通过的森林、树木葱葱的山峦和岩石纵横的山谷将其环抱，使侵略军很难进入内地。因此，长期以来，这两个幸运地东方王国并没有受到穆斯林入侵印度的实际影响，这两个国家的人民也都过着他们自己的独立生活。

不过，在十六世纪末，距离莫卧儿边境较近的库奇比哈尔王国感受到了德里皇帝的力量。由于王国内部纷争和随之解体，卡姆拉普区以及散科什河东狭长地带成为一个独立的王国，处在库奇比哈尔统治者纳尔·那拉扬的侄子拉格胡德乌统治之下。由于这样产生的家族不和，纳尔·那拉扬的儿子和继承人拉克什米·那拉扬劝说莫卧儿达卡省督入侵拉格胡德乌的儿子和继承人的领土帕里克希特。这直接帮助了莫卧儿帝国对卡姆拉普王国的征服，并将其纳入他们的版图。接着，莫卧儿人开始与东阿萨姆的阿胡姆国王建立了联系。

实际上，阿胡姆人属于蒙古人的一员，他们在十三世纪从上缅甸移居到阿萨姆。由于他们比阿萨姆土著居民更勇敢、更好战，他们很快就成功地建立了他们在这个国家里的至高无上的地位，在整个十五世纪和十六世纪阿胡姆王国持续扩张。在阿萨姆定居的过程中，阿胡姆人逐渐接受了印度文明和印度宗教的影响。他们与库奇比哈尔家庭结婚，允许印度教牧师和艺术家进入阿萨姆。

经过半个世纪，阿胡姆王国几乎被崇拜毗湿奴神的寺庙所覆盖，国王和他们的臣民采取了印度教信仰和印度教名字。到十六世纪结束，阿胡姆人几乎完全印度教化了，或如哈非汗所说，“与印度偶像崇拜者同化”。然而，虽然他们吸收了印度教观念，但是他们仍然保留了原来的习俗，如有关葬礼的习俗。

著名的穆斯林历史学家哈非汗非常幽默地描述了这一习俗：“当该国的国王或一位伟大的柴明达尔去世，他们在地上挖一个很大的陵墓或房间，将他的妻子和小妾、他的马匹和马车仆从、毯子、金银器皿、粮食等该国使用的所有此类东西、妻子和贵族佩带的珠宝、够几天用的香水和水果统统放到里面。他们将这些叫作他来世之旅所需的供应品，当它们都放齐后门就关上了。”

公元1612年，莫卧儿帝国征服了卡姆拉普王国，这使得莫卧儿政府与东阿萨姆的阿胡姆国王发生了联系。哈非汗清楚地表明，在沙·贾汉统治时期，莫卧儿人不得不与阿胡姆人长期作战，阿胡姆人醉心于骚扰卡姆拉普的莫卧儿边境。如评论家所描述的那样：“他们更加愿意去攻击孟加拉省的帝国领土，残忍地把印度的农民们和穆斯林教徒俘虏为囚徒。印度的农民和穆斯林的生命安全和财产都遭受到了巨大的损害，伊斯兰教遭到恶意诽谤。”

在王位的争夺战争期间（1656—1658年），库奇比哈尔和阿萨姆的统治者趁着帝国东部没有防备，联合起来袭击了莫卧儿帝国的东部，夺取了卡姆拉普的一部分。有三年时间他们没有受到干扰，但是当内战于公元1660年6月最后结束之后，奥朗则布指示达卡省督米尔·朱木拉收复帝国失去的领土，这次领土收复战给阿萨姆人来了一次永生难忘的教训。

公元1661年11月，米尔·朱木拉从达卡出发，率领了一支一万两千骑兵和三万步兵组成的军队，同时还有作战所必需的大炮、围城设备和船只。约三个星期后，抵达库奇比哈尔首府。国王已经逃亡不丹，他儿子提出臣服，库奇比哈尔王国被兼并，汗坎南以皇帝的名字诵读“呼图白”和铸造货币。衰败的旧政府被废除，首府换上了穆斯林守军。停留两个星期后，将军离开库奇比哈尔，前去惩罚阿萨姆人。

米尔·朱木拉带领着部队默默忍受着大自然带给他们的各种艰难困苦，直到三个月后到达阿胡姆首府。守军被轻而易举打败，更为重要的是，阿胡姆要塞被穆斯林士兵占领并换防。由于拉贾·贾雅德瓦吉逃亡，于是他的首府和所有财产都留给了侵略者。阿萨姆的战利品十分的优厚，有82头大象，30万卢比现金，675尊大炮，1 343支驼转枪，1 200支“拉木长机”，6 750支火绳枪，1 000多只船，173间稻谷储存房，每间储存10～1 000“忙德”谷物。

由于首府被占领，米尔·朱木拉的好日子算是到头了。虽然阿胡姆未能击退侵略军，但是大自然帮他做到了。随着雨季的临近，米尔·朱木拉军队不得不进入临时的宿营地，在那里蒙受恶劣气候和缺乏食物之苦。有人记载说：“在莫卧儿营地，发烧和腹泻每天夺取数百条生命。医疗没有效果，死者数量太多得不到体面安葬。条件太差，病人得不到应有的合理照顾和饮食，所有的人都只能吃粗米；没有小麦、没有豆子、没有牛奶、没有糖、没有鸦片，只有少许价格惊人的烟草。”

即使这样，阿胡姆人也没有被压服，他们很快聚集力量，继续开始进攻。

莫卧儿军中的不满情绪剧增，一些军官在协商之后决定拔营，让米尔·朱木拉自找出路。但是，这位将军及时获悉了这一密谋，顺水推舟，命令立即撤退。阿萨姆人得到莫卧儿军队撤退的情报后，对他们发起进攻；但是莫卧儿军队仍然有战斗能力，勇猛的迪勒汗彻底打败敌人，并迫使拉贾·贾雅德瓦吉签定了屈辱性的条约。据哈非汗记载，他同意支付“十二万‘拖拉’（印度金银重量单位，相当于0.4114盎司。——译者注）白银，两千‘拖拉’黄金，并将五十头大象和他的一个丑女儿送给了皇帝。他也同意将十五头大象和他的另一个女儿，连同一些现金和物品一起送给汗坎南。”莫卧儿皇帝也将孟加拉边境附近肥沃地区的一些城堡和城镇永久性地并入了帝国版图。奥朗则布失去了他最好的将军，这位将军的牺牲标志着阿萨姆战役的结束。这次战役之艰苦对米尔·朱木拉产生了致命影响，他于公元1663年3月30日在返回达卡途中去世。

孟加拉新省督刹伊斯塔汗刚从德干被召回不久，便发现东部边境被占领了。由于莫卧儿舰队处于无组织状态，阿拉干国王变得大胆起来，通过吸收外国势力逐渐提升他的海军力量，他的海军包括葡萄牙冒险家和他们的混血后裔。他也鼓励葡萄牙冒险家在吉大港附近海岸定居，这些冒险家的主要职业是在孟加拉湾从事海盗活动。他们的劫掠延伸到了达卡，这便引起了孟加拉省督的不安。一位当时的穆斯林历史学家记录道：“阿拉干海盗，包括苗人和弗林基人（葡萄牙人），经常从水路前来，劫掠孟加拉。他们抓走他们能够抓住的印度教徒和穆斯林，在他们手掌中穿洞，将细藤从洞中穿过，把他们挤做一团扔在他们船只的甲板底下。每天早上，他们从上面给这些囚徒扔下一些生米饭，就像我们给家禽扔谷物一样。

回到家里后，海盗们留下一些在这种遭遇中存活下来的能够吃苦耐劳的人从事耕作和其他低下职业。其他人则卖给德干港口的荷兰、英国和法国商人。由于他们继续劫掠了很长时间，因此孟加拉日益变得越来越荒凉凄惨，越来越无力抵抗他们。在他们从吉大港到达卡的必经之路的河流两岸，没有一家房屋有人烟。伯尼尔也叙述了他们的恶劣本性：“这些人很可恶，彼此屠杀或下毒，毫无内疚或懊悔，有时他们甚至暗杀他们的牧师，而这些牧师常常不比他们的谋杀者好到哪里去。”

刹伊斯塔汗在皇帝许可下，通过增加几艘新船只扩大了孟加拉船队，于公元1666年1月迫使阿拉干国王割让海盗重镇吉大港，并占领孟加拉湾松迪普岛。然而，除了这些成就之外，没有能够阻止海盗活动的进展，海盗在整个奥朗则布统治时期一直很猖獗。

在管理方面，奥朗则布比他父亲和祖父更加坚决和独裁。他不能容忍来自省督方面的不顺从，也不容许帝国声誉在帝国任何地方受到损害。因此，他决心恢复边境安宁，甚至不惜以长期而昂贵的军事行动为代价，先对付阿萨姆人，然后对付阿富汗人。

东部边境战争尚未结束，帝国西北边境麻烦又开始了。它开始于居住在斯瓦特和巴乔尔山谷的余苏富扎伊帕坦人。这些人勇敢、尚武、好战，多少世纪以来一直以抢劫和掠夺为生。他们的家园和房屋坐落在斯瓦特和巴乔尔山谷以及白沙瓦北部平原，形成了一个粗略的半圆形，三面与印度河、喀布尔和斯瓦特河接壤，第四面与低矮的克什米尔山丘接壤。他们在这里生活相对安全些，可免遭外部攻击，因此他们从这里袭击平原，向旁遮普西北部的富裕城市敲诈勒索。自从他们十六世纪初移居到这些山谷，就一直保持着这一习惯。阿克巴曾努力实现西北边境的和平，但是部落民反抗帝国军队使他们臣服的一切努力。此外，公元1586年发生的可怕灾难，就是拉贾·伯巴尔率领的帝国军队在斯瓦特峡谷被切断，拉贾·伯巴尔阵亡，激起了对阿富汗人勇猛威力的广泛恐惧。阿克巴最终放弃了努力，通过给部落领袖发放抚恤金和放任他们劫掠，达成了空洞的休战协定。在贾汉吉尔和沙·贾汉统治时期，形势依旧。

奥朗则布长达50年的统治可以被等分为两部分，每部分约二十五年，正如最新权威所指出的，每部分各有其显著特点，各不相同。在这两个时期的早期，即公元1658—1681年，皇帝本人要么待在德里，要么待在阿格拉，几乎所有重大的民事和军事发展都与北印度有关，而南印度则是一个遥远的甚至或多或少被忽视的地方。

在他统治的第二个时期，形势发生逆转，政治活动中心由北方转向南方。从公元1681起，也是在他的晚年的时候亲自率领军队来到德干地区，灭掉了最后两个独立王国。

莫卧儿军队首先进攻比贾普尔王国，围困比贾普尔长达十八个月，这座在德干最先进、最开放的城市最终被攻破，不过现在的比贾普尔文物建筑大多保存得很好。仅六个星期后，奥朗则布又把目标对准了最后一个在德干的独立王国高康达，莫卧儿军队首先占领了以富饶和奢华而闻名古印度的海德拉巴德，之后又围困住了印度南部最坚固的堡垒城市高康达，围困了九个月，使用了各种办法，都没有攻破这座城市，奥朗则布最终采取反间计，从内部攻破了这座城市，高康达最终也停止了反抗，这次战争使整个南印度归顺了帝国，帝国的疆域达到了鼎盛，此时的莫卧儿帝国几乎统治了整个南亚次大陆。

奥朗则布成功地摧毁了比贾普尔和高康达穆斯林统治家族，但却未能全部地制伏被他瞧不起的印度教敌人的新生政权。这场斗争对莫卧儿帝国可以说是具有灾难性的，它与后面提到的其他因素一起，加速了莫卧儿政权的解体。帝国权威开始明显衰落，出现在奥朗则布统治时期。当他公元1658年登基时，德里帝国显然处于最繁荣状态；但是在他公元1707年去世时，衰败的症状已经很明显了。

在莫卧儿帝国统治政权的三百三十多年中，十六世纪至十七世纪末，帝国达到了它的极盛时期，其间，帝国版图最大的时候包含了今天阿富汗的一部分、克什米尔、巴基斯坦和印度的大部分。莫卧儿帝国把全国土地收归国有，实行国家土地所有制，除直接统辖一部分土地外，并且将大部分土地都赐封给了来自中亚以及阿富汗的有军功的穆斯林封建主，称“札吉尔”，但不得世袭。他们都直接隶属于莫卧儿皇帝，彼此间没有从属关系。

在这个时期，传统的棉纺织业得到了显著的发展，因而也出现了达卡等新的纺织业中心。而在帝国边远地区，印度教的王公或部落首领仍然世袭占有土地，称为“柴明达尔”。他们向农民征收实物地租，把榨取所得的一部分按固定数额上缴中央政府。

然而，这时候的奥朗则布在宗教方面推行了宗教迫害政策，开始对非伊斯兰教徒征收人头税，这一政策的目的无疑是为了增加国家的收入，更加深入的原因是为了强迫印度教徒改信伊斯兰教。并对印度教徒商人征收重税，加之其他政治上的歧视。这种做法源于奥朗则布上台之时，遭受到了连绵不断的民族宗教起义，起义严重打击了莫卧儿帝国的统治。其间，规模最大的一次民族起义是信奉印度教的马拉提人的起义。所以奥朗则布在统治权到手之后，就开始了对印度教徒的迫害。也正因如此，导致了国民更大的怨恨，后期各个边境的小部落不断揭竿而起，使得莫卧儿帝国面临着一场躲不过的灾难。

公元1656年，在西瓦吉的领导下，拉提人为了推翻伊斯兰教蒙古贵族统治，建立强大轻骑兵，屡败莫卧儿王室和各省总督的军队，从次大陆西部向中部推进，转战南北，一度攻陷德里，震撼了整个帝国。不过，印度教马拉提人起义很快被奥伦泽布大帝镇压下去了，起义遭到惨痛失败，而身为伊斯兰教蒙古的贵族皇帝，奥朗则布便实行了迫害非伊斯兰教政策，进入了国家建设的极盛时期。

天才少年皇帝阿克巴建立了这座帝国，由贾汉吉尔和沙·贾汉或多或少完整保存的伟大的政治大厦，在奥朗则布去世后二十年里显示出即将瓦解和实际崩溃的迹象。

奥朗则布统治时期，没有放弃对南印度的军事扩张，经过多年征战，莫卧儿王朝的版图几乎囊括了整个南亚次大陆。但奥朗则布强制推行政教合一的政治体制，并恢复对印度教臣民迫害的政策，因而引起拉杰普特封建主、锡克教徒及马拉特人的激烈反抗。奥朗则布死后，各省总督纷纷独立割据，莫卧儿帝国陷于四分五裂。公元1740—1761年，莫卧儿帝国的皇帝们几乎成为了入侵印度的波斯人、阿富汗人及马拉特封建王公的傀儡，莫卧儿王朝名存实亡。公元1764年，莫卧儿皇帝阿拉姆沙在布克萨尔战役中投降英国东印度公司，莫卧儿王朝沦为英国殖民者的附庸，名义上存在到了公元1858年。

关于莫卧儿帝国灭亡的具体叙述在本书的附录中有详细的讲解。

至此，称霸印度的庞大的莫卧儿帝国告别了历史的舞台。她历时三百多年，创造了印度史上无与伦比的辉煌。

## 后宫的女眷们

辉煌的莫卧儿时代不仅仅见证了各朝皇帝的丰功伟绩抑或奢靡作风，同时也离不开公主、王后以及诸多皇室的女眷们不可磨灭的贡献。她们和那些男人们几乎一样伟大，甚至在某些方面更加优秀。这些不仅漂亮的、有教养的并且极具天赋的女性们不但在社会、文化、文学、艺术和经济领域做出了贡献，有一些还握有权力，在当时的男权主义社会中，依然在政治领域扮演了极其重要的角色。虽然她们深藏于面纱之后，局限于深宫之内，但有些出色的女性对后世的影响与皇帝相比有过之而无不及，她们依然能够影响当时乃至今天的丰富文化遗产，这些影响不得不令人敬佩。

其实每个国家都一样，后宫的女眷们的生活都是围绕皇帝展开的，这一点跟中国历代帝王后宫的嫔妃们是一样的。各个妃嫔在皇宫中的地位取决于她们在皇帝心中的位置。因此争风吃醋是常有的事，不过这些女人有着较好的教养，在日常交流中都会与旁人保持较好的关系。能够为皇帝生下子嗣是所有女人的心愿，如果能够给皇帝或王子生下第一个儿子，那将是至高无上的荣誉，会被所有人羡慕。妃子们在宫中如果地位显赫，就要比其他人享有更多的特权。如果她自

后宫的女眷们

己不能生育，可以收养别的女人的孩子。她们有单独的宫殿，有很多的仆人、有丰厚的俸禄，甚至还有高贵的头衔。

虽然她们有着共同的心愿，不过深宫的女人们还保持着不同的宗教信仰、文化背景以及家庭背景。她们可能是皇帝的妻子、母亲、继母、养母、姑妈、祖母、姐妹、女儿或者其他的亲戚。同时这里还住着皇帝的小妾、歌舞女郎、女奴以及皇帝任命的照顾女眷们生活起居的女官和卫士。这些女官们通常是通过结婚、出生、购买、任命或赠品的方式进入皇宫的。

在物质生活上，这些女眷们过着奢华无比的生活，在她们各自的宫殿或者住所中，不仅有花园、喷泉、果园、水箱等，这也就是我们所说的“Mahal”（宫殿）。而地位尊贵的女性有自己的宫殿，女官、歌舞女郎以及侍女们也都有自己的居所。

与中国古代的皇宫一样，这些宫里的女人，虽然过着衣食无忧，锦衣华服的生活，但是她们是十分不自由的，受到严格的深闺制度和隔离制度的控制。这些女性们几乎很少走出过宫殿，如果出来的话，也是严实地包裹在面纱的后面。当她们出行时，乘坐的轿子、象轿、马车等也都必须包围起来，以防外人看见。不过在宫里她们还是可以自由走动，不必包裹的。

而为了让这些女眷们不至于无聊烦闷，各朝皇帝都为这些女眷们安排了非常多丰富的娱乐活动。她们经常在宫里安排歌舞表演，也经常在帘子后面欣赏在大殿中举办的音乐表演，还可以参与象棋、打牌等室内活动。

生在莫卧儿这个好战的国家，她们也避免不了会经常参加一些室外活动，比如打猎、马球、放鸽、看角斗，等等。一些女性也十分擅长打猎，并对一些兵器使用十分熟练。

除此之外，宫廷内的一些节日和活动也给了她们许多的娱乐机会，并有为她们专门安排的各种集市，为她们的生活增添了不少乐趣。每当集市到来时，这些养尊处优的贵人们就自己披挂上阵，亲自担当小贩，向皇帝和王子们高价兜售各种物品。当然所有这些活动的参与者都是在蒙着面纱进行的。

虽然莫卧儿贵人们的生活是极其奢华的，但是她们的内心又是极其空虚的，这种空虚只有爱才能填充，而这又恰恰是她们最渴望也最难得到的。这种对爱和友谊的渴望致使她们做出了许多恋爱事件，包括婚外情甚至与宦官产生感情，也使她们沉湎于烈酒和药物。

虽然大多数女子只是希望在这动荡的宫中能够取得皇室的喜欢，保全自己。但是也出现了许多极富政治野心和权势欲的女人，后宫干政从始至终都很明显，她们或直接或间接地在政治事件中扮演着角色。有时她们是和平调解者，想方设法调和不同政见、争论；有时作为用具达到与敌人求和，为她们亲近的、所爱的人求得谅解；有时参与帝国的政治事务；还有一些勇敢的、有能力的甚至亲自面对敌人。然而过多的后宫干政有时导致了混乱的局面。无论如何，一些莫卧儿女性表现的勇气、果敢和决断力还是值得赞叹的，毫无疑问会为全世界各个时代的女性指引方向。

由于许多皇室女性都受过教育，她们有些还有着深厚的文学功底，写下了不少优美的散文和诗篇，为后世留下了丰富的文学遗产。她们中的一些人拿出自己的钱财并将之大量地用于支持教育的传播、修建教育场所、赞助有学识的人，建立自己的图书馆并搜集珍贵的有价值的图书。

在艺术和建筑方面，莫卧儿皇室的女性们做出了自己的贡献。许多人积极参与，把自己大量的私人财产用于修建漂亮的建筑、精美的花园，许多甚至留存到今天。她们为自己或为丈夫、父亲修建宫殿、旅店、花园墓地、清真寺、集市、梯井等，许多也都留了下来。她们也对其他的艺术形式感兴趣，如音乐、绘画、烹饪、以及装饰和设计的艺术等。这些有着天赋的女性们，将针织和服饰以及珠宝等进行了设计，有着极高的艺术价值。除此之外，她们对香水方面的造诣也十分突出，制造香水的技术也流传了下来。而美学意识和创造意识使得她们对艺术和建筑领域的贡献充分展现出来。

虽然这些后宫的女人们做的这些与那些莫卧儿皇帝们在各领域所作出的贡献相比，是微不足道的。但是，在当时社会状态下，如果我们考虑到她们所生活的中世纪的社会状况，深闺制度、隔离制度、多妻制、不鼓励女性接受教育以及女性在社会中很低的地位，我们便不得不佩服那些伟大的女性所做出的贡献了。她们的不平凡的成就是无可替代的，莫卧儿女性们通过这些方法，用她们自己特殊的方式，在整个莫卧儿历史中写下了自己的名字。

# 第三章　帝国富强的经济与政治

## 帝国的社会体制

十六世纪和十七世纪的莫卧儿帝国在行政管理方面的原则与体制几乎都是由阿克巴创造的，这位伟大的君主将他的勤奋和才能应用于一个广阔而又尚未完全征服的领土的管理当中。

由于在巴布尔和胡马雍充满冒险的一生中，他们完全专注于确保占领北印度进而为帝国路线打基础的战斗中，几乎没有机会制定民事政府制度。因此，当阿克巴公元1556年继承王位时，他在阿格拉和白沙瓦之间的国土甚至在阿富汗都没有一个稳定的立足点，即使他所征服的另外的领土在他统治结束时也没有完全被同化。可以肯定地说，如果巴布尔被赋予机会，他会完善一套民政机构，能够与他著名的孙子设立的机构相媲美。

巴布尔和胡马雍都因环境而被迫遵循他们的前任德里苏丹的政策，德里苏丹通常不干扰印度教拉贾和其他土地持有者的土地，条件是要他们按时纳贡。因此，当巴布尔在他的《回忆录》中谈到他所占领的从“比拉到比哈尔”领土的税收公元1528年达到5亿2千万卢比（421万2千英镑）时，他指的是通过他的占领军代理机构所征收的货币和印度教与穆斯林酋长及“柴明达尔”所交纳的贡赋，这些人实际管理着他用武力施加权威的国家。

这一惯例的采用，是出于某种形式的省民政管理的需要，是出于如下这个事实，即穆斯林统治印度初期，穆斯林人数或能力不足以管理首都邻近有限地区以外的地区。公元1200年，巴赫提亚尔的儿子穆罕默德·凯尔吉曾在孟加拉组织了一个纯穆斯林的省政府。苏丹巴尔班和阿劳·德·丁·凯尔吉主要通过他们的军队来统治，拒绝雇用印度教徒，通过残暴行为和有组织的谍报系统维护他们的至高无上的地位。在穆罕默德·本·塔各拉克统治下，内部行政管理已经陷于崩溃；菲罗兹沙将他的领土的行政管理交到他皈依伊斯兰教的印度教徒大臣汗贾汉的手里，但他的温和统治未能恢复制度的活力，这个制度从中央到各省都是武断的专制主义，除了叛乱和暗杀之外没有任何实际制约。

然而，在看到正是由于阿克巴才确立了截然不同于德里苏丹的政府和行政机构的同时，也必须记住阿克巴在两个方面得到了实质性的帮助：第一是舍尔沙的榜样，舍尔沙在他自己的领土比哈尔以及在德里惊涛骇浪的5年统治时期，展示出了杰出的民政管理才能；第二是十六世纪初印度穆斯林人口的充足增长，这一增长通过三重方法即移民、改教和出生，从而使穆斯林在国家民政机构中的工作人数远远超过苏丹国早期的人数。此外，到阿克巴登基时，最初区分穆斯林与印度教徒的藩篱已经基本上消除，自然恢复的相互交流导致了一种特殊语言乌尔都语的形成，乌尔都语双方都能懂，逐渐变成印度穆斯林的方言。

## 同等待遇的公共服务

外国穆斯林的涌入对维持帝国军事力量是必要的，但由于阿克巴奉行“印度人的印度”政策，从阿克巴统治后期起，外国穆斯林的涌入便逐渐下降了。但是，这一阶层的人到十六世纪中叶数量有很多，足以为阿克巴创立的各种部门和官职提供大部分人力。事实上，莫卧儿的公共服务以外国人占优势。布拉克曼在仔细研究《阿克巴则例》后断言，阿克巴的大多数官员是外国人——“塞尔人”、波斯人和阿克巴人，在军队和民政服务机构上层中很少有印度斯坦穆斯林；而莫尔兰德估计大约有70%的官员属于跟随胡马雍到达印度或者在阿克巴登基后到达印度的家族，其余30%的官员属于印度穆斯林和印度教徒。

关于雇用印度教徒，阿克巴正确地认为，一个伟大的帝国不可能用苏丹所遵循的原则来维持，赋予印度教徒和穆斯林为国家服务的平等机会必然是促进国家稳定的重要因素。但是，虽然在理论上公共服务作为一个职业向印度教徒开放了，而在实际中他们所占有的职位显然非常有限。此外，这些职位大多数都赋予了拉吉普特人，其他种姓被排除在外，这个事实表明阿克巴选择任职者更多地出于策略，而不是出于更为开明的“任人唯贤”的理论。在拉吉普特人问题上，他认识到“一味展示权威不仅是无效的而且是危险的，获得他们效忠和尊敬的可靠方法是赋予他们以支持君主制的个人利益”。

因此，在40年的时间里，他授予21个印度教徒“500骑”以上的“曼萨卜”或职位，其中17人是拉吉普特人，包括阿姆巴尔、马尔瓦尔、比卡内尔、斋萨尔米尔和邦德尔坎德的酋长，授予37个印度教徒“500骑”以下的职位，其中30个是昌德里、卡劳里和达提亚的拉吉普特王子以及较大土邦的拉吉普特采邑主。其余4个高层职位，即从“500骑”到“5000骑”的“曼萨卜”，第一个授予了宫廷才子拉贾·伯巴尔，第二个授予了税收大臣拉贾·

托达尔·莫尔，第三个授予了拉贾·托达尔·莫尔的儿子，第四个授予了另一个卡特里人。

似乎很明显，阿克巴在公共服务部门雇用非穆斯林，主要是出于巩固他控制承认其宗主权的拉吉普特酋长的愿望，他通过安排莫卧儿皇室家庭成员与拉吉普坦纳统治家族公主之间的联姻，力图更加牢固地确立他的权威。同样明显的是，莫卧儿帝国衰落的因素之一是偏执的奥朗则布抛弃了通过官方或个人纽带使最主要的印度教家族依附于皇室。在贾汉吉尔和沙·贾汉统治时期，公共服务的总体特征保持不变，不过在贾汉吉尔统治时期公共服务的工作质量开始显露出某种退化，在沙·贾汉统治时期就更加明显了。

另一方面，奥朗则布偏离了阿克巴的政策，又开始了宗教歧视政策，故意的尽可能排斥印度教徒担任职务，给他们强加侮辱性条例，他相信早期哈里发的先例责成他这样做，与此同时他也未能紧紧控制住他的穆斯林下属。结果，他的三子阿克巴王子于公元 1681 年公开和诚实地写道："国家官员和军官养成了商人的习惯，用黄金购买官位，再出于可耻的考虑出售这些官位。每个吃盐的人，在毁灭着盐窖。"

## 军事性质的官僚体制

各个朝代的官僚体制必定是军事性质的，莫卧儿帝国的官僚体制也是如此。作为本质上是军事性质的莫卧儿帝国的官僚体制，奠基于阿克巴直接从波斯借鉴来的体系之上。每一个官员都是一个"曼萨卜"持有者，或军衔和受益的官职持有者，作为这种身份在理论上有义务提供一定数量的分遣士兵和辅助人员，为国家服务。

公元 1573—1574 年，这些"曼萨卜达尔"被分为 33 个等级，范围从"10 骑统帅"到"1 万骑统帅"，其中统帅"10 骑"到"40 骑"的通常被称为"曼萨卜达尔"，统帅"500 骑"到"2 500 骑"的被称为"艾米尔"，统帅"3 000 骑"以上的被称为"艾米里—伊—阿扎姆"或"乌姆达"。到阿克巴统治中期，向普通官员开放的最高等级是"5 000 骑""曼萨卜"，更高的职位则严格地保留给皇室王子，如萨利姆王子，在汇编《阿克巴则例》的那一天成为"1 万骑"统帅。但是，到阿克巴统治末期，"5 000 骑"限制放松了，在阿克巴继任者统治时期，高级官员被允许上升到更高的职位。每一个等级都得到一定比例的报酬，报酬持有者被要求用该报酬支付他的马匹、大象、载重牲畜和马车的定额费用。但是，即使在阿克巴时期，虽然有条文规定，但"曼萨卜达尔"实际提供的人数很少与他官衔所指示的数量相一致。"一个'1 000 骑统帅'如果提供少于这个数字的部队不会得到认真追究，一个‘5 000骑统帅’如果提供4 000骑兵通常会很好地完成任务，一般不会被要求再多提供1 000左右骑兵”。

据爱德华·泰里牧师证实，在贾汉吉尔统治时期，这一惯例变得更为明确，并且继续发展，直到十八世纪，就军事分遣队的提供而言，各种军衔成为一种纯粹的荣誉。由于所有官职持有者通常都竭力欺骗政府，甚至阿克巴的积极监督都未能阻止经常性的营私舞弊，因此完全可以理解上表中所显示的“曼萨卜”增加对十七世纪公共服务的总体恶化产生了何等影响。

除了被看作是个人级别的“曼萨卜”或等级官衔外，官员也被授予“苏瓦尔”官衔，作为回报供养补充部队“苏瓦尔”或骑兵的特权。这个补充部队的报酬由国库财政支付，“曼萨卜达尔”被允许为自己保留该报酬中的5%。这个骑兵分队的规模在每种情况下决定了“曼萨卜达尔”在等级中的位置。因此，“从5 000骑以下，如果一个军官的‘扎特’（个人级别）和‘苏瓦尔’相等，那么他就是‘第一级别’（或等级）；如果他的‘苏瓦尔’是他的‘扎特’官衔的一半，那么他就是‘第二级别’；如果他的‘苏瓦尔’不到他的‘扎特’官衔的一半，或者根本没有‘苏瓦尔’，那么他就是‘第三级别’”。根据这个等级划分，一个提供3 000“苏瓦尔”的“3 000骑”“曼萨卜达尔”属于第一级别；一个提供1 500“苏瓦尔”的“3 000骑”“曼萨卜达尔”属于第二级别；一个提供500“苏瓦尔”的“3 000骑”“曼萨卜达尔”属于第三级别。这些级别的薪水区别不大，一个“3 000骑”“曼萨卜达尔”如果属于第一级别每月薪水为17 000卢比；如果属于第二级别和第三级别，每月薪水则分别为16 800卢比和16 700卢比。

因此，莫卧儿帝国的永久官员属于一个在明确军事路线基础上组成的服务机构，在阿克巴统治时期除了履行他们的一般行政和司法职能外，至少也被要求履行军事职责。皇帝亲自任命服务机构人员，根据不同情况确定成功候选人的官衔。候选人一般必须经朋友或宫廷长期庇护人引见给皇帝，必须将成功寄托于给专制君主留下良好印象，因为他在官员提拔问题上没有公认的合格标准可循考察，也没有一般规则可依。拉贾·比哈里·茂尔就是这样被直接任命为“5 000骑”“曼萨卜”的，不过通常而言一位新手必须满足于比较低微的级别，期望通过他自己的努力和能力赢得更高的政府奖赏。阿克巴判断一个人的品格的能力非常惊人，他根据他的喜好任命、提拔、降职或解雇官员的惯例没有出现任何恶果。相反，值得质疑的是，在那个时代环境下，其他制度是否能够同样成功。但是，一旦统治者的天生能力和人格达不到阿克巴的标准，官方贵族的声望就开始逐渐下降。这一下降在沙·贾汉和奥朗则布时期非常明显，不过来自布哈拉、呼罗珊、伊朗和阿拉伯半岛的许多官员使沙·贾汉和奥朗则布统治时期的民政和军事行政管理幸免于绝望的衰竭，这一衰竭是后期莫卧儿统治者治理下的公共服务部门的特征。

绝对服从皇帝命令是莫卧儿政府官员的首要职责，政府官员的名字登记在两个花名册上：一个花名册用来登记侍奉皇帝的人；另一个花名册用来登记担任明确职务的人。第一类名单中的官员职责就是经常出现在朝廷，维持他们的军队，随时准备执行皇帝可能下达的命令。第二类名单中的官员所担任的职务种类繁多，他们可能承担严格的军事任务、可能担任各省省督或其他职务，或者根据形势需要可能附属于皇室某一部门，如乐队、马厩或果房。很少有专门化的职务，官员可能随时接到通知，调到一个完全不同的新岗位：伯巴尔在朝廷任职多年，后来死在统帅军队的前线，而阿布勒·法兹勒是当时最著名的文学家，被派往德干从事军事行动时功绩卓著。

## 阿克巴的内政改革

十六世纪下半期的阿克巴对莫卧儿帝国内政的改革，是印度历史上的一次重大事件。这个时期，正是莫卧儿帝国的兴盛时期。当时的印度形成了比较统一并且相对稳固的中央集权制度，社会经济逐渐出现繁荣的景象，简单的商品经济获得了较为顺利的发展，而这一些也都为印度资本主义的形成创造了必要的条件，只是后期奥朗则布死后的莫卧儿遭到英国殖民者的入侵才不得不中断了这个发展过程。当我们想要去了解这一时期印度社会经济情况时，不可否认应该将这一现象看作是印度社会本身发展的必然结果，但同时也不容忽视的是，阿克巴改革在这一发展进程中所占据着的重要地位。

在阿克巴改革前，印度社会长期处于分裂的局面，社会矛盾非常复杂和尖锐，具有自给自足的农村公社仍然构成了当时的社会基础，各个种姓间的差别也愈来愈复杂，所有的这一切，都阻碍着印度社会的发展，同时也决定了中世纪时期社会发展的缓慢性。

阿克巴改革（乘大象出巡）

流传着伊斯兰宗教的莫卧儿帝国，是一个典型的穆斯林帝国。然而莫卧儿帝国并非一开始就信仰伊斯兰宗教，而是慢慢形成的。自公元712年阿拉伯帝国入侵印度河河口附近的信德开始，伊斯兰教开始传入南亚次大陆，但是直到莫卧儿帝国建立前，印度仍然只有北部的部分地区形成了穆斯林国家，而南部的大片地区仍然是印度教占统治地位的国家。即使是在北部的穆斯林国家，大部分居民在种族上仍然属于印度人，他们坚定不移的信奉着印度教，而并没有被一时涌来的伊斯兰充斥头脑，比如像小亚细亚人，他们一开始便已经那样被伊斯兰教化和突厥化。这可能是由于从北方移居下来的穆斯林的人口与原有的印度的千百万人口相比，是微不足道的少数。

入侵的伊斯兰教所担任的虽然都是政府和军队中的高级职位，然而农民、商人和大部分官吏要靠当地的印度教臣民来充当。这一现象与同为穆斯林帝国的奥斯曼土耳其大不相同，莫卧儿帝国的上层建筑是穆斯林的，而基础建筑则是印度教的。尽管莫卧儿帝国的王朝和宫廷等上层建筑都是穆斯林的，除了上层建筑之外，很多的艺术文化也受到了穆斯林的影响。可是，在莫卧儿统治机构和居支配地位的波斯文化的底下，有着一股强大的印度教的潜流，大部分人依然信仰印度教。

尽管表面风平浪静，然而底下却是风波涌起。就像当代萨达姆时代的伊拉克一样，居于统治地位的少数逊尼派穆斯林与下层的叶派穆斯林之间的巨大矛盾迟早会爆发出来，因为这样的一个政权很明显是暗藏危机的，就好像是定时炸弹一样，总有一天会摧毁整个政权的基础。

然而，出人意料的是，危机并没有爆发。在阿克巴统治时期（1556—1605 年）莫卧儿帝国不仅没有出现危机，反而是日臻强大。甚至在阿克巴死后莫卧儿帝国居然越发兴盛，神奇的又延续了 80 年。这样一个与众不同的帝国是如何从阿克巴时代开始稳定并兴起的呢？下面，我们从阿克巴的文化、经济、政治和军事四个方面的政策来分析阿克巴改革对于莫卧儿帝国兴起的重要意义：

第一，文化方面

印度是一个宗教社会，在印度社会思想中宗教始终占据着统治地位，无论是信仰伊斯兰教还是印度教的统治者都不可避免地需要面对这一问题。综合宗教信仰的问题从来都是社会上的一个重要问题，无论是在封建迷信的古代，还是在改革开放的的现代。而对于莫卧儿帝国来说，最重要的问题也就是如何调和社会的宗教矛盾，从而保障印度社会的发展，而阿克巴改革的最重要也是最基础的方面就在于文化，也就是宗教方面。

印度关于宗教的政策和改革几乎都是阿克巴在他统治的初期（1562—1564 年）提出来的，其中几项改革尤为重要。他取消了对印度教香客的捐税、禁止了对战俘的奴役和废除了对非穆斯林的人头税。虽然这些捐税和人头税的废除是财政的巨大损失。阿克巴的原则是普遍的宗教宽容。规定各种宗教按各自的教规进行宗教活动，修建亩宇、教堂，允许原强迫改信伊斯兰教的人可恢复原来的信仰。阿克巴为了彻底改变印度教徒对莫卧儿帝国的看法，还让印度教徒担任国家高级职务，这样一来，印度教徒也不再和莫卧儿帝国针锋相对。阿克巴梦寐以求的新印度：一个民族国家而不是一个由穆斯林主人和印度教臣民组成的分裂的国家开始出现。阿克巴明白，印度教徒构成了国家人力的四分之三以上，他们的智慧、组织和经济资源都不允许遭到破坏。在阿克巴时期，宽容的宗教政策缓和了穆斯林与印度教徒之间的矛盾，阿克巴的一系列的改革和政策，终于取得了成效，印度教徒不再敌视莫卧儿帝国，反而开始归属于他，这样一来使莫卧儿帝国的政权比阿富汗人坚强得多，而这也成为了莫卧儿帝国兴起的基础。

第二，经济方面

宗教信仰是关于人们的精神领域的管理，然而社会的发展最重要的还是经济。不管怎样，社会的发展都是建立在经济基础上的。不仅仅是在印度的莫卧儿帝国，任何一个政权的兴盛都建立在经济的繁荣上，而经济繁荣则通过税收直接被政权所利用，成为国家力量的组成部分。

阿克巴又提出了一项重大改革，那就是税收。而且他的经济改革主要体现在税制改革上。他在不同的地区实施适合它们的税收制度。

公元1582年税制改革后，莫卧儿帝国有三种主要税收制度：

（1）第一种是指从每种收获物中提取一部分作为税收，叫作“加拉巴克什”，即收获物分成，每种收获物都由政府征收一份。主要实行于信德、喀布尔和克什米尔。

（2）第二种是指根据土地来收取税费，叫作“柴布特”，即将土地按质分为4等，规定每一等级土地的税收标准。以固定的货币税代替不稳定的农产品实物税。实行在从木尔坦到比哈尔，以及拉齐普他拿、马尔瓦和古吉拉特的大部分地区。

（3）“那萨克”，即估价，类似“柴明达尔”的办法。自阿克巴税制改革后，原本繁荣的社会经济加上恰当的税收政策，还有和谐的宗教信仰，莫卧儿帝国的发展变得更加顺利。“莫卧儿帝国的税收制度大体上是适合于人民的习惯的”（《印度通史》）。这样，本就繁荣的经济和稳定的财政收入成为了帝国达到鼎盛的铺路石。

第三，政治方面

阿克巴时期的官僚机关是按照军事方式编制的。高级官员分33级，从指挥十人的曼沙达尔起到指挥万人的曼沙达尔止。阿克巴关于军事的这方面也做出了适当的改革。他取消了授予土地的制度，而是按照官员的级别给予薪金，即使这要付出很高的薪水。这也正是为什么他后来之所以能够对各级官员加强控制。据统计，统率5 000人的曼沙达尔月薪可达18 000卢比。由此，他对各级官员的控制大大加强了。

从这一系列的改革和政治方面的政策，可以看出阿克巴的政治才能非同一般。阿克巴的政治手段一方面在中央达到了集权的目的；另一方面又把地方割据的基础清除了。所以，在阿克巴的领导下，莫卧儿帝国的基础更加稳固、实力更加强大，帝国经济繁荣。同时这个繁荣的经济基础又能将大量稳定的税收作为政府军事开支的保障，而又不会造成社会的动荡；政治上非常稳定，阿克巴可以轻易将自己的意志贯彻全国，那么阿克巴的军事扩张仿佛就是天时地利人和。因为地方官员即使阴谋叛乱也没有基础；除此之外，社会中教派矛盾空前缓和，为整个帝国的安定从思想上打下了最深层的基础。如此一来，阿克巴便可以顺利的进行军事扩张了。

第四，军事方面

11年前莫卧儿帝国与苏尔王朝便有过战争，那时阿克巴刚刚继位，他的父亲胡马雍领导的对苏尔王朝的反攻尚未结束，苏尔仍然拥有强大的力量对莫卧儿进行抵抗。公元1556年，为了与苏尔王朝分出胜负，阿克巴领导了第二次帕尼帕特战役，击败了谢尔沙家族军队的反攻。到公元1561年，苏尔的舍尔汗在江普尔的最终失败，为阿克巴战胜阿富汗人画下了句号。

巩固莫卧儿帝国在印度地位的同时，阿克巴所领导的这个大帝国实际上是一个大大削弱了的莫卧儿帝国。由于莫卧儿帝国长期的与阿富汗人进行战争，他们的领土开始在战争中损失殆尽。莫卧儿的直辖领土只有旁遮普、德里和阿格拉。巴布尔征服的领土“从旁遮普到比哈尔（旁遮普位于今巴基斯坦和印度西北部，比哈尔位于印度东部紧邻孟加拉国一带，‘从旁遮普到比哈尔’几乎是整个北印度）”所剩无几。面对这样的局面，阿克巴的军事征服是必然的。

公元1572年，阿克巴征服古吉拉特并将其作为出海口。而且古吉拉特是曾经被其父征服过的地区。

公元1576年，阿克巴征服孟加拉。

公元1585年，吞并喀布尔。

公元1586年，吞并克什米尔。

信德和奥里萨分别是公元1591年和公元1592年。

俾路支则是公元1595年。

阿克巴对北印度的征服进行的相当顺利，当整个北印度尚未被阿克巴完全征服时，他已经为下一个目标做好了准备，就是将目标转向德干。公元1591年阿克巴谴使前往坎德什、阿马德纳加尔、比贾普尔和高康达，要求四国接受德里的宗主权。至公元1601年1月，坎德什的阿西尔伽尔城堡陷落，至此，阿克巴的对外征服结束。

具备政治才能得阿克巴有自己的一套政治思想。他曾说过，"一个帝王应该始终专心于征略，否则，他的邻国就会起兵攻打他。"可以看出，他的政治思想的中心就是对外进攻，征服领土。这条由他设计的道路为他的继承人忠实地追随着，直到莫卧儿帝国的领土在奥朗则布统治时期扩张到最大限度为止。

正是因为阿克巴的政治才能和领导才能，带领着莫卧儿帝国走向兴盛的他成为莫卧儿帝国最伟大的统治者，也是印度历史上伟大的统治者之一。阿克巴头脑非常灵活，然而行动却是非常谨慎又快速，他正确地认识到了帝国发展的种种前提条件，并着手采取正确的政策创造这些条件。在他统治期间，莫卧儿帝国社会安定、经济繁荣、政治稳定，军力雄厚。由此开始了帝国的黄金时代。他死后80多年，莫卧儿帝国在连年的战乱中开始走向衰落，此时，阿克巴当年辛辛苦苦建立起来的繁荣帝国已不复存在，曾经有利于帝国发展的各种条件几乎全都不存在了，更为严重的是，不利的条件也越来越多，宗教矛盾、社会矛盾丛生，经济崩溃、财政收入匮乏，地方割据势力兴起，军队战斗力低下。后来莫卧儿帝国的衰败堕落，也从反面证明了阿克巴时期政策的成功。

### 高度发达的工业与手工业

莫卧儿社会主要以农业经济和手工业为主，其中农业发展在当时尤为繁盛。莫卧儿帝国的农业商品中出现商品粮和棉花、生丝、蓝靛、烟草等经济作物的专业化产区，产品远销欧亚市场。

关于莫卧儿时期的手工业，其主要形式是封建制经济的作坊和家庭手工业，其发展十分迅速、十分发达，主要手工业生产的技术水平超过了当时欧洲的先进国家。大型官营作坊的优质产品主要为满足宫廷和贵族奢侈生活的需要，其次才供出口。在一些港口城市，当时还没有出现工场手工业，但是包买商们已经开始收购控制手工业者的小型作坊的生产。

由于莫卧儿帝国的商品经济的迅速发展，促使其商业和外贸也开始发展繁荣起来。十六至十八世纪，印度的一些主要城市虽仍是封建统治的政治中心和贵族的消费基地，但已开始起着工商业中心的作用。德里、亚格拉、拉合尔、阿默达巴德的城市规模可与当时北京、巴黎、伦敦相比。各国之间的交流往往都是先通过商品贸易来实现的，莫卧儿帝国同样如此。活跃的商业贸易逐步打破了各地区的闭塞隔绝状态。商品贸易流通过的地方形成了许多区域性的国内市场。孟加拉和古吉拉特则是对外贸易最发达的地区，商船往来欧亚非各地及中国。

商品贸易带动了一系列的商业活动，包括经济和货币交换的发展促使商人资本的兴起。商人们开始想办法储存他们的雄厚资本，于是拥有雄厚货币资本的钱商在各大城市开设钱庄、银行，经营存放款业务。发行期票和汇票。财力雄厚的班尼亚商人种姓充当皇室、贵族及官方的御用商人和财政金融经纪人。但印度这时期的商业资本尚未转化为资本主义性质的产业资本。

## 优秀的科学文化技术

源远流长的印度古代科学文化，是莫卧儿帝国科学技术发展的主要渊源之一。众所周知，早在公元前第三世纪的印度河流域文明时期就已使用了十进位计数法。《吠陀》经中还记载了关于日、月、星辰和将毕达哥拉斯定理运用于祭坛建筑等方面的知识。

孔雀王朝时，阿育王的父亲宾头娑罗定都于华氏城，并委派阿育王为乌贾因总督，华氏城后来成为了很重要的地方，不仅成了一些印度王朝的都城，而且还被作为古代印度的科学中心。岌多时期的著名科学家除了对五部《悉昙多》做全面评注的炎日以外，还有公元475—550年生活于华氏城的圣使，他一反传统的见解，第一次提出地球围绕太阳旋转并沿地轴自转的理论，尽管这种理论当时未被人们接受，但这种理论上的创举比哥白尼提出“日心说”要早一千年。

由于他的努力，天文学作为一门单独的学科从数学中分离出来。约出现于公元六世纪的以“0”为尾数的十进位位值制数码更是世界科学史上一项具有重大意义的变革。

波斯、阿拉伯的科学文化是莫卧儿科学技术发展的另一个重要源泉。如前所述，阿拉伯人不仅从印度教的科学著作中吸取了丰富的养分，而且吸收了欧洲与中国的科学精华。七世纪前期阿拉伯人征服拜占廷时，获得了各门学科的大量手稿，包括欧几里德的《几何原本》和托勒密的天文学著作《大综合论》，并将这两部名著译成阿拉伯文。经历代哈里发的赞助，到阿拔斯朝后期时，阿拉伯人在数学、天文学和医学等方面已经达到相当高的水平。公元1420年，帖木儿的孙子乌卢格·贝格在撒马尔罕建立了一座天文台。

这座天文台拥有当时世界上第一流的仪器设备，进行了当时最准确的天文观测。十六世纪初巴布尔从喀布尔、撒马尔罕进兵德里时，几乎原封不动地将波斯－阿拉伯的政治、经济制度连同它的宗教文化和科学技术一起带入印度，直到阿克巴即位二十年后才对此进行了一番改革，所以，波斯－阿拉伯与莫卧儿的科学技术有着直接的继承关系。

## 纺织与印染

莫卧儿时代，最为突出的一项民间艺术就是印度织染技术。通过这种技术制作出来的印度地毯带有浓郁的波斯风格。这种刺绣大多以奇花异草、祥禽瑞兽、少女形象或神话故事为题材，设色单纯明快，针法精细入微，虽然确实是民间艺术，然而艺术品却具有明显的皇室特征，所以皇室中有很多人在使用这种艺术品。

孔雀王期以后，中国蚕丝可能经由南海、西域、西藏、缅甸、安南诸道传入印度，后来盛产蚕丝的孟加拉正处于以上水陆通路的交汇点，这决不是偶然的巧合。金代乌古孙仲瑞《北使记》中说到榜葛刺地区“布帛、丝某极广”，明代《皇明世法录》又提到该地区的物产中“尤广丝棉”，说明最迟在金代，孟加拉已经大量产丝。

印度织染图案

到莫卧儿帝国时期，伯尼埃甚至把盛产棉花、生丝的孟加拉称为印度斯坦乃至欧洲的“公共仓库”，可见其纺织产品与原料的出口量是相当大的。莫卧儿的每个城镇和村庄几乎都生产纺织品，而一些纺织中心和官营作坊则生产特殊的优质织品，主要满足宫廷的需要，其次用于出口。

《阿克巴则例》中列举的优质产品中有最负盛誉的达卡细布，每块长二十码，卷起后可从一只指环中穿过，织成一块这样的细布需要六个月的时间。还有锡龙杰的白细布，“人们穿在身上犹如裸体一般，商人被禁止贩运这种细布，总督径直将它送与皇上和莫卧儿宫廷，后宫的妇女用它做暑季的衣服……”

除了印度染织技术这一项突出的技术之外，还有一项最古老的手工业之一——那就是苏拉特的伽丽制作业。其根源可追溯到莫卧儿时期。其扎染的方法和织法使得织物的正反两面图案完全相同。它需要复杂的计算，完全依据花纹的几何图形。整个制作过程耗时费工，极其不易。

可见，这类细布完全是官营性质，普通百姓当然不会穿用如此讲究的织物。南印度马苏利帕塔姆生产的擦光印花布印染质量很高，都用来装饰宫殿和会见厅。

令人惊异的是，生产这些精美的纺织品并未使用任何先进的机器，用的是最简单的纺车和织机，加上织工们巧夺天工的高超技艺。莫卧儿时期的农村几乎家家都有自己的纺车，最普通的是今天仍可见到的手摇式双轮纺车。织机的构造各地不尽相同，但工作原理大同小异。比哈尔有一种编织地毯的水平式织机，装有脚踏板和机箱，用手工引纬，门幅最窄的织物需要两名引纬工人，多则需要八至十人，如编织专供出口的英国威尔顿地毯的织机就需要十人穿引纬线。这种地毯用棉纱做经纬，羊毛做绒面。织工以娴熟的技艺将各色绒毛织入地毯，不用看设计图案即可织出栩栩如生的花卉。

印度生产的染料以靛蓝为主，十七世纪以后由于欧洲市场的需要量越来越大。靛蓝成为欧商垄断的商品，印度的染织业日益成为欧洲的附庸。W. H. 莫兰曾这样写道："舰队接连送来英格兰发出的指令，充分证实了这时的英国公司依靠靛蓝发展印度贸易远比其他商品为多。用托马斯·罗爵士的话说，它是"头等货物"。商人在将价格昂贵的靛蓝染料运往欧洲之前，为了减轻重量，少付关税，要经过仔细的筛选，筛除的杂质供本地的染工和农户使用。靛蓝的尘埃是一种渗透力极强的物质，被雇用的筛工从头到脚用厚布紧裹着，只露两只眼，每工作一小时就要喝一次有解毒作用的牛奶，尽管如此，工人连续工作八至十天以后，很长一段时间内都会吐出蓝色的痰液。泰文尼尔说他不止一次看到有人做过这样的实验：早晨将一只鸡蛋放在筛工工作的地方，傍晚打开鸡蛋，里面已经全部变成了蓝色。这种赚钱的"头等货"是多少印度劳工用生命和健康换来的！

自十八世纪下半期起，垄断靛蓝生产的英国种植场主采取了更加残酷的剥削手段，终于激起了接连发生的"靛蓝暴动"。

## 广泛开展的冶金技术

莫卧儿时期，钢、铁、青铜、铅、黄铜、金、银等金属得到广泛的运用。钢铁的冶炼技术虽然比较简单，但由于工人历代积累的丰富经验，炼炉已达到了很高的效能，产品质量也较高。"工业调查团"的报告中说："在英国统治之前印度钢铁生产已高度发展，甚至达到了发展现代工业所需要的物质条件已全部具备的程度。"

《阿克巴则例》中提到，卡林贾尔、瓜廖尔、库马昂、拉合尔省的苏凯特·曼迪、阿杰米尔省的宾马尔和其他县份以及阿拉哈巴德省都蕴藏有铁矿。因为当时煤还未被开采，冶炼钢铁的主要燃料是木炭。

关于冶炼的程序和设备，从十七至十八世纪喜马拉雅山南麓卡希亚山民采用的炼铁方法可以窥见一个概貌：炼炉建在高二十五英尺，面积 15×30 英尺的椭圆形棚屋内，操作工人用脚快速夹动位于炉侧约四英尺远的双室风箱，炉顶有一根底径二英尺、高六英尺的烟囱，起通风和提高炉温的作用，炉口上方的铁槽内装满湿炭和铁砂，工人一边鼓风，一边将湿炭周围的铁砂铲入炉膛，烧熔的铁块再经过锻打或渗炭处理。用这种设备一般可以连续作业十几小时，设备简单，仅由一人操作，虽然还是采用“块炼铁”的方法，但效益并不低。

钢以南印度的产量为多，据欧洲人记载，在戈达瓦里河以南十二英里处的科纳和萨蒙德拉姆，炼钢炉是用坚硬的黏土掺以谷壳等做成的临时性设施，高四至五英尺，直径五英尺，深入地面二英尺，炉中央的熔炼塔涡上方用黏土密封，但留有小孔以排放生铁氧化时产生的二氧化碳等气体。原料是用两种色泽、刚性均不相同的铁，按五比二的比例加入增涡，熔炼十四小时后即可得到重约一磅半的钢锭。

这与我国明代宋应星《天工开物》中记载的“生熟相和，炼成则钢”的方法十分相似，在我国古代称为“灌钢”，亦称“团钢”，而在泰陵伽称为“乌兹”。波斯商人不惜长途跋涉来到南印购买这种钢锭，可见其质量当不亚于波斯，而且必定是一宗有利可图的贸易，因为这种炼炉随建随拆，经常更新，成本十分低廉。

## 逐渐发展的军事技术

印度兵器技术的发展由来已久两大史诗中已提到过在战争中使用一种带火的箭簇，当然，那时还未发明真正的火器。

一般认为，中国的硝石在唐代就已传入印度，而火药直到十三世纪初才经由印度传入阿拉伯国家，恩格斯对此曾有过论述。不过，印度中世纪从何时开始使用火炮和其他火器，对此印度历史学界仍有争论。比较可靠的说法是，公元十四世纪前后德干的印度教和穆斯林王国在德里苏丹国之先使用了火炮。

莫卧儿人进兵印度时，带来了中亚先进的军事技术。在公元 1526 年 4 月具有历史意义的第一次帕尼帕特战役中，巴布尔之所以能以一万二千兵力战胜伊卜拉欣·洛迪的十万大军，一个很重要的原因是巴布尔的炮兵占有了明显的优势。莫卧儿人进入北印度之后，由于连年对阿富汗人、拉杰普特人的征战，由于阿克巴、奥朗则布时期进攻德干的长期战争，对提高军事技术和兵器效能提出了迫切的要求；另一方面，冶金业的发展在客观上也提供了比较充分的条件，因此，莫卧儿时期的兵器工业得到了较大的发展。

阿克巴时代，对其制定科学文化政策有较大影响的自然科学家兼兵器技师法图拉·西拉杰在改进兵器方面有许多发明，如拭炮机、便携式轻炮、多筒炮等。拭炮机是一种利用公牛的牵引力，通过传动装置带动毛刷擦拭炮膛的机械，可同时擦拭数门大炮。莫卧儿炮兵的数量极大，用机械拭炮不仅节省了人力，也解决了火炮保养的问题。为了适应德干山区的作战需要，一种机动灵活、便于登山的轻炮应运而生了；重炮也经过改造，从原来的整体铸件改为由许多螺栓固定的零件组装而成，便于拆卸、安装。

除了改良武器外莫卧儿军队还根据各地区地理条件的不同建造了各种军事辅助设施公元1539年胡马雍与舍尔汗会战于博杰普尔时在宽阔的恒河河面上迅速地架起了浮桥。公元1612年，贾汉吉尔在德里附近建造了一座叫作“十二拱”的长桥。

尼扎姆·乌德·丁在《阿克巴王朝通史》中还记载了一种印度人发明的攻城设施，叫作“萨巴特”，这是一种有遮顶的通道，其高度足以通过一头战象，宽度可以容儿名骑兵并行，一直修筑到城下，攻城士兵在“萨巴特”的蔽护下推进。埃利奥特、道森对上述攻城方法以及堑壕、地道的运用都十分佩服。应当说，仅就军事力量而言，莫卧儿军队足以对付远涉重洋而来的欧洲殖民者，公元1757年的普拉西战役并非败于兵力的悬殊，而是由于政治的腐败。

# 第四章　帝国的建筑与艺术成就

## 胡马雍陵

胡马雍陵是胡马雍的妃子哈吉·贝古姆，又称贝古姆·贝伽，在丈夫死去后为了纪念他而下令在亚穆纳河附近建造的。这座陵墓的建造意义非凡，但是这座奢华的工程却一直存在着争议。有人说，这项工程是在波斯建筑师米拉克·米尔扎·基雅斯的指挥下，于胡马雍皇帝死后九年竣工。也有另外一种说法，即该工程在皇帝死后九年才开工，在继位者阿克巴（1556—1605）登基十四年后才完工。

这座陵墓是在印度首次大规模建造的伊斯兰教的纪念性陵墓，它还是一个世纪后的泰姬陵达到顶峰的莫卧儿建筑的初期代表作。在莫卧儿帝国之前，统称“德里苏丹国”，以及其中的洛迪王朝都曾建造过陵墓群，但与之相比，胡马雍陵一扫印度传统的柱、梁和桁架的建筑方法，而使用伊斯兰教多重尖头拱门构成建筑整体的方法。“德里苏丹国”时期陵墓建筑的风格发生了变化，不再有以前的平庸俗气，取而代之的是极为优雅魅力的风格。建筑物表面的建材使用红砂岩，再用白色大理石装饰出华丽的图案，建筑物顶部是全白大理石的圆屋顶，整座建筑熠熠生辉。

胡马雍陵全景

除此之外，陵墓建筑的细节也极为精致，不仅用到了镶嵌技术，而且工匠们吸收了波斯风格的镶嵌技术。在波斯，由于缺乏好的石材，所以使用砖作为基本的建筑材料，外层再用瓷砖或石头进行装饰。所以波斯风格的镶嵌技术特别精湛而有又魅力。而在富裕的莫卧儿帝国，则大量使用天然石材，可以在上面充分施展镶嵌技术。自库巴特·乌勒·伊斯兰清真寺建成以来，长达350年的“德里苏丹国”的建筑艺术，在莫卧儿帝国的胡马雍时期达到完美的境界。

胡马雍陵结构的构思来源于波斯的“四分庭园”，也是四分庭园在印度首次大规模的应用。胡马雍陵位于庭园的中央，庭园被水渠划分成“田”字形，每块又被划分成更小的正方形，构成严谨的几何图案。胡马雍陵是最早的四分庭园含有“乐园”的意思。对于生长在西亚沙漠地带的穆斯林来说，有围墙环绕、有充足的阴凉和水的庭园就是天上乐园的写照。

此后，胡马雍陵变成了莫卧儿帝国建造陵墓建筑的样板，创造了许多精湛的庭园。建筑与庭园之间有着不可分割的联系。

胡马雍陵的结构很对称，整个陵墓平面是五个八角形图案的组合。他的石棺安置在位于陵墓中央的墓室。墓室坐落在边长各九十米的基座上，四间正方形的墓室对称围绕着中央墓室。

胡马雍陵整个的建筑风格也运用了波斯风格。其中建造了完全相同形状的四面墙壁，每一面都并列着三扇大拱门，中央的拱门最大，它的里侧用半穹顶覆盖着外部空间，这种风格在波斯别具一格，被称之为“伊旺”。在波斯建筑中是四座伊旺面朝里，围着中庭，而在这里则是四座伊旺面朝外。这是在所有造型美术中酷爱雕刻的印度人的匠心独运。

高38米的中央圆顶是由白色大理石覆盖的，属于中亚细亚式的双层结构，并且周围环绕着由柱子支撑的伞状小塔，体现出强烈的印度艺术风格。上层圆顶的十二米之下覆盖着内部圆顶，它也是中央墓室约三层楼高的天井，起着连接周围墓室的重要作用。

传说中，这座胡马雍陵虽然是胡马雍的妃子为了纪念胡马雍而建造的，但是其中先后安葬着约一百五十位死者，除了胡马雍和他的王妃外，还有王子和其他重要的宫廷人员。然而这也只是传说，并没有人知晓陵墓内部到底是什么样子，也没有人清楚他们的石棺到底是如何摆放的。

虽然关于胡马雍陵的建造时间一直有争议，但是根据记载的时间，这座陵墓竣工于阿克巴统治时期，德里作为艺术之都的地位已经确立。此时的统治者是阿克巴皇帝，阿克巴向来都是严格执行经济政策，所以把胡马雍陵的内部装饰得非常俭朴。中央圆顶的藻井几乎没有装饰，反而是前室的小圆顶装饰得丰富多彩。

史料中极少记载关于胡马雍陵内部的构造，十八世纪中叶，维列阿姆·芬奇曾访问过德里，并做过如下记载：“宽敞的房间内部铺着昂贵的地毯，石棺用白布包着，上面有天盖。前面放着主人的书籍、宝剑、头巾和靴子。”

公元1857年，莫卧儿帝国遭遇了变动，由于印度雇佣兵发动兵变，末代皇帝巴哈杜尔·沙二世（1837—1858年）和三位王子跟着义军一起来到这座陵墓避难。遭遇了兵变甚至灾难的胡马雍陵尽管曾将作为初期莫卧儿风格的建筑，也是王朝最不幸时代的见证。英国的维利阿姆·哈德逊将军镇压了起义后，在胡马雍皇帝的石棺旁捉住了这位末代皇帝。英国殖民者剥夺了他的帝位，只发放给他养老金，并将其流放到仰光，这位末代皇帝就这样结束了奢侈的皇室生活，而此后20年，维多利亚女王（1837—1901年）宣告自己拥有“印度皇帝”的称号。

## 巴德夏希大清真寺

巴德夏希大清真寺是莫卧儿帝国后期最有代表性的建筑之一，建于300多年前的莫卧儿帝国时期，他不仅是巴基斯坦最大的清真寺，同时也是世界上最大的清真寺之一。它位于拉合尔古城外，用了三年时间才建成。

清真寺与拉合尔古堡仅有一条马路之隔，他的门前是一片广阔的草坪，隔一条马路就是瑰丽的“拉合尔古堡”。清真寺还与著名的陵墓相邻，那就是用大理石建成的巴基斯坦著名诗人和思想家伊克巴尔的陵墓，寺院的高大围墙由红砂岩砌成，周围有四座耸立的宣礼塔。登上二十二级台阶，进入院内，是一个由水泥方砖铺成的广场，这个南北长160米，东西宽159米的正方形大广场，可如果在这里做祷告的话，可以容得下十万人。每年伊斯兰教的三大节日，拉合尔的穆斯林都到这里来，以开斋节和古尔邦节为最盛，寺内外都是祈祷的人。

广场中央是一个喷水池，这个喷水池是由大理石砌成的，体积大概十六米见方。早年是供穆斯林进入寺堂前进行斋戒沐浴的“泉水井”，即洗礼钵，现在成了美化寺院的装饰品。

巴德夏希清真寺正门

清真寺整个建筑的中心建筑便是礼拜寺。这个莫卧儿式建筑风格的礼拜寺在广场西侧，墙、柱全用雕有各种花纹图案的大理石砌成，建筑宏伟。礼拜寺圆顶上 3 个巨大银球，在阳光的照射下闪烁着耀眼的光芒，同围墙四周四座高达四十多米的宣礼塔形成一体，为整个清真寺增添了辉煌而又神秘的色彩。之所以说礼拜寺是莫卧儿帝国风格，是因为其轮廓鲜明的圆顶和修长的宣礼塔，除了体现莫卧儿帝国的建筑风格处，作为主要建筑，也是清真寺的主要标志。

礼拜堂内装饰精美而有又意义，地上铺着地毯，必不可少的《古兰经》经文则被放到顶上镌刻着各种花纹和涂着金粉，光彩夺目。墙上的瓷嵌饰带，间以涂上金粉的《古兰经》经文，显出浓厚的波斯和莫卧儿风格。周围的壁龛结构，别具匠心。更为令人惊叹观止的是寺内所珍藏的用黄金丝绣成的三十卷阿拉伯文《古兰经》。这本《古兰经》的完成简直就是奇迹，它的制作工序和意义都非同一般。在天蓝色的锦缎上绣满了小蝌蚪一样的阿拉伯经文，并且是用细如头发用黄金做成的丝刺绣而成的。从 1966—1976 年用了整整十年的时间，花费二十四万卢比，一针一线，细致精美，巧夺天工，是一件世所罕见的艺术珍品。

## 宏伟的阿克巴陵墓

很多帝王在世时都希望为自己修建一座辉煌的陵墓，不仅仅是因为崇拜鬼神，更是因为他们希望在自己百年之后的居处不被世人所忽视，阿克巴大帝当然也不例外。

不同的时期、不同的国家盛行的陵墓建筑都是不同的。例如，莫卧儿的陵墓建筑注重地面建筑，而中国的陵墓建筑重要的是地宫，很多的稀世珍品都随皇帝埋到了地下。地面建筑则大多采用木作为建筑材料，最初建造时也是相当奢华，但很难保持久远。而莫卧儿的陵墓却是注重地面建筑，又因采用红沙石和大理石等建筑材料，所以即使历经风雨侵蚀，战火绵延，数百年后仍然壮观如昔。由于位置较为偏僻，也不像泰姬陵那么有名。

阿克巴大帝陵墓，是为了阿克巴皇帝而建造的，这个陵墓的所在地是阿克巴皇帝自己选好的，然而并不是自己下令建造的，然而却是在他死后由贾汗吉尔皇帝下令兴建于公元 1605 年，并于八年后完工。阿克巴大帝陵墓位于阿格拉西北方的希坎达拉，该陵墓是一座红砂岩建筑，加以白色大理石的圆顶，四周围墙中央各建有一道大门，位于南边的正门镶嵌着白色大理石图案，阿克巴大帝陵墓有四道大门，每个门的角落都设有一座唤拜塔，这四个大门并非普通的石板门，该大门装饰着繁复的花草图案与几何图形，异常富丽堂皇。阿克巴大帝陵墓的四道大门，其中一道属于阿克巴家族专用，其他三道分别为伊斯兰教徒、印度教徒、基督徒使用。

陵墓这座宏伟的建筑周围还有花园的点缀，那就是典型的蒙兀儿花园，由中央水道区分为四个区域，花园内饲养着大量鹿群，活泼的小松鼠也经常在水道中觅食，给人相当悠闲的感觉。陵墓本身是一栋宏伟的建筑，不过却和阿格拉当地的蒙兀儿式建筑有着迥异的外观，一座巨大的方形基座上，层层叠叠地不是圆顶，而是一个高达三层的开放式建筑，建筑顶部的造型相当独特，顶部装饰着多座头顶白色大理石圆顶的凉亭，造型风格既别具一格，又很实用。根据推测可能是贾汗吉尔在半途修改了最初阿克巴大帝的蓝图所致。空旷广大的陵墓只有阿克巴大帝一人的棺墓静静的躺在那里，接受后人的景仰。

辉煌的阿克巴陵全景

阿克巴大帝的陵墓外观及为壮观美丽，这也正符合了阿克巴讲究文化融合的性格。陵墓从外面看起来花木扶疏，郁草青青，水洗般的蓝天下红白相间的壮观建筑，很是赏心悦目！将中东、波斯和印度等多种风格巧妙地融合在一起。只是，个人的力量终难扭转历史的最终走向——曾经的阿克巴帝国，到了今日，终还是因为宗教的原因分裂成了伊斯兰的巴基斯坦和印度教的印度。想来，阿克巴大帝地下有知的话，一定会痛心疾首。

### 阿格拉红堡

阿格拉堡又称红堡，与首都德里的红堡齐名。因为这个宏伟的建筑是全部采用红砂岩建造而成，位于亚穆纳河畔的小山丘上，这座方圆 1.5 平方公里的宫堡，外形非常雄伟壮观，城内的宫殿，虽经历漫长的岁月，多已失修，但画梁和墙壁上精巧的雕刻与设计，仍隐约保存着昔日富丽堂皇的风貌。红堡距离美丽的泰姬陵约十五公里，站在红堡至上便可一睹泰姬陵的全貌。

阿格拉红堡式似的建造极为耗时耗力，它也是印度伊斯兰建筑艺术的顶尖作品之一。在经过沙·贾汉的父王阿克巴耗时八年精心计划及建造后，才终于完美完成。它地处亚穆那河畔（恒河直流）的高坡上，是卧莫尔王朝的又一处著名宫殿，远自十六世纪莫卧儿帝国，从那位信奉回教的成吉思汗的后裔巴布尔立国起，阿格拉就成为皇都。尤其是阿克巴大帝（系沙·贾汉的祖父）选中了现今阿格拉堡的城址，费了近八年的时光，终于在 1573 年建成了这座古堡。它具有宫殿和城堡的双重功能，城墙高二十米，因全部用红砂岩砌成，在阳光照耀之下，发出刺眼的红色。堡内有著名的“谒见之厅”，还有加汉基尔宫、八角瞭望塔和莫迪寺等建筑物。“谒见之厅”是莫卧儿帝国帝王接见大臣、使节的地方。

阿格拉红堡

阿格拉古堡建筑现在看来非常的珍贵，不仅是因为它是印度伊斯兰艺术顶峰时期的代表作。古堡内的建筑物曾多达五百多座，但保留至今者已经很少了。1983 年，被列入世界遗产名录。加汉基尔宫是城堡中的重要建筑物，宫内大院四周有二层小楼环绕，宫墙金碧辉煌，彩画似锦。阿格拉堡还与亚穆纳河相邻，与其遥遥相望。除了亚穆纳河，还有泰姬陵。阿格拉堡有一座八角形的石塔小楼，登临塔顶，极目远眺，可以看到举世闻名的泰姬陵，。据说，当年沙·贾汉王被他的儿子奥朗则布幽禁在这座古堡时，就是经常默默地坐在小楼中，怀着无限的思念之情，望向泰姬陵，似乎在倾诉他那一颗孤寂哀伤的心。护城河早就没水了，听说河里曾经豢养过不少鳄鱼、乌龟什么的，以辅助重兵守城，幸而这座古堡是是易守难攻型旳，再加上有两道厚重高墙围护着，吊桥很凿实，要想打进去可不是轻而易举的事。城堡内的建筑群蔚为壮观，有楼、亭、宫、廊、顶台、四合院和大花园，建筑风格集伊斯兰教、印度教之大全。最有名的八角亭，是传说中沙·贾汉遥望泰姬陵的位置，经目测它离泰姬陵的直线距离也就十里地，堂堂王朝之君，竟然被儿子囚禁在此孤独地守望了九年，到死才和心爱的宠妃合葬，这样的结局，不仅令人唏嘘，也替沙·贾汉感到不值。

沙·贾汉为了找到最好的设计师来完成最好的建筑，不惜一切资源“满世界”招标，主设计师波斯人，但印度穆斯林有别的说法。能工巧匠来自叙利亚、土耳其和印度等中亚地区，有人说其中可能有中国人，那他们可是技术劳务输出的前辈。耗时二十二年后，伟大的、灿烂的文化遗产，人类奇迹诞生了，不可能的事情变成了可能，美轮美奂的泰姬陵永存人间，信守诺言的爱情传说也流芳至今。

而沙·贾汉以及他的儿子们的生活并没有那么好，尽管他们是皇室家族。

沙·贾汉的帝王生涯也就此完结。而历代都会发生的为争王位兄弟反目的事情也没有意外地发生了。其间他的四个儿子为争王位殊死相煎，非闹出人命才能拼出高下。结果是一个兄弟战死，另外两个都被老三杀了，老三奥朗则布胜出后，早已不念血肉亲情的他把他父王软禁在此——阿格拉堡，并于公元1658年在德里称帝。不知算不算青出于蓝的进化吗？

为争王位互相厮杀的这几个的兄弟到底是否真的是泰姬和沙汗吉美丽爱情的结晶，没有人知晓真相。但不管是不是，他们起码也是同父异母的血亲手足，王位在蔑视生命的起码尊严上建立，是他家还是人类的悲哀呢，子不教，父之过。这些宫廷里老套的车轱辘故事，有相似也有不同，史上那些数不清的血债也不知都是谁欠谁的，成就了我们今天还津津乐道的话题。

宫廷里最不乏的就是暗箭难防，钩心斗角，无论是为了金钱名利，或是江山权力，它们诱发出的野蛮行为像亚穆纳河边的草，生生不息。难道这种无休止的斗争真的是人类的本性？在美丽的建筑里总会让人联想到血腥杀戮，看来生存、死亡一直都是问题。

八角亭边宫里有一处特色相当别具一格，那便是镂空石窗，这镂空窗户乍看去就像木头的，让人难以相信的是，这精致的雕刻竟然是在坚硬无比的大理石上完成的。只是洁白的颜色被几百年的光阴涂成了米黄，反而比生硬的白色漂亮成熟了，好像光滑中显得有点水头了。

靠在那上面遥望泰姬陵，想当年沙·贾汉也是这样遥远地望着爱妻的住处，日日思念的吧。

## 无与伦比的美景——泰姬陵

泰姬陵作为印度最著名的建筑之一，确实当之无愧其无与伦比的美景的称号。甚至有人说不看泰姬陵就不算到过印度。这句话确实没错，因为在人们心中，泰姬陵就是印度的代名词。无论国际政要还是普通游客，但凡来了印度，哪怕日程再忙，都要挤出时间去瞻仰一下这座举世闻名的爱情的丰碑。

泰姬陵这座伟大建筑的由来是莫卧儿帝国第五代君主沙·贾汉为宠姬泰姬·玛哈尔修筑的陵墓，为了符合泰姬·玛哈尔的美丽端庄的形象，整个建筑通体用白色大理石砌成，外形端庄华美，无懈可击，寝宫门窗及围屏都用白色大理石镂雕成菱形带花边的小格，墙上用翡翠、水晶、玛瑙、红绿宝石镶嵌着色彩艳丽的藤蔓花朵，光线所至，光彩夺目，璀璨有如天上的星辉。几百年来，人们一直在歌颂赞美着泰姬陵，有数不清的文人墨客为泰姬陵折腰——写下无数动人的诗篇。但是只从文字中是感受不到真正的泰姬陵的，只有当你真正站在她面前时，才会深深体会到，泰姬陵之美原来是任何文字都无法书写的。绝代有佳人，遗世而独立。俏立于亚穆纳河畔那个洁白晶莹、玲珑剔透的身影，秀眉微蹙，若有所思。

每天朝霞初起时，一轮红日伴着亚穆纳河袅袅的晨雾，泰姬陵仿佛沉睡中的美人一样自香梦沉酣中苏醒，静谧安详。也许正是历经了百年的风雨，才能有这般的泰然自若。中午时分，泰姬陵头顶蓝天白云，脚踏碧水绿树，在南亚耀眼的阳光映衬下，出落得更加光彩夺目。傍晚是泰姬陵最妩媚的时刻。斜阳夕照下，白色的泰姬陵从灰黄、金黄，逐渐变成粉红、暗红、淡青色，展现出她的丰富多彩得美丽样子，当银色的月亮出来后，她才最终回归成银白色。在月光的轻拂下，即将安寝的泰姬陵清雅出尘，美得彷佛下凡的仙女。

沙・贾汉是个多产的建筑家，不仅在德里，而且在亚格拉、拉合尔、喀布尔、克什米尔、坎大哈、阿杰米尔、艾哈迈达巴德、穆赫利斯普尔等地，都建有大厦、宫殿、城堡、花园和清真寺等。同时他又是一位多情的诗人，他在故都亚格拉为他的亡后玛哈尔修建的陵园泰姬陵，被誉为世界七大奇迹之一，是这位多情君主忠贞不渝的爱情的见证。

无与伦比的美丽——泰姬陵

泰姬陵的主人也就是泰姬・玛哈尔，原名姬曼，是沙・贾汉的王后。她具有波斯血统，聪明美丽，性情温和，能诗善画，长于音乐。沙，贾汉对她异常宠爱，形影不离，甚至无论出征或巡游他都带着她同行，她说的话，他也是百依百顺，没有不听从的。

沙・贾汉如此宠爱她并不只是因为她聪明美丽的外表，在沙・贾汉与父王贾汉吉尔发生矛盾而遭放逐的七年里，姬曼一直伴随丈夫左右，为他分忧，沙・贾汉对她既喜爱又感激。为了感激她，赐给她一个封号“蒙泰姬・玛哈尔”，意为“宫廷的王冠”。印度人把她称为“泰姬・玛哈尔”，简称泰姬。

泰姬十九岁嫁给沙・贾汉，婚后九年，生了十四个孩子，长大的有四男二女。因为生育太多，身体虚弱。公元1630年，沙・贾汉南征，她随军伴行；公元1631年，怀有身孕的泰姬依然随军伴行，然而在途中生了最后一个女儿，身体虚弱的她实在坚持不住了，便死在布尔汉普尔的营帐之中。那时，她还只有三十八岁，尽管已经生育了几个孩子，却依然貌美如花。她临死的时候，沙·贾汉十分悲痛，问她："你若死了，叫我怎样表示我对你的爱情呢?"泰姬答："如陛下不忘记我，请不再娶，替我造一个大坟，让我的名字得以永远流传后世，那么，我此生一切都满足了。"

沙·贾汉含着眼泪，一句话都说不出口，点头答应泰姬后，泰姬才含笑离去。于是，沙·贾汉按照自己答应泰姬的遗言，从国内外请来最好的工匠，从外地选来最好的大理石，动用两万余人，历时二十二年，耗资六千多万卢比，然而这一切并没有白费，举世无双的泰姬陵终于诞生了。

泰姬陵建造在朱木拿河岸边的一个很高的四方平台上，这个四方平台由白色大理石砌成，光滑洁白，庄严美观。四周是用红沙石砌成的高大围墙，雄伟壮观。

陵墓内墙和门窗以及陵墓的上部都设计细致，上部是个硕大的白色圆顶，平台的四角各有一座白色高塔，尖尖地刺入天空。四个尖尖的高塔与泰姬陵的圆顶两相映衬，给人一种奇特的美感，显得匀称而富有韵律。陵墓的内墙和门窗边缘均用五色宝石镶嵌有各种花纹图案。

陵墓前还有一条清澈的水池，玉带般的水池两侧是宽阔的通道。池水清彻，碧波荡漾，中有陵墓、树木、鲜花倒映，环绕以绿树和鲜花，使人心矿神怡。

泰姬陵所处位置优越，无论昼夜都是相当宜人的一道风景。白天，陵墓主体的白色大理石在阳光下熠熠发光；夜晚，皓月当空，有徐徐凉风吹来，给人以舒适之感。还有，陵墓后面紧挨着朱木拿圣河，婉蜒流过，河里水流时急时缓，为陵墓增添了几分光彩。

沙·贾汉对泰姬深爱至极，他接受不了泰姬死亡的事实，自泰姬死后，不语不食，只是默默地坐着流泪，几乎有一个月不问政事。从此竟一直鳏居，不曾再娶。

陵墓建成后，沙·贾汉每隔七日便披上白衣到陵前献花，睹墓思人，泪流涔涔。

公元1658年，沙·贾汉成为他儿子的阶下囚，被囚禁于亚格拉的古堡中。就这样，他在失去了泰姬之后，也失去了他的帝王生涯，更是失去了自由，愁眉不展，天天只是坐在古堡的一个走廊上，背对着泰姬陵，仿佛与泰姬相依为伴。他默默凝神潜思，忍忧含悲，目不转睛地注视着镶嵌在一根柱子上的一块镜子。泰姬陵的姿影正反射在那块镜子上。

就这样，没有了精神支柱的沙·贾汉每天得过且过，自暴自弃，就这样低迷的情绪年复一年，在孤寂和怀念中苦度残生，八年之后郁郁而死。当他弥留之际，还从病榻上昂起头来，就着月光凝视泰姬陵好久，长叹一声，倒枕气绝。

沙·贾汉为了死后能与爱妃泰姬相依为伴，想要用黑色大理石给自己在朱木拿河对岸修建一座和泰姬陵相同的陵墓，和泰姬陵隔河相望，永世相守，当中架一座桥相通，然而早已失去地位和权力的他未能如愿。他死后，他的小女儿把他安葬在泰姬的墓旁。陈翰笙先生参观泰姬陵后，不禁感慨万千，并留下一首诗歌以示咏叹：

沙后穹窿墓，萧萧枞树风。红砂张翼殿，白塔卫幽宫。池水滔滔通，岚云霭霭笼。斯陵工费巨，咏叹古今同。

## 莫卧儿的乐园——花园

早已衰落的花园风格不再受到爱戴，花园园林的建筑也很少有人建造。然而在十九世纪上半叶，风景园在走过了近一个世纪后，规则式园林又受到重视。人们开始尝试接触大自然，并将规则式与自然式结合起来使用。在热衷于规则式庭院设计的同时，也没有放弃对植物学的兴趣，在莫卧儿人到来之前，花园无疑已经在印度存在了：实际上，据说菲罗兹沙在十四世纪末在德里附近已经建了 1 200 多个花园。但是这些花园可能是旧的印度教风格花园，与帖木儿后裔的灌溉的游乐园不同。

对花园的爱好最早是经过波斯传到中亚各国的，当草原部落最终侵入印度斯坦后，他们随身带来了他们对花园的热爱。

英国园艺家杰基尔女士（1843—1932）与建筑师路特恩（1869—1944）曾长期合作，他们提倡从大自然中获取设计源泉，并且找到了统一建筑与花园的新方法。他们的设计中融入了自然植物，实现了规则式布置与自然植物的完美结合。这种以规则式为结构，以自然植物为内容的风格经杰基尔和路特恩斯的大力推广普及后，成为当时园林设计的时尚，而且这种设计时尚对整个欧洲大陆都产生了影响。

莫卧儿花园

设计了莫卧儿花园的极具才能的路特恩斯后来得到了一些机会可以在印度设计一些项目。1911—1931 年，他在印度新德里设计的莫卧儿花园也体现了自然式和规则式的结合。为了进一步将花园的特色更好地结合在一起，他又对波斯和印度传统绘画进行了学习和研究，路特恩斯将英国花园的特色和规整的莫卧儿花园形式在这个花园中结合在了一起。

花园由设计完美紧密衔接的三部分组成：第一部分为紧贴着建筑的方花园，这是一个规则式花园，该部分花园与自然完美结合，花园的骨架由四条水渠组成，水渠的四个交叉点上是独特的喷泉，以四条水渠为主体，又分成许多小的水流，延伸到其他区域。外侧是小块的草坪和方格状布置的小花床，形成美丽的园林景观；第二部分是长条形花园，这是整个园中唯一没有水渠的花园，虽然没有水渠，但是路特恩斯在这部分花园设计了一个优美的花架，上面攀爬着九重葛，围绕在在花架的旁边是一些小花床，完美的点缀着这座花架。花园平静地以下沉的圆形花园的圆形水池处为结束；第三部分圆花园，水池外围是众多的分层花台，一排排花卉种植在环形的台地上，使人想起杰基尔设计的宁静、平和的台地式乡村花园。

莫卧儿花园中规则设计与自然的设计融合成一体，花园的水渠、花池、草地、台阶、小桥、汀步等的丰富变化展现在水面与桥之间。美丽的花卉和修剪树木体现了十九世纪的传统，交叉的水渠象征着天堂的四条河流。这里，建筑师运用了现代建筑的简洁的三维几何形式，给予了印度伊斯兰园林传统以新的生命。

## 历经磨难的名钻——沙赫

世界闻名的戈尔康达地区，其拥有着外界知晓和不知晓的秘密，使其充满了神秘的色彩。在那严禁异教徒进入的庙宇里，有着光怪陆离的神像。伴随着阵阵低沉的乐声，一条凶恶的眼镜蛇吐着红舌在翩翩起舞。然而真正使戈尔康达闻名于世的并不是这些人们知晓的秘密。使戈尔康达闻名于世的，是几颗小小的、光亮的石子。

五百多年以前，在戈尔康达河谷的被称作“沙赫“石子，纯净透明，微带黄色，几乎有3厘米长。几万印度工人顶着酷热的太阳在挖掘沙石并用河水淘洗，结果在杂色的石英沙石中，发现了一颗有特殊光亮的石子。这就是后来被叫作“沙赫”的著名金刚石。

“沙赫”本身就是一种极为珍贵的宝石。它被送进了当时一位邦君阿麦德那革的宫殿，收藏在贵重的宝石箱里。对于这种珍贵的宝石的雕琢也并不容易。印度的宝石工匠磨了一些极细的金刚石粉末，再用尖尖的细棍蘸取这种粉末给这颗金刚石刻字。在耗费了无数的精力后才终于完成了一部分。在它的一个晶面上刻了几个波斯文："布尔汗－尼查姆－沙赫第二，一千年（相当于公元1591年）。"

然而这颗珍贵的"沙赫"并没有被保存多久。当时，莫卧儿大帝统治着这些邦。他派了几个使臣到各邦去勒索供品，但是带回的财物很少，仅有十五只象和五件珠宝。莫卧儿大帝勃然大怒，立刻下令派大军攻打阿麦德那革统治的邦，夺走了他的全部宝物，其中包括这颗金刚石沙赫。后来，杰汗沙赫继承了莫卧儿帝国的皇位。这位皇帝不仅是鉴赏宝石的行家，甚至自己还会打磨宝石。所以他便亲自在这颗金刚石的另一晶面上又刻了几个字："杰汗格沙赫之子——杰汗沙赫，1051年（公元1641年）。"经过了这两次曲折的刻字之后，这颗金刚石也就被人们叫作"沙赫"。

然而，任何事情都是无法预料的，尤其是在皇宫这个地方。就在杰汗沙赫聚精会神给宝石刻字时，皇宫中酝酿着阴谋。他的儿子觊觎皇位已久，终于开始策划夺取皇位，把父亲的权力和财富攫为已有。经过不顾血肉之情的一番厮杀之后，儿子奥朗则布在公元1658年终于把父亲关进了监狱，自己做了皇帝，成为这颗"沙赫"的新主人。公元1665年，法国著名旅行家和珠宝商塔维密尔在印度游历，受到了新皇的招待，并有幸见到了他的一些宝石，其中有历史名钻光明之海、光明之山和沙赫。塔维密尔描写道："在莫卧儿大帝宝座的对面，悬空挂着一颗重量约90克拉的金刚石，周围环绕着很多粒红宝石和祖母绿。这颗金刚石挂在正面对着皇帝的脸的地方，使皇帝在宝座上能直接看到它，这样做的目的大约是给皇帝辟邪。

这颗辟邪的圣物正是金刚石沙赫，它拦腰又被刻上了一条深槽，使人们能用丝线或金丝把它牢固地吊在空中。

公元1687年，奥朗则布干脆占领了戈尔康达地区，独占了这里出产的宝石。公元1707年奥朗则布死后，莫卧儿帝国开始逐渐解体，昏庸、贪婪而又暴虐的继任统治者们使它进一步分裂和衰落。

公元1739年，波斯的纳狄尔沙赫率军侵入印度，占领了莫卧儿帝国的首都德里，进行抢劫和血腥屠杀，公元1740年满载财宝返回波斯。金刚石沙赫作为战利品，落入纳狄尔手中。它被第三次刻上："卡杰尔·法塔赫·阿里沙赫"字样。经过这几次刻字和刻槽，沙赫的重量由原来的95克拉变成88.7克拉。

公元1829年，俄国驻波斯大使在首都德黑兰被人刺死，沙皇俄国威胁要报复。为了平息沙皇的怒火，波斯派王子霍斯列夫·密尔查率领代表团到彼得堡谢罪。王子送给沙皇一件宝物，就是这颗饱经沧桑的金刚石沙赫。它的价格在当时看来，相当于一个大使级外交官的性命。此后，沙赫一直保存在俄国。

## 莫卧儿大帝金刚石

慈禧太后随葬夜明珠的故事已经家喻户晓。它究竟是怎样一件珍宝？据记载，慈禧太后含于嘴中随葬的夜明珠，是一块近似球体形态、秤重为清代四两二钱七分、相当于现在787.28克拉的金刚石原石。其估价在1908年时值1 080万两白银，相当于现时8.1亿元人民币。

而这颗夜明珠的来源，很可能是失踪已久的“莫卧儿大帝金刚石”，“莫卧儿大帝金刚石”最早出现在印度南部。公元1657年，印度莫卧儿帝国征服两小国，统一印度南部，该宝石因而流入莫卧尔王朝宫中。然而，翌年莫卧儿帝国发生政变，宝石在混乱中神秘失踪。虽然法国旅行家兼宝石学家塔瓦尼阿描述公元1665年在莫卧儿王宫中见过一颗具有280克拉和玫瑰琢型的优质净水金刚石，认为那就是“莫卧儿大帝金刚石”，其实那只是前者的替换品。真正的“莫卧儿大帝金刚石”在阿富汗牡兰尼王朝八次入侵印度期间被抢掠到阿富汗。清代乾隆朝于1760年镇压准噶尔叛乱，威震南疆。阿富汗亦向清臣服，于公元1760年与公元1762年两度派使团向清廷朝贡。“莫卧儿大帝金刚石”便作为贡礼流入了清廷，一直传到慈禧这一代。

据于善浦《孙殿英东陵盗宝记》载：‘慈德陵建筑豪华，超越了清代所有帝后的陵寝尤其棺中随葬的珠宝更为珍贵。光绪三十四年（1908年）十月二十二日慈禧死后，太监李莲英参加助殓，曾将随葬珍宝一一入册。'又说‘盗匪们首先收走慈禧尸体周围的大件宝器——翡翠西瓜、蝈蝈白菜、玉石莲花、珊瑚树等，再把压在慈禧尸下的珠宝一一取尽，随后把慈禧尸体抬上棺盖，抓下龙袍，撕毁内衣脱下鞋袜，将周身珠宝搜索精光。慈禧的牙也被撬开，把含在口中的稀世明珠取走。该文引用孙殿英的话说：“她（慈禧）口里含着一颗夜明珠，分开是两块，合拢就是一个圆球，分开透明无光，合拢时透出一道绿色寒光，夜间百步之内可照见头发。听说这宝贝可使尸体不化，难怪慈禧的棺材劈开后，老佛爷像睡觉一样，只是见了风、脸才发黑，衣服也有些上不得手了。我把这珍贵的夜明珠赠给蒋夫人（宋美龄）。”

材质与命名

夜明珠是世界若干杰出古老文明中同时存在的一个自然、历史和文化之谜。基于王春云在对这一世界性科学难题的首次全面破解方面所取得的一系列研究进展和对现有关于慈禧太后陵墓及其被盗的历史记载资料的科学分析和重新解释，本文研究者认为，随葬于慈禧太后嘴中的夜明珠是一块具有近似球形形态、称重约 787.28 克拉的金刚石原石，其 1908 年以当时 1 080 万两白银的估价约相当于现在的 8.1 亿元人民币现值。这一结果本身再一次确证关于矿物夜光与磷光无关而夜明珠非大颗粒金刚石原石莫属的学术观点是正确的。由于这一科学发现属于国际科学史上的首次发现，本文作者王春云博士依照国际科学命名惯例将这颗金刚石命名为“国英（中国之星）”。

来源

通过历史学与考古学研究，王春云博士找到了一条铁证，足以证明国英（中国之星）金刚石实际上就是由印度莫卧儿帝国沙·贾汗国王命名、迄今已经丢失了将近三百五十年之久的“莫卧儿大帝金刚石”原石，而由法国旅行家于公元 1665 年描述的、具有二百八十克拉和玫瑰琢型的优质净水金刚石（该金刚石在过去三百多年的历史中一直被全世界公认为就是被切割了的“莫卧儿大帝金刚石”）实际上只是“莫卧儿大帝金刚石”的一个替换品。

而此前世界各国金刚石学者在过去的三百多年时间里围绕“莫卧儿大帝金刚石”是否已经被切割成为“光明之山”（现由大英帝国王室收藏，镶嵌在伊利莎白女王的王冠上）“光明之海”（或者“光明之川”“光明之眼”，曾由伊朗王室收藏，同样，依照国际科学命名惯例，王春云博士将这颗金刚石命名为“痕都斯坦之星金刚石”。镶嵌在伊朗国王巴列维的王冠上）、“奥尔洛夫”（曾由俄罗斯沙皇皇室收藏，镶嵌在凯瑟琳女王的权仗上）、“月亮之山”（曾由俄罗斯沙皇皇室收藏，但现在去向不明）的种种猜测和学术纷争至此便告尘埃落定。

王春云博士在论文中还对“莫卧儿大帝金刚石”如何成为“国英（中国之星）金刚石”的历史问题进行了探讨，认为最有可能的就是阿富汗国王先后八次远征印度莫卧儿帝国抢夺来该宝，然后于公元 1760 年或者公元 1762 年向清廷派遣使团时将该宝朝贡给了乾隆皇帝，而后该宝一直便流传到了慈禧太后嘴里。

## 巨大钻石——光明之山

“克伊奴尔”（又名“光明之山”）可以说是世界上最古老而又保存至今的巨大钻石了。其英文名称为 Koh. I. Noor，在波斯语中意为“光明之山”，重

105.6 克拉（21.6 克），无色，椭圆形琢刻形状，原产于印度戈尔康达，之后被镶在英国维多利亚女王王冠上。

光明之山又名“克伊奴尔”，有关它的记载可追溯到公元 1304 年，许多曾拥有它的君王都难逃诅咒。在世界著名钻石中排名第三十三位。传说它已有了 3000 年的历史，但这不可信；又有说最早有关它的记载是公元 1304 年。现在一般认为，它于公元 1655 年发现于印度戈尔康达地区的科勒尔矿山。名钻沙赫也发现于戈尔康达，但克伊奴尔比沙赫要大很多，它的原石重达 800 克拉。最早，克伊奴尔落到印度莫卧儿皇帝的手中。在莫卧儿的皇宫中保存了近百年。又是和名钻沙赫一样，在公元 1739 年波斯的纳狄尔沙赫攻陷德里时，将这颗“克伊奴尔”和沙赫一起带到波斯的伊斯法罕城，它的重量也减到了现在的 105.6 克拉。

印度教经文中有这样一段文字：“谁拥有它，谁就拥有整个世界；谁拥有它，谁就得承受它所带来的灾难。唯有上帝或一位女人拥有它，才不会承受任何惩罚。”

这段经文说的就是这颗钻石。2002 年 4 月 9 日，在伦敦威斯敏斯特教堂举行的王太后葬礼上，这颗钻石被放置在王太后的棺木上，让举世目睹了“光明之山”光芒四射的魅力。

财富和权力的象征

“光明之山”，财富和权力的象征，也是流血和死亡的祸根。根据文献资料记载，700 年来，这颗钻石引发了无数次的血腥屠杀和争斗。许多一度拥有它的君主，最终都厄运当头。

印度南部的矿山

传说“光明之山”是在印度南部的矿山中被发现的，有关它的最早记载可以追溯到公元 1304 年。“光明之山”原石重达 800 克拉，第一次琢磨后重 186 克拉，呈椭圆形。英国王冠上面镶嵌了 2 800 颗钻石，其中最夺目的光芒就来自王冠顶部十字架上的“光明之山”。

## 孔雀御座

第一个拥有“光明之山”的君主是印度莫卧儿帝国开创者巴布儿。十六世纪，他得到“光明之山”后，把它藏在象征权力的孔雀御座里，并向世人宣布，自己得到了一样无价之宝，它“相当于全世界所有人一天的口粮”。

巴布儿成为第一个在得到“光明之山”后遭受厄运的君王。但是，在得到“光明之山”不久，巴布儿的亲生儿子发动政变，把老子投入牢笼，自己登上了孔雀御座。

沙·贾汉成为“光明之山”新的主人

随着时间的推移，因修建泰姬陵而闻名于世的莫卧儿帝国第5代皇帝沙·贾汉成为“光明之山”新的主人。也就是从此时开始，皇宫成为了另一个战场。沙·贾汉的四个儿子为了争夺王位和这颗价值连城的钻石不惜自相残杀。其中一个儿子用沾满了兄弟鲜血的利刃逼着父皇从孔雀御座上走下来。沙·贾汉此后被软禁在莫卧儿帝国旧都阿格拉的皇宫“红堡”中，自从关进去那天起，一直到死都没有再见到过天日。

伊斯法罕城永失安宁

“光明之山”在莫卧儿的皇宫中藏身近百年。公元1738年，莫卧儿帝国首都德里陷落在波斯人纳迪尔·沙阿手中，但纳迪尔·沙阿把德里翻了个遍，也找不到他垂涎已久的那颗钻石。

莫卧儿皇帝穆罕默德·沙阿的一个妃子偷偷告诉纳迪尔，皇帝把他最珍贵的东西藏在了裹头的头巾里。对古代礼节非常熟悉的纳迪尔立即向穆罕默德提出交换头巾，以表示双方对战果的严肃态度和互结友好的意愿。失去了城池的穆罕默德无奈只好当场解下头巾。

当天晚上，纳迪尔打开头巾，看到了躺在里面的大钻石。当他把钻石举过头顶的时候，一道七彩光芒划破夜空。纳迪尔不禁脱口而出：“科·依·诺尔！”“光明之山”的名字从此被叫响。

纳迪尔带着“光明之山”回到了伊斯法罕城。据说，除“光明之山”外，纳迪尔还把印度另外一颗名钻“沙赫”也掠到了波斯。之后，伊斯法罕城永失安宁，纳迪尔成了杀人不眨眼的暴君，害死了很多无辜的人。公元1747年，纳迪尔在熟睡时被仇敌暗杀。

纳迪尔死后，他的继承人阿迪尔继承了“光明之山”，也继承了纳迪尔的残暴性格。阿迪尔的兄弟废黜了阿迪尔，自己后来又被另外一个兄弟废黜。波斯王室陷入了自相残杀的连环套里，几乎每个君主都死于非命。

“光明之山”又回到印度境内的拉合尔城。传说，伊斯法罕城一片混乱的时候，贵族阿马锡阿贝德尔企图争夺王位，但没能成功，只抢到一批珍宝东行至坎大哈，当上了阿富汗的君主。在他抢走的宝物中，就有“光明之山”和泰米尔红宝石。但几经周折之后，“光明之山”又回到印度境内的拉合尔城。在拉合尔城，拥有“光明之山”的印度王子似乎预感到钻石可能给自己带来厄运，就带着它逃到旁遮普，把它献给了锡克人统治者兰吉特·辛格。辛格号称“拉合尔之狮”，他非常喜欢这颗钻石，经常把钻石放在马背上，好在骑马的时候欣赏它的光彩。

好景不长。辛格死后，锡克战争于公元1840年爆发，混乱的局面使得旁遮普血流满地。战争爆发时，锡克王位的唯一继承人杜利普·辛格只有九岁，被英国人监护了起来。战争结束后，他成为印度众多土邦主中的一个。

杜利普一生娶过一百多个妻妾，但却没有一个子女继承了“光明之山”钻石。这是因为，杜利普还没有成年，就得知了“光明之山”血淋淋的历史，害怕同样的命运降临到自己身上。因此，他决定遵循古老的经文，把钻石献给一个女人——英国维多利亚女王。

但这个信使可真不是一个急性子。在杜利普与英国驻印度总督的周密计划和安排下，钻石被交给了英国东印度公司委托的一个信使。“光明之山”进入英国并非一帆风顺。“光明之山”在他的背心口袋里待了6个星期才进入了英国海关。

锡克教徒要求女王归还“光明之山”钻石

这里还必须要提到另外一个小插曲。1997年，英国女王伊丽莎白二世在印度访问时遇到了一件非常尴尬的事：旁遮普邦的锡克教徒要求女王归还“光明之山”钻石。

提出这个要求的是比安特·辛格·桑德哈瓦利阿，时年七十一岁，是旁遮普省的一个普通农民，他自称是杜利普·辛格的后裔，并曾给白金汉宫和布莱尔首相写信，要求归还钻石，他说：“英国人是有礼貌的人，他们会回信，我并不是为自己要‘光明之山’，我要把它献给大金寺（锡克教圣地），因为它是我们民族遗产的一部分。”

孔雀宝座

桑德哈瓦利阿是钻石的真正主人

当然，英国人不会承认桑德哈瓦利阿是钻石的真正主人，甚至怀疑他是想借此染指其他辛格的财产。据称，1997年瑞士银行发现了一个属于杜利普·辛格女儿的财宝箱子。但锡克族历史学家库什瓦特对此持怀疑态度，他认为丢失了领地的杜利普·辛格实际上已一贫如洗，在瑞士银行不可能有大笔财产。

孔雀御座

基督教世界中没有哪个君王的财富，可以和莫卧儿大帝的相比。沙·贾汉国王富丽堂皇的孔雀御座，满饰着红宝石、石榴石、钻石、珍珠和翡翠，宝座上面的华盖嵌满了珠宝。这些珠宝只不过是莫卧儿国王财富的一小部分。

公元 1665 年 11 月，莫卧儿六世皇帝奥朗则布，允许法国游客、珠宝商让·巴蒂斯特·塔韦尼埃对他收藏的珍宝——莫卧儿大帝钻石，即后来被称为“柯依浓”或又叫“光之山”的大钻石——进行鉴定。塔韦尼埃秤出这颗钻石重 280 克拉。同一天，他惊奇地看到奥朗则布接受臣民们每年一度进贡的珍宝。都是些“钻石、红宝石、翡翠、金银线的织锦缎和其他物品”，塔韦尼埃写道，“皇帝收到了价值 3 千万里佛的礼品”——皇帝一次所获财宝，几乎是与他同代的皇帝英王威廉三世几年后经议会批准的 70 万英镑个人收入的四倍。

但是正是在奥朗则布统治下，莫卧儿的统治缓慢地但却是致命地走向衰亡。他是个残酷的、嗜血的暴君。他不但杀死了他的两个兄弟，而且把他的父亲沙·贾汉国王和他自己的三个儿子和长女投入了监狱，从而继承了孔雀王位。他向印度大多数印度教人，重新征收人们所憎恶的穆斯林教税，后来他发现自己处于印度教起义的包围之中。奥朗则布虽然花费了巨款，终究未能把这些叛乱镇压下去。这时帝国力量的衰落也波及到了海上，防卫力量薄弱的莫卧儿舰队成了海盗抢劫的对象。

海盗们的抢劫激怒了奥朗则布。这不仅因为他失去了许多财宝，还由于大多数海盗都是英国或美国殖民者，因此英国东印度公司在莫卧儿的一片愤怒声中。而且还因为袭击任何一艘去麦加城或从麦加城返回的朝圣者的船只，都是对神的最大亵渎。一方面奥朗则布指责这个公司和海盗勾结，把包括公司经理在内的 50 名英国人投入监狱，一直到能使莫卧儿相信他们是无辜的时候才被释放；另一方面，奥朗则布下了一道诏书，他们答应莫卧儿诏书的要求，派装备精良的东印度船只与莫卧儿的船队同行。要求包括受牵连的荷兰人和法国人在内的欧洲商人对莫卧儿船只的安全负责。这些公司逐渐努力学会了护航，这些护航舰队——有英国海军从中帮忙——在这方面做了许多努力，到公元 1707 年 89 岁的奥朗则布驾崩时，终于把海盗都赶走了。

奥朗则布死后，相继有十三个莫卧儿王继承了这个王位。但是在他们统治时期，他们的威力衰落得非常快，到公元 1739 年，一支波斯军队侵入印度，把孔雀御座作为战利品抢走了。那颗柯依浓钻石也比以前小了——在英国人干涉印度的那些年月里，这颗钻石被砸到只重 186.5 克拉。随着时间的推移，莫卧儿的国力每况愈下，最后沦为英国东印度公司的傀儡。公元 1858 年，就连他们名义上的统治也结束了，印度处在了英国主权的控制之下。莫卧儿这个名字也只成了英文中的一个词，意思是一个拥有无限权力和财富的人。

# 第四篇

# 神秘消失的帝国——玛雅

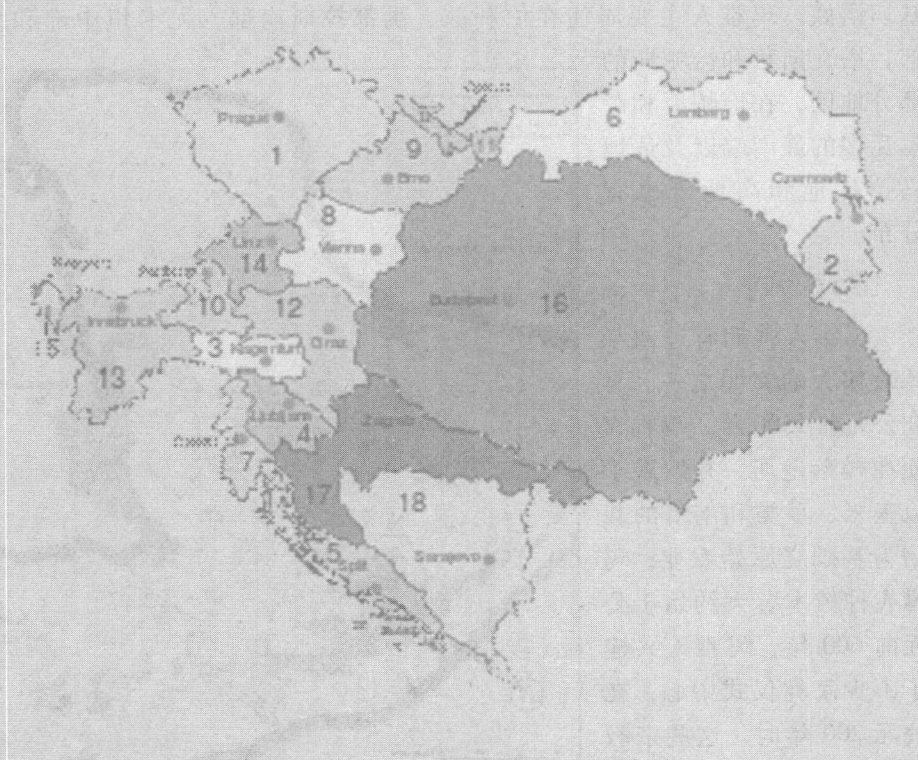

# 第一章　密林深处的文明

## 神秘的玛雅人

玛雅人又译“马亚人”，“马雅人”定居了今天的墨西哥南部、危地马拉、伯利兹以及萨尔瓦多和洪都拉斯的部分地区。约有 200 万人。属于蒙古人种的美洲分支。他们使用的语言被称为玛雅语，属于印第安语系玛雅－基切语族。玛雅人主要居住在伯利兹、洪都拉斯南部，尤卡坦中部和北部，塔瓦斯科和恰帕斯的部分地区，在恰帕斯和萨尔瓦多的最南端以及危地马拉低地和高地等也有分布。

尤卡坦半岛及其周边

认识玛雅人

玛雅人曾拥有过西半球最伟大的文明之一。早在公元前 1500 年，玛雅人便在村落定居，并发展了以玉米、豆类和南瓜的栽培为基础之原始农业；玛雅人种植木薯大约始于公元前 600 年，玛雅人兴建了不少宗教仪式中心，在公元 200 年时，这些宗教仪式中心都已经发展成为了城市，在城里有神殿、金字塔、宫殿、打球的场地和广场等。古代玛雅人大量地开采建筑用石材（通常是石灰岩），并使用燧石之类更坚硬的石器来切割这些石材。他们主要实施刀耕火种农业，但他们也用过进步的灌溉和梯田耕作技术。玛雅人还发明了一套自己的象形文字系统，除此之外他们发明的历法及天文体系也是非常精密的。玛雅人将他们自己发明的文字书写在用自己造的纸做的书籍上，他们的纸是使用野生无花果树树皮内层造成的。他们也发展出繁复而优美的雕刻和浮雕传统。建筑工程、石头碑铭和浮雕都是目前可用来了解古玛雅人的主要知识来源。

玛雅遗民

玛雅民族是一个伟大而神秘的民族，早在哥伦布之前，玛雅人就在墨西哥和中美洲的丛林中创造了当时最灿烂的文明。令人感到奇怪的是这个由僧侣、星相家、工匠和农夫所组成的先进社会在一千多年后仿佛人间蒸发一般消失不见了。根据考古学家的发现，我们今天还能够见到的玛雅遗民主要有以下几种：

1. 尤卡坦玛雅人

这类玛雅人一般在墨西哥的尤卡坦半岛居住，在伯利兹北部和危地马拉东北部也有他们的足迹。

2. 拉坎敦人（Lacandon）

他们的人数非常少，占有位于乌苏马辛塔河（Usumacinta）和危地马拉边界的一块南墨西哥领地，有一小部分则居住在危地马拉和伯利兹。

3. 基切人（Quiche）诸民族

这类玛雅人包括几个不同的玛雅民族，如凯克奇人、皮科莫希人、波科曼人、乌斯潘特克人、基切人、卡克奇克尔人、楚图希尔人、萨卡普尔特克人和西帕卡帕人等，他们主要在危地马拉东部和中部高地等处居住。

玛雅人

4. 马姆诸民族

马姆诸民族包括马姆人、特科人、阿瓜卡特克人和伊西尔人等，他们居住在危地马拉西部高地。

5. 坎霍瓦尔诸民族

坎霍瓦尔诸民族包括莫托辛特莱克人、图赞特克人、哈卡尔特克人、阿卡特克人、托霍拉瓦尔人和丘赫人等，这些玛雅人主要在危地马拉韦韦特南戈（Huehuetenango）省及其毗邻墨西哥地区居住。

6. 佐齐尔和策尔塔尔诸民族

他们是居住在墨西哥南部恰帕斯（Chiapas）州的佐齐尔人和策尔塔尔人。

7. 乔尔诸民族

乔尔诸民族，包括在恰帕斯洲北部和塔瓦斯科（Tabasco）州操琼塔尔语和乔尔语的人，以及住在危地马拉东端、语言与前两种语言相近的乔尔蒂人。

8. 瓦斯特特克人

他们是指居住在墨西哥中东部韦拉克鲁斯（Veracruz）州北部及其邻近的圣路易斯波托西州的瓦斯特克人。

现代玛雅人

从考古发现的雕刻、绘画中发现玛雅人都有着夸张的面部特征：扁平额头、鹰钩鼻子、厚厚的嘴唇。但是今天我们所能看到的玛雅遗民虽然也略有这些特征，但绝不那么明显。他们是相貌不错的蒙古人种，但与他们的中美洲邻居并没有太多的生物差异。

大多数现在的玛雅人在墨西哥的尤卡坦州、坎佩切、金塔纳罗奥州、塔巴斯科和恰帕斯，和中美洲国家伯利兹，危地马拉，洪都拉斯的西部和萨尔瓦多等地方生活。

现代玛雅人基本上务农，主要从事农业，他们种植的农作物主要有玉米、蚕豆、南瓜、可可、甘薯、辣椒、烟草、棉花等。在土地方面玛雅人施行公有制，并将公有的土地，分配给每个家庭使用，每 3 年重新分配一次土地。公元后，出现了自由人和奴隶的划分，统治者称为“大人”，职位世袭，掌握军政大权。他们聚居于一中心村周围的各个小区中。在中心村玛雅人建筑了公共建筑和住屋，但是这些房屋大部在大多数情况下是空着的；有时也有人长期居住着。小区居民一般都居住在各自的农舍中，在节日和集市会外出。玛雅人的（尤其是妇女的）服饰，大体上仍为传统形式；男性则较可能穿着现代的成衣。一度很普遍的家庭纺织业日趋式微，衣服大多是用工厂织的布料缝制。玛雅人用来耕地的主要工具是锄头，在土地比较硬的时也会使用铲子。犹卡坦人饲养的家畜多数是猪和鸡，为了方便耕田起见，偶尔也会养牛。他们的工业很少，而手工艺品通常只是满足自己家里的需要而已。部分经济作物或当地特产经常销售到外地以换取现金购买本地没有的物品。

玛雅人也有自己的信仰，他们几乎每个人在名义上都是信仰天主教的，但他们的这种信仰还具有当地宗教的色彩，具有典型玛雅形态的是他们的宙论，他们通常将马雅神祇与基督教的神圣人物混为一谈。大众的宗教基本上是信仰基督的，也做弥撒和庆祝各个圣徒纪念日。前哥伦比亚时代的本土宗教仍受家庭的遵行。

玛雅文化可以划为两种类型：高地文化和低地文化。犹加敦人、拉坎敦人和琼塔尔-乔尔人的文化属低地文化群；瓦斯特克人在语言上和地理上属非玛雅文化的独立群；其他玛雅诸民族则居住在危地马拉高地。

## 玛雅的疆域及周围环境

玛雅文明因其神秘色的彩吸引着人们不断的探索，要研究如梦如谜、云里雾里的玛雅世界，走进它的领地和历史，我们就要了解这段文明的诞生之地。

玛雅的疆域

中美洲（Mesoamerica）是玛雅的发源地，玛雅地区西临太平洋，东濒大西洋的墨西哥湾和加勒比海，北部是突出的尤卡坦半岛，西北向与东南向分别通过墨西哥和中美诸国的两条狭窄的陆地，与北美洲和南美洲连接。

如果玛雅文化地区的划分是用现代政治国家疆域的方法划分的话，那么，墨西哥（Mexico）东南部及尤卡坦半岛上的几个州、半岛东南部的伯利兹（Belize，英属洪都拉斯）、居于玛雅腹地背靠太平洋的危地马拉（Guatemala）、通往中南美洲走廊上的洪都拉斯（Honduras）和萨尔瓦多（EIsalvador）等也应该属于玛雅地区。

根据上面所界定的玛雅区域，其总面积大约有125 000平方英里，相当于320 000平方公里，其面积和统一以后的德国、或者英国加上爱尔兰几乎一样，在中国，大概是安徽省、江苏省和浙江省三省面积的总和。但是，这个一般说法的玛雅地区的疆域，随着发掘其确切疆域不断地被后人扩大，据埃菲通讯社马那瓜（尼加拉瓜首都）1992年9月23日报导，在尼加拉瓜中北部地区，发现了6座玛雅金字塔，它们隐藏在郁郁葱葱的丛林覆盖的小山里。这个金字塔群排列呈字母“L”形，其中最大的金字塔长53米，宽32米，高4.5米。如果这个金字塔群经过证明确实属于古老的玛雅文化，那么，尼加拉瓜也是属于玛雅的，它的历史也要被改写。从发观金字塔群的圣拉斐尔地区——马那瓜东北250公里处，到以往认定的玛雅文化东界——洪都拉斯的科潘遗址，有大约400多公里，这样一来玛雅地区就扩大了许多。

从严格的意义上来讲中美洲各文化的态势是呈犬牙交错的。玛雅文化在玛雅地区西南也有着一条狭长地带是与墨西哥文化共享的过渡地带。并不能因此而扩大玛雅地区的疆界，有以下几点可以说明：

首先，对于玛雅疆域扩大明证最困难的是，文献上的根据与考古证据并不能完全统一起来。因为从文献资料上来看这一地区的各个组成部分并不等量齐观，即使是在西班牙人统治时期，关于偏远地区的信息报导也特别贫乏。而要找到西班牙人到来之前的资料就更是困难重重了，在历史文献中反映的许多特有的玛雅文化特色，要在考古发掘中得到揭示并不容易。

其次，无论如何在古代中美洲是没有现代政治国家疆界的那种严格划分的。边疆地带的变迁是渐进式的而不是整齐划一、一刀两断的，结果是一组存在差异的文化源头镶拼杂凑在一起。这就是文化地理上的“马赛克”。

最后，中美洲的玛雅文明与其邻居之间如果从历史的角度来看，也是完全没有理由可以假定他们有一成不变的边界的。与此相反，种种迹象反而都表明：它们在时间长河中经历了持续不断而又无比巨大的改变。无论政治还是经济和社会甚至气候和环境上的面貌，都发生了许多变化。

玛雅的地理环境

在玛雅人生活的地区，从地形地貌来看差异很大，不同的区域气候和地形各不相同，有南部的火山高地、中部的热带雨林、北部的热带丛林等，今天我们通常意义上所说的玛雅地区，按地形、气候、植被的类型不同，大致可以划分为三大块，由南向北依次是高地、低地和平原。

高地：由沿太平洋的高山组成，包括危地马拉中南部至太平洋之滨、萨尔瓦多等地，这一地区山峦起伏，海拔高处较为寒冷，覆盖着松树。高地的峡谷里，冬天气候的特点是干燥寒冷，有冰雪在高地地区形成，夏天和低地、平原想比较则更为凉爽，雨季较短。在这里有大片大片的绿地。

黑曜石

群山孕育了丰饶的谷地，这些谷地地势开阔，气候宜人，四季如春，现在还居住着近200万玛雅遗民，在四五千年前就产生了最早的玛雅农业文明。谷地里有肥沃的火山土壤，河流穿越期间，湖泊星罗棋布。有黑曜石分布在主要谷地附近，它们是高地玛雅人拥有的宝贵的矿产资源。

低地：危地马拉北部潮湿的热带雨林区、贝里斯及洪都拉斯西北部，是以佩腾湖为中心的流域盆地，也包括一些周边谷地，南部是一大片草地。许多湖泊在雨季可以连成一片。这一带物产非常丰富，几乎所有的中美洲作物品种和野生动植物在这里都可以找到。整个地区温暖湿润，雨季较长，旱季降水也不少。因此，它与平原有很大的不同，不仅水资源丰富，而且拥有着各种各样的植物和动物，所有的高山和峡谷都被浓密的热带雨林所覆盖。

这个地区生产一种较好的建筑材料——石灰岩，这种石灰石在整个低地地区都可以找到，非常容易开发，用木质或石质的工具就可获得。另外，这里盛产的花岗岩也是优良的建筑材料。可以说，古玛雅巨石建筑的三个必备条件（石器和木质、纤维等建筑工具，石灰，做沙浆用的砾石）在这一地区都具备。最早的玛雅石建筑群——乌夏克吞（Uaxactun）城就是在这个地区发现的，这里是玛雅文明古典时期的中心。

平原：涵盖北纬 18.50 度以北以及墨西哥的尤卡坦半岛一带，这里一般很少有雨水，而且灌木丛生；由南向北逐渐从高地过渡到平原，平原在有卡坦半岛北部，地势非常平坦。这个地区到处都是热带丛林，高人的树木变成低矮的灌木丛，腐殖土较少，到处可见裸露的天然石灰石，地表水极少。这里水资源非常匮乏，几乎没有湖泊、河流。因为雨水直接通过多孔的石灰石岩层渗到地下，只是偶尔在一些岩坑内才有少量水，气候非常干旱。玛雅后古典时期文明中心，如奇琴伊察（Chichen - Itza）城，依靠天然蓄水穴井。大约在公元 5 世纪，玛雅文明才开始从东部移到这一大片地区，大约在 10 世纪—14 世纪才进入繁盛期，一般把这里当作是玛雅后古典时期文明的中心。

丰富多彩是玛雅地区自然地理环境的生动描述，热带丛林是雾气蒙蒙的，谷地却是近靠着沙漠，而高地则是寒松覆盖，真所谓无所不有。如果更贴近地观察，那么，即使是乍看无法打破的低地丛林地带，也还是能够分解为气候、地志、植物和动物不尽相同的碎片。

## 文化地理马赛克及飞地

和中美洲其他文化一样玛雅世界也存在于一种复杂的文化地理“马赛克”（mosaic）之中。玛雅呈现四分五裂的军事政治版图，即便在只有三个最主要的城邦玛雅潘、乌斯马尔、奇岑伊扎的 12 世纪，也没能走完从对抗到整合的统一版图。在玛雅历史上，没有任何形式的独裁者在任何时期统治所有玛雅人。他们的每个城市的中心相互之间是孤立的。然而，这些孤立的城邦又可以明确的确定都属于玛雅人的，他们在文化和语言上的分布都不是整齐划一的相邻地区组合，但是共享同一种语言、同一种宗教、同一种文化。文化认同感、语言亲疏度完全不同的人群一块一块地拼接在一起，就像是一大块七色板一样。这种特别的文化地理模式具有其特别的功用。

在这种马赛克布局中有一些小块的领域就是所谓的飞地。这些小块的区域居住的人群是由在其他文化传统的领地的包围中，远离自己文化中心地带生活、工作的人们组成的。好像是国中之国。玛雅人的传统农业方式是弃地休耕，这可能是导致他们在地理分布上出现这种镶嵌特点的原因。玛雅人间隔一段时间就必须集体迁移，寻找合适的新玉米地。由此，整个玛雅世界，实际上是同一群人在不同时期建立的若干聚居点的总和。当然，这种地理特点也有助于推动各种文化之间的交流。不过，经济方面的事情还是飞地最首要的功用。这样它与其他地区特有的原始资料的接触就能得到保证了，比如获得深入到另一地区腹地的机会，获得那里独有的动植物、种植环境、适宜气候或盐场，甚至可以通过飞地接触到遥远的市场。这实在是一种生态性的分布策略。

有一种现象在中美洲普遍存在那就是这种对大家都有好处的共享规则。关于领土的观念，并不强调排外性。阿兹台克人建立的帝国是中美洲最大的政治实体，他们居然也允许在它的心脏地带存在一个与它对立的特拉西卡兰城邦。人口的流动，甚至大规模迁徙，在历史上都是常有的事。事实上，绝对封闭的地区是不存在的。人种、宗教、语言、历法、习俗、工艺以及其他文化因素，都在不断地进行渗透、交流。

当然，玛雅文化以这种形态与周围文化共融，在政治、军事上也有其特殊的作用。玛雅历史上并未形成过统一的、高度集权的帝国，而始终是以文化的严密聚合体和政治的松散联合体的面目出现的。玛雅潘在后古典时期曾经为北部迁移来的托尔特克人占领，两种文化在所有层次上进行过一次大杂交。文化传播的顺利开展也得益于美洲各地区之间发达的商贸往来。文化在地域上的分散性也许是原因之一；不过另一方面，飞地机制也对玛雅社会的稳定、发展起促进作用。玛雅贵族在很大程度上依赖于同其他统治群体的密切关系，以此来巩固其统治与权威，以便于他们的王权不致旁落、徽号得以传承提供保证；当然，还通过这种密切关系解决联姻的问题，并因此结成姻亲联盟。

国家一些重要政治活动的关键就是飞地。政治领域可能会经常以群岛的形式出现。许多深入其他政治实体的内部的联结是由统治中心伸出来的。飞地犹如围棋中的飞子，它所产生的势远远大于这个单子儿本身。另外，玛雅商人可能还扮演另外一个角色，那就是军事谍报的主要提供者。就像中国战国时期一样，有时，商人所起的作用关乎其兴亡绝续。

在飞地的边界领域文化、语言的对比非常尖锐。在玛雅世界内部不同群体之间，以及在玛雅世界与中美洲其他文化之间都存在这种现象。飞地本身可能是一个大的小区，也可能只是几户人家而已。玛雅人种植玉米，但因为当地土地、森林资源的特点，有时有必要远离自己的村镇去开垦新地。如果那里的地碰巧合适，他可能会举家迁居异地。这种现象在尤卡但半岛北干旱区地表水有限的地方尤其明显，玛雅农夫至少要使他的地尽可能靠近某个水洼。农民经常要出走寻找合适的田地，特别是在邻近的地力都用尽之后，就自然会向远处发展。从历史上来看，中美洲地区飞地较多或许和这种无可奈何的“离乡背井”有关，玛雅聚居地的迁移或许也直接或间接地受此影响。但是，那些欧洲入侵者的向往好像并不局限于感觉。他们最初进入玛雅地区的时候也是懵懵懂懂的摸不清方向，才会不断与各支印第安人遭遇。逐渐地开始摸清了这种马赛克分布的机制。玛雅世界所经受的毁灭性打击也就是从飞地开始的。殖民者学会了借鉴中美洲本土历史经验，采用入乡随俗的办法，以飞地渗透外部势力。虽然造成玛雅世界主体的殒灭的因素有很多，但是飞地对外部渗透的开放也是原因之一。

## 玛雅文明的发展历程

玛雅文明让今世的现代人充满了好奇与向往，不仅仅因为他们农业、陶器制造术、象形文字、日历、数学以及震惊世人的建筑和艺术作品举世闻名，还因为它的神奇崛起和神秘消亡。玛雅人在5000年前就出在现代的墨西哥和中美洲危地马拉的太平洋海岸，和世界上的其他人类一样，他的的发展也经历了这样几个阶段：采集、渔猎和农耕。玛雅人的文明发展历程大概经历了这样几个阶段：

前古典期或形成期

通常将公元前1800—300年称为玛雅前古典期或者形成期。公元前1800年左右，玛雅人进入了定居时期，开始从采集、渔猎向农耕转变，农业为玛雅文明的形成奠定了基础。

早期玛雅人从事的农业主要是种植庄稼如玉米、大豆等。前古典文明出现在危地马拉的太平洋沿岸和高原地带。

公元前300年以前是玛雅文明的形成期，这一阶段玛雅人开始扩大种植面积。奥尔梅克文明作为玛雅文明的重要组成部分从这时开始。奥尔梅克文明在将他们的文化传播到今日的犹加敦半岛以后，便衰败灭亡了。富于宗教色彩是玛雅人文化生活的显著特点。因为他们笃信宗教，他们崇拜太阳神、雨神、五谷神、死神、战神、风神、玉米神等。太阳神居于诸神之上，被尊为上帝的化身。传说玛雅人在很早的时候就开始建造宗教性建筑，最早的遗迹是由一些简单的土坟所组成的. 后来才进一步演化为金字塔。另外，玛雅人相信灵魂不灭，崇拜祖先，相信宗教事务由玛雅国家兼管。首都为宗教中心，节日时通常有活人供奉。

除农业之外，早期玛雅人也显露出先进的文化特质，在城市的广场建立了许多大型的石碑，石碑上雕刻有历朝历代的统治者形象。因为在公元1—2世纪时，出现了象形文字，所以就将记述统治者历史的文字刻在了石碑上。此外，大型石料建筑物（金字塔和城市的卫城）在城市里出现。大型石铺的广场和堤道反映了这时侯的建筑有了一定的规模和水平。在现在的危地马拉市北部360公里的危地马拉密林深处，曾坐落着一座繁荣的玛雅古城，考古学家将其命名为埃尔米拉多尔。这里通常被认为是玛雅前古典时期文明的中心，埃尔米拉多尔建造于哥伦布发现美洲大陆以前，是规模较为宏大的古城，它的存在表明玛雅在进入全盛时期以前就已经非常繁荣了。

古典期

通常将公元300年—公元900年的玛雅社会称为玛雅古典时期，在公元300年开始的古典期也是玛雅帝国的黄金时代，是玛雅文化最兴盛的时期。玛雅人在这段时间里建造了40多座城市，当然，土耳其阿尼古城、乌克兰切索尼斯古城、巴勒斯坦希沙姆王宫、肯尼亚拉姆古城、孟加拉国莫霍斯坦戈尔、伊拉克尼尼微古城、海地圣苏西宫、塞浦路斯法马古斯塔古城、菲律宾圣地亚哥古城堡和印度马卢蒂神庙等都包括在其中了，每座城市都有5 000～50 000的人口。在鼎盛时期玛雅帝国的人口曾经达到200万。

蒂卡尔是已经发现的城市中最大的一个，学者估计这座城在最高峰时有10～20万的居民。他们发展成许多个农业密集的、城市集中的城邦。其中最为显著的遗迹是建于宗教中心的金字塔，和伴随它们的皇宫。其他重要的考古学遗迹还有雕刻石板，石板上的文字是象形文，描述的主要内容涉及宗谱，战争胜利和其他的成就。古典时代最美丽的玛雅城市是帕伦克，以至人们甚至将它誉为“美洲的雅典”。另外一座著名的城市叫作科潘，从现代遗迹的规模来看，玛雅文明古典时期最大的三个城邦应该是蒂卡尔、科潘和帕伦克。

发掘出的玛雅遗迹包括广场、宫殿、庙宇和金字塔、球场，都是玛雅文化的重要标志。农民集中在玛雅人的城市里，尽管玛雅人提倡“刀耕火种”的农业，他们也发明了许多先进的农业工具如梯田。

世袭国王处于玛雅社会的顶端，被称为神圣的君王，是民众公认的天神和人类的沟通者，执行玛雅人非常重要的宗教仪式。

在早期的时候，玛雅人用复杂的花纹和文字装扮他们建造的庙宇和宫殿。这些建筑让玛雅人成为中美洲最伟大的艺术家。宗教仪式让玛雅人在数学和天文学方面有重大的进展，包括数字零的使用、日历系统。虽然早期的研究员表示玛雅是一个和平的社会，但是在详细分析了由玛雅人建造的庙宇墙壁上的花纹和文字之后发现：玛雅人并非是传说中那样热爱和平的民族，相反，居住在相邻的玛雅贵族们在全胜时期（公元300—700年）一直进行着争权夺力的战争。玛雅人的战争好像是一场恐怖的体育比赛：士兵们通过对周边城市的袭击，主要使用的兵器是矛和棒来抓获俘虏，并交给自己这边的祭司，用作祭神。

在20世纪早期到中期一小部分玛雅象形文字被破译出来，于是玛雅人的有一小部分历史和文化也逐步被世人所知。历史学家所知道的玛雅文明其中大部分来自他们的建筑和遗迹。玛雅人也通过树皮造纸写字，玛雅古抄本或称玛雅刻本，是前哥伦布时期玛雅文明的文献。这些刻本是由专业抄写员在神明的任命下写成的。5世纪玛雅人开始制造自己的纸张，这些玛雅古抄本一般都是以最后存放的城市来命名，留存下来的以德累斯顿刻本最为重要。

后古典期

通常将公元900年—公元1520年的玛雅社会称为后古典时期，如果按照三分法体系，后古典期还可以划分为三个阶段：后古典时期早段是从公元900年—公元1250年；中段是从公元1250年—公元1450年；晚段是从公元1450年—西班牙征服时。

这一时期的主要的遗址是奇琴伊察，但是大约在公元1250年前后，尤卡坦北部地区发生了重要变化——虽然奇琴伊察遗址作为当时的一个政治中心并没有被废弃，在今天梅里达城的东南的玛雅潘遗址建立了一座新的玛雅都城。一道圆形防御石墙环绕着这座城市，城内的礼仪区域和居住区域是用一圈内墙分隔的。在后古典时期的中段，似乎石碑崇拜复活了，在图鲁姆和伊克帕吞遗址也树立了石碑，但是这里的古代纪念碑好像是从其他地方移来的。

在15世纪中期玛雅礼仪中心衰落以后的一段时间里，尤卡坦半岛以及其东海岸地区分裂成了许多时常处于敌对状态的小城邦。尽管政治出现分化，但是玛雅文化仍然与外部世界保持联系的证据——推测是沿着远途贸易路线。但是从8世纪晚期到9世纪结束，玛雅帝国的根基被一些不为人知的原因撼动。公元900年，玛雅文明随着南部低地的城市的不断没落崩塌。对此古今中外的学者的猜测也是各种各样的，但真正的原因却无人知晓，不过事实上我们看到的是曾经繁荣的玛雅城市被遗弃在丛林之中。

## 玛雅的王朝及君王业绩

可以根据考古证据和后古典时期的社会条件推断，玛雅在古典时期构成它的是一些独立的城市中心。莫利是著名玛雅研究专家，他认为玛雅各城市之间的关系，大致类似于公元前 6 世纪—前 2 世纪的希腊城邦，斯巴达、雅典和科林斯之间的关系，在文化上它们是同一的，但是在政治上它们是独立的，就像一个个独立的小型的王国，它们之间的联结方式可能是借助一种松散的联盟。在玛雅的历史上，这样的独立政治实体主要有以下几个：

卡拉克穆尔：蛇之王朝

“卡拉克穆尔”是玛雅的一个重要遗址，他位于墨西哥南部的铁拉斯巴扎斯的热带森林深处，它所扮演的关键的角色在这个地区十二个多世纪的历史中。大约在公元 5 世纪立国，公元 6 世纪之前，蒂卡尔强大是中部玛雅地区的实际霸主。但是“卡拉克穆尔”一直与大国蒂卡尔保持着互相竞争对立的关系。

卡拉克穆尔一角

在公元 562 年 SkyWitness 国王继承王位，并与邻国“卡拉阔尔”结成同盟，将蒂卡尔王国击败了，从此，中部玛雅地区新的霸主就换成了“卡拉克穆尔”。公元 599 年和公元 611 年，“卡拉克穆尔”曾经两次打败玛雅西部地区大邦帕伦克，不久以后，帕伦克在国王巴加尔二世统治下，重新强大，“卡拉克穆尔”向西的发展受到了限制。“卡拉克穆尔”的鼎盛时期是从 TajoomUk´ab K´ak´王（622 年—630 年在位）、YuknoomHead（630 年—636 年在位）到 YuknoomtheGreat（636 年—686 年在位）这一段时间。TajoomUk´ab K´ak 在位时，在公元 626 年，曾经两次与邻国纳兰永交战，均获大胜。YuknoomHead 在位时，在公元 631 年再次大败纳兰永，极尽羞辱后处死了纳兰永的国王。从 7 世纪开始，“卡拉克穆尔”的霸主地位随着蒂卡尔的重新强大受到挑战。公元 695 年，“卡拉克穆尔”被蒂卡尔的阿赫卡王打败了，蒂卡尔重新成为中部玛雅地区的霸主。“卡拉克穆尔”政权迅速衰败，但作为一个玛雅城邦，直至九世纪至十世纪才与其他玛雅城邦一样，不明原因地被永远遗弃在丛林之中。

现代历史

1931 年，在丛林中墨西哥考古学家发现了卡拉克穆尔遗迹。WilliamFolan 率队在 1984 年和 1994 年，对遗迹进行了发掘。

奇琴伊察：朝拜雨神的圣地

在西班牙语等语言中奇琴伊察的名称被写作 ChichénItzá，“Chich´enItza”在玛雅语中的意思是“在伊察（人）水井口”。在前哥伦布时期这一名称是通用名称，同时该城市在古代史料中也被称为 Uucyabnal，即“7 个伟大的统治者”。奇琴伊察坐落在今墨西哥境内的尤卡坦半岛北部，南北长 3 公里，东西宽 2 公里，有建筑物数百座，现有公路把它分为两半。建于公元七至十世纪的老奇琴伊察在南侧，其玛雅文化特色非常显著，有金字塔神庙、柱厅殿堂、球场、市场和天文观象台，以石雕刻装饰为主；北侧新奇琴伊察是灰色建筑物，具有托尔特克文化特色，有库库尔坎金字塔、勇士庙等，以朴素的线条装饰和羽蛇神灰泥雕刻为主。

奇琴伊察

奇琴伊察在从公元前 6 世纪到玛雅古典时期（公元 2—10 世纪早期）的时间里是玛雅的主要城市，但其最大的发展和影响力的巅峰则出现在中部低地和南部玛雅城市衰落之后。大约在公元 987 年，国王托尔特克 Quetzalcoatl（即羽蛇神之意）带领军队从中部墨西哥来到这里，并（与本地玛雅盟友一起）将奇琴伊察作为了自己的首都，及第二个图拉（Tula）。从一些史料的记载来看，公元 1221 年发生了大规模的起义和内战，如考古发现的烧毁的建筑所显示，导致了奇琴伊察的衰落，统治中心也转移到了玛雅潘。弗朗西斯科·德·蒙泰乔征服了西班牙，并在公元 1531 年宣布对奇琴伊察拥有主权并打算将其作为西班牙尤卡坦的首都，但几个月后蒙泰乔被起义的当地玛雅人驱逐出了这个地方。

科潘：玛雅的巴黎

在洪都拉斯西部的科潘省有科潘遗迹，靠近危地马拉边境。在玛雅文明古典时期，科潘是当时最重要的城邦之一，在玛雅的诸邦中科潘属最靠南的一个。早在公元前 1100 年，古玛雅人就来到科潘，在这个富饶的山谷里安居乐业。但是约公元前300年后的四五百年间，在其他玛雅城邦蓬勃发展之时，科潘却没有什么发展，科潘城邦直到公元200年前后才开始发展起来。

在公元426年，这里来了一个自称为蓝鸟（YakKúkMo）的王子，他既是一名英勇的武士，又精通祭祠之术，可以在让当地人过上更好的生活上提供帮助。这样，很快蓝鸟王就得到了当地人的拥立，并在科潘建立科潘王朝，这个王朝世袭了400年。公元628年，“灰虎王”即位，他在位的时间长达67年，是科潘王朝的鼎盛时期，同时也控制着周围很大面积的地方，成为一个“帝国”。“十八兔王”是在“灰虎王”之后即位的，在位时间长达43年，期间尽管“十八兔王”还是继续征服和扩张，但是科潘已到了强弩之末之时。“十八兔王”在小国基里瓜安插的统治者考阿克天（CauacSky）在即位后的第13年反叛，打败了“十八兔王”，并于公元738年5月3日将之斩首。

后来，虽然“十八兔王”的儿子“烟壳王”于公元749年继承了科潘的王位。但在平民心中，国王的至高无上，半人半神的地位却开始动摇了。曾经他为了挽救政权，同帕伦克（玛雅西部的大城邦）联姻，并且在科潘大兴土木，兴建了大量的纪念碑。终究不可抵挡帝国日渐减弱的势力。公元763年，雅克斯潘继位，他仍然试图通过炫耀祖先的功绩、通过把自已刻画成英勇武士的形象来挽回王朝，但是科潘王朝的没落已经无法挽回了。他至少在位至公元820年。图克（UkitTook）是科潘的最后一个大王，在他登基后不久的公元822年，像其他玛雅大城一样科潘也在突然衰落，并且永远地被遗弃在了热带雨林之中了。

蒂卡尔：声音之地

蒂卡尔是玛雅文明中最大的遗弃都市。在玛雅语中蒂卡尔的意思是“声音之地”或“舌头之地”的意思。蒂卡尔的历史可以追溯到公元前1世纪，最初，它只是个二流城邦，将北部城邦米拉多奉为盟主，大约从公元二世纪开始，蒂卡尔开始奉行另外一种政策，那就是与当时中美洲的大国提奥提华坎友好。正是通过这一政策使得他的国力迅速发展，并发展成为了玛雅世界最强大的城邦之一。

声音之地：蒂卡尔

“美洲虎之爪”王在公元292年开创了王朝，并开始建功立业。玛雅的这位强而有力的天王奋斗了六七十年，为日后蒂卡尔的称霸奠定了坚实的基础。在玛雅发现了一块刻着他形象的石碑，上面记录着一个日期公元292年7月8日，这个时间也通常被历史学家当作玛雅古典文明的开始之日。在他之后，将蒂卡尔推上了昌盛的巅峰的是“蜷鼻王”“暴风雨天王”并且迎来了第一次盛世。此后，卡拉克穆尔是位于蒂卡尔以北的城邦也逐渐强大起来，同时，公元6世纪中时，受到来自墨西哥北部移民大迁徙浪潮的冲击，蒂卡尔发生了大的政治动荡，王朝风雨飘摇，蒂卡尔出现了一个衰落时期。

100多年后，直到公元7世纪，HasawChanK’awil阿赫卡王（682—734年在位）继位，蒂卡尔重新强大，打败卡拉克穆尔，使得蒂卡尔重新成为玛雅中部地区的霸主。以后是雅克金王（734—766年在位）和奇坦王（Chitam 768—790年在位），蒂卡尔的第二次鼎盛时期，正是这三个强大的国王在位的一百年期间开创的。今天我们看到的蒂卡尔壮丽的遗迹主要也是这三位国王在位期间筑成的。蒂卡尔在奇坦王之后，与同一时期其他玛雅城邦一样，迅速衰落，已知可考的最后一位国王是JasawChanK´awiilII（869年—889年在位）在这之后，没有建造什么主要的纪念碑，还有一些宫殿也被焚毁了，逐渐的人们开始离开这里。蒂卡尔在10世纪末被彻底遗弃在热带丛林之中。

乌斯马尔：重建三次之地

在尤卡坦的北部有一座被称为重建三次之地的城市——乌斯马尔城，是商业与政治的重地。这座城市占有东西600米，南北1 000米的面积。乌斯马尔的发音为“Oosh－mahl”，在玛雅语中，意即“重建三次之地”。今天看到的许多建筑都是建于8—11世纪。

玛雅历书中记载，大约500年马尔由亨·乌伊奇尔·查克·图图尔·希乌（HunUitzilChacTutulXiu）创建了乌斯。希乌家族对乌斯马尔的统治持续了许多代，也使的乌斯马尔成了西部尤卡坦地区最强大的城邦，曾和奇琴伊察结成同盟控制整个北部玛雅地区。在公元900年左右，曾经有一个叫查科的国王统治过这里。考古学家调查发现，玛雅在前古典时期乌斯马尔就已经存在了，但是它开始成为一座重要的城市是在公元800—1 000年。公元1200年以后乌斯马尔没有建造新的主要建筑，可能和奇琴伊察同盟破裂，而地区霸权落入玛雅潘。在西班牙人征服尤卡坦之后，早期的殖民文件显示乌斯马尔直到1550年代还是一个重要的居住地，但在这里没有建立西班牙城镇，后来乌斯马尔就逐渐被遗弃了。

帕伦克：美洲的雅典

在玛雅文明古典时期帕伦克是当时最重要的城邦之一，位于如今的墨西哥恰帕斯洲境内。在玛雅时代，帕伦克城有可能被称作“LakamHa”，而以帕伦克城为首都的城邦则可能称作“B́aakal”。

最早可以从奥尔梅克文明时期看到帕伦克的历史踪迹，奥尔梅克文明可能在此建立过一个王朝。玛雅文明古典时期，帕伦克是玛雅西部地区一个大邦，已知最早的统治者是 KúkB́alamI，他于公元 431 年 3 月 11 日登上帕伦克的王位。在公元 599 年和公元 611 年，帕伦克两次被卡拉克穆尔打败。十二岁的巴加尔二世在公元 615 年登基成为帕伦克国王，巴加尔在位时间长达 68 年。其在位期间，帕伦克从衰弱中恢复过来，走向强大，进而成为玛雅西部地区政治上的霸主，因此现在历史学家也把巴加尔二世称作“巴加尔大帝”。巴加尔以后，他的两个儿子强·巴鲁姆二世和 K. inichK. anJoyChitamII 相继继位，把帕伦克王朝的兴盛时期又延续了四十年。帕伦克的鼎盛时期是指从巴加尔开始的一百年，今天帕伦克遗迹中的主要建筑物的建成时间均在这时间段。进入 9 世纪以后，同古典时期玛雅文明的其他城邦一样，帕伦克城市迅速衰落，并永远地被遗弃在了丛林之中。

玛雅潘：玛雅人的楷模

玛雅潘是中美洲古代玛雅文明后期的中心之一，位于墨西哥尤卡坦半岛境内，奇琴伊察 100 公里内。“玛雅潘”在玛雅语中的意思是指“玛雅人的标准”。

“玛雅潘”成立于 1221 年左右，当时玛雅人发动起义，推翻了奇琴伊察的统治，召集各个城邦首领商议后，重新建立的一个政治中心。玛雅之王的人选是 Cocom 家族首领，但是其他贵族家族亦派出成员参与政府。阿淑潘在公元 1441 年领导了反抗 Cocom 家族的起义，攻占玛雅潘，其后该城被洗劫并废弃。

**玛雅潘**

玛雅潘遗址从某种程度上来看是玛雅早期历史的有意回归——石碑崇敬拜的复活，但是，其中也可以看出奇琴伊察遗址中托尔特克式建筑的影响，体现在蛇柱和柱廊大厅。

## 玛雅文明的发现及毁灭

玛雅文明是拉美三大古代文明之一、是世界文明史上耀眼的奇葩、是中美洲印第安先民在与亚、非、欧古代文明相互隔绝的条件下，独自创造出的伟大文明。

玛雅帝国之所以能够被欧洲人认知是离不开哥伦布的，公元1502年，意大利航海家哥伦布最后一次远航美洲，这和他第一次发现新大陆恰好相隔10年。当他的船队在洪都拉斯湾靠岸时，哥伦布和他的船员们兴奋地踏上了久违的葱茏陆地。在当地的市场上，哥伦布被当地一种制作精美的陶盆吸引住了，他们从卖主哪里了解到，这漂亮的陶盆的生产之地就是——“玛雅”。这是“玛雅”这个名字首次被欧洲人听到，在当时显然并没有引起特别的注意。此后，哥伦布便将“玛雅”这个神秘的称呼，神奇的国度，介绍给贪欲无穷的欧洲人。短短二十几年，玛雅帝国便遭到了西方殖民者无数次的无情侵略。

差不多又过了10年的1511年，有一艘海船从巴拿马到圣多明各去，在途中遇海难沉没，12个幸存者在尤卡坦半岛登陆。两周之后，这些人一起与玛雅人遭遇，有5名船员成为玛雅人祭坛的牺牲品，逃脱回到西班牙占领区的的幸存者，在讲述着他们的历险经历时依然心有余悸。他们的经历是欧洲人对于玛雅人的首次见闻，欧洲人与玛雅人的首次相遇的历史就这样被定格了。

玛雅彩陶锅

西班牙探险家科尔特斯（HernanCortez）在公元1519年左右，率领西班牙军队横扫墨西哥，征服正处于文明鼎盛时期的阿兹特克帝国，铲除一个文化，就像是路人随手摘下了路边的一朵花一样。此时，玛雅文明已近尾声，但在尤卡坦半岛上，还残存着一些玛雅小邦。科尔特斯在征服墨西哥的阿兹特克帝国之后向北部和西部推进，公元1542年在尤卡坦地区建立起了第一个基地，以后逐步渗入玛雅地区。

公元1526年，一支西班牙探险队来到了玛雅部落。欧洲人在16世纪时，被无知、偏见和贪婪蒙蔽了双眼，除了闪闪发光的金子，他们什么也看不到。他们试图用暴力建立西班牙殖民地，并将基督教信仰开始强制推行。不肯屈服的玛雅人展开了长达百余年的游击战，直到公元1697年，最后一个玛雅城邦在西班牙人的炮火中灰飞烟灭。当时，好客的玛雅人委派通译者佳觉，将自己的文明向西班牙第一任主教兰进行了介绍。自以为从当时高度发达文明国家而来的狄亚哥·迪兰达被玛雅典籍中记载的事情吓坏了，他是如何也不能相信这样的事情的，他认为只有魔鬼才能做这样的活。这些可怕的入侵者在狭隘的宗教感情的驱使下，到处搜罗历史文物。西班牙神父狄亚哥·迪兰达公元1562年7月，亲手在曼尼城中心广场上烧毁的玛雅古籍抄本、故事画册和书写在鹿皮上的象形文字书卷多达成千上万。此外，他还砸碎了无数神像和祭坛。入侵者就这样用这种野蛮无比的方式，有系统地消灭异教文化。神父狄亚哥·迪兰达当时还非常得意地记录道：我们搜查到大批书籍，记载的全是迷信的玩艺儿和撒旦的谎言，我们干脆放一把火把它们烧掉。当地土著在旁眼睁睁看着，心痛极了、难过极了。

玛雅人在被侵犯之后神奇地失踪了，灿烂的玛雅文化随之成了难解之谜。这场史无前例的浩劫之后，由于三部玛雅手抄本流落在国外，从而侥幸地逃脱厄运，从而成了我们能够看到的玛雅文化，另外还有一些石碑、壁画。后人们穷其所能，也只能破译其中的三分之一。

殖民征服的烽烟16世纪之后渐渐平息，古代玛雅和其他的印第安文明一道被世人完全遗忘了。此后将近200年，自居为美洲新主人的欧洲人一面大肆宣扬印第安人无文明的谎言；一面又把自己毁灭文明的殖民罪行美其名曰为履行文明传播的使命。1966年，奎瑞瓜山顶上的一块玛雅石碑，向世人们透露了一些竟然发生在9000万年前、甚至4亿年前的信息。也就是说，玛雅帝国至少在4亿年以前就已经存在了，可是4亿年前地球还处在中生代，根本没有人类的痕迹，难怪神父狄亚哥·迪兰达认为通译者“佳觉”所介绍的玛雅帝国是“魔鬼干的活”了。

# 第二章　权力及统治

## 统治集团不外传的秘密

在玛雅的城市中是“真人”一统天下的。政权、教权、军权都集中在真人一个人身上。有各种规模的城镇和村落遍布“真人”统辖的区域，间或还有来自其他地方的飞地。亲自任命自己属下的各村镇首领是“真人”在位执政期间最主要的政务之一。但是这些“真人”是从哪里来的呢？这里有着玛雅社会统治集团不外传的秘密。

玛雅统治阶层产生的过程

从表面上来看，真人的选拔形式类似公开开明的招聘，整个选拔、任命过程严格遵守传统的程序，有一种类似面试的奇特“验试”是所有的候选人都要“平等”的经历一遍。他们被问及一些模糊的问题，内容很琐碎。对于这些问题只有那些得到关于这种问答知识秘传的人才能对答如流、丝毫不差，而不知底细的人往往被问得不明所以，所以这些不明底细的所谓的候选人都只是陪衬而已。这些对答的内容是秘密不外传的，像某种黑话或者切口一样，候选人仅仅知道其中几句暗号就想在候选中胜出是不够的，只有全部答对才表示得了真传，确实是自己人。

作为现代人我们会觉得这种方式其中隐含着不公和阴谋，但是在玛雅人的世界中，却将这种考问看成是神意在拣选，答对的人被认为真正有资格当得起首领之职，他们当即被承认为入围的领导阶层。而有些人则有可能立刻被推出去处死，比方说哪些一头雾水不知所以的人，或者哪些自以为

玛雅典籍

很聪明却回答的驴头不对马嘴的人。阄、签或扶乩一类常见的道具玛雅并没有在“真人”的产生过程中使用，而是采用一种类似黑话的对白。这种形式公正却不存在任何侥幸的机会，堂皇的规范背后隐藏着不可告人的杀机。

在玛雅仅存的几本文献中的《波波尔·乌》一书中对于那些真正的玛雅的首领前去接受职位的详细过程用诗一样的语言进行了描绘，还对他们“选”上首领后的加冕仪式进行了更加详细的叙述，其中提到的各种象征权柄和地位的物品倒是让我们大大见识了“权威”这个词在玛雅文化辞典上的详细注解。内容如下：

然后他们边说边离开/我们去向日出的地方/我们的父辈来自那里/他们真的越过海洋/然后到达日出的地方/他们去接受首领的位置……当他们来到/王的面前，/拿克西特（Nacxit）是伟大的王的名，/独一无二的裁判者/拥有巨大无比的权力/正是他拿出权威的标志，/所有的证物/然后是首领（ahpop）和/副首领（ahpopqamhaa）的标志/以及首领/和副首领/他们的力量/和权威的标志/最后拿克西特拿出/首领 的证物/它们是：华盖/和王冠/鼻骨/和耳环/玉制唇饰/和金制念珠/黑豹爪/和美洲虎爪/猫头鹰骷髅/和鹿/镶有宝石的臂章/和蜗牛壳的手镯/……鹦鹉羽毛的头饰/以及御用鹤羽的头饰/于是他们全部收下/然后带回……

这些首领在村镇上行使管理权也和“真人”一样，只是规模较小而已，与地方祭司一起负责所有祭祀娱神活动。在平时，这些首领负责农事管理和诉讼，一旦有战争爆发，他们自然也就成为地方武装的头领。

统治阶层的秘密

玛雅社会的统治阶层产生的关键好像还是在于区分“是否自己人”的秘传知识。那些未来的准首领们之所以胸有成竹地准备好去接受职位，很显然是因为他们对首领选拔过程的有关知识了然于胸。玛雅社会统治阶层的标志不是什么族徽、谱碟，也不是什么写在脸上的证据，维持他们血亲凝聚力的是一种通过口传的类似密码的“黑话”的族史，并使得统治阶层的家族纯洁性得到保证。他们正是带着这种特殊群体的标志，到他们的父辈所承袭的、他们自己天生就从属于的那个地方找寻相应有的认同感。

“真人”这些选出来的玛雅领导具有绝对的领导权，而且终身尽职。玛雅继承传统是长子继父、兄弟共荣，兄终弟及，叔侄同政。总之，王室是世袭唯一的一个家族。高级祭司用各种图谱和口传秘史来教导成员的家族认同感，最大限度的维护这个家族对王权的独享。暗含这种纯真的特性其实也是“真人”一词另一层深意。

所以，我们也就可以理解各村镇首领遴选时的近乎荒诞又极其残酷的一幕了。要得到这种秘密不能外泄的“黑话”真传的就只能是本圈子内的人，从而才可能是“真正”适合于首领职位的人选。而那些新贵的暴发户、外来户或其他觊觎统治地位的人，作为异己和唇患当然要即刻铲除，毫不留情。从进化角度看，这样决绝的做法，当然有文化近亲繁殖的弱点，但是，也正是靠了这种严格的“黑话”制度，统治阶层保持了其在政治上的稳定性，维护住了单一家族对广大百姓的辖制。

玛雅社会的统治集团正是运用这种秘传的口头文化，在那些证物、徽号以外，做内化、内隐的识别秘码，更为严密地保障一种统治世袭制度。

## 玛雅人的政治“名片”

我们知道曾经英国绅士的文明棍风靡全球；在现代社会也曾经出现过手执“大哥大”的经理们的时代形象。无论是英国绅士文明棍还是现代人手中的大哥大无非都是某种意味的象征，这个象征了社会地位、经济实力、文化品位。经研究发现在玛雅社会中，也出现了包含着某种政治意味的制作精巧的工具，它们类似文明棍和大哥大。我们可以这样来描述这一过程：某一特定的社会身分从部落群体中“分化”或“特化”出来，他（们）所使用的实用性专门用具，也随之“分离”“特别”出来。首领或者是通灵的神使或者是世俗的强人，他们原本实际使用的职业用具随着地位抬升而不再实际使用，这使得这种用具可以渐趋远离功用的考虑，增加精致化、装饰化的倾向。武士所用的长矛异变成“令牌”，巫师所用测量工具异变成量天测地的神秘“法器”。

所以，我们首先要注意这些精巧含蓄的玛雅特定用具隐含着怎么样的政治意味，它们在古代玛雅社会中的文化功能，又代表着玛雅人怎样的政治身份。

### 政治首领形象

在雕刻、壁画等资料中我们可以看到玛雅行政首领这样的形象：左手持一面圆盾，右手持杖。圆盾的盾面上是日神的头像或者说是日神的代表符。右手持的杖是代表首领领导权力的节杖，它在玛雅社会的不同历史时期分别有几种变形出现。最典型的一种，可能也是未经简化的基本型，它的两端分别是拟人形和拟蛇头的。人形虽小却很精致，线条流畅，造型别致，头部比例的夸张与玛雅书画的一贯传统一致。人形的一条腿延伸、变形，至另一端时化作一条蛇的蛇身。并且用羽毛对权杖的两端进行了装饰。其他一些较简单的权杖的类型都是大同小异。总是上端是用羽饰装饰的张开的呈扇形，扇形中央伸出杖身，好像是蛇身一样，在下端连一蛇头。

有些专家对此进行了猜想，类似于古典时期的典型令牌的是前一种，后一类属于后古典时期和玛雅人崇拜的羽蛇神有关。羽毛蛇神又被认为与雨季有关，雨季开始时降临，雨季结束时归去，与玛雅人的农事活动相伴、从播种开始到收获。也许它之所以现身在权杖上与行政首领司管农事生产有关。

宗教首领形象

玛雅的宗教首领是祭司，最值得注意的是玛雅的祭司形象，他们的形象通常是将一根两端雕有对称纹样的棒平举胸前，纹样是头形的，但经过了夸张、变形，可能是玛雅万神殿里某位神赐的头像或名符。有时还可能是两个蛇头。还有些石刻人像，将双头棒的一端斜靠在肩上。

在玛雅社会中最有学问的人就是祭司，他们掌握着玛雅文字、历法、算法、天文学的知识，负责对王室人员的教育和秘授王室家史，此外，还是玛雅社会日常生活中各种节日、祭日的主持者。他们对于玛雅人生活、生命的影响不可低估。《金枝》是弗雷泽爵士的文化人类学著作，这本书中记载的大量证据表明，初民社会的巫师是被认为具有神异禀赋的人物，整个部族的文化传统与科学知识（或者叫前科学知识）都集于一身。这一理论完全可以在玛雅祭司们身上得到验证，他们掌握象形文字，即圣书体，我们对这个西文词汇进行分解会得到一些启发。少数玛雅祭司一手包揽了玛雅象形文字连带其所记录、包含的文化历史内容的所有内容。现今世界上仍然“存活”的唯一种象形文字——中国西南少数民族纳西族东巴文，即是为巫师所垄断，一般群众并不通晓。玛雅存世的四个经卷抄本和东巴经卷都是极其相像的。这些都充分说明，玛雅祭司集团确实是一个独享文字与传统知识的特殊专职集团。文字几乎已经隐含了称得上文化成就的一切；天文观测、历法编制、工程设计等玛雅人的骄傲，全都是通晓象形文字的玛雅祭司的职务。玛雅祭司是这样的一类人，他们集天文学家、历法专家、工程师、数学家、史学家等多种头衔于一身，自然也会有他们自己职业的用具。

当然了，玛雅祭司的职业用具不是什么刀枪斧叉，而是这种已经形象化的装饰，两头有拐的小棒。由祭司集团中最高等级的大祭司执掌。作为祭司专用的仪式化用具，它不代表政治权利，也不体现军人威仪，说得现代一点，它代表科学文化。这个两端曲拐的小棒正是人类学家所关注的“工”，工就是巨（矩），也就是手持“工”的象形会意。我们很容易理解这个所谓的“矩”（工）是一个最基本的测量工具。矩（工）在各个初民社会中具有广泛的用途，它可以找准水平线（正绳）、仰观高度角（望高）、测量深度（测深）、估计距离（知远）以及环转用作画圆的圆规（为圆）、两两相合作曲尺画方形（为方）等，于是，“矩”便具有了神奇的魔力。执掌它的人知天知地而又通天通地，这就是为人崇奉的专职祭司，他们所执的矩（工）也就是掌握天地的、万能通灵的“法器”了。“矩”正是玛雅这个祭司领导的世界里最高级别的象征物。它在大祭司的手中，是对玛雅文化的一些最主要的特征和性质——宗教、政治、科学、历史、文化和传统，都未经分化地交融在一起的最好的反映。

军事首领形象

玛雅军事首领是要对部落的战事进行指挥的。可能战争在玛雅人生活中占据着较重要的位置。玛雅武士不仅纹身，还把手臂、脸部涂成红、黑两色，以象征他们勇猛无比。武士的专门装饰还有他亲手抓获的俘虏的头盖骨，或雕刻过的骨头。这样的骨头越多，也就象征武士的战功越是卓著。

由此可见玛雅人尚武的倾向是非常公开的，可以想见玛雅军事首领拿的颇有意味的“用具”一定是某种兵器。有时是一端似短刀，另一头是棍的一种投标武器；有时是一根短棍。还有时是一种称作 hulche 的武器，是一种带钩的短兵器，中间部分像是中国古代的狼牙棒。但是，没有拿弓箭的。研究者们说，弓和箭在玛雅古典时期没有出现过，后来可能是从其他民族引进的。

## “阿卓台”惩罚的奥妙

奖惩分明是保证一个社会平衡的一种重要手段，在玛雅社会自然也不例外，只是玛雅人进行惩罚的方式更加奥妙。在文明的现代社会，我们会运用法律来约束人的行为并对违法行为进行惩罚。古玛雅人用罪感（对于神）和耻感（来自社会）来对人的行为进行控制，也许在不当时真的没有十分严酷的世俗法律。这里所说的罪感是指用一个人自身内在的良心感受以及道德约束来管理自己的行为，他们认为人的思想和行为受制于凌驾万物之上、洞察一切的上帝，上帝迟早会给人的善恶打分，也就是审判。通过自己个人的行为来让人感觉将来是进天堂或下地狱，也就是强调善有善报，恶有恶报。这里所谓的耻感则强调外在的约束力。罪错暴露，才会受到他人的谴责与惩罚，社会才会把耻辱降落到这个人头上。假如罪错不为人知，那么也就不会有社会群体的压力。耻感文化中的个人，其所作所为首先考虑的是他人、社会的评价，以受人赞许为荣，以人人排斥为自己的羞耻。

在现实中，许多国家、民族在对其对民众的行为进行约束的时候，往往具有是两者兼具的倾向，只是稍有侧重而已。其实，就个人而言，罪恶感和羞耻感是难分彼此的，常常连在一起出现。当他想要做某件事，或已经做了某件事，而这件事又与社会公奉的道德标准抵触时，他就会体验到这并发的罪感和耻感。这在玛雅人身上表现得相当充分，其事例也是出奇的饶有兴味。在古玛雅社会只有唯一的惩罚叫“阿卓台”，也就是对脚底进行抽打。这种刑罚实施起来很讲人道，即便是最重的判词，也只不过是进行 100 下的抽打，但是这 100 下的抽打，却要分为四天来进行，也就是在连续 4 天里，每天只需抽打 25 下就可以了。

这种做法给人留下了空间去想象，这种审判程序真可谓意味深长：被判决的人在完成每次抽打之间的时间不是被投监狱，相反却被准允释放，但第二天早晨自动投案并接受剩余的惩罚是他应该承担的义务。既没有警察，也没有任何一个村民去看管他，把他押来解去地领受日复一日、连续四天的刑罚。对犯罪的人每天 25 下的责打，必须由他自己自动的露面完成，假如他没有在规定的时间来到指定的地点，那么，他就会成为整个部落的公敌，并被部落人所不齿。他就成了社会的弃渣，审判的逃犯，不受法律保护的歹徒。接下来，要是他死于非命，那么随便哪一个对他动武的部落成员都不会受到惩罚，因为这个人的生命已经被社会没收了。

这种“阿卓台”的惩罚方式在玛雅社会中其实是对玛雅人既受内在道德约束又受外力压迫的特点的体现，尽管两者的结合相当精微，不易直观看清。这种惩罚方式的奥妙也正是根据这个民族自身的特点而制定的。玛雅民族是个表现出较强的正义感的民族，同时他们的诚实美德为世人所公认，因此，被“阿卓台”惩罚判罚的人并不真正是畏惧“人人得而诛之”的惩处才一丝不苟地执行判决。落到被社会抛弃的羞耻境地才是罪犯最为惧怕的。明眼人都可以从判决刑罚的形式看出判决的训诫意味远远多于单纯惩罚的意义。抽打脚底并不是极刑，最重 100 下抽打实在是温和，“分期执行”更显出人情味。让人改过自新才是这种的刑罚的目的，刑罚的作用无非是让犯罪的人略微品尝一下羞耻的滋味而不是感觉皮肉的疼痛。将 100 下抽打分 4 次进行，是尽可能减少皮肉之痛、尽可能增加耻感的频度和强度。而不拘不管、自来自去的宽松更是奥妙，这完全是一种文化象征手段。用这样的象征形式来帮助犯罪者自行完善自己的内在道德约束力——正是由于他以前自我道德约束力有所缺欠才导致他犯罪的。这个连续 4 天的执行判决过程，将会使受罚者把甘心情愿接受外在规范的行动加以内化，这正是玛雅社会“阿卓台”惩罚的奥妙之所在。

玛雅人的道德也借了他们的宗教的光，他们害怕自己由于罪恶而受到无所不在的神灵的惩处。因此，在玛雅是完全不用担心的，他们都是夜不闭户的，小偷小摸在玛雅人中闻所未闻。作为一个民族，他们异乎寻常的诚实。没人去偷别人的庄稼，似乎一些古老的禁忌控制着这类不良行径。其实可以偷盗的机会所在多是，比如即便是最近的村落，距离无人看管的玉米地往往也有数英里的距离。玛雅人相信，地里的守卫精灵会杀死那些从别人的玉米地里偷玉米的人的，这观念成了远在丛林中那些“敞开的谷仓”（玉米田）的真正保险锁。

## 贵族、平民和奴隶

玛雅社会的等级还体现在居住方面。完善的道路、公共建筑等设施在玛雅人的聚居点都有，但大部分玛雅人却都居住在城外的村落里，一般只有祭司、首领等不直接参与农业生产的人才居住在城里，这些人的饮食依靠各村镇的进贡，而平民和奴隶要参加生产劳动，居住在村落里。纵观人类社会的发展过程，每个社会都有一个机制，用来维持社会等级差别、控制社会内部混流、冲突。对社会人种的划分就是其中的一种制度，在这种划分方式里面，一般而言，父亲和儿子所处的社会地位（经济、政治、受教育程度）都不会相差太大。即使在高唱民主、鼓励从平民到总统的今日美国，社会阶梯上的跃升也是极个别的。

印度是一个古老的国度，在印度就有一种将人依据姓氏分为四种人等的种姓制度。种姓的划分不仅借助严格的婚姻保持血统的纯正，并且借助社会职业的固定化维持社会等级的稳定，比如个人或群体的圣洁、高贵，按级提高。一些被认为具有污染性的职业，如与已死的动物接触（如制革工），或与身体的排泄物接触（如洗衣工、理发师和厕所清洁工），都由低级种姓的人去干。在印度他们的种姓制度还可以划分人群：婆罗门据说出生于原人的头部，地位最高，具有神的力量，在社会中他们行使的是祭司的职能，讲授经文，主持祭拜；刹帝利出生于原人的肩部，拥有皇权，同时也是战争的主力；吠舍出生于原人的腿上，入选应从事具体生产，然后以税贡形式寻求神的护佑、首领的保护；首陀罗是奴隶，他们要给其他三个种姓提供服务，这就是他们存在的唯一目的。各个种姓集团大小不等，一般都在万人左右。他们分散于各地，渗透在社会中各司其职。

玛雅社会虽然没有种姓制度，但是在这个社会中他们的人口大致也可分为四个群体。而且这些群体的内聚性较强，玛雅社会通过血统、职责、俗规的明确规定来维护他们的文化分层，保障位高者的凌驾，杜绝位卑者的僭越。在公元七八世纪时，玛雅社会已经形成了（四个群体）金字塔式的社会阶层组织，这四个群体是贵族、祭司、平民和奴隶，当然站在金字塔塔顶的是真人。

玛雅社会中的贵族

玛雅社会的贵族首先是王，即真人，还包括村镇酋长，以及更低级的头目。下图是盛装打扮的玛雅贵族男子，他戴着高高的羽冠，粗大的项链，精致的手镯、耳环和脚链，这些装束都显示出他非同一般的身份。

玛雅社会人群等级金字塔

酋长对村镇的具体事务进行管理，他们虽然都是由真人指定的，但基本上都来自一个贵族群体，其实就是世袭的。这些人被认为是天生的领袖，他们在真人面前受过考问、接受象征权柄的凭证之后，就可以在各自的管辖的村镇里行使司法权和行政权。和平时期，他们对本地区百姓的农事活动具有监督的职责，并且逐年向真人进贡财物；在战争期间，作为指挥员是本村本镇战斗力的组织者，当然，军事首领是他们的服从对象。

次一级的特权阶层包括三种人：第一种被称为镇中长老，一般两到三位。他们是顾问，参与决定地方政策，而本身又是镇中再次一级行政单位的头领；第二种人相当于帮办，协助酋长工作，是他的助手和传递口谕者；第三种人类似于顾问，他们具有多种职责，既要充当首领与村民之间的桥梁，又是外交事务方面的顾问。他们还负责公共议事厅，是村镇中的首席歌唱家和舞蹈家，总管地区上所有的歌舞和道具。

在他们的社会中最低的一级“公职人员”相当于我们的警员是负责维持治安的。此外，玛雅人还有战时的首领。这个战时首领有两个不同的来源：其一，原来的行政首领在战时行使军事指挥权；其二，被称为“纳康“的首领，他们不是世袭的，一般都是通过选择来任命的，三年重新选择一次。在这三年内，这些人不能近女色，连他的妻子也不能与他见面。人们将他与其他人隔离起来，使他与外界的接触尽可能的较少。他被供奉吃鱼和一种大蜥蜴，但不能接触牛、羊肉。三年任期结束时，“纳康”就可以和酋长共同商议战事，制订出战略计划。人们还会对他焚香进而拜会就像是我们今天对待偶像一样。酋长全权负责具体的战术执行，而这些临时选出的只能算是偶尔跳上龙门的鲤鱼。所以说这三年的任期是个空架子，只是个精神安慰而已，因此，与其说纳康是个将军，不如说他是个战神，这个战神是用凡胎肉骨硬造出来的。

玛雅社会的祭司阶层

按字面意义讲玛雅祭司的总称就是太阳之子，祭司作为一个群体，其权力、影响力都是最大的。从血统上讲，玛雅祭司和贵族有着千丝万缕的关系，他们也可娶妻生子，而且子承父位。除此之外，祭司阶层中常常都是来自贵族阶层的人。玛雅人规定，贵族长子继承父位，幼子则有可能被选择成为祭司。所以，祭司们在向王室成员授业时经常会在幼子中挑选，并从选中之日就开始培训了，当然，首先这个被选中的孩子要有成为祭司的禀赋。

祭司的影响力在玛雅社会中绝不亚于贵族，如果说祭司的地位并不比领主高的话。贵族阶层的各级首领对祭司都表现出极大的尊敬，定期向他们进贡。祭司掌握着关于天体的知识，他们具有预言的能力，可以预言日蚀、月蚀及其他星际会合周期，玛雅人生活的每个阶段都有他们的种种预言渗入。这使他们受到全体玛雅人的敬畏。玛雅文明的钥匙掌握在祭司手中，他们指导农事生产，预卜政事吉凶。真人经常会向他们求教，祭司则尽可能地用他们的知识找出最佳答案。其实，除了一些宫殿外玛雅城区中的大部分建筑都掌握在祭司手中。祭司这一特权阶层完全游离于生产活动之外，却直接参与社会命脉的掌握。

在祭司这个阶层中还有一些特殊角色——就是那些能够讲神谕的先知们，他们在民众中享有极高的威望是终身制的刽子手，他们负责在人祭及其他偶像崇拜活动中执刀。他们有四个助手，人员不固定，每次祭司时新选，通常是德高望重的老人。

玛雅社会的平民

在玛雅社会中，平民是指数量众多的普通农业生产者。他们是泥瓦匠、石匠，也是搬运工、建筑工。他们才是玛雅社会中最高首领真人，地方首领，以及祭司阶层的真正供养者，当然他们还要养活自己。他们给村、镇长献礼，还要通过祭司向神进献。这些交纳加在一起，数量很大，其中种类也非常广泛包括他们能够生产、制造、猎取、搜集到的一切。他们的人数众多，但是却居住在郊外。还几乎承担了城里少数的贵族和祭司的所有劳作。

在玛雅社会中，那些宏伟的仪式中心、高耸入云的金字塔神庙、大型柱廊、宫殿、高台等的真正建造者也是这些平民。是他们采集、雕刻了大量巨石，构建了这些建筑。是他们用石斧砍下无数大树，作为柴火将石灰石烧制成灰浆所需的石灰，将砍下的硬木加工成雕梁画栋。

玛雅社会的奴隶

在玛雅社会，奴隶处在最低层。但是玛雅社会中什么时候出现了奴隶说法尚不统一，许多学者根据石碑、壁画等资料，认为这种从古典时期就有奴隶的解释是不可排除的，但是兰达主教认为，在玛雅后古典时期才出现了奴隶制这种现象。从有直接数据的新王国时期来看，奴隶来源有五：①生下来就是奴隶。虽然这类奴隶的数量并不多，但也确实存在。不过，法律规定奴隶是可以被赎身的；②由窃贼演变成的奴隶。偷盗者要为被偷者终身做奴隶，或者一直等到有能力偿还所偷财物为止；③战俘。战争中被俘的敌方贵族，立即被推去做人祭牺牲，其它战俘则沦为俘获他们的武士的奴隶；④孤儿。玛雅人在做人祭的时候，经常用孤儿，所以有时专门向人贩子购买，甚至强行绑架；⑤人贩子贩来的其他人口。

在玛雅的文化中，战争、苦役、人祭、买卖人口都被当成是正常的现象，奴隶的命运在人们有很多理由草菅人命或滥用人力的情况下就可想而知了。

## 飞上国旗的“克沙尔鸟”

这是一只振翅欲飞的“克沙尔鸟”，它飞在危地马拉的国旗上，不仅如此，它的图案还印在了国家发行的纸币上，甚至市值单位就叫“克沙尔”。那么，这只“克沙尔鸟”怎么上了国旗，又是怎么上了纸币的呢?

在中美洲有一种长尾鸟那就是“克沙尔鸟”，它还是中南美的特产，与玛雅人的缘分可真是难解呀。“克沙尔”非常美丽，它们有着绚丽多彩的羽毛，胸脯洁白如雪，它们那蓝绿相间、高雅华贵的长长尾翎最为引人瞩目。古代玛雅贵族和祭司就用这美丽的尾翎作装饰，它成为这些政治领袖和精神领袖高贵质量的象征，成为他们高贵形象的一部分。宁死也不在樊笼中

“克沙尔鸟”生性刚烈，而且天生酷爱自由，宁可死去，也不愿被囚在笼中苟且偷生，印第安人一直把它视为“圣鸟”，作为自由的象征。玛雅人把“克沙尔鸟”的这一性格作为热爱自己的文明，反抗殖民压迫的象征。玛雅人的这种精神很好地体现在了，玛雅人反对西班牙殖民侵略的过程中，尽管最后还是被屈辱 地征服了。

事实上，西班牙人在西印度群岛征服之后，便从古巴的哈瓦那基地开始

向大陆进犯。大约在公元1517年，他们在一次偶然的机会中首次见到玛雅人的海滨城市。他们发现半岛上不仅有城郭和居民，还有他们梦寐以求的黄金，于是迅速冲上海岸，掠夺神庙里的财物。玛雅武士奋起抵抗，装备精良的西班牙人伤亡惨重，只能返回。这是殖民者第一次探险中美洲大陆。此后，在公元1518年，古巴殖民总督韦拉斯克兹，拼凑了一支有四条船，200人组成的船队，在他的侄子格里加尔瓦率领下远征尤卡坦。早在尤卡坦东岸的墨西哥湾巡行时，他们就非常赞叹玛雅城市的壮观宏伟了。随后他们抢劫了尤卡坦西岸的地区，并到达了北部的帕努克河。在返航途中遭受重创，在战斗中格里加尔瓦负了伤，回到哈瓦那后不久死去。

一个名叫科尔特斯的征服者在公元1519年4月再次向尤卡坦半岛进发，在半岛西部海岸塔瓦斯科海岸，击败了当地的玛雅人后成功登陆。经过了一场最为激烈、最为残酷的战斗后，公元1521年8月城市最终陷落了，守城军民几乎全部壮烈牺牲，整个城市六分之五的建筑被毁坏。

随后，西班牙殖民者又把矛头伸向玛雅。公元1523年12月，西班牙殖民强盗埃尔南多·科尔特斯派他手下的上尉军官佩德罗·德·阿尔瓦拉多征服玛雅人。他带领由骑兵、步兵、炮兵组成的殖民军耀武扬威地向玛雅人居住的地区进发，没有想到在这里遭遇了强有力的抵抗。阿尔瓦拉多上尉当时仅仅有骑兵120名、步兵300名，战马173匹，大炮4门，另外还有一些已归顺的持拉斯卡拉和乔卢拉人。而面对的是拥有7万大军的玛雅人，两军的力量本来是众寡悬殊的对比。然而，玛雅人却遭惨败。

其实，在第一回合中西班牙人就用军事计谋打败了玛雅人，玛雅大军被诱骗到平原开阔地带，这是便于骑兵驰骋、火器施展的有利地形。阿尔瓦拉多就这样化劣为优，变弱为强，相反玛雅人却把强变成了弱。玛雅人的文明没有给他们以近代军事武器的知识，却给了他们神灵崇拜的观念。玛雅人从来没有见过火炮，对骡马竟然也是一无所知。自然的他们将炮火的轰鸣看成了天神施威，骑兵也被当成半人半马的天兵天将。因此，玛雅人失败了，但是失败的很屈辱。此后，公元1527年开始，科尔特斯的另一部下蒙特宙先从东部征服尤卡坦地区，后从西部对尤卡坦进行征服。持续斗争了20年，在公元1547年终于使了尤卡坦地区臣服。玛雅地区16世纪下半期以后就彻底地沦为了西班牙的殖民地了。

在这次殖民侵略的惨烈搏斗过程中，在如今的危地马拉地区，这里是古老玛雅民族的发祥地之一，必须经过这里才能够通向玛雅的其他地区。在这里曾经有一些玛雅武士，他们头戴翎盔，手持盾牌，用弓箭、石矛这样的原始武器，与西班牙殖民军血战。虽然不可避免军事上的失利，然而他们在酋长特库姆——乌曼的领导下，前仆后继，屡败屡战。在一次空前惨烈的战斗中，特库姆-乌曼牺牲了。玛雅人悲恸地说，美丽的“克沙尔鸟”就是他们的酋长变成的，他的鲜血染红了“克沙尔鸟”洁白的胸脯。这个传说满含着深情，它安慰了玛雅人的心灵，也显示了他们不屈的民族精神，成为今天危地马拉这个中美玛雅国度的优美神话和永恒意象。

当玛雅人自尊自爱的民族情感与惨败与被征服的“事实”发生矛盾时，玛雅人一边心怀悲痛一边又心有不甘，从经过文化“文饰”的“克沙尔鸟”意象中，可以找到某种属于玛雅文化传统的东西。正像克沙尔鸟千百年来作为玛雅祭司头顶的标志那样，从玛雅神灵世界来寻找安慰和心灵的解脱。以“克沙尔鸟”为中介，古代玛雅人从宗教中寻找庇护、慰藉的努力，就与近代玛雅民族从神话般的意象中寻求精神寄托一样。这样一来，随着“克沙尔鸟”飞升而去的神话传说，涂抹了亮色在黑暗的“事实”上面。

直到今天，危地马拉地区还特别地把“克沙尔鸟”意象作为民族精神和文化传统的象征，让这只“圣鸟”飞上了国旗、飞上了纸币。

### 政治神话：来自圣井的“神使”

玛雅历史上，与其璀璨的文化、科学相比较其政治、军事强盛的时代却来的晚得多，“三城同盟”直到11世纪初才结成的，它是指玛雅地区的玛雅潘、奇岑伊扎和乌斯马尔三个最重要的城市。玛雅历史开始三雄鼎立、合三而一的进程。几个世纪的角逐、融合的结果，就是使这一地区因最强盛的玛雅潘而得名。然而，这一奇迹的创造者，之所以能够顺利完成他的使命得益于奇琴伊察的一口井。

在前面我们讲过按照玛雅语读音记写的奇琴伊察（ChichenItza）可以这样解读：Chi是“口”的意思，Chen的意思是“井”，Itza是定居此处的“伊察人”部落的代表。两者合起来的意思就是“伊扎人的井口”。“井”不仅是水之源，是玛雅人对水的渴望表示，他们建成的基础就是要有天然井。

奇琴伊察地处尤卡坦半岛北部的干旱地区，水源全靠石灰岩层塌陷而形成的天然井。在距离奇琴伊察城15公里远的地方，有两个从地下40多米处奔涌出水的天然泉瀑布，形成两眼直径达60米的天然大水池。正是因为这两个大型的天然井，伊察部落——玛雅先民才在此处留下了生存的标记。令人不可思议的是，这两个泉瀑尽管表面上看起来没有太大的区别，但实际上却是完全不同的。一个池子水质甘美、一个池子浑浊漆黑。所以其中一个水池的水被玛雅人用来灌溉农田和饮用，而把另一个奉为“圣井”。玛雅人对两个性命攸关的天然淡水蓄水池——井口顶礼膜拜，奉若神灵。为了取悦神灵，哪些被投进“圣井”的东西几乎是他们所认定的一切的好东西，不仅有金、玉、珠、宝、盘碟、刀斧、贝雕等，而且还有人牲。

相传，在1000多年前，玛雅人为了表达自己对于雨神无限的崇拜，每到春季都要举行盛大的祭献仪式，国王将挑选出来的一名14岁的美丽少女投入一口通往“雨神宫殿”的圣井，让她去做“雨神”的新娘子。同时还将各种珠宝等撒入圣井，向雨神乞求风调雨顺。特别是当饥荒、瘟疫、旱灾等情形出现时，就要把活人投进井里，或者叫请活人前往“雨神之家”去“询请”雨神的谕旨。玛雅人通常是在清晨把作为人祭的少女投进井里，如果她摔进水中很快溺死，那么，人们就感到非常失望。他们会哭号着一起向水中投石头，因为神灵已经把不祥的预兆昭示给他们。当然，这些被投入“圣井”中的人也有生还的可能，假如从清晨到中午，井中的人还侥幸活着的话，那么上边的人就会放下一条长绳，把幸存者拉上来。从此这个生还的人就备受人们的崇敬，被认为是“雨神”派回来的“神使”。

然而，随着公元16世纪，玛雅人突然从地球上的消失。很多玛雅城市都废弃了，当然，“圣井”也包括在其中。有关“圣井”的故事，到19世纪时便成了天方夜谭。公元1885年，极具好奇心的美国人汤普森在当地玛雅人的指点下见到了久已神往梦牵的“圣井”。

1987年7月，法国探险家丹尼尔在玛雅地区发现了一块几乎被野草覆盖的石碑：一个姑娘伸着双手迎接雨水……这雕像明白无误地告诉后人——这是玛雅人圣井纪念碑。丹尼尔在打扫神庙时，发现地板中有一块大石板敲打时有空洞声。他将石板撬开，发现下面是一个宽敞的地下室，室中有一个大石墩。挪开石墩，下面露出一个方方正正的洞。丹尼尔探头一瞧，一条4米长的大蟒蛇正张口向他扑来！他吓坏了，赶忙把巨蟒用猎枪打死了。仔细一看，又吓了一跳，石板上还有两具被大蛇拦腰咬断的人骨骸。丹尼尔发现骨骸下面还有一层大石板，他一连撬开了5块石板，发现了一扇石门，将石门挪开，露出一个黑洞，他拿出绳索，往下攀援，不慎手一松，便掉了下去。待他重新坐稳后，点燃火把四下一瞧，不禁目瞪口呆，原来自己正躺在珠宝堆里！这个堆满了闪闪发光的黄金、手镯、精美玉器和镶满宝石的花瓶的洞窟深达15米！后来被美国黑帮得知并绑架了他，最后，丹尼尔为了保护宝藏与绑匪同归于尽了。

20世纪90年代末，丹尼尔的遗骨和日记本被一批欧美考古学家发现了，它们在一个像悬崖的顶部。专家根据日本中记载的种种线索找到了举世闻名的“天下第一圣井”。考古学家们抽出井底淤泥，果然从中找到大量珍宝和数十具少女尸骨，可见，玛雅人对“圣井”进行的人祭并不是空穴来风。

玛雅社会12世纪后期出现过投井不死的男子，他的名字叫亨纳克·塞尔，并因而被奉为“神使”。他甚至去做了玛雅潘的最高掌权者。这位所谓的“神使”也果然不辱使命，他经过验证的“神使”身分，使他成为玛雅政治史上不可多见的显赫人物。他把玛雅潘变成了尤卡坦半岛上最强大的城邦国家，而且他的帝国化努力也有了初步成果。公元1194年，亨纳克·塞尔的玛雅潘武装攻占了奇琴伊察城，血腥地镇压了当地居民的反抗。接着，他又征服了另一重要城市乌斯马尔。玛雅奴隶制政治实体的雏形已经基本形成了，今天被称为玛雅地区的就是他们共有的几十万平方公里的土地，被称为玛雅人的就是那里共有同一类型文明的这些人民，这一切都应归之“神使”亨纳克·塞尔给玛雅潘这个城市带来的力量和突出的地位。

亨纳克·塞尔并非贵族出身，但是因为自己是圣井中来的“神使”而统治着玛雅潘，这给玛雅潘添加了世俗的色彩。亨纳克·塞尔不仅建造了高大的祭祀坛庙，他还全力修建世浴权力人物的豪华宫殿，内中包括复杂的立柱厅房，有众多舒适的房间，装饰华美，设施齐全，以“宫殿”命名。在玛雅地区其他众多遗址中这种世俗性的大型建筑是难以见到的。玛雅潘的统治大权落到了非宗教祭司的世俗军事新贵手中，这使玛雅社会的组织体系、社会性质发生了微妙的质变。

奇琴伊察古城

或许，亨纳克·塞尔这位玛雅潘的政治领袖事实上并没有那一段神奇的经历，所谓从奇岑伊扎“圣井”中死里逃生的故事，乃是他编造出来的神话，都是为他统治的合法性做证明的，因为他本身并不是贵族出身，和玛雅地区以往的“真人”的选择来源有所不同。玛雅人的宗教神秘文化需要这样的“神话”，他们的人民甚至会自觉自愿或下意识地为他们的军事政治强人编织一段“神使”的传说。当然，要弄清楚这个问题，如今的我们显得是那么的无能为力。

# 第三章　玛雅人的成就

## 奇妙费解的玛雅文字

文字的发明和使用乃是文明的真正标尺，玛雅人在公元前后独立的发展出了一套精致的书写体系——象形文字，盛行于5世纪中叶，当然今天已经无人能够使用这种文字了。玛雅人是美洲唯一留下文字记录的民族，他们在公元初期，创造了象形文字，是世界上最早的五种文字之一。

玛雅文字的起源

玛雅文字最早出现于西元前后，出土的第一块记载着日期的石碑是在提卡尔发现的，是公元292年的产物。从此以后，玛雅文字只流传于以贝登和提卡尔为中心的小范围地区。玛雅文字在五世纪中叶，才普及到整个玛雅地区，当时的商业交易路线已经确立，玛雅文字就是循着这条路线传播到各地的。

现在已经知道的玛雅人所使用的玛雅文字有850多个，其中已有四分之一左右为语文学家解译了出来。这些文字主要代表一周各天和月份的名称、数目字、方位、颜色以及神祇的名称。大多记载在石碑、木板、陶器和书籍上。书籍的纸张以植物纤维制造，先以石灰水浸泡，再置于阳光下乾，因而纸上留下一层石灰。虽然现代还有二百万人在说玛雅话，而且其文字中一部分象形和谐音字很像古埃及文字和日本文字，可以比较探讨出其中的异同来，但我们对整个玛雅文字的解译，依然力有未逮。

玛雅文字的结构

非常奇妙的玛雅文字，它的文字是一种兼有意形和意音功能的文字，既有象形，也有会意，也有形声，是象形文字和声音的联合体，玛雅雕刻文字既代表一个整体概念，又有各自独特的发音。玛雅文字的这种结构类似于日语中的汉字与假名的关系，如玛雅文中的“盾”（bakalu）既可以写成一个表意的象形单字，也可以分成三个表音文字“ba”，“ka”，“la”。

玛雅象形文字的发展水平与中国的象形文字相当，只是符号的组合远较汉字复杂，块体近似圆形或椭圆。字符的线条也依随图形起伏变化、圆润流畅。玛雅文字的一个字符中大的部分叫作主字，小的部分叫作接字，字体有“几何体”和“头字体”两种，另外还有将人、动物、神的图案相结合组成的“全身体”，这种结构主要用于历法。玛雅文字是按照从上至下，两行一组，以“左→右→（下一段）左→右”的顺序来读的。

托泽认为玛雅语多用复合构词法，代词经常会作为动词的主语出现。玛雅文字每个字都有四个音节。文字类似于中国的印章呈方块图形。图形上一部分是意符，一部分是音符，属“意音文字”。整个语法规则无论是元辅音字母、时态变化还是主谓句式结构都保持着鲜明的随机特性，语言基本元素在整个句子中疯狂地跳跃、摆动，直到让整个结构支离破碎，且语法规则按照太阳历而变动，太阳历一共有十八个月。

玛雅文字的表现方式

从目前发现的玛雅象形文字来看，他们被刻在石碑和庙宇、墓室的墙壁上，或是被雕在玉器和贝壳上，或是用类似中国式毛笔的毛发笔书写（或者叫描绘）在陶器、榕树内皮和鞣制过的鹿皮上。记载了玛雅人的宗教神话、祈祷文、历史、天文、历象等。科班是玛雅象形文字研究最发达的地区，它的纪年碑和建筑物上的象形文字符号书写最美、刻制最精、字数最多。它记载着重大事件的发生日期和科班王朝的历史。它是玛雅象形文字最长的铭刻，也是世界上少见的珍贵文物，被称为“象形文字梯道”。

玛雅文字

托泽认为玛雅语一般来说沿袭了大部分美洲语言的表达方式。从词典编纂的方法来看，玛雅语和墨西哥、中美洲的其他任何语种都不同。一些专家认为，扎波特克语和玛雅语很接近，它与那乌亚特尔语倒是有些差异。然而，玛雅语在表态上和后者迥异。

瑞·克洛鲁夫是苏俄语言学者，他在 1963 年，成功地将碑文分门别类，以统计学的方式来处理和分析，从这些不同的类别中，归纳出相同的象形文字。克洛鲁夫成功地看懂了几个文字。按着苏俄数学研究所的斯尔·索伯夫和巴基。由斯基洛夫使用电脑，利用庞大的资料文字（约十万字）成功的解读了一篇文章。德勒斯基的古文书有月食、星星的运行、结婚等记载；马德里的古文书中有农耕、狩猎和雕刻等记录；巴黎的古文书则记载着历史的真相。总之，基本的内容有宗教仪式、气象现象和农作物等。

玛雅人当作文字载体的还有树皮、鹿皮等。象形文字主要是些年代数位和记事文字，目的不是为了昭示戒律或为“碑主”歌功颂德，而是纪年。考古学家发现了讫今为止玛雅文明最早的纪年：公元 292 年。文字都含有固定的时间段，相隔大约 56 ~ 64 年。玛雅文字里写的不是宗教，而是历史；记录下来的是皇族人员的诞生、统治、死亡及战争。

玛雅语的性质特征

讫今为止玛雅文字是少数尚未被全部破译的古代文字之一。A. M. 托泽认为玛雅语民众地理分布上的一致性是十分明显的。从最早的西班牙统治时代一直到今天，绝大多数的玛雅方言都与特定的玛雅区域保持一致。人口迁徙也不例外。由于方言之间的相互影响很小，所以地理条件的限制就起了决定作用。尤卡坦半岛从地理位置上讲与玛雅其他地区相对隔离，所以从我们的考古发现来看它的方言基本没有发生变化，南部绵延的山脉成为语言交流的阻隔，也正是这些山脉让玛雅的方言各具特色。

在后古典主义时期（889—1540 年）玛雅语言进行了大规模的修正。这次修正主要是受到了 10 世纪时北部尤卡坦的墨西哥入侵者（那乌亚特尔语）和危地马拉高地方言的影响。修正的范围很广，不仅仅局限于语法和语形。

威廉姆·盖茨认为玛雅语在进化过程中，有意义的语言元素在形式上没有发生变化，从基本的中性词根到复合构词法的复杂形式都变化不大。语言形式和意义的单元从始至终都持续不变。使用方法规律且稳定。杰出的玛雅语言学权威阿尔弗雷德·巴雷拉·巴斯奎斯提出，在四个世纪的漫长时间里，玛雅人都与在尤卡坦的西班牙人保持着密切的联系，并深受其语言的影响。不仅在词汇的使用上与西班牙语有颇多类似之处，而且在词典编纂法、语言形态、语音、语法等方面都和西班牙语雷同。

当时的玛雅社会已出现了纸张和成书抄本，再加上玉器、陶器和日常用品中皆普遍有文字书写的情况，可见象形文字尽管比较艰深，却已成为玛雅社会中不可或缺的信息工具，它的复杂美丽与它的广泛使用都成为玛雅文化生活中的一大特色。这正是玛雅人对世界文明最伟大的贡献之一。

## 精准的玛雅历法

玛雅历法我们听起来一定不会觉得陌生，这几年有一个著名的预言：

2012 是世界末日，就来自玛雅人的历法。玛雅人拥有一套精准而复杂的历法，他们的历法有三种，分别是祭祀历专名表达法、太阳年民用历表达法、长期累积计日数表达法，三种历法并行不悖，相互补充，准确精密。

宗教祭祀历：卓尔金历法

玛雅祭祀历的首要目的是进行宗教占卜，它也是玛雅历法中最基础的部分。熟悉 260 天的宗教祭祀历，即卓尔金历或称“日子的计数”。这种日期决定了每个人宗教仪式生活的模式。古代玛雅人把他在卓尔金历出生的那一天看作是他的生日，而且把掌管那一天的神灵看作是他的保护神。在危地马拉高原的卡克奇奎尔地区，人们还会用他在卓尔金历的生日来命名。

卓尔金历是宗教祭司用的，把一年看成是 260 天的循环周期，这显然无法用自然现象解释，雨季的长度、太阳运行高度角的周期、人类的怀孕期等都不是 260 天。这个周期看来是人为的，卓尔金历的 260 天不分月，顺序用 20 个专名，用 1～13 顺序与这 20 个专名互相循环匹配，完成一次循环正好是 260 天。以下所示的就是这 20 个专名：伊克、阿克巴尔、坎、契克山、克伊米、马尼克、拉马特、木卢克，喔克、契乌恩、埃伯、本、伊希、门、克伊伯、卡班、埃兹纳伯、夸阿克、阿华乌、伊米希。“卓尔金历”是“玛雅甲子”。就是“日”，是所有玛雅历法循环的基本单位。任何一日，都由数码顺序与各专名两个因素组成。历法是 1 伊克，2 阿克巴尔，3 坎，4 契克山，5 克伊米等来循环的。第 14 个名字又前缀着数字 1，然后是 2 克伊伯，等等。第一个专用名伊希在第二轮中，前缀的数字是 8，直到这些个数字每一个都顺序与这 20 个专名相互循环匹配，这就是一个完整的卓尔金历。因为 13 和 20 没有相同的元素，所以在 1 伊克再次出现前 260 天的卓尔金历年刚好循环完毕，而且一个新的卓尔金历年又开始了。

中美洲文明的最基本的发明之一就是这种宗教祭祀历法。差不多每个不同民族都有一个它的变体，公元前 500 年就已开始使用的事例也经考古证实。尽管玛雅历法的其他方面都几乎失传了，但宗教祭祀历却面对着来自公历历法的严峻挑战，一直到今天仍在高地若干玛雅部族中保存着。

哈布历：365 天的历法年

哈布历是玛雅人民用太阳历，是由 18 个月组成的，每个月有 20 天，剩下的 5 天乃是“禁忌日”（19 月），总共是 365 天。虽然太阳年实际上略长于 365 日，而玛雅人也知闰日，但他们对闰日没有明确的规定。这些月份都有各自的名称：Pop；Tzec；Chen；Mac；Kayab；Uo；XulYax；Kankin；Cumhu；ZipYaxkin；Zac；Muan；Vayeb；Zotz；Mol；Ceh；Pax。哈布历日期的表示方法是这个月中的日数在后面接上月名，而日数则以译为（位于）有名月的字符开始算起，通常视为这个月的第 0 天，虽然有少数人视这一天为上个月的第 20 天。每年的第一月的第一日是 0Pop，第二日是 1Pop，第三日是 2Pop，依此类推到第 20 日是 19Pop。接下来的一天就是第二月的开始。玛雅人的这种记数法或许反映了一种信仰，即一个时间段及其神灵的影响力都略略超出本份的范围。

在洪都拉斯出土的
玛雅太阳历法石

哈布历是作为一个标示季节的历法来说的，它既粗略又不准确，因为它把 365 天当作一年，而忽略了实际回归年中额外的（大约）四分之一天。表示随着每一年的经过，历法中所标示的季节会比实际还少四分之一天。因此，在哈布历中以特定季节命名的月份在数个世纪之后便不再对应到与其月名相应的季节。

长计历

在实践中，在象形文字经卷、雕刻或历史文献中从来没有单独出现过太阳历的称谓。日期常由仪式历来查考，或者较常见的是由与各种太阳历位置相联的称谓来查考，就像 13 个数字和 20 个专称匹配成 260 日循环周期一样，260 日的宗教祭祀历与 365 天太阳年的排列产生了一个 18 980 天的更大周期。即一个给定的位置（例如 1）只是在第 18 981 天才重归。于是，在 52 年（18980 ÷ 365 = 52）内指称每个独一无二日期的二元称谓，就叫作日历周期。

既然历法周期只能区别 18 980 天以内的日期，约小于 52 个太阳年，每个人有生之年中大约会重复一次这个周期。因此，若是要准确记录他们的历史，则必需使用另一种更为精练的计日方法，这就是他们的累积计日历法——长计历。

长计历（LongCount）使用数列表示，分成 9 个数量等级，由小到大分别是金、乌因纳尔、盾、卡盾、伯克盾、匹克盾、卡拉伯盾、金契尔盾、阿劳盾。除了乌因纳尔是 18 进位以外，其余都是 20 进位，也就是在玛雅语中日数的单位称为金，而 20 个金称为乌因纳尔，18 个乌因纳尔是一盾，依此类推。即 1 金代表 1 天，1 乌因纳尔为 20 天，1 盾为 360 天，1 卡盾为 7 200 天，1 巴克盾为 144 000 天……一般记日期只用到第 5 个等级，如 11. 9，4. 0，1 即表示：11 × 144000 十 9 × 7200 十 4 × 360 十 0 × 20 十 1 = 1650241（天）。玛雅人把公元前 3113 年看作是新纪年的开始，那么这个第 1 650 241 天就约代表公元 15 世纪初。由于有累积计日法，我们可以清楚地了解玛雅历史上一些重要事件发生的年代。

古代玛雅人不仅拥有这样复杂而精密的历法，而且他们还放眼星空，计算出了金星公转周期是584天，正是因为玛雅人认为金星周期与战争有关，所以使得金星周期历法对他们而言才显得格外重要，另外，玛雅人还用它来占卜战争及加冕仪式的良辰吉日，玛雅统治者会计划在金星升起时开战。玛雅人也很有可能追踪了其他如火星、水星，以及木星等行星的运行。

## 精美绝伦的玛雅建筑

玛雅人的才华在建筑方面展现的淋漓尽致，玛雅建筑规模庞大，设计复杂，装饰精美，这是其他文化所无法比拟的。玛雅建筑虽具有地域特色，但基本上风格统一，这不同于希腊、罗马和哥特式建筑的风格。

### 石头城：奇琴伊察

奇琴伊察是一座非凡的石头城。其中的一些最古老的建筑和金字塔可以追溯到1500年前，由托尔泰克人和玛雅人建造，这些建筑曾被作为神庙、宫殿、舞台、市场、浴池和球场。

1. 卡斯蒂略金字塔

这座金字塔又被称“羽蛇神金字塔”，高23米，雄居奇琴伊察的正中，是为羽蛇神而建的神庙。金字塔的地基呈方形，四边依阶梯上升，直至顶端的庙宇。在春季和秋季的昼夜平分点，日出日落时，建筑的拐角的羽蛇状阴影会投射在金字塔北面的阶梯上，并随着太阳的位置在北面滑行下降。

在金字塔北面阶梯上考古学家发现了一个通往一个隧道入口，人们在隧道内可以沿着掩盖在金字塔内部的老金字塔的台阶向上攀登，直到顶端，并能见到刻在石头中，漆成红色镶着玉点的羽蛇神王的美洲虎王冠。内部老金字塔的设计据说是按照月亮历而来的，而外面的新金字塔则是太阳历。

卡斯蒂略金字塔

2. 武士神庙

非常明显的看出来奇琴伊察的“武士神庙”是按照托尔特克首都图拉的

B 神庙建造的，但是看起来却比原型更加宏伟，这完全得益于玛雅建筑师的精妙技巧。武士神庙是一个阶梯状金字塔顶的石头建筑（最初用木头和灰泥做屋顶），内部的支柱被刻成武士的形状。金字塔阶梯顶端通往神庙入口处有查克莫天使（ChacMool）的祭坛雕像。武士神庙旁边是由柱子围绕的广场——“大市场”。

3. 球场

在奇琴伊察一共有 7 个中美洲蹴球球场，其中金字塔西北 150 米左右的球场最为引人注目。这是古代中美洲最大的球场，有 166 米长 68 米宽。球场内部两侧排列有雕刻着球员形象的石板，输球一方的队长（一说获胜一方的队长）被斩首用于祭祀。球场的一面外墙上建有美洲虎神庙，上面有另一个美洲虎王冠。因为在地下掩埋了一千年，上面的红漆以及镶的玉点都已经消磨不见了。球场旁边是一个露天平台，侧面装饰着骷髅浮雕（穿在木架上的石刻头骨）。

4. 修女院

这是奇琴伊察最引人瞩目的古典时期建筑之一，它是一组精美的普克风格建筑群。虽然被西班牙人起了“修女院”的绰号，这组建筑实际上是城市在古典时期的政府宫殿。东边不远的是一座不大的庙宇，绰号“教堂”，装饰有精美的雨神面具。“修女院”建筑群附近还有一些其他建筑，包括“Akab Dzib”有着象形文字铭文的宫殿、“红房子”“鹿房子”等。

球　场

5. 椭圆形天文台

椭圆形天文台建筑在“修女院”北面一个方形大平台上，又名“蜗牛”，得名于圆形建筑内部螺旋状的石头阶梯。天文台是为掌管风和学习的羽蛇神而设的，门设在可以观察春季昼夜平分点、月亮最大南北倾斜及其他天文现象的位置。玛雅人用太阳照射在门上在屋内形成的阴影来判断夏至与冬至的到来。在建筑的边缘放着很大的石头杯子，玛雅人在里面装上水并通过反射来观察星宿，以确定他们相当复杂且极为精确的日历系统。

最后的玛雅：科潘

公元前200多年，科潘是玛雅王国的首都，也是当时的科学文化和宗教活动的中心，公元1576年，西班牙人在从危地马拉去洪都拉斯的途中，发现了这处淹没在草莽丛中的古城遗址。遗址的核心部分是宗教，主要有金字塔祭坛、广场、6座庙宇、石阶、36块石碑和雕刻等；外围是16组居民住房的遗址。

1. 象形文字石阶

在广场的山丘上有一座祭坛金字塔，高30米，共有63级台阶，它是由2 500块刻着花纹及象形文字的方石块垒成的，由一个宽约10米、长约60米的石梯直通塔顶。石阶两侧雕刻着两条倒悬着的花斑大蟒。每级石阶都刻着玛雅人的象形文字。石碑都是用整块山岩雕凿而成的，上面刻满了象形文字。这些图案和文字记载了玛雅人的重大事件。这个石阶是祭司和部族首领在玛雅人祭祀活动中登上塔顶进行祭祀的通道，所以又被称为“象形文字石阶”。

2. 人头石像

在广场附近，一座庙宇的台阶上立着一个非常硕大的、代表太阳神的人头石像，上面雕刻着金星。另一座庙宇的台阶上，是两个狮头人身像，雕像的一只手握着一把象征着雨神的火炬，另一只手攥着几条蛇，嘴里还叼着一条蛇。在山坡和庙宇的台阶上，耸立着一些巨大的、表情迥异的人头石像。据说，玛雅人的第一位祭司、象形文字和日历的发明者伊特桑纳死后，就被雕刻成众神中的主神供奉于此。另一个长1.22米，高0.68米的祭坛上，刻有4个盘腿对坐的祭司。他们身上刻有象形文字，手中各拿着一本书。在这个祭坛的雕刻群中，还有用黑色岩石碎片镶嵌成花斑状的石虎和石龟。

3. 具有象征意义的图案

在科潘高低不一的宗教石碑群是用整块山岩雕凿而成的，上面刻满了各具象征意义的图案，还刻了数以千计的象形文字，以记载玛雅人的重大事件。科潘玛雅遗址中，还发现了一个面积约300平方米的长方形球场，地面铺着石砖，两边各有一个坡度较大的平台。现在台上仍有建筑物的痕迹。据考证，这里是科藩玛雅人在祭祀仪式中举行球赛的场地，科潘的玛雅人在举行祭祀仪式时，要进行一场奇特的球赛，用宗教活动来选拔部落中的勇士。

三次重建之地：乌斯马尔

“乌斯马尔”虽然是三次重建的意思，事实上，其重建不止3次。据考证“占卜金字塔”至少被覆盖、重建了5次，这种多次修建的特征鲜明的反映于丰富多彩的建筑风格中。

1. 魔法师金字塔

又被称为阿迪维诺，魔法师金字塔坐落在乌斯马尔入口处东侧，高 35 米多，是一座与众不同的阶梯金字塔。金字塔的阶梯是椭圆的，而非常见的矩形或是正方形。传说女巫施魔术用鸡蛋孵出一个小人，小人一夜之间建成了这座金字塔，由此得名“魔法师金字塔”。实际这座金字塔的修建经历了 300 多年的时间，在其逐层递减的 3 层塔基上，还建有一座神庙，从东西两面倾斜度很小的台阶可到达神庙，其中西面台阶直达神庙中间的庙门。作为乌斯马尔宗教活动举行的场所，魔法师金字塔设计精密，每年夏至日落时分，金字塔西的台阶总是正好为太阳余晖所照射。

**魔法师金字塔**

2. 省长宫

省长宫位于魔法金字塔以北，大约建于 10 世纪或 11 世纪，以打磨过的石灰石为主要材料。长 98 米，宽 12 米，下层的高台中央有宽阔的台阶可进入宫内。省长宫外墙以雕有图案的石块拼成的羽蛇神面具和其他面具做装饰，这些重复出现了 150 多次的面具未差丝毫，令人惊叹。省长宫前俯卧的双头美洲豹石雕是曾经的祭坛遗留下来的仅存遗迹。

乌斯马尔还有很多高超的建筑，如乌龟宫（CasadelasTortugas）、四方修道院（CuadrángulodelasMonjas）等，其中一些建筑的名字是西班牙人所起的，与建筑的本来用途和意义并不相符。“四方修道院”实际上是政府部门。这是乌斯马尔最好的四方建筑之一，内外两面有精美的雕刻。还有许多保存完好的阶梯金字塔、方院和其他纪念碑。大多数象形文字碑铭都被不寻常地集中在一块平台上。石柱上记载了古代的统治者，并在古代被故意打坏和推倒。有些被重新立起来并修复。

帕伦克的碑铭神庙

碑铭神庙这是是帕伦克遗址最雄伟的建筑，它是一座金字塔、庙宇、墓葬合一的建筑。这座建筑因藏有一大块的铭刻石而得名，其中的一座金字塔有9层高，千百年来，默默地耸立在原始森林之中，显得是那么的饱历风霜、古老而永恒。碑铭神殿的底基边长65米，连同神殿高21米，公元675年起动工，公元683年建成。宫殿的后墙嵌着两块灰色大石板，上面镌刻着620个玛雅象形文字，排列得十分整齐，如同棋盘上的一颗颗棋子。这些文字有些看起来像人的脸庞、有些像怪物的面孔，还有一些仿佛是蠢蠢欲动的某种神话怪兽。因为它的文字是由图形和音符混合组成的，至今犹未被完全破译。

玛雅人的建筑一般都是置于基台之上，基台的高度的变化取决于上层建筑的用途，围以2~6英尺高的用于支撑宫殿和住宅的基台，到足足150英尺高用于支撑神庙的金字塔。在古典主义时期的早期，建筑装饰不是很繁杂，不同的地区建筑装饰也有所不同的，除了在科潘和奇里瓜，中部地区很少在正墙的上半部分装饰石头雕刻。然而在北部地区，雕刻装饰应用十分普遍。

## 先进的水利沟渠系统

玛雅人生活的地区是一个水资源分布极不平衡的区域。公元3—9世纪是玛雅文明的黄金时期，玛雅的先民们生活的核心地区是危地马拉的低地。玛雅人要在这片低地种植玉米，玛雅人要解决排涝问题。当然，他们可以选择山坡开垦梯田，以保证主食玉米这种旱地作物所要求的土壤条件。他们确实这样做了，直到今天在玛雅地区仍能见到，但这种山坡地都不大。有研究证明这些地区地力不足，一块土地种植几年就必须休耕废弃。这样一来，人们所需的耕地总量就要多上好几倍，以供休耕轮作。

我们今天看到玛雅如此辉煌的文明，特别是遗存的如此众多的大型石建筑，必然要有成比例的人口数量才能完成这宏伟的工程。要养活这些人，这种开垦山坡梯田的办法肯定是捉襟见肘。古典期玛雅人口，大约达到二三百万，玛雅人自然要解决这么多人的吃饭问题。

1980年6月2日，美国卫星探测系统透过茂密的丛林发现了纵横交错，规模宏大的沟渠网络系统。为了证实图片上的“网络”的真实性，一批大学教师亲往考察。他们或步行或乘独木舟，进入现今的危地马拉国和伯利兹（英属洪都拉斯）境内的低地热带雨林。他们亲眼目睹了奇观，原来这“网络”是玛雅先民的排水沟渠网，它们平均宽度1~3米，深半米。沟渠是用石锄刨挖而成的，用于排水，这显然是玛雅人对付沼泽地的淹涝，开辟旱地的对策。经科学方法测算，证明这些沟渠确系玛雅古典时期所为。这也就解决了公元3—9世纪玛雅人在这片低地的生计问题。

现存遗址中有一种人称“高地”的花畦，它就是玛雅人针对大雨淹涝而开辟的；无论雨水是否过多，它都可照样耕种玉米。玛雅人的邻居阿兹台克人，在文化上是玛雅人的模仿者。他们一种叫作“水中田畦”（Chinampas）的人工地块，制作方法是先用树枝芦苇编成排筏，用淤泥并掺上其他泥土，敷在筏上。然后种植菜蔬花卉。排筏放在弯水域中，通常若干排筏相连，用木桩插入水底来固定。再有填湖泊水洼修造的小块土地也叫“水中田畦”阿兹台克人的这些做法，是否也和玛雅人以往的生计有着某种联系呢？

适者生存的真理有一次在玛雅人这里得到了证实，玛雅先民正是迫于自然环境的压力，才修筑了大规模关乎生计的工程（排涝沟渠网系统），也许正是由于从这种集体劳动的组织管理中积累的经验，促成了玛雅古代社会进行宏大的文明创造的气魄和能力。

历史上已知的地球上大多数农业文明都兴起于大河流域（埃及尼罗河、印度恒河、中国黄河、中东两河流域），且由大规模的灌溉系统的建设促进了高度组织化的官僚管理体系，这也是为什么以农业为基础的玛雅文明会出现在不该出现的低地热带丛林的原因，因为那里并不需要灌溉呀？

水里的沟渠系统可以用来引水灌溉也可以用来排水排涝，低地玛雅人不需引水浇灌，但他们却需要排水排涝。大型水利工程对他们来说，同样不可缺少。

## 不可思议的天文学

早在公元 1582 年，玛雅人就经过多次调整在其天文学中一年所需要的时间应该为 365. 242 0 天，我们现在的精确测量的一年的长度为 365. 242 5 天。玛雅人同时也精确地测算出了月亮运行的周期。根据当代宇航员所作的科学观察，这一周期应该是 29. 530 59 天。我们也许会不明白，在古代没有现代化工具的就像当代宇航员所使用的一样，这么高精密度的天文数据玛雅人是如何计算出来的呢？

在玛雅遗址地区我们看到玛雅人建筑了很多高耸云霄的神庙和金字塔，这些除了祭礼还有天文观测的价值。如果神庙足够高，观察视线足够长的话，将观察到的周期误差减到一天以下是可以可以通过明确的改革做到的。玛雅人留下的观星台有一座是圆形的，其

玛雅天文台

它都是建在金字塔形的底座上的。这些建筑在底下看上去大都高耸入云，有些还整个儿建在一层平台上，与气势恢宏的建筑群融为一体，更显得壮观非常，给人一种泰山压顶之感。与人相比，这些观星台真是太硕大了，因为玛雅人居住的区域是在密密匝匝的热带雨林深处，他们只有垒起高高的塔台，才能从密林之上望及远处的地平线，从而达到精确观察所必需的视线长度。

玛雅祭司们全权负责玛雅的所有天文观察任务，他们登上高 100 英尺左右（从 70～150 英尺不等）的观察塔，走进塔顶的庙宇，从观察室里向外观察。用来固定观察点的是一个木质的十字架形结构，它当时人们的一个固定观测点，从这一点参照远处地平在线的某些固定标志，如两山间的山凹或某座山的山顶，观察太阳、月亮及其他星辰何时从这一观测点升起或落下，被相关人员记录下来作为自然特征的观测结果，当被观测的某一天体升起或落下时向后移动，那么，当它第三次出现这种情况时它就完成了一个循环。

为了保证烧林的顺利完成，玛雅祭司就需要确定烧林的日期。于是玛雅人分别在科潘（Copan）城东头和城西头的山梁上树了两块碑，两碑相距约 4 英里多，各自所处的高度在 600～900 英尺。从东边的这块石碑望对面山上的石碑，每年的 4 月 12 日和 9 月 7 日两天，太阳落山时正好落在石碑背后。而 4 月 12 日被认为是该地区适宜烧林季节的开始。于是每年祭司们总是仔细地观察到这一现象之后，当天晚上就通告整个地区的农人，神已经示意第二天起可以烧林了。

除此之外，玛雅人还通过建筑物的天文观察来确定春分和秋分日的时间，这一群建筑物是这样的，西边有个大金字塔的观察台，对面是三座并排成一线的庙宇。正对着的东方，是一座较大的庙宇，南北两边各有一座较小的。三座庙宇坐落在同一块由北向南延伸的大平台上。从西边的观察台到东边正中的那座大庙宇之间，有两座小石碑，也许还起到瞄准器的作用。以西边台上的观察点为基准，每遇春分（3 月 21 日）和秋分（9 月 23 日），太阳总是在东西向的这根中轴上、也就是在东边庙宇的正背后升起。而当太阳向北移至北边庙宇的北角升起时，正是夏至日（6 月 21 日），此时白昼变长，黑夜变短。相应地，冬至日（12 月 21 日）的太阳应从南端庙宇的南墙处升起。这群建筑的建造，以及准确的定位、高台起造的量度都是建立在玛雅祭司们日复一日、年复一年的观察基础之上的，通过这种方式呈现出来的，即便是最无知的人也能读懂深不可测的天文含义。

我们今天还可以在玛雅遗址的一些金字塔的南北台阶两端看到一些石刻的蛇头，有的大约一立方米。春分和秋分两天，当太阳落入地平线前，西斜的阳光将蛇影和三角形光影投射在地上，宛若一条蛇形。在玛雅人的心目中，春分是带来雨季的羽蛇神降临之际，而秋分则是羽蛇神归天而去的时候。也只有在春分和秋分这两天里才能看到这种蛇影，预示羽蛇神的来临和飞去，也标志着雨季的开始和结束。

智慧的玛雅人，将他们的天文学智慧通过这些用石头保留的奇观，一代一代的传播下来，让现代人看了也依然惊叹。

## 数学计算中的伟大突破

玛雅人有一个独特的数学体系，将“零”运用到计算中来是玛雅数学体系中的伟大之处。玛雅数字中的“0”不仅在世界各古代文明中的数字写法中别具一格，而且从时间上看，它的发明与使用比亚非古文明中最先使用“0”这个符号的印度数字还要早一些，比欧洲人大约早了800年。

数学是科学的基石。数学计算中“0”的引入就是这样的一种突破。有了“0”这个概念的引进，人们不再只停留于计算多少，还开始计算有无。数字维也不再是单向的无限制累加，而是一个可以将不同进位抽象出来，统一于零的形式存在。11后面加上两个零，就变成了1100，“0”将单向维度上的两个相差悬殊的数字，简单明了地联系了起来。可以不夸张地说，零为人类操作数量，打开了一个崭新的天地。由于用了“0”这个符号，玛雅的20进位制的数字写法就很合乎科学要求了。

玛雅0～19这几个数字

玛雅人有自己的一套计数符号。他们用两种方法书写数字：一种是用20个头像来表示0～19；另一种是用横条加圆点的办法，一个圆点代表“1”，一个横条代表“5”，贝壳形象符号表示0等。这些数字可以横写，也可以竖写。把0放在1之前，是玛雅数学的独创，它不仅使进位写法更为方便，更为科学，而且对于长纪年历的五级计算也非常有利。因此，玛雅的数字写法也是分级进位的，第一位到第二位采用20进位制，第二位到第三位采用18进位制。因此，“4”是4个圆点，“6”是一横加一个圆点，“9”是一横加4个圆点。“10”是两横，“11”是两横加一个圆点，“14”是两横加四个圆点，“15”三横，“19”是三横加四个圆点。如果逢20进至第二位，则第一位上就用一只贝壳纹样代表“零”。玛雅人通常写的是20进位制的4个级，即以1为起点的第一级，以20为单元的第二级，以400为单元的第三级和以8000为单元的第四级。第一级的写法和现在用的10进位制无大区别，但第二级以上的各级就大不相同了。第二级一个“·”即表示1个20，数目是20，两点“··”就变成$2\times20$，数目就是40，他们的19就是$19\times20=380$。同样地，在第三级中1是400，2就是16000，如此类推。这种按级计算的数字，写时必须将各级都分清楚，然后合起来算出总数。级数通常是由下往上写，如果该级无数就写成“0”。这种进位制的计算方式也适宜于其他的进位制，甚至各级中若用别的进位也不碍于运算。

玛雅人的这种表达法表明，他们已在计算中引入了“零”。“零”在计算中的引进还将空位的空加以形式化。玛雅人在数学方面的造诣，使他们能在许多科学和技术活动中解决各种难题。借助数学上的深刻认识，玛雅人在没有分数概念的情况下，精确地计算出了太阳历一年的时间。其精确度比我们现在所通用的格雷格里历法还要精确。我们现在所使用的月历，一年以365.242 5 日计算，玛雅当时的天文学家则以365.242 0 日计算，根据目前最前端的天文学家计算，一年应该是365.242 2 日。玛雅人高超的数学概念，深令世人津津乐道。其数学平均数的准确程度，也令人咋舌。据说古玛雅人曾以32 又3/4 年的时间，观察了405 次月圆，计算出32 又3/4 年等于11960天，即每年误差不到五分钟。

玛雅人通过对金星轨道的观察，提出了著名的金星运算公式：（月球）20 ×13 =260 ×2 ×73 =37，960（太阳）8 ×13 =104 ×5 ×73 =37，960（金星）5 ×13 =65 ×8 ×73 =37，960。玛雅人费了384 年的观察期，计算出金星公转周期为583.92 日。按照他们的办法推算，1000 年仅有一天的误差。

玛雅人在数学上的早慧，使他们在天文知识、历法系统、农事安排上都表现出一种复杂高妙而又井然有序的从容自信。玛雅数学的成就当然还表现在他们超群的建筑成就上。众多巨型建筑和建筑群落的定位、设计，牵涉到太多的数学问题。另外，玛雅人丈量的精确性、定位的相互呼应都需要分毫不差的数学天才。

在世界各古代文明中，玛雅数字的体系既有其特色，也有其适用性与科学性，除了起源于印度的阿拉伯数字之外，玛雅数字要算是最先进的了。但非常可惜，有关玛雅数学的图书或文献一本也没有留传下来。这些失落了的数学与科学文献，是失落了的玛雅文明最为幽深的一角。

### 巧夺天工的壁画雕塑

有人将玛雅人，这个天才的民族誉为美洲新大陆的“希腊人”。但是毫无疑问的是他们都是以绚丽的色彩表达情感的艺术行家和建筑大师。

在古代玛雅人应用的最主要的石料是蕴藏丰富的石灰石。木料，灰泥，黏土虽然不像石料的使用那样普遍，也常常用于玛雅人的雕刻和泥塑。现存最古老的石雕可以一直追溯到公元前4 世纪，这种加工石头的艺术活动在古典期的辉煌谢幕前（731—889 年）达到了全盛，成为近代以前西半球最完美的艺术创作。

后古典期的玛雅雕刻从属于建筑，主要是为了美化。雕刻作品既包括写实的，也包括图案化的，人物或具有人的特征的神灵形象是主要内容。在此之前，玛雅人并不太追求建筑表面的装饰，后来他们常常烧石灰，用灰浆涂白建筑表面。到了后古典期，装饰建筑的正面墙壁成为一项必不可少的工序，或雕刻，或描画，形式繁多。

除了建筑物的浮雕以外，玛雅纪年碑石上也有这种雕刻艺术。在这些纪念碑上的人物形象经常以同样的姿势展现——头、脚、腿都是从侧面展示，而躯干和手臂是从正面，脚是一前一后，这些是玛雅人艺术中的早期人物造型。随后在公元435年第一次出现了另外一种姿势，后面的脚趾轻轻地向前伸了一些，与前面的脚踝重叠，但身体的其他部分没有什么变化，这个人物形象的侧面应用在玛雅整个历史上一直没有什么变化，而且是玛雅艺术上最常见的姿势。在蒂卡尔的石碑4上发现了较早期的人物正面像的实例，这个石碑大概建造在8伯克盾的末期。人物的正面像在科潘和奇里瓜达到了最完美的境界。在科潘和奇里瓜站立人像的正面刻画技艺也十分卓越。

玛雅人的造型艺术品还包括一个重要类别，即偶像的塑像，大大小小，形式多样。石质、玉质、木质、陶制的偶像随处可见，玛雅人还在祭祀献祭时用树脂胶来捏塑动物心脏的形象。除了宗教上的用途外，日常生活也被造型艺术所表现。有一个精致而古拙的妇人抱犬携子陶塑，极能反映玛雅人的生活情趣。一位玛雅妇女在自己的右乳下怀抱着幼犬，一手牵着孩子漫步。小犬依人，孩子娇憨，妇人安详，栩栩如生，神形双绝。

绘画是古代玛雅精美的艺术，并且发展到了一个惊人的高度。壁画应用在墙壁装饰中，另外，绘画也应用在陶器的装饰中和手抄本绘制的过程中。这些绘画用取材于植物和矿物的颜料画成，比方说，他们懂得从蚁穴的氧化铁中提取红颜色。画笔是用人的头发制成的毛笔，故而画起来线条流畅，色彩表现力相当强。

现存最古老的壁画1937年在瓦夏克吞（Uaxactun）发现，壁画是由黑色、红色、橙色、黄色和灰色构成的，有4英尺1英寸宽，9英尺10英寸高。刻画了26个人物形象，排列在两个平行的饰板上。期间点缀着几个象形文字的饰板。在较低的饰板下方是一排水平的72天的标志，始于第12天伊米希，终于第五天的埃伯。画面描绘的应该是一些重要的宗教仪式。

迄今为止被发现的玛雅的壁画中最惊人的，同时也最让人增长见识的是在恰帕斯博南帕克发现的那些。这些绘画——在1946年由贾尔斯·海莱发现——覆盖了建筑物中的三个有拱门的房间。它们被巨大的石钟乳所覆盖，这些石钟乳是在1000多年由持续的水滴渗漏形成的，所以，它们保存得非常之好。这一组壁画分为三间，每间画室的内墙上布满精美的彩画。这些壁画可以追溯到大约公元后790年的古典主义时期。其中一组画反映了公元前到公元8世纪的生活。

壁画内容涉及庆祝仪式、战争与凯旋、贡献俘虏等重大事件。因此，场面不是设在王宫大殿，就是选于兵戈沙场。人物众多，但构图疏密有致，丝毫不乱。1号房间表现了穿长袍的祭司，管弦乐队的聚集，众多的会议；2号房间描写了获得人祭在神庙建筑的台阶上进行祭祀的过程；3号房间展示了仪式的高潮是在金字塔台阶上穿着盛装的舞蹈，最高祭司及其家庭的血祭的仪式。壁画还包括一些象形文字的内容，主要是记载壁画的年代，解释其大意并记述了参与者的姓名和头衔。这些壁画从总体上看色彩缤纷绚烂；从细部看，上色细致，人物姿态生动。置身其间，仿佛确实听到人声沸扬、鼓乐喧天，看到众人奔忙又秩序井然。这组壁画的第一个强烈的视觉效果是服饰的华丽。繁杂的羽毛头饰几乎把每个主要人物的高度增加了一倍，并且，使用的装饰材料变化多姿——羽饰、切割的石头、毛皮、花样繁复的织物。这些壁画提供了关于玛雅人祭司阶层的生活方面巨大且详尽的信息，我们的知识也会随着它给出的解释的增多而增加。

这三个画厅的保存真是奇迹。它们分明是在透过斑驳的风尘侵蚀，展现玛稚艺术家的天才。通过它们，人们见识到了玛雅文明的另一种风光。他们的现实主义风格大约超过了近代之前美洲地区所有其他地区达到的水平。而到了古典期之后，玛雅艺术风格又变得夸张虚饰，大有西方世界的巴洛克风格之神韵。

## 活灵活现的手工艺术

玛雅民族真是一个心灵手巧的民族，他们不仅创造了精准的历法、规模宏大壮观的建筑物、发达的数学，他们还留下了许多活灵活现的手工艺术品。

### 令人叹为观止的陶艺

通过玛雅人留下来的图画，我们看到了玛雅人让现代人叹为观止的陶艺。发现的玛雅早期的陶器式样简单，图案色彩单一，一般是鞋型的煮壶、平底浅锅和有灶的碗状物，还有一种奇特的三足杯型陶器。这些陶器在中美洲的某些地方一直沿用至今。同时还发现圆柱型或扁平的泥土印章，动物肖像的哨子，以及一些手工制成的小雕像。随后的下一个时期陶器采用了新颖的颜色和式样。

在玛雅低地区域形成期陶器并不很知名并且那些已发现的陶器也不是那么精致。陶器几乎都是单色的，尽管精心地擦亮，塑造得也很细致，但是造型和装饰比较单调。在整个玛雅低地区域形成期的陶器都极为相似，甚至远至玛雅语系的霍斯特克地区也是这样。

彩绘连体锅

彩陶出现在玛雅古典时期的玛雅中部地区。在最初的彩陶中，黑色或白色油漆构画出轮廓来代替刻线勾勒。更早的图案十分简单且大部分是几何图案。在本土的墨西哥地区，主要是古典的单色的陶器，但是，新大陆的最精巧，而且绝妙设计的彩绘的陶器在中部的玛雅地区得到了发展。最早的彩陶的装饰呈现出几何风格。较晚的自然主义的设计呈现出一种叙事风格。古典主义晚期，在中央区域南部山谷制作出来的彩陶是自然主义风格最精美的彩陶了。

小雕像出现在玛雅古典时期的后半期的中部区域。小雕像高度范围从 4 ~ 10 英寸。它们是使用纹理较好的橙色黏土制作的，含有少量的蓝色和其他颜色的漆，并经常用石灰水浆洗。这些小雕像的细节是惊人的细致，在没有拇指指甲大的脸上清楚显示纹身的花纹。

错综复杂的编制

玛雅古典时期的雕塑显示出在那个时期棉制织物种类极其丰富和编织的繁复，上面似乎还有精致的刺绣。但是遗憾的是古典时期的织物无一留存，只有一些后古典主义时期的织物存留了下来。固定长度、宽度的手编棉制品在古时候作为商品用来交换，而在被征服后成为印第安人呈献的主要供品。

在玛雅社会纺纱和织布向来是女人的工作，他们用来织布的工具与其他的美洲印第安人部落的织布机是同样的类型。一个木杆系到每块布的歪曲的边缘，使布拉长到所需要的宽度。一根粗麻绳索纳入每根杆的下沿，经过织布者的身后，这样她可以向后斜靠来拉紧歪曲的部分。上端的绳子系在柱子或树上。布带可以做到 8 英尺长，并且当它加长时可以缠绕在上面的杆上。为了尽可能保持织布机的水平状态来达到所要求的张力，织布者应背对着柱子远远地坐着。织布机有 2.5 ~ 3 英尺宽，当要织更宽的布时需要将两块布缝在一起。

一般玛雅人的衣服都是用手工织布机织成的棉布做的。现在丝绸通常在刺绣中使用，但是在更早时刺绣则是使用染色的棉线和羽毛。

在织物的染色上，多为先染线再编织而不是织物完成后再染色。尽管苯胺染料现在已经代替有机染料和矿物质染料了，但还有一些仍然在使用。在玛雅染料中深得好评的是一种深紫色——从太平洋沿岸发现的一种软体动物体内提取的，这种软体动物是可以提取著名的“泰尔港的皇家紫色”的地中海所产的软体动物的亲戚。

编织图案

在尤卡坦，现代玛雅人使用的刺绣类型是十字绣法。更早期的图案是像那些仍然在中部昆塔纳罗州使用的几何图形，但是几何图案现在大部分被花状图案代替了。

现在本土编织制品和染料几乎都被机器织物和苯胺染料取代了。除了在危地马拉高地，本土纺织品艺术几乎消失殆尽。

精湛的玉雕艺术

最早的绿玉雕刻起源于后古典主义时期，最早可以追溯到兰登壁画，一个雕刻于公元 320 年的作品比起切割的手法更多地运用了雕刻的手法。

在玛雅后期，绿玉雕刻工艺有了很大的改进，具体体现在刀法圆润流畅，风格比较让人满意。在奇琴伊察发现了一个可以追溯到公元 674 年的优秀的玉雕头像，这座玉头像高 3. 75 英寸，它的后部外侧是中空的。尽管这个玉石头像是在奇琴伊察发现的，但是它很有可能是皮德拉斯的产物，因为在皮德拉斯（公元 674 年）已经被记录了三次。而这一日期在玛雅地区从未出现。

后古典主义时期的帕伦克墓中出土的绿玉雕刻展示了精湛的手工技术。美洲的玉较中国的硬玉杂质多，美洲的玉硬度很高——依据矿物学的标准从 6. 5 ~ 6. 8，而钻石的硬度为 10。在当时的条件下，玛雅人没有任何的金属工具，所以他们的玉雕的技术知识是技术上的成就，通过将细线在凹槽来回拉动来切割玉石或用石子或水作为切割剂。用硬木或石头在两端钻孔。同样用石子或水作为切割剂。

## 用可可豆“货币”的贸易

自然资源分布在玛雅地区绝对不是整齐划一的，自从前古典期早段定居开始，玛雅人为获取原材料和成品就与外界接触，他们经常到达遥远的地方，至16世纪，玛雅人已建立了一个广泛的贸易网络，其范围向南至巴拿马，向北至墨西哥中央地区。就玛雅地区而言，如果没有联结其各部分的货物交换网络，那么，玛雅地区就决不会作为一个整体而存在。玛雅的社会经济虽仍以农业为基础，但它活跃的商业与广泛的贸易为其文明的发展助了一臂之力，玛雅文明发展的基本柱石，就是商业与农业的配合。

繁荣的贸易

由于玛雅地区资源分布不均衡，在整个低地地区，拥有易于切割开采，也易于雕刻装饰的石灰石石料，而高地则出产上等的黑曜石，可作为装饰品、工艺品。用于制造碾磨工具的坚硬火山石和火山矿物颜料，也只在玛雅山和高地才有所发现。最贵重的玉石也只能在危地马拉的莫塔瓜谷地区被找到。在尤卡坦海岸地带和沿着太平洋海岸以及沿危地马拉高地边缘的矿床中，盐可以很容易地加以利用，但在中部低地地带却难以找到。为了沟通交流，进行着广泛而发达的贸易。

前古典期中美洲就已形成了一个贸易圈，这个商道的主要干线在太平洋沿岸，至古典期已定位于中央低地一带，并使玛雅城邦在这一带发展起来。生活、生产所需的各种物品，多是从东西向的这条商道而来。较大宗的商品有燧石、黑曜石、染料、烟草等，陶器、统战纱品、磨具、盐、糖、蜂蜜等因具有地方特色而成为远销异域的抢手货，它们或由墨西哥运到玛雅，或由玛雅运到墨西哥和巴拿马。到了古典后期，有了金属器的交易后，又从东（巴拿马），西（墨西哥）两边同时向玛雅输入。在古典期，奴隶是玛雅的又一种特殊商品。

通常在玛雅城市中心里有规模庞大的交易场所，或许还有货栈，可供商旅住宿往来。交易的举行有一定的日期。可以说，到了玛雅文明的后古典期，商业贸易已成为其社会生活的重要组成部分。长途贸易主要是奇珍异宝的交易，如只产于玛雅东边的翡翠碧玉，产于玛雅山区的奎特查尔凤鸟羽毛，原来只产于玛雅山区的可可豆，玛雅商人凭此深入异国他乡，且立于长久不败之地，此外，玛雅还有琥珀珊瑚珠贝鲛牙、钠长石、鳐鱼刺/朱砂纹岩等特产，它们随三大宝货或东或西融入国际贸易的洪流，而外地的珍奇货物如墨西哥的孔雀石、高岭土鹿肉、高级工艺品等也流入玛雅或由此转销更远的东方。

专门的商人阶层在玛雅社会出现了，甚至在宗教观念上也有像北极星这样的商人保护神。玛雅的商人有两类：一类是为数不多的特权商人，他们利用奴隶搬运货物。在各个重要城市之间，居然还铺着碎石道路相通；另一类是没有特权、不隶属统治集团的专业商人。专业商人资财中等，行业齐全，人数众多，是玛雅市场上最活跃的人物，此外，还有一些为了谋生的小商小贩以及半商半农的买卖人，他们构成了商人阶级中的的下层。商人有特制的商路图。沿海居民剖木为舟，用这种木船从事贸易，每船可容 40 人之多。总之商业使玛雅人得益颇丰，推动了玛雅文明走向辉煌。

“可可豆”货币

纸币是现代人生活，物质交流必不可少的媒介。但是在还没有发现纸币之前人们想法设法寻找物物交换的价值尺度。终于，这个重大的责任由金银来承担。但是古玛雅人却另辟蹊径，把这个重任委托给了可可豆。在玛雅人的交易中，非常有趣的是玛雅人的贸易经济所联系的货币体系非金非银，而是用玛雅山区生产的珍贵特产可可豆。他们用可可豆作为交易的媒介或者说货币，比如说一只兔子值 10 粒可可豆，一个奴隶约值 100 粒可可豆。那么用这种可年年收获的可可豆作为交易的“货币”，那么会不会引起“通货膨胀”呢？玛雅社会是如何阻止“私印伪钞”的？一般关于玛雅商贸的数据都不涉及这个问题。实际上，玛雅人的可可豆“货币”并不是一个可以与现代国家银行黄金储备相提并论的东西。它很可能只是一个便于计数的交换单位。

在玛雅人的贸易中，可可豆显然不可能像“天然是货币”的黄金那样，成为跨越时空的一般等价物，或许“可可豆”货币非得有特定的情境、特定的政治保障和道德保障不可。通过研究发现事实也正是如此，贝壳、布帛、铜铃、小斧等也偶作为交换单位。可见玛雅世界内部各城市、各部族的贸易本质上是易物贸易，不是要长途跋涉赚回“外汇”而是要换回本部族、本地区所需要的紧缺物资。所以，他们并不是要严格规定货币本位，而是把贸易中比较便于携带的部分用作象征。外来的观察者很容易把这部分交换货物（贝壳、布帛、可可豆、铜铃等）看成是“货币”。

玛雅贸易在城市内部进行当然需要秩序和管理，这对其政治势力的消长不无促进；而在城市之间、部族之间进行的长途贸易，则必然是武装贸易。大规模、长距离的交换必定是关乎国计民生、关乎宗教仪式的重大需求，于是这种贸易就不是民间个人行为力所能及的，而是需要集团政治军事力量的支持。有一种理论认为，玛雅文明在政治上的起源即是各部族间必须进行物资交流，或者战争，或者贸易，或者两种途径兼而有之。玛雅人的生产生活离不开石器工具，他们的神灵需要特定土产的贡奉。这就是物资交流的必然性。

## “米尔帕”耕作法

玛雅人之所以能够创造璀璨的玛雅文明，其基础就在于玛雅人有繁荣的农业。玛雅人食物的80%是玉米，各式各样的玉米。相应地，玉米种植也就几乎是玛雅农业的全部。玛雅人和其他四大文明不同，不是产生在大河流域，而是崛起在贫瘠的火山高地和茂密的热带雨林之中。玛雅农民采用一种极原始的“米尔帕”耕作法：先伐木，后烧林，再播种，然后每年变换玉米地的场址，这种耕作法具体可以划分为以下几个步骤：

第一步：选址，也就是找到到合适的耕地。玛雅人生活在丛林深处，这样的条件非常不利于耕作，因此，找地是很辛苦的事。农夫要仔细观察林中树木、草丛的长势，树越高，灌木丛越密，泥土也就越肥。然后考虑地与水源的远近。在地本身的因素考虑到之后，还得参考它与村子的距离。一般情况下，玛雅人总在二三英里以外的地方选地。当邻近的地都用尽之后，玛雅人就只能向远处发展了。耕地选好之后，农夫就开始丈量了，先将地划成小块，用石块在每小块四角做标记，用一根20多米长的绳子来丈量。有趣的是，农夫在量地时总是比每小块应有的边长（20米）多放出一点，这些余量是“贴”给鸟雀的。

第二步：伐木，就是把原有土地上的林木砍伐之后用来耕种。砍伐的时间一般是在上年的8月，那时正处雨季高峰，草木所含水分充足，最易砍伐。玛雅人找到的地，确切的说就是一片林子，农夫需要把地面上的树木清理干净。一般情况下，总是矮树、爬藤类植物和灌木丛先砍，等这些占据低空间的东西全部铲除后，再去应付那些参天大树。有时树太高大，只能先剥了树皮，让它慢慢枯死。砍下的树木还常被堆起来辅助接下去的烧林工作。以平均一块地含100小块计算，一个农夫用铁制工具需花50天才能干完这第二步的工作。

第三步：烧林。烧林的日子一般是三四月份，因为二三月份的骄阳把那些砍下的草本彻底晒干，这样有利于燃烧。但是烧林的具体日子得是个有大风的天气。有记录表明，这个日子是由祭司仔细选定的。火先在迎风口点燃，借着风势席卷整片地。人们在一边不停地打呼哨召唤风神，希望它们至少等到烧过预想位置再停下歇息，一把火要坚持烧完10~12英亩的一块地，必须依靠持久、强劲的风力。玛雅人担心火势殃及邻近森林。因为热带雨林中的树木含有足够的水分，难以点燃。因此，即使火势燃及邻近树丛，至多也就是烧毁最近的一小部分，就自然熄灭，而不会进一步蔓延开来导致森林大火。

第四步：圈地，就是用围栏将地围起来。古代玛雅人不养马、放牛，因此也就无须围栏。即便是现在，充作围栏的也只是些临时性的灌木荆棘。由于玉米地的连续使用最多不超过两年，所以这些围栏的使用率也很低。

第五步：播种。玛雅人坚信播种应在一年的第一场雨后，而每年的第一场雨总是在圣十字日（三月三）这一天开始的。一般每亩地要用大约十来斤的种子，播种时，先用尖头棒挖一个小坑，通常有 4.5 英寸深，一次下种五六颗玉米种子，有时还同时夹杂几颗豆类或南瓜的种子。坑与坑之间保持大约 4 英尺的距离，一般一个坑内会长出 2～3 株玉米。盖土是简单地用脚蹭一下或用棒粗略地划拉几下。一般 12 英亩的玉米地内有 5 000 个左右的播种点。

第六步：除草。一般情况下，从 3～9 月，玉米的整个生长期内，至少需要除一次草。一般是在玉米已长到 2 英尺高，杂草也长到同样的高度甚至更高的时候。古代玛雅人除草时将草连根拔起，从而最大限度地减少了杂草的再生。因而，他们的玉米地经常可以连续播种。

第七步：扳倒玉米杆。玛雅人种植的玉米品种有很多，成熟周期也不一样，有的二三个月就熟了的，有的却要过 4 个月，还有的甚至要 6 个月。等到玉米棒成熟之后，通常是在 9 或 10 月，玛雅人要把玉米杆扳倒。据说，这么做能防止雨水灌进穗里导致其发霉，还能避免鸟来啄食玉米。

第八步：收获。通常到了 11 月份，也就是扳倒玉米杆的一个月以后，玛雅人开始收玉米。收获季节很长，其高峰在一二月，但要一直持续至三四月份。1 英亩玉米地需要一个玛雅人花费三天的时候来收获，平均每亩产量以穗计约 35 蒲式耳（1 蒲式耳约为 35 升），以去壳的玉米计约有十六八蒲式耳。去壳是用一种木、骨或鹿角制成的针，但这道初步工序只去除壳的外层。

危地马拉地区的现代农田

第九步：贮藏。收上来的玉米有的就近取材，存放在玉米地里临时搭起的棚子里。等到5月份再次播种时去掉内层包壳准备再次播种。有的被拉回村里，堆在屋子一角，用来食用。

第十步：剥玉米。玛雅人有几种方法来剥玉米。可以用手工逐个处理，经常是一家人席地而坐，在玉米地里的临时棚屋里剥玉米粒。也可以用一张吊床，倒进十几篮玉米穗，然后拼命敲打，让玉米粒从网眼里掉到地上。为防止玉米粒向四周飞散，还有用杆架代替吊床的，周围盖上茅草之后再敲打。无论哪种方法，时间一般都选在晚上。据说晚上天凉，飞扬的秣让人发痒的程度不像白天那么厉害，最后将处理好的玉米粒全都装进麻袋，等候播种。

第十一步：把玉米弄回村里。前面说过，玉米地距离村子远近不等，现在的玛雅人有时也借助卡车和畜力，古时的传统则是原始的肩扛步行将玉米运回家里。

现代的一些美国的农业专家前去玛雅地区实地考察之后也不得不承认，玛雅人的这种耕种的方法就是最佳选择。如果把现代农业机械开进这片密林，那只能是杀鸡用牛刀，大而无当，完全无法发挥作用。

# 第四章　探索玛雅及传奇

## 玛雅与金星的不解之源

有人推测玛雅人可能是金星的来客，金星是太阳系中的第二颗行星，在地球轨道的内侧，是距地球最近的行星。金星的物理结构与地球很相似，金星的球半径、体积、质量以及平均密度都近似于地球。那么，精于金星历法的玛雅人是不是真的和金星之间有什么关系呢?

居住环境：我们可以假设金星上曾经绿树繁茂、曾经沧海桑田，可以说它曾经像我们的地球一样有着许多种生命的存在，其中就有玛雅人的祖先在此繁衍生息。后来不知什么原因导致温室效应，使得气温越来越高，现在已接近485℃。当然这样的高温对于像玛雅人这样高科技发达的高级生命来讲，高温、高压的球面环境不会构成生存的问题。因为玛雅人本来就居住在高温的环境中，所以玛雅人一定是喜欢或适应在高温的环境下生活的。这就说明为什么玛雅人大部分居住在中南美洲的热带丛林中。玛雅人在金星上一定是居住在地表下，以缓冲高温、高压的球面环境。在地球上安家的玛雅人喜欢穴居，喜欢在有水的洞穴居住。即使在茂密的森林中，他们也要用石头垒建住处，在屋内挖地洞并在洞内放很多石头。虽然用木头搭建房屋实在简便不过了，可玛雅人偏要从远处运来石头。这是因为金星表面没有树木。另外，根据金星探测器探测，发现金星岩浆里含有水。就是说金星地下有丰富的水资源。

文化艺术：其实玛雅人喜欢中南美洲大西洋的西海岸，不仅因为那里炎热潮湿，还因为他们认为那是太阳升起的地方。因为金星与太阳系中的其他行星最大的不同是它的自转与公转相反，即金星是太阳系内唯一逆向自转的行星。在金星上，太阳是从西边升起东边落下。玛雅人对太阳的态度与地球人截然相反。玛雅人对太阳十分崇拜和“畏惧”。因为站在金星上看太阳要比地球上看到的大1.5倍。玛雅人把骄阳似火的太阳比喻成“血盆大口”。玛雅人祭祀太阳神的场面宏伟壮观。

玛雅人精湛的石雕艺术也与金星地下的石质结构有很大关系。另外，玛雅人将月球的背部刻在了石头上，我们知道因为月球的自转与公转周期完全一样，所以我们永远只能看见月球的同一面（前面），那玛雅人是怎么知道月球后面的景色的呢？原来站在金星上是能看见月球全貌的。

我们看到玛雅人的绘画多数是穴居的爬行动物和人物，以及猴、鸟等少数题材。地球上有着无数的动植物和优美的山水，为什么他们都不感兴趣呢？也许是因为他们对另外一个星球更加感兴趣的原因吧！

从上面我们可以看到，当一个民族的历法、居住环境、文化艺术以及文字都与同一个星体有关连时，我们就有理由推断这个民族和这个星体之间存在某种亲密的联系。

## 神秘的水晶头骨

在美洲印第安人中流传着一个上千年的传说：古时候有 13 个水晶头骨，能说话、会唱歌。这些水晶头骨里隐藏了有关人类起源和死亡的资料，能帮助人类解开宇宙生命之谜。传说还认为，总有一天人们会找到所有的水晶头骨，把它们聚集在一起，集人类大智慧于一体，发挥它们应有的作用。

尽管这只是一个传说，但是 19 世纪欧洲的探险家们却对这个传说深信不疑，努力地寻找传说中的水晶头骨。直到 1927 年在中美洲的伯利兹的玛雅遗迹中发现了水晶制成的头颅骨。

1924 年，对玛雅文明痴迷而狂热的英国探险家米歇尔组织了一支探险队到达中美洲，与他同行的还有他心爱的养女安娜。从小受养父的影响，17 岁的安娜也对在玛雅见到的一切兴奋不已，她小心翼翼地爬上了城堡最高点的金字塔顶，一览热带丛林的绚丽风光。1927 年的一天，正在饱览风景的安娜突然发现金字塔的裂缝深处有一个东西闪闪发亮。她立即告诉了养父，米歇尔带着探险队的全体成员登上了金字塔塔顶，把裂缝边松动的石头移开。经过了几周的努力，终于刨开了可容一个小个子进出的窟窿，安娜只身爬入这个窟窿的底部，她突然发现一个东西照亮了她的脸，仔细一看，是一个犹如人头骨的水晶，她非常兴奋，把它带回到了金字塔塔顶。带回来的只是一块通体透明的水晶头骨的上半部分，他们继续挖掘。3 个月后，在 25 英尺外的地方又找到了水晶头骨的下半部分，两块头骨合在一起，正好与真人头骨一般大小。

这颗水晶头颅骨完全以石英石加工研磨而成，大小几乎和人类的头颅骨相同。这个水晶头骨长 17 厘米，宽和高各是 12 厘米，重量是 5 公斤，是依照一个成年女人的头颅骨所雕成的。它做工非常细致，鼻骨是用三块水晶拼成的，两个眼孔处是两块圆形的水晶，它的下颌部分可以跟头盖骨部分相连，也可以拆开，整个构成异常精巧。

从照片看起来这头颅骨不仅外观十分逼真，而且内部结构都与人的颅骨骨骼构造完全相符。此外，头骨面部两侧的下方各有一个微小的圆形凹槽，使得下颌可以与头颅联结，还可以像人类头骨的下颌一样自由张合。雕刻精湛的牙齿，线条平滑的颧骨，无不显示出制作者对人体解剖学的透彻了解。

我们知道，现代光学技术产生于十七世纪，而人类准确地认识自己的骨骼结构更是十八世纪解剖学兴起以后的事。另外，水晶即石英晶体，是世界上硬度最高的材料之一，用铜、铁或石制工具都无法加工它，即使是现代人，要雕琢这样的水晶制品，也只能使用金钢石等现代工具。而且这种纯净透明的水晶虽然硬度很高，但质地却脆而易碎，科学家们推断：要想在数千年前把它制作出来的话，只可能是用极细的沙子和水慢慢地从一块大水晶石上打磨下来，而且制作者要一天 24 小时不停地打磨 300 年，才能完成这样一件旷世杰作。

除此之外，科学家还发现，当有光束照在这颗头骨上时，隐藏在基底的菱镜和眼窝里用手工琢磨的透镜组合在一起，发出眩目的亮光，这种炫目的光束，有一种催眠般的魔力，会让人出现幻觉、幻听等现象。曾经研究水晶头骨长达 6 年之久的水晶专家富兰克·多兰德先生说，他在与水晶头骨共处时，能听到一种”非常安静又引人注意，像是从高音大钟发出”的声音，还能从水晶头骨上看到”山峦、庙宇”等图像。更有人在抚摸过水晶头骨后，发现自己身上的疾病居然奇迹般地痊治愈了，种种神奇的现象实在让人无法理解。近代光学产生于十七世纪，古代玛雅人不可能会运用。

科学家检测时发现，在水晶头骨的眼凹部位有螺旋雕镂器的刻印痕迹。螺旋雕镂器是十八世纪欧洲人发明的用于加工精细对象的仪器，此前并未在北美洲玛雅遗址中发现过类似的工具。

正当所有的人都在对水晶骨头的谜团感到让人匪夷所思的时候，2005 年 1 月，一起震惊考古界的事件发生了：英国大英博物馆的墨西哥古阿兹特克人的水晶头骨被科学家正式鉴定为是赝品，考古界为之哗然。自然人们也对米歇尔·黑吉斯头骨产生了疑问。两颗头骨虽然来源不同，但总体形状却非常相似，而且都是以一具女性头骨为模型，不同的是，大英博物馆的头骨是一整块水晶，而米歇尔·黑吉斯头骨的下颌则是独立的，可以拆下，做工更为精致。如今，安娜已经拒绝对水晶头骨再做任何科学鉴定了，因此，它究竟是不是现代人制作的赝品，科学家们还不能论断。人们还是愿意相信，终有一天，现代科技会把水晶头骨上的神秘彻底揭去，让真相浮出水面，事实大白于天下。

## 玛雅古隧道内的秘密

20 世纪 70 年代，人们在南美洲发现了一条秘密入口由一个印第安人（古代玛雅人的后裔）把守着玛雅古隧道，据估计它至少有 5 万多年的历史了，而实际上它的年代更为古远。这条隧道离地面有 250 米深，仅在秘鲁、厄瓜多尔境内就有数百里长。印第安人说这里是“神灵”居住的地方，他们遵守祖训，世世代代守在这里。

在古隧道里，考古学家发现了许多远古文物，这些物品放在隧道里的许多洞穴中。隧道的穴壁光洁平滑，似乎经过磨光，与地面成直角。穴顶平坦，像涂了一层釉，不像是天然形成的，而像是某种机械削切的结果。隧道中有个“大厅”长 164 米，宽 153 米，里面放着像桌子、椅子似的“家具”。奇怪的是这些物品的材料很特殊，既不是钢铁、石头，也不是塑料和木材，而它又有钢铁和石头那样的坚硬和笨重，在地球上至今没有发现过这种材料。“大厅”里面有许多金属叶片，大多在长约 100 厘米，宽 50 厘米之间，厚度约 2 厘米，一片一片排列着，像是一本装订好的书。金属片上都写有很多符号及象形文字。据专家认定那些符号是机器有规律压印上的结果，目前已发现 3000 多片。隧道里还有许多用黄金制作的图案，其中有两块雕刻的是金字塔。每个金字塔旁边都刻着一排符号，还有一个用黄金雕刻的柱子，这个柱子长 52 厘米，宽 14 厘米，厚 3.8 厘米，柱子上刻有 56 个方格，每个方格里都有奇怪的符号。虽然已经发现了这些东西，但是令人遗憾的是至今还没有人破译这些符号。

古代玛雅人为什么开凿如此工程浩大的隧道？里面的物品及文字又隐藏着什么样的秘密？

其实，早在 1942 年，美国人拉姆夫妇在墨西哥的恰帕斯洲密林考察时就发现了一条远古隧道。当时，日理万机的罗斯福总统还接见了他们。据拉姆夫妇回忆，当他们横穿当地密林时，被一些皮肤呈蓝白色的印第安人包围了，并要求他俩立即按原路返回。而他们早就听说，在恰帕斯的腹地存在着早已荒废的玛雅人城市。在这些城市地下分布着构成网络的隧道，他们此行的目的就是要查出这种传闻的真相。早在 19 世纪 40 年代，英国考察队在墨西哥马德雷山脉也发现了地下隧道，这条隧道可通往危地马拉。每当拂晓，地下隧道会发出敲鼓一样的声音，声震远方；据说前苏联阿塞拜疆也发现了一条古代地下隧道，隧道里有一些 20 米多高的大厅，还有很窄的拱形门。据说洞中不时发出奇妙的声音和光。

17 世纪，一位西班牙传教士发现了中美洲危地马拉的一条地下隧道。从地图上看，它位于安第斯山脉地下，长达1 000公里以上。为了保护隧道，待将来人们掌握了足够的科学技术再来开发，这些被发现的地下隧道的入口又被秘鲁政府封闭并严加看守，它又被联合国教科文组组织列为世界文化遗产。

据考古探测和远古文献记载，考古学家推断地球上很可能有一条穿越大西洋底，连接欧、亚、美、非的环球地下隧道，这些古隧道又很可能是古代玛雅人的杰作。

## 真的有玛雅星吗

“卓尔金”星也被称为玛雅星，富于想象力的人们又开始发挥自己丰富的想象了，认为其实这颗神秘的“卓尔金”星就是玛雅人的最初的家园。

地球所属于的太阳系很大，它由八颗行星构成，依次是水星、金星、地球、火星、木星、土星、天王星、海王星。其中水星离太阳很近，虽然名叫水星，其实没有一滴水，这里终年都是摄氏几百度的高温，即使曾经有水，也早已蒸发干净了，似乎不可能有生命。土星以外的行星，又由于离太阳太远，终年冰层覆盖，气温也在零下几百度，也似乎不太可能存在生命。因此，就太阳系而言，如果玛雅人是来自除地球以外的星球，又会是哪一颗星呢?

在研究玛雅人留下的历法时，发现玛雅人的历法中有三种不同的纪年法，即金星年、地球年、卓尔金年，它们分别是：金星年225天、地球年365天、卓尔金年260天。现在我们知道，玛雅人的金星年、地球年都计算得相当精确，达到了很高的天文学成就，而这两颗天体在太阳系里都能找到。但什么是卓尔金年呢？这让许多科学家百思不得其解。

现代的史学家、天文学家一般把玛雅人的卓尔金年当作他们的宗教祭祀年，1年一共有260天（有260个不同的名称和顺序），划分为13个月，每个月20天。他们的这种年历一般被认为是他们为定出举行宗教仪式的时间而制定的。持此观点的人进一步解释说，这个260天日历是用来占卜吉凶的。但是，这些解释并没有任何证据，即便是在玛雅人的神话传说中也没有260天或13个月的任何证据。

研究玛雅人的资料表明玛雅人同时也用365天（地球的公转周期）计年，他们将这种历法通称为“民用年”，其将1年划分为18个月，1个月20天，外加5个无名日。所以卓尔金年与其他两种历法都是相同的，都是用来计算星辰运行周期的，地球年是计算地球运行周期的，金星年是计算金星运行周期的，既然玛雅人的地球年、金星年都是针对两个太阳系大行星而言的，那么卓尔金年一定也与某个大天体有着神秘的联系，也就是说卓尔金年则是计算卓尔金星运行周期的。然而，奇怪的是太阳系里根本找不到260天绕太阳运行一周的行星，我们熟知的九大行星里也根本没有卓尔金星。按照天文学的计算，如果真有一颗周期为260天的行星，它的轨道应该在现在的金星和地球之间。现代天文学发现，金星与地球之间并没有任何行星，但是存在一条陨石带，它是由无数大大小小的陨石构成的，闯入地球大气层的陨石，绝大多数都来自这条陨石带。这一发现启发了天文学家，他们由此推测，在很久很久以前，太阳系里确实存在一颗周期为260天的行星，其位置正好处于金星与地球之间，有人称它为卓尔金星，也有人直接把它称为玛雅星。后来，这颗行星不知为什么，突然发生了大爆炸，其爆炸后的残骸形成了现在的陨石带。

我们或许可以这样假设：在很久很久之前，卓尔金星曾经是一个自然条件十分良好的星球，河流中流动着液体水，高山与平原上到处都是植物和动物。这方水土养育了聪明的人种——他们就是玛雅人。在卓尔金星爆炸之前，玛雅人已经有了相当发达的文明，甚至超出了地球现有的文明程度，他们已经可以进行长距离的星际旅行。也许是因为自然的原因、也许是由于人为的因素，卓尔金星爆炸了。但是在爆炸的前夕，玛雅人开始疏散到其他星球，有一部分玛雅人来到了地球。但是，地球与卓尔金星的自然条件毕竟不同，对玛雅人是有相当危害的，尽管他们采取了许多措施，可是，地球环境中的各种病毒及新的重力条件，最终还是将灾难降临到了他们身上，玛雅人开始退化，最后竟然无法继承自己的文明。

由于玛雅文明是在突然之间消失的，那些可以解读玛雅文化的钥匙——玛雅书籍又被西班牙人一把火烧得干干净净，因而，卓尔金星也就成了千古不破之谜。

然而，20世纪80年代的考古学家在玛雅人生活过的地方，出土了一种新的人种化石，根据化石复原，研究者发现了一个明显的差别在鼻梁。人类的鼻梁无一例外都是凹进去的，可是这种人的鼻梁却是隆起的，即从前额到鼻尖形成一条直线。这种“隆鼻人”使人想起了古埃及壁画中的神人们，他们也是“隆鼻人”。从地理上讲，埃及与美洲东隔太平洋，西隔大西洋，在遥远的古代，双方不可能有任何的往来，那么两处“隆鼻人”之间的关系又是什么呢？埃及人在描述他们心中神的时候，为什么会传到大洋彼岸去呢？这似乎只有一种解释，那就是，古埃及人与玛雅人他们见到同一种"隆鼻人"，也就是说，当时地球上确实存在这一人种，但他们与玛雅人及卓尔金年的关系尚不清楚。不管怎么说，卓尔金星不见了，只留下了一条埙石带。世界神话中说神毁灭了人类好几次，不见得都发生在地球上。

## 火箭浮雕之谜

自从玛雅文明被发现之后，考古学家们就在谜一般的玛雅遗迹中不断地搜寻，找到许多玛雅的文物，其中有许多令人难以理解其中的含义。然而最令人惊讶的是，其中有些可以辨识的竟然和如今的尖端科技非常的接近。古代繁华的帕伦克与世隔绝，精美绝伦的古老建筑被莽莽热带丛林所湮没，宽阔热闹的市区变成渺无人迹的废墟。十几个世纪以来，当地人从未关心过那幢废弃并坍塌了的神殿。一九四八年到一九五二年，墨西哥籍考古学家路利教授来清理这个玛雅废墟时，他们从浮尘和苔藓中，发掘出了一块沉重的、刻满花纹图案的石板。

石板上刻绘的图画，既神奇又夸张，浮雕中的图画，画着一个青年正在操作一台机器，这个机器的前端是流线型的，看起来十分精密复杂，还有类似仪表的东西。青年头戴头盔，头盔上有两条管子接着。他弯着腰和膝盖。双手正在操纵着一些操纵杆，位置较高的一只手正在调节把手般的东西，较低那只手的四根指头，在操纵类似摩托车把手般的控制器。双眼前视。左脚跟搁放在有好几道槽痕的踏板上。操纵者后面有个类似内燃机的机关枪物体。有中央控制系统的氧气瓶，放在鼻子前面的束缚皮带中。

“能”的供应系统和通信系统也是如此，在太空船舱内，中央系统前面，可以清楚地看到大形磁铁，它们的用途显然是在制造太空船舱周围的磁场，以便阻止在太空中高速飞行的太空船与浮游在太空中的分子碰撞。太空人的后面，我们可以看到一座核子融合炉，两颗可能是最后出现的氢和氦的原子图案呈现在那炉中，而更重要的一点，是在这流线形物体尾部，还画有类似瓦斯喷出的气，显然是火箭上排泄出来的废气，都表现在太空船尾部外面的架子上。

当时考古界的解释是，这是一件充分展示玛雅人想象的画图。20 世纪 60 年代以来，美、前苏两大国竞相发射各种航天火箭，载人的和不载人的宇航器械，频繁地在太空穿梭。当宇航员行走于月球和太空的照片不断传回地面后，人们才大吃一惊：帕伦克那幅图画，哪里是描绘古代的神话，分明是一幅宇航员操纵飞行器翱游太空的图案。仔细想想，这个浮雕看起来与登陆月球的登月小艇真有几分类似呢。如果这张图真的是当初玛雅人照着他们建造的机器画的，那么他们已经具备从事太空探险的能力了。也许那些精密的历法，正是遨游太空的玛雅人所需要的。

发现者直觉地反应“这是火箭吧!”现代学者以现代画法，将这幅画重新描绘了一张，那是个单人的火箭。并进行了这样的解析：从最前端开始分析有传送电波的电线、空气出入口、双压缩机、操纵计器板、操纵席、燃料库、燃烧室、内燃机和喷射口。

从已经被解读出来的碑文中发现，有一节这样描述“白色的太阳之子，仿效雷神，从两手中喷出火……”根据碑文中所记载的那节路利教授所发现的石雕描绘的现象应该是真实的。

宇宙火箭的研究、设计、制造、使用是发生在二十世纪，少数科技水平很高的国家，所拥有的一项高科技工业。然而，如果说早在远古时，就发现了宇宙火箭设计图，尽管这个“火箭图”并不是很具体，因为他们并没有实际看到，设计火箭，才会画出这么不成熟的图。正因为如此，当我们看了玛雅的图后，才有“古代的外星人”之类的传说出现。传说认为：在遥远的古代，美州热带丛林中可能来过一批具有高度文明的外星智慧生命，他们被玛雅人尊称为“天神”，在玛雅人顶礼膜拜的欢迎中，走出飞船，教给了尚在原始时代的玛雅人各种先进的知识，比如说天文历法、农耕等，并向他们展示了自己的运载工具。之后，他们又飘然而去。

外星人离去时，可能曾向玛雅人允诺重访故地。于是，美洲热带丛林里这才开始了一场轰轰烈烈的建造金字塔的热潮。他们按照自己的理解，把外来的智慧和自身的美感、传统砌进金字塔里。他们想以这种石砌的庞大的建筑物，迎接“天神”的重新到来，他们在石板上刻下了自己看到的一切——帕伦克石板上的雕刻，就是玛雅人对外星宇航员的临摹。然而，金字塔修好了、石雕也刻好了，到了玛雅祭司预言天神返回的日子里，那些“天神”并未返回。一代又一代的人空守在金字塔旁。这直接导致了玛雅人对其宗教和祭司统治信心的丧失，进而引起了整个民族心理的崩溃。终于人们一个个离开故乡，各自走散。玛雅文化就这样消失了。

截至目前为止，这些说法都仅仅是猜测，没有人能下一个定论。考古学家们对于玛雅人所创造的象形文字只能了解三分之一，仅在数字方面稍能了解，其他则仍在摸索阶段，虽然石刻浮雕上面载有玛雅文字说明，但至今仍未能得知究竟这个浮雕人像是谁？真正的答案只能是永恒的待解之谜。

## 玛雅金字塔之谜

“金字塔”本身已经够神奇的了，而玛雅的金字塔不仅暗含了相当深奥的科学道理，又破涂上了一些神秘色彩。

### 玛雅金字塔的建造年代之谜

关于玛雅金字塔建造的年代，有多种不同的说法。在墨西哥城大学校园的南面，连接着奎纳瓦卡市的公路旁，有一座圆形的阶梯形金字塔，它的结构非常复杂，外观为一座九层的金字塔建筑，位于中央的阶梯则分为五层，各有 9，19，19，13 及 9 阶（总数是 69 阶）。在这座神殿墙上所刻的碑文多达 620 个，因此被称为日碑庙，该神殿有五扇大门，六根梁柱。

考古学家们在 1920 年以后，将这座金字塔的部分遗迹从火山熔岩中挖掘出来。地质学家们在对这些熔岩进行了详细的检验后认为，这场不仅将金字塔的三面全部掩埋、同时也将周围 60 平方英里的土地覆盖的火山爆发的年代可以断定发生在“最少 7000 年以前”。

古金字塔

这座从火山熔岩中发掘出来的金字塔的上部和下部的层级结构分隔得很分明，表明是在火山爆发前后分几部分完成的。美国考古学家拜伦·康明斯十分肯定地认为：“这是迄今为止发现的美洲大陆上最古老的神庙。这座神庙在 8500 年前成为废墟。”

### 金字塔演奏音乐之谜

神秘的玛雅金字塔可以通过演奏音乐来祈雨。如果坐在玛雅的 ElCastillo 金字塔台阶上，你会听到一种很含糊的声音。当另外的游人走上金字塔的楼梯时，你会听到仿佛是水滴进容器里的声音从塔顶传来。科学家发现这些类似水滴的声音是专门设计出来，至少墨西哥的金字塔是有意为了祈雨的目的而设计出这些声音。

乔治·克鲁兹和尼克·德克拉克进一步研究了这些金字塔，他们比对了踩在空心金字塔台阶和实心金字塔台阶以及位于墨西哥中心 Teotihuacan 月亮金字塔台阶上的声音频率。

在每座金字塔上，他们均请一名学生从底部开始向上爬台阶，并测量每一级的声音。值得注意的是，他们都发出了相似的雨滴声，而且频率很相近。这暗示了与其说雨滴声是由于金字塔的空心结构产生的，倒不如说是当脚踏到台阶上后，脚产生的声波顺着金字塔那有棱有角的表面结构穿行并沿着楼梯下行时产生了与雨滴到水面相似的声波。

参与研究的克鲁兹认为："墨西哥的金字塔，以及一些想象，可以被认为是玛雅文明时期的一种乐器。"后来补充说还没有证据直接证明玛雅人曾经演奏过它们。但是另一位大学的建筑学家弗朗西斯科埃斯特拉达·百利并不认为金字塔不是来演奏音乐的，他说："大多数但不是全部的金字塔并不是被构想成神秘的山丘，而是一种集合云彩造雨的地方。事实上，有回声并不能说明这就是乐器了。"当然，它们的声学效果增强了水的感觉。

金字塔可以产生的雨滴声已经不再陌生，但这种声音具体是用来干什么的目前还是未解之谜。

## 建造金字塔的巨石运输之谜

面对玛雅这些宏伟的金字塔，有一个始终困扰人们的谜团就是：建造金字塔的巨石到底是如何运输的。这样大的工程，即使在科学技术如此发达的今天，实施起来都会觉得是件很困难的事。更何况在那个久远的年代。

考古学家经过多方考察发现，玛雅人的建筑用石材大多来自尤卡坦半岛，那里的石灰岩质地较软，完全可以用玄武岩制成的石刀切割。这种石灰岩在地面暴露一段时间之后，就会逐渐变硬。玛雅人先把石头采出，在石头变硬之前完成切割、雕刻工作。

当然，这还需要石制切割的工具。英国考古学家诺曼·哈蒙德在库埃罗遗址找到了几件匕首状石器，其锋利程度足以刺透胪骨，用这样的工具切割石灰石或稍硬一点的石材，完全是可能的。考古学家在尤卡坦发现了数个采石场，甚至还找到了切割失误而被弃用的石块。

曾经有附有车轮的玩具出土在玛雅的遗址中，但玛雅人并没有加以利用。切割好的石块动辄重达二三十吨，玛雅人又没有"轮车"可供使用，他们是怎样把这些庞然大物运到数十乃至上百里外的目的地的呢？考古学家认为玛雅人砍伐硬木，把它们制成各种长度和粗细的圆木，然后把石块放上去，滚动着运到目的地。当然，在当时的道路条件下，要用这种方式完成石块运输工作，并不是一件轻松的事情。但是毫无疑问，这种方法虽然费力但是可行。

20 世纪 70 年代，墨西哥考古学家在尤卡坦的科巴遗址发现了通向四方的“白色通道”，总长度超过 100 英里，路面宽为 10～15 英尺，表面涂有灰墁，坚固而平滑，非常明显这个非常不利于“滚木运石”之说的存在。

## 青玉面具中隐藏的奥秘

玛雅在古典初期几乎看不见金属器皿的踪迹，而洪都拉斯、哥斯达黎加等位于玛雅东边的地区在古典初期已有黄金制品，冶金术由此经过玛雅而西传到墨西哥等地。当然，也有人认为墨西哥等地区是在同时独立地发明、发展了冶金术。自然，夹在中间的玛雅当然也不会不知道黄金的冶炼技术的。但是在玛雅人看来，黄金远远没有翠玉重要的多，它生命与不朽的象征，是非常神圣的。玉石被注入宗教含义，通常兼有艺术和宗教双重功能。贵族们通常配带玉制的耳环、项链、面具、手镯和胸饰等饰物，国王甚至在牙齿中嵌入翠玉碎片。

玛雅人因为玉的色泽就把这茁壮成长的谷物以及潭深水发出的绿光联系到一起，因此也将玉石和丰收联系在一起，玉石象征着谷物的新牙、水和生命。在死者的嘴里放置翠玉的珠子和谷物，可以保证他们的来生无论在物质还是精神上都不会忍受贫穷。统治者下葬时戴上翠玉制的面具，可以让地府的统治者辨认出他们并给予他们和平民百姓不一样的待遇。在玛雅词汇中，“玉”还是一天的名称，意思是雨。除此之外，玉还隐喻鲜血，象征生与死。在神圣仪式上，国王刺破身体流出的鲜血滋润了玛雅宇宙中心的圣树，打开了通往超自然世界的大门，那里的一举一动都影响到尘世间的一切。这样看来，玛雅人把玉涂上红色也就不足为奇了，他们是把世界中两大最重要的元素连接了起来。

1949 年，墨西哥考古学家鲁兹对帕伦克最雄伟的一座神庙“铭文神庙”进行发掘。1952 年，进一步的深入挖掘发现这是一座墓室，这个座墓室的主人可能是帕伦克城邦第 11 世君主巴加尔。墓室是一个四面墙壁上装饰有泥塑浮雕的有拱顶的大厅，大厅中间是一口石棺，宽三米，长约五米。除了遗体真正躺卧的中央区域以外，台体的其他部分都是实心的，仿佛是由一个厚实的掩体把心脏部分的墓穴防护起来。整座墓台不仅方正、厚实，具有一般重要墓葬的厚重感，而且总体积上远远超出墓穴本身的大小，遗体安放在墓穴中，就像婴儿睡在大床里一样。不仅如此，陵墓的设计者还把石棺的盖板延展至墓台的规格，让约二十厘米厚的这么大一整块石板压在墓台上。移开石棺之后，没有想象中的全身包裹，也没有象征地位的令牌或陪葬，与遗体头顶方向壁雕上的坐像相对照，全身的披挂也已破碎销蚀几尽，除了零星遗骨，只有一副青玉做成的面具赫然呈现，它勾勒出死者生前的大致脸面，与收缩、腐蚀后的身体相比显得有些硕大，不成比例，在清一色的灰白石块中间非常夺目。

这副青玉面具是用小块青玉剥成各种曲度的玉块逐一拼凑粘连而成的，虽然没有平滑如镜的精致感，反而从这种细琐的破碎和拼合中透出一种执着来。白色的眼白用贝壳制成，瞳孔、虹膜都用黑曜石点缀，这些材料都具有较强的抗腐蚀性能。面具将死者大致的脸部轮廓勾勒了出来，整体上看简洁而严肃，似乎不像是要起什么遮盖或保护的作用，因为面具只盖到颈部，与中国汉代王陵出土的包裹全身的金缕玉衣不同。

在出土前这副青玉面具就已经散落了。考古学家不辞辛苦，巧夺天工完成了这项超高难度的修复工作，整个面具总共有 200 多块青玉编制而成。

英国考古学家摩利斯·科特罗经过潜心研究，发现了面具上有几组暗号：在右眼下方有 3 个斑点，左眼下方也有 1 个斑点，还有 2 个在右眼的眉毛部位。科特罗将这副面具的图片制成两张一样的彩色幻灯片，然后以头尾倒置的方式叠在一起后经过各个角度的旋转之后，一幅幅生动逼真的“神灵照片”就呈现出来了。

第一幅：“蝙蝠神”。如果将右眼下方的 3 个斑点予以对齐，就会浮现出一只蝙蝠。蝙蝠代表着死亡，有趣的是这只蝙蝠的舌头就像巫婆那么长，而这是日神的特征。

第二幅：“羽蛇神”。可以见到一个盘腿而坐的人像，还带两只伸展的翅膀，再外加一个鸟头。这是在影射“羽翼灵蛇神”。这个人像的双手还高举一尊“半人半兽”的画像，脸的下方像一只熊，上方则接近人类。

第三幅：“灵蛇”的翅膀。可清楚见到一条蛇，在额头上还有一对翅膀。与在第二幅图像里强调的“羽翼”部分一样，这副则强调“灵蛇”的特质。其实，这两张图片的主角都是“羽蛇神”。

第四幅：头带盔甲的人像“东神”。这一次看到的是一个头带盔甲的人像“东神”。在他的嘴鼻的部位还坐着另一个人，双腿盘绕，状似打坐。“东神”兼有“火神”的身份。

后来，这幅照片被科特罗扫描到电脑里，在调高亮度与对比之后，又有了新的发现：在照片下方的阴暗处，冒出一个人头像，像是一个头戴羽帽的小男孩，但是他的舌头呈锯齿状，好像蛇一样。同时他的鼻子却又像猫，估计这个是告诉我们一方面象征着“玉蛇神”；一方面象征着“美洲虎”，也就是在玛雅境内的“万兽之王”。他的嘴巴被一只双翼展开的蝙蝠给盖住了，但是头部又跟巴加尔国王很相像。

科特罗将跟蝙蝠有关的哪一幅中蝙蝠的脸形被放大处理，发现双耳却不翼而飞了。科特罗突发奇想，设想把在石棺里的一串外观奇特的玉环挂到蝙蝠的身上，这张重叠影像就大功告成了。如果再将这张照片倒180°，就会发现有个人站起来向观众鞠躬，科特罗猜想这人就是巴加尔国王。科特罗猜想这副精美的青玉面具诉说着这个躺在石棺内的人物是个握有生杀大权的全能之神：既能给人生命，也能置人于死地。如果从宗教的角度来看这个国王的身份可能就是鼎鼎大名的“羽蛇神”；他一方面驱逐恶魔而独霸天空；另一方面却又具有“祭品”的矛盾角色。这就是科特罗猜想的有关青玉面具隐藏的奥秘。

## 玛雅文明消失之谜

在16世纪，玛雅地区还没有被西班牙人征服以前，在中南美洲热带雨林中古典期玛雅文明曾经有过繁荣岁月，这一时期有600年左右的时间。玛雅文明的技术水准停留在石器时代，各都市间自成王国。玛雅人在这近2000年间创造了辉煌的玛雅文明，公元800年前后，不知道基于什么原因，这个由僧侣、星相家、工匠和农夫所组成的先进民族放弃了高度发展的文明，忽然神秘地消失了。他们所创建的每个中心城市也都终止了建造新的建筑，他们创造的文明也很快消失于美洲的热带丛林中。玛雅文明是因为什么原因消失的，至今仍尚没有一个统一的说法。目前有以下几种说法：

### 干旱说

有人用干旱说来解释玛雅文明的覆灭，这种说法是目前较为流行的一种看法。从气候方面来看中美洲比较干燥，近年来，还有研究表明，玛雅人的活动可能加深了气候的干燥，为了维持极高的人口密度，玛雅人拓展了耕地。他们几乎毁灭了所有的森林，把林地变成了农田。由于当地连年发生干旱，摧毁了古文明赖以生存的农业基础。而他们又没有打井竖渠的水利知识，在湖泊河流干枯断流之后，农业的欠收引起了一系列的连锁反应，巨大的都市文明最终分崩离析。尤卡坦半岛频繁出现旱灾的原因到目前在学术界还没有定论。

砍伐森林说

有人认为可能是玛雅人不断地砍伐森林导致了玛雅文明的消失，最新的发现来自于美国宇航局气象学家，认为玛雅文明的衰亡缘于玛雅人自己的过失，他们在中美洲大肆乱砍滥伐导致该地区干旱天气，间接将自己所创造的文明推向了灭亡。一些专家指出，玛雅人有着复杂的宗教体系，城市都是以金字塔和神庙为核心，在兴建金字塔和神庙时，习惯于用白石灰来粉刷外墙，烧制石灰需要大量木材，玛雅人便开始砍伐森林。

实际上，当地的气候确实因为玛雅人砍伐森林改变了，虽然毁林并未造成干旱，但当干旱发生时，森林的减少会加重干旱。因为裸露陆地地面的反射率比有植被覆盖地面的反射率要高得多。这些裸露陆地将更多的能量反射到大气中，因此陆地地面的能量大幅减少，不足以为水蒸气形成云和雨这个过程提供所必须的能量。库克认为，陆地地面吸收的能量减少了10%～20%。雨水减少就会导致土壤干燥，此外陆地地表温度也会因此升高大约0.5℃。

玛雅人修筑的金字塔也随着城市规模的不断扩大而修筑得日益增高，对木柴的需求量也越来越大，最后，大片森林被砍伐殆尽，当地的环境也逐渐恶化，干旱自然不可避免。对此最好的证明就是玛雅金字塔遗迹，它们遍及美洲各国以及墨西哥南部。

本·库克（BenCook）是美国宇航局的科学家，他将玛雅时代后期和早期殖民时代（1500—1650年，那时土地的使用程度最低，森林在中美洲大部分地区生长良好）的气候条件进行了对比。发现气候变暖和干燥的趋势在早期殖民时代消失了。欧洲人入侵的一个附带结果就是导致当地人口消失了90%，人类影响的减少又促进森林的再生。洞穴记录也证实了森林被乱砍滥伐后的干旱情况。库克认为，相关的记录表明，当时的干旱气候，有一半原因是玛雅人对森林的乱砍滥伐。公元800年—公元950年，尤卡坦半岛上的降雨量下降了20%。今天，许多殖民时代的森林已经消失，但仍有大片的狭长林地留在尤卡坦半岛（YucatanPeninsula）上。如果砍伐了这片可以抑制干旱的森林，中美洲的气候也会发生改变，会变得更加温暖和少雨。

疾病蔓延说

玛雅的文明简直就是一部奇妙的历史，还有一种学说认为玛雅文明的消失是因为疾病的蔓延所致。在近年来对玛雅木乃伊所做的医学方面的检查，说明很多玛雅城市莫名其妙地衰落下去的原因，很可能和疾病——特别是花柳病的蔓延有关。我们知道，把梅毒带进旧大陆，是阿芝克人和印加人对西班牙人的报复。这种新型的疾病和几世纪前横行一时的黑死病一样，使死亡席卷了欧洲和亚洲。的确，在公元700—1000年托尔忒克和阿芝克与玛雅人接触时，也正是大部分玛雅城市莫名其妙地被废弃的时期。一些美国的科学家推论说，玛雅文明遭受毁灭的原因，就是由于花柳病，因为玛雅人对地球的细菌没有免疫力。

生态危机说

我们知道玛雅文明虽然是城市文明，却建立在玉米农业的根基之上。自古以来，玛雅农民采用一种极原始的耕作法：他们先把树木统统砍光，过一段时间干燥以后，在雨季到来之前放火焚毁，以草木灰作肥料，覆盖住贫瘠的雨林土壤。烧一次种一茬，其后要休耕1~3年，有的地方甚至要长达6年，待草木长得比较茂盛之后再烧再种。当古典期文明繁盛、人口大增时，农业的压力越来越大，人们更多地毁林开荒，同时把休耕时间尽量缩短，然而这样一来，土壤肥力下降，玉米产量越来越低。玛雅文明在人口大发展之后，面临着生态环境恶化、生活资源枯竭的严重问题，社会状况一落千丈。

更为严重的是，在神权政治的体制下，玛雅王族和祭司将这种种“衰败之象”都归结为神的不满。他们更多地建神庙，更频繁、更隆重地祈祷，期盼能借神力扭转乾坤。当然，这样做的结果是浪费了更多的人力和已十分贫乏的资源，直至陷入不可救药的恶性循环。随着农业生产供应的严重匮乏，玛雅古典期高度发达的文明也开始崩溃了。当城市周围贫瘠的荒地连成一片，饥饿就迫使玛雅人弃城而去了。经过百年衰败动荡之后，中央低地各城邦都湮没在热带丛莽之中，绿色植物悄悄覆盖起一切，想掩藏起一个久远的秘密。

科学幻想说

这种观点认为玛雅人来自外星球，自然又回到外星球去了。他们认为玛雅人本来就是在别的星球上居住，为采矿而离开故乡的行星，来到某个星球。后为躲避某个星球的爆炸来到地球。他们最初居住在温暖的南极，随后又因冰河期来临，辗转迁徙至中美洲的密林之中。在9世纪时由于墨西哥高原爆发战争，为躲避战祸，玛雅人便将自己的所有设备全部装进太空飞船，乘着宇宙飞船飞向茫茫宇宙，去寻觅新的家园了。但这种观点不被大多数人承认。

等级划分说

有学者认为，严格的等级划分是导致后古典期文明衰落之后，玛雅文明销声匿迹的首要原因。玛雅高深的知识和文明只掌握在极少数贵族和祭司的手中，占玛雅人口绝大多数的下层劳动者完全是文盲。这些养尊处优的贵族知识分子，在繁华殆尽后难以生存，乃至很快消失，也带走了辉煌无比的玛雅文明。留下来的为数众多的普通玛雅农民，自然无法读懂那些本来就一无所知的文字和史书了

太阳周期说

美国佛罗里达州大学地质学家戴维·霍德尔在最近的研究中发现，玛雅地区发生的旱灾有着明显的周期性，大旱灾每隔 208 年就发生一次。这位学者因此提出一个新的见解：玛雅文明的消失与太阳的周期性活动增强有关。每 208 年，当地就会发生一次旱灾。最严重的一次发生在公元 750 年—850 年，这正是玛雅文明消失的年代。而 208 年这个周期，和目前太阳活动每 206 年就有一次增强的周期正好吻合。

一些专家也认为，这两个周期的吻合，决不是偶然的巧合。霍德尔在地质学上的研究，为解决这个历史之谜带来了突破。一些学者还猜测，在三大印第安文明中，玛雅文明尤其以天文历法和宗教体系著称，这或许也和旱灾的发生有关。也许早在 1000 多年前，玛雅人就已经发现，天体的运动和他们的生活息息相关，所以他们才会以一种古代印第安人中少见的热情和执着，来观察各类天体的运动。

内战说

内战说也是关于玛雅人消失比较常见的一种说法，这种说法认为是争夺财富及权势的血腥内战导致了玛雅人的消失或者毁灭的。这些学者认为，玛雅人并非是传说中那样热爱和平的民族，相反，在公元 300 年—700 年这个全盛期，毗邻城邦的玛雅贵族们一直在进行着恐怖的争权夺利的战争：战卒们用矛和棒作兵器，袭击其他城市，其目的是抓获俘虏，并把他们交给己方祭司，作为向神献祭的礼品。这种祭祀正是玛雅社会崇拜神灵的标志。玛雅社会一度相当繁荣，农业、手工业以及商业贸易都非常发达，但自公元 7 世纪中期开始，玛雅社会衰落了。战争永无休止，生灵涂炭，贸易中断，城毁乡灭，最后只有 10% 的人幸存下来。

在探寻玛雅帝国消失之谜的过程中，除了上面几种常见的说法之外，还有一种很奇怪的说法，认为玛雅人的消失和 16 世纪中叶西班牙对玛雅的侵略有关，说是被吓坏了的玛雅人突然集体失踪了。于是玛雅人纷纷离开故乡，玛雅文明也随之消失。还有较多的学者认为，随着海上运输的发展，内河水上贸易被海上贸易所取代，于是处于密林深处同河流相连、靠内河贸易为生

的玛雅城市失去了存在的依托，引起玛雅社会的瓦解。

从公元9世纪开始玛雅文明就慢慢地失去光彩，西班牙殖民者的入侵又给了后古典期支离破碎的玛雅世界最后一击，支撑文明体系的精神世界和记载它们的书籍失落了。目前，有将近200万玛雅人仍然生活在他们祖先生活过的土地上，使用着近25种玛雅语，但是，他们对过往的历史几乎一无所知。

# 第五篇

# 从流民到霸主——阿兹特克帝国

# 第一章　帝国的崛起与覆灭

## 阿兹特克人的起源

在阿兹特克的语言纳瓦特尔语中，阿兹特克是“从阿兹特克来的人”的意思；然而，阿兹特克人称他们自己为墨西哥人或特诺奇卡人。

关于阿兹特克人的来历，据说是这样的：阿兹特克人于公元1168年来到墨西哥高原，在此后的20年中曾两度占领泰兹库湖湖边的盆地，但最后都被赶走了。公元1319年，在疲惫不堪的阿兹特克人几乎失去生存下去的希望时，墨西哥高原上的一个印第安部族看中了阿兹特克人的嗜血与好战，决定收留他们，条件是阿兹特克人必须成为该部落的雇佣军。阿兹特克人答应了，于是，当地人划出了一小块贫瘠的土地让他们居住。这片土地上满是毒蛇，当地人本想让他们在这片遍布火山岩的不毛之地上自生自灭，没想到阿兹特克人竟然在那里顽强地生存了下来，遍地的毒蛇反而成了他们的食物；同时，他们骁勇善战的作风也赢得了当地人的信任。

早期迁徙的阿兹特克部落
——选自《阿萨蒂特兰古抄本》

很快，阿兹特克人不甘于寄人篱下的地位，他们最崇拜的战神和太阳神惠兹罗伯底里（Huitzilopochtli）授意阿兹特克人：“不要再听任当地人的摆布了，你们也不要居住在这片贫瘠的土地上，你们要成为你们自己的主人！去吧，去把那个部落酋长的独生女儿接过来，我会把她赐予你们。”阿兹特克人遵照神的旨意去见那位酋长，请求允许让他的女儿到阿兹特克神灵那里做客，酋长的女儿到来后，惠兹罗伯底里又降下旨意：“扒下这个女人的皮，让一名祭司披着它，然后再把酋长叫来。”虔诚的阿兹特克人都一一照办了。当那位酋长走进阿兹特克人阴暗的神殿，把自己随身带来的礼物——鲜花和鲜血放在惠兹罗伯底里的神像下，并焚香敬神时，香火照亮了他的视野，他惊讶地发现一位祭司披着他独生女儿的皮，端坐在神像旁边。

盛怒之下的酋长把阿兹特克人赶到了泰兹库湖中的一个小岛上，困顿痛苦的阿兹特克人再次面临流浪的悲惨命运。正当他们万分绝望之时，企盼已久的那一幕突然出现了——一只雄鹰栖息在仙人掌上，爪子抓着一条毒蛇，那只雄鹰张开双翅一边不停地尖叫，一边撕咬着猎物。

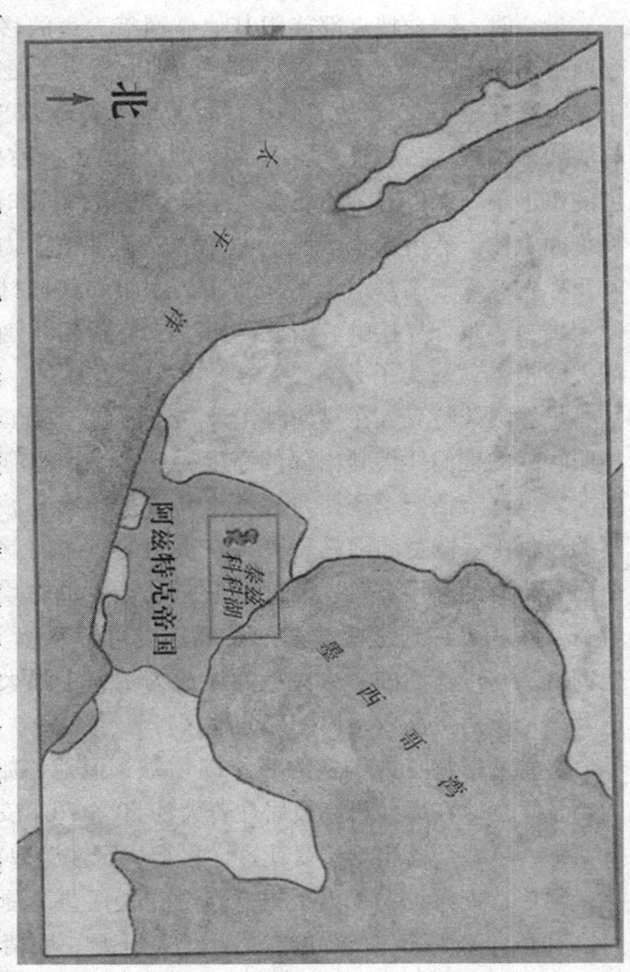

阿兹特克版图，帝国大致位于今天的墨西哥

这一幕为何令阿兹特克人欣喜不已呢？因为在阿兹特克人中流传着这样的传说：很久以前，他们的祖先快乐地生活在一个叫阿兹特兰的岛屿上（意为“苍鹭栖息的地方”，学者们认为该岛屿就在墨西哥西北部某处），但是有一天，神让他们离开这个地方，于是虔诚的阿兹特克人开始了长达几个世纪的艰苦漂泊生活。如果他们在一个地方看到刚才所述情景的话，他们便找到了神赐的家园。

多少年的漫漫征途终于可以结束了！阿兹特克人决定在这里定居，生息繁衍。阿兹特克人将岛屿命名为泰诺克蒂兰（意思是“长着仙人球的地方”），并把它作为自己的首都。一只雄鹰口衔蛇立于仙人掌上的标志后来成为阿兹特克帝国的象征。在今天的墨西哥国旗上也可以看到这一标志。

## 阿兹特克人的兴起

建立泰诺克蒂兰不久后，在几公里外的一座小岛上，阿兹特克人建立了另一座城——特拉特洛科（Tlatelolco）。

最初时，阿兹特克部族跟其他靠渔猎为生的移民没有两样。相对于称霸墨西哥高原的部落，生活在小岛上的阿兹特克人处于“夹缝中生存”的境况中。但是在短短30年的时间里，阿兹特克人自力更生，一心一意建设他们所有的两个小城镇，并且发展出一种人工小岛。这种小岛名叫“奇昂帕”，是地道的水上菜园，以芦苇编成筏，在筏上植下木桩和树，深深插入湖底淤泥中，将筏固定住，然后在堆了肥沃淤泥的筏上种植作物。由于精心管理和不停灌溉，作物产量颇高。但是由于石头、木梁和其他材料的匮乏，阿兹特克人必须走出去，跟外界接触。因此，通过战争获得其他部落的供品和战俘（用于活人祭祀）就成为了必然。

虽然阿兹特克人在早期时作为“流民”，饱受颠沛、歧视与压迫之苦，但精明善战的他们凭借其内部的高度凝聚力、训练有素的军队和残酷无情的好战斗志，逐步征服了墨西哥高原上几十个印第安城市。在对异族文化兼容并蓄的过程中，聪慧的阿兹特克人在很短的时间内就将他们的文明发展到了一个前所未有的繁荣程度。较之比它早几千年的古埃及、古巴比伦文明，阿兹特克文明从萌芽到全盛时期的发展速度可谓飞速。在不到200年的时间里，他们就从一个落后的游牧民族发展成为了一个强大帝国的统治阶级，其力量遍及整个墨西哥高原及周围部分地区。

尽管阿兹特克人的实力在不断增强，但他们始终无法摆脱“粗鄙野蛮”的帽子。当时在墨西哥高原居住着大约50个印第安部落，在这种群雄纷争的局面下，这些部落很难接受让这样一帮“野蛮游寇”成为上天选定的统治者。

阿兹特克人也发觉为了树立自己在墨西哥高原的绝对权威，有必要宣称自己有高贵的血统和神赐的权力，于是开始一厢情愿地创造自己的“贵族血统”，这其中最具戏剧性的一招就是他们“进口”了一名托尔特克族的王子（托尔特克在墨西哥高原上一向享有血统尊贵的好名声），他们让他和至少20名阿兹特克女人同房，结果生下来一大群具有“贵族血统”的后代。接着，阿兹特克人开始着手销毁一切能证明自己落魄往事的证据，并创建了新的民族精神，摇身一变成了一个“血统高贵”的民族。

阿兹特克人的地位开始迅速攀升，他们对于通过和一些古老而尊贵的民族联姻，从而获取政治资本的做法感到扬扬得意。包装自身血统的同时，阿兹特克人也对托尔特克人创造的文明成就艳羡不已。于是，富于学习精神的阿兹特克人开始模仿托尔特克的一切——从城市建筑到宗教信仰，再到生活方式。

此外，在泰诺克蒂兰的遗址下，考古学家们还发现了更早时候的奥尔梅克（Olmec）城市遗址。同时他们也发现，实际上，阿兹特克人是不分青红皂白地继承了奥尔梅克人的全部文化遗产。从天文历法到书面表达方式，从石雕到建筑风格，他们都一古脑地搬来受用。

可事实上，在西班牙人到来之前，阿兹特克人一直以血腥和残暴闻名于墨西哥高原。历任阿兹特克人的首领都不断地对外征战，无数的战利品和绝对的强权筑成了泰诺克蒂兰无法言表的繁华景象。但是不管阿兹特克人怎样掩饰自己的过去，其他部落都不会忘记，他们用的是偷梁换柱的手段来往上爬的。其他部落的首领后来都被迫成为他们的仆从，但他们把阿兹特克人真实的历史和对阿兹特克人的仇恨深深地埋在了心里。

## 太阳之石的预言

公元 1791 年，在墨西哥城扎卡罗广场，也就是阿兹特克帝国首都泰诺克蒂兰最重要的大寺庙上，人们挖掘出了举世闻名的阿兹特克历石。这是一块巨大的圆形石板，它是阿兹特克文明最具影响力的遗物之一，也是后人探知阿兹特克人信仰、时间观及世界观的钥匙。它不仅讲述了世界的过去，更指出了世界何时毁灭。

阿兹特克历石重达 24 吨，直径约有 12 英尺，厚 4 英尺。刚出土时，人们给它取名为“太阳之石”，部分原因是因为它看起来像日晷。人们发现它时，它被压在附近大教堂的一根石柱下。

灰黑色的玄武岩浮雕圆面中心，雕刻着阿兹特克人敬仰的太阳神，他吐着匕首状的舌头。从中心分散出来的几个小区间，其中一些代表“一天分为八个部分”，和如今的小时相当。另有 20 个浮雕形成的环状带，分别雕刻着短鼻鳄鱼、风、房子、蜥蜴、蛇、死神、鹿、兔、水、狗、猴、鹅、芦苇、虎、鹰、兀鹰、地震、石器、雨和花，分别表示阿兹特克人宗教日中的 20 天。

从太阳神的脸分散出来的 4 个小区间分别代表已经结束的 4 个时代。它们分别被美洲虎、飓风、大火和暴雨所毁灭。阿兹特克人认为第五时代将在一个叫“四运动”的宗教日灭亡。但公元 1519 年西班牙征服者科尔特斯的到来使“世界末日”的降临比预想早了很多。

阿兹特克人认为，世界一共要经历五个时代，他们所处的是最后一个时代，也就是第五时代。此前地球曾被创造和毁灭过 4 次。第五时代是众神在公元986年创造的。宇宙已度过了四个周期，每一周期都有一个太阳。现在四个太阳已先后消失，阿兹特克历石中央所刻的，是第五个太阳。在它上下左右各刻着已经不存在的四个太阳，这四个太阳最终都在大灾变中结束了。

阿兹特克历石

第一个太阳，是巨人们的时代，阿兹特克人认为这一时期被美洲虎所灭。人们觉得，所谓的“巨人”，很可能是指恐龙，科学家们相信地球的确被一颗巨大的陨星撞击过，结果是把恐龙彻底灭绝了。这场灾变被认为是发生于距今6500万年前，撞击掀起的尘埃和碎石形成巨大的云状物，遮住了太阳的光芒，使气候急剧变化，几乎所有的生命都惨遭厄运。

第二个太阳，是“他们变成猴子”并生活在树林的时代。这次是毁于一场凶猛的风，它卷走了一切，甚至“太阳自己也被风卷走了”。

第三个太阳，这次世界最终毁于一场“火雨”。“火像雨一样降落到他们身上”，而太阳也被火毁灭了。这也许是火山或人类活动所造成的后果。

第四个太阳被称为“黑发”时代。其他文明的记载都与历石的观点一致，认为世界在一场大水灾中毁灭。“洪水持续了52年，它结束了他们的生命”。肆虐的洪水吞没了一切，但一对夫妻在洪水中幸免于难，因为“他们被一棵树保住了性命”，这与《圣经》里诺亚方舟的故事有着惊人的相似之处。

第五个太阳持续到今天。“在这个太阳时期将会出现地震与饥饿，人类的末日也会随之来临”。

阿兹特克人并不确切知道这个太阳何时终结。他们认为，自我牺牲能保住太阳和地球的平安，唯一让太阳重放光芒的办法就是，向它献上最珍贵的礼物——生命本身，这样就能保证太阳长久不衰，就能避免它吞噬整个地球的巨大灾变。

阿兹特克人的宿命论，就好像吹旺毁灭阿兹特克文明的灾难之火的风，是他们自己加速了自身的灭亡。而阿兹特克人的历法很典型地体现了这一点。

阿兹特克太阳历（或称季节历），是西班牙征服以前阿兹特克人所使用的历法。太阳历的一年有18个月，每月20日，年末5日为凶日，故一年总共365天。太阳历主要用在农业上，如雨季与旱季大约出现的时间。另外，几乎所有的节日活动都是按照太阳历来庆祝的。阿兹特克人的另一套历法——神圣历，一年只有260天。两套历法搭配使用，形成52年的循环周期。

## 西班牙人与印第安人的“结盟”

从公元1492年以来，西班牙人在大安第列斯群岛登陆，向海地的圣多曼格和古巴移民，又在委内瑞拉和巴拿马定居。这些事阿兹特克人自然不会一无所闻。20年来，欧洲船队经常在大陆沿岸和岛屿之间穿梭，有时发生沉船事件，印第安小船和西班牙大舰遥遥相望。

公元1517年，西班牙远航船队首度抵达尤卡坦和坎佩切地区海岸。翌年5月，另一支远航船队离开古巴，到了科苏梅尔岛，又沿着墨西哥湾海岸往北到达了维拉克鲁兹，然后又停泊在帕纽科河河口。西班牙人在那里与印第安人交换货物，引起冲突，互相观望。

这些外来者的举止实在怪异，印第安人纷纷猜测他们突然来临的原因。有人看到了一艘西班牙船，禀报阿兹特克末代皇帝摩台克祖玛二世说，海湾水面上有一座山在移动。这是不是如预言中所说，羽蛇神和他的同伴回来了？图拉因为羽蛇神的离开而崩溃，但按照轮回的说法，不管事物如何演变，羽蛇神在人间的代表到时候还是会从遥远的东方回来的，托尔特克人的雄姿将最后一次显现。羽蛇神的形象贯穿中美洲印第安文明的历史，而在阿兹特克文明即将毁灭时，它又出现了。这是历史设下的陷阱：如果羽蛇神来收回自己的权力，谁还能抓住继承的权力不放呢？

荷南多·科尔特斯（HernandoCortes，1485—1547年），公元1485年出生在西班牙麦德林，父亲是一个小贵族。科尔特斯年轻时在萨拉曼卡大学攻读法律。19岁时，他离开西班牙到新发现的西半球去碰运气。公元1504年，他到达希斯盘纽拉岛，在那里的几年时间里，他作为一个乡绅，过着放荡不羁的生活。公元1511年，他参加了西班牙征服古巴的战斗，历经这场冒险之后，他娶了古巴总督迪戈·维拉斯凯的妻妹，被任命为圣地亚哥市市长。

公元1519年，古巴总督命令科尔特斯带领一支远征军，为西班牙国王寻找新的财富和奴隶来源。当科尔特斯正在召集人马时，总督变得有所顾忌。他担心这个野心勃勃的年轻人一旦得胜归来，很有可能会功高震主。科尔特斯的幕僚将这个消息及时告诉了他，为避免夜长梦多，他决定提前出发，离开生活了8年的古巴。

公元1519年2月，科尔特斯率领一支远征队向尤卡坦半岛进发。这支远征队仅仅拥有11艘船只、110名水手、553名士兵（其中，只有13个士兵有火枪，32个士兵有石弓）、10门重炮、4门轻炮和16匹马。他们沿着尤卡坦海岸搜寻，然后向西航行，终于在公元1519年4月耶稣受难日那天到达了墨西哥海岸。科尔特斯将登陆的地方命名为“维拉克鲁兹”，意思是“耶稣基督的富贵乡”。

科尔特斯在海岸附近停留了一段时间，收集有关墨西哥形势的情报。正是在维拉克鲁兹，科尔特斯第一次了解到在这块陆地的深处还有一片富庶的宝地。他获悉统治墨西哥的阿兹特克人在内陆有着巨大的财富，有大量的贵重金属，而且许多被征服的其他印地安部落对他们有切齿之恨。面对这块肥肉、面对这个有利时机，这个贪婪的掠夺者已经迫不及待了……

多年以来，摩台克祖玛二世一直派哨兵在沿岸瞭望，察看有没有羽蛇神统帅的诸神到来。他知道，羽蛇神能克住他们这些战神惠茨罗伯底里的信徒。现在，这些白人从东方海上来，无疑是说羽蛇神回来了，无论如何都要对他们敬而远之。

西班牙人一出现，摩台克祖玛二世就不断从传言里得到关于西班牙人的消息。他被告知“海上出现一座从未见过的大山”，白皮肤的人骑在一种“有屋顶那么高的鹿背上”。既然这些远道而来的客人是神的使者，那么向他们献上供品，才是最好的办法。摩台克祖玛二世立即派人去海边迎接“羽蛇神”，并派人阻止其他部落的人抢先一步去迎接。阿兹特克人向西班牙人献上金银、宝石、镶嵌羽毛的贵重物品，部落文献里详细记载了数十种宝物。

阿兹特克使者说：“区区供奉，请天神笑纳。”

科尔特斯说：“难道这就是你们表示欢迎的献礼吗?”

于是他下令把使者绑起来，然后开枪放炮吓唬他们。使者们有一半吓晕过去。

还有一种说法是，摩台克祖玛二世甚至送去了人祭牺牲品，西班牙人觉得恶心，但还是在海岸附近停泊。摩台克祖玛二世临时变卦，派最好的巫师去蛊惑这些不速之客。

据说，摩台克祖玛二世派了好几批使节，给西班牙人送去了许多礼物，这其中有王室工匠依照神的装束制成的神服。但真正让西班牙人动心的是大把的黄金。而阿兹特克人所做的这一切不过是为了让科尔特斯老老实实待在原地，那些阿兹特克使节只是一味地迎合西班牙人的要求，向他们保证会允许他们向内陆进发，这就更刺激了西班牙人的贪婪。

应该把科尔特斯作为神的使者，还是死敌对待，阿兹特克皇帝并不清楚。他应该豁达大度，隆重接待西班牙人，还是该挫败他们的计划？可能他一开始就深信自己气数已尽。如果真是这样，就可以说明他为何反复无常，一会儿忍让，一会儿反抗，甚至还没有跟西班牙人正式交锋，就甘心交出权力。

而此时，科尔特斯带着约 400 名士兵从维拉克鲁兹出发。经过艰难的长途跋涉，他们从平坦的海岸，来到崎岖的山区，向泰诺克蒂兰进发。印第安人施的“法术”对他们毫不起作用，因为他们皮肉“坚硬”，邪气钻不进去。

西班牙人决定发动全面战争。在高原地区，他们遇到了特莱克斯卡拉族武士的袭击，这是唯一一支未被阿兹特克人征服的部落。他们同阿兹特克人进行了旷日持久的“花之战”，对阿兹特克怀有刻骨的仇恨。

起初，当地人误以为西班牙人是阿兹特克人的新盟友，决心抵抗，发生了冲突。那些服饰鲜艳的印第安武士与擅自闯入的西班牙人展开了数次恶战，抢走了他们的一些财物，而西班牙人依靠着大炮与骑兵的威力，最终占了上风。特莱克斯卡拉人看到西班牙人炮火很猛，作战勇敢，而且双方都把阿兹特克人视为敌人，于是希望通过投靠外来势力来打击阿兹特克人。

经过激烈的讨价还价，特莱克斯卡拉人最终同意与西班牙人结盟，象征性地给他们进贡。他们送来了一些布匹、黄金和普通的宝石，并允诺为西班牙人前往阿兹特克的据点带路。

科尔特斯麾下有两名翻译，方便他与当地人交流。其中一个是印第安妇女玛琳娜，她是科尔特斯的情妇（站在科尔特斯身边的就是玛琳娜），会说尤蒂－阿兹特克语和一种玛雅方言；另一个叫阿久拉，是一名在海难中侥幸逃生的西班牙船员，科尔特斯在尤卡坦海岸收留了他，他能讲一口流利的玛雅方言（就是玛琳娜讲的那种）。这样一来，玛琳娜将阿兹特克人的语言翻译成玛雅语，再由阿久拉译成西班牙语。通过他们俩，科尔特斯收集到关于未来的敌人摩台克祖玛二世的情报。

## 考拉卢大屠杀

当西班牙人在特莱克斯卡拉安营扎寨，进行短期休整时，阿兹特克人派去了更多的使节。他们带着更多礼品拜会科尔特斯，劝他回到维拉克鲁兹去，而且不要和阿兹特克人的宿敌结盟。

几乎从西班牙人刚在维拉克鲁兹上岸起，阿兹特克人就一直对他们进行严密的监视，不断将他们的行踪报告到首都。当西班牙人向内陆进军的时候，阿兹特克国王派去的间谍就对他们一路展开侦查。他们看到西班牙人戴着金属头盔，身着奇装异服，骑着温顺的“鹿”——“骑在它们上面，那些人看上去有房顶那么高，这时候他们想去哪儿就去哪儿”；还有他们的猛犬“就像魔鬼一样，四处狂奔乱叫”。间谍把这些绘成小幅画卷传给了国王。

科尔特斯从不放过任何在阿兹特克人面前耀武扬威的机会，有一次观看西班牙人的火炮发射时，一些阿兹特克信使甚至被闪耀的火光和“隆隆”的巨响吓得晕倒在地。

科尔特斯进军势头不减，他带着一些特莱克斯卡拉武士继续朝着遥远的泰诺克蒂兰进发。他们到达了距离首都不远的一座商业城市考拉卢市。这座城市是属于羽蛇神的。这时，玛琳娜告诉科尔特斯，这里的居民可能对他们不怀好意，于是西班牙人和他们的“盟友”，对城中的男女老幼进行了一场血腥的大屠杀。入侵者毫不留情地将寺庙里的神像统统推倒。后来，西班牙修道士命令阿兹特克人在他们准备好的羊皮纸上记录下这段历史。

传说在很久以前，羽蛇神乘着由毒蛇缠绕而成的筏子离开墨西哥，去了遥远的东方。临行前，羽蛇神说总有一天他会回归，重掌大权。他预言将在阿兹特克历法中“一芦苇之年”（公元1519年）回来。正是这一年，科尔特斯来了。

在西班牙征服者到来前的十年，一颗明亮的彗星出现于天际。据《佛罗伦萨古抄本》记载，摩台克祖玛二世目睹了彗星的掠过。占卜师不能解释这个现象，摩台克祖玛二世惩罚他们饿死在牢里。

还有其他怪事扰得阿兹特克皇帝惶惶不可终日：托西女神圣殿无端起火，尽管人们全力扑救，但仍化为了灰烬；在一个平静无风的白天，一道霹雳击毁了另一座神殿的穹顶；泰兹库湖突然无风掀起巨浪；夜里有女人大哭道：“可爱的孩子，我们得走了，但我们能上哪儿呢?”；一块巨石开始说话，宣布摩台克祖玛二世的末日。皇帝极度惶惑，要大臣说出他们做过的梦和有过的幻觉，从中寻找答案以解释折磨着他的种种迹象和预兆。

这些令国王非常担心的不祥之兆也令他的臣民们惴惴不安。从天文学和地质学角度看，这些现象出现时不大可能带有声响，一些学者认为这是后来口述这些奇异的倒霉事的阿兹特克人过分夸大了事情的表象。其实，这些表象不过是反映了一个不稳固的政权的动荡，以及暴君统治下老百姓的愤怒。

当得知西班牙人的船队在海岸游弋时，摩台克祖玛二世便认定那就是羽蛇神及其乘坐的巨大的蛇筏。于是这位至高无上的统治者变得愈发忧心忡忡，他预感自己的末日要到来了。在古老预言的困扰下，他决定还是让出王位为好。此前一系列的不祥征兆更令他坚信，阿兹特克帝国注定要在他手中遭受灭顶之灾。当时国王身边目睹他反常举动的人后来对西班牙传教士说，国王陛下极度忧虑，甚至有点巴望那命中注定的灾祸早日降临，省得他整日担惊受怕。

阿兹特克人想尽办法阻止西班牙人接近他们的首都。他们不断地送去供品讨好科尔特斯，恳求他们返回海滨。他们不断地念咒语，企图阻止西班牙人的步伐。当这一切都无济于事时，摩台克祖玛二世变得极为惊慌失措。据玛琳娜回忆，“这位狂躁的君主”甚至使出了最后一招——逃之夭夭。可是阿兹特克祭司们在途中截住了国王，并迫使他返回王宫。可他如此害怕，以致于在亡国灭顶之灾到来前就发表了告别演说。“国王泪流满面地在公众面前哭诉，他对即将到来的陌生人怕得要死”。从公众场合回到王宫后，“国王流着泪向他成群的妃嫔和孩子们做最后的诀别，他命令所有侍从一定要好好照料他的家人，因为他相信，自己将不久于人世”。

阿兹特克军事的落后、统治者的优柔怯懦、受压迫人民的心怀不满，这些阿兹特克人的弱点，无一逃过科尔特斯锐利的目光。可能就在这时，他认为可以组成一个印第安人同盟，一同反对阿兹特克帝国。他不再犹豫了：他在维拉克鲁兹建立了这片大陆的第一座西班牙城市，经选举产生了城市的行政机构（其实是他自己的军队），赋予自己开拓殖民地所需的行政权、司法权和军权，不过尚须获得国王批准。然后他凿沉自己的船只，以打消手下任何想潜逃或易地发展的念头，如此，只能深入敌地而不思其他。

于是，代表基督教文明的西班牙与代表印第安土著文明的阿兹特克终于要进行面对面的碰撞了……

## 首次面对面的碰撞

科尔特斯急于会见阿兹特克帝国的主人，他很想知道，阿兹特克国王究竟有多大的财力和权力。那时，摩台克祖玛二世依然拿不定主意，叫部下无所适从。直接碰面已在所难免，于是他召集特斯科科和塔库巴两部落的国王，筹备最隆重的接待典礼。满朝大臣和亲族都接到通知，要恭迎西班牙人。跟在西班牙人后面的土著背夫，运送了一大堆沿途搜集的礼物。

最终，两大世界首次面对面碰撞了。

公元1519年11月的某一天，跨着高头大马的科尔特斯终于远远地望见了那座他觊觎已久的城市——泰诺克蒂兰。当时有个叫博纳尔·戴兹的士兵一直跟随在他左右。多年以后，已过古稀之年的戴兹在耳聋眼花的情况下，凭借惊人的记忆力写下了《墨西哥征战史实》，书中详细地记录了当年他所经历的一切。

“泰诺克蒂兰，这座美丽的城市，仅仅从城外看去，也是一幅令人惊讶的绝美画卷。我们远远地看见湖中的岛屿上遍布着许多市镇，它们仿佛是建在水面上一样。湖岸边有许多规模庞大的建筑群，漂亮而宽阔的堤道穿过湖面，笔直地通向泰诺克蒂兰。一座座巨石构筑的塔楼耸立在水面上。看到这一切，我们中间一些人恍然置身于梦中。我之所以会用这种笔触来描述这一切，是因为在此之前我们从未听说、看到或是梦见过类似的奇景”。

陌生人的突然造访令城里的人们感到不安，阿兹特克人说：“他们来了，排成战斗队形，就像要来征服我们一样。在他们经过的道路上，旋风扬起阵阵尘土，他们的长矛在阳光下闪闪发光。在风中飘动的燕尾旗仿佛是飞舞的蝙蝠。他们中有些人从头到脚都被金属盔甲包裹着，这使每一个看到他们的人都感到一丝恐惧。”市民们紧张不安但又好奇，纷纷涌出家门来看个究竟，一些人就挤在堤道两边。总共有三条堤道连接着首都和湖岸的陆地，除去这三条堤道，其他的都是由独木舟相连架设而成的浮桥。

在距离城门不远的地方，西班牙人的队伍停了下来，接受王室仪仗队的欢迎。大群的奴隶捧了敬神的祭品。

摩台克祖玛二世坐在宝座上，由几位土酋扛着，四周是簇拥的大臣。戴兹这样描述阿兹特克国王的装束：“他头戴一顶做工极为精致的皇冠，皇冠上一排排美丽的绿色羽毛被巧妙地编织在一起，上面用黄金、白银和珍珠仔细地编配出繁多的花样，皇冠上的刺绣花纹上垂挂着当时极为少见的铜铀云母。整顶皇冠的材料与做工都令人惊叹。为了表示仪式的隆重，摩台克祖玛二世身着一件厚厚的披金带银的披风。他的鞋面上装饰着各种玉白，鞋底是用纯金制成的。”

摩台克祖玛二世从轿子上下来，向科尔特斯走去，除了几个贵族象征性地搀扶着他，随同而来的其他贵族都站在一旁垂手而立，而搀扶他的那几个人都把视线移开，“直视这位尊贵的国王，对他们而言是想都不敢想的”。看到这里，科尔特斯明白他也必须做出相应的举动。他翻身下马，走近这位统治者，想和他握手，结果被国王拒绝了。科尔特斯坚持要送给他一串用珍珠云母制成的项链，但当他张开双臂，做出要拥抱国王的样子时，戴兹写道，“那些随行的贵族立即拉住了他的双手，因为他们认为拥抱国王是一种无礼的举动。”

国王赠送给科尔特斯两串珍贵的项链和一束华丽的羽毛，然后他们朝附近的一座神庙走去，接受特斯科科和塔库巴两位国王的敬礼。大臣和土酋轮流瞻仰科尔特斯，宛如瞻仰战神惠茨罗伯底里一般。摩台克祖玛二世提起“父亲”羽蛇神传给他的权力，还说自己准备交出来。科尔特斯回答，他以一位统治大部分世界的主人和唯一的上帝之名而来。

队伍继续朝泰诺克蒂兰前进。祭司在号角声和海螺声中迎接西班牙人。国王把他们安置在一座宽敞的宫殿里，那里曾经是他已故父皇的寝宫。科尔特斯一行人就这样在阿兹特克帝国的首都住了下来。这座伟大的城市被阿兹特克诗人描绘成“长着华盖一般圆顶树冠的参天古木，宝石一样珍贵可人的金玉之城”。但是金玉之城中，已经闯入了一群居心险恶的征服者。

仅仅过了一星期，阴险狡诈的科尔特斯就兵不血刃地发动了一场政变。

当他们还在维拉克鲁兹时，当地的印第安人曾与他们发生过冲突，有几个西班牙人在冲突中丧生。科尔特斯就以此为借口，向摩台克祖玛二世讨个说法。他扬言，为了告慰亡灵，国王必须亲临科尔特斯下榻处进行商议。

在这位统治者起驾前往的途中，他告诉路旁那些激动的子民，说他去那里完全是出于自愿。可是，一到科尔特斯的住所，国王就被这帮人软禁起来。科尔特斯对国王说，“要是您喊叫或阴谋暗算，我的兵就会让您一命呜呼。……他们正是为这目的来的。”

从此，摩台克祖玛二世便沦落成了一个替科尔特斯发号施令的傀儡。

软禁国王后，西班牙人打开阿兹特克的宝库，从工艺品、首饰、徽章、兵器上抠下每一块金子，“然后做成一个大金球”，其他的都烧毁了。当西班牙人抢累了，玛琳娜登上屋顶平台，召唤自己的同胞，让他们给辛苦劳作了一天的西班牙人带点美味的、热腾腾的当地风味小吃，但没有人敢去。

科尔特斯通过被挟持的摩台克祖玛二世，千方百计地安抚他的大臣和亲信，而后者已经对这些陌生人心存疑虑。可是好景不长，公元 1520 年 4 月，科尔特斯发现自己后院起火了——原来一直担心他功高震主的古巴总督派了一支惩戒部队要来降伏他。于是，他慌忙赶回维拉克鲁兹，同时带去了大批金银珠宝用以贿赂那些来找麻烦的西班牙人。财宝发挥了作用，科尔特斯赢得了他们的好感，他们答应回古巴复命时，一定在总督面前替他美言几句。

科尔特斯一离开泰诺克蒂兰，充任临时指挥官的阿尔瓦拉多便鲁莽地对手无寸铁的市民们发动了一次进攻。公元 1520 年 5 月，阿兹特克人庆祝一年一度的“青玉蜀黍节”，这是他们为祭祀战神惠茨罗伯底里而举行的盛大庆典。阿尔瓦拉多借口参加庆典的人意欲谋反，对无辜的百姓举起了屠刀。

庆典在有围墙的中央广场举行，广场四面封闭，只有一个出入口。阿尔瓦拉多命令他的手下在庆典举行时封锁住这个出入口。据西班牙人自己估计，有 8 000 ~ 10 000 名阿兹特克武士参加了那个庆典。当身着节日盛装的人们正随着鼓点欢歌舞蹈时，他们忽然看见杀气腾腾的西班牙士兵从狭窄的出入口涌入，不由得惊呆了。据记载，西班牙人先是向广场中央的老人挑衅，扇他们耳光，砍掉他们的双臂，又割掉他们的脑袋，然后把刀插在战神神像的鼻子上。西班牙人包围了出入口，不放过一个人。内脏在地上流淌，阿兹特克人绝望地奔跑，冲天的腥臭招来了成群的蝇蛆……

当科尔特斯率领援军从海边赶回时，泰诺克蒂兰已陷入一片混乱，科尔特斯极力安抚那些惊慌愤怒的市民，但已无力回天。他把摩台克祖玛二世带到人群前，让他向他们保证西班牙人一定会离开墨西哥，可是愤怒的人群却对他们报以石块。后来大多数西班牙人都声称，摩台克祖玛二世是被自己臣民的石块砸死的，但阿兹特克人称，他们在死去的摩台克祖玛二世尸体上发现了五处短剑刺入的痕迹，他们估计这是气急败坏的西班牙人所为。

摩台克祖玛二世死后，征服者又勒死了特斯科科的国王，还有其他一些土酋。

摩台克祖玛二世死后，他的弟弟奎特拉瓦克（Cuitlahuac）登上了王位，带领阿兹特克人勇敢地与西班牙人展开了斗争。

愤怒的帝国军队怀着为摩台克祖玛二世报仇的念头，将西班牙人团团围住，他们在人数上占有绝对优势，势单力薄的西班牙人根本不是对手。不过西班牙人这次侥幸脱身了，保住了主力。

公元1520年6月30日夜，不见月亮，大雨倾盆。西班牙人受到重创后还是突围而出，弃城逃跑，许多掠夺品带不走就全部丢到特斯科科湖中。他们逃上了堤岸。据说，黎明时科尔特斯清点人马，看到损兵折将的惨状后大哭了一场。西班牙人损失了800名士兵，这个夜晚就是西班牙历史上著名的“悲惨之夜”。阿兹特克人深信从此摆脱了闯入者。

此后，西班牙人蓄意让阿兹特克人染上的天花，在短短60天的时间内夺去了许多人的生命，其中包括奎特拉瓦克。他勇敢的儿子——年轻的夸特莫克（Cuauhtemoc）继承了王位。

西班牙人仓皇逃窜到特莱克斯卡拉，阿兹特克军队由水陆两路分兵追杀。尽管他们骁勇善战，但阿兹特克的传统让他们丧失了战机：阿兹特克人在战场上不以杀死敌人为目的，而是以生擒俘虏为最高目标，因为他们要把这些俘虏用作人祭仪式上的牺牲品。因此，在与阿兹特克军队的历次交战中，西班牙人都从他们的战略性错误中捡到不少便宜。如果阿兹特克人把他们统统杀死而不是愚蠢地想要俘获他们，如果当初强大的阿兹特克民族能与其他部落修好关系，那么战争开始后，他们就不会陷入孤立无援的境地，科尔特斯的军队也许就会被彻底歼灭。

## 西班牙人卷土重来

阿兹特克人成功地赶走了科尔特斯，但胜利只是暂时的。

科尔特斯要为“悲惨之夜”雪耻。他厉兵秣马，特别建造了一支拥有13艘船的船队，弥补了西班牙军队无法在湖上周旋的弱点。

10个月后，科尔特斯卷土重来，这次他的麾下不仅有西班牙人，还有敌视阿兹特克的特莱克斯卡拉族武士。科尔特斯铁了心要彻底毁灭这个印第安帝国，他在日记中写道：“当我看到那些暴民是何等叛逆，当我亲眼目睹了这个嗜血的民族是何等残暴——其残忍程度远远超过世界上任何一个民族，我不知道怎样才能使自己不去冲破重重困难的阻挠以彻底毁灭这座城市，杀尽城中的暴民，尽管这是全世界最华美最壮丽的都市。”

“联军”采取了围攻并举的战略，切断了城里的淡水供应（城内只有咸水内陆湖和汪洋大海），封锁岛城的给养。西班牙人从水陆用13条快速战舰和数千土著降军的独木船，从连接湖岸的三条陆路开始进攻。

当土著们发现火枪和火炮只能直线前进，并且没有自动捕捉追踪敌人的能力时，他们学会了来回跑弯道和趴在地上的战法抗敌。他们用原始的武器杀了不少敌人，敌人白天夺去的土地，他们晚上又靠偷袭夺回来。然而，围攻带来的饥饿降临了，阿兹特克人只能吃树皮、草根和观音土，喝含硝的水。许多人开始腹泻，最后中毒身亡。同时，天花也帮助征服者击垮了阿兹特克人。

在如此严峻的形势下，阿兹特克人仍坚持了3个月，夸特莫克宁死不从，以死相逼，拒绝了多次劝降。公元1521年8月12日，西班牙人发起总攻；而阿兹特克人的吹箭手、弓箭手，还有小孩充当的投石兵，都已经饿得没力气战斗了，但他们还坚持敲战鼓，宁可自己挨枪子也要把敌军的大炮推下悬崖。勇敢的阿兹特克武士身披用于恐吓敌人的漂亮的美洲豹皮，头上戴着色彩鲜艳的羽毛。他们手中的武器只有闪闪发亮的梭标和绑在木棒上的黑曜岩石片。一位武士甚至穿着人祭时才穿的衣服，一人携带三块垒城墙的石头冲锋陷阵。这一切在抵挡西班牙先进武器的进攻时发挥的作用，并不比戏台子上花花绿绿的服装和道具好多少。

很快，象征着阿兹特克帝国统治的大寺庙被烧了。科尔特斯下了最后通牒，夸特莫克听从了祭司的话，投降了。在经历严刑拷打后，被科尔特斯杀害了。

经过75天的激战，阿兹特克帝国首都泰诺克蒂兰最终陷落了。征服者像割麦子一样把城里三分之二的人砍了头，幸存下来的人全部投降。科尔特斯代表西班牙国王——也代表他自己，宣布泰诺克蒂兰归他所有，整个阿兹特克帝国的臣民都必须向他效忠。

阿兹特克帝国崩溃了。科尔特斯着手重建都城，继续领军征服其他地方。一年以后，即公元1522年，他当上了新西班牙总督和大统帅。

# 第二章　孕育帝国的伟大文化

## 阿兹特克的神明

远古的人们由于生产力低下，对神仙的信赖和依仗是非常严重的。阿兹特克人信奉许多的神，诸神形貌在雕刻和绘画文书中都留下了记录。他们认为神是产生自然现象的根本力量；同时，神界与世俗间的关系也按照宇宙论的方式构成，因而尽管有着众多的神祗，但仍能在一位“未为人知，未为人见”的唯一至高无上的神的统合之下形成诸如印加的很完备的神话宗教体系。除了这位无相之神以外，主要的神可大体可分为与天、狩猎和战神有关的一群，与大地和农耕相关的一群，以及居间协调矛盾情形的一群。在与天有关的诸神之中，以战神惠齐洛波契特利与鹰结合为白昼太阳的象征；以黑暗之神狄斯克特里波卡与美洲虎（豹）结合而为夜晚太阳和世俗王权的象征；以及居间化身万千时而为风神、时而为守护神、时而为金星神、时而为创造神，时而又化身为文化神或文化英雄神的种种介于对立关系之中的羽蛇神奎兹尔科亚特尔，这三位神为最受崇拜。阿兹特克人相信，奎兹尔科亚特尔神与狄斯克特里波卡神之间的争执已造成世界的四度创造与毁灭。

世界的来源在他们的心里是个难解的谜团，甚至面对灾难，他们也会由心底涌出对神仙的恐惧。所以阿兹特克人的神话充满了对创造世界的欣喜与洪水滔天的恐惧交结之下的未世情结，这也许与他崇尚战争，又渴望和平的深刻矛盾，以及用活人献祭的嗜血性有关。阿兹特克帝国从这种无可调和的神话矛盾中产生，又在渴望调和的神话矛盾中消亡，就阿兹特克人而言，历史与神话是否与此攸关呢？这有待专家去探讨。

阿兹特克的神明人物

每一个国家的文化都与大时代的文化发展方向基本一致，阿兹特克人的宗教体系大部分与玛雅文化类似，但是从整体来看，相对较为复杂。原因之一是，阿兹特克是一个好战国家，每当并吞了一个国家，就会将该国的“神明”纳入自己原有的宗教体系之中。

在阿兹特克的神庙里，混沌之神泰兹凯特力波卡是至高的存在，他的造型多样而且丰富，是一位能同时带来幸福与灾难的神明。其他还有文明之神奎扎科特、阿兹特克的守护神维奇落波奇特、雨神特拉洛克等，都是阿兹特克人日常所信仰的对象。

对中国人来说，龙是最神圣的动物，如来佛祖当然是最重要的神仙。对阿兹特克人来说，“太阳”是最重要的存在。他们相信世界曾经四度被创造、四度遭到毁灭。每一次创造时，都会产生新的太阳，照亮全世界。所以阿兹特克人相信，目前的世界是“第五太阳世界”。他们为了让太阳继续照耀人类，于是产生了定期向太阳祭祀人血与心脏的习俗。为了持续补充活体祭祀的祭品，阿兹特克人必须不断的打仗，以取得俘虏，作为祭典中的供品。也因为这个缘故，各城市之间经常发生战争，历史上称为“荣冠战争”（GarlandWars）。他们一旦取得了各自所需的俘虏数量，就会开始定停战协议。这样的习俗结果引起了周围部落的反感，于是阿兹特克在得不到资源的情况下开始中落。这些反阿兹特克国家后来加入了西班牙人的行列，在公元1519年攻陷了阿兹特克首都特诺奇提特兰。从此，历史上最大的中美洲帝国就此灭亡了。

在当地的文化中，甚少见到温馨和睦的神仙形象。在他们的神话里，更多的是血腥与厮杀的积累。原始生命奥梅蒂库特里：虽然被敬为阿兹特克神话中的原始神祇，但无论是神话中还是遗址中都甚少看到关于他的记录。地母神科亚特利库埃：吞噬一切生命的残酷大地女神。当生命到了尽头，她就会以其韧颚咬碎，使其归还大地。创造神特洛克－纳瓦克：创造了生命、大地与空气。世界主宰者波罗诺明纳列：诞生在特鲁巴乔山。太阳神纳纳华特：在太阳和月亮诞生之前，地位卑下的神纳纳华特辛主动牺牲自己，和虚荣的特库希斯特卡特尔神一起跳进了熊熊的烈火之中，纳纳华特辛成为了强大的太阳神托纳提乌，并提出用别的神灵的心和血来供奉他。他同时也有战神的神格，与惠齐洛波契特利、狄斯克特里波卡同为佑护战争之神。古代阿兹特克人常常为了捕捉战俘，以活人心脏来献祭给这个托纳提乌而进行战争。月神乔吉卡特利：纳纳华特通过焚烧变为太阳神的同时，他的影子亦化身为月神。夜神与北神特兹卡波利波卡：从公元八世纪就开始成为受美洲人们崇拜的至高之神，又被称为冒烟的镜子的主人。在托尔特克神话中，他统治着第一个太阳时代。后来，羽蛇神把他推翻了，并把他变成了一只美洲豹。不过，后来，他又诱惑并使羽蛇堕落，从而给羽蛇带来了统治政权的垮台。他是魔法之神巫术之神，西方羽蛇神奎兹尔科亚特尔：是带给人类富足与太平的善神，在夜神时代之后，他成为了阿兹特克人的统治之神。东神西佩托特克：与西、南、北三方神祇相比，西佩托特克从来不曾统治过任何一个时代，这主要是他在早其曾与好战的南方之神惠齐洛波契特利争夺战神之位时被对方打败，并且被对方剥下了外皮，从此东方之神只能狼狈地躲藏在位于东方的一个洞穴之中。性爱女神考奇科特扎尔：是主持人间性欲与性爱之神，同时也是阿兹特克神话中的爱神，她可以决定一个人对爱的选择，甚至可以让任何一个人爱上石头、树木甚至动物。巫术女神特拉佐尔特奥特尔：是具有善恶两面性的女神，在黑暗方面，她被称为多产和性欲女神，别名为“贪食污秽者”。常常被塑造成蹲坐着不拘礼仪地排泄的形象，因为阿兹特克的妇女的产子也常是这种姿势。

## 流传至今的阿兹特克文字

文字是一个民族拥有和保留自己文化的前提。只有有了文字，才能将生活经验与领悟流传下去。阿兹特克文字是源自萨波特克文字，而有人亦认为米斯特克文字是起源于萨波特文字。首批瓦哈卡铭文被认为是经加密的萨波特克文字，部分原因是以数字作为字尾形成了萨波特克语的特征。阿兹特克人和其他地区的古代文明一样也创造了象形文字，他们还会造纸，用于书写，这样就为后人留下了很多古籍。

了解原始的文字

和各国的初始文字相同，这个民族最初的文字也是由各种事物的形象凝练而成的。阿兹特克文字是象形和形意的原始文字，而在文字上加表声图画则有增音的作用。阿兹特克文字并不被视为是一种真正的文字，因为并不存在这些书写符号的结集，亦没有一套规则教人怎样使用这些文字。再者，使用阿兹特克文字就有如自行创作一样，每个人都可以为每个字赋予自己的意思。最为约定俗成的符号只是少数的植物、动物和部分人体器官、自然现象、若干文化手工艺品及日历上首二十天的名字。而墨西哥中部不同语言的部落也使用这些意音字形。

他们的文字经过历代的传承，超越了自己的国度，而被流传至今。我们从这些文字中还能品味到当时的气息。查阅古书是了解这些文字的最佳方式。为了阅读方便抄写员还会在书中绘制各种插图，这些卷宗都誊写在鹿皮上，并仔细地折成六角形。每一页的主要图形都按照一定的顺序排列，或从左到右，或从右到左。其他的辅助图形则从上到下排列。通过这些古老的鹿皮卷，我们可以了解到当时阿兹特克帝国的统治者及大祭司的日常起居。

这里有着完整的文学体系，在短短的百年历史中，这里出现了大量的科技、文学、医学、历史作品。阿兹特克人的文学作品博大精深，其中包括法律章程、医经药典、历史传奇、神话故事、抒情诗歌以及英雄诗史、民谣乡曲、仪典礼乐等等。阿兹特克人的语言被称为“纳瓦特尔语”，该语言堪称中美文明的瑰宝。

阿兹特克文学主要以两种形式存在：第一是神话；第二便是诗歌。

古老的神话

在远古时代，这里流传着一个神话，神话的主角就是民族所信赖的神灵。相传，从8世纪中叶开始，阿兹特克人逐渐向墨西哥谷地迁移。他们的部落神是战神威济波罗奇特利。战神的母亲原有400个儿子和一个女儿，后来，母亲守寡。一天，寡母在一块圣地上捡到了一个晶莹剔透的小玉球，随即将它揣在怀里，岂知她竟因此感应而有孕在身。这一消息使她的儿女感到极为气愤，他们准备在婴儿出生后将其杀死。母亲对此深感揪心，不料腹中的婴儿却大叫：“不要害怕。”他出生后竟然是一个全身武装飒爽英姿的战士，他一落地，便搭弓射箭，将准备杀死他的哥哥、姐姐们打得狼狈逃窜。

当时的人们把自己信仰的神仙与这个故事里的角色相对应，做出了解释，并影响着下一代的人们。母亲是大地，太阳是部落神，月亮是姐姐，群星代表哥哥，太阳的升起赶走了月亮和群星。威济波罗奇特利战神不断鼓动阿兹特克人发动战争，以便用战俘的血和心脏祭奠他，只有这样，他才能不断获得新生。阿兹特克人非常崇拜这位战神，无论走到何地，都要向他献祭。

品味古老的诗韵

诗人在这个古老的民族有着特殊的地位，随着风俗对诗歌的重视，当时涌现了许多著名的诗人。阿兹特克文学的最高形式是诗歌，诗人是社会中最受人尊敬的人之一。随着社会的进步，文学语言变得越来越重要。在西班牙人到来前的几十年，语言的灵活运用成为了权力的象征，说话的水平和精练程度是区分不同阶级的标志。热爱语言成为阿兹特克文化中最为重要的一个特点。阿兹特克人理所当然地成为了世界上最伟大的演说家，他们几乎抓住了所有的机会来炫耀自己的口头表达技巧。无论是在私人场合还是在公众场合，阿兹特克的演说家都煞费苦心地引用历史事件或先辈的传奇和神话故事。故事传了一代又一代，许多文学作品被保留了下来。

那些流传下来的诗歌涉及的内容广泛，囊括了社会生活的方方面面。在12—16世纪阿兹特克人兴盛的300年，阿兹特克人留下了大量的诗歌，内容涉及对宗教、社会、人生、世界等方面的看法。在阿兹特克人的诗歌中，《莫特库索玛之歌》和《太阳神的传说》占有重要的地位。前者是一首抒情诗，赞美的是阿兹特克人的古代英雄莫特库索玛；后者是一部史诗，叙述了阿兹特克人的起源，其中在第二部分介绍了有关阿兹特克人的民族象征——羽蛇的传说。

我们现在依然还能找到当时流传下来的诗歌，并且在这些诗歌中寻到当年人们的生活。阿兹特克人的诗歌成就，充分反映在后来编辑成书的《墨西哥谣曲总集》中，书中收集了古代阿兹特克人的有名氏或无名氏的大量诗作。当然，这些诗作都是阿兹特克人口头流传下来，尔后被译成西班牙文的。不过，有些诗歌有名有姓，诗人在阿兹特克人的历史上确有其人，因此，对这些诗歌的真实性勿庸置疑。

例如，生于公元1402年，死于公元1422年的诗人奈萨瓦尔科约特尔，仅保留下来的诗作就有约30首。他的诗歌主要表现对人生的思考，如他的诗说道：

即使玉石也会碎裂，
即使黄金也会失色，
即使鸟毛也会断折；
人们不会永远扎根大地，
人生只是短短的一刻。

但是，诗人并不仅限于对人生短暂的哀叹，而是努力寻找和探索人生的真谛，让自己活得有意义、活得有价值，他说：

我的鲜花永不凋谢，
我的歌声永不停止；
我高举鲜花，
让花朵飘万里；
我放声歌唱，
让歌声传四方。

除了奈萨瓦尔科约特尔以外，其他留有姓名的阿兹特克诗人还有：特拉尔特卡辛，生于14世纪中叶；瓜瓜乌辛，生于15世纪中叶；奈萨瓦比伊，生于公元1464年，死于公元1515年；卡卡玛辛，生于公元1494年，死于公元1520年；托奇乌依辛，生活在14世纪末叶至15世纪中叶；玛古依索奇辛，女，生于公元1435年，死于15世纪末；阿萨雅卡特尔，生于公元1449年，死于公元1481年；德米罗辛，死于公元1525年；特卡叶华辛，生活在15世纪中叶至16世纪初；阿尤古安，与前者同时代；西戈登卡尔，生于公元1425年，死于公元1522年；奇奇古埃彭，生活在15世纪。

阿兹特克帝国消失在历史的长河中，特诺奇蒂特兰再也不能再现往日的光辉了，留下的只是人们对它的追忆和怀念。就像阿兹特克的一首诗歌中所写到的那样：

“难道我们真的活在人间？
不会永远活在世上；只是短暂的停留。
即使是玉，也会被压碎，
即使是黄金，也被压坏，
即使是克特扎尔神的羽毛，也被撕得四分五裂。
不会永远活在世上；只是短暂的停留。”

## 超乎想象的生死观

在阿兹特克文明中，鹰与美洲虎被看作是太阳神的仆人。阿兹特克人认为，鹰是一种“无所畏惧的、能振翅高飞、鸣叫划破长空”的鸟，它能够直面光芒万丈的太阳，与其争辉；而美洲虎则“谨慎、聪明、高傲”，是一种十分强大的动物，能够在迅速跃起扑倒进攻者以前躲开射过来的箭。

阿兹特克人的好战超乎我们这些现代人的想象。在他们眼中，没有什么比在战斗中英勇地死去，或是作为一个俘虏在祭祀石上被奉献给诸神更加荣耀的了。死于战斗的战士、活人祭品或是死于难产的妇女被认为会享受到高贵的身后生活。而以其他方式死去的人，无论地位与等级的高低，都要在地狱中彷徨，直到四年后到达被阿兹特克人称为“死亡之地”或者“我们共同的家”的地狱最底层，向死神呈上他们的供品后，就变成了幽灵。

阿兹特克演说家尤其推崇战死于沙场的方式，认为这是一种荣耀的结局。实际上，阿兹特克所有记载里都是有关战死者感激造物主能使他“荣耀地见到我死去的兄弟及前辈们”的文字。他们的诗人也赞颂这样的死亡方式，一位诗人写道：“没有比战死沙场更荣耀的，没有比这鲜花般绚丽的死对重生的人更宝贵的。遥遥而望，我的心是多么渴望它！”另一位诗人饱含深情地歌颂战场：“这里，燃烧的神圣热血喷涌而出；这里，神鹰为烟雾所笼罩；这里，美洲虎在咆哮；这里，宝石与珠宝散落；这里，羽毛似泡沫一般飘舞；这里，战士们互相搏斗，王公贵族殒命于此。”诗人们热衷于抒发对这种高贵的死亡方式的赞叹。一段关于战士之神的咒语是这样说的："他的决心从不动摇，他渴望死于黑曜石刀下时那如鲜花绽放般的绚烂。他勇于亲历黑暗的芳香、新鲜与甜美。"

降生即战士

好战的阿兹特克人甚至把生育过程当作一个充满痛苦与血腥的战场。当一个婴儿降临于世的时候，助产士紧紧抱住他，似乎他就是她的俘虏，并让他放声大哭，好似战场上的呐喊。她会勉励他说："你的家不在这里，因为你是一只雄鹰或猛虎——一个孤独的掠夺者。"她的音调似乎是在吟唱。"这里只是你的栖息地，"她接着告诉他，"作战是你的职责，你应把美酒与珍馐献给伟大的太阳。"她所指的显然是鲜血。战场被认为是神圣之地，于是她继续诉说作为战士或者祭品死去是何等荣耀："或许你会明白，死于黑曜石刀下是多么值得。"

即将成为战士的小男孩得到象征日后他们存在意义的小号盾牌和弓箭。随后，他们的脐带和先前被授予的武器被委托给战士，这些物品在专门举行的仪式中被埋葬在战场上。

婴儿出生带有如此浓重的军事色彩，部分是出于宗教的原因。太阳与月亮、星星的相互争辉每晚都会上演，如果太阳和战争之神惠茨罗伯底里输掉了这场战斗，生命就会在一片黑幕中走向终结。他的力量必须得到不断地补充，而在阿兹特克人看来，最好的力量之源就是人的鲜血，他们称之为"最珍贵的水"，所以才会一直需求祭祀牺牲品。而祭祀牺牲品的一个重要来源就是战争俘虏。

阿兹特克全国上下都燃烧着尚武好战的火焰。从 20 岁起，每一个健全的男性都有责任应征投入到已是阿兹特克每年的惯例的对外征战中。发动战争的时机一般选在深秋，那时秋收已经完成，夏日的雨季也结束了。另外，国家有一个职业军人阶层，成员来自贵族以及能够勇敢作战的平民。这些专职斗士们唯一的职责就是作战，因为国家供养他们的经费大部分来自被征服城市的进贡。

所有男孩都要接受一定的军事训练。大约到了 10 岁，他们的头发就要全被剃光，只在颈背上留一绺，作为他们获得"战士"这一神圣称号的第一步。15 岁起，他们开始接受武器训练。每晚都和老兵在一起，由其讲述战争故事并教给他们必要的舞蹈和旋律。他们还得领受旨在磨练意志以及身体的任务，如把原木从远处的森林中运到庙宇里作为长明之火的燃料。

每个孩子都不得不保留那一绺难以掩盖的头发，直到他有了俘虏敌人的战绩为止。起初，他在战场上仅限于抬盾牌和观察敌情。但是接下来他的任务就是同五个和他一样的新手一起抓获一个活战利品。俘虏随后被带到负责祭祀的人那里被杀死。尸体按仪式的规定在他们中间被瓜分掉：右大腿和躯干归表现最英勇的人所有；左腿属于第二勇敢的人；右上臂是排行第三的人的那份——以此类推直到全部分完为止。

能够证明自己英勇的新战士就可以把颈背上的那一绺头发剪掉，等留出新的头发盖住右耳。从今往后，他就得完全靠自己克服困难了。他再也不能指望朋友的帮助，也不能在下一次战斗中帮助他们，甚至在看到同伴身处险境的时候，如果他过去帮忙，就要冒被指责为窃取他人潜在的战利品的风险。他还被严令禁止在战斗中对俘虏有任何的怜悯，如果对其有任何援助行为就被视为背叛，会受到死刑的惩罚。

每带回一个可以用于活人祭祀的俘虏，踌躇满志的战士就会得到一件特制的斗篷，因此他的战绩在任何时候都可以让所有人看到。那些不能使自己通过在战场上抓获俘虏而扬名的年轻人，有被嘲笑甚至卑躬屈膝地去过下贱生活的危险。

当一名战士成为“泰魁罕”（或者叫百战战士）后，他就能加入由“雄鹰骑士”和“猛虎骑士”组成的精英阶层，有资格穿着象征地位和荣耀的特殊制服。在适当的时候，他有机会晋升为将军或是君主智囊团的成员。但是随着他的高升，同时危险也在增加——华丽的装束会使他成为战场上一个引人注目的目标。

## 有意思的王位继承制度

阿兹特克的尚武制度的整个发展过程是从最高层开始的。阿兹特克并不施行长子继承制，而是引入一种遴选机制。它是由一个战士、祭司以及各级官员所组成的选举会议来从皇族范围内选出未来君主的。军事领导才能及宗教资质是选择过程中最重要的评判标准。

在登基后不久，人们期望新君主能率领军队发动一场战役。这次首度的远征历险对他的勇气是一次极其重要的考验。新帝王提佐克（Tízoc）在他的首次考验结束后，其战果是仅俘获了40个俘虏，而己方却损失了300人，于是他被冠以“失败者”的声誉，并且从未雪耻。他的王位仅仅保持了5年。一位编年史者记载道：“整个朝廷为他的软弱以及缺乏为阿兹特克帝国带来荣耀的勇气而愤怒，导致他被他们合谋给毒死了。”

鉴于他黯然的军事声望，具有讽刺意味的是，这位统治者却因他是提佐克凯旋石的被呈献者而被历史牢牢记住。此石是一块巨大的圆形纪念碑，直径有 8.5 英尺，高 3 英尺。它是墨西哥国家人类学博物馆的珍藏品。尽管石头的边缘装饰有刻画阿兹特克历次胜利的雕刻，但是仅有一次与提佐克的战役有关。现在学者们相信所刻的浮雕是为了颂扬提佐克所继承的帝国，而不是他个人屈指可数的几次胜利。

## 战争的独特目的

当时墨西哥高原有许多小的市镇中心，每一个都控制有足够大的能够养活自己人口的土地，都在为了争夺更大的势力而竞争，有些像文艺复兴时期的意大利，或是春秋战国时期的中国。但印第安人脑海中没有“统一民族”“统一国家”的概念，他们争霸的目的只是占有更多的资源。阿兹特克人频繁发动战争的目的简而言之就是获得用于活人祭祀的俘虏和臣服城邦的纳贡，而后者是维持阿兹特克帝国统治的重要因素之一。

在欧洲人看来，阿兹特克人战斗最不可思议的地方之一就是不重视消灭敌人的有生力量。对阿兹特克人来说，在战斗中杀死一个敌人毫无用处，而且受伤或是残废的俘虏不适合用于祭祀。战士更愿意用大棒平滑的一面把敌人打昏，而不是用有利刃的一面重创他。最有可能的情况是，战士努力耗尽对手的气力，使他胆怯甚至昏厥。然后战士把俘虏带回己方的大本营，把“毫无知觉的战利品扔在地上”。这样，完好无损的俘虏就可以用于活人祭祀了。

在一场战斗胜利后，阿兹特克人一般不会彻底消灭对手。他们向战败的城邦提出种种条件。如果此城的城主拒不接受，他们就会攻入城中放火烧掉庙宇：燃烧的庙宇是阿兹特克胜利的标志。此类行动对一座城市的士气是一种毁灭性的打击，它表示此城的神灵被击败了。它还有更重要的现实意义：庙宇通常是全城防御最坚固的堡垒和最重要的兵工厂所在地，因此庙宇被摧毁意味着有效抵抗的结束。

得胜的阿兹特克军队很少骚扰平民，因为这样并不能得到什么好处，反而会降低那些部落的进贡能力。同样的道理，只要战败部落的首领同意进贡，一般情况下，阿兹特克人是会保全他们的性命和财产的，因为他们征战的目的就在于迫使其他部落归顺并征敛供品。截至公元 1519 年，共有约 370 个部落归顺阿兹特克帝国，数量惊人的供品被源源不断地送往泰诺克蒂兰，其中包括大约 7 000 吨玉米、4 000 吨大豆、200 万件棉布外套以及一些盔甲和盾牌。

除去这些用于生活保障和战争的必需品外，还有许多用于消遣赏玩的供品：毛色各异的飞禽、咆哮的美洲虎、行动敏捷的猞猁和各种有毒或无毒的、温顺或凶猛的蛇类，还有烤得香喷喷的蝗虫、长翅膀的蚂蚁、大大小小的知了和彩绘或镀金的葫芦。

考古学家们在大寺庙发现了许多这样的供品，有南方出产的绿松石雕、海滨部落送来的珊瑚和贝壳以及墨西哥中部出产的雪花石膏，当时这些东西在泰诺克蒂兰是非常罕见的。

支撑阿兹特克人频繁发动对外战争的物质基础之一，就是墨西哥山谷里非同寻常的农业丰产资源。丰产是通过对“奇昂帕”的精耕细作得到的。耕种“奇昂帕”就可以用相对少的人力生产出足够自给的食物。一项现代的统计数据表明，在“奇昂帕”里种植农作物，一个家庭在一年中只需劳作七周就能养活自己。部分富余的粮食通过进贡的方式供养了城市。劳力的剩余使人们能够致力于实现穷兵黩武的野心。因为食物的富足、劳力的剩余，于是产生了阶级社会结构，不同阶层的人出现了，如战士和祭司阶级。

在这样一个战国时代，阿兹特克人认识到通过改进战争技术能够赢得累累硕果。阿兹特克的史籍、西班牙人关于其占领墨西哥的记载以及考古证据都表明，中美洲的军事技术并没有发展到制造精巧的攻城机器或是其他复杂的战争工具的水平。战场上的成功或失败依靠的是训练有素的战士。在这样的前提下，战胜国多半是在两个领域具有优势：作战力量的编成以及战士的士气。阿兹特克人将这两方面的优势发挥到了极致。

阿兹特克人很少试图镇压他们所征服的民族。他们不依靠在战败国建造堡垒来奴役战败国，甚至连永久性的军事驻防地都很少见。相反，他们依靠恐吓来赢得版图内其他城邦长久的屈服。由于惧怕报复行动，臣服国才不得不源源不断地进贡。任何表明阿兹特克军队不再是不可战胜的迹象都会导致反抗和叛乱形成燎原之势——西班牙入侵者正是利用这一点与其他对阿兹特克人满怀仇恨的印第安部落联合起来，推翻了阿兹特克帝国。然而直到那场始料不及的最后灾难来临之前，在所能达到的技术水平下，阿兹特克的战争机器相当富有效率。阿兹特克人在逐步建立起帝国的过程中很少战败。

## 装束是处于炫耀的目的

阿兹特克人准备战斗时的场面既壮观又骇人。与中美洲人作战程式如出一辙，他们部队的穿戴也是既为有效作战又为炫耀。尽管很少有阿兹特克的武器及军装保存下来，但画集和西班牙人的记载还是很详尽地描述了他们进行战斗的雄伟阵势。战士及军事人员的基本防护服装是用盐浸泡过的棉布缝制的甲胄，大约两指厚。实战证明它能有效地抵御弓箭，因此西班牙人也把它用于自己的盔甲上。在此服装的外面罩着装饰有羽毛裙边的紧身羽毛上衣，或者是用厚布料做成的紧身衣。一般在紧身衣上都缝着五颜六色的羽毛，有时巧妙地模仿动物的毛皮或是神灵的特征。贵族及高级战士有时也会戴模仿野兽捕食样子的头盔。所有的战斗人员都带着盾牌，盾牌通常用藤条编成或用淬火后的坚硬木料制成，外面包上皮革进行加固并在表面装饰上羽毛。

在战场上有所收获的战士将被授予礼物和荣誉。那些做工精良、质地上好的披风和头饰不仅仅是为了美化战士，而且能表明他的等级——这主要由他在战场上俘获人数的多少来决定。刚抓获到第一个俘虏时，君主赐予他的是一件绣有蝎子或花卉图案的斗篷以及其他服装。抓到第二个俘虏的奖赏是镶红边的斗篷。因为抓到第三个俘虏，他就有权穿一种颇费手工的斗篷。这种斗篷叫作埃卡拉特佐科·兹卡特尔，意思是“用荣誉编织的珠宝”。随着第四个俘虏记在他的名下，他就可晋升到更高的军事阶层，并且能够戴独特的头饰。他还会得到新的武器、特别的徽章、附加的服装和仪式用装束。总之，抓获的俘虏数量越多，战士的衣着越华丽。

另外，军官背上都插有军旗，用甲胄固定住。这些用羽毛、宝石、金银装饰起来的高耸的编织品，除了表明所有者的级别外，还起到关键的联系作用。在战斗的喧嚣中，它们能使指挥员确定各个连队的方位，也能起到集合点的作用。然而，正是它们的醒目使得指挥员成为对西班牙人极具诱惑力的靶子，这也是西班牙人在同阿兹特克人的战斗中占了上风的一个重要原因：正是这些标志使西班牙人能够相对容易地瓦解敌军的通信联络。

## 带有等级色彩的武器

战士们携带的进攻性武器包括5英尺长的弓，所配备的箭安装有锋利的燧石或黑曜石箭头。他们能够熟练操作用龙舌兰纤维制成的投石器，其所发射的特制石头可以在300码甚至更远的距离内杀伤敌人。他们所用的木制标枪尖端经过淬火，可以利用一种叫作阿特拉特尔的钩状标枪发射器把它投掷出去，这样可以增加超过50%的投掷力量。长矛比使用者还高，镶嵌着黑曜石做的、锋利得足以用来剃须的锋刃。其他武器还有顶端是石制或者木制的棍棒。然而威力最大的却是这些不起眼的木棍：它两侧的沟槽里嵌有锋利的黑曜石片，用乌龟粪便粘住以固定，有一些被设计成可以双手握持。据西班牙人记载，使用它只需一击便可斩下马头！

这些武器的地位是不同的。弓箭源于北部那些在阿兹特克人眼中是野蛮人的狩猎部落，因此使用它们的是最低一级的战士。与此形成鲜明对比的是从小就接受如何使用重武器训练的贵族。他们所配备的是大棒和戟状的梭标。实战证明这些武器在白刃战中是难以对付的。这样，他们比普通士兵所受的伤亡要小并能抓获更多的俘虏，于是就巩固了他们位于社会顶层的地位。

这些战士所经历的战斗可以说位于有史以来最凶残的战事之列，给参与其中的人提供了广阔的表现空间。这些战斗的壮烈及激烈程度应该相若于荷马史诗中所描述的古希腊的战斗，而不同于当时在欧洲发生的武装冲突。典型的战斗以矢石齐发开始，然后拉开很长一条战线的队伍开始靠近敌阵，边走边利用标枪发射器猛烈地发射标枪。随着阿兹特克先锋部队中勇敢善战的老兵带头冲锋，双方在前线展开了激烈的白刃战。这一系列战术的应用在面对面的搏斗中十分常见，并且说明了长突击兵器大受青睐的原因。

# 第三章　帝国辉煌灿烂的历史

## 繁荣的商业

科技是第一生产力。只有科技水平的提高，才能真正的推动社会的发展和进步。阿兹特克人的科学研究也达到了一定的水平，他们对植物特别有研究，还建造了植物园，对各种植物的生长过程进行观察，对它们的特性和用途进行研究、分类，分别应用于医疗、手工业生产、食品制作等方面。帝国境内有四大著名植物园，分别设在特诺奇蒂特兰、伊斯塔帕拉潘（Iztapalapan）、特斯科科和瓦斯特佩克（Huaxtepec）四座城池。许多植物园集中研究药用植物学。一些植物园还附设诊所治疗疾病。在药用植物普遍应用的基础上，各部落均有一所医院，为平民治病。此外，还有一些专科医院。

繁荣的商业活动和社会生活，会催生城市的形成。在城市中生活的人们往往又推动了商业的发展。特奥蒂瓦坎文明是古代墨西哥文明中的一个典型的都市文明，约在公元前的两个世纪里，特奥蒂瓦坎初具都市的形式，“面积为二十平方公里左右，人口约五万”。公元350—650年是特奥蒂瓦坎最繁荣的时期，人口可能达到了二十万左右。“死亡大道”向南了延伸三公里，开辟了东西向的大街。交叉的十字街道把都市划分为四块。克特萨尔科阿特尔神庙在城市的中心。“死亡大道”的北端矗立着的是月亮金字塔，街道两侧有许多的庙宇，包括太阳金字塔。在“死亡大道”的南端是羽蛇神庙。特奥蒂瓦坎是一个具有多种阶级和多种职业的城市社会，那时就已经有了健全的文明生活。在公元650—750年，这个文明遭到毁灭，具考古证据表明，这个城市应该毁灭于一场人为的大火。

在历史的车轮无情的碾压过这个城市之后，消亡的却仅仅是城市的外貌，却无法消亡城市的精神。特奥蒂瓦坎灭亡以后，继而出现的是托尔特克的新的时期，这个时期的出现也是经过长时间的文化交流和人口杂居而形成的。这些文明的开创者们继承了特奥蒂瓦坎文明的特色，在墨西哥谷地建立了一个新的文明。托尔特克人主要由外来的部落组成，他们公元九世纪左右来到库尔华坎，在图拉建立了自己的首都。

繁荣的经济是一个国家发展的基础。崇高的信仰是发展中的助力与保障。宗教信仰在社会政治、经济生活中产生了深远的影响。在宗教的庇护下阿兹特克的经济得到了长足的发展。经济的发展进而推动了阿兹特克人的教育、科学研究、天文学、历法、文字、艺术各方面的发展。

这个古老的国家为了生存，率先从土地上找到了依赖。在这里有丰富的农作物和充足的阳光，为他们带去了富足。阿兹特克文明有发达的农业，主要作物有玉米、豆类、南瓜、马铃薯、棉花、龙舌兰等，其中龙舌兰是其特产。饲养火鸡、鸭、狗等禽畜。阿兹特克人利用特斯科科等湖泊发展人工灌溉系统，据说在特诺奇蒂特兰城南的霍奇米尔科有 1.5 万条人工渠道。手工业相当发达，有金、银、铜、宝石、皮革、纺织、羽毛、陶器等各种工艺品。首都特诺奇蒂特兰面积约 10 平方千米，人口达 30 万。全城有 10 千米长的防水长堤，并有两条石槽从陆地引淡水入城。城内有神殿、王宫、行政官署、贵族宅邸、游戏场、学校等建筑。

为了向神灵表达自己的敬意，必然要给神灵祭品。而什么才是最能表达心意的祭品呢？无疑是自己亲手制作的东西。阿兹特克人的这种神灵崇拜是当时阿兹特克手工业发展的动力。在特诺奇蒂特兰的每个家庭都设有一个祭坛，一切行为都受到某种神灵的保护。阿兹特克人经常为这些神举行宗教仪式人们总是抱着最虔诚的态度和奉献自己最好的实物进行祈祷，每个家庭对神灵的崇拜都力图超过以往。因此祭祀用品就充分展示了当地的最好手工艺。

为了更好地向神灵表达心意，人们往往选用极其珍贵难得的物品进行雕琢。在当时黑曜石是最具有经济价值的物品，它被用来制作各种物品，其中祭祀时用的刀是最常见的一样物品，它要求的技术很高，需要制作的又薄又锋利。他们还用这种岩石为神像安装眼睛。而最具特色的应该是阿兹特克人雕凿的黑曜石杯子，由于黑曜石又硬又脆，造这种杯子很是不易。

因为信仰的原因，这个国家的手工业突飞猛进，并在发展的过程中自发地形成了行业一条街。除了雕刻石头等物品，这里也盛行用羽毛制作工艺品。特诺奇蒂特兰最著名的行业是制羽业，原料是外地的供品；匠人们用之制作成武士的头饰和盾牌，其他重要的行业有金银首饰、器皿制作等。产品除供应本地外，大部分销往全国各地。

除了自给自足，这里也开始了小型的商品流通。后来小型的流通场所渐渐发展壮大，形成了新的全国性的商品流通。这里的贸易十分活跃。有当地的集市贸易和远距离贸易。特诺奇蒂特兰城中有许多大小广场，均用作商品贸易场所。商品来自“帝国”各地，各地商品在广场上分片集中摆摊。商品应有尽有。特诺奇蒂特兰是全“帝国”的商业中心，全国各地的商品运往那里，城里生产的各种手工业品又流向全国各地。从事这种商品贩运活动的商人形成了一个特殊的社会阶层。他们不光从事商业活动，还充当间谍，收集情报，向京师报告，在扩张领土的征服活动中又是先遣人员。因此可以说，贸易和从事贸易活动的商人是“阿兹特克帝国”生存和发展的一大支援。

## 巧克力也疯狂

巧克力是我们现代人常常品尝的零食。人们为这种食物附着了爱情的深蕴，使其成为年轻男女最爱的零食之一。阿兹特克王朝曾经在中美洲盛极一时，这个王朝创立了古代墨西哥谷地最后的印第安文明。到了公元1400年，该王朝的领土从现在的墨西哥北部地区一直延伸到位于洪都拉斯的玛雅人的土地。可可豆是这个强盛的阿兹特克王朝必不可少的一部分。以可可豆为原料制成的巧克力饮料是王公贵族的奢侈享受。可可豆甚至一度成为了流通的货币，也作为献给神明的祭品，还作为税收上交给统治者。

巧克力的生产离不开可可豆，为了能够品尝到这一美食，可可豆就成为了人们在从事贸易的过程中最先引进的东西。阿兹特克人居住在现在墨西哥中部干燥的高原地区，这样的环境不利于可可树的生长。因此，没办法自己生产可可豆的阿兹特克人，开始和玛雅人以及其他周边的民族做起了贸易，以获得稳定的可可豆供应。阿兹特克的商人们从玛雅人手中换得可可豆，将这些珍贵的货物放入自己的背包中，运送到阿兹特克的首都特诺奇蒂特兰城，位于现今的墨西哥城。

当时的巧克力并不是如我们现在的一样，并不是固体的形态。而大多为液体，主要用于饮用。阿兹特克人和玛雅人饮用巧克力的方式差不多。不过，由于阿兹特克不是可可豆的产地，因此这种又苦又辣的巧克力饮料在当时十分珍贵，只有达官贵族才能享用。可可豆以及以此为原料制成的液体巧克力也是祭司们贡献给神明的祭品。可可树的学名是由著名的瑞典植物学家林奈于公元1775年所定，它的学名Theobromacacao。Theobroma，翻译过来的意思就是“众神的食物”。在崇拜巧克力的社会，阿兹特克王朝最后一任皇帝孟蒂祖玛二世，喜欢以辣椒、番椒、香草豆和香料添加在饮料中，打起泡沫，并以黄金杯子每天喝50金杯。这种液体巧克力是属于宫廷成员的饮料，被视为贵重的强心、利尿的药剂，它对胃液中的蛋白质分解酵素具有活化性的作用，可帮助消化。

在当时，巧克力可谓是皇家贵族方能享受到的美味。因为其贸易的成本和它本身制作的复杂性，这种用来制作“巧克力特尔”的可可豆在古代的墨西哥是价值不菲的货物，甚至被当作货币来使用。在当时四粒可可豆就可换一只野兔、100 个奴隶和其他一些贵重的东西。就连中间塞满泥土的可可壳都曾广泛用作货币。

为了确保皇族对巧克力的饮用，仅仅靠高昂的国家贸易难以支撑。于是国家强制性要求他们所统治的部落一律上交可可豆作为税收。和豹皮、珍贵的羽毛、绿宝石等很多货物一样，可可豆成为了交纳给阿兹特克统治者的供品。

## 阿兹特克人的战术

中美洲印第安人的军队对战术运用十分精通。阿兹特克人十分重视侧翼进攻，并且善于在前沿集中兵力以取得对敌人压倒性的优势。另外，他们还多次成功地运用历史悠久的佯装败退的计策。

有一则记载是关于奥托汀和魁奇克级别的战士在战前接受命令后如何准备进行一次伏击："来自各地的战士大约有 2 000 人，都按命令伏在地面上，手中紧握着盾牌和大棒。他们用草把身体盖起来，使敌人不能发现。"当敌军出现的时候，阿兹特克人保持静默。"他们正在一步步走进伟大的战士们设下的伏击圈。当时机成熟时，战士们从草中跃起奋勇消灭敌人，无一人漏网，全都被杀死或是当了俘虏，甚至初出茅庐的战士也战果辉煌"。

一旦一名战士能在自己名下累积达到 4 个以上的俘虏，他就会得到更高的地位和更多的尊敬。随着所抓获的第四个俘虏被祭祀完毕，身经百战的战士就获得雄鹰或猛虎骑士头衔，或为太阳神的仆人。获得雄鹰勋位的贵族以及猛虎骑士享有至高无上的地位。骑士们所拥有的头衔无比光荣，让人联想起活跃于中美洲自然世界里，凌驾于天空、陆地之上的掠食者。

雄鹰或猛虎这两个精英阶层之间并没有明显的概念上的区别，对贵族和平民都予以接纳。贵族的头衔是世袭的，在这两个阶层中的数量要比其他出身的人占优势，因为他们被给予更多的机会在战斗中表现自己。出身低微的战士能够晋升到骑士的很少，但一旦加封后，同样能够接受封地。他们的后代可以继承这一显赫身份，却不能享受贵族的其他特权。

一名平民战士加入此阶层后，可以享有许多特权。例如，有权从附庸国的进贡中得到他的一份，甚至可以在战争会议中占据一席之地。该会议的职责是在军事方面为统治者出谋划策（雄鹰和猛虎骑士经常聚集在泰诺克蒂兰皇宫中属于他们的会议室里召开军事会议，出席的还有君主及其他军官）。另外，还能够在国内担任高级职务，如管理平民子弟就读的学校，负责主持祭祀太阳神的仪式、商业会议和食人宴。同时还可以享受许多特权，如免除赋税、纳妾、食人肉、公开喝奥克特利（一种含酒精的饮料）以及在皇宫里进餐等。在战场上表现英勇、获得赞誉的年轻贵族会接受进一步的军事训练，特别要学会使用阿兹特克木剑。这种武器镶有黑曜石的锋刃，主要当作短棒用。

详尽的法律规定了依据雄鹰骑士或猛虎骑士的军事功绩而应享受的相关服饰以及勋章。泰拉卡勒尔，一位以高级行政官的身份效忠过公元15世纪中三代君主的将军，建议这样的英雄应成为最高档的金银珠宝以及最好的斗篷和盾牌的获得者。为了保证奖励品的独一无二性——没有人能够从市场上买到它们。

其他有威望的阶层还有奥托汀（此名来自于一个以凶狠著称的部落）以及魁奇克（或叫作“剪头者”）。魁奇克只在一只耳朵上方留一绺头发，用红发带扎起来，并把光秃秃的头顶染成红蓝交织的颜色。奥托汀也只留一绺头发，却是留在剃光的头顶上，以便在战斗中头发可以迎风飘扬。

这些成员都是通过出色的战斗技艺来晋升军衔的。特别是魁奇克，以勇猛著称，他们成双结对地并肩作战，发誓无论遇到什么情况都绝不会在战场上后退一步，更别说撤退了。由他们组成的突击部队赢得了许多著名战役的胜利。

在他们下面的是普通士兵，20人一组，然后再以组为单位组成规模大一些的200或400人的连队。泰诺克蒂兰的每一个城区都驻扎有数个这样的连队，每个连的指挥官由雄鹰或猛虎骑士担当。连再组成团，把泰诺克蒂兰的四部分连接成一个防御整体。

泰诺克蒂兰的部队可以得到来自另外两个城邦的部队的支援，他们出于经济和军事目的组成了一个三方联盟。有时候也会使用雇佣兵，他们中间有来自北部地区的好斗的猎人，这些人担任弓箭手。

## 首都特诺奇蒂特兰的建筑

建筑是文明的凝固、是艺术的结晶，一个有着文明的民族必然会有与之匹配的辉煌的建筑艺术。有人曾把阿兹特克人的首都特诺奇蒂特兰的繁华程度与当时的君士坦丁堡或意大利的罗马相提并论。从某种意义上讲这丝毫不过分。

悠久的历史往往会给一个国家染上沧桑与古雅的气息。墨西哥城是世界上最大的城市，也是美洲著名古城之一。由于历史的原因，墨西哥城现存古迹多为殖民地时期的建筑。20世纪90年代，市政当局为保护古迹，再度确定了古迹保护范围和等级，其保护区包括671座古建筑、731处重点建筑、111处民居、17处名人故居、78处广场和花园、13座博物馆和画廊、12座装饰有巨幅壁画的建筑和6座新修的寺庙。这其中包括有5座阿兹特克寺庙、城南的霍奇米尔科的建筑遗迹，也是阿兹特克人独特建筑的证明。墨西哥城历史中心霍奇米尔科位于墨西哥首都墨西哥城。它坐落在墨西哥高原边缘的湖积平原上，是阿兹特克王国首都特诺奇蒂特兰城的原址。16世纪西班牙人在此遗迹上建立了墨西哥城。由于墨西哥城曾在历史上起到重大影响，是独特的印第安文化和西班牙殖民地文化的特殊证明，是历史时期的典范，是难于保存的特殊例证，1987年，联合国教科文组织将其作为文化遗产，列入《世界遗产名录》。

每一个城市的发展都包含着民族的气质，其根基深扎于人民的精神和审美意识之中。当时的特诺奇蒂特兰城共有30万人口，6万栋房子。征服墨西哥的西班牙随军神甫迪亚斯说，特诺奇蒂特兰是建立在特斯科科湖边的一个“极其奇妙”的城市，各个小岛之间有堤坝相连，堤坝由石头砌成，坝顶十分宽阔，可并行10多人。迪亚斯曾这样写道：“城里的建筑物非常漂亮，一般家庭建筑都有院子，庭院中种花种草，有的人家还修了屋顶花园，”“街道两旁的房子绝大部分属于贵族和富有的墨西哥人所有，这些房子都用红石头盖起来的，顶上有栏杆。”特诺奇蒂特兰城的大建筑物都用白色的石膏粉刷，在阳光下显得雪白耀眼、庄严肃穆，使人不由自主地肃然起敬。在迪亚斯的描述中还提到墨西哥的“太奥卡利”神庙，该神庙就是阿兹特克人建造的太阳金字塔，太阳金字塔底面积有3.7万平方英尺，高达137英尺，如此巨大的建筑物即使是在21世纪的今天要想建成也决非易事。太阳金字塔与托尔特克人的月亮金字塔遥遥相望，相映成趣。从远处看，太阳金字塔犹如一尊巨神在俯视着整个都城，异常宏伟壮观，令人产生无限的遐想。

这个城市在当地人民的手中发展的一帆风顺。在十六世纪初西班牙人入侵美洲之前，阿兹特克统一了周围的部落，发展到鼎盛时期全国有人口六百万。都城特诺奇蒂特兰有三十万人口，是当时世界上最繁华的城市之一。

空中花园

当地的发展以农业为基础，由于当地的阳光充足和气候暖和，因此主要种植玉米、豆类、蔬菜、棉花和烟草。由于小岛的面积有限，他们在岛屿四周建了许多人工岛。他们先在湖面上打桩，然后扎上木筏，铺上河泥，最后在上面种植庄稼，这种人工岛是浮在湖面上的；或者在沼泽地带筑起挡土墙，在挡土墙间堆上许多芦苇作基础，再在芦苇上铺上湖底的沃土。人工岛的边缘和角落种有柳树，以防泥土流失。这些人工岛，阿兹特克人称为“查那巴斯”，欧洲人则形象地叫它“水上花园”。

一个城市的发展离不开有天赋的设计师的努力。当地的人以擅长于城市建筑而著称，在设计和建筑首都特诺奇蒂特兰中充分反映出他们的聪明才智。他们在特斯科科湖畔定居不久，就开始建造都城，到公元1487年才正式竣工，前后用了二百余年的时间。他们是在岛的中央建起庙宇，以此为中心修筑两条南北、东西交叉的大道，大道将全城分为四个市区。他们在市区中心，也是全城制高点建筑了以神庙为主体的建筑群，其中有国王和贵族居住的许多房屋和宫殿。

最体现当地人审美意识和建筑理念的莫过于国王居住的王宫，简直可以用叹为观止来形容。宫殿四壁饰满羽蛇浮雕，栩栩如生。房间里挂满了绚丽多彩的地毯和布帘，就连木柱子上都雕满了花鸟虫鱼。在国王就餐的大厅里，还有一扇金制的屏风挡在餐桌前，为的是不让朝臣看见国王进餐的样子。在王宫里，还有一座专供国王一人赏玩的庞大园林，里面饲养着几乎所有中南美洲的野生动物，其中包括成群的獏、美洲豹和养在坛子里的响尾蛇。园林里到处栽种着来自各地的奇花异草。据说当时的国王蒙特祖马的生活非常奢侈，他住的宫殿有一百多间屋子，有一千多个服侍他的女奴，他每顿饭要吃三十多种菜肴。吃饭时，还有歌唱、舞蹈和杂技节目的表演。

特诺奇蒂特兰市中心最主要的建筑是神庙，在广场中心屹立着二十座大小不等的庙宇。这些庙宇被称作美洲金字塔。它们也用石块垒成，但造型与埃及金字塔不同，顶部不是尖的而是平的，四面均是等腰梯形。最大的一座金字塔是祭奉战神威齐波罗奇特利的，高约四十六米，占地约八千一百平方米。金字塔四面都有石砌台阶，从地面到塔顶共一百十四级。塔身分四层，每层都有“回”形平台把四面台阶连成一片。金字塔顶端的平台上建有两个庙堂，堂内有神像、祭台和祭器。阿兹特克人有以活人作为祭品的习惯。每次出征前和战争胜利归来，总要把人当祭品押上祭坛，用刀挖出心脏来敬献给战神。

### 月亮和太阳金字塔

除了神庙，最让人感慨的是太阳金字塔和月亮金字塔，它们以其宏伟、独特的建筑风格和难解的谜团闻名于世，每年吸引着众多的海内外游客。

金字塔不仅仅存在于两河流域的文明古国中，这里的金字塔没有埃及的出名。太阳金字塔和月亮金字塔是印第安人阿兹特克文化特奥蒂瓦坎古城遗迹的主要组成部分。它坐落在墨西哥城东北40公里的波波卡特佩尔火山和依斯塔西瓦特尔火山山谷间，面积有20多平方公里。

这里有精致的雕刻、这里有纷繁的颜色、这里有完善的建筑体系，这里就是当地人的骄傲。月亮金字塔位于墨西哥，坐落在特奥蒂瓦坎古城城北，是祭祀月亮神的地方。它的建筑风格和太阳金字塔一样，只是规模较小，比太阳金字塔晚200年建成。月亮金字塔南面有蝴蝶宫，是宗教上层人物和达官贵人的住所，也是全城最华丽的地方。圆柱上刻着极为精致的蝶翅鸟身图样，至今仍然颜色鲜艳。宫殿下面现在又发掘出饰有美丽羽毛的海螺神庙。这座古迹的地下排水系统纵横交错，密如蛛网。月亮金字塔比太阳金字塔晚建约200年，坐北朝南，塔体约达38万立方米，分4层，高46米。200多级的阶梯直通顶端，每一步梯级倾斜角度都不一样，耐人寻味。外部叠砌的石块上绘有色彩斑斓、带羽毛项圈的蛇头和用玉米芯组成的象征雨神的许多壁画，塔前的宽阔广场可容纳上万人。

月亮金字塔

有一个建筑物与刚刚介绍的建筑物宛如双生子，成为了当地人心目中的骄傲。太阳金字塔和月亮金字塔分别位于特奥蒂瓦坎古城的主要街道——“黄泉大道”的东侧和北端。“黄泉大道”全长4公里，宽45米，南北纵贯全城。街南端为古城的大建筑群，是当时宗教、贸易和行政管理中心，如今已成为博物馆、商场和管理办公室的所在地。对面是占地6.75万平方米的城堡，里面有一座羽蛇神庙。

因为在当地人的心中，太阳具有至高无上的地位。用来祭祀太阳的地方无疑是尊贵的。太阳金字塔建于公元2世纪，呈梯形，坐东朝西，内部以250万吨泥土和沙石堆建而成，外表铺砌和镶嵌着巨大的火山石，石头上雕刻着五彩缤纷的图案。塔体有100万立方米，分5层，高65米，正面共有236级台阶，可直通塔顶。塔顶曾有一座10米高的太阳神庙，是古印第安人祭祀太阳神的地方。

令人可惜的是，庙宇没有被完整的保护下来，以至于现在的人不能一览当时的古建筑的风采。现在庙宇已毁，但庙基尚存，庙基斜坡上的羽蛇头栩栩如生。街北端西侧是著名的蝴蝶宫，这是当时古城最繁华的地区。宫内石柱上刻有十分精致的蝶翅鸟身浮雕，形象生动，色彩鲜艳。特奥蒂瓦坎的太阳、月亮金字塔无论从其建筑规模还是建筑艺术来说，都可与埃及的金字塔相媲美。

在这里的人们开始懂得城市对每个人的意义。据史料记载，这个城市的居民最早出现在公元前800年，到公元450年，该城全盛时期人口多达20万人。当时农业相当发达，当地居民能够修筑梯田，挖渠灌溉，种植玉米、西红柿、棉花、可可和烟草等作物，手工业也有一定规模。古城同外地贸易来往频繁，逐渐成为宗教、政治、经贸和社会文化的中心。特奥蒂瓦坎城的影响还扩展到危地马拉等中美洲国家，是当时美洲最大的城市，也是世界大都市之一。直到公元8世纪初，这座古城突然被废弃成为废墟，居民也随之消失。

后人对这个城市的废弃做过许多研究，但是对于这个古城从昌盛走向消亡的原因众说纷纭。一种说法是由于托尔特克人入侵、焚毁所致，居民因此向南迁徙，直至危地马拉的广大地区；另一种说法是因瘟疫流行，居民向北迁移并创造了图拉文化。

## 石雕艺术

阿兹特克的雕刻主要是石雕，包括大型纪念性雕刻和小型雕刻。特诺奇蒂特兰的大型纪念性雕刻在帝国时期出现了很多，其中主要有各种女神石像，如大地女神、花神、丰收女神、生殖女神及美洲虎巨石雕、石象柱等。这些大型纪念性石雕具有体积巨大、外形厚重的特点。在雕像的表现上既有写实的描绘，又有极为怪异的形象，有着深厚的宗教色彩。不论是圆雕还是浮雕，石头的表面全都刻满了各种复杂的图解，通常在底板上都刻有夸张的地魔形象，并刻有文字符号，说明雕刻年代、神以及统治者的名字。这些大型石雕主要服务于宗教目的，反映了阿兹特克人宗教杀祭的残忍习俗和阿兹特克人对于死亡主题的偏爱。神像多以骷髅和砍下的人手、心脏来装饰。女神的短裙则以蛇的交织来表现。浮雕中的武士形象，多表现为捕捉和杀戮俘虏为主，甚至直接刻画代表死神的骷髅女神。

神灵对当地人来说具有与众不同的意义。在他们的眼中，神灵是主宰一切的唯一。在石雕艺术中自然少不了神灵的形象。阿兹特克的小型石雕，比大型纪念性雕刻更为世俗化。种类很多，包括动植物、小型石盒、杀祭用的容器、乐器等。小神像是社会下层阶级的偶像，放在各地区的乡村神庙中，为数众多，通常雕刻简单，没有大型石刻那样的细节表现和复杂的图解。小型神像多表现与农业种植有关的神，显得平静而愉悦，很少有怪诞和令人惊骇的相貌，如花神坐像，以其流畅的线条、光洁的表面，表现了一个弓背交脚而坐的男人，头向后靠，身上装饰着花朵，充满活力，与沉重、威严、怪诞的大型雕像很不一样。阿兹特克人的动物雕刻以生动、概括为特征。他们表现蛇的形象，大多为圆柱体盘蛇，除对尾、舌、牙部分加以装饰外，其余一概简化。他们的石刻昆虫显示出极为写实的风格，有的动物表现得生动而充满幽默感，如跳舞的猴子，握着自己的尾巴起舞。阿兹特克小雕像中还有大量表现下层人物的形象，如正在背水的男人、跪着的女人，这类雕像表现得真实而生动，负重的人像脸上常常带有自卑的表情，甚至还出现了驼背人和有皱纹的老人。著名的死者肖像，以紧闭的眼睛和松弛的脸部表现出阿兹特克人对面部表情刻画的高度技巧。

除了石头可以雕刻之外，当地人又找到了一种更为珍贵和有质感的材料进行雕刻。阿兹特克人对玉石有特殊的偏爱，他们认为绿色的玉石是水与植物联系在一起的、是美与高贵的象征。他们用石工具加工玉石，由于玉石的硬度致使它比其他雕刻更少细节刻画、更少程式化，因而也更富有生气。在动植物雕刻上，玉石雕刻有着更为丰富的想象力，如一只兔子被表现为像人一样坐着，前肢抬起，两腿间夹着一个鹰头，鹰嘴里有一个武士的头，兔子身上还系着骷髅做的腰带。绿石刻的南瓜，用抽象的线来表现南瓜的质感，瓜蒂用五角星来表现。绿石刻的动物还包括苍蝇和青蛙。玉石面具是阿兹特克人的重要作品，面具通常是写实的，眼睛未挖空，而嘴总是刻成张开的，意味着生命和呼吸。这些面具刻画表现了阿兹特克人理想中的形象：长形的头、宽嘴、直鼻、眉毛紧挨着眼睛。玉石容器主要有仪式用具和帝王用的盒子，后者装饰极为精美，一般刻有作为占有者的君王的名字以及他与神在一起的仪式场面和暗示其制作年代的动物形象和符号，底部有地魔形象。

石头和玉石都属于硬度大的雕刻材料，对雕刻的技艺有着各方面的要求。当地人很快找到了一种相对软并且容易雕刻的材料——木头。阿兹特克人的木雕也很多，包括建筑、家具、偶像、武器、容器等。但由于征服时期的破坏，所剩无几。阿兹特克雕像外形简朴，涂以色彩，男女区别都不大。发现于 19 世纪的木鼓上刻着浅浮雕：成排的鹰和虎的形象，中间有一鹰武士，表示作为杀祭的牺牲。

阿兹特克雕刻艺术的发展过程

毫无疑问，代表着当地最高技艺的东西都与祭祀有关。因着神灵对民族独特的意义，人们在任何涉及神灵的物品上都格外用心。从迄今为止的发掘来看阿兹特克雕刻艺术中成就最高的是帝国用于祭祀和纪念重大历史事件的大型雕刻，这些石雕都发现于首都特诺蒂特兰，即今日的墨西哥城。它们以其巨大的规模，繁缛的象征图案、骚动的生命力和狂热的宗教感情产生了一种深沉的、震摄人心的感染力。它们的形成直接反映了进入奴隶制时代的阿兹特克人的社会、历史、宗教观念的形成和发展，是帝国时期的主要风格。

最初的雕刻与各个国家雕刻出现时的特点一样：简单质朴，但又有着民族的特点。公元1428—1481年，处于粗糙地模仿古代托尔特克人的时期。技术上处于稚拙阶段，作品主要为刻得很浅的浮雕，如阶梯浮雕和武士石以及雨神恰克摩尔泥塑。后来的发展阶段为公元1481—1487年，融合外来风格，形成了技巧上成熟的写实风格。随着阿兹特克对各地区的征服扩张，外来影响不断进入特诺蒂特兰，各地艺人云集于此，对阿兹特克雕刻艺术的成熟起了很大的促进作用。这一时期的作品在材料的处理、空间深度的表现上取得了很大的成功。值得注意的是：出现了记载年代和人物的图象文字，这种图象文字以后在阿兹特克雕刻中占据着越来越重要的地位，成为其一大特点。

每一个时期的雕刻特点都是从这一时期大量的雕刻作品特点中总结而来的。这一时期的代表作有：蒂索克之石、月亮女神巨石头像和浮雕。蒂索克之石是一块直径达270厘米的巨型圆石，周围刻有十五对俘虏与胜利者立像，表现了战胜者的功绩。浮雕人物不再是浅平的刻画，而是呈半圆形向外凸出，各部分转折关系有细微的刻画，疏密变化富有韵律感。

在这个充满了血腥和暴力的民族里，你不能用常规的思想去想象月亮女神雕塑的形象。实际上月亮女神浮雕是一块长达3.3米的巨大石块，表现了女神被斩首、肢解的情景。女神装饰华丽，戴着脚镯、手镯、头饰，身体赤裸，身后的空间填满了各种象征死亡的饰物，面部和躯干显得非常写实而光洁。

后来，雕塑艺术走向了个性化和民族化，这个时期的雕塑彰显着民族独一无二的气质。公元1487—1502年为艺术的繁荣期，开始形成了富有象征意味的恐怖风格。雕刻成为了完整的圆雕，具有沉重、压抑的特点，并富有戏剧性的冲突。血腥的表现达到了登峰造极，装饰更为繁缛、造型更为雄壮有力。其代表作有大地女神像和地魔像。

与月亮女神像一样的是这些所谓的女神，都是以让人瞠目结舌的姿态出现的。大地女神像是高 3.5 米的十字形雕像，她的头由两个相对的蛇头组成，她戴着人心、骷髅、砍下的人手做成的项链、系着蛇交织成的短裙，手脚都是尖利的爪子，完全是一个充满着毁灭性破坏力量的形象。公元 1502—1520 年，艺术风格的成熟期。形成了厚重简练的造型、合理的夸张变形，丰富的寓意象征手法更为抽象、更多求助于图象文字或符号，形成了完备而固定的程式。其代表作有雨神恰克摩尔像、美洲虎石雕、神庙石、历法石。雨神倚靠在长方形的外框之中，健壮的身体采用了夸张的比例和直线，使整个造型有着完整的形体和合理的结构。简练的线和向外膨胀的面表现出强有力的内聚感和完整性，脸部非常写实，各部分细节都刻画仔细。雨神像显示出一种成熟的美。神庙石和历法石都是用各种图像文字和人物浮雕装饰，表现了对阿兹特克帝国统治的永久性的歌颂和祈祷。

在这个民族的发展过程中，雕刻用一种固态的方式，铭记了民族的特点。与这些大型纪念性艺术并存，历史更为悠久的是小型雕刻艺术。这种艺术以自然质朴的写实风格为主要特色，大多是民间偶像和宫廷摆设，与日常生活的联系更为密切。其中有生动的动物雕像、富有个性的肖像雕刻、生活气息浓厚的人物雕像，充满着田园诗一般的情趣。

雕刻艺术的特点

每一种艺术的特点都不是单一的、简单的存在，而是一个复杂社会孕育的多元体。阿兹特克雕刻艺术的一个突出的特点是两种不同风格的并存。这充分反映出他们的文化具有二重性：奴隶主集权统治产生了恐怖与神秘主义的艺术；同时在下层社会的劳动者那里，被压抑的人性同样也产生了更为接近自然感情的艺术。在两种风格中，大型纪念性雕刻是占主要地位的风格，这种艺术的重要特点是对于战争、死亡题材的热衷。武士、战争、人祭成为雕刻的主要题材。这些形象与场面都充满着痛苦与恐怖的联想。

在墨西哥城发现的阿兹特克神话图样浮雕

那些雕塑不仅仅是本身形状的代表，还有着在当时的社会中所蕴含着的特殊的含义。阿兹特克雕刻具有复杂的象征意义，图象文字在雕刻中占有很重要的地位，其内容包括神话、历史和现实。到后期象征意义更为丰富。即使是在最为写实的动物、植物雕塑中，仍具有或多或少的象征意义。尤其是晚期的大型石雕几乎完全是借助于图象文字与符号来象征帝国的历史地位，歌颂帝国的统治。

每一个雕塑的背后，都是一个故事、都是一段传说、都是一部历史、都是社会发展的写实。由于阿兹特克雕刻载负着复杂的象征和寓意内容，它必然具有浓厚的神秘色彩。这种程式化的或写实的形象后面寄寓着神秘的精神力量，包含着阿兹特克人虔诚的信仰和无数意味深长的历史传说。

在研究过出土的大量的雕塑后，人们渐渐从这些形象中找到了共性的东西。在形式上，阿兹特克雕刻追求块状效果，雕像和石块浑然一体，表现出厚重、压抑、封闭和力量的集聚，与希腊雕刻的开放性形成了鲜明对比。他们的圆雕似乎是尽可能不改变石料的原形而使雕像和石料浑然一体，各种姿态的圆雕都竭力追求这种效果。这种块状雕刻具有一种凝聚的力量感，它把各种不同的形体凝集在一个有限而封闭的空间，表现出高压的外在力量与膨胀的内在生命力之间的强烈冲突中的片刻均衡。没有生命的石料仿佛被注入了强大的生命力，它们的外在形状成了压抑、约束内在生命力的枷锁。那野性而原始的力量在坚硬的岩石中膨胀、咆哮，仿佛是怒吼的雄师在铁笼中冲撞，随时都可能冲破那束缚，破石而出。同时，阿兹特克雕刻所具有的石质感也是世界雕塑史上的杰出范例。阿兹特克人全靠石工具来加工石雕，这种工具使他们的雕刻保持了更多的材料本身的质感和纹理效果。在他们的雕刻中，材料本身的坚实、厚重、粗犷的纹理与主体形象的剽悍有力融为一体。不同的形象在石雕中都充分借助了石质的材料之美，获得了一种难以言传的感染力。阿兹特克人在石雕中找到了最适于表现他们民族个性的材料和语言，在这些充满生命力的雕像上我们看到到了他们那成熟的、文明的外表下深深隐藏着的剽悍的、野性的原始生命力。

虽然这个民族的雕塑都非常地出人意料，人们很难从中找到美感的存在，但是实际上，这些雕塑中确实蕴含着美的因素和萌芽。阿兹特克雕刻也具有对称、稳定的倾向。这一点与古代埃及和东方的奴隶制时代艺术十分相似这充分显示出统治者的审美要求以及他们对其专制统治的永久性的希冀。阿兹特克雕刻艺术最后一个特点是它原来的意义和观念与它在现代观众心目中所产生的效果相去甚远。在现代观众的眼中，它代表着一种古老、陌生而又遥远的感情。它表现的悲壮而恐怖的场面代表了阿兹特克人伟大的牺牲精神、神圣的责任感、炽烈的虔诚；那血与火的杀祭正是他们寻求的崇高境界，精神的至善，是壮美与崇高的集中体现。而在现代观众心目中只能唤起悲壮和压抑的感情，而不能从这种神秘而压抑的艺术中领略到虔诚的喜悦与精神的尉籍。

# 第四章　帝国流传的神秘力量

## 泰诺克蒂兰之谜

泰诺克蒂兰这座古城是阿兹特克人历史的百科式的缩影，每一个角落都能向人们讲述一段完整的故事。令人激动的是，它的面纱就要被解开时却总是制造很多意想不到的悬念，也许这就是它总能吸引人、充满魅力的地方吧。

墨西哥城的前身最早是土著的阿兹特克人的首都泰诺克蒂兰，从公元1325到1521年，这里是印第安人阿兹特克部族的聚居地。早期的阿兹特克人生活在今墨西哥北部，是以狩猎为生的游牧民族。讲纳瓦特尔语。称自己为墨西哥人。

这个城市原来并不是一片完整的土地，而是被智慧凝聚的大陆。早期的阿兹特克人将一个个浮岛连接成片，不断地扩大泰诺克蒂兰城的规模，后来又修筑了一条长16公里的跨湖大坝口。公元1400年时，阿兹特克人已经把这个地方发展成为了一个非常强大的城市，即泰诺克蒂兰城。从公元1440年—1469年，阿兹特克帝国在蒙提祖玛一世统治下疆域迅速扩展，征服了东部和南部的大片区域，15世纪末，阿兹特克帝国进入了鼎盛时期，首都泰诺克蒂兰城人口近25万。

16世纪初，西班牙人入侵泰诺克蒂兰，强大的阿兹特克帝国竟很快地结束了他们的盛世，泰诺克蒂兰城遭到严重破坏，瞬间成为废墟。西班牙人甚至纵火烧毁了这座城，然后又在它那冒有余烟的废墟上、在阿兹特克人中心祭坛上建立了宪法广场，公元1535年，泰诺克蒂兰被定为新西班牙总督辖区的首府。

可惜，有繁荣就有衰败。当人们的欲望开始膨胀、开始走向极端的时候，必然就会出现铁骑。公元1519年4月，科尔特斯带领他的六百名士兵和十六匹战马在墨西哥海岸登陆，仅仅几个月就把这个伟大帝国的国王摩克祖玛二世变成了自己的傀儡。泰诺克蒂兰在入侵者的烧杀戮掠下成为了一片废墟。尽管如此，当年那些意欲毁灭泰诺克蒂兰的西班牙人对这座城市也是大加赞赏，因为它比当时许多欧洲的城市都要壮观得多。他们当中一些见多识广的人也认为，就是罗马和君士坦丁堡也不及泰诺克蒂兰那样壮观和宏伟。在大片植被被破坏的欧洲，城市的占地面积却小得可怜，城市建筑也带有中世纪封建束缚的风格，缺乏开阔奔放的气派。欧洲各国中当时只有伦敦、罗马和威尼斯三个城市才有资格吹嘘自己拥有接近十万的居民，赛维利亚据估计有六万居民，在当时的西班牙的所有城市中，只有它的占地面积接近泰诺克蒂兰，而后者却养育了大约二十万居民，这一对比肯定会使当时西班牙人感到不快——一个在《圣经》中都从未被提到过的异教民族，居然建成了一座令所有基督教城市都为之黯然失色的繁华都市。

为了探究这个城市的谜团，人们开始在这里考古、开始发掘新鲜的资料、开始在历史中寻找脉络。在墨西哥发现的古抄本中，阿兹特克人记载了自己的历史，有具体的日期、地点和一切重要事件。在一幅插图中，有一批来自一座小岛的阿兹特克人正在横渡大湖。有人认为，这个叫作“阿兹特兰”的神秘地方位于今墨西哥的墨斯卡系蒂坦岛。

一位研究中美洲历史的学者找到了历史中这个城市的起源，发现了居住在这个城市里的人们。13 世纪初，在阿兹特克国家开始形成的时期，正处于同一个种族系统的部落集团相互征战的混乱年代，但是，所有这些集团都有一个共同的起源地。据一个神话传说，这个起源地叫作“奇科莫斯托克”，意思是“七洞穴”或“母亲之地”，位于库卢亚坎。据推测，该地位于今墨西哥的尤里里亚、瓜纳华托附近。墨西哥一位考古学家认为，“阿兹特兰”地区是阿兹特克人的起源地，但是并不在夸墨西哥境内，而是在美国的加利福尼亚，或新墨西哥，或佛罗里达，甚至可能在亚洲。

阿兹特克人从阿兹特兰迁移到图拉

关于神灵的传说，这个民族从来都不匮乏。有关维特兹洛波奇特利这位神灵，也极具传奇色彩，他的母亲为女祭司，还有一个姐姐叫科约尔哈乌基。有一天，母亲去打扫神庙，一团羽毛从天而降，使她怀上了维特兹洛波奇特利，维特兹洛波奇特利生来就是个力大无比的勇士，他用一条火蛇刺穿了姐姐科约尔哈乌基，然后砍下了她的头。后来，他杀死了一个敌人的首领，将这个敌人的心脏扔进了湖边的沼泽地里，并在那里建造了一座大神庙和泰诺克蒂兰城。

虽然学者们极力推崇这一历史阶段的存在和延续，但是在现存的各种历史文献中，关于阿兹特克人迁移出“阿兹特兰”抵达图拉这一历史阶段的记叙非常模糊，人们就难以断定其起源地的确凿地点。而且在记叙阿兹特克人起源的不少文献中，往往历史事实和神话传说混杂在一起，更难寻找他们的起源地。

为了找到历史上出现的传奇之城，墨西哥政府展开大规模的考古发掘，他们拆除了墨西哥城中心 5 000 平方米范围内的 7 座建筑物。1982 年，一座雄伟的塔形神庙终于出现在世人面前。大神庙为方形，基座边长 90 米，高 55 米，最早时可能总共为 7 层。神庙的主殿坐东朝两，建在 4 个巨大的平台上，基座由四部分组成，其中包括分别通往两个殿堂的两遭阶梯。南边殿堂供奉着战争保护神维特兹洛波奇特利，北边的殿堂则供奉雨、水和丰产之神特拉洛克。

为了祭祀的虔诚，人们往往把寺庙建在高高的台阶之上，用以衬托神的地位。考古学家从大神庙中发掘出六层台子，人们据此推断，塔的第一层始建于公元 1325 年，可能是在为泰诺克蒂兰城奠基时而建筑的，落成于公元 1390 年。第二层的年代大约在公元 1390 年，有着保存状况最好的圣殿，但塔顶原有的神庙现已不复存在了。

和其他地方不同的是，这里还有给神灵贡献祭品的台子，也就是在神庙前杀人的台子。在维特兹洛波奇特利神庙前方，有一块楔形石头。有人猜测它被用来将人或牲畜的胸腔压挤成拱形，假如果真如此，那么这块石头也许就能说明古代的阿兹特克曾在这座神庙前举行过祭祀仪式。

似乎是为了更好的证明血腥的存在，在随后的考古过程中，人们不断的在大神庙的里面和周围的地下室中发现了一百多个贮藏室，不但发掘出土文物 6 000 余件，包括雕刻精美的有角神像、翎毛装饰的石雕蟒蛇像、陶器、珠宝饰物，还发掘出了一些畸形的头盖骨，祭神的人畜骸骨等．这些骸骨令人联想到了阿兹特克石盘和他们那鲜血淋淋的祭祀。很多人好奇，当初的阿兹特克人为了庆祝这座大神庙的落成。又采取了什么样的庆祝仪式呢？

每一个统治者都用自己的方式表达对神灵的敬仰之情。考古发现，这里的人建好大神庙后，每一位国三都在前一位国王所建层级上再增建一层，以表示他们对神的虔诚。据历史记载，大约在公元 1487 年，阿兹特克王国的一位国王为了庆祝他所增建的大神庙的新工程竣工，便召集来全国的囚犯，命令他们排成四行，捆绑着从祭司面前走过，祭司们大开杀戒，花了四天四夜的时间才把这些囚犯全部杀死。据统计，这一场祭祀仪式，就有好几万名囚犯被杀，其中大概用了两万颗人的心脏祭神。

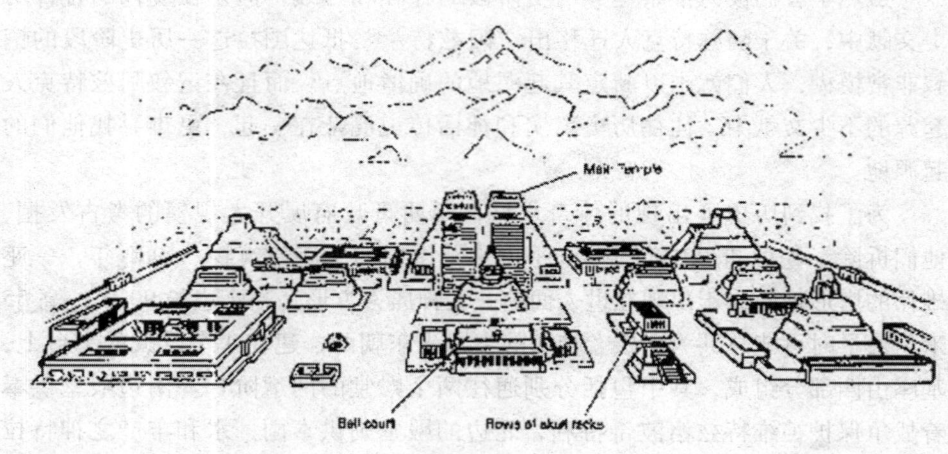


泰诺克蒂兰

就像玛雅人坚信2012年是世纪末日一样，阿兹特克人相信宇宙是以“大循环”的方式运转的。他们认为，自从创世纪以来，宇宙已经历过四个这样的循环周期。根据他们的说法，当时正值人类进入“第五太阳纪”，但又无法确定末日何时来临。阿兹特克人相信太阳也会死的，必须每天给它喂食，会有一个精灵从天空降下，抓住那颗心脏的灵魂送给太阳吃下去，这样才能延缓世界末日的来临。所以阿兹特克人近乎疯狂地举行杀人祭神的仪式，延缓这场即将来临的灾祸。

我们缅怀失去的古迹，伤感消亡的文明，在不同的岁月里找寻着他们存在的证据。在泰诺克蒂兰之前也曾有许多古老的城市湮没于历史的长河之中，但其中或许没有任何一个城市像它那样，因遭受突如其来的灾祸而迅速灭亡，而且被后来的人们彻底遗忘了。它是一座建立在岛屿上的坚固城堡，城中的君主统治着群山环绕的墨西哥高原的每一个角落，它的辉煌代表了对这三千平方英里疆域长达几百年的统治的最高文明。

自古至今，天才都在历史的图册中描绘着绚烂的颜色。被尊称为墨西哥考古学之父的伽玛认为，阿兹特克人是天才的建筑师，他们用原始的石制工具建造出了许多富丽堂皇的建筑，他们凭借丰富的想象力和精湛的技艺在石头上雕刻出精美的装饰图案和神态各异的雕像，不仅如此，阿兹特克人在对使用拱顶的原理来对建筑物进行封顶的方法一无所知的情况下，建成了许多全部用石柱支撑房顶的宏伟建筑。同时阿兹特克人在城市布局方面也独具匠心。整个泰诺克蒂兰被两条纵横交错的主要街道整齐地划分为四个部分，正中是宽阔平整的中央广场。城中高大壮观的神殿和豪宅、整洁的棋盘式街巷和河道里穿梭往来的独木舟，这一切都曾令科尔特斯艳羡不已。

皇宫在任何地区都是最豪华的所在，但是你很难想象，在那个时代有这样完善辉煌的建筑。

除了皇宫的奢华绚丽之外，整个城市都具备着现代城市的要素。大规模兴建的背后是人们对建筑的精准诠释。根据科尔特斯写给查尔斯五世的第二封信中所介绍的，泰诺克蒂兰“有两个湖泊：一个淡水湖；另一个面积稍大，是咸水湖。湖边的居民出行时均以舟代步，皆不受陆地上奔波劳顿之苦”。接着，他描述了城里的道路与交通状况，从任何一个方向上进入泰诺克蒂兰的人，都会发现整个城市被从中间分成了两大块，这是因为它四面都有一个入口通向城中宽阔笔直的主要街道。连接路口与湖岸的是四条人工修建的堤道，这些堤道约有两根衔接起来的短矛那么宽。城中的主要街道笔直而宽阔，其中一部分是土石混合路面，其他的通行道路一半是水道，方便小舟来往；另一半则是土石铺就的半硬化路面，沿着水道前行，不时可以看见连接水道两岸的小桥，在一些较宽的水道上则架起了坚固的造型讲究的大桥，其中许多可以容纳十匹马并行。

出于对神灵的崇拜，当地人对神灵居住的地方更是用心修筑。这里的人认为他们的首都不仅是帝国的中心，更是全世界的中心位置所在。坐落于首都核心位置的便是他们的宗教圣地——金字塔状大寺庙，那里每天都上演着血腥的宗教仪式，两列长长的台阶分别通向太阳与战争之神惠茨罗伯底里和雨神泰拉洛克的神殿，祭司们就是在这里举行人祭仪式的。大寺庙高一百五十英尺，俯瞰着城中纵横交错、繁华忙碌的水道和大街。尽管科尔特斯对阿兹特克人的迷信传统十分厌恶，但他仍不由得深深地叹服于阿兹特克人的建筑成就——那些供奉神灵的高大庙宇、那些供祭司们居住的豪宅。对于那些宗教建筑群，科尔特斯几乎找不到合适的词语来表达自己由衷的赞叹——“这个宏伟的宗教中心被一道围墙圈住，里面大到足以容纳五百人生活和工作。这里面至少有四十座金字塔状的建筑物，建造技巧极为精湛。寺庙里的殿堂和走廊宽敞、高大而华丽。最高的大寺庙得走上五十级台阶，才能到达其主体部分。它的高度超过了塞维利亚大教堂的塔尖。神殿中的石壁都经过精心的雕琢和打磨。木器则被刻上神态各异的鬼神形象和艳丽的图案”。

与埃及金字塔旁的狮身人面像不同，这里金字塔旁边那座圆形的神殿属于长着羽毛的蛇神，这座神殿的前方是一排排摆放头骨的架子。阿兹特克人拿活人做祭品，把他们的头颅割下来，一排排整齐摆放在神殿的架子上。据估算，那些架子上密密匝匝地摆放了几万个头颅。而当时另外两个西班牙人在清点之后说，总共有三万六千个头颅摆放在那里。有些只剩下惨白的颅骨、有些正在腐烂、有些则仍在淌着鲜血。

谁能想到，在几百年前，这里拥有着繁荣的城市、有着不同的信仰、有着精美绝伦的建筑。经过三年的努力，泰诺克蒂兰辉煌的建筑，在沉睡了四百六十年后，终于重见天日。墨西哥城出土的文物唤醒了人们对于淡忘已久的阿兹特克古帝国的回忆，全世界都为泰诺克蒂兰这个伟大辉煌的城市而震惊。

## 特奥蒂瓦坎之谜

考古的新发现

女考古学家劳瑞特·泽约涅经过多年的发掘研究，指出特奥蒂瓦坎是高度发达的文明形态，但是在当时的背景下，为什么会有这样的智慧和周详的城市规划，还是难解的谜。因为人们对这座古城的设计者毫不知情，只能用城市的名字称呼他们为特奥蒂瓦坎人。

现代人对特奥蒂瓦坎的城市设计令人叹为观止，这座古城在开始建造的时候就有了很成熟、很完备的方案，以至于此后的千余年中无论怎么扩建都能经受住考验，而今天的城市管理建设如果能够有这么长远的规划，恐怕是可望而不可即的事情。

完善的城市配套

从出土的大量陶器来看，特奥蒂瓦坎比较喜欢红、黄两种颜色。在冥街两侧的神庙平台和金字塔后面有一些建筑群，据说那里是特奥蒂瓦坎人的居住区。从考古发掘来看，整个城市分为一些工业区，比如陶作坊、石雕作坊、纺织作坊。出土的三十多间房屋组成了一个居住区，周围似乎有比较完善的配套设施，比如小型的教堂、神庙和地下排水道等。

对于特奥蒂瓦坎的设计，也有人认为是石器时代人类设计的，这样一座可谓构思缜密、设计完美、建筑精良的古代城市，石器时代的人又是如何建造的呢？而且，冥街逐级升高处就是台阶和各种平台的建筑，最后却与巨型金字塔分毫不差地融为一体，试想这样的杰作，真的是石器时代所能完成的作品吗？

繁荣之城的历史

这里是什么时候兴建的，又是为什么在远古时期就变成了废墟。人们在考古中渐渐探究发掘着这些答案。阿兹特克时期的特奥蒂瓦坎就已是一座废墟，他们以为这是古代诸神的墓地。直到今天，通过对遗址的大量科学考察，我们才渐渐明白了这座“诸神降临之城”。我们不知道负责修建特奥蒂瓦坎城的建筑师到底是谁，但是有一点没有争议，那就是特奥蒂瓦坎城是墨西哥高原最古老的文明，始建于公元前1000年左右。那时欧洲还没有罗马，罗马应在二百五十年后建成。在遥远的古埃及，正经历着第21代王朝。古希腊处于古典的海伦时代。《旧约全书》中，大卫刚刚战胜了勇士歌利亚。罗马城非一日建成，特奥蒂瓦坎城也是如此。考古学家现已确定它的五个建城时期。在公元600年左右的繁荣时期，特奥蒂瓦坎拥有约二十万人口。

我们长期在城市居住，深受城市规划混乱之苦。现在的城建经验告诉我们，城市的发展是多么杂乱无章，缺乏系统，特奥蒂瓦坎却完全是另外一个样子。在这里，从一期建造开始就有完备的计划，并在以后的扩建中得到严格遵守。一千年不算太短，对于今天的城市管理部门来说，让他们现在的设计规划经受住这么长时间的考验只不过是一个梦想。女考古学家劳瑞特泽约涅曾多年领导特奥蒂瓦坎的发掘工作。她认为，在这高度文明的发祥地，存在着一个尚未完全揭开的秘密：这样非凡的智慧从何而来，竟然可以成就如此伟大的规划？

人们不知道那些神秘的设计建造者是谁，于是以这座城市的名字称呼他们——特奥蒂瓦坎人。

经典的城市标志

除了金字塔之外，这个城市也有着自己祭祀神灵的神庙——是魁扎尔科亚特尔神神庙。在神庙周围的系列建筑构成了一座庞大的城堡，四周边长约400米，从考古遗址推断神庙东面外各有四座金字塔。不过现在已经看不到了！神庙的花纹石雕很有特色：顺着花纹羽蛇在游走，神庙墙角也趴着巨型羽蛇。神庙外墙上雕刻着许多羽蛇神和雨神的头像，据说在阿兹特克人的信仰中羽蛇神象征着水气相融、天地一体，也就预示着好收成，这些显然是和阿兹特克人的农业生产息息相关的。

在我们的生活经验中，与死亡有关的东西我们都是敬而远之的。而在这里，却有一特别之处就是“冥街”，这条长3公里，宽40米的豪华大道。总给人一种毛发倒竖的感觉。其尽头就是月亮神金字塔，两侧有神庙平台和各种小型金字塔。对于它名称的由来，一种说法是，因为大军经过时，满目荒凉，只有一个紧挨一个的棱形高台，疑为座座坟墓；还有一种观点认为，当奴隶被送上金字塔祭祀时，都是从此路走向死亡的，因此称为“冥街”。

这个阴森森的名字是谁给起的呢？这个吓人的名字又有什么来历呢？原来“冥街”是公元1325年南进的阿兹特克人起的名字。据说当时大军路经这里，只见城市破败，找不到一座完整的房屋，而大道两旁却有连绵不绝的棱锥形高台，疑为坟墓，故称此名；又一说，当年大批奴隶被送上金字塔祭天，都是从这条大街走向死亡的，后人便称之为“冥街”。这确实是一条豪华的街道，左右两侧点缀着金字塔和神庙平台。朝北望去，林荫道的坡度足有三十度；站在南端，会有一种错觉，街道仿佛直通云天。于是就成了这样：站在低处一端，就会看到高度相等的台阶组成的楼梯，无边无际，延长到三公里外，与那里的月亮神金字塔融为一体。反之，站在月亮神金字塔上，看到的不过是一条笔直的街道，所有的台阶像是让神一笔抹去了。

在生产力落后的年代，人们是怎样铸造这样的大工程的呢？正式的说法是：那些特奥蒂瓦坎的神秘设计者应是石器时代的人类。要问测量一条长三公里的街道——方法是每隔几米建六级台阶、一处平台，所有这些台阶和平台需在不断升高的街道尽头分毫不差地与一座巨型金字塔相融——该是多么困难，每个今天的测绘员都会备感头疼的。因为不能有一级台阶、一处平台和一块间隔与标准发生偏差。这真是石器时代的作品吗？

冥街上有许多不同的金字塔遗址、平台和装饰繁复的浮雕，图案多是羽蛇，还有猴子、美洲豹和手里拿着不知何物或是背上长着翅膀的祭司。

之前我们在介绍这个民族的建筑时曾提到，在这里凡是与神灵有关的东西往往会被人格外关注和用心。魁扎尔科亚特尔神神庙的城堡，说是“城堡”又不免有些荒唐，因为人们，会理解成“要塞”的意思。其实，特奥蒂瓦坎的城堡和要塞没有什么共同之处，这名字并不是建筑者起的。城堡的边长通常为四百米，北、南、西三边各有四座金字塔，如今只剩下一些残垣断壁了。魁扎尔科亚特尔神庙有石雕花纹装饰：羽蛇蜿蜒在曲折花纹中，楼梯墙壁和浮雕上狰狞的魔鬼面具死死地盯着你；神庙墙角趴着巨型羽蛇，头上发光，脸像喷火龙。古代中国也有这样的图案，诸神骑着火龙从天而降，并且也是在墙角。今天，在刺眼的阳光下，呈现出白、灰、褐三色，从前的色彩一定像彩虹般绚丽。每个神都拥有自己的颜色，浮雕不仅仅是装饰，还有着特别的宗教意义。

魁扎尔科亚特心神庙的装饰花纹表明，在阿兹特克时期和玛雅时期之前就有这种飞翔的蛇神形象了。

太阳系模型

在这个城市里，你同样可以找到完善的城市设施和完整的城市规划，甚至其规范程度都超过了现代一些边远的小城市。在街道旁边的神庙平台和金字塔后的一些建筑群，今天我们认为那里是住宅区。出土的三十多间房屋构成完整的住宅区，还包括小型神庙、礼拜堂和完备的下水管道。整个城市被划为若干个手工业区：这角是制陶作坊，那角是石雕作坊，第三角是纺织作坊。笔直的马路贯穿全城，垂直交叉。

考古学家在发掘研究的过程中，惊叹于这个城市的完整和美丽，同时也发现了一个天大的秘密。这座诸神降临之城的规划与今天的纽约城相比，依然毫不逊色。但人们或许并不知道，这座古老的城市还隐藏着一个更为惊人的秘密：特奥蒂瓦坎的冥街完全是依照太阳系模型建造而成的。试问，在公元前 1000 年前后，特奥蒂瓦坎人已经掌握了这么先进的科学知识吗？

这个秘密是谁发现的呢？原来是细心的考古学家在研究痕迹的过程中偶然解开了这一谜团。20 个世纪末，考古学家在特奥蒂瓦坎山城和山顶周围发现了一些岩石划痕，舒展的线条在特奥蒂瓦坎上空织成一张网络。有人曾于 3 月 21 日春分时从太阳金字塔塔顶向西眺望，太阳毫厘不差地在一块标有记号的石头下坠入地平线。在以西十四公里处的塞罗奇科瑙特拉，也见到过类似的划痕记号，三十五公里以外也有发现。

神奇的地窖

人们在考古中总是能最贴切的找寻到古人的思想。考古学家在特奥蒂瓦坎冥街上的太阳神金字塔不远处发现了一处地窖，它通向大金字塔下面——那里面有四间房子，人们叫它“神洞”。考古学家猜测，整个建筑就是建在神洞之上的，神洞代表地狱的人口和中美洲的中心。朝圣者、商人和殖民地开拓者络绎不绝来此朝拜。

这个神奇的洞里面是一个人们难以解开的谜，原因不在于它的位置，而在于它的材质。在今天，游人是禁止入内的。这是一个真正的谜，专业人士也无法解释：一层厚厚的云母层将许多房间隔开，奥妙到底在什么地方？

考古学家们一层一层的解开了这个洞穴的奥秘。结果确实让人大吃一惊。看一看地窖的窖顶：先是一层石头，然后是十五厘米厚的云母层，最后又是一层石头，很像一个大三明治——面包、火腿，面包。

云母片是什么材质呢？当时的人们在洞穴里加入这样的东西是为了什么？看门人打开地面的铁盖，一瞬间，阳光射进洞口，强烈的光束为云母所反射。云母为一种水合铝钾化合物，常见于高山地区的花岗岩附近。世界上的云母产地集中在印度、马达加斯加、南非、巴西和湇基山，瑞士和蒂罗尔（奥地利）的阿尔卑斯山区也有少量出产。中美洲多火山岩，今日墨西哥需进口花岗岩。云母所具有的特征使它在世界上不可取代，它抗拉强、可伸缩、耐 800℃高温，温度的剧烈骤变不会使它走样。它还抗一切动植物和微生物腐烂后形成的有机酸，同时也是一种绝佳的电子绝缘体。它抗电弧、漏电和放电，人们还可以像翻书一样翻开云母片。薄薄的云母层透明、耐热，因此被装在高炉的窗子上。在电子技术中，云母被广泛利用在电子管、变压材料和雷达技术中。云母还因其特性进入计算机领域，用作电子绝缘器。质量较差的云母磨成粉末，刮成鳞片，用作电熨斗、烤面包机或是洗衣机的主要绝缘材料。

这些云母具有这样的特性，为什么要放入洞穴之中，更奇怪的是特奥蒂瓦坎房顶上的云母是从哪儿来的呢？用途又是什么？一个考古学家朋友认为，云母在阳光下熠熠生辉，因此当作太阳反射器用。这显然不对，屋顶上的云母像三明治，根本接触不到阳光。就算要把整个屋顶铺满云母，用以大量反射阳光，薄薄的一层就够了，十五厘米厚未免太多了。

这究竟是什么样的先知带领人们使用了这样的材质，又是什么样的天才筑造了这样的神奇？没有什么巧妙的解释方法，只能动用一下我们可怜的理解和想象，以期找到贴近的答案。神洞的屋顶与外隔绝，是不是因为其中装有敏感的设备？是防电（闪电），还是抗酸、抗高温？可是石器时代的建造者是从哪里知道云母的多种性能的？特奥蒂瓦坎人在干活的时候既不使用危险的酸和电，也不会经历高温。地质学家确认特奥蒂瓦坎地下的人工云母层为莫斯科云母，我们的祖先把它称作“来自莫斯科的玻璃”。肯定有人知道从哪里可以进口这些云母，对其质量也了如指掌。石器时代的建造者未见得能担此重任。

永远的迷雾

科学家们也在近代加入到了研究遗迹的行列。他们运用自己的智慧给这个充满神奇的地方写上科学与精准。1974 年，国际美洲人大会在墨西哥召开，一位名叫休哈列斯顿的先生的报告颇具争议。他在特奥蒂瓦坎寻找到一个适用于所有建筑的测量单位，为一点零五九米，并给它起了一个玛雅名字，叫“胡那普”，意即“单位”。这是特奥蒂瓦坎的长度单位，适用于城市所有的建筑和街道。例如，魁扎尔科亚特尔神金字塔、太阳神金字塔和月亮神金字塔分别高二十一，四十二，六十三个“单位”，比例为 1∶2∶3。这可是哈列斯顿先生用计算机计算出来的，让人简直没有办法起疑。

在数据和精准的研究之中，这里的秘密渐渐浮现出来了。在城堡周围的金字塔遗址中，他发现了水星、金星、地球和火星的平均轨道数据。和太阳的平均距离为 96 个“单位”，水星 36、金星 72、火星 144。城堡背后流淌着一条小溪，是特奥蒂瓦坎建造者挖掘的运河，穿过冥街，长 288 个“单位”，正好是火星和木星之间小行星带的距离。小溪里有多少块石头，小行星带中就有多少颗星星。距离城堡中轴线 520 个“单位”处有一座无名神庙的废墟，这相当于和木星的距离。再走 945 个“单位”又是一座神庙，只能依稀辨认出轮廓，是土星。最后再走 1 845 个“单位”，便到了冥街的尽头——月亮金字塔的中心，恰恰是天王星的轨道数据。如果直线延长冥街，就到了塞罗戈多山山顶，那里同样有一座小神庙和一座塔的遗址，地基仍在，周长分别是 2 880 和 3 780 个“单位”，是海王星和冥王星的平均距离。

研究一出，震惊四座。这样的推测让人不禁感慨远古的文明程度。由此，特奥蒂瓦坎的冥街便构成一幅迷你太阳系模型。值得注意的是，太阳神金字塔不在此系统之内——它不在中轴线上，而是在林荫大道边。后面的小山也包括在内，特奥蒂瓦坎的设计者肯定自冥街建造之初就将太阳系模型考虑进去了。然而他们的行星平均距离轨道数据是从何而来的呢？公元 1781 年才发现天王星，公元 1845 年发现海王星，冥王星发现得更晚，是 1930 年。莫非某种全能者——比如说就是外星人，为后世留下了什么标志？也许是全能者为后来的建筑师在地下画了一个太阳系模型，让他们在准确的位置上建造一处房屋。

总之，特奥蒂瓦坎的冥街就像它的名字一样充满了神奇和不可预知。

## 通天塔之谜

墨西哥城郊外的卓鲁拉是个死气沉沉的小镇，人口虽然只有一万一千，市中心却有一个宽阔的广场。沿广场往东走，穿过狭窄的街道，越过一条铁路，便到达被印第安人称为“特拉契哇泰泊特尔”的“人造山”阴影下。这座巨型建筑物，号称古代世界规模最庞大的工程计划之一。

### 文明遭到荼毒

文明存在于哪里？不仅仅是书中的知识，不应该只是在法律规范中，更应该存在于生活的方方面面。蒙尘的古迹并不会永远保持缄默，有时候它会向世人倾诉。当“征服者”柯特兹率领西班牙军队横扫墨西哥，“铲除一个文化，如同一个路人随手折下路边一朵向日葵”时，这座宝塔目睹墨西哥人民遭受的身心创伤和屈辱。当时的卓鲁拉城是一个伟大的宗教圣地，拥有十万人口。为了彻底消灭墨西哥的古老传统和生活方式，征服者挖空心思，想尽办法糟踏奎札科特尔的圣殿。这帮人最后想出一个伎俩：把矗立在宝塔顶端的圣殿整个砸掉，在原址建造一间教堂。

任何文明的存在都是人类的瑰宝，应该受到保护和尊重。就在毁灭行动如火如荼展开之后，有些西班牙人已经开始领悟：“一个真正伟大的文明，曾经存在于阿兹特克人之前的墨西哥。”说来诡异，最早醒悟的就是那位烧书烧得最起劲的狄亚哥·迪兰达。显然，在曼尼城演出一场公开烧书的表演之后，他的心灵经历过一番“大彻大悟”。垂暮之年，他痛下决心，全力搜集尤卡坦半岛土著的神话和口传历史，以挽救他曾不遗余力摧毁的古代文化和智慧。

许多学者具备宽容的胸怀和长远的眼光，为文明的传承做出了巨大的贡献。圣芳济修会的修道士伯纳狄诺迪萨哈冈是一位编史家。他记载的中美洲历史和传说使我们获益良多。据说，这位杰出的语言学家“四处寻访印第安耆老，央求他们使用阿兹特克象形文字，就记忆所及，写下阿兹特克族的历史、宗教和传说”。他将历年搜罗的古代墨西哥人种、神话、社会和历史资料汇编成一部 12 卷的巨著。问世后，这部著作却遭到西班牙当局查禁。所幸有一份抄本流传下来，虽然并不完整。

有着这样心态的人不仅仅是一个，挽救文明的历史如星星之火，逐渐被人们所接受和认可。另一位圣芳济修士狄亚哥·迪杜兰一生孜孜不倦，致力于搜集本土神话和传说，试图挽回已经沦丧的古代文化和知识。公元 1585 年，他造访卓鲁拉城。其时，墨西哥社会正经历一场史无前例的剧变。在卓鲁拉城，狄亚哥修士访问一位据说年纪超过一百岁的老者，听他诉说当初兴建宝塔的故事：起初，太阳的光还没被创造出来，卓鲁拉这个地方一片黑暗混沌。大地平坦辽阔，没有山丘。整个平原被水环绕。没有树，也没有生灵。太阳和光从东方升起之后，世界上立刻出现了一群畸形的巨人，占据了所有土地。他们爱上美丽的太阳和光，决定建造一座塔。这座塔非常高，塔顶碰触到天堂；他们搜集建筑材料，接着又找到一种黏性很强的泥巴和沥青，立刻开始动手建筑高塔……这座塔终于建到最大的高度，塔顶碰触到天堂。天堂的主人非常生气，就对天上的居民说：

“你们有没有看到，地上的凡人被太阳的光和美色迷住，建造了一座狂傲的高塔，直通到我们这儿来。你们去教训他们，不要让这些凡夫俗子混进天堂，跟我们生活在一起。”于是，天上的居民纷纷出击，有如闪电一般。他们摧毁了高塔，把造塔的人驱散到了世界各地。

中美洲的这个传说，跟基督教《圣经》讲述的巴别塔故事有七八分雷同，而《圣经》的故事是从更古老的美索不达米亚传说演变而来的

传说中的“巴别塔”

巴别塔被我们熟知的原因除了它本身的魅力，还有那部电影的功劳。中美洲的高塔传说和中东地区的巴别塔故事之间关系显然非常密切。两者的共同点显而易见，但是，我们也不能忽视其间的重大差异。当然，东西方两个

故事之所以有这些共同点，也许是因为早在哥伦布发现美洲之前，这两个地区的文化已经有过接触，但未被历史所记载。有一个理论，倒是可以同时解释两个故事之间的共同点和差异：高塔传说的两个版本，源自一个共同的、极为古老的祖先，尔后数千年间各自演变发展，形成现在的样子。到底有没有这种可能呢?

没有在这个地区，找到古老的文明似乎就像发掘宝藏一样让人兴奋和激动。根据考古学家推算，在墨西哥，只有少数几座古建筑物具有两千年以上的历史。卓鲁拉城绝对是其中的一座。没有人能够确定，它究竟是在多么古远的时代开始兴建的。有迹象显示，这座城于公元前 300 年开始积极扩充和发展时，一些古老的建筑物早就存在了好几千年。在它们的遗址上，现在矗立着宏伟的奎札科特尔宝塔。

宏伟的奎札科特尔宝塔

当你走进一座古建筑，你很难想象历史的气息就那么突然地带你穿越到了那个年代。进入卓鲁拉金字塔内部，感觉上，真的就像钻进了一座人造山丘似的。里面的隧道（总长度超过九点六公里）并不古老——从 1931—1966 年经费枯竭为止，好几队考古学家在金字塔内部卖力挖掘，留下了这些隧道。可是，不知怎的，这一条条狭窄、低矮的地下回廊却感染上周围建筑物的古旧气息，既潮湿又冰凉，阴森森令人毛骨悚然。

这里面藏着的不仅是一个时代的宝贝、不仅是一个国王的陪葬，而是这个地区几千年来的全部文明。考古学家根据出上的文物断定，这座金字塔并不是某一个朝代的产物（这点跟埃及吉萨地区的金字塔不同），而是经过极为漫长的一段时间。根据保守估计，至少在两千年左右，逐步兴建完成的。换句话说，它是一项集体工程计划，由许多世代的劳工合力完成。参与者来自不同的文化和民族，包括奥尔梅克、泰奥提华坎、图特克、萨波特克、米兹特克、卓鲁拉和阿兹特克等先后崛起于墨西哥的民族。从史前开始，这些文化都曾经影响到卓鲁拉这座古城。

这样气魄宏伟的建筑是从何而来的，又是谁最早设计、最早动工建设的，这一切都无从考证了。虽然人们无从断定究竟谁才是这座金字塔的建造者，通天塔的建造者们为什么要大费周章建造了这么一个庞然大物？他们究竟想给自己留下什么名声？穿梭在密如蛛网的隧道中，吸着地底阴凉的泥沙气息，人们只觉得头顶那座庞大沉重的金字塔，无情地朝自己直压下来。

唯一能够展现给我们答案的，只是面前的这座金字塔，它用自己巨大的体积隐藏着曾经的秘密。但是，考古学家已经确认，最早的工程包括一座圆锥形的高耸金字塔，形状如同一个底部朝天的水桶，顶端平坦，建有一间神庙。过了很多年，第二座相似的土造金字塔，被添置在原先那座金字塔上，同时，在第一座金字塔顶端加铺坚厚的石板，使神庙的地基高出周围的平原六十多米。此后，公元1500年，估计有四五个其他民族和文化参与进了建筑工程，使卓鲁拉金字塔具备了今天的面貌。这些民族先后扩充金字塔的地基，但不再增加它的高度。就这样，有如执行一项整体工程计划似的，卓鲁拉城的“人造山”一步一步显现出它那典型的、四层的宝塔结构。今天，它的底部每一边长达四百五十七米，约莫是埃及吉萨大金字塔的两倍，而总体积则高达令人咋舌的三百万立方米。诚如一位专家指出的：

“这是人类在地球上建造的最大一栋建筑物。”

奥尔梅克遗址

## 科巴达之谜

今天，这个地区的位置，介于西边的维拉克鲁兹港和东边的卡门城之间。在这儿，阿慈特克人发现奥尔梅克人制造的一些古代仪式用品；不知为了什么原因，他们将这些器物供奉在自己的庙堂上，十分崇拜。

奥尔梅克的过去

每一个民族都有自己的来源，在那些充满了神奇色彩的神话传说里，孕育着一个民族的特质。科泽科克斯河注入墨西哥湾的地方，正是传说中奥尔梅克人的家乡。“科泽科克斯”这个地名的意思是“蛇神的避难所”。相传远古时代，奎札科特尔和他的门徒就是在这儿登陆墨西哥——他们搭乘“船身光亮得有如蛇皮一般”的船舶，从地球另一端渡海而来。也就是在这儿，奎札科特尔登上一艘“蛇筏子”扬帆而去，从此离开中美洲。“蛇神的避难所”像是奥尔梅克人家乡的名称——它涵盖的范围除了科泽科克斯城之外，还包括几个犹未被工业侵扰的城镇和村庄。

奥尔梅克雕刻

在这里最让考古学家兴奋的莫过于石头。这里的石头可与别的地方不一样。在这里，无数典型的奥尔梅克雕刻品相继出土。这些文物全都是用整块玄武岩或其他耐久石材雕凿而成的。有些雕刻的是庞大的头颅；其他是巨型石碑，上面镌刻着两个相貌截然不同的种族——都不是美洲印第安人——相会的情景。制作这些杰出艺术品的工匠，肯定是属于一个精致的、高度组织化的、繁荣富裕的、科技上相当先进的文明。学者们面临的问题是：除了艺术品之外，这个文明没有留下任何东西，让后人探寻它的根源和性质。唯一能确定的是，“奥尔梅克人”（一般考古学家都乐于接受阿兹特克人对这个民族的称呼）于公元前1500年左右，带着充分发展、高度精致的文化，突然出现在中美州。

神奇的奥尔梅克石像

如果你在逛公园的时候，突然看见一个三米高的人头石像，你会不会觉得一股凉气从天而降。“奥尔梅克人”（一般考古学家都乐于接受阿兹特克人对这个民族的称呼）于公元前1500年左右，带着充分发展、高度精致的文化，突然出现在中美洲。当初西班牙人建立的殖民城市，名叫圣狄亚哥图斯特拉。在市中心的公园里，有如符咒一般，矗立着一颗巨大的灰色鹅卵石，约莫三米高，上面雕刻着一个戴着铁盔的非洲男子的头像。他的嘴唇肥厚，鼻孔壮阔，眼睛安详地闭着，下巴紧贴地面，整个头像散发出一种阴郁、沉重的气息。

谁也不能想象，这样一个巨大的石头，是怎样作为一个整体而被雕刻出来的。这就是奥尔梅克人留给人们的第一个奥秘———万两千多年前制作的一座庞大的雕像，描绘一名面貌具有明显黑人特征的男子。当然，两千多年前的美洲并没有非洲黑人，直到白种人征服美洲后，黑人才被抓来当奴隶。然而，考古学家发现的人类化石却显示，在最后一个冰河时代移居美洲的许多种族中，其一是非洲黑人。这个巨大雕像被命名为“科巴达”，因为它是在科巴达庄园出土的。迄今，在墨西哥各地被挖掘出的这类奥尔梅克雕像，总共有十六尊之多，而左卡罗广场雕像是其中最大的一尊。专家认为，它是在耶稣基督诞生之前不久雕制完成的，重达三十余吨。

与石像同样著名的还有他们令人惊叹的天文历法知识。当人们破解出当时人们所知道的一切时，甚至不敢相信那是真的。圣狄亚哥图斯特拉镇西南方二十五公里，穿过苍翠的原野．便是崔斯萨波特。这座古城兴起于公元前500年—公元100年，是奥尔梅克文化晚期的一个中心。如今，原址只剩下几座土墩，散布在玉米田中。1939—1940年，美国考古学家马休史特林在这里展开大规模挖掘。他发现了一块古碑，上面用玛雅式点线符码记载的日期，换算成西方历法就是公元前32年9月3日。这比玛雅所有发现的碑铭都要早得多——整个学界为之震动。而最令人震惊的是，崔斯萨波特古城根本就不是玛雅文化遗址，它完全属于奥尔梅克文化。史特林发现的石碑证明，创造历法的是奥尔梅克人，不是玛雅人，奥尔梅克文化才是真正的中美洲“母文化”。奥尔梅克人是一个聪慧、文明、科技上相当先进的民族。他们发明用点线符号标出日期的历法，以一个神秘的日期——公元前3114年8月13日——为纪元的开始。

当然这样标志性的有历史意义的石碑旁边，不能少了这个民族最引以为豪的石像。在日历石碑旁边，史特林也挖掘出了一个巨大的人头像。它是在公元前100年左右制作的。高约一点八米，圆周五点四，重量超过十吨。如同圣狄亚哥图斯特拉城那尊雕像，它呈现的是一名非洲男子的头部——戴着紧密的头盔，绑着长长的飘带，耳朵穿洞，鼻梁两旁显露出一道道很深的沟纹，嘴唇肥厚下垂，两只大眼睛冷冷地睁着，宛如两颗杏仁。在那顶古怪的头盔底下，两道浓密的眉毛高高翘起，显出一脸怒气。

这么庞大的石像，还带着冷峻的表情，实在让人不知道该如何面对和解释。这尊人头像用一整块巨大的玄武岩雕成，竖立在粗糙的石板叠成的基座上……清除周围的泥土后，它立刻展现出一股令人望而生畏的气概。尽管体积庞大，雕工却十分细致老练，五官的比例匀称完美。跟一般美洲土著雕刻品不同的是，它使用的是写实的雕法。五官的线条简洁有力，呈现出黑人独有的面貌特征……

当然，这样发达的科技水平和雕刻艺术后，是一个城市发展的兴盛。一位美国考古学家在崔斯萨波特古城挖掘出令人惊异的古物：装上轮子的小狗。这显然是当时儿童的玩具。这些小巧可爱的工艺品，一举推翻考古学界一个普遍的观念——一般考古学家认为，直到西班牙人入侵后，中美洲土著人才懂得使用轮子。史特林发现的“狗车子”至少证明，代表中美洲最古老文明的奥尔梅克人，理解车轮的“原理”。奥尔梅克人是非常聪慧的民族。他们既然懂得车轮的原理，自然会应用到儿童玩具以外的其他器物上。

传说中的圣罗伦佐

人们通过各种高科技的办法寻找着他们曾经在世界上留下的痕迹。位于科泽科克斯市西南方的圣罗伦佐，正好坐落在奥尔梅克文化遗迹——“蛇神避难所”的中心。奎札科特尔的神话和传说经常提到这个地方。考古学家使用碳14鉴定法测出的年代最古老的奥尔梅克遗址，就是坐落在圣罗伦佐地区。据鉴定，这处遗迹的历史可追溯到公元前1500年左右。然而，在那个时期之前，奥尔梅克似乎已经发展成熟。不可思议的是，尽管考古学家一再努力挖掘，在墨西哥，甚至在整个美洲，他们却始终找不到任何征象和证据，显示奥尔梅克文化曾经有过“发展阶段”。这个最擅长雕刻巨大黑人头像的民族，仿佛从石头里蹦出来，突然出现在墨西哥。

这里最让人感慨万分的莫过于高科技的遗迹。这里有着极其复杂的水库设备，甚至直到今日，人们也看不出是它们是怎样工作的。在圣罗伦佐，奥尔梅克人建造起一座高达三十多米的假山，作为一个更庞大的建筑物（长六百米、宽一千二百米）的一部分。1966 年，考古学家迈可·柯伊发现了二十多座贮水池。这些人工水库，由密如蛛网、用玄武岩砌成的槽沟串连成一个精密复杂的体系，其中一部分沿着山脊修建。排水设备的主要管线，从东边一直绵延到西边。三条支线流注入主线，设计十分先进。每逢下大雨，这些水闸依旧会喷涌出水来，一如三千多年前。经过仔细勘查，考古学家不得不承认，他们根本就不懂这个精巧繁复的水闸系统到底有什么用途。这里的古迹还蕴藏着另一个谜，让考古学家百思不得其解：五尊巨大的、显露黑人五官特征的人头雕像被刻意埋藏在地下，以一种独特的形式排列。根据鉴定，这些头颅是公元前 1200 年左右埋入地下的。然而这些具有艺术之美和神秘宗教力量的雕刻品完全有可能是更早时期的作品，在被埋葬在圣罗伦佐之前，已经被许多民族保存和膜拜过。至于它们到底有多古老，那就不得而知了。

这些奥尔梅克人的遗迹蕴藏的谜底，至今仍未被揭开。

## 十一颗石头脑袋之谜

“传说中，有一片净土，住着快乐的民族……”拉文塔族居住在雄伟壮丽的城市里，城市四周是高耸云端的巍峨山峦，山峦上终年云雾缭绕。城里宫殿厅堂林立，庙宇栉比，结构复杂，建筑布局和谐，在墙壁和天花板上有大理石镶嵌的精细雕刻，有用黄金和珠宝镶嵌成的壁画，金光灿灿，蔚为奇观。关于这个部族的传说还有许许多多，并在民间广泛流传，越传越神奇。

这样美丽精致的生活，是什么的人们创造出来的呢？然而这并不是人们的疑点终结，更让人们震惊的是，相传在 1000 多年前，拉文塔族突然从地球蒸发了一样，消失得无影无踪了，他们究竟到哪里去了呢？到底发生了什么才导致一个民族的消失？多少年来，考古学家和人类学家、民族史学家都想方设法四处寻找拉文塔族的下落，但都一无所获，直到这 11 颗石脑袋的发现。有些学者认为，这些硕大的石头脑袋很可能都是传说中已消失了的远古拉文塔族人留下的作品，更确凿的令人信服的证据还需要进一步探索。

高度发达的文明在这里繁衍生根，逐渐成为了一段历史的文化中心。公元前 900 年—公元前 400 年，在墨西哥湾畔这片潮湿、多雨的沼泽地上，在拉文塔的核心五平方公里的高大土台上，矗立着一座座神庙、祭台……而美洲最有特色的神庙形式这时也已出现——近30米高的塔状高台顶端，雄踞着一座巍峨的神殿。整个建筑看起来像座金字塔。

拉文塔的石像

历史总是跳脱在人们的思维之外。为了寻找到这一高度文明的民族遗址，历代许多考古学家和人种学家、民族史学家都想方设法四处寻找拉文塔族的下落，可是都一无所获。直到1938年，才有人在传说拉文塔族当年居住过的原始森林里，发现了十一颗全由玄武岩雕刻而成的石脑袋。这些石脑袋大小不一，最大的十六米，最小的约六米，最重的约二十吨以上。所有石像，都只有脑袋，而没有身躯和四肢。其中有一颗石脑袋上，刻有许多奇形怪状的图画式的象形文字，但至今仍无人能全部认识。

科学家们发挥着所有的想象力和创造力，在这些象形文字中寻找着破解的线索。有些专家根据文字中一连串的点划来综合考证，这颗石脑袋雕成的日期大约是公元前291年11月4日。这些石脑袋都是威武的军士头像，雕工细腻、娴熟，脸部神态逼真，表明当时的远古拉文塔人在雕刻方面具有很高的艺术造诣，堪称古代美洲雕刻工艺的精华。

由于这些头像的工艺和部分细节都极度吻合，有些学者认为，这些硕大的石脑袋很可能都是传说已消失了的远古拉文塔人留下的作品。大约在距今1.1万年—5000年前，墨西哥已经出现了较高的石器时代文化。据考证墨西哥有确切文献资料可考的历史是从公元前2300年左右开始的。到公元前2000年左右，墨西哥进入原始公社的繁荣时期，当地部落过着定居的农业生活，有了管理组织和宗教组织，种植玉米、豆类和棉花等作物，石器中出现石杵，大量制作陶器、泥俑等，并能纺纱织布。公元前1250年—公元200年，创造了象形文字、计数法和历法，常用达数吨或几十吨的整块巨石雕凿面带微笑的石刻头像。他们遗留下许多用硬玉雕琢或用巨石雕刻的人像。据推测：这十一颗全由玄武岩雕刻而成的石脑袋，乃是墨西哥阿兹特克和玛雅文化的先驱——奥尔梅克文化时期的产物。

如果你能亲眼看到这些头像，可能顿时涌上心头的就是沧桑与畏惧。11颗巨石头像比起神庙、金字塔更令人称奇。这些石脑袋大小不一，最重的约20吨以上。这些高达1.8米的头像都是用整块的玄武岩雕凿而成的，头上戴着一顶古怪的头盔。扁桃形的大眼睛深邃冷漠，鼻子扁平，嘴唇肥厚。这些石脑袋都是威武的军士头像，人物的表情极其丰富，巨石头像手法极为写实，对人体头部结构掌握得非常透彻，是古代美洲雕刻工艺的精华，可与公元前5

世纪的希腊雕刻媲美。奇怪的是，所有石像都只有脑袋，没有身躯和四肢。其中的一颗石脑袋上刻有许多奇形怪状的象形文字，至今仍无人能予以正确的释读，它们在人们眼里就如同一串串的谜。

神奇的头像之谜

究竟是什么人对这些石头进行了加工，并塑造成了这样的形象，他们又是为了什么目的呢？难道是为了审美吗？对这些问题，至今史学界仍无法做出准确的解释。

像中国的长城一样，那些大块大块的石头，在当时的生产力条件下，究竟是用什么神奇的力量将这些伟大的痕迹造出来的呢？雕刻这些石脑袋的石料——玄武岩，全部是从三百多公里以外的地方搬运来的。当时墨西哥以及整个美洲都还没有车轮，也没有牛、马、骆驼等畜力运输工具，只靠人力，他们是用什么方法把重达数十吨的整块巨石刻成的石脑袋搬运进原始森林里去的呢？至今仍是不解之谜。在科学技术较低下的远古时代，这是一个不可思议的奇迹。

不屈的精神之庙

对于向往神灵的民族而言，人们找到定居的场所，最先建立起来的不是自己的家园，而是祭祀神灵的庙宇在公元1325年，阿兹特克人定居在泰诺克蒂兰之后不久，他们就用芦苇、稻草及干草建成一座神殿来表达对他们守护神的感激之情。这个简陋的建筑物早已腐朽了，但它却是大寺庙的起源。在接下来的两个世纪中，神殿不断地被重建，每一个新增加的建筑都围绕着以前的建成。同时，有一片很大的用来举行仪式的场地围绕着庙宇，这就形成了一个由围墙围起来的建筑群落。崇拜者可以从东、南、西、北四个门进入去朝拜供奉在七十八个庙宇和神殿里的诸神。

通过庙宇这个神圣的地方，人们想象着把生活与美好和悲惨联系到一起，把尘世世界和神的世界联系到了一起。恰当地说，它是一处令人恐惧的地方，是一个“死亡之庙”。它的石质基座上刻满了缠绕在一起的蛇。建筑物内黑暗的房间内充塞着各种宗教祭品——小雕像、石面具、动物骨头、贝壳和头骨。有陡峭的楼梯通向金字塔的正西面，那里建有两个神殿，分别供奉着太阳及战争之神惠茨罗伯底里和水及丰收之神泰拉洛克的雕像。

庙宇的恢弘在世界任何地方都看得到，它们的建筑不同于普通的民居，倾注了大量的精力。在这个神圣的环境里，大寺庙是一个足有一百三十五英尺高的金字塔圣殿，通向塔顶祭祀台的台阶有一百多级。随着考古学家在遗址上发掘的深入，他们发现至少有六座重建的神殿。其中几个是为了弥补其他不断陷入水浸地基的建筑物的数量而兴建的，但重建的主要原因是为了反映整个帝国的壮大。在扩张的过程中，曾有邻国向阿兹特克的统治者发出以下的外交祝词："很荣幸地看到尊贵的阿兹特克帝国不断地强大，这是你们的命运。"每次扩张行动完成后，庆祝活动是必不可少的，以祭祀诸神。大规模的祭祀活动要持续数天才结束。

"我们将会征服宇宙中的所有人类"，阿兹特克人的保护神惠茨罗伯底里夸耀说，或者至少阿兹特克人记载了这位神灵曾经这样对他们说。他的预言还有：

"我会使你们成为世界每一个地方的君主和国王。"为了实现他们上天赐予的命运，阿兹特克人极其精确地标明了他们权力中心的所在地。在通往其岛屿首都泰诺克蒂兰的数条大路的交汇处，他们建起了一座宏伟的四层金字塔，也就是西班牙人所称的坦布勒梅尔神殿，或者叫大寺庙。

虽然历史的车轮压过了辉煌，时光的尘土湮灭了璀璨，但是在人们的孜孜不倦的寻求中，这些文明的痕迹再一次出现在了人们面前。在西班牙人攻克泰诺克蒂兰后，他们千方百计地要毁掉所有在他们看来是异端之神的痕迹。他们把坦布勒梅尔神殿夷为平地，然后用拆下来的石头建起了一座大教堂。表面上他们似乎拆走并毁掉了惠茨罗伯底里和泰拉洛克的雕像，但一些人认为印第安人已经把这些雕像抢走并把它们藏匿了起来。尽管泰诺克蒂兰松软的土层把这些秘密掩盖了，它们在数个世纪以后却又得以重见天日。

之前的文章里曾经介绍过，文明的遗迹总是在不经意间被发现。1978 年，当工人们在墨西哥城的中心铺设电缆时，大寺庙遗迹被发现了。那是考约尔克兆圭的巨大石像。它的发现代表着墨西哥考古新纪元的开始。接下来的五年中，考古学家和其他专家一起挖掘了周围的地区。他们终于弄明白被西班牙人毁掉的大寺庙仅仅是一个中心建筑，也就是说在早期寺庙基础上建起来的阿兹特克文明中心的一部分。隐藏于松软泥土下的大寺庙的那些沾满人血的石头才是对阿兹特克人信仰的令人惊异的记录。

神秘的考古发现

所有的考古发现都指向了一个残忍的现实，就是当时的人们在信仰方面对人的极端残忍的行为是真实的。随着对大寺庙挖掘工作的进展，考古学家发现了越来越多能说明阿兹特克人信仰的证据，其中没有比惠茨罗伯底里神殿的遗址更令人恐惧的了。这个圣殿的对面是一块黑色的石头，就是在这石头上面，祭司们拽住祭祀牺牲品的四肢并挖出他的心脏。在泰拉洛克神殿的附近，考古学家发现地下有一座雕像，推断它应是神与祭司之间的一个使者。

它可能是作为一个祭坛或是一个仪式来接受鲜血淋漓的心脏。阿兹特克人认为这样就有助于确保泰拉洛克的祝福降临。

我们通过庙宇里供奉的神灵，我们可以真切地感受到当时的人对神灵的畏惧。两位供奉在大寺庙顶部的神都有着毁灭人类的力量。“惠茨罗伯底里，是海克力斯第二，他实在是太强壮和好斗了，是强大的城市毁灭者和人民的刽子手”。“泰拉洛克，是负责降雨使大地变得丰产的神，也有他暴戾的一面，他把冰雹、闪电，暴风雨和危险一股脑儿抛向河流和海洋”。大寺庙在许多方面体现出诸神的双重控制——最明显的表现是他们的两个神殿。金字塔的本身就是一个有双重意义的象征，不仅代表诞生惠茨罗伯底里的圣山，也代表了形成泰拉洛克的雨水的天空。

神庙大屠杀

更让人难以接受的是当时人们的女神雕刻图案，令人难以置信的血腥。在对大寺庙的发掘过程中所发现的最不寻常的东西要数月亮女神考约尔克兆圭浮雕了。它的直径差不多有十一英尺，描绘的是被斩首和碎尸的月亮女神考约尔克兆圭，也就是惠茨罗伯底里的姐姐。“考约尔克兆圭”这一名字的意思是“挂满铃铛的神”。阿兹特克人认为她是一个恶毒的女人，“同所有的蜈蚣和蜘蛛讲话，并把自己变成一个女巫师”。铃铛用来装饰她的脸颊，并且与她的凶恶形象相一致的是她在腰带上挂着一个头骨，还佩戴着一个张牙舞爪的毒蛇臂章。

由于大量的祭祀品的供奉，考古学家在这里找到了大量的供品，其中当然包括人残余的骨头。大寺庙的内外有超过八十个贮藏供品的地窖，供品种类超过了七千种，从祭祀婴儿的头骨到贝壳，应有尽有。这些供品中仅有一小部分源自阿兹特克人，大部分来自于臣服邻邦的进贡。这也是阿兹特克帝国版图广阔和国势强盛的证明。地窖中有许多神的雕像，以泰拉洛克的居多。神秘的埋藏物中还包括面具、骨灰瓮，燧石和黑曜石的刀具、美洲虎的骨架、鳄鱼的头，响尾蛇和蟒蛇的皮、玳瑁壳，还有大量的珊瑚，举行祭祀仪式的房间里的摆设明显是按照某个仪式程序来安排的，但是如此摆放的含义却仍是个谜。

这里的供品并不是仅仅包括一个年代，或是一段时间里的供奉，里面的残骸甚至跨越了上千年，这就充分说明这个民族的供奉神灵的历史由来已久。

并不是每逢大寺庙被扩建，来自祭拜人的供品都会大量地被献给这里的诸神。这些供品体现了一个广阔的时空范围。藏在大寺庙地窖里的面具的历史要比多提哈罕城早一千多年。根据阿兹特克的知识，第五个太阳就在此城诞生，所有的供品中最古老的要数制作于公元前800年的一个奥尔梅克人面具。也许这样的供品能把阿兹特克文明和这些更古老的著名文明联系起来，有助于证明阿兹特克人征服其他所有文明是有其合理性的。

精美的石盘

每一个处于发展壮大阶段的民族都有着一个统一的梦想。大约在公元1500年，阿兹特克人十分迫切地想要维持他们对整个帝国的牢固统治，就算来自战争和统治上的困难也阻挡不了大寺庙又一次的扩建。实际上，恰恰是这些困难才使得扩建工作显得更加迫切。颇富戏剧色彩的是，扩建工作还没有彻底完成，就已经失去了它的必要性：大寺庙被西班牙人毁于一旦，成为了真正的“死亡之庙”，它的秘密也久久地埋藏在地下不为人知。

惨败后的毁灭

为了最大限度的攫取利益，获得侵略的价值，西班牙人在这里展开了掠夺式的开采。泰诺克蒂兰和她的姊妹城特奥蒂瓦坎变成了西班牙人建设墨西哥城的采石场，他们把那些巨石凿成小块用作房屋的地基、桥梁的拱底和其他各种垫底的石头。泰诺克蒂兰那些纵横交错的水道曾极大地方便了人们的出行，其规模足以令水城威尼斯相形见绌，可西班牙人用碎石填平了所有的水道，逐步抽干了泰兹库湖湖水，破坏了肥沃的耕地。

除了这些，西班牙人也没有忘记进行言论限制，严格控制文化的传播。西班牙传教士对所有的异教言行进行了残酷镇压，并采用各种手段来破坏所有阿兹特克文明的载体——书籍、神像和宫殿都被彻底地毁掉了。当年繁华的帝国首都只剩下一堆堆断壁残垣。于是，他们就在当年大寺庙的废墟上建起了西班牙风格的殖民建筑和国家博物馆。曾为千万阿兹特克人景仰的宗教圣地被彻底变成了西班牙殖民文化的传播中心。当获胜的西班牙人在泰诺克蒂兰破败的街道打扫战场时、当城里处处弥漫着腐臭的气味时，先知先觉的“太阳之石”静静地躺在这个岛屿城市的地底下。那些可怕的预言被证实了，阿兹特克帝国已经不复存在了。

# 第六篇

## 黄金之国——印加

Prague
1
9
Brno
6
Lemberg
8
Vienna
Linz
14
10
12
Innsbruck
Graz
3
13
4
7
17
18
16
2
5
Split
Sarajevo

# 第一章　古印加帝国

## 古印加起源的传说

关于印加人的起源也像几乎所有的文明的起源一样和神话关联。传说中，太阳神在的的喀喀湖中的一个岛（太阳岛）上创造了一男一女，并嘱咐他们到另外一个更适合居住的地方生活。他们遵照太阳神的旨意，带着一根金手杖，他们开始了他们的旅程。最后他们到达了一处地方，金手杖突然进入了地下。金手杖不见了，他们便在那里住下，生活，最后建立起一座新城库斯科。

还有另外的传说。传说中印加人的祖先是神。太阳神的 8 个兄弟姐妹创造了印加王朝。这 4 个男孩与 4 个女孩决定寻找一块肥沃的土地来构建他们心中的太阳王国。4 个男孩中，力气最大的是阿亚尔·卡奇，他变成一块岩石，就是后来印加青年人举行成年仪式的圣地。另一位兄弟是阿亚尔·乌丘在库斯科附近亵渎了圣物，他也变成了一块石头。剩下的两兄弟阿亚尔·曼科和阿亚尔·奥卡，他们之间爆发了战争，奥卡不幸失败，臣服于哥哥曼科。曼科与妹妹玛玛·沃里奥结成夫妻，正式成为了库斯科这个地方的主人，成为了印加王朝的建造者。

阿亚尔·曼科与弟弟阿亚尔·奥卡的战争只是记述在神话传说里。

真正的印加国家的创始人是不是曼科，这一点到现在还是没有定论。尽管到了后来，人们为了解开印加帝国的历史之谜，进行过一次又一次不懈地寻找。虽然最终也还是没有获得最确切的证据。而西班牙侵略者则为我们还原了一个最具有官方代表性的早期印加帝国。历史中所记述的，也不能完全与神话传说割裂开来，因而这份历史也失去了史料的真实性。有人甚至猜想，印加帝国原先也应该只是一个小小的王国，并没有后来传说中的鼎盛之态。它甚至被湮没在十四世纪安第斯山脉附近的众多小国之中，并无特别令人称奇之处。

## 南美洲霸主的崛起

到公元13世纪，印加人的部落才开始兴盛。南美洲安第斯山脉中部地区的印加人部落原本只是印第安人的一支，后来渐渐通过战争等方式征服了其他的部落，渐渐变得强大起来。以库斯科为中心，一个强大的奴隶制国家也渐渐发展起来了。15世纪中叶，印加帝国形成。“印加”这个名称原本是部落中一个酋长的名字，意思是“太阳的子孙”。当年西班牙入侵者不明所以，错误地把部落领袖的称号用来称呼这个部族，这便是印加这个名字的由来。

当时，印加帝国是美洲本土上最大的统治者。14世纪左右，强大起来的印加帝国开始从南美洲的南安第斯山脉的库斯科地区扩张。但是这种扩张并没有坚持很久，因为当西班牙人公元1532年入侵的时候，这种扩张就被迫结束了。虽然如此，在它灭亡的时候，它也已经控制了大约1.2千万的人口。这些人口大部分是秘鲁和厄瓜多尔人，还包括一部分智利和阿根廷人。

印第安语中，印加人的领地被称为“Tawantinsuyu”，这个词在印加语中意为“四个部分”。印加人的土地有着明显不同的地形和气候。它既包括富饶灌溉渠的狭长沿海沙漠带，还包括了山脉边缘的热带雨林，并且包括了安第斯山脉高大的山峦和肥沃的峡谷。至于印加人，则是印加人的统治者和首都库斯科附近居住的人民的总称。因此印加人并不是指包括在“Tawantinsuyu”中的所有人。当时虽然很多南美洲的小国臣服于印加这个庞大的帝国，但仍有大部分保留了自己的身份。其实在西班牙人入侵印加的时候，帝国内部仍留有近二十种地方性语言。

经过一代一代的君主的扩张之后，印加帝国终于成为了一个强有力的国家。这个国家的领土以现在位于秘鲁共和国的库斯科为中心，一直延伸到库斯科的北部。现在有证据表明，10世纪以前，印加帝国一直控制着这片土地。直到10世纪以后，与印加帝国为世仇的另一个国家接手这片土地。为什么印加帝国能战胜周围的其他国家，并能统治这片土地如此之久，这一点仍旧不为人知。他们伟大的开国首领——曼科·卡帕克，是否确有其人，这个问题也是一个谜。

印加人

曼科·卡帕克是印加人的首领，传说他是他们兄弟四人中的最终战胜者。在战胜兄弟成为首领之后，他带着兄弟们四处征战，渐渐地，临近的各个部落被武力征服，最终，印加帝国的版图扩张到整个安第斯山地区。公元1243年，曼科·卡帕克建立了印加帝国，并宣称自己是太阳后裔最高的君主——“印加”。

在曼科的基础上，他的后裔仍旧不断向外武力征服，四处征战。到了君主托帕亚卡统治时期，印加帝国达到极盛的状态。此时的印加人口过千万，大帝国的边疆线很长，疆域南北达3 000英里，在今天看来是从哥伦比亚往南延伸到智利中部，东西则从太平洋沿岸一直伸入到亚马逊丛林。

从公元1243年建立起国家到公元1533年被入侵的西班牙人摧毁，印加帝国一共在历史上繁衍生息了300余年。

就在公元1470年，印加人战胜了奇穆王国，今天位于秘鲁北部的海岸。这是一次两强争霸式的决定性战役。因为奇穆王国不仅富有，而且十分强大。这一次战役的胜利，使得南美洲剩下的国家再无力与印加帝国抗衡。这一次的战役也打开了印加帝国扩张的步伐。从此，印加帝国的版图遍及整个南美洲。公元1476年，印加帝国征服了秘鲁南部的海岸地带和智利北部、阿根廷西北部的大部分地区，还将玻利维亚高原的一部分纳为己有。

征服外部的代价也是巨大的。对内，因征战导致了人民生命的丧失和财产的流失，造成社会经济结构的破坏；对外，则直接导致了一些小部落的整体灭亡。这是不可估量的损失。

在数年的对外征战中，印加人能攻善守、足智多谋，因此获得了“新世界罗马人”的称号。特别在君主帕查库蒂继位之后，印加帝国的对外扩张可谓肆无忌惮。帕查库蒂刚一登基，就率军战胜了温卡部落的入侵。之后，尝到甜头的君主又先后征服了卡哈马卡、纳斯卡、利马和奇穆地区，大大扩大了印加的疆土。

与此同时，帕查库蒂还对内实行改革。他树立起新神——帕查卡马克的形象。帕查卡马克是库斯科之神、是万物之主。巩固新神的地位的目的在于扩大王权。于是这种举动遭到了祭司和贵族们的反对，但是帕查库蒂却说：“太阳神劳作得很好，早晨起来很早，照暖了大地，晚上就退走了。但是如果没有上帝、万物之主，伟大的帕查卡马克，那么谁来指挥太阳神呢?”从此以后，国王的权威得到了加强。

另一方面，帕查库蒂改进了一系列制度，包括历法和人口管理等。在此基础上把太阳神庙变成整个印加民族的圣殿。当然，在此过程中，贵族们并不可能完全妥协，统治者也做出了一些让步。比如传说中，帕查库蒂曾经在征服秘鲁卢林河谷的时候，发现一个巨大的部落神祇。帕查库蒂没有让人销毁它，而是懂得要巩固自己的政权，必须将这个神纳入进自己的国教之中。

所以，帕查库蒂给这个神取了一个克丘亚语的名字，将其供养在宫廷神庙之中。

有学者分析说，印加人的太阳神崇拜来自于他们的祖先崇拜。印加人的神话认为印加人的祖先是神，这些神灵分别是“太阳之子”阿亚尔四兄弟和他玛玛四姊妹。这四男四女从库斯科南部来。他们从库斯科东南三十五公里处的帕卡坦普里出发，准备寻找一块肥沃的土地，建立一个太阳王国。四个兄弟的名字有着不同的意思：阿亚尔·卡奇象征着海岸、阿亚尔·奥卡象征着反抗他人的权威的人、阿亚尔·乌丘象征着生长着胡椒的土地、而阿亚尔·曼科则表示首领之意。

与之相对应的，四个姐妹的名字也有着不同的意思：玛玛·科拉是生长在森林中的一种野草的名称、玛冯·瓦科则代表着男子气概的女子，据说是勇于承担责任的人，玛玛·沃利奥是坚强的家庭主妇的名称，善于照料他人和整个家族，玛玛·拉瓦则表示安第斯山脉地区种植着的玉米。玉米是印加帝国最常见的农作物之一。这八位兄弟姐妹也都纷纷去瓦纳考里，目的就是播种太阳的象征物——玉米。

相传阿亚尔·卡奇的力气大得惊人，一路上，兄弟姐妹们都靠他用刀斩断荆棘而开路。因为有力量，渐渐突出出来，受到兄弟们的嫉妒和排挤。其余的兄弟们设计陷害他，让他走进一个山洞里，并搬来巨石堵住洞口。阿亚尔·卡奇痛骂了他的兄弟，然后请求开天辟地的神来援救他。为了获救，卡奇被变成了一只鹰，从山洞中逃出。经过瓦纳考里山顶的时候，又变成一块岩石。后来这块岩石成为印加青年最崇拜的圣物之一。

剩下的几个兄弟中，阿亚尔·乌丘由于亵渎圣物被变成石头。最后只有曼科和弟弟奥卡去库斯科。与他们相伴的，还有一根太阳神赐给的金手杖。据说这根金手杖是开辟库斯科新城的圣物。但是曼科却无法使用它。曼科多次把金手杖插进土地里，然而什么变化都没有，毫无成效。这时候，曼科便受到了弟弟奥卡的蔑视和反叛了。

曼科的性子极好，忍受着弟弟一次又一次的嘲弄，直到这根金手杖被他完全插进土地里。瞬间，城市库斯科展现在两兄弟的面前。这是一座十分适合人类生存和繁衍的城市。城市环境优良，温暖湿润。后来，曼科从地面上拔出了金手杖，打破了奥卡的头颅，战胜了他的弟弟，成为最初的君主。他自称太阳神的后裔，取得了整个国家的统治权。

再后来，阿亚尔·曼科与他的妹妹玛玛·沃利奥结为了夫妻，曼科成为了印加王朝的男祖先，玛玛·沃利奥相应地成为了女祖先。这个传说充分表现了印加人的太阳神崇拜与祖先崇拜的密切关系。

即使在西班牙入侵之前的几年，印加帝国也没有停止它扩张的脚步。最后一任皇帝即位时，印加已经攫取了现在厄瓜多尔的首都基多附近的领土。公元 1533 年，秘鲁彻底被西班牙人征服。秘鲁在当时是印第安人文明的中心，是整个国家的政治中心和思想中心。在这里，擅长建筑的印加人发挥了工程师的作用，在各处的城市里设计建筑各种各样的神殿和黄金花园。首都库斯科有金碧辉煌的太阳神庙和南北贯通的大道。这些都被认定为是人类最伟大的工程。公元 1533 年，殖民头子皮萨罗率军灭亡了整个帝国。

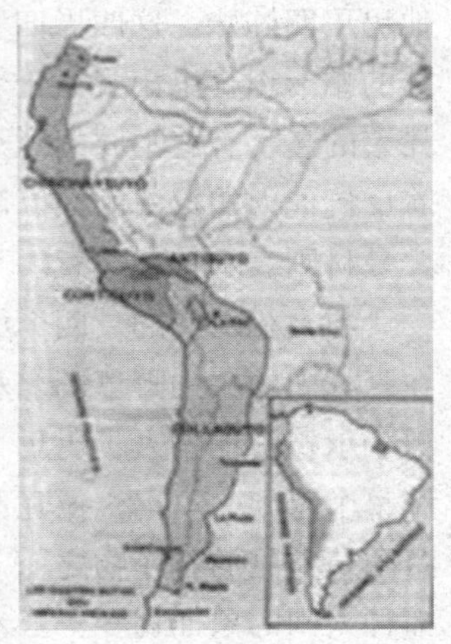
印加帝国的版图

虽然印加帝国存在的时间很短暂，但是它留给世界文明史的是一页不可磨灭的奇迹之书。克楚亚人在南美的古代文明的基础上创造了印加文化。印加文化时期开始于十三世纪，截至公元 1533 年印加国灭亡。今秘鲁的库斯科是印加文化的中心。库斯科位于高原盆地上，其海拔为三千三百公尺，库斯科是印加时期的首都。它的四周群山环绕，城内遗留下来的庙宇、宫殿和房屋大部分都是用巨石砌成的。有些石块重达百吨，而且是从山上运来的，山离这里大约九十公里远。作为印加国的政治中心和宗教中心，库斯科城规模越来越大。在十六世纪初时，库斯科的居民约有二十至二十五万。

## 古印加逐渐衰败

当意大利著名航海家哥伦布在公元 1492 年抵达加勒比海，美洲这块落后野蛮无知的“新大陆”时。在文明进步的“旧大陆”面前也无能为力，只能与之一起变化。而此时在地球的另一面的东方，西班牙与葡萄牙等老牌的资本主义国家也开始深入扩张势力，然而这个渐进缓慢的过程，是渗透。所以西班牙急需印加的黄金，没有足够的耐心来与老牌的资本主义国家周旋。一般认为印加灭亡的原因诸多。

首先，西班牙人将天花传染到了美洲，与世隔绝的印加人因为无法抵抗西班牙人这种蓄意为之的灾祸而丧失了大量的人口。而且逐渐衰落的印加帝国在公元 1526 年，因内部混乱，还发生过十分严重的内乱。这内乱让西班牙侵略者可伺机侵略。于是在公元 1532 年，在强盗头子皮萨罗的率领下，一批亡命之徒来到南美洲，耍诡计弄阴谋，一举毁灭了印加的国家机器。而且皮萨罗背信弃义，最后处死了印加帝国的阿达华巴，他是印加帝国最后一任国王，这样结束了印加帝国长达 400 余年兴盛的帝国历史。尽管在此之后，印加残存的王室成员坚持不肯投降，并且还领导过反侵略的战争，誓死保护国家领土，但是终因寡不敌众，武器装备落后，供给不足等种种原因，在公元 1572 年彻底被西班牙军队打败了，然而印加人的这种坚强抗争、不畏强暴的强大的民族精神，和印加古国辉煌灿烂源远流长的文明，始终不曾衰亡。

# 第二章　印加帝国那些帝王

## 穷人的爱护者——卡帕克

印加的由来和起源，一直以来似乎都只是存在于各种传说当中。即便这个伟大且强大的印加帝国创始人也是像神话一般的存在着。

在传说中南美洲这个伟大印加的第一位君主，也就是印加帝国的创始人是曼科·卡帕克。据现存的《印卡王室述评》的说法，曼科·卡帕克名字里的“卡帕克”，其实意思是“精神富有，就是说他胸襟博大，而且性情温和，加上仁爱宽厚，待人慷慨豪爽，并且主持公道，所想所作都只是给穷人造福”。“曼科”的意思则是一种专有名词。加上他的称号“印加”，当用在国王身上时意思就是专指“君主”，用在其他人身上的话就是指“王公”。另外，传说他还积极为人民缔造各种福祉，因而才会被人民尊称为“瓦克查库亚克”，意思就是指“穷人的爱护者和恩人”。可见，在印加人民的心目中他们的创始人是一位非常贤德为民的好君主。

依据印加的古代传说，在曼科·卡帕克出世之前，当时的人们生活还处在尚未开化和文明的程度，不仅不懂得如何去耕种土地、如何建造房屋以及制造衣服等生活用品，更别说有宗教信仰了，并且还非常不懂礼貌。传说认为，由于当时人类的生活尚且处在落后而且十分封闭的阶段，因此，后来印加人所崇拜的太阳神因蒂，“便派了他的一儿一女，就是曼科·卡帕克以及他的姊妹又是妻子的玛玛·奥克略·瓦科，两人从天庭来到地上，希望由他俩去感化终生。首先要教化他们以太阳神为尊，同时也要崇拜他为神；其次，吩咐他们要给人们制定一定的规章制度，要人们能够理智、自足地生活。当太阳神因蒂吩咐完曼科·卡帕克夫妇，让他们带着一根金杖去寻找一个可以在地上一戳就能插进去的地方，找到后就可以在那里建立王宫。曼科夫妇抵达库斯科附近的山谷时，觉得自己找到了能够将金杖插入地中的地方。于是便决定在此处定居，慢慢地就开始营建村落。他们首先第一步召集人。传说还提到，起先这些野人对于曼科·卡帕克夫妇俩的衣着和言行举止以及食物都感到十分的神奇，于是深信两人就是太阳神的子女。所以，在印加人们的眼里，曼科·卡帕克不但是印加传说里正式建国的首位君王，而且更被视为创造印加文明的伟人。

于是曼科以太阳神之子的身份在库斯科带领众人建立国都，并开始了自己的统治。

首先，曼科·卡帕克把库斯科分成各个不同的城区，并且还知道开渠引水以方便灌溉田地，还教导居民如何从事耕作来获取所需的食物，这样库斯科也就逐渐地开始发展。传说还记载，曼科·卡帕克不仅教导百姓要和睦和谐，互相相亲相爱，还规定要求男耕女织，并且制定严格的法典，规定包括男女的婚姻事宜，以及严禁通奸、杀人和偷窃等罪行，违反者将被处死。

另外，他还唯才唯贤是举，都会选拔那些“最亲切、温厚和慈善的，并且最热心为人民造福的人”为地区长官。虽然他很注重人才的选拔，但同时又很注意对社会等级制度的严格遵守。德拉维加还曾提到，曼科还根据不同的社会地位等级分别制定不同的服饰装扮。比如说，身为国王的曼科·卡帕克，在他的头饰中有一套辫状的装饰物，还被编成好几种颜色。而百姓则原先是不允许戴头饰的，但后来经过曼科·卡帕克“恩准”以后，便开始配戴了，但只能是黑色的，表示他们不能僭越等级。

同时，这“印加”两字，代表的则是国王和王室姓氏。曼科·卡帕克在临终时，将最显贵的百姓赐姓为“印加”，来表示对他们爱如亲子。印加王室成员之一的印卡·加西拉索·德拉维加对这个手段做出了解释，曼科就是希望借由这些被赐封皇室姓氏的人以及他们的子孙后代能够保护现在的国王和后继者们，为国王效命，同时还可以从服和劝服其他印第安人，从而壮大他的帝国。他是要他们把这些恩赐牢记在心田和脑海中，然后像忠心的百姓那样为国王效命，来报答他的恩情。”因此，在当时古印加，姓氏后面有无“印加”便可以看出其身份的高低，是否能享有相应的特权。

在婚姻制度方面，为了延续自己的统治地位，每一代储君的父系和母系都有资格继承王位，并且曼科还规定兄弟一定要和姊妹结婚，来保持王室血统的纯洁性。不过，曼科·卡帕克自己也有“非婚生子女”，也就是与其他女性所生的子女，但所生的子女日后是没有资格继承王位的。所以第一顺序的王位继承人只能是国王与姊妹结婚所生的子女。

在宗教方面，曼科·卡帕克严格控制宗教信仰，要求必须统一信仰。他认为即使库斯科这一带地方不算大，但是各部族保留有自己的偶像崇拜是不利于帝国的统治和管理的。据传说，那些没有信奉太阳神的部落，曼科采取的办法是先废除他们原来信奉的祭仪和神像，进而要他们像其他百姓一样尊崇太阳神。为了增强人们对太阳的崇拜，他更是命人在指定地点建造太阳神庙，要求人民定时崇拜，让太阳神向人们赐给更多的福祉。除此之外，他还设立专门的节日祭祀方法来庆祝太阳节的到来，从而表示对太阳神的尊重。于是古印加也在这统一的信仰支撑之下变得更加团结和强大。

而在整顿好国内的社会政治经济各个方面之后，曼科·卡帕克便开始了他扩大其帝国的征程。传说他在称王后，仍继续向外出兵降服其他民族，并且对成功征服的地区进行殖民统治，并纳入库斯科并作为它的一部分。据曾经是印加王族的成员之一的印卡·加西拉索·德拉维加回忆，在曼科·卡帕克统治时期，“往东他先降服到了保卡尔坦普河的那个地区，往西则征服了八莱瓜，一直到了叫作阿普里马克的那条大河，往南则收服九莱瓜，一直延伸到了克克萨纳”。他还下令印加人在这片地区内进行殖民统治。于是就这样，曼科·卡帕克大约在公元1200年的时候率领最早期的印加部族，在现在秘鲁的库斯科建立起了王国，并大肆扩张领土，为其统治下的广大印地安人创造了璀璨文明的生活。

据说，曼科·卡帕克其实在位三十多年或是四十多年后才去世，在位时间还是相当的长久。后来，就由他和妻子玛玛·奥克略·瓦科所生的长子辛奇·罗卡继承王位。人们把曼科·卡帕克的遗体填上防腐剂，制作成木乃伊，保存起来，保存在了太阳神庙里，以便随时方便人们去瞻仰，祭祀时就会当作神灵拜祭，以求他保佑国家的安定团结。这一传统也从此延续了下来。

到此为止，曼科·卡帕克就结束了他辉煌且光荣的一生。他不仅为印第安人带来了文明的生活，领导印加人开创了古印加辉煌的历史，而且也为日后印加帝国的辉煌荣耀打下了坚实的基础。

## 独一无二的萨帕·印卡

萨帕·印卡，这到底是一个怎样充满荣耀的称呼，可以用上传说和第一位这样的形容词来形容，而且这位君主居然还能排在开国君主曼科·卡帕克的前面。这着实让人匪夷所思。

传说在公元13世纪，辛奇·罗卡的父亲，也就是开国君主印加王曼科去世后，辛奇继位，成为印加的第二位君主。他是曼科·卡帕克和他姊妹又是妻子玛玛·奥克略·瓦科所生的长子。而在西班牙语中辛奇·罗卡名字的意思，印加历史学家德拉维加曾对此有所解释，“罗卡”的具体含义以不能得知，但很明显是个专有名词，在秘鲁通用语中其实没有任何含义，在印加人专用语中可能会有具体的含义，但他不清楚。而布拉斯·巴莱拉神父曾说，“‘罗卡’是指精明能干的国王，但没有指明到底是用在那种语言中。而‘辛奇’，德拉维加认为是一个形容词，特指勇敢的人，据说他之前生性果敢，而且臂力惊人，不过他没有与人交战过，就无缘施展了；可是听说无论是在搏斗、奔跑还是跳跃、掷矛还是在其他任何角力的活动中，他都能技高一筹，胜过所有的同代人。”

看来传说中的这位君主，在印加人看来是十分勇猛而且还很有政绩的。他在即位后就开始继承父业，继续扩张印加的领土。在流传下来的《印卡王室述评》中记载，当时辛奇登基的时候首先要求众臣子服从印加君主所带领的库拉卡，也就是酋长。同时要求酋长协助自己召集附近的部族，还要帮忙去说服附近的外族部落从而帮助他们摆脱那种野蛮愚昧的生活”。而实际上，辛奇·罗卡就只是想对附近的部族从事征服活动，继续进行领土扩张又不发动战争。因为在当时的印加国家，其实质是由辛奇·罗卡和已经臣服的部落组成的一个部落联盟，并不是一个传统意义上统一由君主统治的国家。其实他希望借由联盟部落库拉卡的力量来统治庞大的印加帝国。通过联盟部落库拉卡的游说从而让更多地部族加入印加这个印第安的部落大联盟里。而辛奇·罗卡的这种“用好言和实例进行劝说”的对外扩张手法，则不同于他父亲的四处征战十分辛苦的扩张方式，而主要是以和谈的方式来寻求联盟，反而进展得十分顺利。在经过了辛奇·罗卡的各种劝说和包装之后，不仅能避免战争，也让当时的印加的领土大为扩张。这也是后来为什么被尊称为“萨帕·印卡”的原因，因为在西班牙语中，意思是指独一无二的君主。也许正是辛奇·罗卡用和平和谈的方式获得了印加人民的支持和厚爱。

辛奇·罗卡不仅完美地征服了库斯科周围的各个部落，壮大了印加的领土，在国家内部也开始进行各种整治。据传说他也实行了不少的善政，比如他教给人们如何耕种土地的方法，教导人们要有道德、有理性的生活，还制定了一系列的合理的法律规章制度。在宗教的政策上，他也继续推广太阳神宗教，也要求新征服地的人民要放弃原有的信仰，转而去信仰太阳神教。这些亲民和万全的举措，让百姓们对他感恩戴德，又对他忠心耿耿。这就更加增加了人们对辛奇·罗卡的好感和崇敬之情。也许正是因为如此，才会尊称辛奇·罗卡为印加独一无二的君主。

在位三十年之后，他就去世了，而印加人民遵照传统也将他的尸体制作成了木乃伊，并且存放在太阳神庙里，祈求其能够继续保佑印加帝国的繁荣昌盛。之后由他和妻子玛玛·科拉所生的嫡子略克·尤潘基开始继承王位，继续领导着印加。

## 用柳条建桥的人

在13世纪，继承第三代君主、父亲位的略克·尤潘基的王位的迈塔·卡帕克则是印加传说中的第四位君主。

在克丘亚语里“迈塔”是毫无意义的词。“卡帕克”有多重含义，可以指精神富有、为穷人造福，还可以指胸襟博大的意思。由此可见，略克对自己的儿子寄于厚望。卡帕克在担任王储时期就能拥有少量的行政权力，可以做一些为民造福的事实。据当时的印加法律，王储迈塔·卡帕克因为没有到可以处理朝政的年龄，发号施令超出了他的权限。因此他想施行权力只能通过身边的参谋。甚至颁发政令、宣判决定时都要先经过他们的同意，然后由他们办理才行。不过，迈塔·卡帕克的父王略克·尤潘基就曾经给过他实际的政治锻炼的机会即两次由经验丰富的国家元老陪同的全国巡游，让他更快更早地了解民情，熟悉国情，掌握治国之术。

由于在王储时期的积累和沉淀让迈塔·卡帕克在继位之后十分有魄力。首先他效法前代的诸位印加国王，继续从事领土扩张。所以他在位几十年，大肆征服了大片土地，如的的喀喀湖附近。

据印加王室后代印卡·加西拉索·德拉维加回忆，迈塔·卡帕克就为了到外地便于行军，修筑了很多桥梁和通道。而这些设施，不仅在和平时期发挥过作用，在征战时也方便了交通。而其中之一的一处桥梁便是有名的阿普里马克河上的柳索桥。当时是迈塔·卡帕克派军抵达孔蒂苏尤的时候，由于军队必须得渡过宽阔的阿普里马克河，因此迈塔·卡帕克便下令在该河上修建柳索桥。该桥是用编织得相当粗实的柳索条当作基石，再用岩石作桥墩，用细木以及树枝均匀地铺在桥面上。用细木是来保护柳索的，树枝是为了保护牲畜蹄子不致于滑倒。柳索桥总长度约二百步。而据印卡·加西拉索·德拉维加说，印加人每年会对这个桥翻修，所以到他那时代也就是16世纪仍然没有毁坏，在西班牙人入侵时甚至可以在上面骑马飞驰而过。除此之外，迈塔·卡帕克还修建了一条沼泽的通道。在孔蒂苏尤附近有一片宽3莱瓜、两岸绵延不绝的沼泽地，他想筑起通道方便交通。该通道主要是用石块填成的，中间还搀入了草皮。卡帕克对这个工程很上心，要不出谋划策、要不搬运石头。于是一条6巴拉宽，2巴拉高的道路修好了。而当地人亦相当重视该通道的缮修工作，从而让该通道使用起来十分得便利。

晚年时期的迈塔很清闲，治理国家方面他主要以休养生息为主。制定的一些法令也都是为穷人和生活有负担的人造福。德拉维加曾回忆说虽然无法肯定卡帕克是否是在位约三十年以后便去世的，但还是由他和姊妹又是妻子的玛玛·库卡所生的长子继承王位。死后，印加人依旧按照习俗，为他哀悼了一年，以示爱戴。

迈塔·卡帕克的政绩看起来似乎很平凡，但是在建设印加帝国方面却是很卓著的。想到用柔软的柳枝做桥，在沼泽上建路，这些方法虽然看起来粗糙，但估计这是很多21世纪的现代人都认为不太具有可行性的，而迈塔·卡帕克做到了，而且是做到了完美，做了一些事实。

## 名言制造机——印卡·罗卡

这是印加的第六位统治者，印卡·罗卡，大约14世纪在位，而在位时间居然长达50年。在西语中印卡·罗卡意思是指谨慎、成熟的王子，可见这位骁勇善战的君王早在还是王储的时候就已经功勋卓著了。

其实在父亲正当年的时候，作为王储的罗卡就身负多职，带领大军四处征战。并且轻而易举地就把那里为数不多而且没有抵抗能力的土人给降服了。不仅如此，而为了便于管治这些新的征服地，印卡·罗卡还把境内的人民做出了不同的调度。印加地域广大，境内有高寒的大山，有常年炙热的低地。极端的气候会让人们在迁徙后一时无法适应。印卡·罗卡就遵照以往印加国王调徙人民的方法，做出适当的迁徙，他把人民迁徙到和以往居住地气候相似的地区。这样不仅可以防止新征服地人民的起义，而且也充分地考虑了到人民生活上的不便。

印卡·罗卡

而当印卡·罗卡在位以后，则主要是继续他在王储时期的政策和方法。

首先便是对外扩张，扩张帝国的版图。其中较为重要的就是对付昌卡人，昌卡人几经抵抗。最后印加人取得了最终胜利，将昌卡人的地盘纳入到了印加帝国的版图之中。随后他们又征服了查尔卡斯人。至此，印加帝国的版图被充分扩张了。

而与此同时，印卡·罗卡还制定了一系列的法律，特别是在科学方面。他规定，科学知识只能由贵族掌握，而平民百姓的子女是不许学习的，以免让他们变得傲慢狂妄。而百姓们只能学习的，就是父辈沿袭下来的技能。这就严格限制了印加的教育制度。但同时他对于那些盗窃犯、杀人犯、纵火犯还有通奸犯，都会处以绞刑，绝不会宽恕。除此之外还制定了成年男子的服役制度，要求男子在二十五岁以前可以在家侍奉父母，二十五岁以后则要为国家效力，全力保护国家，还要帮忙耕种国家的土地，等等。

在文化方面，印卡·罗卡则非常注重学校的教育和教育制度的制定。他先在国都库斯科建立起了贵族学校。据巴莱拉神父回忆，印卡·罗卡是印加第一位在首都建立学校的国王。而学校的传授对象只能是印加的王子和有王室血统的子弟以及贵族。平民是没有机会来学习和进入学校的。在印加，开设学校有四个目的：第一，是让在印加社会极受尊敬的“阿毛塔”，也就是现在的“哲学家和博学的智者”，向王子、具有王室血统的子弟和贵族们教授知识，因为印加人没有文字，只能通过实践和日常习俗以及个人的经验，传授他们自己掌握的各种科学知识，以及宗教信仰中的仪式、典礼和各种戒律等等；第二，就是教导他们如何安邦治国和进行军事作战的本领，最重要的是要使他们具有教养；第三，是让他们用结绳记事的方法来学习印加的历史；第四是教导他们在诗歌、音乐、哲学和占星等方面的能力。

所以印卡·罗卡是首位“阿南库斯科”的统治者，因为他将国都库斯科分成“阿南”和“乌林”两区，也就是分为上、下两区。旧有的王宫位于“乌林库斯科”，印卡·罗卡长期居住在“阿南库斯科”。因此后来的继任者们也都沿袭了这个传统，将王宫建立在“阿南库斯科”。

印卡·罗卡在位时间很长。去世之后按照惯例在他身上涂满了防腐剂，做成木乃伊之后被供奉在太阳庙。此后王位由他与妻子玛玛米凯所生的儿子亚瓦尔·瓦卡克继承。

印卡·罗卡身前留下了很多的名言，很多至今似乎都很受用，比如：“在天地万物之间，如果要我崇拜什么的话，我肯定选择崇拜博学和机智的人，只因为他超过了大地上的一切生灵。但是，那些生在幼年、长成成年却碌碌无为而就此终其一生的人；有今日之事明日毕的人；有最终都不能免为一死的人，这些人都不会受到崇拜。”通过他的话就能看出印卡·罗卡作为普通人和他作为国王都是一样的优秀，都拥有的卓越的才能和金子般的思想。

## 啼哭时流血泪的人

到了 14 世纪中后期，印加迎来了第七位君主——亚瓦尔·瓦卡克。

亚瓦尔·瓦卡克，原来的意思是“啼哭时流血泪的人”，这说法多少有些恐怖。其实之所以取这个名字，据印加王室的后裔之一印卡·加西拉索·德拉维加听到的说法有多，有的说在他三四岁时，大声啼哭的时候从眼睛里流出血泪，有传说是因为眼病。也有野史说他一出生就泣血，所以就以此命名。而当时的印加人不知道，都认为他的泣血是不祥之兆。也有人认为他因为流血而哭以此得名。德拉维加认为这些都是误传，他不是因为流血而哭，他的名字是指泣血的人。还有说他在兵败被俘时大哭而被冠以此名。而同样地，印卡·加西拉索·德拉维加认为这个也不可信，因为亚瓦尔·瓦卡克虽然曾战败过，但没有被俘的经历。所以是得眼病的可能性比较大。

这个从名字就有争议的君主似乎总和传闻联系在一起。咎有传闻指说，亚瓦尔·瓦卡克在小时候曾被外人拐走。印卡·加西拉索·德拉维加认为这是不可能发生的事情，因为“印第安人对他们的印卡王是无比的尊崇备至”，要知道他的家庭教师和仆从不会如此粗心大意。也有人说是因为他在出征的时候曾被俘过。虽然亚瓦尔·瓦卡克曾经听父王印卡·罗卡之命，带兵出征过安蒂苏尤。值得推敲的是，在父王众多参谋的通力协作下，对付为数不多的土著人应该不是问题。瓦卡克被俘的可能性实在是不大。

在父王印卡·罗卡死后，身为王储的亚瓦尔·瓦卡克就顺利继位。在他任内的开始阶段，由于自己的名字被视为不祥之兆，所以他不敢贸然对外兴兵，只能着重治理帝国内政。过了大约九十年以后，他才敢派军出征，但仍不想御驾亲征。后来因为王储维拉科查的性情残暴，便把他放逐出了国都库斯科。

亚瓦尔·瓦卡克

其实关于亚瓦尔·瓦卡克还有另一个谜团，就是关于昌卡人动乱的。据印卡·加西拉索·德拉维加回忆，亚瓦尔·瓦卡克在位期间，曾经爆发过一场昌卡人为首的大动乱。当时的印加朝廷没有一丝察觉，首先在钦察苏尤发生了暴乱。当地各个部族虽然都是在印加王印卡·罗卡时期已经归降，但只是慑于印加的武力，其实并不服从于印加人的帝国统治。当他们得知维拉科查被驱逐出库斯科，且瓦卡克并不擅长作战的时候就伺机想发动战乱。于是在昌卡人煽动下迅速结集了一支四万多人的军队，一齐向库斯科开拔。长期以来，印加从未有过地区叛乱和国都遇袭的这种危机，全程戒备都很松懈，亚瓦尔·瓦卡克对这起动乱十分的惊慌失措，而且来不及征调军队，于是唯有带着一些尚能跟随的王族，一直退到了城外的的穆伊纳河道附近，一边打听着敌人的消息。动乱发生时，王储维拉科查刚好被流放在库斯科城外，可当他一听说叛军已经长驱直入的时候迅速集合库斯科军民齐心抗敌，成功击败了昌卡人。这次直接威胁到国都库斯科的战乱，王储维拉科查因为勇敢率军平息了战乱，比离开国都出逃的亚瓦尔·瓦卡克得到了更多的支持。两人就此妥协了，亚瓦尔·瓦卡克因为无力抵御乱军而弃都出逃遭到了废黜，则由策划平乱的王储维拉科查继承了王位。

到后来，等到王储继位，瓦卡克被流放到库斯科城外，并单独建王宫居住，在那里一直到去世。

当然对于昌卡人起义还有另一个版本的传说。除了印卡·加西拉索·德拉维加所回忆的亚瓦尔·瓦卡克任期内的这次动乱之外，据有的历史学者指出这次动乱其实是发生在下一任君主维拉科查在位时，由其子帕查库特克击退了昌卡人，维拉科查则遭到废黜。

到底昌卡人的起义的具体时间是何时、是在哪位君主在位期间发生的，这些现在还都还没有定论。但是由于名字的不吉利，带来后面悲惨废黜命运的亚瓦尔·瓦卡克估计在他晚年的时候应该会流着血泪哭泣的。

## 玩转印加的人

在公元1438年—1471年在位的帕查库特克是印加的第九代王。他在印加帝国的历史上可以说是一位举足轻重的人物。

帕查库特克在西语中的意思是可以“翻转、扰乱、改变世界的人”，这个名字似乎意味深长了一些。而关于帕查库特克取得王位的说法有很多，一种是和平继承了父亲的王位，这是根据印加王室后代印卡·加西拉索·德拉维加的说法。

另一种说法是因为他的英勇善战，他将外敌成功赶出了印加而被人民拥立为王。在帕查库特克的父亲维拉科查在位时期，曾遭受了一次昌卡人所领导的大动乱，直接威胁到国都库斯科的安危，而当时印加王维拉科查却连同储君一同弃城出逃。而帕查库特克在一批将领和贵族的支持之下，带领着大家英勇地击退了敌军的进犯。关于这个故事，有一种版本更神奇，在千钧一发之际，有石头竟化为战士协同帕查库特克一起击退了敌军，让他们退到了安塔瓦伊利亚。故事的结局当然是正义最终战胜了邪恶，帕查库特克成功击败了昌卡人，还斩杀了他们的将领，把他们的头颅当成酒杯，并乘着他的显赫战功，废黜了自己的父亲维拉科查，自立为王。

帕查库特克

但不管是哪一种说法，在帕查库特克统治时期，他对内对外都甚有作为，对印加帝国的繁荣发展起到了重大的作用。

首先在经历战乱之后，他开始重建国都。他在库斯科的下区兴建了规模宏伟的太阳神庙，在旁边又建有其他宗教建筑，并让祭师和玛玛库纳也就是负责作杂役的妇女们居住在里面。此外，他又增修了王宫也就是所谓的“黄金区”，还在库斯科以北的萨克塞华曼兴建了碉堡，那里用来贮存武器、衣物及大量的金银财宝。由于此项工程十分浩大和庞杂，在后来的印加诸王统治时才陆续得以完成。为了新建国都库斯科，帕查库特克需要大量人民做劳役，为此，他合理运用了米特马克也就是“移民”制度。这种制度就是把被征服地的人民迁移到别的地方，让他们熟悉印加政府的政治统治；在情况允许的时候，就将人民迁入到库斯科地区，让他们新建国都。

在古老的印加，身为国王的其中一个义务就是必须每过一段时间就要派人巡视帝国，要体察民情，从而了解人民的生活状况，同时确保国家的稳定和人民生活的安定。

据《印卡王室述评》记述，帕查库特克为了避免自己久居深宫，不知道百姓民情，各地官员趁机玩忽职守，暴虐人民。于是决定亲自巡视国土，让各地官员和王室贵族都律己以严，保证每个人都有申冤表达诉求的机会。他执法同样一丝不苟。正是由于帕查库特克的公正廉明才让他深受人民的爱戴，在印第安人口中数代流传。除了亲自巡视帝国之外，帕查库特克还修订法律条文并严格执行，人民的生活各个方面他都制定了相关的法规。据西班牙神父布拉斯·巴莱拉的说，帕查库特克在修订制度、法律之外，要求全国上下的生活习俗都必须统一，统一使用库斯科语，要求全国所有的官员、军人和职业工作者都必须熟练掌握这门语言。为了配合政策的推行，朝廷还特意委派老师，到国都和各地教授库斯科语。同时帕查库特克禁止贵族生活奢侈：规定除了印加王及其子女外，任何人都不得穿戴金银宝石和有彩色羽毛的贵重饰物，而且只有在节日庆典时才能适度的打扮。除此之外，还对饮食有严格规定。由此可见，帕查库特克在惩罚懒人的同时亦保证人人有所作为，为国家效力，又或者效力自己的父母和主人，抑或是效力国家。即使年老及伤残人士也是如此，这样才可以获得公共粮仓供给的食物。同时帕查库特克还整顿印加风俗。据神父布拉斯·巴莱拉说，帕查库特克还实行了一系列有关印加治安、风俗的法律，比如要惩治亵渎神明的，弑父或者杀害兄弟姐妹和其他杀人的，背叛印加王的，通奸、诱拐、强奸少女的，猥亵太阳贞女的，乱伦的，等等。此外，帕查库特克又规范了子女必须服从父母，以及领地的继承权和防止执法者贪污纳贿的等多方面的规定。

除此之外，他也规定了印加的法定假期：为了防止人民每日劳作十分紧张和疲惫，规定每月有三天的假日，让人民能够休息和消遣。又规定每月有三次大型的交易会让住在乡村里的居民们也能逛逛市场。每九天一次的机会让人民倍感珍贵。就自然资源的分配处理，他也做了明确规定，如各省之间明确的标边界，边界内的从农地、森林到河流、湖塘等资源统归各省和城市管辖，即使是地方首长也不得随意破坏和分配这些资源。这些资源，仅供所属地区的那些住民使用，也可以作为贡赋，交给王室和太阳神。正是由于帕查库特克从各个方面对人民生活进行管理规范和引导才会使他如此受到人民的喜爱和爱戴。

对外征战方面，帕查库特克依旧发挥着他超常的军事才能，从不同方向对帝国的版图进行了扩充。首先，是在的的喀喀湖地区，在这一带，他一开始就击败了当地的科利民族，将他们的版图纳入怀中，这样使得印加帝国的版图扩张到了今天的玻利维亚边境地区；其次，就是西北地区，帕查库特克就曾派遣他的兄弟，印加王公卡帕克·尤潘基率兵去进攻老瓦努科城，但卡帕克·尤潘基居然违抗王命，擅自将旁边的军事重镇卡萨马卡给占领了。虽然最后获得了成功，但却还是因为违抗帕查库特克的命令被处以死刑。《印卡王室述评》记载，对印加王公卡帕克·尤潘基的遭遇却有另外一种说法，说他因为经常携同帕查库特克的儿子图帕克·印卡·尤潘基一起出征，夺取了西北部的“钦察苏尤”的大片土地。到后来，尤潘仰仗着自己赫赫功勋一时权倾天下，成为了印加帝国的二把手，协助处理国务。正是因为这样，帕查库特克最终将其处死。最后是对沿海地区的占领。在帕查库特克晚年时，主要由儿子图帕克·印卡·尤潘基担当主要的军事将领，出征现在的秘鲁沿海地区的奇穆。图帕克·印卡·尤潘基也不负所托，顺利占领了奇穆，并在该地留驻了官员，将奇穆纳入到了印加政府的管治之内。

所以至此，印加帝国的国家版图在帕查库特克手上得到了很大程度上的扩大，为后来印加帝王的版图扩充奠定了很好的基础。也有学者认为帕查库特克对于印加帝国的成长作用还是巨大的，这些学者认为在他登基的时候，印加还只是一个简朴的村落，但当他去世时印加已然成为一个在扩张中的帝国了。

帕查库蒂克享国的时间很久，到他晚年的时候，就先后让儿子阿马鲁和图帕克·印卡·尤潘基协助治理帝国。在这段时期中，全国各地都在进行美化工作，大修水渠道路，新建太阳神庙和贞女宫，等等。在公元 1471 年的时候帕查库特克去世了，他的儿子尤潘继位。帕查库特克死后按照风俗将其尸体进行防腐处理，做成了木乃伊。人们为他举行为期一年的悼念和各种祭祀、安葬仪式。

后世的学者对帕查库特克的评价都颇高，认为他文治武功，功绩卓越。而印加王孙德拉维加也认为他待人亲切和善，功绩显著，而且统治方式温和，也像朱庇特主神一样倍受爱戴和敬仰。正是因为他的文武兼备，才将国家治理得如此井井有条，还留下了很多具有创建性的制度和规范，而后代的印加帝王也都依次承袭下来。所以现在约 130 公里外在位于库斯科西北部的马丘比丘遗址。现在我们相信是建于帕查库特克在位时期，是公元 1450 年左右。后来人们在那里建造了一座帕查库特克的雕塑，来纪念这位伟大的帝国奠基人。

## 怀柔政策的倡导者

图帕克·印卡·尤潘基公元是 1471 年—1493 年在位的，印加的第十代王。“图帕克”的意思是闪光的或超群出众的人；对王室男子的称呼一般是“印卡”，而尤潘基也是对印加君主的称呼。因此从名字就可以看出尤潘基是一位卓尔不凡的君主。

要说从王子时代到君主时期的图帕克·印卡·尤潘基，他的主要功绩是承袭了他父亲的军事策略，主要集中对印加版图的扩充。

图帕克·印卡·尤潘基是帕查库特克的众多儿子中的一名。他在王子时代，便积极投入到了军政事务之中。根据《印卡王室述评》的记载可以知道，在帕查库特克在位的时候为了让自己的王子们学习如何带兵打仗，常常会派帕查库特克的兄弟一起出征。在这个过程中图帕克·尤潘基汲取了丰富的战斗经验，帕查库特克就任命他为主将，并带兵出征现在秘鲁西部的奇穆。在经过那历时持久的消耗战之后，印加军因为有源源不断的大批增援部队，图帕克·尤潘基又以他温和的态度和善地对待奇穆人的酋长，最终令敌方降服了印加。尤潘基在奇穆大修宫殿、粮仓、堡垒等设施，修建水渠保证生活用水。为了方便印加人对奇穆的管理，他还派官员和军队驻扎在此地，最后才放心地带军回国。

在帕查库特克晚年，尤潘基便被委任为帝国共同的主人，开始学习一步步地管理国家大事。所以在尤潘基继位的早些时期，他便继续在西北钦察苏尤地区发动征战，占领卡萨马卡、图米万巴进而到了基多，把疆土甚至伸延到了今天的厄瓜多尔的沿海地带。他亲临位于利马附近的帕查库特克的神庙，庆祝印加帝国历史上所取得的军事胜利，同时渴望得到“神谕”，企图用迷信继续来管理帝国。他就这样开始了南征，也就是今天的智利等地。在南方，图帕克·印卡·尤潘基先后派军越过的的喀喀湖，顺利占领了今天位于玻利维亚的重镇科恰班巴和今天阿根廷的西北部以及智利中北部。在印加大军大举进攻南方的时候，也曾遭遇过反抗，在今天智利中部。在毛利河一带的普鲁毛卡人与邻近的部落联合成一支将近两万人的军队一起抗争。毛利河之战中，他们与印加五万大军互相对峙。在这场持久的争持中，印加人虽然多次游说对方将领归降印加，但依然无法得逞。眼见谈判无望后，印加军只得与普鲁毛卡军浴血奋战三天三夜，热血奋战让双方都精疲力尽。最后不得不各自回到自己的驻扎地。结果图帕克下令，决定双方以毛利河为界限，各自为阵。在他没有下新命令之前军队不会再前行。到此，印加帝国完成了在南方的领土扩张。

尤潘基在南方的征战获得了大片领土，便开始集中对帝国的管理。为了宣扬他的丰功伟绩以及彰显他对太阳神的崇拜，他开始大事兴修堡垒、太阳神庙以及太阳贞女宫。在生活建设上，他不仅营造了大量的王室粮仓以及公共粮仓，还开凿了大型水渠，让人民垦殖梯田，用来稳定政府的税收和保障人民的生活。但图帕克对在库斯科修建城堡工程非常感兴趣，所以在他父亲帕查库特克还在位的时候他便在萨克塞华曼附近建造了一座城堡。图帕克·尤潘基希望能够完成父亲的未尽之功，于是就动用大量的人手，从远处的高山地区运过来巨石，然后用非常巧妙的技术一点点堆砌起来。他日，西班牙人抵达印加时，对这项浩大的工程大呼惊异，一位叫庞塞·德阿科斯塔的神父这样形容："为了完成在库斯科和王国其他地方兴建这类工程的印卡王的命令，印加从王国各地征调了大批的印第安人。这些工程规模非常之大，前所未有，更令人吃惊的是他们没有使用灰浆，并且也不知道利用铁器或者钢制工具来切割庞大的石料，更没有便利的机器来搬运石料。但是就这样这些建造城堡的石头都被打造的十分平整，许多地方就连石块之间的接缝也都看不出来。……许多石块不仅硕大而且惊人，如果不是亲眼目睹真的难以置信。"

图帕克·印卡·尤潘基在库斯科大肆兴建了一番之后，便因病去世了。后来的继承者瓦伊纳接着将工程完成了。按照传统将尤潘基遗体制作成木乃伊供奉在了太阳神庙之上。据印卡·加西拉索·德拉维加回忆，在公元1559年时他还看到过这具木乃伊。可见保存得相当完好。

总之，尤潘基在继承伟大君主帕查库特克建造的印加帝国之后通过四处征伐，有效地扩充了印加帝国的版图。在他去世之时将印加扩展成北达今天的厄瓜多尔，南达今天智利中部的伟大帝国。按学者们的计算，那等于是亚历山大帝国的长度。他一生虽然致力于开疆拓土，但不是很支持用暴力战争的方式。所以在印加历史里，他一直被视为一位有着出色的军事本领却十分平易和蔼的指挥者。

## 金缆绳引发的血案

在印加帝国的繁盛过程中经历过这样一位伟大的帝王。通过他的治理，印加进入了全盛时代。带领着印加人民走向真正帝国时代的萨帕·印卡，他就是瓦伊纳·卡帕克。

瓦伊纳·卡帕克是公元1493年到1527年在位的。在他手上，印加帝国从里到外可以说是提升了一个阶段，真正的达到了顶峰。

瓦伊纳·卡帕克画像

大约在公元1493年的时候，瓦伊纳·卡帕克的父王图帕克·印卡·尤潘基去世，身为王储的他自然继承了王位。他在任时，印加的版图已经是南到今天的阿根廷，北到今天的基多了。而为了贯通这广大的地区，便于国家的治理和消息的传递，瓦伊纳·卡帕克决定修建通往国都库斯科的公路。根据一位西班牙历史学家在16世纪的记载，当时在印加有两条王室道路，一条从首都库斯科到基多，用当时西班牙的度量单位计算是五百莱瓜；另一条则是修筑在沿海的山谷之中，长度和山区的一条同样为五百莱瓜。当然除了修建道路、管理国家、巩固统治之外，瓦伊纳在文化推广上，建树颇丰，如下令在全国范围推广克丘亚语，向农民教授先进的耕作方法以及扶植国内工业，并且改善驿站制度，等等。可以说印加帝国的文明在他统治的时代真正到达了顶峰。

而瓦伊纳·卡帕克在位期间，除了巩固国家内部的统治和管理之外，他仍继续对帝国的西北地区进行征服。其中，印加大军遇到过较为强烈的抵抗——就是今天的厄瓜多尔地区的卡兰克人起义。同样根据西班牙历史学家的记载，虽然由于卡兰克人的死守防备让印加人无法攻破大门。后来印加改变战术，诱敌深入，假装战败的印加人趁着卡兰克人出击的时候，便发起伏兵将之击溃，最后卡兰克军队大部分战死在战场所在的亚瓦尔科查湖附近。于是这湖又意为“血湖”，就因为这次殊死搏斗的战争而得名。最后，印加大军取得了最后的胜利，而帝国的版图也再一次得到了扩张。

这样印加帝国就在瓦伊纳·卡帕克手上开始开花结果，进入了光辉绚丽的繁盛时期。国家也步入了稳定发展时期。当王储瓦斯卡尔刚诞生时，当时的君主瓦伊纳为了庆祝决定举行庆典，下令制造“金缆绳”。这条绳子长达三百五十步。但根据德拉维加回忆，其实只是一条简单的锁链。之所以建造金缆绳的原因，是为了配合印加人传统的一种盛大的牵手舞，将牵手舞改编成了数百人一同抓住锁链翩翩起舞的舞蹈，从而增加了端庄与隆重，在王储的生日庆典上表演。因为在克丘亚语中金缆绳读成“瓦斯卡”是为了纪念王储，所以变成了“瓦斯卡尔”，但由于称呼王储为揽绳听来不雅，所以这个音节加上但是去掉了其含义。可见瓦伊纳·卡帕克对他继承人降临的万分欣喜和高兴之情但是后来瓦伊纳做了一项影响深远的决定，他将帝国的继承权分开了。他与妹妹拉瓦所生的儿子，瓦斯卡尔的继承权其实无须争议。另外，由于瓦伊纳·卡帕克迎娶了前基图王国的公主，并生下了阿塔瓦尔帕。这位王子成人之后由于非常聪明能干，文武双全，受到瓦伊纳的宠爱。于是瓦伊纳便有意由他继承萨帕·印卡之位。虽然后来有学者提到，有材料显示阿塔瓦尔帕的妈妈应该是“上库斯科”的贵族，而不是前基多王国公主。但这并不影响阿塔瓦尔帕在瓦伊纳·卡帕克心目中的地位。但由于瓦斯卡尔的王储地位不容剥夺，所以瓦伊纳不得不将帝国一分为二。由阿塔瓦尔帕管理基多地区，同时将一部分将士为他管理。这一举动，成为了日后印加帝国内战的根源，也是印加千万人民流血牺牲、流离失所的原因之一。

瓦伊纳·卡帕克的去世得很突然。据《印卡王室述评》记录，大约是公元1527年的某一天，瓦伊纳在基多的湖中游泳之后突然受寒发烧，病情瞬间严重。又有专家猜测，可能是因为感染了天花所致。瓦伊纳在知道自己将不久于人世的时候便开始向文武官员郑重地安排身后的事宜，并说出他对西班牙人入侵的种种顾虑：“很多年以前我们的太阳神父亲曾经给过启示。他告诉我们当他的子孙经历十二代国王的时候会遇到一些我们从未见过的人。他们会来到这片土地，占领我们的土地，将我们国家归入他们的帝国。我推测这些人就是我们现在知道在我们沿海活动的人。”当时西班牙人已经来到太平洋的东岸一带活动，所以瓦伊纳应该认为这些人就是太阳神口中所说的“新人”。

留下遗言和满心担心的瓦伊纳去世后，印加人民行了隆重的殡葬仪式。他一共留有二百多至三百多个子女，而王位自然由瓦斯卡尔继承。但是他的遗体运到库斯科供奉，内脏却葬在了基多。

虽然瓦伊纳导致印加帝国一分为二，但是美国学者普雷斯科特对他有很高的评价，他说："即使瓦伊纳在对待敌人和叛徒上十分严厉，毫不留情，其实却是一位勇敢而且宽宏大量的君王。他不仅胸襟开阔，而且在制订法律时候，总是会考虑到全国人民的利益。"而瓦伊纳·卡帕克在西班牙语中的意思就是从小就富有豁达大度的精神。似乎这可以用来理解他为什么想让次子阿塔瓦尔帕来继承王位，最后会选择将帝国一分为二的方式让两人一起统治。但瓦伊纳·卡帕克这豁达大度的精神和气度并没有为阿塔瓦尔帕和瓦斯卡尔所继承，最后印加爆发了内战，消耗掉了帝国最后的气数，最终也倒在了西班牙侵略者的脚下了。这就让瓦伊纳·卡帕克所带领的顶峰中的印加在一瞬间就此倒塌了，荣耀之国也就此销声匿迹，无处可寻，只空留一堆谜团待后人来解答。

印加长达几百年的历史，历经了14位帝王的治理，创造了难以置信的宝贵财富。从开国功臣曼科到最后的阿塔瓦尔帕，可以说都是明君将才，是他们改变了印加，而印加正是在他们手上才变得辉煌灿烂。

# 第三章　古印加的文明

## 独特的语言：彩色的绳子

印加人曾在南美建立起最伟大的帝国，创造安第斯文明长达100年，统治区域从现在的哥伦比亚一直到智利，直到16世纪早期被西班牙人所征服。虽然印加人有自己的语言，可是却没有一套书写文字的系统。印加人没有象形文字，只有利用绳结记录法来代替文字，记录事情，这就是所谓的"奇谱"。美国哈佛大学的考古学家格里·乌尔顿认为"奇谱"是一种会意文字。

结绳文字，是印加人的一种记录方式，用带结的绳子代表数字，甚至更复杂的意思。印加数字系统使用十进制。印加人为了精确描述他们仓库中的商品数量、国家人口和其它信息，常常要用几百条不同颜色的绳子来记录。对于不经意的参观者来说，古印加结绳文字似乎只是一条条彩色杂乱的绳子。然而越来越多的专家认为，古印加结绳文字中可能隐藏着印加帝国的秘密。

最长的结绳记事

据史料记载，印加帝国在15世纪末达到鼎盛时期，曾控制南美洲广大土地。后来，西班牙入侵者来到美洲四处掠夺屠杀，印加帝国于公元1533年在腥风血雨中消亡，印加末代国王图帕克被斩首。印加人留下了不朽的建筑和谜一般的绳结，日前，科学家对上百个系有不同的绳结的绳束进行了分析，发现了古印加人书写的秘密。

印加人留下了宽阔道路、灌溉系统和宏伟石雕艺术，但他们显然没有留下时代的记录文字。这个历史空缺使得现代人类学家百思不得其解，因为对于他们来说，文字语言是解读伟大文明的一个关键条件。幸好他们发现了结绳文字。

但是，古印加结绳文字一直以来还是个谜。出版《结绳文字看守人》一书的作者萨罗蒙先生发现，在秘鲁首都利马东南部一个叫吐比库查的村庄里留藏有结绳文字。在这个村庄中，类似于族长的老人在每年的一月份将他们族群的结绳文字传交给他们的继承人，但村庄中没有一个人能读懂这些古老的文字。

萨罗蒙认为结绳在充当一种年度预算的作用，起初是用来策划行动的，随着行动的进行，后来用以记录历史。他还怀疑该村庄的人可能在19世纪20年代之前还能读懂这些结绳文字，直到后来秘鲁中央政府为了使国家走向现代化，禁止了结绳文字的使用。

英国纺织工程师威廉－伯恩斯在秘鲁生活了近50年，25年来，他与古秘鲁结绳文字结下了不解之缘。“当我和我女儿在博物馆四处参观时，我被印加文明深深吸引住了”。展开后的结绳文字看起来有点像草裙：在一条水平主绳上有上百条棉制和毛制的打结的多彩悬挂绳。在《解读古秘鲁结绳文字》一书中，伯恩斯猜测，结绳上的色彩和结构可能是现今安第斯山脉仍在使用的盖丘亚族语的速记形式。

据西班牙年代记编者记载，印加人也用结绳记录了西班牙征服者在这个地区做的所有事情，然而西班牙殖民统治者认为有些绳子包含了历史故事、宗教秘密，后来销毁了大多数的结绳文字，以至于研究学者至今无法将殖民时代的抄本与现存的结绳文字相对照匹配。

美国哈佛大学人类学家加里－阿顿估计，世界各地博物馆收藏的结绳至少有600个，他已经在秘鲁、智利、美国和德国等国家研究了大约450个。十年前，当他在秘鲁研究历法使用、占星术、农艺时，他开始对结绳文字进行了研究。“在过去的十年里，我不断对‘我们无法解读古秘鲁结绳文字’这个问题进行挑战”。

阿顿相信，结绳文字制作者利用一种类似于现代计算机所应用的二进制数学方法，以打结的形式来将信息编译成数字和叙述语言。从打半结的黑棉线到打复杂结的红褐色羊毛线，虽然它们打结的方式多种多样，但每一种打结方式的蕴意是简单而明确的。阿顿和卡里－布雷津正在对现有的结绳文字数据进行汇编。他们希望这些在完成的数据库能有助于学者辨别结绳文字的类型，并发现更多的印加语言。阿顿表示，“我希望将来会有人能将我的理论继续推向前进，或者是做出理论修正，又或者是干脆推翻而创立全新的理论”。

印加人没有文字的记载或者书籍存在，因此印加人的遗迹主要是画。用来记事和传递新闻的结绳文字，其中的一些已经被破译。有很长一段时间印加人都依靠这种结绳文字里代代相传的故事来记载历史。于是聪慧的印加人记住那些故事，再由学者们把它们记录下来。虽然结绳文字还没有完全被破译，我们也不能完全知晓这文字背后所隐藏的印加帝国所有的历史，但是这种文字本身所带来的谜一样的魅力却是一直引领着人们去探索和追求。

## 高超的冶炼技术

印加文化是南美安第斯山区域文化的集大成者。在欧洲殖民者入侵以前同美洲其他地区的文化相比较，印加人已经达到了较高的发展水平。可以说他们是世界上最优秀的冶炼家。

根据考古发掘，当时印加帝国有青铜器皿和刀、镰、斧等劳动工具，其冶炼铸造技术相当精巧。所以印加人能够熟练的冶炼金银铜锡、白金和青铜，但尚不知炼铁，当然所有的印第安人都不知道炼铁，包括阿兹特克人和玛雅人，所有的生产工具和武器都是青铜制造的。

印加人通过开采金、银、铜等多种矿石，然后通过冶炼矿石提炼各种金属，所以他们能用青铜铸成各种各样的工具，如斧子、镰刀、刀、棍、针等器物。并且他们能够把铜炼得硬如钢，而青铜制造的刀斧镰棍，经高热锻造，刃口坚韧锋利无比。这是欧洲人在进入美洲之后从来没有学到的秘密。在十五世纪的时候，印加人就已经能够用各种方法加工金属，如熔炼矿石，铸造、锻造、模铸，制作金属板，冲压、镶嵌、镶接，焊接以及隔板涂瓷釉等。与此同时，他们已经广泛地使用铜器，并能使用铜和锡的合金，提高铜的硬度。所以金属器皿数量也特别可观，据发掘出来的资料显示，一个贵族的坟墓中，往往藏有几十磅到几百磅的用金、银制成的各种器皿和装饰品。可见当时金银器皿已经普遍使用了。

印加人还能提炼白金，提炼白金需要1700℃的高温才行。这比当时的西欧人要高明得多。西欧直到18世纪才能提炼白金。于是印加人充分利用其高超的制作技巧，在库斯科建造了一座“黄金花园”，里面有金、银制成的花朵，看上去极其的美艳无比，几乎和自然界中的鲜花没有什么两样。还有在库斯科太阳神庙中的金制巨形太阳盘镶嵌有人面像，四周环以光芒，是印加人装饰艺术和高超冶炼技术的杰出代表。

另外还值得一提的是印加人所发明的冶金浇铸技术——失蜡浇铸。为了浇铸各种青铜物件，他们先用泥沙制成模型，在它的上面涂上一层蜡，将蜡模加工后再附上一层新的泥沙。在模型上留一个孔，浇铸时将融化了的金属注入孔内，蜡层融化从下面的孔中流出，原来的蜡层空间就被金属溶液所填满。待金属溶液冷却后即可以打碎泥沙模型，金属铸件就完成了。

由此可见，我们有理由相信，这精湛的冶炼技艺是印加人成就南美洲军事霸主地位的原因之一。

## “与时俱进”的天体历法

印加一直是一个神奇的民族。在外科医学上，印加人已经能够进行解剖并使用麻醉剂。他们已经能够进行开颅手术，知道利用奎宁和可可豆治病。他们所制作的木乃伊，防腐至今仍然保持完整无缺。这一个个奇迹都见证着印加人的伟大。

但是在一点上，专家们认为，印加人在天文历法方面的知识不仅无法企及古代亚洲，也远远落后于他们的邻居墨西哥阿兹特克人，甚至难与同住美洲南部高原的穆伊卡人匹敌。而且也有历史学家认为，严格地说，印加人并没有直正地掌握太阳历。因为，印加人对太阳观察是一项从不终止的活动，每年都在进行。印加帝国每年都要根据全国各地观测点对日月生辰的观察结果，来直接调整历法，规划农作时间和进程。也就是说印加人并没有制订出固定不变的太阳历推行到民间。

但其实在数学和天文学方面，印加人虽比玛雅人与阿兹特克人稍逊一筹，但也创造了属于自己的历法。印加人对于“年”的概念有两种，太阳年和太阴年，分别得自对太阳运行和月相变化的观察。

观测天象的高台

印加人崇拜天体，他们的天文知识与宗教概念密切相关。同时也与农业发展密切相关。他们在库斯科城中建有高台，以方便来观测太阳的位置和确定农业的节气；在库斯科中央的大广场上里立有一根大石柱，利用日影观测太阳来测定时间。印加人有两种历法记时方式，一是太阳历，一年是365天零6小时；另一个是太阴历，一年为354天，一年定位12个月，以10天为一星期，每月有3个10天的长周。为了适应一年的天数，每年有一个5天的短期，每4年再加1日以冬至日为岁首。为了察看太阳的位置以肯定冬至和春分的日期，在库斯科城的东面和西面建筑了4座圆塔，从而计算冬至和夏至，以确定崇拜太阳的时间和仪式的进行。而且印加人对每个月都起了一个专门的名称，辅以相应的宗教仪式和活动。

可能是出于对太阳神的特别崇敬，在印加，有关其他星象的研究几乎为零。这一点是印加人在天文上落后于其他民族的重要原因。印加人了解最多的是金星，它被称为“查斯卡”，意思是金色鬈发的人，并为它设置了祭坛。

宗教仪式和宗教节日以神圣的方式标志了历法，也为农业生产赋予了特殊性。由天象得出的时令节气联系着宗教信仰，农业季节乃至国家政治，规划着印加社会的整个生活方式。应对着上苍的运行规律，印加人就这样和谐从容地生活着。

## 高度发达的农业

印加是世界上农业文明的摇篮之一。由于印加一千万人口都居住在这安第斯山山谷里，所以人口密度大，每一寸土地都要合理的开垦和利用。即使是山腰也种满了玉米和马铃薯。

根据考古学所发现的遗迹来判断，在公元最初几个世纪内，这个地区的农业已有相当的发展。他们不但同玛雅人和阿兹特克人一样，以玉米为基本的食粮，而且还大量种植马铃薯。在畜牧业方面，他们最大的成就是驯服了驼马。驼马对于他们的日常生活起着非常重要的作用。毛可衣，肉可食，筋可作绳索，皮可作斗篷，骨头代替木材，粪便可以用作肥料。其实在古印加，唯一的家畜是羊驼，这是一种美洲驼，可以用于运输但是载重能力很差，因为没有饲养马和牛，导致耕犁不得不用人拉。再一次不得不佩服印加人的智商，光靠人力来耕种，何时才能耕种这漫山遍野的田地。

但你不能随便嘲笑印加人，因为下一秒你就会被他们的聪明才智所震惊。其实以农立国的印加人，早在公元前四百年就知道集约栽培法，特别是他们栽培玉米的技术是高超而无人能与之比拟的。要知道，发达的农业曾经使农产品成为印加帝国最主要的经济来源之一。

虽然印加人的主要农作物是玉米和马铃薯，但人力耕种缓慢且辛苦。并且安第斯山区都是深谷陡壁，气候干燥，在这么恶劣的自然条件下，印加人不得不自寻出路。幸好印加人继承了唯一的莫卡奇文化中最突出的成就。这就是灌溉系统的修建，而现在遗留下来的灌溉沟渠长达数百公里。他们在高原地区，用石块筑起层层梯田，把山溪引入水渠浇灌梯田，有些梯田甚至还有水闸设施。这就建造成了包括沟渠和导水管在内的良好的灌溉系统。而这个灌溉系统放置今天都还有一定可行度。这种灌溉系统不仅用于农业，还可以用来供水。在印加城市当中供水安排都非常巧妙，如库斯科城的供水渠道纵贯交错，沟渠的底部铺设石块，重要的建筑物还是用石制的导水管和石制的暗渠来供水。

当然稳定的供水还不能保证玉米的丰收。要知道印加人民还培育了约 40 种农作物，光是薯类就有好几种，其他还有木瓜、番薯、番茄、可可、菠萝、龙舌兰、胭脂以及玉米、滨藜稻、花生、栗榛等粮食作物和经济作物。这些农作物都是其他大陆所没有的，这是对人类社会的重大贡献。但是这么多种农作物是如何保证存活甚至丰收，又是一大难题。

印加人民已经知道用人畜的粪便来肥沃土壤，在田里定期施肥。他们还知道使用沿海岛屿上的鸟粪更能提高农作物的收成。而这更加印证了印加人的聪慧和勤劳。所以良好的灌溉和引水系统，加上合理施肥让印加人民一次又一次迎来了丰收的季节。

每当春天开始时，印加王要象征性地参与农业生产，用装有金尖头的木锹掘出第一个穴坑，种上种子，表示一年的耕种从此开始了。这是吹响印加农民开始新一年耕种的号角。但是这背后的故事又是充满辛酸的。

不同于旧大陆的居民的主要粮食是麦类和水稻，而印第安人则主要依靠玉米，因而又被称为是“玉米文化”。虽然，由于印第安人和古代世界文明的中心相距太远，无法联系。同时没有马，不知道使用铁犁和车轮，因而与亚洲、欧洲大陆较发达的区域来说，他们的生产方式和文化都要较为落后一步。但是我们对印第安人对于古代世界所起的作用及其所占的地位，却应有足够的认识和估计。正如摩尔根在《古代社会》一书中所指出的：“美洲印第安人诸多部落的历史和经验，多少可以代表我们的远祖处在相等状况下的历史和经验。印第安人的制度、技术和发明和世纪经验构成了人类记录的一个部分，其价值和特殊宝贵之处在于它们的意义远远超出了印第安人本族的范围。”所以一般学者都称它为世界的一个“秘密文化的实验室”。

要知道，今天人类生活中的许多必需品，如马铃薯、玉米、番茄、向日葵、烟草、可可、橡胶、火鸡和羊驼等几十种经济作物和家畜、家禽等，都是由印第安人首先培植，提供而后再传到欧洲大陆各地的。他们所栽培的粮食作物，比世界上所有的其余部分合并起来的还要多，其中仅玉米就有七百多种变种。这些经济作物和家禽的提供与推广大大丰富了人类的物质和经济生活，给人类的文化带来了巨大的贡献。特别是早期的欧洲殖民者和人民，他们所受到印第安人的惠泽更多。他们向印第安人学会了如何去开发原始森林、如何准备土地来耕种、如何用鱼头来作肥料、如何去捕杀野兽、如何用兽皮作衣服，用桦木皮造独木舟以及如何在沙滩上烤蛤蜊，等等。印第安人的足迹也就变成了移民者的道路。总之，他们向印第安人学会了如何在新世界中过日子。有些西方、资产阶级学者对于这些视而不见，反而认为印第安人是低等民族、是天生的被统治者、是愚昧不灵的动物，那是对印第安人的极大侮辱，完全抹杀与歪曲事实的真相。所以，正是发达的农业支撑着印加帝国成长的脚步，而他所带给人类的恩泽是无法估量的。

### 特权阶级的特色教育

由于印加有严格的等级制度，实行中央集权制，所以为了保证国家的统治，所以对于下一代的教育也都是有严格区分的。

首先，印加人会为贵族子弟建立学校，只有王室和贵族的子女才有资格进学校。印加人相信，只有王室和贵族的子女才有资格学习科学。学校所教授的科目涵盖层面极广，包括宗教、政府、公民、军事技能、编年史、历史、幼儿教育、诗、音乐、哲学和占星学。修业期限一般为四年。学习科目有克楚亚语、宗教教义、历法和结绳文字。第一年学习印加帝国的“普通话”，即奇楚亚语；第二年学习祭祀和历法；第三四年专门学习“结绳文字”以及其他专门知识。文化知识的传授则是在类似学校的“知识之家”中进行的，“知识之家”设有专职教师，他们被称为“圣哲贤人”，受人尊敬，社会地位也就相当得高，相当于现在社会中的大学教授的地位。当然，“知识之家”的学生只能是贵族子弟，按专业对他们进行培训，如研究战争之术、学习结绳记事、研究克丘亚语、学习宗教和国家的历史、等等。“知识之家”还培养营造房屋，修筑道路的专门技术人才。

另外一个有趣的插曲是西班牙人将印加贵族称为“大耳朵”。这是因为印加贵族会配戴大型耳环，借此夸大自己耳朵的尺寸。当这些“大耳朵”四年的学业即将完成时，他们会举办庄重的毕业仪式，并于仪式中通过几项特定的测验，来宣告他们已经准备就绪。他们会身着白衣，并聚集在库斯科的广场上。所有毕业生候选人均会将头发理短，头上还会戴着插了羽毛的黑色发带。他们在念完对太阳神、月神和雷神的祷词之后，就会爬上一座山，并随即展开竞赛和舞蹈活动。不久之后，他们便会前去晋见印加国王，并从国王手中收下一件合身的裤子、一顶羽毛冠冕，以及一枚金属胸章。最后，他们还会用金针刺穿自己的耳朵，如此才能配戴象征身份地位的大型耳环。这样这些“大耳朵”就完成了自己的学业，真正成为了印加的贵族。

学校位于库斯科的邻近区域，而且各所学校会连成一列。学校里住着智者和诗人。由于印加人的文字处于萌芽阶段，只有一些图画文字，未能普遍使用。用来记事和传递消息的是称为“奇谱”的结绳文字，即在一根粗绳上栓有很多条细绳，细绳上打着不同的结，用这些结的形状和位置来表述数量。绳的不同颜色表示不同的事物，如褐色表示马铃薯、白色表示银、黄色表示金、黑色表示夜晚、红色表示士兵，等等。结绳文字是用绳索的结和颜色作创制图画文字，但应用不广，后来失传。以至于印加文化尚未发展到阿兹特克人的文化水平。虽然学校教育局限于知识的背诵，没有文字，但在印加人的教育中，最令人惊奇的一点莫过于教学者仅需仰赖结绳文字，就可以背诵出印加帝国的所有历史、法律、人口统计以及政府的收入和支出。所以这不得不佩服他们的背诵能力和教学水平。

而在平民中的教育方式又是另一种。这也是印加人教育有特色的地方。首先从农民中分化出手工业工匠，专门从事纺织、制陶和制造工具。有些工匠被送至首都为宫廷贵族服务。村社之间可实行产品交换，因印加社会尚未出现自由手工业阶层，因而交换的规模有限。于是手工技艺就这样父子相传，一代代的继承下去。有的地方，全家甚至全村都从事一种手工艺品的生产，历久而不衰。

虽然印加贵族子弟可以上学读书，对一般平民而言，父母是子女最好的老师。男孩会从父母那里学到如何种植作物、打猎、织布及制作陶器；女孩则会学到如何烹饪、打扫及照顾动物。除了这些知识，父母还会教导子女必须遵守适当的社会规范。这项教育会从两个层面进行：就鼓励的层面而言，父母会给予子女良好的建议；就矫正的层面而言，当子女违反既有的行为规范时，便会受到惩罚。惩罚有时候会十分严厉，如以有刺植物进行鞭笞。除了父母以外，年长者在教育的传承上也扮演着具有一定份量的角色。他们提供的教育具有极大的影响力，因为印加人认为年长者保存了两种最基本的价值：经验和时间。所以在一般平民中间，教育更多意味着传承和延续。

但在古印加还需要注意的是他们对女子的教育是不同的。由于印加女子地位的相对特殊性，所以印加自古对女子的教育又是另一种方式。

每年都会举行一场选美比赛。目的在于选出印加王的妻子们或者是用来驻守太阳神庙的“太阳神的处女”。这一群被挑选出来、进入位于库斯科或其它重要省城的女修道院接受教育的女子其实是一群因为自己的美貌或家世背景而被挑选出来的女子。她们首先必须学习如何使用骆马的毛皮来为自己的丈夫，也就是太阳神编织精美的衣物，如太阳神无法真正穿上这些精美的衣物，所以她们只好将这些衣物交给他的亲生儿子和继承者，也就是印加国王。如果印加国王的衣柜满了，他就会下令将多余的衣物献祭给太阳神。

由于她们是从印加帝国境内的各个省份挑选出来的，因此所有重要的城市都有专为她们设立的女修道院存在。这些女修道院聚集了具有各种种族背景的年轻女子。在她们当中，有许多人具有皇家血统，也有许多人是贵族和各区总管的女儿，但大部分都只是美貌出众的平民女子。前往女修道院中居住并接受教育的女子最后可能会成为印加国王的妃子，却也有可能无法被选上。前者最后将会搬进位于库斯科的华丽宫殿中居住，后者则必须继续住在各省的女修道院中，并终生保持处女之身。当她们年老时，她们可以自行决定在女修道院中终老一生，或是回到她们出生的城市。

当西班牙人进入古印加的时候看到这么多的处女和女修道院时感到很困惑，觉得她们全都很像；尽管如此，她们其实都有自己的特色。但估计对于印加女子来说，学习如何编织精美的衣物，特别是羊毛织品是她们教育课程的全部。

从印加的教育制度也可以看出他们严格的等级区分，每个人从出身开始就注定了他的命运，可能像今天这样知识改变命运的奇迹一般应该是不会出现在他们的身上。

## 四通八达的“捷运”

奴隶制的印加国实行中央集权制，国王被称为“独裁执政者”。为了方便统治，印加全国被分为四区，每一区由总管统治。被征服部落的人民分散插在各区，以防起义。而随着疆域的逐渐扩大，印加帝国的版图可以说是所有美洲古国中最大的一个。建造便利的交通和保持消息的随时畅通开始使国家道路交通的建设变得急切和不可或缺。

为了保持帝国中各个城邦的交流，印加人建设了大量的道路，这些道路穿越了安第斯山脉、热带雨林、河流，把各个城邦连接起来。西班牙的征服者之所以如此轻松地消灭了各个印加帝国的城邦，很大程度上是因为这些道路的帮忙。为了统治广大的国土，印加人在各个地区修建了纵贯南北的四条大道。沿线每隔约十公里设一个休息活动站和物资仓库，每隔一定距离设一个军事据点。沿线设驿站，驿站员跑步传递消息、传送公函，平均时速九公里。具有创造才能的印加人还在山间修建了遍布全国的道路网。因为他们善于修建梯田和远程灌溉工程，渠道流经之地逢山凿隧，遇到沟壑架槽，一往无阻。这样他们就能有效地互通消息、调动军队。

奴隶制的印加

在两条主干道上充分突出体现了印加人在修筑公路上的才能。这两条都是由北而南，纵贯印加人控制的地区，长达两千四百到三千两百公里。其中的一条沿太平洋海岸而由北向南而下，北起今天的厄瓜多尔边界附近的通贝斯，向南经秘鲁沿海一带进入智利中部。另一条则是高原道路，平行越过高原而过，起于今天的哥伦比亚，贯穿厄瓜多尔、秘鲁、玻利维亚，再由阿根廷到达智利。从这两条干道中又分出许多小道把首都和境内最偏远的地区都加以连接，贯通全国，形成全国的道路网。道路宽达四至五米，路面平坦坚固，沿途遇山凿山，开渠道，遇水架设桥梁，在通过灌溉系统之处，道路两旁还筑有围墙，穿过河流或峡谷的时候还架设有桥梁；遇到河面过宽的时候则可以利用浮桥或渡船，让路面平坦坚固，两旁则是绿树成荫。在道路穿过沙漠、沼泽地带或越过山丘峻岭的时候都需要很高的筑路技术，印加人能建造很坚固的吊桥，使他们的道路能穿过激流险滩深入到境内的每个角落。在比鲁加斯，有一座用巨大的藤条筑起的吊桥，长达60米，工程之艰巨可想而知。由于印加人没有车辆，因此任何地表都能修建成道路，只要让人类和骆马能够顺利通行即可。印加人道路的修建方式是尽可能地取直，好让旅人和信差能够节省时间。这也是印加人常会使用长梯来攀越山翼，或是使用以强力绳索编成的绳桥或利用石桥来渡河的原因。

而和这些路同等重要的是沿路建立的管理和服务中心。在主要的道路上还有一些建在一日的旅程休息之处的驿站，这些驿站可为旅人供给落脚之处和新颖的补给。为了辅助印加人旅行，每隔相当的距离都设有驿站，驿站里有贮藏室，用来贮藏武器、衣物和食品，主要是军用物资。在这里，印加人可以安营扎寨、做饭，或者喂随行的动物。在小路上，也有供休息的小屋子。驿站有卫士专门守卫，并社有屯田，可以自给自足。一旦中央有命令，每站备有专门的人负责接力传送，从库斯科到基多，只需八天就可以到达。后来西班牙曾做过实验，一个人一小时可跑5公里，快到驿站的时候大叫，好让下一个人做好准备。这样300公里的距离大约3天就可以跑到了。而且不论印加人居住的地方是如何得荒凉都仍由横贯的小路来连接。

在关口和险要的地点，还建有古堡、要塞和烽火台，当遇到战事的时候，则举起烽火信号，四小时内可以传达二千英里，这样各地都可以闻风而动，听从国王和首领的指挥。这种道路除了供传达命令和国王平时的巡视之外，还给行军和商旅提供了很多的方便。20世纪50年代，美国一个探险家，曾沿着印加人的道路做了30 000多公里的旅行，写成《太阳之路》一书介绍了沿途的风景。据洪堡说："印加人的道路是历来人类所建造的最有用的和最艰巨的工作。"蒲列斯科德甚至说它"可以吓倒现代最勇敢的工程师"。这些评语，固然不免稍显夸张，但是印加大道是可以同中国古代的驿道以及古罗马的著名大道相媲美的。

当时印加帝国没有车马，又无车轮也没有书面文字，全凭人力接力来迅速地传送消息。但送信人能在一个星期内一站站地把信送出 1 500 英里，从基多送到库斯科。这可以充分说明印加道路是世界上最大，也是最杰出的古代工程之一。因为作为最顶尖的公路工程师，为了统治这幅员辽阔的国家，他们总共修建的道路长达 4 万公里，并以首都库斯科为中心向帝国境内各个方向延伸的道路交通网。

高台要塞

事实上，印加帝国的道路系统绝不只是用来连接帝国境内不同的城市、地理区域和生态系统的简单网络。它象征了印加帝国的权力和威信，因为只有印加人才有权利使用这些道路。这么壮观的工程只有产业革命前的古罗马可以和它对抗。

此外，这些道路也让印加帝国能够加速征收每个人均须缴纳的税赋，同时也让为政府、总管或祭司提供劳动服务之劳役人口的运输变得更为方便。最后，这些道路还能让印加帝国能在短时间内完成军力部署，并让印加帝国能在征服近百个不同的部族之后，加速推行自身的法律、宗教和官方语言。这样通过这个交通网，帝国的统治者能够掌控整个帝国。

所以这些纵贯全国的印加大道就像是印加的脉搏，牵连着印加帝国的四面八方，全国各地的人民随着这些道路一起跳动、一起潮生潮落、一起荣辱共生、一起繁荣、一起凋落。

## 石头骨骼

印加人也是伟大的石工建筑家，他们没有钢铁工具、没有炸药、没有车辆，却能从山上开采巨大的石头，有的石头重达两百吨，而且他们却还能将这么重达十几吨的石头通过几十公里的山路运到目的地，建造出宏伟壮丽的庙宇和城堡，这说明古代印第安劳动人民的智慧和勤劳。

在今天的秘鲁首都库斯科，人们还可看到现代的许多房屋建筑在印加人原先砌好的石墙上。印加人的石砌技术很高，石块精工雕琢后，接缝处是连刀片都插不进去的。在建筑中，印加人充分利用了山中多石的优势，他们的房子全是用修得很好的四边形石块一层一层巧妙且无缝式的搭建起来的。他们在库斯科建造的太阳神庙美丽壮观就是他们的代表作，至今仍闻名于世。

库斯科的太阳神庙，规模宏大，装潢精美，庙的周围是用坚固的石头筑成的，墙面都是用金板贴角，过道也是用黄金铺地，门也是用金子做成的。可以说整个太阳神庙是一个名副其实的金窟，称为黄金花园。庙内的金像和金饰，其技巧接近文艺复兴时代的制品。太阳庙至今仍被誉为是世界奇观。

印加人之所以能有如此精湛的建筑艺术，是因为他们继承了古代安第斯高原的文化。例如，在蒂华纳科文化中曾出现了巨大的太阳门。这座门是用整块巨石做成的，上面有光芒四射的人形浮雕。这个浮雕石门对后来印加人太阳神庙的影响非常大，应该说，印加人太阳神庙的宏伟和豪华就是太阳门开的先河。

当然印加境内的建筑多由巨大的岩石砌造，在这些巨石建筑中，最具代表性也最为壮观的是那些特别宏伟的军事堡垒。其中比较著名的有拥有重围墙的奥利扬台坦沃古堡，及砖砌堡垒帕拉蒙戈堡。最为杰出的一座——萨克萨瓦曼古堡。城堡最外围的第一道围墙最为雄伟壮观，所用的都是最庞大的石头，甚至可能不经割切，使用完整的独块岩石。有些砌造城堡围墙的石块，长、宽、高分别达造到 8，4. 2 米和 3. 6 米，体积约 121 立方之巨，重达 200 吨。如此巨型皂岩石建筑令人叹为观止。因为他们一不懂得使用铁器；二未发明带轮子的交通工具；三是不会制造吊车、滑轮或其他高效的机械工具。全凭人力用粗大的绳将巨大的岩石拖运到目的地。最近 30 来公里，更多的是 50 公里，70 公里或 80 公里以外运来的，此外，印加人也没有尺或其他的计量工具，并多次抬起放下以进行调整，可以说“建筑难，难于上青天了”。

并且最艰难的地方是萨克萨瓦曼堡三道围墙的中央部分，设有形似吊稿的大门，可以放下巨石堵死门洞。三层围墙两两之间有 7 ~ 8 米宽的间距，每层内用土石填平达到护墙高度。每道围墙上建有超 80 厘米高的胸墙，遮掩士兵利于防守。三道围墙后皂狭长场地上建造着三座塔楼，这三座塔楼依据地形构成了一个三角形。中央的主塔楼筑成圆形，其基层呈辐射状，主塔楼内有个温泉，通过地下管道将水从远方引来。这个建筑物是印加王的行宫，供其登山后休憩。其他两个塔楼均呈正方形，是驻军的地方。古堡地下用石头砌成网状地道，曲折迂回形似迷宫。

在印加的多个城堡中，还有一座建筑不可不提，那就是神秘的马丘比丘。马丘比丘矗立于海拔 6. 264 米的维尔卡班巴山巅。俯瞰着乌鲁班巴河谷，这座城堡的原来名字早已不为人知。现在的名称是考古学家根据当地的一座小山命名的。马丘比丘全城的建筑全部是岩石结构。从整个城市来看，先沿着山坡以台阶式的方法筑造平地，然后在地面上建造大批建筑物．全城建筑物的布局经过精心设计。这里虽遭受了多次山洪地震，至今仍保持着完整的平面。其布局之合理，构建之精妙，让人无法不感叹。

从马丘比丘的墓地中发掘出 173 具尸骨，其中女性人数为 150 人，而男性只有 23 人。可以设想，这个城市女性居多。至少最后遗留在城市中的居民大多为女性。考古学家据此推测马丘比丘是一个宗教场所，居住在此地的是担任太阳贞女的王室少女纽斯塔。然而人们最乐意接受的说法，是把这个城市看作是印加帝国的最后乐园。印加的建筑工艺中可能还潜藏着另一件秘密武器。历年来，人们对巨石建筑的建造过程存有疑虑。在不懂得使用铁器，其他技术条件也十分落后的情况下，印加人如何开采和砍削巨大无朋，坚硬无比的石料，使其符合自己的需要。据说，印加人曾经掌握了一种软化岩石的办法，可惜这种办法今天已经失传了。

石头是印加文明的骨骼。印加人用石头筑屋、拦田、铺路、设祭。但是，正像石头上必须为木楔留下落脚的窝以便被人塑成一种文明的形状，石头的墙上也必定留下了凹进去的壁龛，为祖宗的遗体和灵魂留下栖息的地方。安第斯文化最早发明了保存祖宗遗体的木乃伊法，大约比埃及的木乃伊还要早将近千年。到印加时期，人们盛行将祖先的木乃伊放在自己居室墙壁上凹进去的壁龛里与自己共处，甚至和自己共同享有家中的财富，让活人为其耕种、经营。因此，活人的生活空间一点一点地受到压缩，文化和经济背上沉重的负担。据说帝国的衰落乃至崩溃和这个传统也不无关系。

印加人用神奇的石头建造了神奇的太阳门、太阳神庙以及马丘比丘，辉煌无比，也震惊了世界。但是印加也是在用石头设祭中丢失了自己，走向了灭亡。

## 平常不平凡的陶器

印加的手工业包括金属冶炼加工、纺织，还有制陶。而印加人不仅纺织技术达到了较高的水平，制陶工艺也是相当不错，极具其特点。

印加的文明是建立在一系列前印加文明的历史之上的。其中之一就是莫卡奇文化。在莫奇卡文化遗址内开掘出了很多彩色的陶器，这些陶器被雕刻成动物、果品、房屋、小船以及人物等各种形象。在陶器上描绘着反映当时社会生活的各种精致绘图，如抬着轿子的奴隶们；坐在宝座上的国王周围环绕着一群群臣子；奴隶作为牺牲的情形和战争的场面，等等。在遗址中还曾发现一个脖子上系着绳子赤膊的人的雕像，这大约是一个俘虏或奴隶。这些遗物充分说明当时氏族公社的解体和阶级关系的逐渐形成。

在印加帝国时代，手艺人是很受人尊重的。有一些专业的匠人能制作出很优美的物品，如金器匠和银器匠。他们只做祭奠器具和呈献给王的精致绝化的物品。

由于在印加时期并没有古代制陶工人所用的轮子，所以所有的陶制品都是手工实现的。所有的黏土制品都被放在炉子里烧结，而后再掏出着色。所以印加文化的彩陶继承莫奇卡文化的传统而又有自己的特色。印加的陶器质地坚硬，打磨得很光，通常的色彩是由红、橙、白、黑、黄组成的。图案大多是几何图形，也有程式化的植物纹，有的器物还饰以鸟或昆虫等小动物。陶器中最典型的形制是锥形底的小罐子。它是用来盛水或盛蜜的容器，长颈，两面有几何纹饰，两侧有耳，可用绳子穿起来背在背上，高约15厘米。还有一种罐子有一个带鸟头的把手，罐沿两边还有一对人或动物的小雕像。还有的容器兼有印加风格和各种本土风格，如果是实形的罐子，有宽宽的带状把手，又有印加形的长颈和锥形底。

精美的陶器

所以在印加陶器中，常见的器形有双耳小口尖底瓶、敞口直筒杯、单柄浅碟、单柄小口壶等，造型优雅，图案有动物纹和几何纹，后者较常见，颜色壮丽，其陶器的磨光技术、图案及装饰物都令人赞叹不已。这种精巧陶器以前只用于宗教或陪葬，慢慢地这些容器在帝国全境流行，逐渐进入了印加人的日常生活。

## 世界级的服装

尽管对印加人来说，他们的衣服随他们在社会结构中的地位而改变，但是服装的基本风格是雷同的，比如男人们穿的俭朴的束腰外衣仅仅到膝盖以上，外衣上再罩着宽松的斗篷。至于鞋子，他们个别穿草鞋或者皮鞋。而女人们穿戴长及脚裸的裙子，裙子上常带有编制的精致的腰带，通常女人们都带着帽子，在她们编好的发辫中搀杂着折叠的布条。但这是一般平民的服饰装扮。而对于贵族来说，他们则穿着的是世界级的服装。为什么这么说？因为他们有世界级的技巧和布料。

如果说印加人的冶炼技术高超，那么印加人的纺织品更可以说是巧夺天工，这也是印加人可以引以为豪的地方——毛毡织品。其实历史发展到现在，没有什么印加人的布料留下来，大部分的布匹已经被损坏了，但是从现有的极少量的证据来看，咱们依然能准断出印加人是一流的织布工。

在古印加，女孩子们从很小的时候就学会了把羊毛纺织成衣物。她们也收集一些能够给羊毛染色的植物，因为染过色后的羊毛被织成柔软的薄片。

这些羊毛制品常常是条纹状的，并且很简朴，但是有些有很庞杂的图案。一个专业纺织工负责编制大部分的羊毛，而好的纺织工不仅仅使用最好的羊毛，而且还能将这些羊毛染上晶莹的色彩，并编制上复杂的图案。

所以印加的各种棉、毛织品都花色多样，制作精良，特别是布料，质地更是精细。通常每英寸含绒线 250 根，多时达 500 根，还能在布上织出各种精细的花纹和图案。有些织物还夹有金线或色彩鲜艳的羽毛，图案更是丰富多彩。其中有一种用羽毛和金、银丝织成的织品，是专供少数贵族使用的。保存至今的印加时代的毛织品，仍然是色泽绚丽，华美无比，异同寻常。

每个时代都具有别出心裁的风格，如一千年前流下的一副地毯，每英寸含绒纱 500 根，而欧洲中世纪都只有一百根；在南部沿海皮斯科附近出土的木乃伊套服，更被称作是“世界纺织品的奇迹之一”。

# 第四章　破解古印加之谜

## 寻找黄金宝藏的藏身之地

前面讲到是印加的古文明。而印加的文明确实是世界文化之旅的一个不可缺少的部分，而且是一个闪耀着璀璨光芒的部分。无论是风土人情还是礼仪制度、无论是为人理解的还是现今的人们根本理解不了的，都令这个世界吃惊。于是这样的古文明，也吸引了欧洲各国殖民者，直到西班牙人的到来。

西班牙人的到来，不为别的，只为了那光辉熠熠的传说中的“黄金国度”。

11 世纪时，拉丁美洲的土著居民——印加人，逐渐兼并邻近部落。公元 1438 年，印加人终于建立起一个强大的帝国。直到 16 世纪，西班牙殖民者来到这里，印加帝国已经初具规模。它的领土范围令人叹为观止——北起哥伦比亚，南至阿根廷。领土总面积达 24 万余平方公里，人口达到 1 100 万。印加人迷恋太阳的光辉，恰巧黄灿灿的金子满足了他们的所有想象。因此，印加人建造的太阳神庙和宫殿，以及他们平时随身所佩戴的饰品，都使用黄金铸造。有人说，如果将印加人世世代代收藏的黄金豆累计起来，价值不可估量。据说相当于世界其他地区黄金的总和。如此大量的黄金，也是印加人最终遭受灭亡大难的根源。

黄金博物馆

给印加人带来大难的，是西班牙早期的殖民头子弗朗西斯科·皮萨罗。

皮萨罗的足迹踏进印加的领土的时候，带着 180 名骁勇善战的士兵。随身携带的，还有当时欧洲最先进的大炮、利剑和枪支。公元 1531 年，皮萨罗一行从巴拿马出发，一路向秘鲁进军。为什么会把印加当作目的地呢？这是因为他听说了一件事。两个被俘虏的印第安人对他说：从巴拿马一直往南走，有一座黄金城。欧洲人的寻金活动正是大热的时候，听到这个消息，皮萨罗就打定主意要进攻印加人居住的地区了。这个时候印加土地上又是怎样的景象呢？

这时候，印加帝国正是“山雨欲来风满楼”的关键时期。国内内讧十分严重，君主阿塔瓦尔帕贪婪、野心勃勃，为了独占江山，他在国家内部挑动了与他兄弟的战争。首都库斯科也被卷入这场战争。战争中阿塔瓦尔帕的弟弟被俘，但是这并没有巩固他的王位。因为这时候，西班牙人乘乱入侵了。内战给了入侵者机会，战斗才进行不到两天，180 名西班牙人就在无人员伤亡的情况下打败了印加人约 4 万人的军队。被杀的印加人达到五千人之多，印加国王也很快被俘虏了。

战争一结束，西班牙人便迫不及待地进入印加军营内搜刮财富，据传他们搜出了大约相当于 8 万比索的黄金。国王阿塔瓦尔帕害怕被这些强盗杀掉，又见这些人热衷于寻找黄金，便想出了一个保命的方法。他对皮萨罗说：“如果你放了我，我就用黄金铺满这个房间。这些黄金将全部都是你的。”

皮萨罗吃惊了，他做梦也没有想到印加国王竟然如此慷慨：关押印加国王的那间房子，大约长 7 米，宽 5.5 米，高 3 米，约 115 立方米。要用黄金堆满整个房间的话，大约需要黄金 40 万公斤才能堆满。

但是印加国王并没有想到，皮萨罗这一行西班牙人的贪婪程度已经到了无耻的地步。他们并不满足这区区 40 万公斤黄金。他们所需要的，是更多的财富和权力。表面上，皮萨罗这样对阿塔瓦尔帕说：“你要是守信用的话，就请实践你的诺言，将黄金交给我们，我就恢复你的自由之身。”阿塔瓦尔帕和他的臣民都很高兴，于是他们从全国各地运送来大量的黄金。不久之后，阿塔瓦尔帕国王的臣民们便筹够了黄金。如此，印加王宫的一间屋子里面堆满了将近 6 英尺高的纯金首饰，还有两间房子里也全是堆满银子。

至此，印加国王已经履行了自己的诺言，交出了约 11 吨成色最好的金子作为他的赎金。皮萨罗将这批黄金全部投入熔化炉内，熔铸成便于随身携带的金锭。然后将其分给一同前来的西班牙人。皮萨罗一个人就分到了 800 英镑左右的黄金。

得到了黄金之后的皮萨罗并没有履行他的诺言。公元 1533 年 7 月 26 日，皮萨罗给印加国王扣上一个谋反的罪名，在卡哈马卡城广场上将阿塔瓦尔帕公开处死了。不守信用将国王处死的行为遭到了善良诚实的印加人的反抗。他们在很短的时间之内把大量的黄金都隐藏起来，同时四处袭击西班牙人。

到处都找不到黄金的西班牙人开始将注意力转移到库斯科城，这座印加人作为首都的城市。库斯科城无疑是印加王国最发达的城市，作为首都来说，它已初具规模。这座城市的每个地方都有着令人惊心动魄的力量——宏伟壮观的建筑群，秩序井然的宫殿、房屋、神庙——全部都是用不可估价的金银装饰而成的，到处都是一片金灿灿的晃眼的模样。穿过重重的大门，室内是装饰精美的锦缎和毛毯。整个宫殿湮没在羽毛、黄金、宝石、珍珠和玛瑙中，色泽明亮、富贵堂皇的景象让西班牙人心旌摇荡。

公元1533年11月，皮萨罗率领着他的同伴，终于到达了印加帝国的首都。这一历史性的时刻，对于皮萨罗本人来讲，是“胜利的光辉的时刻”，但是对于失去家园的印加人来讲，却是无以复加的灾难。从此以后，西班牙将印加纳入了其势力范围。

皮萨罗的兄弟佩德洛·皮萨罗也参与了这次入侵。在他留下的一段记载中，人们可以依稀想象出那时候的场景。“尽管最出色的东西已经被印加人带到不知名的地方去了，但是我们进入宫殿之后，看到的景象仍旧使我们大吃一惊”。“我们找到了一尊金塑像，印第安人说是他们印加王朝的始祖像。在那里我们还发现了一些纯金打造的器皿，上面装饰着鸟、蛇、蜘蛛之类的图案”。“在库斯科郊区的一个洞穴中我们也找到了一些东西……一个印第安人还对我们说，在靠近维拉贡加镇的一个洞穴里，藏着大量的金子。那是国王阿塔瓦尔帕那战败的弟弟所收藏来准备装饰他的宫殿的。但是不久之后，这个告密的印第安人失踪了。至此我们再也无法找到任何有关宝藏的任何线索”。

总之，一切能够藏起来的宝贝全部被印加人隐藏起来了，而且藏得让人再也找不到。因为负责隐藏宝贝的那些印第安人全部都无怨无悔地遵循主人的命令，吊死或者跳崖自尽了。除非有奇迹，不然印加人藏起来的宝藏将会永远成为一个谜。

显而易见，印加人拼命藏匿他们世代累积起来的金银财宝，因为西班牙人对他们造成了威胁。西班牙人贪得无厌的个性让他们不得不转移财产。后世的人们对公元1533年印加人隐藏起来的财富做出了估计——公元11—14世纪中，印加人所藏匿起来的财富，大约相当于16—19世纪初这三个世纪秘鲁金矿所开采的黄金的总和。这笔宝藏，果真成为了一个谜，一个吸引后世人们追寻的谜。

现在，关于古印加帝国藏匿的黄金之谜，有以下几种说法：

(1) 神秘的马丘比丘

马丘比丘在土著印第安人语言中的意思是指“古老的山顶”。这里是印加宝藏藏身之地的说法最为盛行。马丘比丘在1911年6月由美国耶鲁大学研究拉丁美洲历史的年轻助教海勒姆·宾厄姆发现之前，一直被认为是不存在的、虚构的城市，因为这之前的无数年间，没有人见过它的样子。

当时流传的说法是，古印加人为了对抗皮萨罗的洗劫，将约公元1575磅黄金埋在城市马丘比丘附近。相传马丘比丘隐匿在安第斯山的深山幽谷之中。后来的西班牙人为了寻找宝藏，都曾经在深山密林之中跋山涉水，历经艰辛。但是最终的结果都是无功而返。没有人知道这座藏满黄金的城市到底去了哪里。悲观者甚至认为马丘比丘其实根本就不存在，只是流传的一个谣言罢了。

然而1911年6月海勒姆·宾厄姆却发现了这座失踪400年之久的古城。在宾厄姆一行人历时一年的反复求证与探究之下，马丘比丘的神秘面纱被揭开了。暴露在舆论与关注的目光之下，神秘的古城马丘比丘成为了当今世界上最重要的名胜古迹之一。

马丘比丘的海拔十分高，它坐落在雄伟的安第斯山脉的一座约2 458米的山顶之上。并且，马丘比丘离印加帝国的首都库斯科并不远，在其西北方约122公里处。但是由于马丘比丘四周被崇山峻岭包围，外界与之很难取得联系。这座古城全部建筑均用大块的花岗石砌成，奇妙之处还在于，石块之间没有用灰浆来黏合，而是用工具将其镶嵌起来。城堡的三面都是很深的沟壑，只有一面是城门。城中有供奉着神灵的神殿，神殿中还有圣坛。大概是用来安放帝国中最有身份的人的木乃伊的。除此之外，城中还有华美的宫殿、结实的堡垒、雄伟的庙宇、整齐的住宅区和弯曲的石梯。唯一一面的城墙是由巨石砌成的，每一块巨石都重达几吨左右。整个城堡可容纳二千余人居住。

相传马丘比丘是古代阿摩达王朝的根据地，13世纪时出现第一位印加帝国的国王曼科·卡帕克。他自称是太阳的儿子，统一政权之后，开启了印加帝国长达三百多年的统治。据说曼科之后的扩张都是从这里开始的。后来才占领库斯科，在那里定居下来。

在一系列的征战之后，政治上稳定下来，经济上也得到了发展，其中的一位君主卡帕克一世便让人在当初的发祥地马丘比丘大兴土木，建筑了当初的马丘比丘城。传说中，公元1535年西班牙殖民特使鲁伊·迪亚曾与最后一个印加皇帝谈判。这位皇帝让人拿来一碗玉米粒，全部倒在地上。他捡起一粒递给西班牙殖民者，说像征西班牙人拿走的黄金。他又指着地上的玉米对西班牙人说："这是印加人留下来的黄金。只要您完全离开印加国，我们就把这些都给您。"只是由于西班牙人的贪婪，这笔交易最终没有成交。但是可以充分表明，印加的最后一位皇帝是知道黄金埋藏在哪里的。然而是不是在马丘比丘这就不得而知了。

（2）黄金城与黄金湖

印加遭到侵略而亡国之后，便将大批的黄金转移了。西班牙的人当然不会轻易放弃对黄金的寻找，并且，他们更想知道的是，这批黄金究竟来自于何处。于是，西班牙人抓来一些印加人贵族，对他们重刑逼供。终于有一位贵族抵挡不住严厉的刑罚，吐露出以下的消息：在亚马逊丛林之中，有一个叫作玛诺阿国的地方，那里的金银财宝堆积如山。印加帝国的金银财宝便是来自于那里。

亚马逊密林中隐藏着用之不竭的黄金这一说法便不胫而走。但是除了印加的国王与巫师之外，谁也不知道这一地方究竟在哪里。后世的人也因此纷纷投身亚马逊丛林的探险。这些寻金探险的队伍大大小小总共不下300多队。西班牙人、葡萄牙人、英国人、美国人、荷兰人等，世界各地的人都有参与探险。同时，关于一些人陆续寻到宝藏的消息也公诸于世。只是，寻金队伍中的人多数都空手而归或者直接葬身密林之中。真正寻到黄金的人，可谓少之又少。

亚马逊原始丛林具有神秘感和诱惑性，很多人丧失了性命，但是这并不妨碍其他人迎难而上。早在17世纪的时候，便有葡萄牙人带着一群黑人和印第安人进入亚马逊丛林。进去没多久，这支队伍中便不断有人生病，还遭到了野兽的袭击。数年过去了，快要坚持不下去的时候，他们突然透过密林发现了一片大草原和一座熠熠生辉的金山。金山的旁边则是一座古老的城堡。幸存者们发现了这里，回去之后写成了报告。这份报告至今珍藏在巴西里约热内卢的图书馆里。这是他们历经数十年艰辛的证明和成果。

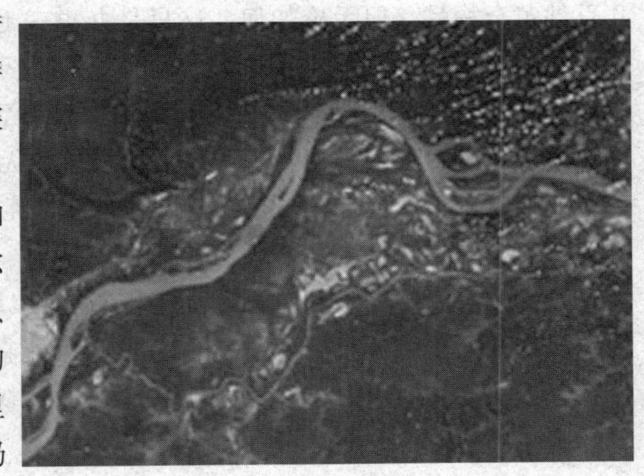

亚马逊黄金湖

到后来，人类的保护措施得到了加强，一位叫作凯萨特的西班牙人率领一队队伍深入密林之中，仔细搜寻之后，终于发现了传说中的黄金城和黄金湖。它们位于康迪那玛尔加平原。但是，这支探险队只找到了价值大约300万美元的翡翠宝石，虽然据估计，那里蕴藏的财宝无以计数，但是仍旧只挖得冰山一角。并且为了这冰山一角，探险队付出了

550 条生命的代价。

（3）的的喀喀湖

的的喀喀湖处在玻利维亚与秘鲁交界处，因而海拔惊人，高达 3 812 米，是世界上海拔最高的可以通航的淡水湖泊。传说中，的的喀喀湖是印加人崇拜的太阳神和月亮神的儿子。这位王子下凡到人间来是为了创造印加帝国的辉煌。的的喀喀湖畔周围蕴藏着丰富的金矿。很久以前，印第安人就在的的喀喀湖畔繁衍生息。因此印第安人把的的喀喀湖当作母亲一样看待。他们称呼它为“丘基亚博”，在印第安语中意味“聚宝盆”。印加人很早就开始开采湖畔周围的金矿了，并将其制成多种多样、辉煌璀璨的黄金装饰品。

公元 1533 年 12 月皮萨罗带人入侵之后，没有放弃寻找湖畔的财宝。他率领军队占领了整个地区之后，大肆屠杀当地的印第安人，并疯狂寻找当地的金银财宝。但是直至过了好几个世纪，这笔财宝都没有被人找到。

可见，这一笔数目可观的宝藏依然埋在地下未被发现，但有人这样推测：当年的印加宝藏连同历代印加帝后的木乃伊一起，被忠诚的印加人一路带到的的喀喀湖畔，之后，他们毅然乘坐芦苇筏子划到湖心，经过一番祷告之后，一件件的无价金宝被无情沉入湖中。他们心中明白，与其让这些金宝落到西班牙人的手里，还不如就此长眠于斯。

（4）湖中巨宝

还有一种说法是沉入湖底。不过这个湖并不是的的喀喀湖，而是瓜达维达湖。在过去的 400 年里，无数欧洲寻宝者梦想将其打捞出水，在侵略行动过去不久的第一次打捞中，西班牙人组织的寻宝队成功在较浅的湖底打捞出几百件黄金物品。但无论如何，这只是九牛一毛。1911 年的时候，一家英国公司在印加遗址上挖掘地道，抽干湖水。但由于泥浆与阳光的相互作用，很快被挖开的遗址就被泥砖封住，等到钻探设备到来之时，地道早被堵住，湖水又再次充满，英国公司除了资金亏损之外一无所获。而在 1974 年开始，哥伦比亚政府宣布派兵保护瓜达维达湖，自此，无人再敢觊觎这批深埋的宝藏。

（5）常冒陵寝宝藏

秘鲁政府近年表示要对古印加王国首都废墟的地下国王陵墓加以严格保护，严禁外人接触，只有两位秘鲁考古专家能在此地实施考察探掘，到底是什么，让秘鲁甘愿以一国之力保护一个小小的陵墓，在此墓底下，到底隐藏着什么呢？

16 世纪下半叶，一位西班牙的商人，在探险行动中来到了这里，他的名字叫古特尼茨。在一位印第安部落首领的带领下，他来到了这座迷宫无数的地下王陵。只一眼，他就被惊得不知所措：金光闪闪的珠宝、镶着翡翠眼睛并用黄金铸成的鱼、各式各样的奇珍异宝……但带领他进来的首领很淡定，首领肯定地告诉他，只要他协助建设当地的公共工程，这些身外之物全部都是他的。古特尼茨哪会犹豫？他拼命点头。于是，他如愿以偿地成为了一个巨富，衣锦还乡，回到了西班牙。但他究竟得到了多少黄金恐怕会是个永远的未知数了，不过根据西班牙公元1576年的税收记录，古特尼茨不仅向西班牙国王密报了这处宝藏，而且上交了900磅黄金作为税金，由此可见一斑。然而，自他之后，无数探宝者都没有什么收获，但是，总会有各种宝藏传说，有人说在那片王陵下还有更多的黄金陪葬品。此说虽不知真假，终究为探险者提供了一个心理安慰，也为这片王陵罩上了一层迷雾。

宝藏，总能撩起贪婪者的兴趣。然而，古印加的文明在世界文明进程里好似一株参天大树，它的神秘与内涵，又怎是贪婪而浅薄之人所能猜透的呢？只不过无谓赔上生命与时间罢了。黄金宝藏，也许永远都只存在于传说中。

### 木乃伊之谜

人类文明兴衰涨落，隐藏着不变的历史定律。而历史总是会不断地重演，不得不说是一种必然。

古印加的木乃伊之谜起源自2000年。这一年，一座大型地下公墓在秘鲁首都利马附近的一个穷人区被发现，2200余具木乃伊从中出土，考古学家认定这批木乃伊属于古印加帝国。而更令人激动的是，根据墓葬的规模推测，最终出土的木乃伊将有10 000具之多！古印加帝国是南美洲的印第安人建立的，它立国于公元1438年，经过了百余年的繁华，于公元1533年被西班牙军队所征服。在全盛时期，它的版图包括现在的秘鲁全国，北至厄瓜多尔，西沿太平洋海岸，东达玻利维亚全境，南到智利北部和阿根廷的西北部，以现在秘鲁的库斯科为中心创造了辉煌的文明。但由于没有文字记载，又突然地消失，使它成为了人类历史上最神秘的古文明之一。

解开木乃伊之谜，犹如打开通往印加的大门——太阳门。这个古印加时期的庞然大物由重达百吨以上的整块巨石雕琢而成，高3.048米，宽3.962米。门两侧画着48幅方形图案，分列三排，簇拥着上方一个会飞的神。门上镂刻的许多象形文字被考古学家认为是一种天文历。按照这种历法，一年只有290天，一年的12个月中，有10个月只有24天，其余两个月为25天。一直到今天，也没人弄清楚这种历法是怎么运行的。秘鲁西南部著名的纳斯卡谷地上，有许多由深度为0.9米，宽15厘米至数米不等的人工沟组成的巨大图画。这些画一般都有几百平方米大，按现代二方连续画法进行（每隔一定距离就重复出现画面）。画的内容错综复杂，动物、植物、人物一应俱全。根据航天飞机拍下的图片，只有从300米以上的高空才能看清这些巨画的全貌。没有掌握飞行技术的古印加人是如何绘制这些巨画的？他们绘制这种只能在天上欣赏的画给谁看呢？目的又是什么呢？真让人难以捉摸。难道真的像有些人猜测的那样，这些人工沟是天外来客光临地球时起降用的跑道吗？

印加帝国的发祥地在的的喀喀湖畔，这里虽然是海拔4 000多米的高原，但水量丰富、阳光充足，是农业立国的最好地方。在被西班牙侵略者打扰之前，古印加人都一直快乐地生活着。直到400多年前，西班牙侵略者皮萨罗诱杀了印加皇帝阿达瓦尔巴，接着马不停蹄，率兵直奔印加首都库斯科，带着黄金滚滚的美梦。但谁知，在他们到达首都的时候，整个城堡里空无一人，宫殿、神庙中的宝藏都消失得无影无踪。这个几近鬼故事情节的事件彻底让后世的史学家瞠目。要知道，当时印加人口近千万，有精兵7万，何以皇帝初亡，就敌不过西班牙区区180人？如果是瘟疫作怪，何以西班牙人什么伤亡都没有？就算印加人屈服于瘟疫了，但近千万的人口，怎么会瞬间无影无踪，消灭殆尽？

因为神秘的印加帝国给后人留下了太多不解之谜，所以人们对此次的考古发现才寄予特别的厚望。这次出土的木乃伊不仅数量巨大，而且形式非常罕见：2 000多具木乃伊都是被成捆埋葬的，每捆有几具木乃伊，成人也都像胎儿一样蜷缩着，最多的一捆有7具木乃伊，重达几百公斤。在每捆木乃伊的顶端，以一个用棉花填充的假头作为公共的头。而在这之前，考古发现的不过区区一个印加人的木乃伊假头。最为难得的是，这次出土的木乃伊中，有各种各样的印加人，男女老少，穷富均有。为研究古印加社会风俗、行政制度等提供了重要资料。

在这许多木乃伊中，最令人惊心动魄的，无疑是儿童木乃伊。它们大多被发现于秘鲁地区——当初印加帝国的中心。五个世纪以前，数不清的印加儿童把自己的宝贵生命交给神明。古印加儿童在被献祭给神灵之前都会进行很长一段时间的优待，让他们在祭祀前养得足够白胖。因为印加周围群山环绕，而他们把周围的山峰奉为神明，所以向神明献礼是理所当然的事情。宾厄姆顿大学人类学家托马斯·毕森博士描写过，古印加人们普遍的心态是：“如果你愿意向信仰的神献上祭品，神就一定会给予你回报，让你心想事成。印加人最大的希望就是雨水充沛，农作物茁壮生长，同时还希望六畜兴旺。”而对于当时的印加人来说，他们能献出的最珍贵的祭品就是孩子。孩子是帝国的未来。当然送给神灵的一定要是最好的，只有容貌俊美、血统纯正的孩子才有资格成为祭品。托马斯·毕森博士援引历史资料说：“如果孩子被选中，父母会感到荣幸。当地贵族甚至自愿献出自己的孩子。”古印加人对于神灵的敬仰，由此可见一斑。

至于献祭的方式，托马斯·毕森博士推测了这些孩子的死亡：他们有的头部被敲打致伤从而致死、有的被割开咽喉而死、有的则是被活埋了。不得不说这是一种极其残忍而且野蛮的祭祀方式。而且就今天的科学来看，这些祭祀完全是没有必要的，这样做唯一的益处是让古印加人有了几分心理安慰而已。作为民族文化的糟粕，实在是让人触目惊心。这些印加儿童木乃伊让人们了解到，一个强大的帝国曾经付出了怎样的代价去安抚无谓的神明。这些可怜的孩子生时被野蛮地献给了所谓的神明，死后500年，为打开人类历史的一个谜题，他们还用自己的不灭躯体做出了自己的奉献。

木乃伊总会给人一种恐惧的感觉，比如金字塔中沉睡的古埃及法老木乃伊，直到今天都被认为有某种诅咒，任何接触到的人都会不明不白地死于非命。然而对于这群无助的孩子木乃伊，让人感受到的不是恐惧，也没有什么诅咒，而是深切的悲伤与怜惜，他们也曾是鲜活的生命，却由于这样的无谓理由，被无端剥夺了生命，他们可曾被问过自己的意愿？当他们的喉咙被割开，当他们看着自己的鲜血汩汩流出，当他们被厚厚的裹尸布紧紧包在其中，感受着自己意识渐渐得模糊，他们那种无助、不甘、委屈、愤怒又有谁能体会？

这些用于祭祀的儿童是如何一点点死亡的？考古学家认为从被送到尤耶亚科火山山峰到死亡，这些儿童大概要经过4个月的时间，这样推测的佐证是在儿童木乃伊头发中发现的玉米酒及古柯叶的残片，这被认为正是儿童在被送往山峰期间所吃的食物。布拉德福大学考古学家蒂莫西·泰勒说，“我认为用于祭祀的儿童在送至山峰神殿需要一年时间，期间当地居民还会举行各种礼拜祭祀活动。同时为了保证儿童能够屈服，通常会对儿童服用某些药物。”她还强调说，在类似于这样的祭祀活动中，被用于祭祀的儿童，完全不会受到任何怜悯，人们对于他们的死亡是持着狂热的支持态度的，而且，他们死亡的方式，是否残酷或有悖人伦，是完全被无视的。也就是说，他们的死亡，完全是不可避免的痛苦折磨。

这个时期大概是500年前，当时印加人的统治范围也仅仅是安第斯山脉的几个小部落。这个被送到尤耶亚科火山山峰因此被命名为“尤耶亚科男孩”的7岁男孩在据推测死亡之前应该是遭受了残忍的折磨，因为他的衣服上都是自己呕吐和腹泻的脏物，考古学家发现，他在死亡前曾服用了一种叫作“胭脂树”的用来引发幻觉的药物。然而，结束他生命的并不是这些药物，研究人员发现他的身体被厚厚的布条捆得十分结实。而且尸体报告显示他的肋骨折断、骨盆脱臼，由此可以断定他是窒息而死的。

现在的我们也无法得知更无法感受当初的孩子们在意识模糊即将赴死的那一刻有过的心情。但是可以想见也可以确定的是，他们必定是孤独而惶恐的。在古印加人的一贯信仰里，死亡之后飞往天堂是能够见到太阳神的，从此常伴左右。是以能够求得解脱，但是，舍弃生命，去往一个不可感知的世界，而且还要忍受如此的痛苦与折磨，对于常人来说尚且不可想象，并且畏惧万分，更勿论那些什么都不懂，连世界的美好都未曾感知的孩子呢，他们生来就注定了有着悲剧的命运，有谁能够体会他们的感受？

世界上每一种文明中，都必定会有糟粕。信仰虽说是好的，但是由于这种信仰和崇拜而产生了偏执与反人性的糟粕，必定要遭到后世人的唾弃。可叹千万古印加人，竟然没有一个能够意识到自己不理智的信仰与极端可笑可悲的行为，这不得不说是一个民族的悲哀。鲁迅先生说，所谓悲剧，是将有价值的东西毁灭给人看。这些孩子们的生命是再也无法挽回了，这种悲剧启示了我们什么呢？

## 销声匿迹——马丘比丘

人类文明兴衰涨落，隐藏着不变的历史定律。而历史总是会不断地重演，不得不说是一种必然。

西班牙侵略头目皮萨罗在诱杀印加国王后，率领 180 名士兵奔赴印加首都库斯科，企图搜寻到更多的黄金，然而诡异的是，在这个疆域辽阔、子民逾千万的帝国首都中，无论是宫殿、神庙，或者是普通民居中，所有地方都空无一人，连被称为“太阳神的尼姑庵”中极具盛名的百位美女都不知芳踪了，整个库斯科城仿佛瞬间成为了一座死城。偌大一个古印加帝国，何以眨眼之间就消失不见？这个帝国的子民、财富何去何踪？这个问题至今仍困扰着历史学家们。

然而，通过现今掌握的许多印加帝国遗迹推测，印加人的确遗弃了自己的首都，转而在贫瘠的山地中再建起了帝国。当然和当年的繁华帝国不可同日而语。而在马丘比丘，考古学家发现了一处洞穴，两边石块雕凿极为工整，人们推测其很可能是一处陵墓。此洞穴上是一座半圆形建筑物，外墙顺着岩石的天然形势建造，巨石极为契合，墙则是用纹理极为精细的纯白花岗岩方石砌成的，匠心独具，很有艺术价值。而在这处陵墓中发现的骨骸，大多数都是女性，其中陪葬的贵重明器也说明这些女子并非常人。那么是不是有这样一种可能：当年远近闻名的“太阳神的尼姑庵”中的百位美女被移居此处，继续为古印加帝国祈祷，以致死后被厚葬此处？

印加人民没有发明文字来记载历史，所以遗留下来的谜题更加神秘。而后又有一些学者根据印加人的“记录”，大胆推测当时的印加帝国虽然文明程度很高，但是却举国倒在了瘟疫脚下。然而，就算是瘟疫，当时的西班牙侵略者岂有不染上之理？就算是印加人认命了，在同瘟疫的斗争中丧失信念从而垂首等死，但是多达1 100万的人口，怎么会在短瞬之间消灭殆尽？

古印加的谜团，疑点颇多，也替古代印加帝国的迅速灭亡渲染上了一层神秘的色彩。有没有这样的可能：在西班牙人入侵印加帝国时，另一位国王瓦斯卡尔率领着数以百万的印加人躲入了贫瘠的安地斯山中，为了恢复之前强大的印加势力，他们摈除万难，用信念与勇气在广袤的山峰上建造了用以栖身的居所。于是，各种建筑物在丛林之中重新耸立起来。而当他们准备充足，图谋重振雄风的时候，瘟疫不合时宜地到来，给此时的印加人以沉重的打击，于是式微的印加人再也无法抖擞精神，只得屈服于此，继续在丛林中逗留。然后为了避免异族的猜忌引起战争，他们只得销毁高度的文明，之后再重新恢复最简单的部落生存，形成今日的印第安人呢？

依照现如今的探索发现，古印加帝国最负盛名的遗址当属建在马丘峰和华伊纳峰之间的马丘比丘。而记载中的首都库斯科城则因西班牙殖民时期的破坏，只余留了一些废墟，但是让这座城市著名的则是城中的一块“十二角石”，被称为“哈图姆鲁米约克”，人们推测它是印加历法计算工具的一种。

直到今天，马丘比丘仍然是探寻远古印加文明最好的地方。但是，这座山上城市也让现代人无比迷惑。

这件事要从西班牙殖民者说起。自西班牙人入侵后，印加王朝的古怪消失一直困扰着侵略者，各种流言甚嚣尘上，最为主流的一种说法是：幸存者们穿过秘密的山道，逃到一座建筑在安第斯山中的神秘古城中去了。

由于之前的收获并不能满足西班牙侵略者，而且人的贪欲是无限的。为了掠夺更多的财富，西班牙殖民者不断地在安第斯山脉的群山中搜寻这座神秘的古城。但是，他们始终无法找到任何踪迹。在之后的300多年，各种探险家们踏遍了库斯科周围群山的每一寸土地，寻找这个神秘的印加古城，但是都一无所获。于是，此时有人说，根本就没有什么神秘的古城，古城之说只是人们捏造出来的。

在1911年6月，美国耶鲁大学年轻教师兼探险家海勒姆·宾厄姆，在对古印加文明的痴迷带领下，带着两位朋友和几名当地印第安人，从乌鲁巴姆巴河峡谷开始寻找传说中的印加古城，途中，他们细心地询问当地居民有关事项，一路长途跋涉，屡屡遭到失望和环境的打击，然而他们始终坚持。最终，他们的执着没有白费，一个多月后，他们终于在库斯科西北乌鲁巴姆巴河的两个山峰之间找到了已经隐没400多年之久的印加古城。由于无从知晓古城的名称，他们只得借用附近的一座山名，称呼它为“马丘比丘“。此后，随着探寻的进一步进行，这座古城的神秘面纱逐步被揭开了，古老的印加古城开始向现代社会诉说帝国曾经的繁盛。在此，人们可以从余下的残垣断壁窥见当初印加时期，这座雄伟古城的壮观风貌。

这座古城距离印加帝国都城库斯科大约有 122 公里左右，建在距乌鲁巴姆巴河面 2 400 米高的山脊上，整座城市大约有 9 万平方米。狭窄的街道却整齐有序。这些建筑物都用浅色的花岗石砌成，每一块石头都重逾千斤。在一座神殿的祭坛上，人们可以看见一座华丽的祭台，它是以上百吨的花岗岩筑成的。这些岩石不用灰浆或水泥，大小齐整无比，连一个刀片都插不进去，着实叫人惊叹。沿着山坡还有不少石砌房屋。建筑物之间都以石阶相连。有一座堡垒遗迹的石阶竟多达 1 000 多级！如此宏伟的工程几可与世界几大奇观相较。据不完全统计，仅城里石屋就足以住下 2 000 人以上。城后山坡上有百级完整无缺的梯田，还有用碎石块修筑的水沟。这在当时无疑是能够容纳多人且可让人们自给自足的中型城市，况且像这样完全由石头砌成，连水沟下的泥土都必须从山下挑运上来的古代建筑，真是让人油然生出敬意。无怪乎智利著名诗人聂鲁达在他的长诗《马丘比丘之巅》中写道：“我看见石砌的古老建筑物镶嵌在青翠的安第斯高峰之间。激流自风雨侵蚀了几百年的城堡奔腾下泄……”

探险家宾厄姆

在被埋没了好几个世纪以后，这座神秘的印加古城终于重回世间，如今它已成为世界闻名的旅游考古胜地。世界各国的旅游者慕名而来。这里每年接待的游客达 50 万之多，从印加古都库斯科到马丘比丘有一条高山铁路，是专门为旅游者修建的。全长只有几十公里，一路上盘山过洞，曲折蜿蜒，窗外的风景也是险象跌生而又美不胜收。有人甚至把它称之为“空中城堡”，并将之视作是世界七大古迹之一，以填补古代巴比伦“空中花园”之缺。联合国教科文组织已经宣布古城马丘比丘为世界文化遗产。

古城马丘比丘坐落在老年峰和青年峰中间嶙峋的山脊上，四周被崇山峻岭层层包裹。这里荒无人烟，而印加人却建起了他们的城市。马丘比丘从远处看起来，似乎随时都有可能从狭窄的山脊上滑落至万丈深渊的危险。令人不解的是古代印加人如何在绝顶上建造城市。且几百年来都与世隔绝，没有被西班牙殖民者发现，因此也免遭蹂躏。当初美国人宾厄姆偶然发现马丘比丘时，几个世纪以来的树林灌木、苔藓藤蔓已经掩盖遮蔽了它，只能隐约看到些残留的痕迹。今天，虽然已经清除了杂草藤曼，但若想瞻仰古城的全景，仍需极有耐心地等待着山中云雾散尽，因为这些古城被笼罩其中。这也就是马丘比丘被称为“云雾中的城市”的原因。正因为等待很漫长，当云雾散尽，那层神秘的白色面纱也最终消失，马丘比丘更像是上天额外赏赐给人类的礼物。

整个城市依山傍水，配合着其坐落的陡峭嶙峋的地形，宏伟的石垒建筑坐落在崇山峻岭之巅，有的傍坡而建、有的建造在其顶上，高低相向，错落有致，极富层次感。向上看，周围是比之更高的山峰，直冲云天；往下看，下面是万丈深渊。蜿蜒曲折的乌鲁班巴河穿过茂密的丛林和植物群，飞湍而下，遍布在其周围的峭壁之上。淡淡的紫色更给它增加了一层神秘朦胧的感觉。

马丘比丘总能让你心生敬畏，不管你使用什么方式到达那里。

城中的建筑富有宗教色彩。神庙磨制光滑、对缝严整，且都装上了三扇窗，缝与缝之间没有任何承接物，即使是最锋利的刀片也插不进去。墙上的每一块石头都被巧妙地连接起来，就像是在玩拼图一样，这些都不同于其他的印加遗址。伫立在城中宽广的“神圣广场”中央的是一座巨大的日晷，马丘比丘人用它来测量确定每天的时刻。还有著名的太阳神庙和“拴日石”在古城的另外一头，印加人希望用拴日石永远留住他们心中至高无上的太阳神，因为它是一切生命的起源和一切希望的源泉。

马丘比丘人还在城堡对面的山峦上开辟出一层层梯田，并在每一层开凿了引水渠，引来雪水浇灌农田。

现代的考古学者推断，马丘比丘并非一座普通城市，而应该是一个活动中心，在这里举行各种宗教祭祀典礼。平时有一些人居住在这里并看管，打扫寺庙和祭坛，大部分人只能在宗教节日才能到这里来。考古学家发现在城中的头骨中，绝大多数是女人的头骨。他们由此推测这些头骨都是为了敬献给太阳神的“太阳神的处女”。在城中最著名的是“拴日石”，它是一块奇异的巨石，被精心雕刻过，据说为了祈祷太阳重新回来，在印加人每年冬至的太阳节时他们会象征性地把太阳拴在巨石上。印加人认为太阳神是他们最重要的神灵，所以他们非常崇拜太阳。印加王都自称为“太阳之子”。可是究竟为什么这些太阳的子民遗弃了他们的拴日石？这也不得而知。

马丘比丘人为何会舍弃如此美丽而逍遥的空中之城，毫无留恋之情，亦没有任何解释呢？很多人猜测也许是因为西班牙征服者的原因。可是，根据历史记载，当年西班牙侵略者的铁蹄并未能够踏到这里，而且，据考古学家在研究中发现，早在西班牙人征服印加帝国之前的公元 1533 年，马丘比丘人就已经离开了这座美丽逍遥的空中之城！倘若真的是由于西班牙人的入侵，以印加帝国的雄厚强大的军事实力，骁勇善战的印加人，难道不敢和 100 多人的西班牙入侵者做殊死一战？这也不符常理。

每一种怀疑都没有任何痕迹能够解释，难道是天灾、部落战争亦或是奴隶反抗？今天的考古学家在绵延的安第斯山脉中，陆续发掘到许多印加帝国的遗迹，证明印加人确实是抛弃了他们美丽的家园，在荒芜的山地中再建他们理想的国度。印加人为什么要在如此之高的地方建这样的一座城市？他们为什么又弃之而去？这种种谜团还有待人们解开。

这一切都只是现代人的推测，为什么这座古城会被人遗忘了三百年，还有如此多的秘密不为人知？这些都是印加人留给世界的神秘问卷。我们为什么不能忽视这些现代人一直关心的问题？我们可以仅仅把马丘比丘看成是高山之巅、是云雾之中的一个神话故事，它时隐时现，只讲述给真心想要倾听的人。

当宾厄姆向世界公布自己发现了“消失的印加城市”之后，这个消息就像是一枚重磅炸弹，在全世界引起了很大反响，尤其是在世界历史学界，让宾海姆变得非常有名，也让他得到了很多资金赞助。世界各地的人们立即对这个神秘的古国充满了兴趣，开始了不断的研究和拜访。之后的几年时间里，从秘鲁运出了大量的瓷器、生物骸骨和岩石。一方面，印加古城得到了清理；另一方面它也遭遇了劫掠，数不胜数的金银财宝和稀有的艺术品都这样无缘无故地消失了。

现在，马丘比丘已是秘鲁的摇钱树。遗址被发现后，不到半个世纪的时间里，几乎每天都有成千的游客且每年有50万游客慕名而来。马丘比丘的山脚下已经出现了观光的旅游巴士，而且有人正准备在马丘比丘修建观光索道，在其附近修建六层高的五星酒店。秘鲁穷困的当地人表示，即使有再多的游客，他们也能应付。马丘比丘的英文MachuPicchu被很多在山脚下摆摊卖秘鲁手工艺品的小贩和一些当地的导游改写成西班牙语“muchodinero”，意即更多的美元。

大量排放的汽车尾气，周边城镇的不断扩张，以及数量失控的游客蜂拥而至，这些过度的商业开发导致马丘比丘被推进了两难的境地。这使古城遗址地表的裂痕不断增多，出现毁灭性山体滑坡的威胁。尽管秘鲁政府曾经耗资7 000万英镑紧急拯救古城，但这些措施对日益加剧的隐患来讲仍然是杯水车薪。也许宾厄姆并没有发现，他的探究让被遗忘三百多年的印加古城复苏了，他也给予了它更多的艳羡与赞美，与此同时，他也唤起了更多人对这个昔日繁盛的帝国的狂热爱好。大约在百年前，宾厄姆将马丘比丘重新展示在我们眼前，而今天，谁也不知道这古老的“消逝之城”是否将再次消失。

## 奇　谱

现有的资料表明，古老的印加人没有创造出文字，但创造了独特的记事方法——结绳记事，这在当时被称为“奇谱”。它在一根横着的粗绳上垂直系着很多细绳，有的多达100多根，在这些细绳上不同距离的地方都打着一个个结，用结头的形状和数量来表示的数目，距离主绳最远处的结表示个位数，前面一个结是十位数，然后是百位数和千位数，越接近主绳表示数目越大。有的研究者推测，这些奇谱表示的数目最大不超过10 000，也就是印加人所知道的最大的数字是万。因为印加人还不知晓零的概念，所以在结绳记事时还没有显示出零。结绳的不同颜色表示着不同的事物，如褐色代表的是马铃薯、白色代表的是银、黄色代表的是金、红色代表的是士兵、黑色代表的是时间，或者说经过了多少个夜晚。这种结绳记事的主要目的是记录征收的捐税并对其进行统计，还记录重大事件和重要的日期，等等。如今已发现了不少的记事的绳，其中最长的是1981年在秘鲁利马省拉帕斯村发现的一条有250米长的绳。大多数用羊驼毛或驼马毛编结成这种记事的绳子。也许可以这样认为，印加人虽然没有创造文字，但却是以结绳来代替文字的。

神秘的绳结是用棉线、骆驼或羊驼毛线制成的，被印加人称为奇谱。奇谱是由一根主绳上串着成千根的副绳组成。一般主绳的直径为0.5–0.7厘米，上面系着很多比之稍细的副绳，一般都超过100条，有时甚至多达2 000条。每根副绳上都结有一串绳结，多得让人眼花缭乱，副绳上又吊着第二层或第三层甚至更多的绳索，编织方法有点像古代中国人用于防雨的蓑衣。在目前所发现的700个左右奇谱中，大多数都是公元前1400年—1500年打的结。但是，其中还有一部分只有1000年左右的历史。

科学家一直以来都不承认奇谱是一种书面文件，而坚持称这些绳子是一种保存记忆的装置，也就是一种个人化的记忆辅助工具，最多算是一种纺织品算盘，而没有任何统一的意义。然而，随着深入的研究和考察，一些研究学者越来越倾向于相信这个结论是正确的。

哈佛大学的考古学家格里·乌尔顿及其同事、数学家兼编织专家凯利·布热利通过电脑对这些绳索的各种特征进行细心且长期的分析和研究，结果表明了奇谱代表的数字记录方式，并成功破译了第一个印加文字，也就是印加的宫殿所在地：普鲁楚柯城。此发现发表在《科学》杂志上。

奇谱是一种与众不同的三维立体的书写体系，科学家们为每一块“奇谱”都创建了相应的数据库，详细记录了它们的各种情况：绳索的大小、长度与颜色，垂挂的穗的数量，绳结数目，每股绳的旋转方向与次数、年代等，第一次系统地对奇谱进行了分解与分析。他试图利用数据分析的方法找到某些规律。

在如今发现的700个左右奇谱中，科学家列出了一个目录，其中共收录有300件奇谱。当他们在这个数据库中搜寻在1956年印加重要的政治中心普鲁楚柯发现的21个奇谱绳结的共同点时，发现了令人诧异的结果，其中有一个至关重要的数学联系，结合某些奇谱的副绳上的绳结，正好符合另一个更为复杂难懂的奇谱上的数字。这说明，奇谱曾被用来记录这个宽度达5 500公里的帝国的信息。

乌尔顿表示，通常奇谱代表的数字有三种方式：8字结代表1；长结依据其扭转的次数依次代表数字2～9；单结代表10，100和1000，等等。0结当然就容易了，根本无须打结，只在绳索上留一空段绳子就行。单根绳子代表几个数字，可能是代表小计或总和。如果一根绳子从上到下有一个4个单结串，再有一个5个单结串，还有一个扭了两圈的长结，这样的绳子将表示数字452。

下级将账目总和汇报给每一个当地的会计师，他们将之通过绳结的模式表现在奇谱上，并把这些数据总结在一根主绳上，然后一层一层地往上递。这种方式也许曾被用在国家最重要的信息，包括农作物的收成、国库的收支账目以及其他与人口、财政和军事相关的数据记录上。经过更深层的探索与研究，他们还成功破译了第一个用“奇谱”记载的印加文字。他们认为既然不同的奇谱代表从不同区域收集到的数据，那么，一个单一的绳结位于其他结之上也许就代表某一个单词，表示的是这个地方本身或其财政数据。其中，一种绳结的组合模式也许代表的就是印加的宫殿所在地——普鲁楚柯城，这很可能是从印加的奇谱上认出的第一个文字。

乌尔顿在先前的研究中发现，在陵墓中发现的奇谱还曾被当作日历用过。他表示，这一发现有利于知晓那些绳子中所包含的文字信息。在24个位置上吊着730根绳子，它们代表着两年中的月份和日子。乌尔顿说：“可以充分认定‘奇谱’是印加人的三维书写体系。若它们仅仅是为了帮助主人记住数字，是不需要那么复杂难懂的。”乌尔顿说，奇谱这一三维书写体系应包括需要的材料（棉线或毛线）、绳索缠绕的方向和绳结的方向（向前或向后）等。印加的统治者利用奇谱记录，依靠宽阔的道路系统和政府体制就可将食物、人力和资源从安第斯山脉的首都库斯科运送到许多的下级城市。

印加人的“奇谱”属于“会意文字”中的一种。书写、绘制或者雕刻在平面上的图片或文字是我们至今所知道的所有用于日常交流的文字体系，而奇谱与它们迥然不同，奇谱是由三维立体的绳结组成的。假设乌尔顿他们是正确的，那么奇谱将是这个世界上唯一一种三维立体的“文字”。此外，它还可能是少数几种“会意文字”中的一种。会意文字中的字就像玛雅文字和中文一样，如同数字或者舞蹈符号，表示意思，而不像英文一样表示读音。尽管对我们来说，使用结绳进行交流不太习惯，但是在安第斯文化中这种风俗习惯早已根深蒂固。在他们的文化中，纺织品从形式统一的包和束腰外套，到弹弓投掷的炮弹甚至吊桥，都是“人们用来交流各种信息和制造工具”的方式。

乌尔顿说，对于了解更多关于在16世纪统治当时地球上最大的、至今还是谜一样的印加帝国来说，破译奇谱密码可能是一个“知晓秘密的巨大潜在资源”。但目前还没有其他更有说服性的证据去证明“奇谱”的文字功能，这一点非常遗憾。乌尔顿还说，深入探索分析奇谱将有助于揭秘它的生活细节，通过奇谱，他们希望能告知科学家这是不是骆驼、劳工或其他供品。不过，要破译印加人在“奇谱”中蕴藏的信息，需要付出很大的努力，几乎要类似解读古埃及象形文字那样。

印加人还发明了一种称作“基尔卡”图画的符号，它的形式千姿百态，其中的一种是在奇异的石头上刻画着一排排四边形，类似堡垒的形状。有人研究表明，这是一种用来统计与计算的符号。还有一种也许是历史上的图画符号，有的画在布板上、有的画在编织物上。西班牙殖民者是最早入侵印加帝国的，他们曾在库斯科太阳神庙附近的一所房子中发现镶着金框的布板，那上面印有印加人的传说以及历史事件的图画，其中有印加统治者的图像，在其周围有关于神话传说的符号。可恶的殖民者抢走了金框，把这些宝贵的图画付之一炬，很遗憾的是这些图画符号没有被保存下来。

印加国家有一种人，被称为“基普尔马约克”，他们是专门负责管理且运用奇谱和基尔卡的官员。这些人负责管理税收和负责统计人口的工作，其中也有钦差大臣，他们经常陪同国王到各地去视察，他们中还有不少在宫廷中担任会计和秘书。他们都担任着搜集画有表示发生过重大事件的图画符号“基尔卡”，并将之保存完好的特殊任务。印加帝国历史上的重大事件就以这种方法一代一代地流传下来。16世纪，西班牙殖民者们侵略印加帝国后，这些被称为“基普卡约克”的文书官员的最后使命就是：依靠奇谱和基尔卡的记载，大概回忆了印加帝国的历史传说。最终，他们完成了这个使命。人们用文字记载下这些传说，然后保存了下来，因此后人才知道印加帝国的历史情况和社会现实。

印加帝国是一个幅员辽阔的多民族国家。那里的方言晦涩难懂，给人民之间的交流造成诸多障碍。因此，国家规定以克丘亚语为标准话，且在全国范围内推广。中国的《职方外记》成书于明代天启三年（1623年），其中曾介绍过秘鲁的概况，书中写道：“其土音各种不同，有一正音，可通万里之外。凡天下方言，过千里必须传译。其正音能达万里之外，唯中国与孛露而已。”（孛露即为秘鲁）除了奇谱和基尔卡，印加人也发明了葵布，作为新的替代品。葵布由染成多种颜色的打结的棉制或羊毛制绳子组成，有时多达几百股各种长度的绳子的长度。葵布这一名称来自于快赤瓦语，意思是“结”。葵布出现于帝国时代之前，不过在印加人手中，葵布则成了帝国统治的理想工具。它将官方所需要的各种统计数据编码，如从某个月份哪个提供劳役的男性劳力甚至到国内每个粮仓存储的谷物，葵布包罗万象，无所不能。印加人利用葵布能够进行人口及财产的普查，据一位西班牙年代史编者所说，“葵布统治着整个帝国”。时至今日，安第斯地区的农民还使用原始的葵布记录着动物和粮食的数量。在20世纪初期，美国纽约自然历史博物馆的考古学家L里兰德·洛克破解出了印加人利用绳子记录数据的秘密。他的研究表明，印加人对包括零在内的重要数学概念有着诸多理解。尽管洛克的研究效果卓著，但是除了作为一种数字的记录，葵布作为用途广泛、意义微妙的表达形式，还需要更多的探究。

现存的葵布一共有四百个，美国人种历史学家玛西亚和罗伯特·阿舍不辞劳苦地对其中的一半进行了研究。阿舍夫妇如同其他学者一样，认为结的颜色、位置甚至其本身都很可能代表着概念、事物及语言模式，比如说不仅仅是数字，还可能是一些词组或一系列词组的重复，等等。加西拉索写道，在当地大家称葵布制作者为葵布“卡马约克斯”，意即葵布的保存者，“是会计，同时也是历史学家”。他还指出，人们用葵布来记录历史和文学。某地的人若想了解知晓其前辈的某些历史细节时，他们就可以去问那些官方记录员，因为那些人“为了牢记这些记录背后的口传，双手从不放下葵布，让绳结不停地从指间滑过”。对葵布的研究异常艰难，因为古代留下来的葵布数量不多。在16世纪晚期，西班牙教士将当时所能找到的葵布都当作魔鬼的作品，并将之付诸一炬。大部分从西班牙人的大火里幸存下来的葵布也腐烂在湿润的山区气候中了。墓穴中气候干燥，所以棉制、羊毛制的绳子很容易保存下来。海岸沙漠地区的盗墓者从中发现了葵布，阿舍等学者只有依靠它们进行研究。但是那并不是帝国的中心地带，而是一个偏远的角落，所以帝国中心的葵布也许蕴藏着更多信息，而那里的葵布很有可能并没有神秘的代表性。

每个葵布都是独一无二的，其制作者就是解释者，也许只有他们才能解释清楚主绳上系着的不同组合、长度和颜色的绳子的意义。而在1910年，洛克发现了所有葵布相同的特征的含义：结代表一种计数体系，它是以十为基础的十进位的，而结在绳子上的位置则表明它们的位数。比如说，一千七百零五个羊驼或者初生的婴儿或者一千七百零五穗玉米，将会这样记录：千的位置上打一个结，百的位置上打七个结，十的位置上没有打结，个的位置上打五个结。最后一位特例，供参考用的，个的位置从不超过一个，用八的形状代表一，从二到九每个数加一环。

葵布还有另外一个比较明显的特点，打结的绳子上还有一些小的绳子，这些绳子可能表示信息的子集，比如一定的纳税人中男人的数目。

葵布保存者在印加的官僚体制中起着螺丝钉的作用。在传达绳结所隐藏的三维信息时，他是会计、逻辑学家的同时，也必须是一个艺术家。的确，葵布保存者的地位与身份都非常高，甚至可以“被免除所有的税收和劳役”。因为在大多数情况下，只有创造葵布的人才能够诠释葵布，所以这没有什么好奇怪的。尽管一些迹象表明曾经有人试图将葵布标准化，但是结果都不了了之，只有制作者本人才能最好地诠释葵布。

在印加帝国视葵布的保存和解释为关乎生死的职业，据说若犯一次错误或出现一次疏忽就会被处死。葵布的保存者很容易徇私舞弊，因为他们掌握着数字，印加帝国的第九任国王帕察库提也注意到了这一点，因而他专门设立了一个专门监督葵布的保存者的工作检查机关。其实，印加帝国已经成为一座记忆库，帝国毫无人情地用数字形式记载每一位臣民的行为，安排他的工作，确认他的社会地位。从葵布到整个印加社会，其组织都非常严密，井然有序，每个人都有案可查。

尽管从专家的研究中我们可以了解一些葵布的秘密，但谁也没有破解它真正暗藏的玄机。我们知道的只是一些表象且具体的意义，印加人又是怎样用绳结表达那些深邃且抽象的意义的呢？难道他们仅仅用绳结来表达想法、交流感情吗？这太让人难以置信！这对我们来说，也是古老的印加留下的又一个不解之谜。

直到今天，虽然在西班牙乃至欧洲许多国家的历史教科书里都在说，“发现”了美洲新大陆的是西班牙，他们并给当地带去了文明、进步和福音。然而在南美的秘鲁的当地人会认为这是个天大的谎言，他们会愤愤不平地进行纠正，西班牙人带来的并不是文明和福音，而是屠杀、疾病、奴役和毁灭，而且，这些西班牙人甚至还摧毁了一个伟大的文明。

## 揭秘古印加

印加帝国拥有五百年的历史，除了强大的军事实力是其扩张的后盾，以及扎实的农业作为经济基础，能够称霸南美大陆这么时间的原因还有一个不为人知的秘密。

在公元 1533 年 11 月，弗朗西斯科·皮萨罗率领着他的军队以胜利者的姿态踏入印加帝国都城库斯科。这位狡猾的征服者率领着 180 名勇敢善战的西班牙士兵，伏击并且勒死了印加皇帝，这位辽阔南美大陆的最高权力者。而曾经当过猪倌的皮萨罗，面对让人艳羡的战利品，简直无法相信自己的眼睛，估计这比刘姥姥进大观园还要让人心潮澎湃。于是他迫不及待地与军士们同心协力一起从太阳神殿上撬下了各种装饰金板，他们毫无顾忌地一层层剥下印加君主们木乃伊上覆盖的金制面具和贵重饰品。木乃伊上的黄金是珍贵的，但是经过粗暴损毁之后的这一切几乎没有意义了。

但是，皮萨罗这伙人却忽视了一个部分，也可能是所有印加珍宝中最奇特的部分，即堪称古印加财富根源的稀有布料织物。皮萨罗及其所率的军队远渡重洋，来到这里，并不是为了织品，而是为了寻求闪闪发光的金银财宝——“黄金湖”和“翡翠山”。而后来相继接替皮萨罗，只瞄准印加黄金宝藏的长官们也一样没有注意到印加织物的珍贵。

大家都知道，印加人非常会织布，但在欧洲他们所生产出的布料从没有人听说过。有人说，印加的织布能手们可以用线制造出桥，用纤维织出屋顶，而非传说而是事实。羊驼与骆驼同属同一族，是当地一种体形比较小巧而修长的动物。印加人生产出的一种羊毛织物，是利用羊驼的毛织出的，非常柔滑而华贵，在当时的高原帝国里，它被视作最珍贵的宝物，只有极少的贵族和国王才有资格使用。而今天的秘鲁就是这片高原帝国的中心地带。而当时在安第斯山区，布料是人们物物交换的基础，就相当于货币，可见在当时的社会当中它是非常重要的。

在印加，皇帝们犒赏忠诚勇敢的王公贵族们时，也喜欢用织布巧匠们织出的丝质柔滑的布料。他们将手感柔滑的丝绸发放给军队，作为一种津贴。这象征着一种荣耀和权力。印加的军队在战争中被迫撤退时，他们故意焚毁印加的仓库，因为印加皇帝的织品仓库异常珍惜华贵，他们不想这珍贵的羊毛织品被人所掠夺。在西班牙人征服印加古国之后，非常的混乱，印加人随之渐渐消失，印加贵族们也曾经十分艳羡的丝质柔滑的织物也跟着一起消失了。与此同时，在偏远的安第斯山谷中，一些曾经因为纺织业而兴盛起来的村庄，陷进贫困之中长达 5 个世纪之长。似乎这种印加人传说中的神奇织物已经不复存在了，永远地沉入在历史的长河里了。似乎这古印加最后的秘密也就这样石沉大海了。

但是几年前，一位美国考古动物学家，名叫珍·惠勒，他在考察一些出土于埃尔·雅拉尔村干化的羊驼和美洲驼遗体，这些是从美洲大陆被发现之前所留下的，终于发现了印加人最后的秘密。令人难以置信的是，当时在埃尔·雅拉尔发现的一些动物遗体保存得十分完好，甚至它们的睫毛都完整无缺。后来惠勒用显微镜认真观察这些干化动物的皮毛样品时，她发现了更加让人诧异的地方，和如今秘鲁随处可见的羊驼身上所产出的毛相比，古老的羊驼的毛就像初生婴儿的头发一样柔软细腻。根据这个，惠勒做出推断，如果秘鲁人能够再一次培育出这些古老的羊驼品种来，那么它们所能产出的织品就可以和最优质的羊绒匹敌。而秘鲁人完全可以通过壮大这个新的产业，从现在的贫困状况下解脱出来。而这才是古印加立国的起源。

到了今天，距离再一次培育出这些上千年的动物品种，或是重新生产出与印加人所织的布料质量相差无几的织物，秘鲁还有数年的距离，但是在利马有一座重要的美洲羊驼 DNA 仓库，是由惠勒建立的。她不仅设计实验来探求美洲羊驼的神秘起源，还通过实验来区别杂交的以及纯种的羊驼，并设计出一个计划用来搜索和控制美洲羊驼生产出超细的纤维基因。每头动物干尸上都有 11 个标准点，惠勒从中拿出小块的皮毛和纤维带到了英国的研究学院。在英国的研究学院里，实验室里的研究人员将每个样品上的大约 200 根的纤维一个一个地装入幻灯片中，然后用一台投影显微镜观察它们。当惠勒看到打出来的数据时，不由得大为吃惊。因为埃尔·雅拉尔的动物颜色和纤维尺寸一模一样，而它们的羊毛也异常精细。有些羊驼的羊毛纤维直径非常均匀，只有 17. 9 微米，跟现代羊驼的毛比起来，它们的直径还要细 4 微米，差不多是十万分之十六英寸！对于毛纺厂来说，越精细的纤维纺出的织物越光滑柔软，相应的价值就越高。例如，世界上最珍贵的羊毛是羊绒纤维，它的直径只有 16 微米，一磅羊绒大约可以值 70 英镑。

而且，惠勒发现，今天在秘鲁，几乎很少有美洲驼身上的毛纤维被用于纺织业，因为美洲驼身上的毛纤维太过粗糙和生硬，所以多数的秘鲁人只是把美洲驼当作驮畜。而埃尔·雅拉尔的美洲驼毛的手感与质感非常细腻光滑，它们的纤维闪着璀璨的光泽。这些驼多数的毛直径同一，都为 22. 2 微米，和最好的美洲羊驼毛不分伯仲。不仅这样，惠勒还发现，这些古代动物几乎就是活的纤维工厂。例如，现代的美洲驼需要 24 个月的时间才能长出七英寸长的毛，而那时的美洲驼，12 个月大就已经可以达到这样的程度了。在古代羊驼和美洲驼身上的这种特质，让人非常满意。应该不太可能是偶然产生的。那么如何让羊驼和美洲驼的毛长得如此细密和快速，古印加人是怎样在这么短的时间里做到的呢？

惠勒相信，早期的印第安人，很早就已开始有选择性地培育其牧群，用以满足一种特别的古代纺织工业的需要。她之所以有这个想法，是因为埃尔·雅拉尔与其附近的一个名为齐里巴亚·阿尔塔的地区的家庭特意挑选来祭祀和埋葬动物的方式。这些家庭很少屠宰那些健康、性成熟的牲畜。与之相反，他们会精选出那些非常年幼的雄性牲畜，从牲畜繁殖的角度来说，这样完全合情合理。

而惠勒则认为，那些后来统治这个地区的印加人，很有可能也具有高超的技巧，就如同古代的埃尔·雅拉尔的牧羊人一样。在西班牙人所著的编年史里，极简短地记载了印加人饲养牲畜的卓越技能。例如，以前在不同的祭祀仪式上，库斯科的牧师要求使用不同颜色的牲畜，这些仪式中就包括将美洲驼慢慢地饿死在城市里的中央广场上，这样天上的神明就能够听到它们的悲惨的叫声，因而把雨施舍给地上的人。印加的饲养者们为了满足仪式的举办者所需要的牲畜的要求，就培育出了不同颜色如纯白、纯黑和棕色的牲畜。

惠勒相信，早期的西班牙人，占领了印加的土地，就曾经宰杀食用大量的珍贵羊驼，还将整个羊驼群都驱赶到银矿上去做驮畜。另外，由于他们带来的细菌，也许会导致牲畜和能力超群的牲畜饲养者们大批死亡。留存下来的安第斯人在失去了能力超群的饲养者后，只好用传统的饲养和维护羊群的做法来饲养羊驼牧群，让羊驼和美洲驼的雄性与雌性一整年都放养在一起，如此就可降低雄性的性欲，所以就慢慢减少羊驼和美洲驼的种群。于是原始纯粹的羊驼和美洲驼就慢慢消失了。

惠勒必须一切从零开始，首先，她建立了一座 DNA 仓库，这座仓库包含了所在 4 种南美洲羊驼类动物的代表性血液样品。这些动物中包括了一些小羊驼，它们因为羊毛特别精细，所以被猎杀，最后濒临灭绝，还有安第斯骆马，它也是一种濒临灭绝的野生动物。惠勒在其丈夫的陪同下，到秘鲁、智利、玻利维亚和阿根廷的边远山区采集动物血样，每到一个地方，他们都将采集到的血样存到真空容器里。

不久，在他们日产的小卡车里，已经装满了 580 头动物的血样瓶。现在，这个 DNA 仓库的采集范围已经扩大，包括了 2 000 多头羊驼类动物的血液样本。在伦敦的动物学院里，一些遗传学家开始分析这些采集到的动物血样，很快他们就发现可以清楚地区分开小羊驼和安第斯骆马这两种野生的羊驼类动物的两种核酸物质。他们继而观察一些已经家养的羊驼类牲畜的 DNA 链上的标记部分的特征。由此，科学家们推断，最有可能的是美洲羊驼的祖先是小羊驼，而最有可能是美洲驼的祖先的是安第斯骆马。

初步试验已表明，至少，在精细的纤维和纯种的牲畜之间存在着某些联系。进一步说，惠勒和布鲁福德正在搜寻可以让羊驼产生超细纤维的遗传因子。通过基因检验和筛选，因此牧人们可以聚集起纯种羊驼群落，它们带有的遗传因子正好能够产生超细纤维。一代一代的培育之后，这样的纯种羊驼就一定可以得到质量一直改进的羊驼纤维。

如果这样的话，还原那些最原始的羊驼和美洲驼的遗传因子，也许就能够培育出纯种羊驼，再一次得到古印加最后的秘密。

# 第七篇

# 千年古国——东罗马

Prague
1
9
6
Lemberg
8
Vienna
Linz
14
2
10
12
16
5
3
13
4
7
17
18
Sarajevo

# 第一章　东罗马帝国的开启与衰落

## 帝国的创建与分裂

说起东罗马帝国，不得不提的便是她的“祖先”罗马帝国，在这里，有必要将罗马帝国的近千年的历史做一个简短的介绍。

罗马共和国建立于公元前 510 年，当时，罗马人驱逐了前国王暴君塔克文，罗马王政时代结束，开始进入共和国时期。

罗马建国初期，实行的是三权分立的政策，由元老院、执政官和部族会议组成，而实际上真正掌握着国家实权的是由贵族组成的元老院。行驶最高的行政权力的是执政官，由百人队会议从贵族中选举产生，而部族大会则由平民和贵族构成。

罗马共和国末期，国家动荡不安，特别是在马略实行军事改革之后，马略和苏拉争权夺力，紧跟着是凯撒与庞培的内战。在这些动乱中，许多元老院议员或阵亡、或被处死、被谋杀或是自杀。元老院里充斥着前三头的支持者，后来则是后三头的支持者。后三头同盟瓦解后，屋大维、安东尼分掌罗马的东西部，双方矛盾日趋激烈。公元前 31 年 9 月，安东尼拉来了埃及女王的军队作为联军，但是埃及女王觉得安东尼获胜的机会不大，所以决定撤军，安东尼居然跟随埃及女王到了埃及。而屋大维随后入侵埃及，埃及女王和安东尼自杀，埃及也被罗马占领。

盖乌斯·屋大维

公元前 27 年 1 月，盖乌斯·屋大维巧妙运地用政治手段，一方面宣称要恢复共和制，卸除自己的一切大权；一方面又假装迫于元老院和公民的请求，接受与共和制度完全违背的绝对权力，成为了元首。最终，屋大维成为元首，独揽了罗马的行政、军事、司法和宗教的大权，宣布罗马帝国的建立，当时的屋大维才 36 岁。

屋大维统治罗马 43 年，在位期间，不断对外征战。公元前 19 年完全征服西班牙之后，从公元前 16 年起便出兵阿尔卑斯山东部和多瑙河上游，建立了雷蒂安和诺里克两个行省。接着又出兵多瑙河中下游，建立潘诺尼亚和米西亚两行省。罗马在公元前 12 年—5 年前经过连年征战，征服了莱茵河到易北河之间的土地。

罗马在公元纪年伊始时，全国的统治人口约 3 340 万人，堪称当时的人口大国。然而由于很多国土都是征战而来的，因此暴乱不断。公元 9 年，罗马将领瓦鲁斯在镇压日耳曼人起义的条顿堡森林战役中遭伏击而全军覆没，以至于罗马不得放弃莱茵河到易北河间的土地。之后屋大维没有进行大的征伐，随后的百余年是保持了很长的稳定局面，称之为罗马的和平时期。

公元 14 年，屋大维逝世，传位给他的养子提比略。提比略个性深沉严苛，以暴虐、好色著称。他执政之后开始加强皇权，取消了公民大会的立法权和选举权，将近卫军集中到罗马以保卫皇帝，并制裁一切反对皇帝或是非议皇帝的言行，要求元老院只能和他发表相同的意见。由于提比略的种种暴政，臣民们只是怕并不服，更不用说爱戴他了。尤其是在他执政的后期，他对于党派之间的斗争采取了残忍的手段进行镇压，导致和元老院的关系愈加紧张。公元 26 年他隐退到卡普里岛，并在那里统治罗马近十年。

公元 37 年，提比略病死在卡普里岛，近卫军拥护卡里古拉为帝。这是罗马史上第一次由军队拥立皇帝。然而这位幸运的皇帝却并不具备这样的政治才能，卡里古拉患有精神病，不理国政，沉迷于娱乐活动，并喜怒无常，经常处死人或没收财产，为所欲为，甚至任命自己的坐骑为执政官。卡里古拉不断地神话皇帝，并加剧了个人独裁，已经令人不满，终于在公元 41 年，他在近卫军实施的政变中成为了刀下鬼。

卡里古拉死后，近卫军拥立他年迈的叔叔克劳狄登基。虽然新登帝位，但有着丰富的政治头脑的克劳狄十分注重政治的改革。继位后，他首先改革了政权机关，剪了一套官僚体系。中央设有三个部门，即秘书处（掌内政军事外交）、财务处（掌财务）及司法处（掌法律），并提高骑士的地位和将罗马公民权授予行省居民。因此，各省的贵族也可以担任元老或者是高级官员。

克劳狄掌管国家大权时期，也曾经做过一些有利国民建设的好事，比如他修建了台伯河口的奥斯提亚港以及大规模的输水管道。而在对外扩张方面，克劳狄率兵征服了不列颠南部和毛里塔尼亚。公元 54 年，克劳狄被皇后小阿格里皮娜毒死了。

克劳狄死后，他的养子尼禄即位。尼禄残暴嗜杀，并且热衷于娱乐、演戏、玩女人，以“伟大的艺人”自居，整日不理国政，是罗马史上著名的暴君。

公元 64 年，罗马发生了一场大火，几乎全城被焚毁，而此时的尼禄却在宫中吟诗歌唱，在大火过后又修建新宫，号为“金宫”。这一事件令很多人不满，因此有传言说是尼禄为了修建新宫殿所以故意派人放火。尼禄为了找到替死鬼，消除这些流言，将罪证指向基督徒，并开始大肆捕杀基督徒。然而靠武力解决问题，始终不是最好的办法。由于尼禄的种种暴政，全国各地反抗不断。不列颠、高卢、西班牙等地爆发了大规模的起义，在巴勒斯坦更是爆发了犹太战争。此时，尼禄又到希腊进行长时间的艺术戏剧巡回演出，称“希腊人是唯一能欣赏音乐的民族”。

公元 68 年，尼禄在国内已经失去了人心。趁此机会，西班牙地区的将军加尔巴起兵造反，并自立为帝，元老院立即承认加尔巴为帝，并宣布尼禄为祖国之敌并判处死刑。尼禄在逃亡途中自杀。

称帝后的加尔巴，由于年老体衰，无力控制局面，导致各地将领拥兵自重。公元 69 年 1 月，下日耳曼总督维泰利乌斯称帝，同时加尔巴被部下奥索所杀，奥索自立为帝。3 月，维泰利乌斯出兵与奥索争夺帝位，奥索战败自杀。7 月，平定犹太人叛乱的将领韦帕芗称帝。10 月，韦帕芗击败维泰利乌斯，结束了皇位争夺战。

公元 69 年，韦帕芗称帝后，帝国危机重重。韦帕芗致力于镇压各地起义，公元 70 年，他的儿子提图斯率兵进攻耶路撒冷，城破后屠城抢掠，被钉死在十字架上的人不计其数。为了弥补财政上的巨大赤字，他猛增税率，提高行省的税额，使他得到了足够的钱来整顿军事和内政。除此之外，韦帕芗统治时期大大加强了行省的地位。公元 73 年，他将各行省贵族加入元老院，并授予许多行省贵族罗马公民权，使行省贵族广泛参政。

公元 79 年，韦帕芗去世，他的儿子提图斯即位。提图斯早年性格残忍，而且生活散漫，即位后，他不仅没有在权力面前迷失，反而约束了自己的行为，使他的政府成为了智慧与荣耀的典范，他是一个在当时普遍受到人民爱戴的皇帝，所以人们记忆中的提图斯皇帝永远是慷慨、慈爱和宽容的代名词。即便是如此，在提图斯执政的两年，罗马还是发生了三件十分严重的灾害，分别是公元 79 年的维苏威火山爆发、公元 80 年的罗马大火与瘟疫。

公元 81 年，提图斯去世，他的弟弟图密善即位，有传言称提图斯是被图密善毒害而死的。图密善生性残暴，是一位暴君。他专制独裁，以“主上和神”自居，蔑视元老院。对外扩张方面，由于图密善没有接受过系统的军事指挥训练，因此虽然他有极其强烈的立下武勋的冲动，不过在几次战争中，他都没有什么作为。虽然他在南日耳曼取得了成功，但在对达西亚的战争中两次失利，不得不送礼讲和。公元89年，图密善借口支持叛乱，处死了一大批元老显贵，招致众人不满。

公元96年9月，图密善被元老院内的敌对者刺杀。行凶者包括他的亡妻朱利亚·弗拉维雅的管家斯特法努斯、近卫军的卫兵和前妻多米提雅·朗吉娜。

当时根据一个占星者的预言，图密善预知自己会在当天中午左右时分去世，所以整日都烦燥不安。当日的上午，他不断问身边的侍从时间，这位已被收买的侍从多次对他说："时候还多着呢!"所以图密善放心的去到他的书桌，签署台上的旨令。与此同时，斯特法努斯藏在桌下向他伏击，共刺了八刀，图密善立时毙命。

图密善死后，由元老院任命的涅尔瓦接掌帝位，由此也开始了五贤君的时代。

涅尔瓦是古代罗马帝国五贤帝时代的第一位君主，同时也是最后一位在意大利半岛出生的非罗马公民却登上帝位的君主。涅尔瓦尊敬善待元老，元老院的权威得到一定恢复。但是他的统治和过分节约造成了军队的不满，加之他在军队中缺乏威信，终于导致近卫军的叛乱。

公元98年，近卫军在卡斯佩里乌斯·埃里亚努斯的带领下包围了皇宫，杀死了皇帝的几个顾问，并要求皇帝释放刺杀图密善的刺客。手无寸铁的涅尔瓦虽然身为皇帝，却没有军权，只能让步。通过这次事件，涅尔瓦深深的认识到没有军权和军队做支撑，作为国家的元首是没有实权的。于是，他便效法奥古斯都，认自己的一位军事将领、上日耳曼尼亚的总督马尔库斯·多尔披乌斯·图拉真为继子，并授予他恺撒的名字和保民官权力。这样一来，图拉真不但成了涅尔瓦的继承者，同时也与他是一条战线上的共治者。图拉真是统帅出身，不仅有着丰富的行政经验，更有着强大的上日耳曼军团在其背后支持。而涅尔瓦把图拉真过继为儿子实际上也就解决了用军事因素巩固新的统治的困难任务。

涅尔瓦

公元98年，涅尔瓦因病去世，其养子图拉真即位，他是五贤帝中的第二位。图拉真是第一个出身行省贵族的皇帝，他的外省人身份表明外省人在统治阶层中的地位有了质的变化。这是一个象征——象征罗马最高职位正在向所有上层人士敞开，不管是罗马的还是外省的。

为了巩固实权，图拉真在位期间，不仅改革和加固了国内的社会制度、发展了经济，同时还对外发动了战争，也是在其执政期间，罗马帝国达到了史上最大的疆域范围。除此之外，图拉真继续执行涅尔瓦善待元老的政策，兴建公共设施，并积极对外扩张，图拉真时期是罗马帝国疆域最大的时期。公元 100 年，罗马统治下的人口达到了 4 350 万人。

自公元 101 年起，野心勃勃的的图拉真就开始入侵达西亚，用了五年的时间，最终在公元 106 年完全地征服了达西亚，并设立了达西亚行省。为庆祝这一成功，图拉真举行了盛大的凯旋式，并宣布过 123 天的节，同时建造了图拉真圆柱纪念。

在公元 105 年，图拉真占领阿拉伯北部，设阿拉伯行省。公元 114 年，图拉真并入亚美尼亚，设亚美尼亚行省。图拉真继续东进，击败了帕提亚军队，于公元 116 年占领帕提亚首都泰西封。并于该年年底，图拉真兵抵波斯湾，这也使他成为历史上唯一一个抵达此处的罗马统帅。

公元 117 年，身患重病的图拉真不得不撤军，设亚述和美索不达米亚两个行省。并且在他临终前，认养了哈德良为养子。

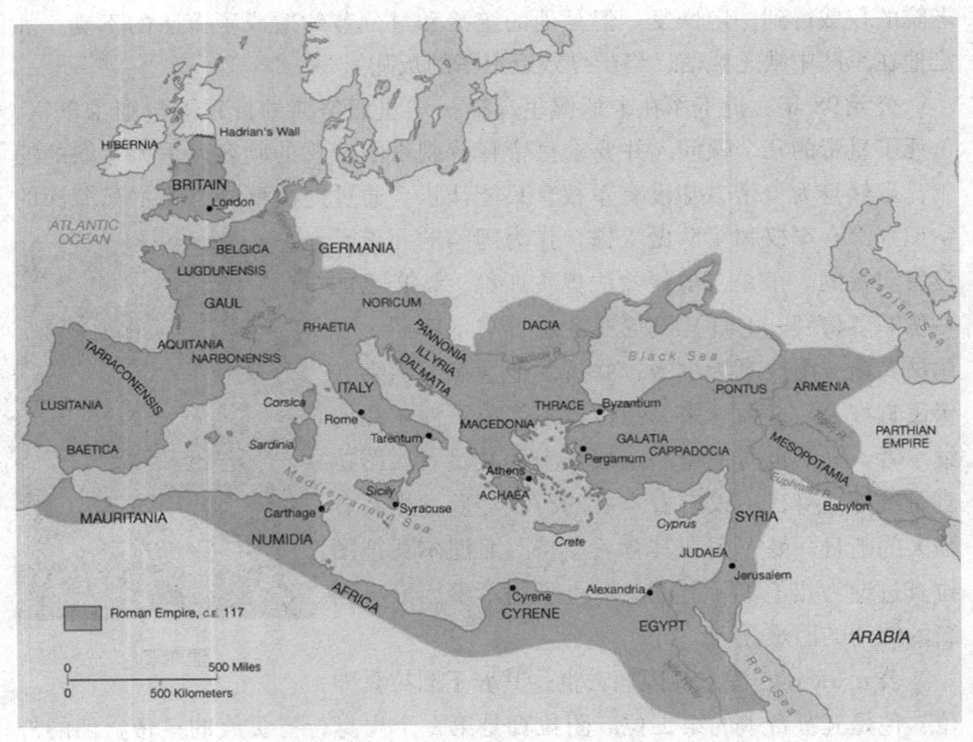


公元 117 年罗马帝国疆域

哈德良是图拉真的表侄，公元 117 年图拉真去世后，他便继承了皇位，是五贤帝之一，绰号“勇帝”。

哈德良与其养父的性格不同，在他执政期间，军事政策转攻为守，并停止了东方的战争，与帕提亚国王缔结和约，改革官僚制度和法律。又在不列颠岛北部建造了横贯东西的“哈德良长城”，以御防那些居住在现今苏格兰的“蛮族”的入侵。

哈德良将过去的元首制变为绝对的君主制，并以自己的意志作为最高法律。开始大大加强骑士的地位，并将其作为一个专门的官僚阶层。在法律的制定方面，他设立了元首顾问会，专门用来执行他的命令。同时，他还组织一些法学家，修订了《永久敕令》一书，作为帝国的法律基础，加强行省罗马化，缩小行省城市和罗马的距离。

在众多的改革中，其中影响至深的是在公元 131 年，哈德良禁止犹太人举行割礼、过安息日和阅读犹太律法，这一决定引发了犹太人的强烈不满，他们进行了大规模的起义。遭到了罗马军队的镇压，耗时 3 年，军队屠杀了 58 万犹太人，把起义镇压了下去，由此，犹太人开始世界各地的流浪。

哈德良是一位博学多才的皇帝，个人爱好也十分丰富，世人历来对他评价较好。同时代的人称赞他“友善而不失威严、严肃而不失风趣、节俭而不失慷慨、多才多艺而又追求变化”。他是罗马人的好皇帝，而对于犹太等被压迫民族来说，他和图拉真都是不折不扣的暴君和魔鬼。公元 138 年，哈德良去世，病重时宣布安敦尼为养子。

公元 138 年，哈德良的养子安敦尼即位，他也是哈德良妻子的外甥。

在安敦尼执政的 23 年中，他不仅继承了哈德良的各项政策。并开始注意对内调整各方面的关系。即位后，他首先免去了人民的欠税，并将自己的财产捐献给国库，同时节日庆典的费用自己承担。还向民众分发了一些日用品和粮食。

而对外，安敦尼主张采取防御政策。虽然以防为主，但为了保卫边疆，他也举行过一些军事活动。在不列颠，罗马人击退了苏格兰部落的骚扰，并把边界向北推进了 100 公里。在黑海北部，从北高加索向前推进的阿兰尼人，攻袭本都北岸的希腊城市，后又侵犯了奥力维亚；罗马军队前来救援，并一举击退了阿兰尼人的入侵，解救了处于水深火热之中的阿兰尼人民。

安敦尼善于理财，勤俭治国，所以死后国库盈盈，结存达 27 亿塞斯退斯。他勤于朝政，如关心自己一样关心别人。他继续推行哈德良的法律自由政策，限制对奴隶使用刑具，严厉惩罚主人无故杀害奴隶。他奖励教育，供给贫儿就学，扩大教师和哲学家的特权。罗马享受了 20 多年的太平盛世。

公元 161 年，安敦尼去世，他的两个养子维鲁斯和马克·奥利略继承帝位，这是罗马史上第一次两帝共治。马克·奥利略著有《马上沉思录》，是斯多葛派哲学的主要阐述者，人称“哲学家皇帝”。维鲁斯则是一个十分平庸的人。

公元162年，帕提亚入侵亚美尼亚，那时候两位皇帝才刚刚登基。维鲁斯经过四年的奋战才击退了帕提亚人，并在第二年并入美索不达米亚。

接着又爆发了瘟疫，大量罗马人死亡。公元167年，日耳曼人又入侵，两位皇帝不得不率军征讨，由于财政拮据，皇帝卖掉皇冠上的珠宝以筹集军饷。

两年后，在位仅仅八年时间的维鲁斯去世了，帝国只剩下马克·奥利略这一位皇帝了。一人执政的马克·奥利略开始采取了保守的治国策略。为减轻日耳曼人对帝国的压力，允许他们定居帝国边境，为以后的蛮族入侵埋下了隐患。公元175年，东方还爆发了将领卡修斯发动的叛乱。平定叛乱后，马克·奥利略又开始了对日耳曼人的战争，试图吞并波西米亚，但在即将成功时，马克·奥利略病死军中。此时罗马帝国已经开始衰败了。

公元180年3月，在位十九年的马克·奥利略在日耳曼前线病逝，因此，他的儿子康茂德在前线成为帝国唯一的继承者。康茂德上任之后，立刻改变父亲坚持日耳曼战争的想法，放弃将波希米亚并入帝国行省的方针。他决定与敌人和谈，订立对敌方宽大的停战和约后，率领军队回到罗马城。从此，康茂德未曾再发动大规模的对外战争。

康茂德

然而，荒淫无度的康茂德过度地放纵自己，把政事都统统交给了宠臣和近卫军的首领来处理。公元182年，他的姐姐在一些元老的帮助下试图暗杀他，暗杀失败。事发后，他处死了参与暗杀的所有人以及许多无辜者。康茂德残暴多疑，喜爱马戏、摔跤等体育活动，自称大力神转世。并穿上角斗士服装，参加角斗。

尽管很多人因不满康茂德的残暴统治而反抗和密谋刺杀他，但是却都未成功，这使得康茂德变得更加怪僻暴虐。在公元193年的元旦，当康茂德宣布要以角斗士装扮担任当年执政官时，他的情妇给他喝了杯毒酒，随后就被近卫军长官派来的摔跤手掐死了。

在位十二年的康茂德，虽然是奥利略的亲生儿子，但由于其在位期间的种种恶行和暴政，元老院不支持他，人民也不热爱他。当代史学家卡西乌斯·迪欧将其视为另一位暴君的典范，并结束了过去帝国五贤君时代的繁华。

康茂德遇刺身亡后，罗马帝国便陷入了一连串混乱的内战之中。

公元193年是罗马帝国的五帝之年，他们分别是康茂德、珀蒂纳克斯、朱利安努斯、奈哲尔和塞维鲁。

康茂德遇刺身亡后，珀蒂纳克斯即位，佩蒂纳克斯不过是个傀儡，他在位仅三个月，在此期间发生了多次兵变和阴谋。他的处境很糟糕，因为他缺乏自己的势力基础，而是完全依靠禁卫军和首都的士兵。经过康茂德的长年统治后，不但国家经济一败涂地，而且国民对皇帝的尊重和传统的权威也丧失殆尽。虽然珀蒂纳克斯受罗马市民的爱戴，但是这对他来说并没有多少用处。公元193年3月28日，他被叛乱的士兵杀死。从今天的分析来看这个事故好像不是一次策划的阴谋或者计划好的兵变，而是由于士兵毫无纪律所造成的混乱状态所导致的。

珀蒂纳克斯

令人哭笑不得的是，在珀蒂纳克斯死后，具有最高统治的近卫军居然宣布要拍卖皇位，也就是说谁出钱多谁就可做皇帝。而此时的有钱又对权力向往的富人们开始跃跃欲试，经过多轮的竞争和讨价还价，朱利安努斯以近卫军满意的价格买到了皇位。但朱利安努斯没有一个追随者，不过是个傀儡而已，行省军队更是对他不屑一顾。叙利亚总督奈哲尔率先自立为帝。接着潘诺尼亚总督北非人塞维鲁造反，攻进罗马，元老院转而宣布塞维鲁为皇帝，处死了朱利安努斯。买卖皇位的近卫军也被塞维鲁以叛国罪处死了，塞维鲁将自己的军队设立为最庞大的近卫军，打着为珀蒂纳克斯复仇的旗号上台，并将珀蒂纳克斯尊为神。

称帝之后的塞维鲁为维护自己的统治，立即和已经称帝的奈哲尔开战，公元194年奈哲尔在伊苏斯战败。

由于塞维鲁是军人出身，他习惯独断专行，并不把元老院放在眼里，并且将身在要职的元老们一个个地撤职下台，并把自己的骑士安插在内，替代他们。

塞维鲁的统治是以军队为后盾的，他大肆扩军，将罗马军队扩充到了前所未有的地步，其中大多是外族人，并用尽一切手段笼络军队，给军队发高饷，奖赏军队毫不吝啬。

在公元200年，罗马统治下的人口达到顶点即4 750万人。军事上的成功令塞维鲁将皇权提到了至高无上的地位，他的法学家称塞维鲁不受一切法律的约束，是任何人的主宰，帝国是他的财产。

公元211年塞维鲁病重，死于约克。临终前对两个儿子的遗言是："愿你们兄弟和睦相处，让士兵们都发财，不要管其他人。"足以见得军队在他心中的地位。

公元221年，塞维鲁的两个儿子卡拉卡拉和盖塔同时即位。很快，卡拉卡拉就杀死了他的弟弟塞普提米乌斯·盖塔和盖塔的支持者来巩固他的皇位。卡拉卡拉又是一位暴君，杀了弟弟及其同党，他的妻子和岳父也被杀了，还有许多有名望的人。

卡拉卡拉继续塞维鲁优待军队的政策。在他统制期间，颁布安托尼努斯敕令（212年），所有罗马帝国出身的自由人将被给予完整的罗马公民权，以增加提供税收与服役的居民数量。他宣布将罗马硬币降低四分之一的含银量，以此来支付古罗马军团的各项开销。

公元217年，卡拉卡拉在出征阿尔沙克王朝时被近卫军杀死。

刺杀卡拉卡拉的近卫军首领马克利努斯自称为帝，并将他的儿子迪亚杜尼安封为共治皇帝。马克里努斯是罗马帝国第一个北非努米底亚行省出身的皇帝；他的父亲是毛里塔尼亚凯撒利恩西斯行省的解放奴隶，没有显赫的家世。他在位仅仅只有一年，是罗马史上第一位只是骑士不是元老的皇帝。

马克利努斯在极其不利的条款下结束了与帕提亚的战争，又缩减军费，导致军队不满。他和波斯签订了退出美索不达米亚地区的和约。

公元218年，米萨带着自己的外孙埃尔伽巴路斯，前往驻守在艾梅沙的"第三高卢伽军团"，宣称自己的外孙是先皇卡拉卡拉的私生子。当时许多军官见到这位相貌英俊、衣着华丽的少年祭司，顿时心生好感，便愿意向他宣誓效忠，拥立这位具有塞维鲁王朝血缘的少年埃尔伽巴路斯为帝。

埃尔伽巴路斯的本名为瓦瑞乌斯·阿维图斯·巴西安努斯，公元218年5月，他改名为"马尔库斯·安东尼努斯"，并在艾梅沙宣布他拥有塞维鲁王朝一切的国家继承权力，扛为父报仇的大旗，兵锋指向马克里努斯。

原本已打算撤军的马克里努斯，在叙利亚首府安提阿听到消息，匆匆地再次征召部队与反叛的部队对抗。6月7日，双方在安提阿附近的因迈村对峙。拥有三个军团的艾梅沙部队，立起卡拉卡拉的全身塑像，一旁则是全副戎装的埃尔伽巴路斯。埃尔伽巴路斯骑在马上，手上高举长剑，站在部队的最前方。而马克里努斯的部队见了这种景象，反而转过来杀死马克里努斯任命的近卫军官，倒戈投入埃尔伽巴路斯的阵营。马克里努斯遭到底下军官的背叛，立即逃离叙利亚，打算循陆路回到罗马城。但他在比提尼亚被军官认出，立即遭到杀害。

公元 218 年，埃尔伽巴路斯在战胜马克里努斯之后，成为罗马帝国的新皇帝，这也是罗马史上的第一位女皇帝，然而崇尚东方诸神的埃尔伽巴路斯，和元老院的关系并不不太好。

公元 222 年，米萨杀死了埃尔伽巴路斯，并立自己另一个 14 岁的外孙亚历山大·塞维鲁为帝。亚历山大·塞维鲁从母系和父系两方面的家庭均出自叙利亚。他的祖母米萨和他的母亲莫米娅共同执政，同时还挑选了一个由 16 名有威望的元老组成的顾问团。

公元 224 年米萨逝世，此后莫米娅成为了真正的统治者，一直到最后她也没有放弃她的权力。她让亚历山大接受非常好的教育，但是不允许他做任何决定。她与元老院保持着良好关系，将埃尔伽巴路斯所做的不受欢迎的决定取消。向外她体现追崇罗马传统的美德和价值观。亚历山大·塞维鲁在位时，皇帝与元老院的关系有所改善。

公元 231 年，罗马帝国的边境又爆发了危机，亚历山大·塞维鲁去东方与萨珊王朝作战，情况稍有好转，又要赶去西方抵抗日耳曼人。公元 235 年军队叛乱，亚历山大·塞维鲁被杀。

在亚历山大·塞维鲁被杀后，公元 235 年，马克西米努斯·色雷克斯即位。这也代表了罗马帝国三世纪危机的开始。从这时开始，直到戴克里先重新统一罗马，罗马帝国混乱不已，几近崩溃。

马克西米努斯·色雷克斯出身于色雷斯行省，是第一位蛮族出身的罗马皇帝。不同于之前的罗马领导人，马克西米努斯·色雷克斯不是元老院所培育出来的，而他的父亲在色雷斯当地从事畜牧业，不然就是行省精英。

十六岁时，马克西米努斯就加入了军团辅助兵。公元 211 年，马克西米努斯已经爬升为百夫长。

然而由于马克西米努斯卑微的出身，他刚一即位，便遭到了各方声音的反对。更令他气愤的是，他本人尚在多瑙河时，元老院就宣布承认非洲起事的戈尔迪安一世为新皇帝，马克西米努斯为此率军进入意大利，却在进攻阿奎莱亚时，遭遇自己部队的叛变，军队这时宣布忠于元老院和元老院选出的新皇帝普皮恩努斯及巴尔比努斯，将马克西米努斯杀死。同年元老院推出四个皇帝，全部被杀。随后即位的戈尔迪安三世不过 13 岁，是近卫军的傀儡。

公元 244 年，阿拉伯的菲利普登上皇位，他举办了罗马建国 1000 年的庆祝活动。

公元249年，将领迪西乌斯造反，将阿拉伯的菲利普杀死。之后，迪西乌斯又在公元251年与哥特人的战争中战死。而在继承皇位的高卢斯统治时期又爆发了一场规模巨大的瘟疫，并持续了很长时间。

公元253年，高卢斯死于造反的士兵之手，而即位的加里恩努斯和瓦勒良马上面临了外来的侵袭，他们分别率领两支大军：一支在东部对付波斯人；另一支在西部对付日耳曼人，这开了帝国分为东西两部分的先河。

公元259年，日益壮大的波斯杜穆斯自称为帝，并在莱茵河地区建立了疆域涵盖高卢、不列颠、西班牙大部分地区的高卢帝国。

公元260年，瓦勒良在和波斯人作战时被俘。在公元267年，东部的巴尔米拉独立，将部分东方行省分裂出去。此时的罗马帝国已经混乱到了极点，中央政权几乎瘫痪，皇帝不但需要为外来的敌人担忧，还要分神来镇压和对抗造反的军队和人民。除此之外，如果军队权力过大，就会不断地拥立新帝，并从中得到赏赐，一旦赏赐没有达到要求，皇帝的位子保不住是小，更有可能被暗杀，被新拥立的皇帝取代。

奥勒良

公元268年，为了缓解这一局势，加里恩努斯开始了军事改革计划，解除了军人的其他职务，只保留其军人身份，成为了职业军。此外，还设立了一支新组成的后备军，驻扎在米兰，并将米兰作为帝国的军事首府。这一举措十分成功，改革后的军队成功击退了东哥特人的进攻。公元269年在高卢地区爆发了奴隶和隶农起义的巴高达运动，起义者自立皇帝，自铸钱币，持续到公元286年。纳伊苏斯战役之后不久加里恩努斯就去世了。公元268年，最高将领克劳狄继承皇位。

在帝国历史上，尤其是在罗马后期中的诸多皇帝当中，最早想要谋求限值庇护权的应属克劳狄二世了。

军人出身的克劳狄二世给他的统治带来了有利的一面。在战胜哥特人之后，克劳狄把俘虏大规模地安置在罗马领土上。另一支日耳曼人部落阿勒曼尼人在公元 268 年晚些时候被克劳狄打败，这样蛮族入侵的威胁就暂时解除了。克劳狄二世腾出手来对付使帝国分裂的割据者。克劳狄二世的目标就是收复高卢帝国，在僭位者的统治下这个割据政权已经占据了帝国在不列颠、高卢和伊比利亚半岛等地的省份。经过接连的战争，克劳狄二世成功地收复了西班牙以及高卢帝国的一部分疆域。

公元 269 年，正准备继续出兵讨伐入侵潘诺尼亚的汪达尔人时，还未出兵，克劳狄二世便死于一场瘟疫。克劳狄二世死后，元老院宣布克劳狄为“神圣的、打败哥特人的克劳狄皇帝”。而继承帝位的是他无能的兄弟昆蒂卢斯。很快就被克劳狄的骑兵统帅奥勒良推翻了。

公元 270 年，推翻了昆蒂卢斯的奥勒良即位。他和克劳狄一样骁勇善战，在位期间，他率兵收复了罗马帝国曾经失去的三分之二的疆域，完成了帝国分裂 50 年后的第一次较完整的统合，使罗马帝国在 3 世纪末至 4 世纪初恢复统一。他的统治初步解决了罗马帝国在第三世纪的危机，是几位成功的军人出身的皇帝中的第二位。

因为统一了四分五裂的罗马帝国，奥勒良被称为“世界光复者”，当然，在罗马人的眼里，世界指的就是罗马帝国。

奥勒良即位后迅速着手恢复罗马在欧洲的霸权。他把入侵者逐出中欧地区，并赶走了意大利南部的朱吞咯人。

公元 271 年，奥勒良率兵东征，在潘诺尼亚再次重创哥特人，结束了哥特人的入侵。接着又率军东征，从巴尔米拉手里收复了小亚细亚和叙利亚，随后攻进了巴尔米拉城，俘虏了巴尔米拉的女王奇诺比亚，在公元 273 年将巴尔米拉城夷为平地。同年，奥勒良击败了高卢帝国的君主泰特里库斯一世，将高卢、不列颠和西班牙重新并入帝国。在凯旋式上奥勒良展示了奇诺比亚和泰特里库斯。

公元 271 年，深知国防之重的奥勒良为加强防守，宣布兴建新的城墙，并在六年后完工，使得罗马城又变回了一座有城墙的都市。石砖砌盖而成的城墙，长达 19 公里，平均高度 6 公尺、厚 3.5 公尺；该城墙有 18 座城门，城门上则各立有防卫塔，十分恢弘。

公元 275 年，奥勒良出征波斯，不幸被杀。因此元老院推举了塔希图斯即位，这也是元老院最后一次推举皇帝。

而运气不佳的塔希图斯只做了一年的皇帝，就被杀害了。于是军队又推举了普罗布斯称帝。

普罗布斯在位期间，粉碎了日耳曼人分三路对高卢的入侵，并将汪达尔人驱逐出了巴尔干半岛。同样地，普罗布斯被杀后，即位的卡鲁斯在北方再次打败日耳曼人，并进攻波斯，一度占领了泰西封。公元283年卡鲁斯暴死后，他的弟弟卡里努斯继位。公元284年，近卫军长官戴克里先造反，在贝尔格莱德附近击败了卡里努斯，成为了帝国的统治者。

即位后的戴克里先首先对政体进行了改革，建立了四帝共治制度，并使此制度成为罗马帝国后期的主要政体，结束了罗马帝国的第三世纪危机(235—284年)。

东西部各有两帝：一为正职；称奥古斯都，一为副职，称凯撒，最高权力属戴克里先。并且规定，副职为正职的养子和女婿，正职在位20年，须让位给副职。他将元首制改为君主制，君主头戴皇冠、身穿名贵丝袍、浑身上下金银珠宝，臣民需对君主行跪拜礼。另外，君主被当作神来崇拜，比如戴克里先就自称朱庇特的化身。

戴克里先的改革使得罗马帝国对境内各地区的统治得以存续，在东部地区持续了几个世纪。

实行四帝共治制度之后，东方奥古斯都戴克里先驻尼科米底，统治色雷斯、东方、亚细亚、埃及和本都，凯撒伽列里乌斯驻塞萨洛尼基，统治马其顿、默西亚。西方奥古斯都马克西米安驻米兰，统治意大利、雷蒂安、伊利里亚和阿非利加，凯撒君士坦提乌斯一世驻特里尔，统治不列颠、高卢和西班牙。

除此之外，戴克里先还缩小行省的规模，因此划分了100多个行省，并设立了行政区，十几个行省为一行政区，地方总督不任军职。戴克里先在位期间最值得一提的一件事就是在公元297年入侵萨珊王朝并于公元298年占领了泰西封。

军事方面，戴克里先还进行了改革，他将军队分为边防军和巡防军，边防军用于抵抗外部入侵，巡防军用于镇压人民起义和造反的军队。他还缩小军团规模，增加军团数量，以便调度。

由于四帝共治，这就意味着每个皇帝手中都有军队，这样大大加重了帝国的经济负担，因此戴克里先又实行了新的税制，其中人头税方面，他规定成年男子为一头，女子为半头；土地税方面按粮田或果园的类型以及面积征税；城市居民方面按各种行业征税。另外官吏、退役老兵、奴隶免税。为了保证税源，戴克里先颁布法律，不许农民自由迁徙以及手工业者、商人等不得改行，甚至规定必须子承父业。戴克里先还改变币制和调整物价，但都不成功。在公元300年，罗马统治下的人口只有4 000万人。

公元305年，戴克里先退位，君士坦提乌斯一世即位，在位仅一年多就在不列颠去世了，他儿子君士坦丁一世即位。西方奥古斯都马克西米安也于公元 305 年退位，其子马克森提乌斯即位。

君士坦丁一世即位时，帝国的控制范围只占了不列颠和高卢，其余地区在马克西米安的儿子马克森提乌斯的控制之下。公元 312 年，他击败了马克森提乌斯，统一了西方。

公元 311 年，东方的凯撒伽列里乌斯去世，即位的李锡尼乌斯击败了占有埃及和部分亚洲领土的马克西密努斯·代亚，统一了东方。

公元 313 年，君士坦丁一世和李锡尼乌斯颁布了米兰敕令，宣布基督教合法。然而在公元 314 年，两人爆发了冲突，未分胜负。公元 323 年，两人再战，李锡尼乌斯战败，君士坦丁成为了帝国的唯一统治者。

君士坦丁大帝

君士坦丁独立统治帝国期间，在全国各地奔波。他借鉴了类似于戴克里先的办法，任命三个儿子君士坦丁二世、君士坦提乌斯二世、君士坦斯为凯撒，各统治帝国的一部分。君士坦丁统治巴尔干和黑海地区；君士坦丁二世统治西班牙、高卢和不列颠；君士坦提乌斯二世统治东方和埃及；君士坦斯统治意大利和阿非利加。

君士坦丁进行行政区划改革，把全国分为了四个大行政区，每个下面又有行政区，行政区下面是行省。

在经济制度方面，他延续了戴克里先的政策，规定职业世袭和将农民固定在土地上，并颁布法律重申奴隶主有权杀死奴隶。军事方面，君士坦丁废除近卫军，以帕拉丁骑兵卫队取代，并大量招募蛮族进入军队，全面提高了罗马军队的战斗力。君士坦丁以恐怖手段强行招兵，拒不当兵的可能会被处死。

位于博斯普鲁斯海峡旁的君士坦丁堡就是当时大兴土木修建的，号称新罗马。君士坦丁堡的建造花费无数，经 6 年直到公元 330 年才初步建成，但凭借其特殊的地理环境和战略地位，君士坦丁堡的稳固成为了东罗马帝国历经千年不倒的重要原因。

公元 325 年，君士坦丁召开了尼西亚会议，在会上确定了许多基督教基本教义，并将阿里乌斯派斥为异端，他的一系列举措为日后基督教在欧洲占据统治地位奠定了基础。公元337年，君士坦丁病重，在死前他接受了洗礼。

公元337年君士坦丁死后，皇室诸子都想成为帝国唯一的领袖，罗马帝国马上就进入了争夺帝位的混战之中。

公元340年，君士坦丁二世在进攻君士坦斯时死亡。君士坦斯在公元350年被自立为帝的军人马格嫩提乌斯所杀。公元353年君士坦提乌斯二世成为了唯一的统治者。朱利安的兄长加卢斯在公元351年被君士坦提乌斯二世拔擢为凯撒，负责管理帝国的东方。后来君士坦提乌斯击败了马格嫩提乌斯，成为罗马帝国唯一的奥古斯都。

加卢斯在公元354年因为残暴统治而被皇帝处决，朱利安同时下狱。然而罗马帝国此时在东方受到波斯的威胁，美索不达米亚地区行省落入波斯的势力下，皇帝君士坦提乌斯二世仍需要一个同血族的亲人协助，公元355年他在梅狄欧拉姆（即今日的米兰）封朱利安为“西方的凯撒”，并将妹妹海伦娜嫁给朱利安。之后的数年里，朱利安到帝国西部平定高卢地区的的日耳曼乱事。他在公元356年收复了阿格丽匹娜殖民地（今日的科隆），并在斯特拉斯堡战役中击败了强大的阿拉曼人。

公元358年，朱利安征服下莱茵河地区的撒利法兰克人，并将他们迁徙至托克桑德利亚。在高卢期间，朱利安减轻了当地税赋，并直接管理比利时的高卢行省。在这段时间内，波斯国王沙普尔二世运用外交与战争两种手段，将罗马的美索不达米亚置于自己的势力之下。公元360年2月，君士坦提乌斯以东方战事不利为由，命令朱利安将麾下的高卢部队送往东方战场。朱利安深惧自己将重蹈兄长加卢斯的覆辙：先抽离他身边的兵力，再将他逮捕下狱。此时，高卢部队不愿前往陌生的东方，军队哗变。他们在巴黎拥立朱利安为皇帝，朱利安与君士坦提乌斯正式决裂。同年6月，朱利安的部队来到意大利，双方的内战即将展开。但此时君士坦提乌斯二世病死，遗命中，他只能承认朱利安为皇位继承人。

朱利安于公元361—363年在位，他是罗马帝国最后一位多神信仰的皇帝，并努力推动多项行政改革。

朱利安在位期间，由于他对学问的热爱，让他赢得了哲学家的称号。但后来的基督教文献中，却称他为背教者。朱利安少年曾入教受洗，但后来却转向希腊传统的信仰。他师承于新柏拉图主义，并崇信神秘仪典，压抑当时已经十分风行的基督教信仰。因此他受到后世基督徒的诋毁，流传的谣言愈来愈偏离事实。

朱利安早年所受的教育，在他未来的心理成长中造成相当大的影响。他在卑斯尼亚由外祖母扶养，并在七岁时开始接受优西比乌斯的教育。优西比乌斯是阿里乌派的神学家，并担任尼科美底亚的主教。公元342年，朱利安与加卢斯流放到卡帕多基亚的马塞鲁，他在那儿遇到了基督教的主教乔治。在他十八岁时，朱利安的流放结束，并短暂地生活在君士坦丁堡和尼科美底亚。公元351年，朱利安回到小亚细亚学习新柏拉图学派，后来并受教于以弗所的马克西穆斯学习杨布里科斯的哲学。后来他在雅典认识了后来受封为圣徒的纳齐安的格列高里和凯撒旦亚的巴西尔。

朱利安登基后，他立即减少宫廷的排场以及各项奢华支出，并驱逐与减少宫内的太监与佣人、警卫，私人生活中奉行俭约的原则。妻子海伦娜在高卢因难产过世之后，朱利安便过着单身的生活。特别值得注意的是，公元四世纪之前的罗马公民皆习惯剔除胡须，但朱利安喜欢穿着希腊式长袍，打扮成古代学者的蓄胡造型；为此他还写了一篇文章《厌胡者》。

朱利安即位后就宣布宗教信仰自由。在当时，基督教教派繁多，一派得势即宣布其他派为异端，横加迫害（绝罚、免除教职、革出教门、流放、乃至于杀害）。朱利安宣布各教派享有同等地位，包括异教等多神信仰，他本人则大力扶持多神教与传统罗马信仰，意欲改变自君士坦丁大帝以来，基督教在罗马帝国的独尊地位。这便是四世纪异教在罗马的复兴运动。他的第二件大事是东征波斯。罗马帝国与波斯之间争夺西亚领土与亚美尼亚宗主权的战争，数百年来从未间断。公元363年春天，朱利安承续前任皇帝的事业，亲自率领六万精兵加上强大舰队出征，并占领了不少地方，但未能攻下波斯的国都泰西封。

为了改善国家经济状况，他进行了财税制度改革，并从平民阶层中大力拔擢人才，进入以地区和地方宗社为基础的议会团体库里亚，为帝国的中间阶层注入新血；在司法方面，由于三世纪以后的地方司法已收归中央负责，为了减轻行省长官与其幕僚的负担，同时杜绝贪污、增加贫民上诉的管道，朱利安授权行省长官任命代理法官处理较小的案件。此外，朱利安完善邮政、改进军队的管理和训练以提高战斗力、等等。

朱利安的宗教改革，尽管在知识界不乏同情者，但却缺少社会认同的基础。基督教在罗马帝国境内传播已有两百多年的历史，从下层民众到宫廷、官吏，信仰者众多，其中更累积了许多神学学者的发展精华。而他对多神教的提倡则脱离不了神秘仪典的色彩，希腊罗马古神早已落入庸鄙的形象，恢复多神教的尝试不得人心。

他在位不过短短的二十个月，在历史上却留下“背教者”的恶名——当然是基督教写的历史，由此可以看出教会对他的怨恨。至于他的远征波斯的结果，最后也以自己的阵亡以及继位者约维安的“割地求和”而告终。

公元363年3月，朱利安开始对波斯萨珊王朝的进行远征，意图收复沙普尔二世攻下的美索不达米亚都市。受到罗马西比拉预言书的鼓舞，皇帝动员了九万人到了罗马东方都城安提阿，4月7日，大军集结后便进入了波斯的领域。他的战略部署如下：由普罗柯庇乌斯与埃及公爵塞巴斯蒂安率领的三万部队，向北朝尼昔比斯前进，作为扰乱波斯情报的疑兵，并寻求亚美尼亚的增缓，再迂回南下波斯，平定米地亚和阿底比尼；而皇帝本人则亲自率领六万人的主力部队（包括罗马兵、高卢兵、阿拉伯的撒拉森等庞大的联合部队）进行主要的战斗，靠着一百艘船舰的运输与补给，沿着幼发拉底河南下进入波斯的核心地区。最后，两支部队将在波斯南都泰西封会师，一举消灭萨珊王朝。朱利安首先来到由阿拉伯人所居住的波斯城市安纳塔，当地人见到罗马大军与船舰阵式，立刻开城投降；朱利安将城内民众全部迁移到叙利亚去了。接着到了梯卢塔的堡垒，由于难以攻克，罗马军便继续向下游推进。十五天后，罗马进入波斯人弃守的玛西普拉克塔。

5月，朱利安攻下了亚述行省的第二大城佩里萨波，罗马军队得到十分丰厚的战利品，并将无法带走的物资烧毁或倒入河里。推进到毛加玛恰时，罗马人以挖掘地道的方式攻进城内，毛加玛恰城于是陷落，所有的堡垒和防御工事全部被夷为平地。罗马军队来到萨珊波斯的南都泰西封南郊的都市柯区，5月29日，罗马人在夜间渡过底格里斯河进行攻城战。

经过十二个小时激烈的恶斗之后，波斯领导人弃城而逃，罗马军获得了重大胜利。大量的金块和银币、精美的武器和马饰，连纯银精制的家具，都成了罗马士兵的战利品。远征军只花了五十多天，便来到泰西封的城下。此刻为罗马远征波斯的最高成就。波斯王萨普尔派使者求和，但被朱利安拒绝。不过，罗马军缺少围攻大城的能力，萨普尔的主力仍然留在城内避开决战；而罗马北方分遣部队，则由于两个将领的争执，以及亚美尼亚国王的阳奉阴违态度，迟迟无法到达前线与朱利安会合。朱利安独排众议，决定离开幼发拉底和底格里斯地区，向波斯的内陆行省挺进，以避免受制于敌方并期待扩大战果，寻求决战。

6月3日，朱利安下令放火烧毁自己的运输船舰。有的史学家认为这是朱利安严重的错误举动，断绝了自己的补给线与退路，而基督徒更是附会传说，指称不信基督的异教皇帝，上帝便令他看到异象而疯狂；但另一派则认为此举无关正确与否，因当时罗马的进军方略已决定深入内陆，船舰无法跟随部队移动，与其抛弃贵重工具而资助敌人，不如自行销毁。无论如何，这件事造成了后来远征军失利严重的后果。

进入内陆后，波斯采取了坚壁清野的焦土政策作为应对。沿途的都市全都残破，罗马人“就食于敌”的想法破灭。大军缺乏补给，朱利安只能带领部队以快速的行军速度，前往大城苏萨。此时，波斯派出一群间谍进入罗马部队，以苦肉计取得了朱利安的信任。他们自愿担任向导，却将罗马人引入东方旷野中迷途漂荡。部队士气低落，粮食短绌，朱利安只能无奈地带着部队撤回罗马帝国边界行省。在罗马撤军的过程中，波斯精锐骑兵紧紧追击。

公元 363 年 6 月 26 日，罗马军队与追击的波斯部队在马兰加附近遭遇，这是一场大规模的会战。波斯帝国汇集了好几支军队在小山丘后进行了埋伏，并以骑兵与战象攻击罗马军营，拂晓时开始交战。由于气候炎热，朱利安未着护甲即上马援助己方的后卫部队。从敌方投射出来的一阵掷矢与箭雨中，有根标枪画破朱利安的手臂表皮，贯穿助骨刺入他的肝脏，他翻摔落马。罗马军激起勇气，与敌人展开誓死激战，直到天黑才收兵。罗马主将安纳托留斯被杀，统领萨鲁斯特仅以身免；但波斯人的伤亡更加惨重，不仅两名大将阵亡，而且五十名贵族也全部战死沙场，大批的士兵伤亡，使得萨珊波斯元气大伤，无法与罗马的大军相抗衡。

而朱利安皇帝在此次战争中也受伤严重，医治无效后去世，享年三十二岁。统治罗马帝国的时间是一年零八个月。没有子嗣，君士坦丁王朝结束。

公元 363 年，继承帝位的约维安取消了朱利安的反基督教政策。

公元 364 年，约维安中毒身亡，多瑙河军官瓦伦提尼安一世被军队立为皇帝，接着他把东部的帝国分给弟弟瓦伦士。瓦伦提尼安一世驻米兰，瓦伦士驻君士坦丁堡。公元 376 年，瓦伦提尼安一世去世，瓦伦提尼安二世继位。公元 378 年，瓦伦士在亚德里亚那堡与哥特人的作战中阵亡，随后东部由格拉蒂安和狄奥多西共治。格拉蒂安在公元 383 年死去，狄奥多西与哥特人讲和，允许他们在境内定居，并有权利参加军队和担任官吏。同时，他又让西部的瓦伦提尼安二世让给他一片土地，在公元 388 年他击败了西部的篡位者马格努斯·马克西穆斯和弗拉维乌斯·维克托父子。公元 392 年，瓦伦提尼安二世在维也纳被杀。

公元 392 年，狄奥多西一世随即宣布基督教为国教，反对一切异教和异端。狄奥多西一世在公元 394 年击败了西部的篡位者欧根尼乌斯后，成为了帝国的唯一统治者，这是罗马帝国的最后一次统一。此年的罗马统治下的人口有 3 600 万人。

公元 395 年狄奥多西去世，去世之前，他将帝国一分为二，东部分给了长子阿卡狄乌斯，为东罗马帝国，而西部则传给了幼子霍诺里乌斯，被称为西罗马帝国，从此，罗马帝国不复存在，取而代之的是东罗马和西罗马两个国家。

## 帝国的天然继承者

在罗马帝国被分裂为东西罗马两个国家后，哥特人的首领阿拉里克趁机不断入侵罗马帝国（也就是西罗马帝国）。而当时的东西罗马帝国并没有采取措施，拒绝跟罗马帝国团结起来一致对外，而是隔岸观火，坐等阿拉里克强大后去攻击对方。

公元405年冬，阿拉里克突破了罗马帝国的莱茵河防线，罗马并无有效的抵抗，实际上等于放弃了高卢大部分地区。

公元407年，驻守不列颠的将领君士坦丁三世造反，西罗马帝国皇帝霍诺里乌斯企图让阿拉里克去攻击君士坦丁三世，并承诺给阿拉里克4 000磅黄金作为报酬。然而，由于霍诺里乌斯没有履行承诺，阿拉里克没有得到要求的价钱，因此一怒之下入侵意大利，惊慌失措的霍诺里乌斯从米兰逃亡到拉韦纳。阿拉里克南下，围困了罗马。

罗马城内爆发了饥荒和瘟疫，元老院和阿拉里克媾和，交出了5 000磅黄金、30 000磅白银以及其他许多贵重物品和财宝。

公元409年，阿拉里克第二次包围罗马，扶立了一个傀儡皇帝，而躲避在拉韦纳的霍诺里乌斯在求助了兄弟国东罗马帝国，依靠东罗马的支援才保住了皇位。

公元410年，阿拉里克第三次包围罗马，城内的奴隶们为阿拉里克打开了城门，阿拉里克的蛮族军队在城内任意抢掠三天，大获而归。而罗马则遭到了毁灭性的打击。

在此之后的十年内，君士坦提乌斯三世作为霍诺里乌斯的共治皇帝，由于其卓越的领导才能和军事能力，理所当然地成为了帝国的军事首脑，也因此，帝国稳定了一段时间。

公元418年，西哥特王国在西罗马帝国阿基坦高卢行省建立，首都图卢兹，这是在罗马帝国境内第一个建立起来的蛮族王国。公元423年，霍诺里乌斯死后，瓦伦蒂尼安三世即位。公元439年，汪达尔—阿兰王国在西罗马帝国北非地区建立，首都迦太基，并建立了自己的海军，多次在海上突袭罗马帝国。

公元451年，匈奴人的首领阿提拉率兵入侵罗马帝国，被罗马帝国的名将埃提乌斯联合了西哥特王国击退。这位大将多次击退蛮族的进攻，英勇善战，却在公元454年爆发的马克西穆斯之乱中，被佩特罗尼乌斯·马克西穆斯杀死了。佩特罗尼乌斯·马克西穆斯使用阴谋先后杀死埃提乌斯和瓦伦蒂尼安三世，并且自己称帝。

公元 455 年，汪达尔人首领盖塞里克趁乱入侵，攻进罗马，佩特罗尼乌斯·马克西穆斯被杀，全城被洗劫一空。

在此之后，经历了种种的变故和侵略的西罗马帝国，已经遍体鳞伤，无法继续维持，当时的帝国只能用苟延残喘来形容。虽然后来又出现过八个皇帝，然而基本上都是傀儡。实权均被出生在蛮族的军事首领所掌握。

公元 476 年，大将奥多亚克反叛欧瑞斯特，废黜了罗慕路·奥古斯都路斯，并宣称效忠东罗马帝国皇帝芝诺，同时，将西罗马帝国的国徽转让给东罗马帝国，自此，存在了半个世纪之久的西罗马帝国灭亡。西罗马的灭亡标志着奴隶制在西欧的崩溃，西欧历史从此揭开了新的一页。

作为东罗马帝国的代理人，奥多亚克废黜开始统治亚平宁半岛地区。然而当时的东罗马皇帝芝诺并不承认奥多亚克。

公元 489 年，东哥德将领狄奥多里克在芝诺支持下，越过阿尔卑斯山，入侵亚平宁半岛。公元 493 年，狄奥多里克占领拉文纳，杀奥多亚克，成为东罗马帝国在意大利地区的总督。然而，实际上东罗马帝国对狄奥多里克并没有约束的能力。狄奥多里克透过一系列的联姻与其他一些日耳曼人建立的王国组成联盟。他把自己的妹妹嫁给汪达尔王国的国王，自己又娶了法兰克国王的妹妹，还将自己的两个女儿分别嫁给了勃艮第公国的国王和西哥德王国的国王，他也成了西哥德王国的摄政王。

公元 554 年东哥特王国最终被东罗马帝国查士丁尼一世派兵灭亡。公元 568 年，伦巴底人从北方翻越阿尔卑斯山，入侵亚平宁半岛，建立伦巴第大公国。公元 572 年定都帕维亚。而此时的东罗马帝国只保存了拉文纳一带狭长的地带。公元 751 年，拉文纳被伦巴第人占领。公元 774 年，伦巴第大公国被法兰克王国国王查理大帝推翻。

西罗马帝国灭亡后，东罗马帝国名正言顺的成为了罗马帝国的继承者。

## 拜占庭与东罗马

拜占庭其实是东罗马的别称，历史上的“拜占庭”最初是指位于波斯普鲁斯海峡的古城拜占庭。公元 7 世纪前半期，希腊人广泛开拓海外殖民城邦，在博斯普鲁斯海峡的亚洲一侧建立了察尔西顿城，后来又在该城对面的欧洲一侧建立起新的据点，并使用其首领柏扎思的名字为新城命名，称拜占庭城。

素有欧洲“历史之父”之称的希腊历史学家希罗多德（前 485—前 425 年）、地理学家斯特拉波（公元前 63—公元后 21 年）和古罗马史家塔西陀（56—120 年）等古典作家都在其作品中提到拜占庭城。

沧海桑田世事变迁，在数百年的历史中，拜占庭城几经沉浮，直到公元4世纪，君士坦丁大帝在古城旧址上扩建罗马帝国的东都，才使拜占庭城迅速发展，成为欧洲和地中海第一大都市，而拜占庭这个名字也因此闻名于世。

令人遗憾的是，西方文明常常被认为起源于罗马文明，之后便由各民族国家开始自己的国家进程，他们并不关心拜占庭的历史。虽然有一些基督徒在研究某些宗教文件时，会遇到关于拜占庭的问题，但是绝大多数人还是不承认拜占庭帝国的正统性。在中世纪，欧洲人普遍认为拜占庭是个傲慢的国家，这个国家没有一个人说真话，如果和他们接触就等于是接触了魔鬼。从此，拜占庭便成为一个独立的世界，被欧洲人遗忘在世界之外。

在罗马帝国分裂时期，原罗马帝国东部被称为“东罗马帝国”，帝国的君主自称为“罗马皇帝”，而当地的居民则自称“罗马人”，连他们的首都也冠以“新罗马”或君士坦丁堡。那么，我们使用的“拜占庭帝国”“拜占庭国家”和“拜占庭人”等名称究竟是从何而来？

这些称谓实际上是近代学者在其研究工作中开始采用的。拜占庭这个名称是16世纪以后的学者们为了研究工作的方便而沿用古城拜占庭的名称，以便将她与古希腊和罗马帝国相区别。

在中国的古代文献中，就有记载，将东罗马帝国称为“拂菻国”，还有一种说法叫大秦或海西国。不过随着时代的变迁和历史时期的不同，有时也指苫国（今叙利亚）等地中海东岸地区。两宋时代又用以称呼塞尔柱突厥人统治的小亚细亚。

我国著名佛家弟子玄奘所著的《大唐西域记》卷十一波剌斯国条所附西方诸国作“拂懔”；道世《法苑珠林》卷三九及所引《梁职贡图》作“拂懔”；慧超《往五天竺国传》作“大拂临”；杜环《经行记》《隋书》《旧唐书》等均作“拂菻”，各种异译都是伊朗语的汉字对音。

19世纪末，考古学家在蒙古高原上发现的8世纪突厥文毗伽可汗碑中作Purum。学者们多方考证，以上各种叫法，都出自阿拉伯人和波斯人对东罗马帝国的名称——Rūm。

在两唐书西域传以及杜环的《经行记》中都对拂菻国的物产、建筑、民俗等情况有详细记载。不过也有说法指出，在两唐书的记载中，有一部分被怀疑是从当时的唐代长安情况类推而来的。在唐代，长安与拂菻之间，西突厥汗廷与拂菻之间都有频繁的使节和商旅交往，特别是西突厥曾与它联合对抗波斯的萨珊王朝。景教（基督教聂斯脱利派）当自该地传来。《元史》卷一三四爱薛传有“弗林”“拂林”；戴良的《九灵山房集》卷九有“拂林”，据学者考证，此“拂林”当是Farang一词的音译，乃当时阿拉伯、波斯人对欧洲的称谓，亦即《明史》之佛郎机，非北魏、隋唐时期的拂菻。

德国著名的学者赫罗尼姆斯·沃尔夫（1516—1580 年）在整理、注释拜占庭历史学家的手稿时，发现中世纪希腊文献与古典时代的希腊文献有重要区别，他认为从中古希腊文献中可以得出许多有关拜占庭帝国的历史知识，呼吁学术界给以足够的注意，并应充分认识拜占庭历史在欧洲历史发展中的特殊地位。为了区别拜占庭作家和古希腊作家，他以德国人特有的严谨态度在公元 1526 年开始给前者的作品冠以“拜占庭的”字样。这样，他就成为开创拜占庭研究工作的第一位学者，而拜占庭研究工作也从此开始迅速发展，获得显著成就。沃尔夫的首创在当时拜占庭研究的重要阵地法国得到了承认。

公元 1680 年，法国著名历史学家、古币学家和考古学家西维奥尔·杜康也使用这一名称作为其《拜占庭史》一书的题目，用来说明这个以古城拜占庭为首都的东地中海国家的历史。杜康涉猎广泛，文学和艺术兼通，大器晚成，45 岁以后才开始发表作品，并积极参与领导拜占庭历史资料全集编辑工作。他对拜占庭语言学、系谱学、地形学和古币学的研究卓有成效，对拜占庭社会生活、君士坦丁堡地理和地貌以及中世纪希腊语所做的研究具有特别重要的学术价值，他的作品使“拜占庭”一词正式为国际学术界所公认。从此，学者们就把凡涉及这个古国的事物都冠以“拜占庭”，东罗马帝国也被称为“拜占庭帝国”。

## 拜占庭帝国的“掘墓人”

土耳其人被称为拜占庭帝国的“掘墓人”，13 世纪起，他们在小亚细亚的原罗姆苏丹国衰落以后，开始建立了奥斯曼土耳其国家，并开始统治奥斯曼王朝。

14 世纪前期和中期，奥斯曼土耳其国家在这几十年中发展迅速，基本上完成了对小亚细亚最重要的核心地区的征服。

究其原因，奥斯曼土耳其人为何能如此之快地建立国家并使国家迅猛崛起，经过历史的沉淀和审视，原因有二：第一，军事制度依托了宗教信仰。新兴的奥斯曼土耳其国家开始接受了伊斯兰教的统治方式，不但重视军队建设，还建立起政教合一的军事封建专制制度。高度中央集权和彻底的全民军事化使这个新兴的国家生机勃勃，具有强大的生命力，第二，国际环境有利。奥斯曼土耳其建国初期，就拥有了十分良好的发展环境。当时的西亚地区，特别是小亚细亚地区根本不存在强大的敌对势力，罗姆苏丹国已经瓦解，阿拔斯王朝也灭亡了，而雄霸一时的拜占庭帝国也早已贫弱无力，内外交困，根本无暇东顾。

14 世纪中期，在有利的国内和国际环境中，土耳其人大举扩张，迅速控制了黑海、马尔马拉海和爱琴海沿小亚细亚西北地区，这也奠定了奥斯曼土耳其帝国发展的基础。

14 世界中后期，奥斯曼土耳其人将势力扩大到欧洲，并完成了对整个小亚细亚地区和巴尔干半岛部分地区的占领，控制了这一地区周围各个海峡，成为名副其实的奥斯曼土耳其帝国。

原属于拜占庭帝国的疆域被奥斯曼土耳其帝国占据了。在这片肥沃辽阔的领土上，苏丹巴耶扎德迫使所有民族向他屈服，不仅如此，他还要求包括拜占庭帝国在内的各国君主都必须向他称臣纳贡、送子献女，或作为人质，或作为妻妾，而他则以宗主身份对各国君主发号施令，左右各国朝政，决定君主兴废，如有不从和反叛则无情镇压。他骄傲地以天子自居，而其他帝国的领导者都基本上已成傀儡。

约翰五世也早已向奥斯曼土耳其帝国俯首称臣。公元 1390 年，约翰五世希望加固君士坦丁堡自马尔马拉海到黄金角湾沿海的一段城墙，然而才刚开始动工就被巴耶扎德叫停。所以当时的拜占庭，对于国事还是军事，都已经失去了绝对的自主权。一些决定都需要听从土耳其帝国的命令。次年，约翰五世去世，曼纽尔逃回君士坦丁堡即位，这件事惹得巴耶扎德大为震怒，他下令封锁了君士坦丁堡长达 7 个月，并要求曼纽尔二世割让首都君士坦丁堡的部分城区给土耳其人，并允许土耳其人在那里建立清真寺，同时要求增加年贡，开发加拉大商业特区作为奥斯曼土耳其帝国军营，明目张胆侵略。

而仍有反对土耳其人的民族，如波西尼亚人、瓦兰吉亚人、罗马尼亚人和保加利亚人，但是他们并没有成功，被巴耶扎德派兵镇压了，甚至将他们驱逐出故土，安置在小亚细亚地区。

为了在政治上拥有绝对的权力，争霸邻国，巴耶扎德以最高宗主的名义召集巴尔干半岛各国君主会议，并强迫他的臣属国的君主，即拜占庭皇帝、米斯特拉专制君主、法兰克的阿塞亚侯爵和塞尔维亚君主到会。

到 15 世纪初，他已经为最后攻占君士坦丁堡做好了准备。

## 君士坦丁堡的“凄然离席”

公元 1451 年，征服拜占庭帝国的事业由穆罕默德二世登基开始。并由其（1451—1481 年在位）完成的。

当时，巴尔干半岛上的国家已经臣服了土耳其人，色雷斯、马其顿、保加利亚和希腊均已处于奥斯曼土耳其帝国的直接统治下；而拜占庭、塞尔维亚、波西尼亚、瓦兰吉亚和莫利亚也已经承认了苏丹的宗主权，缴纳贡赋、提供军队。这一切的形势对土耳其人来说，都有着极大的优势去征服拜占庭帝国。

虽然西欧各国和土耳其人并不和睦，然而当时的西欧各国君主正处于专制王权形成的关键时刻，根本无力顾及东方事务。而曾经凌驾于西欧各国君主之上的教皇也早已从基督教世界领袖的地位上跌落下来了，无法组织起十字军。经济实力强大的意大利人，特别是威尼斯和热那亚两国，正在为商业霸权激烈交锋，打得难解难分。当时的欧洲和西亚没有与奥斯曼土耳其帝国抗衡的力量，也不存在能够阻止奥斯曼土耳其帝国夺取君士坦丁堡的势力。

奥斯曼土耳其帝国的国力空前强大。国内外的形势虽然都十分有利，但谨慎的穆罕默德二世仍然为攻城做着最后的准备，这也表现了他作为一名优秀政治家的精明和军事家的战略洞察力。

他为了达到目的使用了策略——孤掌难鸣。他与所有有关的背后力量进行了谈判，从而将拜占庭人自己分离到一角，即孤掌难鸣。公元 1451 年 9 月，威尼斯人得以保持了中立，前提是不介入威尼斯和热那亚战争。同年 11 月，他又与匈牙利国王订立和平条约，以不在多瑙河上建立新要塞的承诺换取了匈牙利人的中立。

同时，他进行攻城的军事准备，组建莫利亚军团和阿尔巴尼亚军团，前者用于在希腊方向上作战略牵制，防止土耳其军队在攻击君士坦丁堡时遭到两面夹击，而后者用于阻止马其顿西部可能出现的西欧援军。他还组织了大规模的军火生产，特别是用于攻城作战的军事器械，专门高薪聘请匈牙利火炮制作工匠乌尔班指导生产了当时世界上最大的巨型火炮，其口径达 99 厘米，可发射 1200 磅（相当于 448 公斤）重的石弹，是攻击君士坦丁堡高大坚固的城墙最有效的武器。他还在博斯普鲁斯海峡最窄处建立鲁米利・希萨尔城堡和炮台，配置强大的火炮，它与海峡对面的阿纳多利・希萨尔城堡隔水相望，有效地封锁海峡，以阻止从海上可能对君士坦丁堡的援助。

君士坦丁堡之围

人们向来以为守城要比攻城安全得多，所以往往守城的人总是会轻敌，然而他却不是。面对着敌方穆罕默德二世有着条不紊的备战计划，战火一触即发，紧张的战争气氛让守城的拜占庭皇帝君士坦丁十一世（1449—1453 年在位）也处于紧张迎战的状态，他动用了几乎所有的的力量备战。一方面向几乎所有的欧洲和罗马教廷派出使节，请求援助；另一方面与莫利亚地区的希腊专制君主、他的兄弟联系，希望他们停止内战，增援危急中的首都。但是，所有的欧洲国家君主除了表示同情和开具出兵援助的空头支票以外，没有及时做出任何具有实际意义的行动，即使个别君主答应并派出了的小股部队，但是对于抵抗即将到来的土耳其人的大规模攻击来说仍是杯水车薪、无济于事。莫利亚地区的拜占庭帝国皇室成员内争正酣，彼此誓同水火，对君士坦丁十一世的呼吁根本不予理睬。而现在，君士坦丁十一世的处境十分不利，战斗力远远不及敌方。尽管拥有强大战斗力的热那亚队伍，可所有的防御力量包括外国志愿军不足 8 千人，此时，君士坦丁十一世陷入了进退两难的尴尬境地。然而此时，拜占庭人仅有的 26 艘船在海边一字排开，防守在黄金角湾入口处的铁链之后。

拜占庭帝国皇帝最后的搏杀十分悲壮，值得我们稍做详细叙述。公元 1453 年，穆罕默德二世开始部署围攻君士坦丁堡的部队。据不同史料记载，参加这次战役的攻城部队有 10 ~ 20 万人，其中包括奥斯曼土耳其帝国精锐的禁卫军上万人和阿纳多利亚军团万余人。穆罕默德还将 50 多门大炮分成 14 个炮群，耗时两个月之后，君士坦丁堡终于得到了从铸造地亚得里亚纳堡运来的最大的巨炮。除此之外，海峡周围几乎已被完全包围，土军将拥有的所有战船用在此处，其中包括 15 艘大型军舰。除了对海峡的包围，土军将陆地上的所有道路也全部拦截，并在城堡外 1200 米处安营扎寨。

几乎完全包围的攻城战术和紧张的守城的战争一触即发，战火即将开始。终于，4 月 6 日，奥斯曼土耳其军决定开始攻城，炮火一开，顿时灰飞烟灭，烟雾缭绕，炮火声震耳欲聋。主城门圣罗曼努斯门也承受不住这 50 架重炮的攻击，终于也倒塌了，城堡就这样被摧毁了。在战斗实力极为悬殊的情况下，君士坦丁十一世依旧毅然决然地带领士兵守护着城堡，守城士兵也勇敢的奋起反击，散发着大无畏的英雄气慨勇往直前，君士坦丁十一世将有限的兵力分为 14 个防区，并留有后备队随时增援薄弱部分。当土耳其军队准备从炮火轰开的城墙缺口进攻时，却受阻于护城河，于是苏丹下令使用大量灌木填平河道，而守军则利用这个机会迅速修复缺口。经过几十天试探性的进攻，奥斯曼土耳其军队于 18 日对几处缺口同时发起陆地进攻。吼声震天的土军将士挥舞弯弯的战刀，越过护城河，在高大的活动塔楼上施放的弓弩流石的掩护下，蜂拥直冲到城下，顺着云梯或塔楼天桥向城墙进攻。希腊人则使用陈旧的武器，不断地向敌军投掷希腊火，飞箭流石如暴雨倾泻而下，土军死伤惨重，不得不停止进攻。

海上进攻从 19 日开始，奥斯曼土耳其军队先攻占了君士坦丁堡的滩头阵地，而后强攻黄金角湾，企图冲破横在湾口的粗大铁链，从城墙薄弱点攻进城内。但是，集中在此的希腊、热那亚、威尼斯联合舰队在卢卡斯大公指挥下，以猛烈的炮火和希腊火击退土军舰船的多次进攻。当时，奥斯曼土耳其海军军事技术比意大利人略逊一筹，因此，第二天，竟然有 3 只热那亚军舰满载士兵和军援，以猛烈的船上火炮冲破土耳其人严密的封锁线，成功地驶入君士坦丁堡湾。愤怒的穆罕默德二世因此用权杖打倒了他的海军司令。他亲自视察了前线，观测地形，提出大胆的进攻计划，企图攻入黄金角湾。

22 日夜晚，土军士兵人推牛拉将 17 艘 20 米长的战船从陆地拖进黄金角湾，他们用木板铺地，上涂黄油，把船拉上 41 米高的佩拉山丘，而后顺坡滑入黄金海湾深处，陆上拖拉距离大约 1 330 米。次日，土军舰队进入海湾的消息对守城将士产生了极大的心理影响，因为，这意味着守城舰队处于腹背受敌的危险境地，还意味着城防的薄弱点暴露在了敌人的面前，极为有限的守军必须抽调相当一部分力量防守海湾一侧，从而影响防务的整体布局。

如今战况已经明了，面对这极为悬殊的战斗实力，君士坦丁终于做出了决定，那就是和谈。23 日，便派出代表向土军说明意图，然而遭到了拒绝。现在的土军是不会同意和谈的，从现在的战况来看，土军是要和城堡决一死战。君士坦丁没有达到和谈的目的，只能继续进行战争。所幸的是，进入海湾的土耳其舰队没有发挥重要作用：一来守城舰队船小灵活，不断袭击笨重的土军大船，使之难有作为；二来由于守城舰队的骚扰，原来就不善于水上作战的土耳其水兵在攻城时屡屡受挫。海上进攻的唯一意义在于牵制了君士坦丁堡守军的兵力和注意力，并造成其心理压力。

已经没有战斗力的君士坦丁堡依旧奋力抵抗着，君士坦丁动用了城堡里的所有人奋起抗争，不只是士兵，甚至男女老少，僧侣、尼姑全都到了战争前线，并且亲自指挥。土军将攻击重点放到了圣罗曼努斯门，动用了所有重炮攻击，企图由此打开进城的道路，但是由于乔万尼·贵斯亭尼安尼部队的殊死抵抗而未能成功。面对君士坦丁堡城墙的缺口，穆罕默德乘胜追击，不停地向城墙缺口攻击，但是由于君士坦丁堡内的所有人都加入到了战争中奋力抵抗，以最快的速度修复城墙的缺口，最后城墙的缺口并未攻击成功。

这样不停的拉锯战，君士坦丁堡久久未攻下，土军这次决定制定精密的战略一次拿下。18 日，土军开始实施计划，他们不再一直靠炮火直接攻击，要从另一角度进攻。土军借助了体积高大的活动塔楼，他们将活动塔楼运过了护城河用来掩护攻城部队，也可以借助其直接攻上城头。然而战争并没有他们想象的那么顺利。经过一整夜的进攻，并没有成功，反而被不足千人的守军打退无数次，城墙下堆积着土耳其人的尸体，庞大的攻城塔楼被希腊火点燃，成了巨大的火把，土军死伤惨重，被迫停止进攻。

穆罕默德见地面、"空中"、水上的进攻均未奏效，遂下令挖掘隧道，从地下攻入城内，但是，不能保守秘密的地道战很难起到出其不意的作战效果，最终也归于失败。守军此时精神大振，他们已经从最初对奥斯曼土耳其大军兵临城下的恐惧中解脱出来了，并且已经顶住了敌人各种方式的进攻、已经在数十倍敌军轮番攻击下坚守了40多天。

他们收集了城中可以用来加固城墙的所有东西修补3处坍塌的城墙，砖石瓦砾、土袋棉被都被派上了用场。他们同仇敌忾，誓与城市共存亡，21日—25日，又击退土军14次进攻。但是，抵抗似乎到了尽头，修补城墙缺口的速度放慢了，特别是口粮不足使守军各部之间口角频生，威尼斯人和热那亚人的争吵几乎到了兵戎相见的地步，幸亏君士坦丁十一世出面调解，将他们分配在不同防区。

5月28日，土军总攻开始了。为了统一思想，鼓舞士气，穆罕默德举行了战前首脑会议，下令全军休整，准备最后的攻城战。他亲自视察各军团，对将士们发表鼓舞士气的讲话，宣布攻占城市后许可全军将士抢劫3日，除了城市本身，城中一切财产，包括居民和金银财宝都属于胜利的将士。这一系列战前动员使土军士气大振，当夜幕降临时，君士坦丁堡外无数营地的篝火映红了夜空，海面上土军舰船都点燃了火把，全军高奏土耳其乐曲，士兵们高唱胜利之歌，鼓噪之声，震耳欲聋，君士坦丁堡内的军民听到后都惊恐万分。面对着四面楚歌的情况，他们清楚的意识到最后的时刻来到了。于是君士坦丁十一世决定做最后的结束仪式。他命令军民举行全城祈祷仪式，被人们尊敬的圣母子像被抬上城头巨大的缺口中央，接受着军民神圣的歌声和祈求声。祈祷完之后而后，长长的祈祷行列缓缓返回圣索菲亚教堂。

5月29日，礼拜四，凌晨子时，奥斯曼土耳其军队发起了征服君士坦丁堡的总攻。穆罕默德下令水陆并进、三面同时发起攻势，进攻的重点是主城门圣罗曼努斯城门，他要求各部队不间断地连续进攻，直至破城。第一攻击波持续了两个时辰，由外籍兵团和非主力部队担任主力，但是出乎意料的是，尽管君士坦丁堡已经没有什么战斗力了，却并没有那么容易攻击。进攻的土军被守军奋力抛掷的火弹和弓箭击退，伤亡严重。土军并没有停止攻击，而是继续着战略计划，由纪律严明的阿纳多利亚重装精锐军团担任主力继续发动第二攻击波，他们直接攀上城墙，进入城墙的缺口，而守军弹药弓箭几乎耗尽，双方直接展开了激烈的肉搏战。

然而，即使君士坦丁堡的弹药弓箭几乎耗尽，直接展开肉搏战的土军仍未那么容易取得胜利。因为君士坦丁手下有着骁勇善战的圣罗曼努斯城门守军主将乔万尼·贵斯亭尼安尼及其部下，他们在战斗中英勇无比，凭着惊人的战斗力，逼退了攻入城内的敌军。然而此时仍未攻下城堡让苏丹愤怒不已，当即下令重炮攻击城墙缺口，密集的炮火使城墙渐渐被摧毁，却仍未能成功，但是，乔万尼·贵斯亭尼安尼胸部负重伤，奄奄一息，撤出了战斗，使君士坦丁十一世失去了重要的助手。天将破晓，穆罕默德动用全军最后的预备队、精锐的禁卫军团发起第三次攻击波，此时土军士兵发狂的叫喊着，挥舞着军刀，他们此时充满了战斗力，势必要攻下君士坦丁堡，奋不顾身的冲向城墙的缺口，面对着汹涌而来的进攻，君士坦丁十一世依然带领筋疲力尽的少数战士奋力反抗着。然而，寡不敌众。尽管君士坦丁十一世奋力抵抗，土军已从城堡的其他方向攻入，城堡还是渐渐陷落。城堡的中心插上了土耳其人的战旗，这就代表着君士坦丁陷落了，城市陷落的丧钟响彻全城，拜占庭帝国末代皇帝仍然阻挡在穆罕默德进城的道路上，直到敌人将他团团围住，最后战死，君士坦丁陷落了。

经过了长期的拉锯战，久久未攻下的君士坦丁堡终于被攻下了，胜利的土军兴奋不已，他们冲入城堡，开始了烧杀掠抢，以此将他们长期积累的愤怒和现在的喜悦发泄出来。无论男女老少，都将死在土军的刀下。城内的居民看到发疯似的土军之后惊慌不已，然而他们只能祈求上帝的庇护，于是争先恐后抢躲进巨大的圣索菲亚教堂，紧闭大门，祈求上帝在最后的时刻显灵，拯救他们。但是，奇迹没有发生，门外传来的却是利斧劈门的可怕声音。幸存的居民大多被俘为奴，城中仅剩的金银财物被洗劫一空。事实上抢劫仅进行了一天，在抵抗完全停止后，精明的穆罕默德即进城，宣布提前停止抢劫，因为他要的不是一个被摧毁的城市废墟，而是一个完整的首都。君士坦丁堡的陷落标志着拜占庭这个具有千余年历史的国家寿终正寝。

为了防止拜占庭国家死灰复燃，穆罕默德在此后 14 年中继续剿灭帕列奥列格王朝后裔，公元 1460 年，吞并了该王朝最后一块属地，王朝最后的男性继承人迪米特里和托马斯，一个被关押在君士坦丁堡，另一个客死科浮岛。公元 1461 年，穆罕默德灭亡了最后一个希腊人国家，即由科穆宁王朝统治的特拉比仲德帝国，将皇帝大卫一世（1459—1461 年在位）及其 7 个儿子扣押在君士坦丁堡，几年后，将他们全部杀害。

拜占庭的灭亡，不仅仅是一个帝国的消失，更是一种文化的遗失。君士坦丁堡在11世纪时始终是世界文明和文化的中心，它曾在学术和艺术中都留下了光辉的遗产。

拜占庭帝国灭亡了，但是其精神永存。其信仰、文化和政治生活的概念仍然发挥着作用。其影响不仅在曾经是拜占庭领土的那些国家，而且在拜占庭帝国旧疆界以外的国家仍然存在。拜占庭文化在西欧和东欧甚至具有更深远和强大的影响。

# 第二章　光辉下的王朝

## 狄奥多西王朝

狄奥多西王朝（395—457 年）的第一位皇帝——弗拉维·阿卡狄乌斯。

弗拉维·阿卡狄乌斯，是狄奥多西一世（347—395 年在世，379—395 年为罗马帝国皇帝）的长子，西罗马皇帝霍诺留（384—423 年在世，是狄奥多西一世的次子）的哥哥。阿卡狄乌斯曾与父皇狄奥多西一世同朝执政（383—395 年）。父皇临死前把帝国分与二子。他得东部，他的弟弟霍诺留得西部。罗马帝国自此分裂为东西两个国家。

阿卡狄乌斯生于公元 377 年（一说 378 年），五岁的时候，格拉提安皇帝去世，他便拿到了“奥古斯都”的头衔。但直到公元 395 年狄奥多西一世皇帝离世，他才名正言顺的成为东部帝国的无上国君。

狄奥多西一世

公元 395 年开始，阿卡狄乌斯便正式成为了罗马帝国东部唯一的统治者。公元 402 年他指定自己的儿子狄奥多西二世为同朝皇帝。同期划疆而治的西部帝国皇帝是他不足十岁的弟弟弗拉维乌斯·奥古斯都·霍诺留。

虽然之前在历史中罗马帝国曾多次出现过分裂和分治局面，但最终都能由一个皇帝在权力或名义上恢复其统一。然而，自从阿卡狄乌斯与他的弟弟弗拉维乌斯两个人分别在罗马和君士坦丁堡登基以后，无论是实权还是名义上的，罗马帝国就再也不可能重新统一了。

阿卡狄乌斯在位期间潜心基督教，且听任权臣弄政，而边境也常遭哥特人的侵袭。他虽然名义上是东部帝国的皇帝，但他基本上不问政事，而是把国务军务统统交给给自己的属下。而这些得到皇帝授权的大臣，并没有承皇恩，而是肆意妄为，并且顺理成章地成为了东部帝国的实际主宰者。

当时年轻的阿卡狄乌斯身边有一些父王留下来的大臣，鲁菲努斯就是其中一位。他是在狄奥多西皇帝在世时被提拔的。这位野心勃勃又仗势侵权的大臣，在攀升自己的地位时，不惜一切代价，用残酷和恶毒的手段除掉了自己前进路上的敌人，甚至盟友，最终无视年老的狄奥多西皇帝和年幼的阿卡狄乌斯皇帝，大权独揽。

大权在握的鲁菲努斯却一点也不满足于现在的权势，他还打算把女儿嫁给阿卡狄乌斯皇帝，自己成为国丈。但这种企图并未如愿，并且遭到拒绝后，他的权势也渐渐下滑了。

自狄奥多西一世去世之后，鲁菲努斯的仕途也基本上到达了尽头，这是因为他几乎已经把所有的人都得罪了。最后的下场被西部帝国的名将斯提利科（359—408 年在世）杀死了。

鲁菲努斯死后，阿卡狄乌斯似乎习惯了依赖别人，于是他又开始重用宦官优特罗皮乌斯（卒于 399 年）。

由于阿卡狄乌斯的不问朝政，两任宠臣的统治使得阿卡狄乌斯统治东罗马帝国的十四年，国内政治一直处于黑暗状态，而阿卡狄乌斯的这种软弱气质似乎也遗传给了后来的东罗马帝国的皇帝们，不过这又是后话了。

然而尽管如此，阿卡狄乌斯皇帝统治的后宫有个能干的妻子奥多西娅（公元 404 年去世）。奥多西娅和禁卫军长官安特米乌斯把持朝政多年，阿卡狄乌斯却只是名存实亡的帝国皇帝。

公元 408 年，而立之年的阿卡狄乌斯英年早逝，年仅 7 岁的狄奥多西二世作为阿卡狄乌斯和皇后奥多西娅唯一的儿子，独掌东罗马的皇权，公元 408 年—450 年在位为东罗马帝国皇帝。

7 岁的狄奥多西二世继承皇位的时候，父母都已经离开了人间，年幼的他还不知道自己即将面临的是主少国危的情况。阿卡狄乌斯去世之前，也是考虑到了儿子年幼，不懂朝政的情况，十分大胆地和萨珊王朝的国王叶兹德格德一世签署了一份遗嘱，遗嘱上授意让波斯国王行使对东部帝国的监督权。国内，阿卡狄乌斯组建了由一些忠心权贵和皇家卫队统领组成并由安特米乌斯为首的摄政委员会。

虽然在位期间没有什么建树，但是阿卡狄乌斯的这番精明的部署，内有重臣保护，外有同盟监督，使狄奥多西二世安然地度过危险的童年时期和统治初期。

可是，阿卡狄乌斯为什么宁愿把监督权交给不同信仰的波斯帝国，也不愿向西罗马的皇帝，他的亲弟弟，狄奥多西二世的亲叔叔——弗拉维乌斯提出这样的请求呢？这说明，当时的东西罗马帝国之间的隔阂已经很深了。

二十年后，长大成人的狄奥多西二世组织了一个委员会，专门负责编纂整理从君士坦丁大帝开始的所有法律文献，历经十年，终于在公元 438 年完成了《狄奥多西法典》，此法典为 100 年后查士丁尼的法典的编制提供了基础和依据。

狄奥多西二世在位期间（408—450 年），东罗马日渐昌盛。而当时的西罗马帝国遭到日耳曼蛮族的彻底洗劫。由于东罗马帝国富强昌盛，加上狄奥多西二世在位时修建了长城，使得日耳曼蛮族对东罗马避而远之，东罗马得以在日耳曼人的民族大迁徙浪潮中，保持了相对的平静。虽然没有受到大的洗劫，但是帝国多少还是受到了阿提拉匈人的入侵和洗劫，帝国不得不像这些蛮夷之族求和。

在狄奥多西二世统治期间，他曾协助西罗马帝国进行防御，还将自己的女儿许配给西罗马帝国的皇帝瓦伦提尼安三世，东西罗马帝国关系似乎有了好转。

狄奥多西二世在位时，还创建了中世纪时期闻名世界的君士坦丁堡大学。

公元 450 年，狄奥多西二世意外死于一起马术锻炼，享年 49 岁。

狄奥多西二世去世后，他的姐夫马西安继承皇位，并且是狄奥多西王朝的最后一位皇帝。

马西安（396—457），狄奥多西二世的姐姐普尔切利娅的丈夫。马西安曾经是属于东罗马军队的士兵，而且还参加了对波斯和汪达尔的战争，并被汪达尔人俘虏。在被释放后，他担任了帝国的保民官。狄奥多西去世后，马西安娶了他的继承人普尔切利娅，并得以被推举为东罗马皇帝。马西安是拜占庭帝国狄奥多西王朝末代皇帝，公元 450 年—457 年在位。

马西安成为皇帝后，拒绝向阿提拉纳贡，从而导致匈奴入侵。马西安一改以往对匈奴的退让求和政策，对匈奴主动出击，军人出身的他，带领军队英勇杀敌，使得阿提拉连连败退，不得已退出了东罗马，转而进击高卢和意大利。他还打败了叙利亚人和埃及人的叛乱，并击退了亚美尼亚人的入侵。

马西安在位期间十分节俭，禁止浪费，并向被蛮族摧毁的地区移民，衰弱的东罗马国力在他统治期间迅速恢复。东罗马帝国一直保持兴盛，在他死时，国库黄金十分充裕。但他小心翼翼的拒绝在国外进行耗资巨大的军事冒险，公元 451 年召集第四次基督教会议——著名的卡尔西顿会议，会议坚持正统的基督教教义即基督有神人二性，反对基督一性论。

尽管马西安统治时间不长，但他统治期间，国家局势稳定，被认为是东罗马帝国的黄金时代，而繁荣的东罗马帝国与当时的西罗马的动乱局面形成了鲜明对比。他被认为是拜占庭早期最有作为的君主之一。后代的东正教会封他和他的妻子为圣徒，并规定每年的 2 月 17 日为纪念圣马西安夫妇的纪念日。

马西安死后由立奥一世继承皇位，从此进入立奥王朝时代。

## 立奥王朝

立奥一世（401—474 年），原是拜占庭的色雷斯（巴尔干东部行省）总督，相当于省长的职位。公元 457 年狄奥多西王朝的最后一个皇帝马西安去世后，野心勃勃的立奥一世与伊苏里亚（小亚细亚南部行省）总督齐诺商量，希望齐诺支持他加冕成为皇帝，当然支持需要交换条件，那便是立奥一世答应齐诺可以娶到他的女儿，这便意味着，齐诺将有资格继承无子嗣的立奥的皇位。公元 457 年 2 月，君士坦丁堡长老为立奥加冕，从此开始了拜占庭立奥王朝时代。而立奥一世理所应当地成为了立奥王朝（457—518 年）的第一任皇帝。

立奥统治期间，拜占庭遭到了西哥特人和匈奴人的相继入侵，但由于狄奥多西长城的建立，使得拜占庭免遭灾难。但在和汪达尔人作战时，惨遭失败。

公元 474 年，73 岁高龄的立奥患痢疾去世。继任人为立奥二世。

立奥一世没有儿子，只有一个女儿，在上文中已经提过，嫁给了齐诺。而立奥二世正是齐诺和立奥女儿的儿子，立奥一世的外孙。公元 474 年，年仅 7 岁的立奥二世即位，由他的父亲齐诺摄政，然而 10 个月后，年幼的立奥二世突然去世，死因不明。

也许有人会怀疑是不是他的父亲齐诺害死了儿子，觊觎皇权？也有人说，齐诺当时已经是实权在握，不可能害死自己的亲生儿子。真相到底是什么，已无从考证，但可以确定的是，齐诺是拜占庭早期最卓越的君主之一。

齐诺是伊苏里亚人（据相关材料推测是现在库尔德人的祖先），虽然伊苏里亚人早已拥有拜占庭的公民权，但蛮族的身份在拜占庭人中并没有改变。齐诺由于作战勇敢得到立奥一世的赏识，并与之结盟。此后他为立奥一世四处征战，先后击败了匈奴人和汪达尔人。但由于他的“外国”血统，他即位后先后受到了以立奥一世的大舅子以及立奥一世妻子（他岳母）为首的元老院的反对，直至公元 476 年他才得以进入君士坦丁堡，铲平内乱。此后他和废除西罗马帝国皇帝的蛮族首领奥多西克达成了协议，奥多西克承认齐诺为全罗马的皇帝。他还击退了东哥特王国的提奥多里克国王的威胁。在他的统治下拜占庭帝国越发稳固，为此后查士丁尼时代的大反攻，打下了基础。

齐诺在位期间，政绩突出，为东罗马帝国创造了第一个辉煌的时期。

公元 491 年齐诺去世后，阿纳斯塔修斯一世（491—518），将他的妻子和皇权一起继承了下来。成为了拜占庭皇帝。在成为皇帝之前，他是君士坦丁堡宫廷里一位颇受尊敬的官员。

确切地说，阿纳斯塔修斯一世先被宫廷主管推举为皇帝，为了使他的皇位继承合法化，他又娶了齐诺的遗孀阿里阿德涅（立奥一世的女儿）。

阿纳斯塔修斯一世确实很有能力。在他统治期间，拜占庭帝国充满了活力。492—496 年，他打败了齐诺弟弟领导的伊苏里亚人的叛乱。公元 502—505 年，爆发了波斯拜占庭战争的序幕，拜占庭以 1 000 磅黄金换取了和平。此后拜占庭的巴尔干诸行省开始受到斯拉夫人和保加尔人的入侵，于是阿纳斯塔修斯在君士坦丁堡外围修建了著名的阿纳斯塔修斯长城，从北海岸一直延伸到了南海岸。此长城在中世纪君士坦丁堡的历次保卫战中，发挥了极其重要的作用。

公元 518 年，阿纳斯塔修斯一世去世，享年 88 岁。近卫军队长查斯丁一世用利用形势登上皇帝宝座，建立查士丁尼王朝，取代了立奥王朝。

不得不承认，立奥王朝某种程度上恢复了安东尼王朝的贤人继承制度，包括芝诺在内，各个都不是吃素的。在谈到西帝国灭亡而东帝国生存下来的问题上，除了经济优势和区位优势处，这些没多少血缘关系的皇帝们的努力也是不可忽略的，他们改革制度，努力作战，才保证了帝国在最危险年代里的生存和繁荣。

## 查士丁尼王朝

公元 518 年，在阿纳斯塔修斯去世后，查士丁作为一名将领，并且掌握君士坦丁堡城的实权，68 岁高龄的查士丁被选举为皇帝（在拜占庭希拉克略王朝之前，皇位继承是令宫廷和元老们十分伤脑筋的事情，因为当时大多数的拜占庭皇帝都有同性恋的喜好，所以很少有子嗣）。

作为一个职业军人，查士丁之前并没有接触过国家的管理工作，更没有多少管理国家的经验，所以他管理国家大多数时候是依靠他的几个侄子，其中最杰出的当然就是日后名垂青史的查士丁尼。

在查士丁时期（518—527 年），当时的查士丁已经年迈，而年轻又聪明的查士丁尼事实上已经在替他的叔叔摄政了。

公元 527 年，查士丁去世，查士丁尼理所当然地继承了皇位，从此开启了拜占庭帝国的鼎盛时期。

查士丁尼（483—565 年）是中世纪欧洲最重要的君主之一。他在位期间（527—565 年），组织编制的《查士丁尼民法大全》以及他的将军贝利撒留的征服活动，使拜占庭帝国的声望达到了顶点。他因而也被称为“最后一位罗马皇帝。”并被人们尊称为大帝。

查士丁尼一世统治时期政绩斐然，事迹众多。最著名历时最久的，应属和波斯国的拉锯战了。

公元527年，即将延续百年的波斯和拜占庭战争爆发；公元528年—531年，双方在美索不达米亚平原拉锯，最终在公元532年达成了和平协议。

公元540年，萨珊皇帝库斯鲁一世一路横扫拜占庭幼发拉底河至叙利亚沙漠的防线以及亚美尼亚，在取得了重大战果后，公元545年被拜占庭击退，不得不再次接受拜占庭的和平协议。

公元549—562年，拜占庭和波斯再次在高加索山麓的科尔齐斯王国拉锯，至公元562年，拜占庭大败波斯，迫使波斯放弃对科尔齐斯的领土要求，并再次签订了拜占庭以财富换和平的协议。

除了波斯的防御状态，查士丁尼在欧洲和北非则四处出击，公元533年，贝利撒留仅率领15 000人远征北非，不久后便攻陷汪达尔王国都城迦太基，汪达尔灭亡。此后150年，北非一直在拜占庭的统治下。

公元535年，贝利撒留终于抵达西西里，随后便开始了对意大利和达尔马提亚的东哥特王国的进攻。但此后东哥特人多次反叛，直至公元552年，拜占庭才彻底攻下了东哥特王国。552年，拜占庭趁西哥特王国内乱，查士丁尼派兵迅速夺取了伊比利亚半岛南部地区。至此，拜占庭帝国已经收复了除了高卢以外所有的罗马帝国失地。

除了领土收复，查士丁尼还花了很大力气和精力编制法律，他将罗马法系统整理并于公元529年发表名为《民法大全》的法律全书。533年编写了《学说汇纂》（又称《查士丁尼法典》），这部著作汇集了大量罗马法学家对于罗马法的司法解释，代表着罗马法的最高成就。此后直到20世纪，《查士丁尼法典》对于司法和法律的解释，仍然是采用罗马法的欧洲国家法律的唯一标准。查士丁尼对人类法律这样高的贡献，无论怎么评价都不会觉得过分，堪称“欧洲法律之父”。

圣索非亚大教堂位于君士坦丁堡，它是查士丁尼时代另一项伟大的创造。

查士丁尼时期，君士坦丁堡教会进行的“基督两性论”和埃及与叙利亚教会的“基督一性论”（即耶稣只有神性，没有人性）的争论激化。查士丁尼为了维护帝国内部的团结，严厉压制一性论，但事与愿违，帝国内部的裂痕也由此深化，埋下了此后帝国内部与埃及及叙利亚之间的矛盾。

公元540年起，黑死病（鼠疫）从君士坦丁堡开始蔓延，整个欧洲均未能幸免，惨遭病痛的侵袭。

公元565年，查士丁尼大帝以83岁高龄去世。他去世的日子11月14日也被后人尊为纪念日，他和他的演员妻子提奥多拉均被后来的东正教会封为圣人。

查士丁二世（520—578 年在世，565—578 年在位）是查士丁尼一世的侄子，查士丁尼一世于公元 565 年 11 月 14 日逝世后继承了皇位。在统治早期，查士丁试图将基督一性论派拉拢入东正教会，对持基督一性论的教徒采取了包容的政策。然而在公元 571 年 3 月，查士丁签署颁布了一份迫害反一性论的教规。

查士丁二世在位期间（565—578 年），公元 568 年，伦巴第人入侵意大利，查士丁二世不得不放弃了意大利的北部和东部地区。此后拜占庭又遭阿瓦尔人入侵。公元 571 年，查士丁和突厥联合起来同波斯再起战端。但在叙利亚被波斯库斯鲁一世打败。

公元 573 年 11 月，在得知德拉陷落后，查士丁二世变得精神错乱。公元 574 年，皇后索菲娅代表他同波斯进行了和谈。并且由于受到其妻子索菲娅的诱导，查士丁二世将提比略将军收为义子，并于公元 574 年 12 月授予“凯撒”（其实是副皇帝）的头衔。尽管此后查士丁名义上仍然是皇帝，但实际已经让位隐退，直至去世。而此时的真正掌握皇权的人是提比略。

令人惊讶的是，自查士丁一世起，所有的查士丁尼王朝的皇帝均没有子嗣，堪称奇观。提比略以这点亲戚关系，得以继续维持查士丁尼王朝的世系。提比略即位后，改名君士坦丁。他在位期间（包括任凯撒期间），先后击败了波斯人、西哥特人和北非的摩尔人的入侵。但同时由于他的大军都用来和波斯作战，所以无力阻挡从公元 579 年开始的斯拉夫人向巴尔干半岛南迁的浪潮。此后斯拉夫问题逐渐成为了帝国内部最大的问题。

在位仅仅四年后，提比略去世，他的女婿莫里斯一世即位。莫里斯一世（582—602 年在位），原来是拜占庭的将军。他是拜占庭著名军事家，曾经著有海陆军协同作战理论的军事著作。

莫里斯在位期间，战火几乎燃遍了帝国全境。公元 591 年，波斯内乱，莫里斯发兵 7 万助库斯鲁二世夺得皇位，并攻陷了波斯都城泰西封。于是波斯将亚美尼亚等地割让给了拜占庭，并与拜占庭签订了“永久和平协议”。

在巴尔干，他和斯拉夫人作战，赢得了不少胜利。在意大利和北非，他击败了伦巴第人和摩尔人的进攻，并将这些地方交给当地的军事统帅（总督）来统治。

常年东征西战的情况，使得国家的财政亏缺，但是好战的莫里斯并未意识到潜在的危险。为了继续对外征战，他尽力缩减军队的薪金和首都平民的救济金，同时也不断加收赋税，因而招致下层民众的普遍不满。

然而无视这种不满的莫里斯政府终于付出了最惨烈的代价。公元602年的秋末，在对阿瓦尔人的战斗中，气势高亢的帝国军队再次取得一系列胜利，伯颜可汗因之忧愤而亡。但莫里斯政府为了加强北边国防，命令军队驻扎到多瑙河，当时马上就到冬季了，恶劣的天气和艰苦的环境立刻招致军队的普遍抵制。

这时，军中有一位军官名叫福卡斯，是普里斯库斯将军的老部下。他狡猾地利用了士兵们对政府的怨愤与不满，公然发动了暴动。随后，叛变的士兵们在福卡斯的率领下直涌向君士坦丁堡。

加上市民们的不满情绪已久，莫里斯终于在里应外合的叛变中垮台了。除了莫里斯的儿子提奥多西乔装成修道士逃亡波斯外，莫里斯以及他的其他子女，连同政府中坚决支持他的大臣们，都被送上了断头台。至此，查士丁尼家族的统治也宣告结束了。

军队、平民、奴隶的统一战线，最终使得查士丁尼王朝的最后一届政府坍塌了，然而随后的新统治政策也显得苍白无力，并没有什么实力。篡位者福卡斯虽已在他的军队的拥护下登上了皇帝的宝座，但他自始就遭到元老院、大地主以及大部分行政官员的坚决反对，因而在国内不能树立起崇高的权威。

于是，陈旧的拜占庭帝国局面马上失控，规模空前的内战开始了。

仅仅统治了拜占庭8年，福卡斯这位暴君便尝到了同样的后果。

当时全国一片混乱，各地爆发内乱，反对福卡斯的声音也越来越大。这时，阿非利加省督的儿子希拉克略，他在最恰当的时机站了出来。公元609年他发动起义反对福卡斯，在国内各界已对福卡斯绝望的形势下，收到了“振臂一呼，应者云集”的效果，而且也得到了元老派和绿党们的支持。

公元610年，希拉克略顺利进军帝都，夺取皇位，将福卡斯推上了断头台。同年秋，希拉克略登基称帝，建立了希拉克略王朝。

## 希拉克略王朝

希拉克略（575—641年在世，610—641年在位），是亚美尼亚籍非洲总督希拉克略（父子俩同名）的儿子。公元608年，希拉克略起兵和当时的拜占庭皇帝福卡斯决裂，并进军埃及。公元610年，希拉克略攻占首都君士坦丁堡，将福卡斯送上断头台，并在10月5日加冕为拜占庭皇帝，从此开创了希拉克略王朝。

希拉克略即位之时，拜占庭帝国正处于危机四伏的状态之中，由于福卡斯当年从多瑙河边境撤军叛变，致使边境无人防守，阿瓦尔人可以随意进军巴尔干半岛。而作为莫里斯皇帝盟友的波斯皇帝库斯鲁二世，则借口莫里斯遇害，大举进攻拜占庭。城池安条克、叙利亚、耶路撒冷相继陷落。公元616年，波斯大将巴尔兹侵入埃及，至公元619年征服了整个埃及，萨珊波斯达到了鼎盛时期。

就在这样的危机之时，有人建议希拉克略迁都迦太基，但踌躇满志的希拉克略并未答应，而是开始着手改革军制。他将罗马帝国原来的世袭军区制，改革为更小块的由中央直接控制的军区，称为“希玛”，这种中央军事集权的希玛制，为帝国中央进行顺畅的军事调度扫除了障碍。希玛军制不仅帮助了希拉克略最终打败了波斯，而且在此后的数百年间为拜占庭历代王朝所沿用。

金币上的希拉克略

军制改革之后，希拉克略亲率大军，绕开围攻君士坦丁堡的波斯大军，乘军舰在小亚细亚登陆，突袭波斯后方，大败增援的波军，并乘胜收复失地，一路占领了科尔奇斯、亚美尼亚、美地亚等地。至公元625年，希拉克略平定了小亚细亚西部。

随后希拉克略回师君士坦丁堡，进军围攻君士坦丁堡的阿瓦尔人，波斯海军意图协助阿瓦尔人，却又一次被拜占庭海军击败，失去强援的阿瓦尔人不得不于公元626年撤围退军。

乘胜追击的希拉克略迅速组织反攻，进攻波斯。英勇的拜占庭军队战无不胜，波斯不得不于公元631年同拜占庭议和，放弃了波斯历代侵占的所有拜占庭领土，并且释放战俘、归还抢自耶路撒冷的“圣十字架”，归还抢自拜占庭的一切财物，偿还数年军费，等等。这样惨重的损失使得萨珊波斯数百年通过战争得到的一切如数奉还，一无所获，从此再也无法从战争的失利中恢复过来，此后仅仅过了10年，庞大的波斯帝国便被阿拉伯人灭了。

而春风得意的希拉克略不仅恢复了拜占庭的小亚、两河流域，同时收复了叙利亚和埃及的所有领土。希拉克略对拜占庭有再造之功，他的影响深远的军事改革以及赢得罗马—波斯战争的最后胜利的辉煌业绩，使他成为拜占庭历史上和贝利撒留齐名的伟大统帅。

公元634年，阿拉伯人进攻叙利亚，希拉克略因年事已高，且有病在身无法亲征，而军中似乎也再没有像他这样英明的统帅。公元636年，他的拜占庭将军们在雅姆克战役中惨败，叙利亚和巴勒斯坦迅速陷落，而在他去世前，埃及的大部分也已陷落于阿拉伯人之手。

他死后，长子君士坦丁三世即位不到四个月，便死于肺结核。而就在这四个月中，亚历山大里亚陷落，埃及全境被阿拉伯人征服，罗马帝国对埃及近700年的统治就此终结。

长子死后，同父异母的弟弟即位。有谣传说是他后母玛蒂娜联合弟弟纳斯监禁并谋杀了他，这种弑兄谋权的行为马上遭到了人们的反对，首都军人发动了叛乱，希拉克里纳斯惨遭割鼻之刑后被废黜，他的母亲玛蒂娜被惩以割舌之刑。

被轰下台的希拉克略纳斯流亡海外，乘船前往希腊。

君士坦丁三世的儿子，年仅11岁的君士坦丁二世（630—668年在世，641—668年在位）即位。即位初期，他受到元老院的保护和指导。

在位期间拜占庭的南部和东部诸省统统落入了阿拉伯人之手。公元655年，君士坦斯二世指挥拜占庭舰队在小亚细亚的Phoenix（今土耳其菲尼凯）与阿拉伯人进行海战，不幸遭到惨败。由于在公元656年6月，哈里发奥斯曼·本·阿凡遇刺身亡，阿拉伯人内部发生内乱，君士坦丁堡才躲过一劫。公元659年君士坦斯二世同阿拉伯叙利亚的统治者穆阿威叶签订了互不侵犯条约。公元658年，君士坦斯二世成功袭击了斯克拉文尼亚的斯拉夫人，并将俘虏安置于小亚细亚。

公元654年，君士坦丁二世将长子君士坦丁加冕为共治皇帝，公元659年又为另外两个儿子希拉克略和提比略加冕为共治皇帝。公元660年，君士坦斯二世怕受到弟弟狄奥多西对皇位的威胁，逼迫他接受神品成为教士，而后又将其杀害。

可是君士坦丁堡臣民对这场皇室斗争愤怒不已。君士坦斯二世于公元663年离开首都前往帝国的西部地区。他经意大利北部到达罗马，最后在西西里的锡拉库萨（叙拉古）定居。公元668年9月15日，他被内宫侍卫杀死在浴池里。

君士坦斯二世的长子君士坦丁四世，公元654年被其父亲加冕为共治皇帝。公元668年，君士坦斯二世去世后，君士坦丁四世作为长子顺利成章地继承了帝位。和他的父亲一样，害怕两个弟弟谋权的君士坦丁四世，在参加大公会议正统主教的面前，剥夺了两个弟弟希拉克略和提比略共治皇帝的头衔，并凶残地割去了他们的鼻子。

他在位期间虽然凶狠，但对国家的统治却十分英明。公元685年，拜占廷帝国这位年轻有力的君主君士坦丁四世英年早逝，他的长子查士丁尼继承了这份庞大的家业，年仅16岁，称为查士丁尼二世。

查士丁尼二世（685—695年在位，704—711年复位）的统治在国内和国外都非常不幸。

这个年轻人权力欲望很强，又生性残忍，处处都想模仿他的祖先查士丁尼一世，渴望继续开创大业。虽然他有野心、有魄力，在他的统治下，帝国曾一度辉煌，但是，也正是他的野心，导致他的专横和任性最终却使他失去了民心，葬送了他祖先开创的延续了100年之久的希拉克略王朝。

公元692年，由于阿拉伯人大肆驱逐黎巴嫩的基督教马龙派教徒，查士丁尼出兵干涉，但遭受惨败，不得不割地赔款，将亚美尼亚、塞浦路斯以及伊比利亚半岛南部的大片土地割让给了阿拉伯帝国。此后由于查士丁尼二世对于“一性伦”教徒的血腥迫害，遭致叛乱。公元695年，因和阿拉伯作战失利被监禁的军官列昂提乌斯，在被释放后，发动叛乱，将查士丁尼割鼻后废黜，并将其流放到了克里米亚。于是他就有得了“被劓鼻者”这个绰号。

列昂提乌斯（695—698年在位），原来是拜占庭的一个将军。在位期间，公元697年，北非领地迦太基陷落。公元698年他被北非叛军提比略三世发动的军事政变所推翻，并被监禁。

提比略三世（698—705年在位），他之前是作为拜占庭的日耳曼雇佣军将领。公元697年，他在迦太基被阿拉伯军队击败。他率败军回师后，攻入君士坦丁堡，发动军事政变，推翻了列昂提乌斯。即位后他放弃了拜占庭的北非领土，自贝利撒留公元533年收复北非后，罗马帝国终于永久性地失去了北非领地。

公元703年，查士丁尼二世从流放地幸运地脱逃，跑到了多瑙河流域的保加尔人那里，在那里得到了保加尔人的帮助。公元704年，卧薪尝胆9年的查士丁尼率领了15 000保加尔骑兵，在深夜突袭了君士坦丁堡，成功杀了篡位者后复位。

复位后，查士丁尼却反悔了对保加尔人的承诺。他承诺给保加尔人大批财物，并授予保加尔可汗凯撒头衔。这样的不守信用，导致他的后半任期与保加尔人、阿拉伯人、伦巴第人四处为敌。而本性难改的查士丁尼的残暴统治再次激起叛乱，公元711年，查士丁尼逃出君士坦丁堡，12月在小亚细亚被抓获后被处死。希拉克略王朝世系到此被中断。

## 非王朝时期

菲立普皮克斯（711—713 年在位）拜占庭皇帝，原名巴尔达尼斯，出生于亚美尼亚一个贵族家庭。在第一次反对查士丁尼二世的叛乱中他就曾经试图夺取皇位。提比略三世即位后他被放逐到凯法利尼亚岛。查士丁尼二世复位后他又继续被放逐到赫尔松。在流放的几年间，他在流放地得到了可萨人的帮助，被拥立为皇帝，进驻君士坦丁堡。在位期间徒劳地抵御保加尔人和阿拉伯人的进攻。公元 713 年 5 月，他在浴室里被反叛者刺瞎双眼后被废黜。

阿纳斯塔修斯二世（713—715 年在位），之前的的职位是菲立普皮克斯的书记官。公元 713 年，元老院废黜了菲立普皮克斯，并将他推举为皇帝。公元 715 年，再次发生兵变，奥普斯坎“希玛”的军队哗变，他们推选平民文官狄奥多西三世为皇帝。经过六个月的围攻，攻入君士坦丁堡，阿纳斯塔修斯逃到了尼西亚，并终老于萨洛尼卡的修道院。

狄奥多西三世（715—717 年在位），原为税务官员。公元 715 年被强制做了傀儡皇帝。公元 717 年，伊苏里亚将领立奥三世，起兵反对狄奥多西，5 月，狄奥多西宣布退位，退位后他成了一个神甫。立奥即位，结束了拜占庭政局长期混乱，内战不休的局面，开创了伊苏里亚王朝。

而这六年间的拜占庭，其实属于非王朝时期，皇帝更换快，且无建树。

## 伊苏里亚王朝

立奥三世（717—741 年在位），原为伊苏里亚籍军官。公元 717 年起兵迫使狄奥多西三世退位。公元 718 年对于阿拉伯人的围攻，采用希腊火击退了阿拉伯人此后在公元 726 年和公元 739 年，两次击退阿拉伯人，结束了阿拉伯人对拜占庭的大规模扩张势头。

立奥在国内非常提倡制度的革新，减轻赋税，给予奴隶公民权，颁布海事法律等，治国有方，其中影响最深远的是颁布了“破除圣像令”。这一运动禁止教徒崇拜偶像，并没收了教堂和修道院的大量财富，此举充实了国库，使拜占庭因战争和内乱消耗殆尽的国力得以迅速恢复。但同时，这一破除圣像运动，使君士坦丁堡和罗马教廷的关系急速恶化，拜占庭此举被整个西方基督教世界视为异端，拜占庭由此失去了基督教国家的领袖和正统地位，而罗马教皇也很快投入了法兰克人的怀抱，罗马教皇居然在公元 800 年绕过拜占庭帝国名正言顺的罗马皇帝，而去为一个日耳曼人加冕罗马皇帝。这意味着西方世界已经不承认拜占庭帝国的正统地位了，这一切不得不归因于过于激进的“破除圣像运动”。

立奥三世去世以后，他的儿子君士坦丁五世（741—775 年在位）继承了帝位。他在位期间，重新整顿了“希玛”军制，拜占庭经过他父子两代人的努力，国力迅速恢复，在公元 751 和公元 763 年，先后击败了阿拉伯人和保加尔人，收复了在内战中失去的许多领土。君士坦丁五世在位期间，继续开展他父亲提出的破除圣像运动，大批修道士和修女受到迫害，对偶像的崇拜被再次宣布为异端，甚至为基督教会的圣徒进行祈祷的行为也被宣布为异端。公元 775 年，他在与保加尔人的战斗中阵亡。9 世纪时，他的遗体被后代东正教会掘出，并被抛进了大海。

君士坦丁五世去世后，长子立奥四世（775—780 年在位）宣布登基。他在位期间，同其父一样，连续击退了保加尔人和阿拉伯人的进攻。但和其父不同的是，他暂停了破除圣像运动。僧侣们受到了善待。

值得一提的是他的妻子雅典的伊琳娜，是拜占庭和欧洲历史上的第一位女皇。

立奥四世去世后，他的妻子作为摄政，辅助儿子君士坦丁六世继位，儿子那时候年仅 9 岁。

伊琳娜女皇

然而，随着君士坦丁六世的逐渐成熟，伊琳娜越来越意识到儿子开始变得难以控制。公元 790 年，女皇获悉儿子试图用武力重获自由，她便马上粉碎了他的企图。接着，女皇要求臣民从此以后只对她一个人宣誓效忠，承认她为最高统治者，并将自己的名字排列在共治的儿皇帝君士坦丁六世的名字之前，即变为“伊琳娜女皇和君士坦丁六世皇帝”。

首都大部分的欧洲籍军士毫不犹豫地宣誓对女皇效忠，然而，此时也有部分人对于女皇的不满情绪也开始渐渐增多。终于在同年 10 月爆发了由亚美尼亚护卫队领导的公开反对女皇的起义，并波及整个小亚细亚地区，因为他们不愿意向崇拜圣像的女皇宣誓。最终，士兵们拒绝了女皇的要求，正式宣布君士坦丁六世为唯一的统治者，把女皇的共治君主名义废除了，被废的女皇不得不离开皇宫。

然而被迫离开皇宫的伊琳娜的同党，开始说服皇帝允许母亲重回皇宫。年轻的皇帝也对母亲有一些感情，于是在公元 792 年 1 月恢复了母亲“女皇”的称号，也恢复了以前的共治皇帝顺序即“君士坦丁六世皇帝和伊琳娜女皇”。

虽然恢复了权力，但是朝中依然存在反对女皇的的声音。伊琳娜对权力的欲望和对不恭的敌视日渐增加，终于，女皇运用她纯熟的心计与主教和朝臣们共同谋划，为了自己的利益发动了一次影响巨大的宫廷政变。虽说“虎毒不食子”，然而在皇家深宫之中，尔虞我诈已经司空见惯，父子反目，兄弟成仇的也屡见不鲜，这位伟大的第一位女皇，为了权力和帝位，残忍的将自己的儿子推翻了。

走投无路的君士坦丁只能逃往首都以外的各个行省请求帮助，然而此时到处都是女皇的同党，四面楚歌的君士坦丁没有请求到支援，最终还是被抓了。小皇帝在博斯普鲁斯海峡的亚洲海岸（在今土耳其小亚细亚地区，隔岸即首都君士坦丁堡）被他的侍从出卖并逮捕，押回首都君士坦丁堡的皇宫。公元797年8月15日，根据他母亲的命令，他在27年前出生的紫色寝宫中被挖去双眼，并被关入修道院，不久死于眼伤。

自此，野心勃勃的伊琳娜再也不满足于“女皇”的称呼，而是“伊琳娜（男）皇帝”。

她统治国家期间，最正确的决定就是恢复了东正教的偶像崇拜，她热心恢复偶像崇拜的功绩，使她死后被东正教会封为圣徒。

公元802年，君士坦丁堡的贵族们对女帝恢复偶像崇拜表示反对和不满，终于发动政变，拥立了财务大臣尼基弗鲁斯一世为帝，并将伊琳娜流放到爱琴海上的莱斯博斯岛。翌年，她死于流放地。

### 非王朝时期

尼基弗鲁斯一世（802—811年在位），原是女皇伊琳娜的财务大臣。公元802年，在拜占庭贵族和宫廷太监的帮助下，他废黜了伊琳娜女皇，并被推举为新的皇帝。

公元803年和公元810年，这两年尼基弗鲁斯一世两次和西方的查理曼大帝达成了协议，承认了查理曼的皇帝地位，并与查理曼帝国平分了意大利的土地，拜占庭分得了意大利东北的威尼斯、达尔马提亚以及意大利南部地区，而查理曼则获得意大利北部和中部。

公元811年，尼基弗鲁斯一世入侵保加尔人领地，但在皮里斯卡战役中惨败于保加尔可汗库鲁姆，尼基弗鲁斯一世兵败被杀，他的头骨被做成了库鲁姆可汗的酒器。

斯塔拉修斯是尼基弗鲁斯一世的儿子。在皮里斯卡战役中，斯塔拉修斯也身受重伤，但被他的护卫救出。他的父亲死后，斯塔拉修斯在亚德里亚堡加冕为皇帝，这是自公元476年后第一位没有在君士坦丁堡加冕的皇帝。但这个不幸的皇帝还没来得及回到首都君士坦丁堡，就被他的姐夫迈克尔一世推翻了，他被流放到了修道院，几个月后便去世了。

迈克尔一世（811—813 年在位），是尼基弗鲁斯一世的女儿普洛克皮娅的丈夫，斯塔拉修斯的姐夫。公元 811 年，把妻子的弟弟推下了皇位后，在贵族支持下登基。即位后，他又一次地开展了大规模的圣像破坏运动。保加尔人趁虚而入，趁机洗劫了马其顿和色雷斯行两省。

公元 813 年，迈克尔一世在与保加尔人的战斗中再一次战败，被他的大将立奥推翻。退位后，他便隐居于修道院内。

立奥原来是迈克尔一世的一名将领，在公元 813 年时推翻了迈克尔一世，即位称帝，称号“立奥五世”，813—820 年在位。

立奥五世在公元 814—817 年，成功地反击了保加尔人对君士坦丁堡的围攻。立奥五世也继续开展了破坏圣像运动，并对崇拜偶像僧侣们进行了残酷的迫害，这一行为遭到了强烈的反抗，公元 820 年的圣诞夜，这位皇帝在宫中的礼拜堂内被谋杀。

## 弗里吉亚王朝

立奥五世的将领，迈克尔二世，是君士坦丁六世的女婿。公元 813 年，迈克尔因反对立奥五世，想要在圣像运动制造混乱，试图谋反，然而其阴谋不小心被立奥得知，提前揭露，并被判处了死刑。在行刑之前，他的党羽武装进军皇宫，抢先谋杀了立奥五世，并释放了迈克尔，并将他推上了皇位，从此开创了弗里吉亚王朝（也称阿莫里王朝）。

刚刚开始统治的他，部下托马斯就开始发动了叛乱，内战一直持续到公元 823 年，这一场战争直到得到保加尔人的帮助才最终镇压了叛乱。内战削弱了拜占庭帝国的实力，使得趁虚而入的阿拉伯人随后征服了克里特岛（826 年）和西西里岛部分地区（827—829 年）。

迈克尔和前两任皇帝不同，他虽然也反对偶像崇拜，但他奉行宽容的宗教政策，停止了对偶像崇拜者的迫害，被流放的人重归故里，包括之前的大教长尼基弗鲁斯和圣狄奥多尔都被赦免。

迈克尔二世的儿子狄奥菲雷斯是他与第一位妻子特克拉所生，特克拉死后，他又娶了君士坦丁六世的女儿优芙洛西尼。公元 829 年，59 岁的迈克尔去世，他的儿子继承了王位。

狄奥菲雷斯在位期间，大力发扬了破除圣像运动，并使其达到了顶峰。这时期也是穆斯林文化对拜占庭影响最强烈的时期。

然而此时的狄奥菲雷斯由于庇护了波斯的流亡者，而受到牵连，被巴格达哈里发大军攻击，自身难保的他更无暇顾及受到阿拉伯人进攻的西西里岛，导致西西里大部分落入了阿拉伯人手里。

在狄奥菲雷斯时期（829—842 年），实行有效的财政政策，紧缩开支，增加税收。同时，拜占庭的艺术、商业和手工业都发展得非常繁荣，帝国财富达到了鼎盛时期。这为此后拜占庭马其顿王朝的复兴打下了坚实的基础。

同时，狄奥菲雷斯十分注重加强军队建设，修建了一批军事要塞，扩建了君士坦丁堡的城墙，并在北方增加建立了三个新军区，设立了新的军队编制和官职。

这个时期的拜占庭的学术研究也开始了复兴。狄奥斐卢斯是拜占庭学术复兴的主要支持者。他重建了君士坦丁堡大学，并聘请了著名的学者立奥为大学校长，鼓励并亲自过问古典著作的研究。这一时期的拜占庭几乎拥有全部古希腊数学遗产。当今世界对古希腊数学的了解，主要都是建立在这些原始文献的基础之上的。

迈克尔三世是狄奥菲洛和狄奥多拉皇后的儿子。公元 840 年他刚一出生时就被父亲加冕为共治皇帝，公元 842 年，他刚刚两岁的时候，父亲去世，他便成为了最年幼的皇帝，由他的母亲狄奥多拉、叔叔、大臣三位共同摄政。

狄奥多拉摄政期间，因为她自己赞成使用圣像，相信圣像有神力。于是公元 842 年，她便下令禁止破除圣像令，恢复了圣像崇拜，终于结束了历时一个多世纪的毁誉参半的拜占庭破除圣像运动。

迈克尔三世

这个时期，虽然拜占庭的内部得以稳定，然而边境上却战事连绵。阿拉伯的阿拔斯王朝在克里特、潘菲利亚和叙利亚发动进攻，并三次都击败了拜占庭军队。公元 853 年，拜占庭舰队组成了一支拥有 85 条战舰的队伍，终于打赢了阿拉伯舰队，获得了胜利。

随着迈克尔三世的逐渐长大，朝中的各路势力开始互相明争暗斗，这对迈克尔的影响很大。迈克尔越来越相信他的叔叔巴尔达斯，并封他为恺撒，默许他于公元 855 年暗杀大臣狄奥克提斯托斯。

公元 856 年，迈克尔三世在叔叔巴尔达斯的支持下推翻了摄政，把真正的权利握在自己的手中，公元 857 年他把自己的母亲和姐姐关到了到修道院内。

公元 856 年至公元 860 年，拜占庭和阿拉伯人为争夺幼发拉底河和小亚细亚展开了战争，互有胜负。公元 861 年，迈克尔三世和巴达斯入侵保加利亚王国，迫使其国王接受了东正教。在海上拜占庭则遭受到克里特岛的阿拉伯海盗的袭扰。公元 865 年，罗斯人劫掠了博斯普鲁斯海峡，这是拜占庭首次遭受罗斯人的威胁。

迈克尔三世虽然和情人生有孩子，和他的皇后却并没有没有子女，但是迈克尔害怕娶情人这件事会影响不好，所以就把情人嫁给了首相巴西尔。巴西尔对迈克尔的影响日益加大。迈克尔也越来越相信巴西尔，当巴西尔说他的叔叔巴尔达斯可能有阴谋要推翻他的时候，迈克尔立刻就把叔叔给杀死了。

公元 867 年，首相巴西尔被迈克尔三世加冕为共治皇帝。迈克尔比巴西尔年轻，却收养了巴西尔为养子。然而，迈克尔对其他人的信任，遭到了马西尔的猜忌，怀疑他已经不想让自己继承王位，于是巴西尔发动了政变，谋杀了迈克尔三世，开创了著名的马其顿王朝，也由此迎来了拜占庭的黄金时代。

## 马其顿王朝

巴西尔一世是马其顿的希腊人的后裔，在一次摔跤比赛中，他的表现受到了迈克尔三世的注意，挑选他为贴身的护卫，从此开始飞黄腾达。

公元 877 年，巴西尔将君士坦丁堡牧首费奥提斯流放边疆，将罗马教皇阿德里安一世支持的牧首赶走后重新复位，此事件是罗马公教和希腊正教事实上分裂的里程碑。

巴西尔一世时期，拜占庭拉开了反攻的序幕。他从撒拉森人手里收复了意大利南端的巴厘和卡拉布里亚区，恢复了拜占庭对亚得里亚海的控制。

巴西尔一世在位期间（867—886 年），着重注意了立法机构的工作，使因长期战乱而被遗忘的《查士丁尼法典》得以恢复，修复完整。因而巴西尔一世被称为“查士丁尼第二”。由他领头整理的六卷希腊文的法典因此也被称为《巴西尔法典》。

巴西尔一世被认为是拜占廷历史上最重要的皇帝之一。拜占廷帝国达到全盛时代便是他的功劳、是他统治时期的功劳。见证了帝国的军事扩张和文艺复兴。马其顿王朝期间，国力强盛，领土空前扩张，是当时欧洲最强大的国家。

公元 886 年，巴西尔在一次打猎中意外死亡，而这场意外被后人猜测是立奥六世参与的一场阴谋。这是因为，巴西尔在世时，他们父子俩的关系就不太好，这很可能是因为立奥六世也猜测自己是巴西尔谋杀的迈克尔三世的儿子吧。而巴西尔的长子（与第一个妻子所生）君士坦丁于公元 879 年去世，次子立奥六世理所当然成为了继承人。

立奥六世在位期间（886—912 年），终于完成了父亲留下的《巴西尔法典》的翻译和整理工作。

在公元 894—895 年，拜占庭被保加利亚王国击败，丢失了多瑙河以南的大片土地。

公元 907 年和公元 911 年，基辅罗斯大公奥列格为了从拜占庭贸易中获得利益，大肆进攻拜占庭，并赢得了和拜占庭的优惠贸易权力。

由于立奥考虑到继承人的问题，希望生儿子，所以一共结了四次婚，因而受到了教会的谴责。

立奥曾经拜君士坦丁堡的牧首佛提乌为师，有一定的文学造诣，并著有多篇作品，涉及广泛的教会和世俗的问题，还写过其父亲葬礼上的颂词、礼拜仪式的诗、说教、演说、世俗的诗歌和军事论文，等等。

公元 912 年，立奥在试图收复克里特岛的战斗中被阿拉伯人击败后，郁郁而终。

亚历山大是立奥六世的弟弟，虽然也被加冕为共治皇帝，但是他生性酷爱自由，随遇而安，喜欢自得其乐，并不愿意参与国事。

公元 912 年，兄长立奥六世去世后，亚历山大与立奥六世的儿子，也就是自己的侄子君士坦丁七世共治。然而亚历山大对他兄长在位时的政策十分排斥，于是上位后，他开始重任尼古拉斯为大教长，安插自己的宠臣，均委以重任。

但是，因为亚历山大做事不认真，有些不负责任，他随意撤销了拜占庭帝国在公元 896 年和约中承诺支付给保加尔人的年贡，因此给了西蒙大帝重开战端的借口。但他还没来得及弥补自己所犯的过错，便于第二年去世了。

这时，君士坦丁七世才 7 岁，便继位称帝，由君士坦丁堡牧首尼古拉斯摄政。

尼古拉斯和保加利亚皇帝西蒙达成了和平协议，拜占庭和保加利亚之间的长期战事暂时告一段落。

公元 919—944 年，君士坦丁七世和他的岳父罗曼努斯一世成为共同的皇帝，一起治理国家。

虽然是共治，然而不久之后，他的岳父罗曼努斯就成为了主要的统治者。大权在握的罗曼努斯马上把自己的儿子们分别安插在重要的部门担任要职。

君士坦丁七世从小便儒雅好学，他用自己全部的时间和精力从事文学著述，且成为了这一时期的文化学术运动的带头人。写成了歌颂他祖父的著作《巴西尔一世传》，关于外交政策的著作《帝国行政论》，还有一部讲述宫廷礼仪的《论拜占庭宫廷礼仪》，价值都十分得高。

罗曼努斯一世的长子不幸去世，他开始权衡他另外两名儿子的能力，还没来得及宣布两名儿子的排名在君士坦丁七世前，两个儿子斯蒂芬·罗曼努斯和君士坦丁·罗曼努斯已经等不及了。他们担心罗曼努斯一世死后，又会将权力交回给君士坦丁七世，所以二人便商量发动了宫廷政变，公元944年12月下令逮捕了他们的父亲罗曼努斯一世，并将他囚禁在王子群岛上。

斯蒂芬和君士坦丁的这次政变其实是大错特错了，不仅没有得到皇位，还被众人支持的君士坦丁七世下令逮捕，并流放到外地，两人最后均暴死在了流放地。而罗曼努斯一世并未被女婿召回，他在流放地作为一位修道士，于公元948年6月15日孤独地死于流放地。

君士坦丁七世与罗曼努斯一世的女儿海伦娜·罗曼努斯的儿子罗曼努斯二世，名字取自他的外公。

公元945年4月6日，当外公罗曼努斯一世和急于上位的舅舅们渐渐失去了力量，势力也被分解了。君士坦丁七世提升他为共治皇帝。在罗曼努斯二世的孩童时代，就被他的外公用于政治联姻，与意大利皇帝休的私生女伯莎有婚约，然而休与女儿先后于公元947年、公元949年不幸去世。开明的君士坦丁七世允许他为自己选择新娘，于是罗曼努斯二世选了一名收税官的女儿塞奥法诺为妻。

公元959年11月，罗曼努斯二世在君士坦丁七世死后继承皇位。罗曼努斯二世不问国事，而是把军政国事都交给了身边的宦官约瑟夫·布林加斯，也是这个原因，罗曼努斯二世这个皇帝的名望被拜占庭帝国的英雄尼基弗鲁斯·福卡斯的声望所湮没。

公元963年3月15日，谁都没有想到，年仅二十五岁的罗曼努斯二世居然英年早逝。罗曼努斯在死前就已加冕儿子巴西尔二世和君士坦丁八世为共治皇帝。但当时他们大的才5岁，根本没有能力承担起统治全国的责任，于是他的母后塞奥法诺被提名为了摄政王。

但身为摄政王的塞奥法诺的权力被大宦官约瑟夫·布林加斯所牵制，为了摆脱这种局面，赛奥法诺与国民英雄尼基弗鲁斯·福卡斯达成了协议，赛奥法诺默许尼基弗鲁斯·福卡斯于凯撒利亚被其部下拥立为皇帝，并示意他打败约瑟夫·布林加斯。同年8月16日，尼基弗鲁斯·福卡斯在圣索菲亚教堂加冕为皇帝。年轻的塞奥法诺下嫁51岁的老将，使尼基弗鲁斯·福卡斯合法地成为了皇帝。并延续了马其顿王室世系。

尼基弗鲁斯二世（963—969年在位）在成为皇帝之前，曾率军队远征克里特岛，经过8个月的围困，终于从撒拉逊人手里夺回了克里特岛，这是马其顿王朝获得的第一次重大胜利。随后尼基弗鲁斯回师东方，公元962—963

年，收复了叙利亚北部的阿勒颇（但未能长期占领）。

即位之后，虽然已经过了知天命的年纪，但他老当益壮，三年间，带兵收复了小亚细亚半岛东南角的西里西亚地区，并深入美索不达米亚和叙利亚。在此期间，君士坦丁堡牧首尼斯塔斯率军收复了塞浦路斯岛，此时的拜占庭，终于恢复了对于东地中海的绝对控制。

公元967年，拜占庭军队为争夺意大利的领地和神圣罗马皇帝奥托一世开战，然而首先进攻的战略最终并未取得胜利。不得不撤回了意大利的南部。

为了维持部队四处征战的庞大军费支出，尼基弗鲁斯加重了国内的赋税，并强占了属于教会的财富，因此遭到不满，导致国内发生暴动。公元969年，他死于妻子狄奥法诺（有人怀疑罗曼努斯二世也是被她所杀）和她弟弟约翰的手中。

约翰一世（969—976年在位），是罗曼努斯二世和尼基弗鲁斯二世的妻子狄奥法诺的弟弟。公元969年，他和姐姐合谋在尼基弗鲁斯的卧室谋杀了他，并被推选为皇帝。

约翰一世登基之后，便开始对曾经支持他政变的东正教会做出了一些让步，最具代表性的便是接受了君士坦丁堡牧首波利埃克塔斯的请求，废除了尼基弗鲁斯二世颁布的反教会法令。

在约翰一世统治期间，虽然没有扩张领土，但是却成功地抵御了阿拉伯人和新兴的基辅罗斯的侵犯。公元971年，约翰一世将斯维亚托斯拉夫·伊戈列维奇大公率领的罗斯武士队逐出了保加利亚，并占领了保加利亚东部。公元972年，约翰一世为了与神圣罗马帝国建立友好关系，宣布承认了德意志国王奥托一世的皇帝称号。

公元976年，执政7年的约翰一世突然去世，据说是被人下毒而死的。

巴西尔二世是罗曼努斯二世的儿子，早在公元960年，两岁的巴西尔便被他的父亲确定为皇位的继承人。在公元963年，当罗曼努斯二世去世的时候，小巴西尔才5岁，因此他与弟弟君士坦丁（后来的君士坦丁八世）都因年龄太小而被暂时排除了继承皇位的可能性。

约翰一世去世的时候，巴西尔二世已经长大成人，于是他毫无争议地登上了皇位。也开创了拜占庭帝国自查士丁尼大帝之后5个世纪以来的极盛时期。

在巴西尔二世在位期间，他的治国政策可以用一位拜占庭作家的评价："他不容许自己的臣民势力过大，不使任何一个显要的军事长官拥有巨大的财富，随意用各种捐税来压制他们，使他们把自己的全部时间都用来料理私事，而无暇他顾。不相信任何人，只使少数人知道自己的计划。"

被称为“保加利亚人杀手”的巴西尔二世是拜占庭帝国中期的英雄。在拜占庭帝国这千年的历史中，被动挨打的时间远长于强盛的时间，然而这个坚强的民族也有过辉煌的岁月，巴西尔二世时代正是与查士丁尼时代一样的两大黄金时期。

公元988年，巴西尔二世与基辅大公弗拉基米尔一世决定联手作战，罗斯军队成为拜占庭军队的雇佣军。

公元990年，巴西尔大败叙利亚的阿拉伯军队，成功取得了叙利亚的全部领土，包括了巴勒斯坦和耶路撒冷。这个基督教圣地在希拉克略皇帝后首次回归拜占庭，而拜占庭也成功地保住了这块土地达75年之久。

又一个新世纪到来了，巴西尔二世开始了他征服保加利亚沙皇萨缪尔的军事行动。

公元1002年，达到了鼎盛时期的保加利亚，开始进行一系列进攻，萨缪尔将保加利亚的疆域扩张到了北至多瑙河，南达希腊北部，东抵亚得里亚海，西至黑海的广大区域，而这些领土，都是三百年前从拜占庭夺来的。

巴西尔二世不甘心领土就这样被掠夺。在此后的十几年中拜占庭军和保加利亚军队在巴尔干进行了交锋，战争持续了很久。

公元1014年7月29日，巴西尔将保加利亚主力逼至爱琴海北岸的萨洛尼卡附近，此时的保加利亚军队不得不与巴西尔开始战斗。意料之中的结果，拜军终于赢得了决定性的胜利，并俘虏了保加利亚军人14 000多名，其中绝大多数的战俘被刺瞎，而剩下的一小部分战俘被带回拜占庭，用以恐吓保加利亚人，巴西尔也因此赢得了“保加利亚人杀手”的称号。

公元1018年，意气风发的巴西尔大肆进攻保加利亚，实力悬殊的战争结果可想而知，保加利亚第一王国就此灭亡。拜占庭兼并了保加利亚的所有领土达168年之久，并使达尔马提亚的塞尔维亚王国臣服。而与此同时，公元1016年，巴西尔和基辅罗斯联合，击败了卡赞王国对克里米亚半岛的进攻，成功保住了拜占庭在克里米亚半岛南部的领土。

巴西尔胜利后，开始把矛头转向了东方，进攻了亚美尼亚王国，使得亚美尼亚在两个世纪后终于再一次地回归拜占庭。除此之外，巴西尔还率军收复了意大利南部被诺曼人征服的大部分领土。

公元1025年，老当益壮的巴西尔二世准备出兵，征服欧亚最后一块拜占庭的传统领地西西里，然而不幸的是，这位伟大的君王在途中逝世。67岁高龄的巴西尔虽然去世了，但是他留下一个空前昌盛的的帝国，不仅恢复了拜占庭除埃及和西西里以外的所有领土，还加固了防御体系。因为他一生都和他的军队同起同居，又被尊称为“军队之父”。他死后并没有葬在拜占庭传统的皇家陵地，而依据他自己的要求，死后要葬在他的骑兵训练营地。他不仅是一位皇帝，更是为拜占庭帝国而奋斗终生的军人。

巴西尔统治国家期间，拜占庭国力达到了查士丁尼大帝之后历史上最为鼎盛的时期，但由于其后继者的普遍低能，使得帝国的势力日渐下滑，相继失去很多城池。

君士坦丁八世（1025—1028 年在位）是罗曼努斯二世的次子，巴西尔二世的弟弟。他继承兄长皇位的时候，已经是 65 岁的高龄了，年迈垂暮，失去了巴希尔二世从贵族手上夺得的控制权，国政又由君士坦丁堡的官僚贵族取得控制权。君士坦丁终日在酒席宴会和大竞技场的娱乐中消磨时光，将国家大事交给官僚贵族，很快便将巴西尔二世辛苦积下的帝国财产挥霍一空，拜占廷帝国由此走向衰落。

君士坦丁八世和他的兄长巴西尔二世一样，所生的都是女儿，没有儿子来继承皇位。由于担心未来的女婿会过多地干预皇室内部事务，于是他就把大女儿欧多齐娅送入了修道院，并禁止他的两个小女儿结婚。直到弥留之际，他才让次女佐伊与他选中的皇位继承人罗曼诺斯于公元 1028 年 11 月 12 日结婚。而这时的佐伊已经 50 岁了，早就丧失了生育能力。结婚三天之后，罗曼诺斯和佐伊共同登上皇位，称“罗曼努斯三世皇帝和佐伊一世女皇”。然而他们全都是无能之辈，以致于巴西尔二世的功业很快化为过眼云烟。

罗曼努斯三世（1028—1034 年在位）是君士坦丁八世的女儿佐伊的第一任丈夫。在位期间，他不停地减免政府赋税，以致于帝国的财政状况出现了混乱。公元 1030 年，他在安条克附近被阿拉伯人击败，丢失了叙利亚北部的阿勒颇。公元 1034 年，他被妻子佐伊毒杀。

迈克尔四世（1034—1041 年在位）是佐伊的第二任丈夫。他原是佐伊的侍从，佐伊后来喜欢上了他，毒杀了他的丈夫罗曼努斯三世，并嫁给了他。

迈克尔五世（1041—1042 年在位），迈克尔四世的侄子和养子。公元 1042 年被佐伊发动的政变推翻。

君士坦丁九世（1042—1055 年在位），佐伊的第三任丈夫。1043 年，他用希腊火击退了基辅大公雅罗斯拉夫的进攻。在公元 1046 年中，之前从未交往过的塞尔柱人和拜占庭首次接触，公元 1048 年，双方在亚美尼亚达成了休战协议。公元 1053 年，君士坦丁因为财政拮据，解散了亚美尼亚边防军，这一荒谬的做法，相当于为塞尔柱人打开了大门。公元 1054 年，几个世纪的分歧最终导致基督教两大教会的正式分裂。教皇列奥九世和君士坦丁堡牧首断绝了关系，并将君士坦丁堡牧首开除了教籍。这一分裂使君士坦丁九世意图和教皇联合在意大利抵抗诺曼人的企图破灭。

佐伊女皇的一生，共结了三次婚，都是为了令她的王国拥有一个男性皇帝，然而讽刺的是，她的三任丈夫中最能干的一个迈克尔四世偏偏最不想当皇帝，只是因为长得俊美，被佐伊深深迷恋。而佐伊自己也是一位绝世美女，一位作家甚至评论："她了解自己的魅力，并且身体保养得很好，以便尽可能地运用她的魅力。她拥有典型的拜占庭人的独创精神，她把寝宫的很多房间改装成实验室，并在里面研究神秘的养颜药。因此，即使年过 60 岁，她脸上还是没有皱纹。"

不幸的是，这个美丽的女皇去世的时候，第三任丈夫也渐渐老去。公元 1055 年，君士坦丁九世去世也没有儿子来继承皇位，她的姐姐狄奥多拉曾经和她共治过帝国。作为马其顿王室唯一活着的后代，70 岁高龄的狄奥多拉被推为女皇，成为了拜占庭历史上的第三位女皇。

这位年迈的女皇也没有子嗣，即位一年，弥留之际，将皇位传给了她的宠臣迈克尔（称迈克尔六世）。至此，辉煌一时的马其顿王朝结束。1056—1057 年，迈克尔六世即位为帝，但他没有受到普遍的承认，因此也未被列入马其顿王朝世系。

## 科穆宁王朝

公元 1057 年，小亚细亚的弗里吉亚贵族们发动了叛乱，轻而易举地便推翻了不得人心的迈克尔六世。科穆宁家族的伊萨克被推上了皇位，从此开创了拜占庭的科穆宁王朝。

科穆宁的家族属于小亚细亚塞马州中典型的大地主家族，起家于帕弗拉戈尼亚（今土耳其境内）。然而王朝的创始人伊萨克一世·科穆宁的统治只维持了不到两年时间。由于他企图抑制教会和官僚的权力，希望充实国库和军事力量，与君士坦丁堡牧首发生了激烈冲突，他下令逮捕了牧首米哈伊尔·克鲁拉里乌斯，进一步激化了两阵营的矛盾。

公元 1059 年，拥护教会的贵族们以伊萨克一世病重为由，逼他退位，由于以君士坦丁十世·杜卡斯为代表的家族对官僚阶层做出了种种让步，使帝都贵族们推举了君士坦丁十世·杜卡斯继承王位，而贵族们也更加得势。

君士坦丁十世在位八年（1059—1067 年），诺曼人夺取了拜占庭在意大利南部的大部分领地，拜占庭仅保有巴厘周围的一小块领地。在小亚细亚则受到塞尔柱人的攻击。

经历几代君王的消极统治，拜占庭的国力每况愈下，最终在公元 1071 年，杜卡王朝在抵抗塞尔柱帝国的侵略时表现得极为懦弱和笨拙，被尼基弗鲁斯·波塔尼亚特带领的军队所推翻。在这种混乱的政治斗争中，伊萨克一世的侄子阿历克塞·科穆宁扩大了势力，并在公元1081年推翻了尼基弗鲁斯三世，重建了科穆宁王朝。成为科穆宁王朝的真正的奠基人。

阿历克塞一世（1081—1118年在位）是伊萨克一世的弟弟约翰的第三个儿子，经历了22年后，皇位再次回到了科穆宁家族的手中。

阿历克塞一世即位之时，正是拜占庭四面受敌的时候。诺曼人的首领罗伯特横扫爱琴海沿岸，围攻了希腊沿海的城市。公元1085年，罗伯特的去世，使得诺曼人停止了征服，拜占庭十分侥幸地保住了希腊。而后来的佩切涅格人和库曼人相继入侵色雷斯，直接威胁着君士坦丁堡。

最大的威胁依然来自塞尔柱人，拜占庭无力阻止塞尔柱人在小亚细亚的迅速推进，他们只能赶紧请求支援。

公元1095年，教皇乌尔班二世发起十字军运动，公元1096—1099年的第一次十字军东侵中，在十字军帮助下，阿历克塞一世夺回了安纳托利亚西部，但是他未能阻止十字军将领在叙利亚和巴勒斯坦建立起一批典型的西欧式的封建国家，包括了安条克公国、埃德萨伯国、黎波里伯国和耶路撒冷王国，此时的拜占庭，外强中干之态也被西方的骑士一览无余。

在内政方面，阿历克塞依然有条不紊地进行，他不但加强了中央集权，建立常备海陆军，努力加强拜占庭在安纳托利亚西部、南部地区和地中海水域的实力。为了解决财政困难，他还毫不犹豫地抄没教会的财产，阿历克塞力挽狂澜，维护帝国的完整，使王朝延续到公元1204年。但他无法长时期制伏十字军的拉丁公国，也无力抵挡诺曼人对西部岛屿和各省的侵食。

约翰二世

阿历克塞一世去世之后，后来的科穆宁王朝的继承人都是世系即位，然而除了曼纽尔一世以外大多政绩都不理想。

约翰二世是阿历克塞一世的长子。在位期间（1118—1143年），由于几个近东基督教国家作为屏障，拜占庭相对比较平静，最大的威胁来自海上强国威尼斯，威尼斯为了争夺东地中海的霸权，和拜占庭的冲突日益激化。

曼纽尔一世约翰二世的儿子。他的统治期间（1143—1180年）是拜占庭帝国的一个转折点，他一度将势力扩张到巴尔干半岛与地中海东岸，然而在他死后，拜占庭帝国国势转衰。虽然曼纽尔一世一直力图恢复拜占庭往日的荣耀，然而，拜占庭复兴的最后努力，均以失败而告终。

阿历克塞二世是曼纽尔一世的儿子。公元1183年，被其岳父安德鲁尼克斯发动政变而害死。安德鲁尼克斯一世是阿历克塞一世的孙子，同时还是阿历克塞二世的岳父。他发动政变，登上王位，在位两年间，他只会使用暴力而不懂得完善管理，因此他的统治就是基于暴力、阴谋的残酷方式进行。这样一来，引起了反对者更加激烈地反抗，尤其是他的反对拉丁人的政策，导致了西方列强对拜占廷帝国更强烈的敌视。

公元1185年，阿历克塞二世被安格鲁斯家族的伊萨克二世推翻，至此，科穆宁王朝终结。

## 安格鲁斯王朝

伊萨克二世推翻了阿历克塞二世后，建立了安格鲁斯王朝。

公元1185年，保加利亚人起义，建立了第二保加利亚王国。公元1187年他派去镇压的军队士兵实在承受不了，选择了造反，不仅没有镇压保加利亚，反而围攻了君士坦丁堡，虽然叛军被首都的军队击败，但拜占庭已经难以阻止保加利亚的独立。保加利亚在亡国168年后，再一次建国，而拜占庭则痛失了近一半的欧洲领地，国力和军力都遭受到沉重的打击。

公元1189年，西欧的三大名王组织了第三次十字军东征，但与埃及王萨拉丁的战争并未胜利。。

公元1195年，伊萨克二世的哥哥阿历克塞三世发动了政变，将伊萨克废黜，刺瞎了他的双眼，并监禁了他。

公元1203年，第四次十字军东征，十字军最初的目标是埃及，但威尼斯的组织者们在商人们的唆使下，鼓动十字军将目标改为君士坦丁堡。阿历克塞三世见势不妙，逃跑了。才使得已经被监禁了八年之久的伊萨克二世再一次复位成为皇帝，然而此时的他已年迈体衰，加上眼睛又看不见，实权其实是由儿子阿历克塞四世掌握的。

阿历克塞四世在成功罢黜了阿历克塞三世后，辅佐他瞎了眼的父亲，成为共同皇帝。

公元1204年1月，阿历克塞五世领导了君士坦丁堡保卫战，迫使阿历克塞四世父子退位。

公元1204年4月12日，拉丁十字军开始攻城，阿历克塞五世居然吓得丢下首都和人民，连夜逃跑了。尽管守卫军和十字军进行了殊死的博斗，但还是招架不住敌人凶猛的进攻。4月13日，十字军一晚上的进攻，君士坦丁堡终于失守了，这是君士坦丁堡历史上第一次被外族攻克。君士坦丁堡遭到了拉丁人的疯狂洗劫。拉丁人以君士坦丁堡为中心建立起了拉丁帝国，直到57

年后，君士坦丁堡才被拜占庭人收复。

## 帕列奥列格王朝

帕列奥列格王朝是拜占庭历史上的最后一个王朝。

王朝的奠基人是米哈伊尔八世，他代表了新兴的军事贵族势力，利用手中的军权，发动宫廷政变，夺取了当时年幼的约翰四世的摄政权。公元1261年，他重新入主君士坦丁堡后，废黜了约翰四世，建立帕列奥列格王朝。该王朝统治长达192年，经历了10代君主。它是拜占庭帝国历史上统治时间最长的王朝，同时也是最衰弱的王朝。

米哈伊尔八世聪明绝顶，能力超群，工于心计，足智多谋，是衰败中的拜占庭帝国的杰出君主。但是，拜占庭社会深刻的矛盾和拉丁帝国半个多世纪统治造成的破坏，使他面临的问题太复杂，也无法解决。

他在位期间（1259—1282年），首先致力于重建帝国军队，修葺长期无人维护的城防要塞、教堂和其他公共建筑，计划组建拜占庭人的舰队。为筹集实现这些计划所需的大量金钱，他对已经陷入贫困的民众加征捐税，向富有的教会借钱，同时实行财政紧缩政策，并严厉惩处在各级政府管理中出现的贪污腐败。为此，他颁布了一系列法律，成为末代王朝司法建设最后的成就。在对外关系方面，米哈伊尔将拜占庭人灵活多变的艺术发挥到了顶峰，多次化解了拉丁帝国残余势力策动的进攻，最终粉碎了西欧反拜占庭人的复辟阴谋。米哈伊尔八世于58岁时巡视色雷斯，偶感风寒，一病不起。

米哈伊尔去世后，由其早熟的儿子安德罗尼库斯二世（1282—1328年在位）即位，当时年仅13岁。他统治的时间将近半个世纪，是拜占庭历史上少有的长寿皇帝之一。

虽然安德罗尼库斯二世在位的时间很长，但因治国能力不强因而没有什么作为。在内政方面，他加强税收管理，以增加新税种的方式加重了农民的负担，同时以取消免税权的措施扩大税收来源，使国库收入增加。他继续完成其父修葺君士坦丁堡的工程，并积极推动和支持知识界复兴古代文化的学术活动。他在宗教事务方面改变了米哈伊尔的政策，放弃了公元1274年由东、西教会代表在里昂会议上签署的“东、西教会合并协议”。其内政最大的败笔是因皇族家务内讧导致的长期内战，而他因无力提供维持舰队的费用，被迫解散海军并凿沉军舰，从而奠定了拜占庭军队最终瓦解的基础。

在外交方面，安德罗尼库斯二世也并不能够像他的父辈一样继往开来，不但没有取得进展，还失去了原有的外交联盟。塞尔维亚王国在此期间，迅速向南扩张，迫使他求和结亲，将5岁的女儿西蒙尼嫁给塞尔维亚王米鲁廷。

面对土耳其人在小亚细亚的扩张，拜占庭军队无计可施，听任其势力发展，因而给其后人留下了巨大的隐患。他招募来的西班牙雇佣兵也给拜占庭帝国造成了致命伤害。最终，他被其宠幸的孙子安德罗尼库斯三世推翻，被囚禁在修道院 4 年后去世。

安德罗尼库斯三世（1328—1341 年在位）聪明伶俐，深受其祖父的喜爱，11 岁时成为共治皇帝。但是他因老皇帝溺爱而自幼放荡不羁，沉湎于狩猎骑马，放鹰斗狗。他虽然身为皇子，却混迹于三教九流，甚至与意大利商人从事走私贸易。朝廷上下对他无可奈何，即使是他的父亲、共治皇帝米哈伊尔九世（1294—1320 年在位）也无法管教他，最终被他气死了。这一事件发生在他指使打手教训亲弟弟时导致后者意外死亡，米哈伊尔闻讯极度悲伤，气绝身亡。祖孙反目，大打出手。安德罗尼库斯三世赢得战争。他在位 13 年间继续放荡形骸，将朝廷事务全部委托给其好友约翰。他唯一的政绩是进行了司法改革，设立了由法学家组成的“最高法庭”。他于 44 岁时去世，将皇位留给 9 岁的儿子约翰。

约翰五世（1341—1391 年在位）即位后，受母亲安娜和其他亲西方的大贵族的监护，而担任摄政王的约翰·坎塔库震努斯受到排挤，因此引发了新的内战。约翰五世虽然在位时间长达 50 年，但实际控制权力仅 30 年。大贵族约翰·坎塔库震努斯凭借雄厚的家产，以武力驱逐了反对派贵族，重新夺回摄政王地位，并自立为共治皇帝。

约翰六世（1347—1354 年在位）强迫小皇帝与自己的女儿海伦娜结婚，以巩固其统治地位。客观而论，约翰六世具有比较突出的政治才能，但是他长期陷于皇族内战，限制了其他治国才能的发挥。最终，他被长大成人的约翰五世击败，退位入修道院。在近 30 年的修道生涯中，他完成了著名的回忆录。约翰五世独立执政后，没有任何建树，反而因确定皇帝继承人问题与长子安德罗尼库斯和孙子约翰七世闹得不可开交，陷入新的内战。

公元 1376 年，安德罗尼库斯四世（1376—1379 年在位）在奥斯曼土耳其人和热那亚人佣兵帮助下夺取君士坦丁堡，次年登基，而将其父约翰五世和弟弟们关押在首都。安德罗尼库斯四世死后，其子约翰七世（1390 年在位）继承皇位，但是同年便被约翰五世推翻。重新入主皇宫的约翰五世最终给了他一块封地养老。

继承约翰五世皇位的是其次子曼纽尔二世（1391—1425 年在位）。他生于公元 1350 年，即位时 41 岁，已任共治皇帝 18 年。他是约翰五世的次子，但是特别受到其父的器重。当约翰五世计划“弃长立幼”，变换皇帝继承人时，其长子反叛，曼纽尔因此受牵累。1382 年以后 5 年，主要精力用于对付奥斯曼土耳其人的军事扩张，曾长期滞留意大利等地，致力于游说西欧各国君主组织新的十字军，援助拜占庭帝国抗击土耳其军队的侵略。但是，当时的西欧各国正处于剧烈的社会变动，没有精力和能力顾及拜占庭人，因此，曼纽尔的努力几乎没有取得任何成果。在土耳其军队的围攻下，拜占庭帝国灭亡在即。

公元1402年安卡拉战役后，拜占庭帝国苟延残喘了近半个世纪。如果，没有发生蒙古帖木尔大军击败巴耶扎德的西征，曼纽尔可能就是拜占庭帝国的末代皇帝了。除了军事外交方面的失败以外，他对挽救拜占庭帝国危亡没有任何作为，只是在文化和学术上留下些许作品。他在晚年患脑溢血，在病中挣扎了3年去世。

曼纽尔的长子约翰八世（1425—1448年在位）即位后，力图有所建树，他计划重新整顿军队，扩充加强武装力量，但是因缺乏经费而作罢。他积极参加发生在希腊地区的对土战争，向阿提卡半岛扩张，但是因兵力不足，最终失败，拜占庭帝国第二大城市塞萨洛尼基被土耳其军队占领。他也曾寄希望于西欧国家的援助，为此他不顾东正教教会的反对签署了屈服于罗马教廷的“教会合并协议”，但是拟议中的援兵始终没有到来。他在位23年，可谓呕心沥血，日夜操劳，但是最终也没能挽救拜占庭帝国的衰落。当拜占庭帝国的气数已尽时，再有抱负和能力的皇帝也无法挽救其衰亡之势。

这在末代皇帝君士坦丁十一世（1449—1453年在位）的身上体现得同样很明显。君士坦丁是约翰的弟弟，因约翰无子女而即位。

他在位4年，几乎与约翰八世一样，恪尽职守，尽心竭力，为拯救拜占庭帝国做最徒劳的努力，最终战死在君士坦丁堡街头。他的阵亡不仅标志帕列奥列格王朝统治的结束，也终结了拜占庭帝国的历史。

至此，拜占庭帝国在历史的舞台上告别了她1058年的演出，只留下了华丽的身影。

# 第三章　帝国的文明长征

## 拜占庭文化的源头

君士坦丁堡这个城市曾经在拜占庭帝国时期，繁华了整整一个世纪。

君士坦丁堡整个城市，占地 3 500 亩，拥有人口 100 多万，在整个中世纪时期，君士坦丁堡都是亚欧大陆上最繁华的都市，也是世界瞩目的中心。

当时的君士坦丁堡，还是世界贸易商业的重要的中转站。港口上来来往往的是世界各地的船只，整个码头，都是来自世界各国的货物。拜占庭的首都君士坦丁堡和各个港口保持了相当长时间的繁荣，即使在拜占庭被土耳其占领后，君士坦丁堡依然是世界最繁华的都市。

而所谓的拜占庭文明和文化，就是诞生在这块肥沃的土地之上。

所谓的拜占庭文明与文化的来源，主要有四点：第一，古典时期的文化传统；第二，希腊化时期的文化传统；第三，4 世纪胜利成为国教的基督教；第四，最密不可分的亚洲东西方文化传统与拜占庭文化的关系。

当西欧列强对东部开始了他们的野蛮侵略，毁灭了古代文明（政治、法律），而中世纪的文明刚刚萌芽的时候，拜占庭帝国依然顽强地保存了希腊化时期的遗产，这份遗产也成为了古典文学艺术的瑰宝。

流传至今的拜占庭文化并不是短期内形成的，而是从君士坦丁时代便开始形成的，被人们所尊敬着、信仰着，经过时代的洗涤，慢慢流传下来。也就是说，其实，拜占庭文化是从晚期罗马帝国时代开始形成的。而当时的君士坦丁时代除了其传统的法制和行政统治秩序外，还有辽阔的跨越亚欧非三大洲的国土，包括原希腊化时期的著名中心城市，如雅典、亚历山大里亚、安条克，以及西方拉丁化地区的意大利、高卢、西班牙、北非，等等。

尽管由于基督教独尊地位的建立，有许多珍贵的文化成果遭到一些修道士的破坏以致毁灭，但在大多数地区，古典时代的文学艺术传统得到了很好的保留。即使是在公元 392 年狄奥多西一世宣布“取缔一切异教迷信活动”以后，“异教”的文化传统仍然保持了其强大的生命力。一些非基督教徒的学者和历史学家、法学家们仍然在辛勤耕耘着他们自己的领地，留下了许多传之后世的鸿篇巨著。

随着时间的推移，物转星移，基督教精神慢慢深入人心，渗透到各种文学艺术中。例如，诗歌、音乐、造型艺术等，甚至拜占庭文化也被基督教的神学贯穿，抛弃了腐朽的世俗文学。正统的基督教精神成为了文学创作的主力。诗歌、音乐、造型艺术也都成为“神学的附庸”；所谓“圣者生涯”成为文学创作的重要部分。

同样地，无论什么文化都不会突然繁荣起来，都会随着时代的变化而变化。拜占庭文化也是如此，在拜占庭国家达到鼎盛时期时，拜占庭文化也经历了最繁荣的时期。而拜占庭国家衰败时，拜占庭文化也渐渐衰落。

前面已经写到拜占庭文明是在君士坦丁时代开始形成的，而君士坦丁时代的开始便是从君士坦丁皇帝开始的。此时基督教精神已经处于合法地位，拜占庭文化与基督教精神共存于罗马帝国统一世界的政治框架之内长达两个世纪（4—6 世纪），在此后两者发生了长期的斗争、冲突和融合，终于产生了新的一代文明，即东方基督教文明。这是一个特别时期：旧的传统和新的因素共存、异教的多神崇拜信仰和基督教的一神信仰共存、拉丁文化和希腊文化共存，一起构成了这一时期拜占庭文化的显著特点。

查士丁尼时代是拜占庭文明发展的第一个黄金时代。在这个时代，旧的罗马时期的传统还没有完全退出历史舞台，新的基督教东方文明——拜占庭文明的典型特点却已经基本形成了。这一时期，基督教教会文化基本上取代了古典异教文化的地位，成为帝国占主导地位的文化。

在拜占庭所属的广大地区内，特别是在东地中海各行省，希腊语已经成为通用语言，拉丁语逐渐退出了官方语的舞台。查士丁尼《新律》的颁布标志着这一转换的完成。查士丁尼重新征服了意大利、北非和西班牙，重温了罗马大一统帝国的旧梦，使罗马的法制、宗教与文化传统在地中海世界又保持了近一个世纪。

这一时期，所谓中世纪拜占庭文学创作和建筑、绘画艺术的基本风格已经形成。以普罗柯匹厄斯为代表的一代历史编纂学家，开创了拜占庭世俗作者坚持仿古文学创作的基本风格，这一风格一直保留到拜占庭的末世。君士坦丁堡的圣索菲亚大教堂亦成为中世纪拜占庭建筑模式的典型代表。最后，查士丁尼的法典总结了罗马法制的长期历史，结束了罗马帝国的黄金时代，成为中世纪拜占庭和西方各“蛮族”国家立法所依据的样板。

经历过萌发时期（4—6 世纪）的拜占庭文明还没有发扬光大，它真正的兴盛时期才刚刚开始。而就像是黎明前的黑暗，拜占庭文化在经历光明之前，先经历了黑暗时期。7—9 世纪，刚刚萌发的拜占庭文化遭到多方面的打击，长期的压制使其文化艺术各方面受到影响，文明的发展进入了一个相对停滞的“黑暗时代”。当破坏圣像运动摧毁了大批早期基督教发展繁荣时期的圣像和壁画、装饰画，烧毁了许多珍贵的宗教典籍和一些代表早期修道传统的修道院之后，更造成了一种“文化灭绝”的表象。但是，后来的学者们研究证实，这一时期对圣像的破坏并没有导致艺术的毁灭，相反，却鼓励了世俗艺术和民间艺术在 9—10 世纪的繁荣，准备着马其顿时期拜占庭文明发展的“第二个黄金时代”。

马其顿时期（9—11 世纪）是拜占庭历史上最为强盛的时期，也是拜占庭文化发展的“第二个黄金时代”。这一时期，拜占庭改变了破坏圣像时期对偶像的绝对排斥态度，在各大城市和主教区又重新振兴了基督教圣像和壁画艺术。但是，世俗文化仍然在以它自己的方式发展着自己，加之宫廷人士、皇族贵戚们从事史学和文学创作的热情日益高涨，使拜占庭出现了世俗文化与宗教文化并进、传统古典文化与现世文化并存、宫廷文化与民间文化竞相发展、“阳春白雪”和“下里巴人”同台表演、各得其所的丰富多彩的局面。这种发展态势构成了拜占庭中世纪文化发展的典型特点。

在马其顿王朝的“黄金时代”过后，拜占庭帝国进入了其长期衰落的历史起点。来自各方面的敌人：斯拉夫人、保加利亚人、塞尔维亚人、塞尔柱突厥人、诺曼人等对拜占庭的轮番打击，使拜占庭政府应接不暇。紧接着在公元 1071 年失去了东西方两处要塞（小亚的曼西喀特和意大利的巴里）后，就遭到了近两个世纪的十字军战争，由此给拜占庭帝国带来了一次又一次难以想象的恐慌和混乱。在小亚细亚和西亚的广大土地上，出现了多个民族（拉丁人、法兰克人、日耳曼人、塞尔柱人和斯拉夫人）的封建公国并存的局面。这就为来自不同地区的民族、宗教和文化在东方希腊化的土地上融合和交流，创造了特定的条件。拜占庭文化与伊斯兰文化、西方日耳曼人和拉丁人文化的交融和冲突，构成了这一时期文化发展的显著特点。流亡在小亚的尼西亚的拜占庭王室的一支，建立了尼西亚帝国，在距君士坦丁堡最近的小亚地区，发展起一个繁荣的希腊化文化中心。它保留了希腊文化的传统风格，使它们在拜占庭末世的帕列奥洛加斯王朝成为希腊民族精神的象征。

随着拜占庭的复国，帕列奥洛加斯家族建立了拜占庭这个古老的传统帝国的最后一个王朝。但是，帝国未能战胜周围越来越强大的敌人，最后在土耳其人的炮火中灭亡了。然而，有趣的是，拜占庭帝国的末世正是它文化艺术发展的一个特别繁荣时期，也许，这种繁荣可视为即将灭亡的、老态龙钟的拜占庭希腊化帝国的一次回光返照。但正是这种回光返照，使西方文艺复兴时期的学者更好地了解和接触了拜占庭文化艺术的传统，促进了西欧文艺复兴运动的发展和繁荣，使拜占庭东方文明的种子在其灭亡之前撒播在西欧的广阔土地上，成为产生新时代欧洲文明的重要土壤。同时，它也在土耳其占领的东方广大土地上留下了深刻的烙印，为近代希腊民族的复兴和希腊近代国家的再生准备了深厚的基础。

## 东西方文明的纽带

拜占庭文明在亚欧中世纪文明中的地位，是任何一个国家都无法比拟的，像一支独具特色的鲜花，绽放着属于她的色彩。

为什么这么说呢？拜占庭的文明从根基上立足于东方希腊化地区文化的肥田沃土之上，所以从她诞生的那一刻起就带着明显的东方色彩；与此同时，它又受西方特别是欧洲的文化的影响和渗透，是典型的基督教文明。基督教在帝国统治下的地中海地区建立的至高无上的统治地位，也必将统治帝国文化的发展，也就是拜占庭文化的发展轨道早已被决定了。拜占庭文化在被基督教统治的情况下，两种文化也必将结合，从而构成了基督教神学理论的基础，并一直深刻影响着中世纪拜占庭文化的发展。

除了上面所说的两种因素之外，拜占庭文明还具有着明显的罗马因素。在许多方面，特别是在政治法律体系及官僚统治体系方面，拜占庭几乎全面继承了罗马帝国的传统，使之成为中世纪拜占庭政治制度的骨架。

因此，我们可以十分肯定地说，拜占庭文明是古典东方文明、基督教的思想体系和罗马政治传统的三位一体结合的产物。

在其形成和发展的早期历史中，拜占庭文明造就了它的近东色彩。拜占庭城原本是古希腊城邦国家麦加拉的殖民地，它建立于公元前 7 世纪，与小亚细亚、黑海沿岸及西亚地中海东岸的古希腊人的殖民城邦，如亚洲沿岸的卡尔西顿、尼西亚、以弗斯、叙利亚沿海的特洛伊城等同属于古典希腊文明区。

公元前 6—前 5 世纪，由于波斯帝国的日益强大和向地中海沿岸地区的扩张，引发了波斯人与地中海希腊移民之间的尖锐矛盾和激烈斗争。以雅典为首的希腊诸城邦坚决支持小亚和西亚地区的希腊同胞反抗波斯人扩张和统治的斗争，由此发生了著名的希波战争。结果战争以波斯的失败而告终，希腊城邦维护了希腊半岛的完整，也保持了西亚的希腊移民区。

新文化的形成往往是因为朝代的替换。希腊与东方文化便是如此，历史中著名的东征涉及了从印度河到尼罗河的整个近东地区，仅仅 10 年时间，希腊人的统治方式和希腊文化便渗透到了亚洲，希腊和东方文化在短期内相互渗透，于是出现了一个新文明。

而著名战争——东征的领导者便是亚历山大，也就是说是亚历山大带领了希腊与东方文化的新文化的形成、带领了人们进入了一种新文明的时代。而有新文化的形成，必然会有旧文化的衰退。希腊与东方文化的结合，使得地中海和中亚、西亚地区出现了一种以希腊和东方因素为共同基础的新型文明，此即“希腊化文明”，同时结束了兴盛的古典希腊文明。

所谓“希腊化”首先是指对希腊古典时代的继承。在希腊化文明区，即从希腊半岛到小亚、西亚，乃至印度河流域和埃及尼罗河流域的马其顿亚历山大帝国统治区域之内，文化阶层的语言主要是希腊语。下层民众虽然不排斥希腊的文化，但却保留了其祖先时期的传统语言文字，如我们在叙利亚人和埃及科普特人中所看到的那样。

除了语言文字以外，在经济政治、科学成就、文化艺术等方面也体现了“希腊化”。

在国家与社会的发展中最重要的就是政治与经济。亚历山大建立的跨越亚、欧、非三大洲的大帝国，为商品经济的大规模成长与剧烈的利润竞争准备了广阔的天地。而希腊化时代的政治与经济也有些不同，统治者已经抛弃了传统的思想，他们不再向往所谓的大同社会，相反，有权力的人往往会想要专制，也就是专制主义统治。统治者们想要的是统治国家甚至世界。

最重要的经济与政治之后便是科学成就。古典的希腊科学并没有被新时代完全遗弃，相反地，希腊化时代的科学艺术从中吸取了经验，将古典的与新革命的科学成就相结合，又取得了新的进步。

与人们生活联系最为紧密的便是文化艺术，文化艺术体现在生活中的各个方面。古典与现代的差别往往都是封闭、落后与开放、新颖。古典时期希腊艺术确实很封闭、落后，而新时代的文化艺术却开放新颖得过分夸张，甚至变得奢侈放荡，然而无论新文化是怎样的，都会取代旧文化。这样的希腊化时代，是东西方古典时期的文明在亚欧之间大规模冲突和交融的伟大时代。在这个时代，西方人更多地了解了东方文明，东方文明也开始渗入希腊及地中海世界。如果想知道一种文化是否适合国家的发展，时间会告诉你的。例如，希腊化时代的兴盛。亚历山大去世后，虽然亚历山大帝国也随之瓦解，可希腊化文明并没有瓦解，它依然在希腊化君主国家保持兴盛，并成为文化艺术的先导者。

公元前1世纪，罗马统治者凯撒、安东尼和屋大维·奥古斯都相继攻入东方的这片所谓“希腊化”地区，在东方建立了罗马人的统治。直到屋大维·奥古斯都建立帝制之后，整个地中海已经成为罗马帝国的天下，希腊“城邦独立”的原则，最后被“地中海大一统帝国”的观念所取代。于是，东方这片希腊化沃土上的传统文化，以其独有的魅力和深刻的历史底蕴，影响和刺激了罗马——拉丁文化的发展和繁荣。

在罗马帝国的兴盛期，东方的一些著名工程师、建筑师、艺术家、哲学家和历史学家们慕名前来罗马城，并且创造了丰富多彩的罗马——地中海文明。一向被罗马人奉为罗马主导哲学体系的斯多葛派哲学的鼻祖芝诺，也来自“东方”希腊化地区。以至于在整个罗马帝国时期，人们皆以“东方的”一词，作为知识、智慧和财富的代名词，以到达东方和追随东方情趣为荣。“东方”在人们心中已经成为智慧与知识的摇篮，人们无不向往东方文明。所以在罗马帝国时期，东方文明为希腊化时代提供了很多有利条件，罗马世界达到鼎盛必不可少的就是东方文明。

征服，并不仅仅是指战争的胜利，在智慧文化方面也胜利才是完全征服。历史中罗马世界并不是一个战争胜利者的形象，相反，凭借着东方文明的智慧，使其成功塑造了一个历史文化创造者的形象，罗马人也以多种方式继承了古典文化和希腊时期的传统，与东方文明相结合后，形成了一种新的文明。

国家的繁荣发展，与国家的文化传统紧密相关，更与地理位置有必要联系。虽然罗马世界的文化已经达到兴盛，但是从古代起统治者们便发现位于意大利半岛中段的罗马帝国的帝都对发展不利，由于处于的位置不能充分地利用海洋，所以帝国首脑发出的所有政令都要从罗马城发出，向北走出意大利半岛然后再向东或向西前进，而不能直接从捷径出发，这对国家的发展有很大影响。

由于罗马城的地理位置不利于发展，所以有很多皇帝都不在这里居住，如戴克里和他之前的很多皇帝先以及后来的君士坦丁皇帝等。他们都是长期定居在其他地方，一般都是以意大利为中心，如意大利北部的拉温那、米兰或小亚的尼科米底等。戴克里先曾以小亚的著名古城尼科米底为自己的长期行宫。他的共治皇帝虽然仍以意大利为中心，但也不再居住于罗马城，而是经常以米兰和拉温那为自己的驻地。

虽然从古代起罗马城便具有帝都的特殊地位，然而如今已经物转星移，物是人非了。皇帝们不在此居住，罗马城只不过是个名义上的帝都罢了，它再也不是罗马帝国的中心了。随着历代皇帝的替换，这一天还是到来了。君士坦丁皇帝在3世纪正式在东方建立首都，乃是罗马帝国政治经济发展中心东移的必然结果。也是罗马——拜占庭这个地中海大帝国准备更好地利用海洋的一个开端。

从古至今，在罗马城盛行的一直都是拉丁文化，罗马人信仰着、尊敬着、学习着。然而这一切都随着帝都的迁移而改变了。君士坦丁皇帝将罗马帝国新都建立在博斯普鲁斯海峡，而在博斯普鲁斯海峡有着最为浓郁的传统古希腊化文化氛围，帝都的古文化遇到新文化，必将会结合或是被取代，最终，随着时间的流逝，人们信仰的拉丁文化还是被希腊化文化所替代，进入这一希腊化地区的“罗马人”也被这一地区具有强大生命力的希腊化文化所同化，罗马帝国的东半部演变成希腊化的中世纪帝国。而且，历史还告诉我们，这个东方的罗马帝国就是以东方希腊化文化和罗马政治传统的正统继承者的身份进入了中世纪时代。

## 盛世余晖的罗马法

拜占庭帝国是古代罗马法制传统的继承者，因此，在拜占庭帝国，法律的作用远大于元老院和政府的作用。皇帝虽然是最高的立法者，但法律一直保持着高于皇权的地位。从罗马时期到拜占庭时期，是罗马法继承发展的重要时期，6 世纪的著名皇帝查士丁尼是以最严格认真的立法者的地位被载入史册的。

罗马民族是一个十分重视法制传统的民族，具有代表性的罗马法的发展实际上也经历了很长的历史阶段。从共和时期的宪法，到《十二铜表法》及后来的人民会议和元老院通过的法令、法规，乃至实行帝制后历代皇帝的敕令等，都构成罗马法的十分重要的来源。

拜占庭虽然继承了罗马的传统法治制度，但在查士丁尼编订《民法大全》之前，帝国的法制体系还是比较混乱的，而这种混乱是由于多方面的原因造成的。

第一个因素是罗马皇帝的敕令的多样性和分散性。

早期罗马皇帝的敕令一般有：敕谕，阐述颁行于全国的公法和私法方面的处理原则；敕裁，是皇帝对亲自审理的案件的裁决；敕示，是皇帝对官员的训示；敕答，是就某些具体案件对来自下层官吏和民间司法机构所提供的答复。

正因为皇帝的敕令较为分散、庞杂，不便应用，于是一些私人法学和官方代表便开始致力于编纂法令集或针对一些法律问题做原则上或实践上的解释，逐渐地形成了浩如烟海的罗马法学著述。由于这些代表的观点或者水平不一，使得这些法学著述经常相互矛盾，使下层执法者无所适从，从而造成法律上的混乱现象；加之地方上精通法学的官员甚少，法律顾问或法律代办也只有极少数行省内才能找到，故而造成了帝国法制体系的混乱，同时也增加了执法的困难度。

为了使混乱的法制体系得到相应的管理，公元 426 年，统治西方罗马帝国的皇帝瓦伦提尼安三世颁布了著名的《引证法》，其中规定，在诸多法学家的论著中，唯有巴比尼安、盖朱士、乌尔比安、保罗士和莫特斯丁5人的论著及其论著中引用过的其他法学家的论述具有法律效力；如诸家有分歧时以多数为准，诸家意见无从确定多数时以巴比安尼为准，法学家的意见与皇帝的意见相左时以皇帝的意见为准。从此，皇帝独揽立法权的体制开始见诸于正式律令。

但这并不能完全改变帝国法制体系混乱的状态，自戴克里先、君士坦丁时期以来一直沿袭且成为定制的东西方帝国分治体制，是帝国法制混乱的第二个重要原因。虽然自君士坦丁将罗马首都移到拜占庭古城之后，曾试图建立唯一皇帝的统治，但他死后，他的几个儿子仍然取得了分治东西地中海世界不同地区的权力。

此后，帝国的东方和西方时而分治、时而合治，结果东西方社会经济发展的差异越拉越大。虽然帝国各个时期分治东西方世界的统治者们，在面对一些重大问题的决策时，会因为利益的关系而互相协调，在针对国内问题颁布敕令时，也通常同时签署两位皇帝的名字，但是，由于东西方民族、历史、文化、宗教传统方面的各种差异和社会经济生活发展的不平衡，帝国东西两部分在很多问题上已经难以协调。甚至会出现东方的法律学家引用西方皇帝的敕令来对抗本地法庭的情况。因此，拜占庭皇帝狄奥多西二世颁行了《狄奥多西法典》（438年）后，东西双方皇帝商定，任何一位皇帝在本地宣布的法令，需经另一位皇帝认可后才可以在另一位皇帝的辖区内实行。

帝国法制混乱的第三个原因是最高立法者皇帝的主观随意性。皇帝在当时是至高无上的，他们可以按照自己的意愿或听信亲近的大臣们提出的建议来颁布或更改法律、法令，因此，皇帝纠正或修改前任皇帝律令等朝令夕改的现象时有发生。这样的情况，便发生在最伟大的立法者查士丁尼的身上，他喜欢上一位出身低贱的姑娘，为了娶到她，他曾设法使他舅舅查士丁修改了禁止罗马贵族与平民联姻的法令。

东西方皇帝一般倾向于一些异端派教义，如在君士坦丁之后，东方皇帝支持阿里乌派，而西方皇帝支持正统的尼西亚派；在一性派争论成为基督教会压倒一切的矛盾之时，东方皇帝通常支持一性派，而西方皇帝则支持正统的卡尔西顿派。皇帝通常与首都的大教皇站在同一立场上，压制不同意见的民众。

当然，面对如此混乱的法制状况，历代的罗马以及拜占庭皇帝们其实都在努力纠正和规范法制系统，希望国家和社会有法可依。例如，狄奥多西二世时期编写的《狄奥多西法典》（该法典于公元438年编纂出版，公元439年开始在东西两帝国同时通用）意义十分重大。而一些民间的法学家所从事的立法和整理法典的活动，也帮助政府规范法制。例如，在戴克里先时期，两位伟大的法学家格列哥里乌斯和赫莫根尼亚努斯成功地编纂了前一世纪的法令汇编。

查士丁尼、立奥三世和马其顿王朝的瓦西里一世继承了前人的事业，在拜占庭法制史上做出了重要的贡献。其中贡献最为卓越的当属查士丁尼，他在拜占庭法制史上及欧洲法制史上也占有重要的地位。

总的来说，拜占庭时期的立法工作大致可分为四个时期：

（1）自戴克里先时期到查士丁尼时期，即晚期罗马帝国时期（拜占庭时代则开始于君士坦丁统治时期）。这一时期立法的主要代表是上面提到的格列哥里乌斯和赫莫根尼亚努斯及狄奥多西二世，最后是查士丁尼。查士丁尼将罗马法的编纂整理工作发展到了最高阶段，现代西方社会流行的《罗马法》就是查士丁尼时期留下的遗产。

（2）破坏圣像时期的立法。这一时期以立奥三世和他的儿子君士坦丁五世为代表，他们所编写、整理的法学著作，反映了8—9世纪拜占庭城乡经济生活和社会生活的巨大变化。

（3）马其顿王朝取代伊苏里亚时期。各破坏圣像派的皇帝从而统治整个拜占庭世界之后，特别强调回到查士丁尼时代，因此，将《查士丁尼法典》做了“希腊化“的处理，使它成为一部适应于中世纪拜占庭希腊民族政治和经济活动的巨著。

（4）衰落时期帝国的立法活动。这一时期帝国还是出现了一些分量不大的实用型法典，但由于它综合了自罗马帝国时期到帝国末世以来各个时代编纂的法典版本，对现在西方社会具有更为重要的影响。

### 宗教信仰的形成

4—6世纪是拜占庭帝国从由古典文化到中世纪文化的过渡时期。在这两个世纪中，基督教赢得了对垂死的异教的彻底胜利。但是，拜占庭人艺术创作的灵感并没有因基督教主宰一切而泯灭，异教作家的创作活动一直是拜占庭文化艺术发展的一个特殊分支。这种世俗和宗教文化活动并行发展的丰富多彩的画面，成为中世纪拜占庭文化发展的重要特点。即使是在查士丁尼皇帝统治时期，非基督教的古典传统也依然在拜占庭占领了一席之地。

查士丁尼向来以基督教的保护者和传播者自居，他曾颁布了一项教育法令，禁止非基督教徒在各类学校授课，这项法令实际上剥夺了非基督教徒学习和受教育的权利。他对异教徒，特别是对犹太人中的撒玛利亚人和东方各省盛行的异教和异端，如摩尼教、聂斯托利教和一性教派等，均采取了坚决打击迫害的政策；而对在西方各“蛮族”国家内传播的阿里乌派基督教异端，则以军事征服手段使其国家灭绝。

他还对一些反基督教的异教思想家、法学家和修辞辩论家进行了无情的迫害。但是，矛盾的是，他却重用了两个非基督教徒作为自己的心腹重臣，一个是法学家特里波尼安负责主持编定法典，另一个是历史学家普罗柯匹厄斯被派到贝利撒留帐下南征北战。这两个人的学术思想和精神世界深处完全笼罩在古代异教传统的余光之下，但他们却没有在大兴基督教的朝代受到伤害。

另一项重要的抵制异教的活动是，公元529年，查士丁尼关闭了雅典的最后一个异教教育中心——雅典学院，并且将该学院的所有教员进行放逐，其中的很多人投向了波斯王的麾下。后来波斯人通过外交的途径将这些“异教”思想家和教育家送回了拜占庭国内，使他们在不受外界干扰和侵犯的环境中安度余生。

同时，4—6世纪，迅速发展的基督教教会文学成为一个引人注目的现象。基督教教会文学最早的代表是希腊教父的“台柱包括卡帕多西亚的圣瓦西里（卒于379年），纳齐昂的圣格列哥利（卒于390年），尼斯的圣格列哥利（卒于394年）、圣津口约翰（卒于407年）、伊西多尔·贝鲁西奥特（卒于436年），亚历山大里亚的西里尔（卒于447年），居鲁士的狄奥多里特（卒于457年）等人。这些教父们强调，人在世上的生活短短数十年，是短暂的，只有在上帝那里才能得到永生。世俗的生活只是来世永久生活的序幕，必须经受世间的悲苦，遭受多方面考验，才能够得到进入永生的天堂的机会。他们的理论实际上为东正教的基督神学体系的形成奠定了基础。

## 光明之城：君士坦丁堡

君士坦丁堡，原名拜占庭城，始建于公元前7世纪前半期，是以当时希腊人的首领柏扎思的名字命名的，称为拜占庭城。此后的数百年间，它只是地中海东部的一个普通的城市，默默无闻，并没有特别之处。直到公元4世纪初，当时的拜占庭皇帝君士坦丁一世看重了这座城市的地理位置和环境，确定此处为新首都。

公元324年，君士坦丁一世发布了兴建“新罗马”的命令，并开始为这项新的建筑工程着手准备。不但调集了全国各地的能工巧匠和有名的建筑师，按照罗马城的样式和规模精心设计，全面建设。急于建成梦想中的都城，君士坦丁调动了数万名的士兵加入到建设工程当中，并从帝国的各地采集运来大量的奇石异物，不仅如此，他将拜占庭城看作是中心城市，为了将拜占庭城建造成独一无二的城市，居然下令将各地著名的古代建筑中的艺术品强行拆除，运往拜占庭；君士坦丁一世不惜一切代价地建造着拜占庭城，付出了巨大的财力和人力。终于在5年后完工，一座规模空前、豪华复古的“新罗马”坐落在了博斯普鲁斯海峡之上，成为了名副其实的首都。君士坦丁一世也终于实现了他的愿望，将拜占庭城建造成了独一无二的首都。

改颜换貌的拜占庭城也不再是以前普普通通的沿海城市，作为独一无二的首都，她不仅仅是拜占庭帝国的心脏，更是其千年历史的见证，也是展示其社会生活的最重要的舞台。她的独一无二不仅体现在建筑特色，拜占庭城的统治范围和辉煌历史更是其他首都无法超越的。

当然，任何事物的辉煌都不是偶然的，君士坦丁堡也是如此。君士坦丁堡能有如此辉煌的历史，虽然与统治者有关系，但同样重要的是其处于的有利地理位置。诚然，其他城市也有良好的港口和重要的地理位置，但君士坦丁堡的显著特征是，南北两面都有一条狭长且能航行的海峡。所以，这座城市由两扇海上大门保护着，可以禁止无论从爱琴海，还是从黑海来的敌船的通行。因此，君士坦丁堡南有马尔马拉海，北有博斯普鲁斯海湾，从而形成了重要的港口，即所谓的金角湾。除了这些天然防御，拜占庭皇帝又加强防御，不仅有海上防御，更是添加了陆地防御。陆地最有利的防御便是高墙，易守难攻。拜占庭皇帝便又在陆上修筑了两堵高大的城墙，同巴尔干山脉这一天然屏障连在一起，保卫了君士坦丁堡的陆上进口。因此，在拜占庭长达十个世纪的统治期内，这座城市尽管在大部分时间里是遭受围攻的要塞，但却得以保存下来。君士坦丁堡有许多雄伟的建筑，著名的圣索菲亚大教堂是拜占庭建筑和艺术成就的结晶。

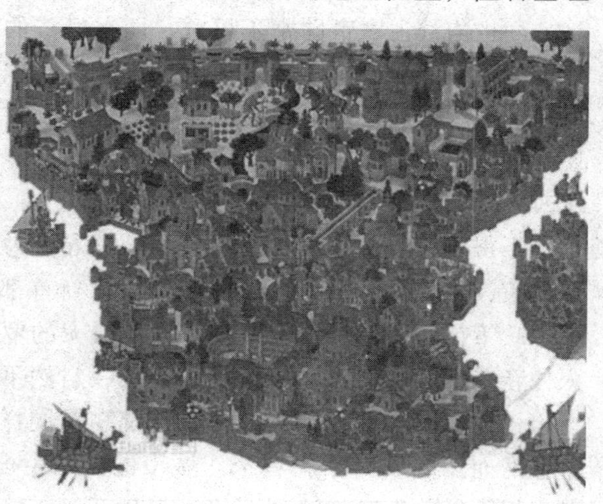

**君士坦丁堡及其城墙堡垒**

君士坦丁一世的理想终于实现了。他希望的都城应该具有全新的容颜，不仅像罗马城一样会聚了全世界最优秀的人才，更应该是上帝在人间的代表（指皇帝）的居住地。而这座在旧城原址的小山丘上拔地而起的新城也不负众望，豪华的皇宫俨然是人间的天堂，大理石墙面，雕花的阳台和柱廊，这一切在阳光和大海的衬托下显得更加典雅庄重。与罗马的宫殿相比，更多了恢宏的气势，使得造访者在惊叹之余更添了敬畏之情。

当欧洲的其他国家还在慢慢地从黑暗时代复苏之时，拜占庭王朝却保持着由罗马帝国延续下来的、非常先进的文明程度。确实如此，在历史记载中，拜占庭无论是统治能力和范围以及辉煌都是无法超越的。其统治者的领导能力创造了历史中的奇迹，还有拜占庭城处于的有利地理位置也是不可或缺的原因。极为有利的地理位置使得拜占庭王朝不仅保持了原本属于古罗马帝国的领土，而且还进一步囊括了中东和希腊地区。除了具备完善的行政管理制度和非常优秀的科学技术，更有独一无二最具特色的文化艺术。体现在人们生活各方面的文化艺术流传至今一直无法超越。此时的拜占庭帝国分别从军事、文化以及经济方面同时统治着罗马帝国。

同样重要的一方面就是经济方面，拜占庭作为地中海盆地的主力军，不但是中东和希腊地区的经济动力，随着时间的推移，地中海盆地的贸易和经济方面也与拜占庭帝国密不可分。而在经济的繁荣发展的同时，必定伴随着货币的流通。

拜占庭帝国及地中海盆地经济的繁荣发展，同时也带动了西欧的经济发展和货币流通，使其开始了商业发展的道路。西欧经济确实越来越繁荣，由于改变了原来自给自足的经济方式。

不得不说的是拜占庭帝国皇帝的领导能力和军事能力。正是由于他的特殊政策，才使得君士坦丁堡顺利地成为新首都，快速地取代了旧罗马。他的特殊政策首先便是从地位最高、权力最大的罗马贵族开始。让罗马贵族免费入住新首都后，尝到了新首都的甜头，自然不会再留恋旧罗马。同样地，君士坦丁允许旧罗马的元老院在新首都亨有同样的法律地位。于是，君士坦丁堡自然而然地成为了新首都。城市的人口急剧增长，在建成后的数十年内，君士坦丁堡的人口就达到了 50～100 万。在整个中世纪的欧洲，这个数字都是首屈一指的。

偌大的皇宫占地 60 多万平方米，占据城内最高的山丘，是全城的制高点。它是由几个毗邻的独立宫苑组成的，内有各种大殿、宫室、花园和柱廊，人们置身在这个君士坦丁堡最豪华的建筑群中必然有身临仙境的感觉。皇宫里草木繁茂，曲径幽通，与大赛场更有有地下通道相通，从皇家花园通过大理石码头可以直达弥马拉海至君士坦丁堡的建筑面积是旧城的十几倍，也远远超过老罗马城，足以彰显帝国唯一君主的威严。城区为三角形，且以大皇宫为顶点，大皇宫又被称为“圣宫”，坐落于全城的制高点上，南临马尔马拉海，占地 60 多万平方米，是整个君士坦丁堡最豪华的建筑群。拜占廷古城的旧城墙被改建为皇宫的外墙。城墙沿着黄金角海湾和马尔马拉海岸向西延伸达约 4 300 米，与城西的君士坦丁城墙相连。从上空望去，从整体到细节都堪称完美，仿佛一件艺术品摆在眼前。一座座宫殿整齐地坐落在皇宫内，还有御花园的美景更是锦上添花。随着改朝换代，历代皇帝都会在最初的基础上对皇宫再做一些改建或是添加宫殿。最后又在宫殿的周边辅以各种附属建筑，如教堂、礼拜堂、浴室、游乐场、珍宝馆、档案馆、马厩、工厂、仓库、近卫军营房等，这样，圣宫成了一座既是皇帝居所、又是政府所在地和教会最高机关驻地的宫殿。

这座偌大的皇宫内部甚至比一座城市更为广阔、繁华。其中各种建筑场所应有尽有，如学堂、赛场、陈列馆、剧场以及教堂等，而且皇宫内居住的人口多达两万。在皇宫居住的人们可以尽情享受皇宫里面的生活。然而并不是皇宫里的每一个人都可以的。因为皇宫除了居住着皇族贵族外，还有成群的宫娥、太监、禁军、教士和宫廷官员。其中有几座比邻的宫院组成，包括专门用作官方正式大典的拉马尼奥尔宫，供皇室居住的达夫纳宫，兼作陈列馆的沙尔克宫，等等。在这巨大的城区内集中了大量的精美建筑，除皇宫以外，还有元老院议事大厦、大赛场、公共学堂、剧场、教堂、贵族宫殿和其他的公共设施等。其面积和规模都远远超过了罗马，也超过了古代的巴比伦、雅典以及中世纪的伦敦和巴黎，成为当时西方世界的第一大城。

虽然君士坦丁堡还稍微保留了罗马城的生活习惯、习俗等，但是它的精神却发生了质的变化。旧城墙被改建成了高大的皇城城墙，将皇帝和高官贵族与普通百姓分隔开来，普通的民众再也没有权利参与国家事务。正对着宽广大道的城门塔楼，不言自威。大赛场仿照了罗马竞技场的样式，规模更大、设计更加精美，然而赛场不再是作为民众娱乐的场所，而是臣民觐见皇帝的地方，由于罗马时代的政治中心元老院在此已经失去了原有的作用。这里还是皇帝们举行庆典仪式或者炫耀武力的重要场所。

码头便可直达马尔马拉海，使得其在幽雅之中又透着几分神秘感。

旧罗马的贵族及元老来到新首都后便不再留恋旧罗马的因素之一就是，君士坦丁堡的宏伟建设，豪华的装饰堪称奢侈。尽管君士坦丁堡内的格局构造是以旧罗马为模版建造的，可无论从整体还是细节都是旧罗马无法相比的。据记载，君士坦丁堡城里有 2 座剧场，4 座巴西利卡（公众集会大厅），8 个豪华的公众浴池，153 个私人浴池，52 道沿街柱廊，5 座粮仓，8 条高架水渠，14 座教堂，14 座宫殿和 4 388 座贵族宅邸。除此之外，在城里也可以找到同旧罗马一样的七座山丘，不过明显可见的山丘只有 6 座，第七座山的设计便体现出了与旧罗马的不同。君士坦丁堡内有有一处亮点便是利克斯河，而第七座山便是依附在这条小河上，看起来并不明显，若隐若现的景观更是美丽。几条高架引水渠从 30 公里外的色雷斯平原引来活水，供应城中日常生活所需。

君士坦丁一世并不是想要刻意去追求这座城市的豪华，他只是想以此吸引整个帝国的上流社会，并将他们组织成为服从他旨意的政府，需要注意的是，这个政府并不是人民的公仆，而是上帝的工具和臣民们的主人。

兴盛一时的君士坦丁堡没能一直保持着统治权力和范围。公元 1204 年 4 月 13 日便遭到了十字军的残忍攻击。衰落的君士坦丁堡不但领土被十字军占领，还残忍的遭到了任意烧杀掠抢，十字军还在拜占庭的领土上建立了拉丁帝国。西方的封建领主占领了大片土地，并对土地上的居民进行残酷压榨。节节败落的拜占庭帝国最终仅剩巴尔干半岛的一小部分土地和小亚细亚某些领土。

公元 1261 年，拜占庭才得以复国，不再遭受侵略，然而之前经历的残忍攻击使拜占庭帝国的各方面实力都大不如前，尽管收复了君士坦丁堡，可还是失去了大部分的领土，如今拥有的领土只有一些零落的岛屿以及伯罗奔尼撒的一些据点而已。君士坦丁堡的政权更无昔日之盛，它对各地区的控制已相当松弛。

拜占庭帝国的文化艺术是无法超越的，她的文学、学术名著一直流传至今。现如今的人们，无论是拜占庭的子孙后代，还是毫不相关的人，都接触着她流传下来的文化艺术珍品，如由查士丁尼编纂的《罗马法》。拜占庭传下来的最新的正确理解和评价的一门宗教艺术以及由认真的学者们加以汇集、注释和保存的古典和希腊文化时期的文学、学术名著。

对世界影响重大的拜占庭在西方人的心中意义非凡，他们尊敬着拜占庭文化，信仰着拜占庭文化。因为对于他们而言，拜占庭就是智慧的化身，教育的先驱者。同时，它还起到了保护盾的作用，使盾牌后面的西方能自由地发展自己的文明。这一点的全部意义，在公元 1453 年君士坦丁堡沦陷后变得非常清楚：土耳其人仅在半个世纪内便抵达欧洲的中心，包围了维也纳。

无论经历过多少次萌芽、繁荣以及衰败，但君士坦丁堡作为古代三大帝国——罗马帝国、拜占庭帝国以及奥斯曼帝国首都的历史是无法改变的，也是无法超越地。除此之外，无论经济文化怎样，在君士坦丁堡创造的辉煌历史以及辉煌的历史遗产，是任何首都都望尘莫及的。

君士坦丁堡除了创造了辉煌的历史，其保留下的文化遗产也是让现在的人流连忘返。无论是经典的圣菲索亚大教堂还是蓝色清真寺等建筑，还是君士坦丁堡内的自然景观，都让游客叹为观止。

伊斯坦布尔被称为世界上最美丽的城市并不是徒有虚名。也许伊斯坦布尔城市最成功的一点就是所处的位置。如果你有机会在夕阳西下时，伫立在博斯普鲁斯海岸边，眺望伊斯坦布尔城时，便会深深理解若干世纪前的人们为何选择了这样一个非凡的地方，也会由衷地感叹伊斯坦布尔无愧为世界上最美丽的城市。

## 饮食与服饰

拜占庭得天独厚的地理位置，给当地的人民创造了良好的生活环境和商业机会，使得拜占庭人在国际商业中占尽了优势。然而，农业作为拜占庭国家稳定的根基，也一直被国力、军力所依赖，是强大的物质来源。因此，当时的拜占庭社会的主要生产者自然是以农民为主。

幅员辽阔的拜占庭帝国拥有着一批勤劳勇敢的人民，他们或在田间劳作，或在工地建设，或者下海捕鱼，或者在作坊酿酒，他们用自己的辛勤劳动创造着属于拜占庭的物质财富。

拜占庭政府通过征收税务，如土地税、牲畜税、园地税和户籍税等非常规的税务，对人民进行越来越沉重的剥削，农民们一年到头所得的财产之中有三分之一需要用来交纳各种税务。即使在这种长期的重压之下，当地的居民们依然有着乐观的心态和生活方式，他们在劳作之余，也会常常举行家族活动或者邻里之间的聚餐，不但有吹拉弹唱，载歌载舞，有时候更会自编自演，这种自得其乐的田园式的生活态度和生活方式受到当时的西欧人的羡慕和向往。

人们的生活习惯往往是由生活环境形成的，不同生活环境，生活习惯也会不同，而处于地中海盆地拜占庭帝国，人们的生活习惯也受到了温暖湿润的地中海气候的影响。地中海气候带的温暖湿润特点同时影响着拜占庭人的饮食和服饰习惯。而地中海最具特色的饮食就是料理，同时添加橄榄油、香料及蔬菜来呈现料理特色，但因香料使用不同，各国风味也不大相同。据记载，拜占庭人几乎在所有的食物中都要加入橄榄油。各地生产的粮食主要满足当地的需求，首都和萨洛尼卡、安条克这样的大城市则依靠进口粮食，以及政府的粮仓调拨。

拜占庭帝国作为经济最为发达的君主国家，贵族的饮食方式也是不同的。根据一位拜占廷作家的《论食物》记载，贵族饮食如同古代皇宫里的皇帝以及皇亲国戚一样很讲究排场，每次用餐不仅有专人传菜，开始饮食时还有专用乐队奏乐以增加气氛。

拜占庭帝国的普通百姓的饮食远没有贵族那么奢侈，都是食用一些普通食物，一般都是自己种植的粮食蔬菜、蓄养的牛羊等禽畜肉类以及家酿的葡萄酒和啤酒为饮料。主食基本上都是面包、豆类（加入汤或菜中）。君士坦丁堡人喜食海鱼，淡水鱼通常用来喂猫、狗。除此之外，与君士坦丁堡内百姓不同，君士坦丁堡外的百姓则多食用各种自己蓄养的禽畜肉。

在天气正常的情况下，拜占庭百姓食用的蔬菜大多是自己种植的，如卷心菜、大蒜、洋葱等，同样调料也是自己产的，如胡椒、丁香等。水果则以苹果、无花果、西瓜、杏和葡萄为主。

拜占庭帝国虽然已经成为经济最为发达的国家，但是他并没有就此放松，为了人性的培养，为了让人不吃酒肉而达到禁欲的效果，而制定了斋戒时间，以求能抑制欲念、令灵魂升华、提醒众生感怀基督钉十字架的苦难。

斋戒的要求也很简单，顾名思义，就是指在饮食上有限制，但是不是什么都限制。在进行斋戒的规定时间内，不可以食用肉类、牛奶、干酪和蛋，只可以吃鱼和蔬菜。斋戒除了对最重要的饮食有所要求外，也有斋戒时间的安排。首先是重要的节日和吃圣餐前会进行斋戒，然后便是普通的日子，会在每周三、周五进行斋戒。各地一年中约三分一的时间会实施斋戒，但儿童、老人、朝圣者、工人、无家可居的穷人和乞丐可以豁免。

关于斋戒饮食规定中提到不可食用肉类，人们却一直以为海狸尾是“鱼类”，可以在斋戒日进食。正是描绘的这个事件。虽然吃不吃鱼好像只是件小事，但是从中也可以看出罗马天主教和东正教的历法对中世纪饮食有着举足轻重的影响力，而且斋戒的根本目的只是想让人不吃酒肉而达到禁欲的效果。

随着拜占庭帝国的发展，改变的不只是人们的饮食习惯，着装服饰也渐渐发生了改变。饮食习惯的改变也许是因为经济的发展，而服饰往往是随着文化艺术而改变的，而且不同时期的服饰会体现出不同时代的文化特色。

那么就要从影响服饰风格的文化风格开始说起。拜占庭帝国在初期时，大部分的文化都是继承了罗马帝国末期的风格，所以当时的服饰特点还是很接近古罗马时期的流动柔和之美。而中期以后的拜占庭帝国文化已经渗透了基督文化，此时的服饰特点逐渐变得呆板和僵硬，从注重外形转移到到注重衣料的质地、色彩和装饰纹样的变化上，使人感到一定的宗教性。主要服装有从罗马帝国末期与基督教一起出现和普及的“达尔玛提卡”；取代了托加和帕拉的外衣“帕鲁达门托姆”“帕留姆”。

皇后的服饰

由于时代文化的差异，古埃及、希腊、古罗马时期简朴形态，单调色彩与中世纪拜占庭的五彩绚烂形成了鲜明的对比。而与单调纯色恰恰相反的是拜占庭服饰中极具特色的图形与纹样。纹样以几何图形和动植物为主，也有宗教仪式场面。图形也赋予象征意义，如羊表示基督教、鸽子表示神圣的精神、圆表示无穷、十字表示对宗教的信仰。色彩的象征性也十分突出，如白色象征纯洁，蓝色象征神圣，红色象征基督的血和神的爱，紫色象征高贵和威严，绿色象征青春，黄色象征美德，深紫色象征谦虚，亮黄色象征丰饶。宫廷里最喜爱的色彩配合是红紫色的底上刺以金色绣品。

拜占庭人的服饰差异纵向比较过之后，虽然确实是与不同时期的文化有关，但是横向来看，同一时期的不同地区，服饰也是有差异的。这种差异不是由文化差异导致的，而是不同地区的气候以及环境导致的。

无论人们的服饰特点有着怎样的差异，有一点是肯定的，好的布料裁剪出来的衣服才漂亮。而说到布料，那么首选的便是闻名世界的丝绸。在拜占庭时期，丝绸为皇家垄断的原材料，没有皇室的许可，平民不得随意穿戴丝绸服装。只有皇室可以穿丝绸服饰，但并不表示皇室可以随意穿着。不同的地位可以穿的丝绸服饰也是不同的。紫色的丝袍为皇帝和皇后专用的服装，高级教会人士则穿着织金绣银的锦缎教袍和法衣。普通人的服饰多由棉布和亚麻织成。当时的拜占庭染织业很发达，带来了华美的风气，中国丝绸输入后，6 世纪时居士廷创立了丝绸工业，从而产生了珍贵华美绣着花纹的丝织品，这更加增添了纺织品的绚丽色彩，出现了服饰衣料丰赡华美、几近奢华的特点。

拜占庭文化结合了东西方文明，而且沿用了古罗马的文化风格，结合了希腊的古典风格，又渗入了宗教文化。那么结合了多种文化的拜占庭，其服饰特点也必将是多元化的。拜占庭服装在三种异质文化相融合的特殊性相联系中，分别体现了希腊罗马的古典风格，东方文化的神秘色彩、宗教文化的禁欲精神。由此，拜占庭丰富多彩的文化风格在服饰上表现的淋漓尽致。而这些文化艺术的结晶之一便是镶贴艺术，这种艺术特色主要反映在服装上。例如：在男女宫廷服的大斗篷、帽饰以及鞋饰上都出现了镶贴、光彩夺目的珠宝盒充斥着华丽图案的刺绣。这些情形有别于同时期在欧洲地区的服饰，营造出一种既融合东西方文化又充满华丽感的服饰装饰美。

**皇帝和皇后的服饰**

曾经的拜占庭服装文化在西洋服装史上以“奢华时代”著称，贵族不惜在装饰上使用豪华的织物和宝石黄金，而普通的劳动阶层的服装样式相当简单，没有任何装饰。妇女们不事装扮，反将珠宝献给教会，自己平时穿着白色宽大长衫与连袖外套，素净淡雅，然而她们的丧服却又色彩鲜艳，用以祝愿逝者在来世能有幸福的生活。

拜占庭的丝织业促进了经济文化的繁荣发展，可是其成功的方法却有点“小人”，也可以说是他的“特殊手段”。最初在拜占庭是没有丝绸的，也没有人会生产丝绸。而著名的丝绸产地便是中国。但是中东地区通过丝绸之路与远东的中国进行着频繁的交流，进口了大量中国丝绸。而查士丁尼看到了丝绸的价值，想要生产丝绸却无从下手。于是便想到了这个“特殊手段”。查士丁尼派遣熟悉东方情形的聂斯托利派（基督教派）僧侣二人潜伏中国，将当时中国对外保密而禁运的蚕卵藏在竹杖中偷运回君士坦丁堡，从而使生丝的生产在拜占庭兴起，并加速了拜占庭的经济繁荣。

得到丝绸的生产方法的查士丁尼并没有就此满足。他这次看重的是机杼的使用和印花技术。为了拜占庭丝织业的发展，他又一次想办法成功将埃及机杼的使用和印花技术引进来。但是无法确定的是，他到底是把埃及的纺织工匠带到君士坦丁堡来传授这项技术还是把生丝运到埃及学习制造，至今无人知晓。

虽然拜占庭是通过“特殊手段”促进了经济发展，但不可否认的是查士丁尼确实有着统治国家的才能。除了从别处引进了技术，其实拜占庭也拥有很多珍贵的材料和工艺。例如，萨米太。萨米太是一种看起来非常豪华，代表着高贵地位的丝织物，人们习惯将萨米太与金银线还有毛线等混织，为了更加体现出高贵奢华，也常常将宝石和珍珠织进织物。这正是拜占庭独有的材料和工艺。

拜占庭还有一项影响世界的风格文化就是其在面料选择上，以高档的上乘面料如绸缎、传统大衣呢、精纺羊毛、塔夫绸、华丽的刺绣品等为主，同时运用其专属的金属工艺以及宝石来加以修饰。而现在的国际知名品牌迪奥服饰正是受拜占庭风格的影响，进行了一场服饰革命。

随着时代的变迁，服饰的风格总会跟着改变，但可以看出无论什么时代，拜占庭服饰的风格依然影响着潮流。

贵族对服饰的要求往往很严格，不同地位的贵族总会通过服饰的颜色以及样式来区别。女子则穿镶嵌着宝石的浅口鞋，处于独一无二位置的皇后穿紫色的鞋子，象征着高贵优雅。而其他人则穿红色。

### 经济与金币

拜占庭帝国，在中世纪的前期，一直都称霸着欧洲，是历史上最发达繁荣的国家。经济的昌盛。造就了拜占庭的货币地位，它的货币索利都斯长期以来是欧洲和西亚的国际流通货币。

拜占庭帝国最鼎盛的时期，即查士丁尼一世时期，所控制过的最大领土面积超过 270 万平方公里，人口的颠峰值超过 3 400 万（公元 4 世纪末期）。拥有如此辽阔富饶的土地的帝国，社会经济主要以农业为基础，同时还拥有着发达的商业和手工业。

商业贸易中的关税、贸易税，是拜占庭经济的重要来源，除此之外，位于拜占庭境内的亚美尼亚的金矿和巴尔干的丰富银矿也为帝国提供了贵金属的来源，但是帝国最主要的收入，同时还包括过境税、入城税、不动产转手税等名目。

闻名世界的丝绸之路，它的终点便是位于欧洲、亚洲交界的拜占庭的首都君士坦丁堡处。这里自古以来就是世界各地商船汇集的地方。巨大而又发达的国际转口贸易给当地居民带来了巨额的财富。除了经济中心君士坦丁堡之外，萨洛尼卡、特拉布宗、安条克和亚历山大等城市也是帝国的重要贸易港口，这些都为拜占庭的国际贸易中心的地位打下了基础。

在拜占庭这个贸易中心进行贸易的物品多种多样。其中奢侈品最为丰富。进口物资主要包括丝绸、毛皮、奴隶、粮食、贵重木材、香薰料、染料、象牙、宝石、珍禽异兽等，出口物资则有玻璃、马赛克镶嵌画、高级丝织品和锦缎、武器、葡萄酒、金银货币、珠宝首饰和工艺品等具有特色的产品。

在贸易中最重要的就是货币的流通，而拜占庭的通货货币是什么样的价值呢。1 磅的黄金可以铸造 72 个名为“诺米斯玛塔”的金币，一个诺米斯玛塔金币等于 12 个银币，1 个银币等于 12 个铜币。一个工人一年工作 280 天，大约挣到 25 个诺米斯玛塔的年薪，就可以维持衣食所需。

然而拜占庭作为繁重的贸易中心并不是一直都一帆风顺的。公元 7 世纪后，拜占庭帝国的国际贸易路线发生了变化。因与萨珊王朝和阿拉伯的战争而受到影响，迫使东罗马开辟通过红海进入印度洋的海路贸易和通过黑海、可萨汗国、里海、咸海的陆路贸易路线。至 9 世纪，帝国的国际贸易达到了最高峰。

公元 1071 年，突厥人攻占了小亚细亚，虽于公元 1143 年基本收复，但是拜占庭帝国逐渐丧失了黑海沿岸的商业据点。与此同时，由于威尼斯的兴起，以及热那亚、加泰隆尼亚商人的竞争，东罗马的商业开始衰落。诺曼人则入侵希腊南部的底比斯和科林斯等丝绸工业中心，将大批养蚕技师和丝织工匠带到西西里，打破了东罗马对丝绸的垄断地位。

在拜占庭帝国后期时皇室斗争愈演愈烈，更为严重的是斗争波及到了帝国的商业及经济。因为东罗马皇位争夺者屡次以商业贸易特权为抵押，从而使自己获得资金，致使本已遭到严重毁坏的本国商业陷入了更加困难的境地。君士坦丁堡和特拉布宗不再是东方商品的集散地，其地位被威尼斯在东地中海的商业据点夺去。威尼斯和热那亚商人甚至在东罗马本土取得了商业特权，在君士坦丁堡郊外的加拉塔建立了商业殖民区。到14世纪，拜占廷的商业已经完全萎缩。

拜占庭帝国的经济收入基本上是依靠各种税收，其中最主要的就是商业税收。除此之外，经济来源还包括向元老阶层征收的地产税和向城市工商业主征收的货币税。此外还向城市工商业主征收马匹、布匹等实物税。城市公民还要交纳公证税、印花税、司法税等间接税。富有的市民还要负担路灯燃油、节日赛马、慈善机构、城市卫生和救火等费用。

东罗马的农业税收制度主要是按照田亩面积向村庄集体征收的，除了归属给个人的土地外，还会有没有归属的土地，如逃亡农民所抛下的荒芜农田所需缴纳的税收，由其所在的村庄代缴。每年5月和9月，帝国的巡回法官和税收官吏下乡征税，每3年普查一次土地状况，确定税收额度。

面临经济危机的拜占庭帝国又遇到了土地危机。在7世纪初期，拜占庭帝国丧失了主要的农业省叙利亚。然而在公元1071年—1185年，拜占庭帝国的巴尔干和小亚细亚的领土也落入斯拉夫人和突厥人之手。而这两个地方正是拜占庭帝国除了叙利亚之外农垦力度最大的两个省份。而帝国的商业贸易又极度萎缩时，拜占庭帝国也无奈地出现了财政困难的状况。在14世纪，为了筹措开支，安娜·德·萨伏伊皇后曾下令熔化宫中的金银器皿，铸造货币。

如今的拜占庭帝国早已没有了昔日的日辉煌，奢侈的生活也不复存在。一位记录了约翰五世加冕典礼的拜占廷史官曾哀叹道："皇帝的大多数皇冠和冕服只是看起来像黄金珠宝，其实并不是真的金银珠宝，只是染上金色的皮革，饰以彩色玻璃冒充宝石。前朝皇帝用来品尝美酒的、缀满红绿宝石和珍珠的高脚金杯，已经被换成了白锡杯或陶土杯。到处可以看到类似具有天然美丽的宝石和多彩绚丽的珍珠一样的东西，但是这些都骗不过众人的眼睛。罗马帝国的繁荣和辉煌竟然颓败到这种程度，昔日的荣光完全消失了。"

至帕列奥列格王朝末期，拜占庭帝国已经入不敷出，昔日堂堂大帝国如今只能完全依靠出售皇室财产、土地甚至借高利贷来维持必要的开支。面临经济困难，拜占庭帝国只能向塞尔维亚人、保加利亚人、威尼斯人、热那亚人和奥斯曼人屡次割让土地，甚至连色雷斯和加拉塔等对首都和国家生死攸关的重要地区也被割让，使帝国丧失了最后的自救资源。

依靠着税收来源和出售土地的拜占庭帝国渐渐土地财产越来越少，税收自然也是越来越少。当曼纽尔二世将第二大城市萨罗尼卡卖给威尼斯后，拜占廷帝国已经无地可割，因此也便无税可收。无法再依靠外界经济来源的拜占庭帝国只能靠君士坦丁堡城内仅存的一些已经没落的工商业税收勉强维持。这一状况无疑对拜占庭帝国的最终灭亡产生了重大的影响。

# 第四章　帝国传奇的背后

## 拜占庭的双头鹰

现在依然有很多国家的旗帜和国徽在使用双头鹰图案，其实是引用了拜占庭帝国的国徽。而双头鹰图案也并非拜占庭原创，而是拜占庭皇室沿用罗马帝国单头鹰的标志。在伊萨克一世在位时，帝国改用双头鹰作为国徽。其原因是为了显示帝国领土的地理特性：拜占庭继承了罗马帝国在欧洲和亚洲东西两部分的领土。因此拜占庭君主身兼东西两方之王者，要同时照看两方的领土，因此为原有单头鹰加上另一个头，便成为今日各国双头鹰图案的雏形。自此以后，包括尼西亚帝国时期，拜占庭帝国一直使用双头鹰作为国徽的主体标志。

据专家考察发现，双头鹰的原型应该是依据双头女子像壁画形成的。最初的双头鹰是在土耳其古城卡滔侯羽克，依据画于公元前 6000 年左右的双头女子像壁画。而现今发现最早的双头鹰像，在土耳其博阿兹柯伊附近出土，于公元前 1750 年或公元前 1715 年雕成的一个古赫梯泥章上。在其他赫梯遗址上，都可以找到较后年期的双头鹰图案。但在公元前 9 世纪开始的赫梯后期的各个遗址中，至今都没有发现双头鹰图案的踪影。

公元 1453 年，奥斯曼帝国打败了拜占庭帝国，曾经辉煌兴盛的拜占庭帝国还是陨落了。拜占庭皇帝君士坦丁十一世骁勇善战，最终也在战争中英勇战死。他的两个弟弟，一个臣服于奥斯曼帝国，另一个带着两个儿子和女儿索菲亚·帕列奥洛格逃到罗马。后来，这两儿一女在其父死后被罗马教皇抚养成人。当时的罗马政治家们为借助俄罗斯的军事力量抵御土耳其人，便用联姻的方式将索菲亚许配给莫斯科大公伊凡三世。

双头鹰便是此时传播的。双头鹰代表着拜占庭帝国的国徽，代表着国家的尊严和荣誉。索菲娅佩戴着拜占庭帝国双头鹰徽记来到了俄罗斯。索菲娅在后方全力协助夫君伊凡三世把俄罗斯的土地聚集到一起，统一成了一个疆域辽阔的国家。因此，在公元 1497 年，双头鹰作为国家徽记首次出现在俄罗斯的国玺上，直至 1918 年。

双头鹰代表着国家的团结和统一。双头鹰也并不仅仅代表着拜占庭的国家尊严，因为在20世纪末，俄罗斯国家杜马从法律上确定双头鹰是俄罗斯的国家象征。俄罗斯的国徽上终于有了这只象征俄罗斯国家团结和统一的双头鹰。

消失了很久之后的双头鹰终于又出现了。在消失了近2000年，双头鹰图案重现于土耳其，分别在拜占庭帝国和塞尔柱突厥人的部落中。公元1058年，塞尔柱突厥人首领脱斡邻勒在摩苏尔加冕为东方和西方之王后，随即将双头鹰画在自己的王家旗帜上。随后塞尔柱突厥各部都把双头鹰画在自己的部族标志上。

双头鹰的含义并非人们胡乱编造，它的传说是有由来的。根据专家分析，突厥人使用双头鹰有两重意义，鹰是表示自己占有古罗马帝国的领土，双头的含义则是指古罗马和古赫梯的双重文化。他们传承了古赫梯的文化。而作为突厥人后代的土耳其人，今日依然有用到双头鹰，现今土耳其警察部队的徽章就有双头鹰的图案。

在拜占庭慢慢趋于灭亡时，俄罗斯和奥地利这两个欧洲大国将双头鹰图案引入自己的国徽，以显示自己是古罗马帝国的合法继承者。首先在俄罗斯，由于莫斯科大公伊凡三世在公元1473年娶了拜占庭帝国的索非亚公主后，将双头鹰图案放进俄罗斯国徽中，以示莫斯科是第三个罗马。而另外一个国家就是奥地利，哈布斯堡王朝在君士坦丁堡陷落后，也把双头鹰变成王徽的主体，为了炫耀罗马帝国皇室至高无上的地位，一些德意志地区的诸侯王都引用了双头鹰标志，以此来与哈布斯堡王室套近乎，提高自己的地位。

双头鹰图案除了用来显示国家的尊严和荣誉，也有人用它来振奋军心。而位于巴尔干半岛上的国家，在抵抗奥斯曼帝国的过程中，也将双头鹰当作抵抗军的标志，后来也收入这些国家的国徽。身为拜占庭国教的东正教的各支派都沿用双头鹰标志，皆因它是拜占庭帝国的国教，曾被皇帝授予使用双头鹰这个皇家标记的权力。

历史上很多国家都使用过双头鹰作为国徽。例如，拜占庭帝国国徽、奥匈帝国国徽、神圣罗马帝国国徽、俄罗斯帝国国徽、南斯拉夫王国国徽也曾经使用过。

现在也有很多欧洲国家沿用了历史中的双头鹰图案作为国徽。例如，塞尔维亚和黑山国国徽、俄罗斯联邦国国徽、波黑的塞族共和国国徽、阿尔巴尼亚国国徽、塞尔维亚国国徽、黑山共和国国徽还在使用。

## 传奇统帅贝利撒留

贝利撒留（505—565），是拜占庭帝国的一位有名的统帅。他生于色雷斯，早年曾任皇帝查士丁尼一世的侍卫。

贝利撒留是历史中的一代名将。他骁勇善战，所向披靡，为拜占庭帝国立下赫赫战功，当时即被人们称为“常胜将军”，也是拜占庭帝国的一个传奇。作为拜占庭皇帝查士丁尼一世时代的名将，在贝利撒留的指挥运筹下，拜占庭帝国取得了波斯战争、汪达尔战争和哥特战争这三大战争的胜利、收复了北非、意大利和西班牙东南部，贝利撒留也在这三次战争中展现了他出色的军事艺术。总体来看，贝利撒留的军事艺术是“防御攻势战略”和“间接路线战略”的结合，同时体现出他善用谋略、慎重求战和注重心理战的特征。

贝利撒留

贝利撒留的身世之谜至今为止依然未能解开，没有人知道他何时出生，出生在何地。据专家估计，他大约生于公元505年；贝利撒留是拜占庭帝国最著名的将领、查士丁尼皇帝最得力的将军，虽然对他的出生和幼年时期并不了解，但可以确知的是，贝利撒留在年轻时并没有被人们所熟知。“新罗马的阿非利加努斯出生在色雷斯的农家，也在那里接受教育，没有具备大西庇阿与小西庇阿可以培养武德的优势地位，相似高贵的家世、通才的教育和发挥创意的竞争。贝利撒留来到首都，在查士丁尼未登基之前成为其私人卫队统帅。这时候的贝利撒留20岁。

贝利撒留一开始在还并未崭露头角，直到那一次战争。贝利撒留来到美索不达米亚，在一次与波斯人的交战中崭露头脚，表现出其卓越的军事才华。很快地，贝利撒留便被任命为东部战区将军，取代叙帕提乌斯担任波斯前线总司令，他在达腊斯之战中以少胜多，力挽狂澜。当查士丁尼与波斯达成停战协议之后，贝利撒留凯旋回到君士坦丁堡，他的军事才华已被人们熟知，此时的他受到了热烈的欢迎。公元532年在尼卡起义爆发后，他与伊利里亚将领蒙都斯一同受命镇压了这次起义，重新稳固了查士丁尼的统治。

贝利撒留越来越被重视，查士丁尼皇帝非常看重他。公元533年，查士丁尼皇帝命令贝利撒留率领15 000人的军队远征北非汪达尔王国。事实证明这个决定是正确的。贝利撒留率军在不到一年的时间内就消灭了汪达尔王国的武装力量，俘虏了汪达尔国王盖里梅尔。公元535年，他押解盖里梅尔一行回到君士坦丁堡，受到了最隆重的凯旋式欢迎，同时还被授予执政官称号，汪达尔战争的胜利也是贝利撒留一生中最辉煌的时刻。

终于在公元535年，贝利撒留攻下了罗马城。他挥师进攻东哥特人，侵入西西里，然后沿着意大利半岛向北推进，袭取拿波利城，向罗马节节进逼，并于公元536年攻下了这座古都。但东哥特人在新国王维提吉斯的率领下重整军队，在公元537年以大队人马包围罗马城，贝利撒留率部在城内困守一年，在查士丁尼派来援军之后，才得以解围。公元540年，拜占庭军队攻陷东哥特首都拉温那。同年，查士丁尼担心贝利撒留拥兵自重，功高震主，便借口与波斯关系紧张，将贝利撒留从意大利召回。贝利撒留第三次回到首都非但没能得到嘉奖，反而遭到冷遇。公元541年拜占庭与波斯的战事又起，贝利撒留依旧作为将领，而此时的拜占庭已经兵力不足，他只带领很少的军队与波斯人展开艰难的战斗。屡战屡败的贝利撒留在公元544年被查士丁尼免职。此后当哥特战争再起时，他又被派往意大利，终因兵力不足，后援无望，不能有效击败东哥特人。公元548年贝利撒留寸功未立，被召回君士坦丁堡，意大利的战事改由太监纳尔吉斯负责，在纳尔吉斯的指挥下，拜占庭最终赢得了哥特战争的胜利。

曾经风光无限如今屡战屡败的贝利撒留仿佛跌入了谷底。他虽然在公元559年曾率军打败匈奴人与斯拉夫人的联军，如今的他，早已没了当时的风光，取而代之的是人们的冷落。大约在公元562年前后，以马塞卢斯和谢尔吉乌斯为首的朝臣阴谋叛乱，因查士丁尼事先发觉而未遂，塞尔吉乌斯供出了贝利撒留的两位家臣，而两位家臣又在严刑拷问之下供出是贝利撒留指使他们参与这起阴谋事件的，于是贝利撒留在同年12月被捕入狱，财产全部查封。几个月后，他的冤情得以昭雪，重获人身自由，曾经被人们所崇拜尊敬的传奇名将，最后落得孤家寡人，孤独终老。于公元565年3月13日去世。至于贝利撒留晚年双目失明、沿街乞讨的凄惨传闻只是小说和戏剧中的虚构，并不足为信。

### 十字军东征

关于十字军东征最普遍的定义，应该是指一系列在罗马天主教教皇的准许下，由西欧的封建领主和骑士对地中海东岸的国家发动的持续了近200年的宗教性战争。由于罗马天主教圣城耶路撒冷落入伊斯兰教徒手中，十字军东征大多数是针对伊斯兰教国家的，主要的目的是从伊斯兰教手中夺回耶路撒冷。尽管十字军东征被认为是天主教的暴行，同时，它也使得西欧直接接触到了当时更为先进的拜占庭文明和伊斯兰文明。这种接触，为欧洲的文艺复兴开辟了道路。

罗马教会是西欧最大的封建主和巨大的国际中心，对西欧日益恶化的社会危机深感忧惧，竭力鼓动和策划十字军东征。希望通过十字军东征既可以解决西欧封建社会内部的矛盾，克服当前的社会危机，还可以利用十字军的宗教狂热扩大教廷的政治影响，将东部的希腊正教置于自己的控制之下，并通过掠夺东方国家的土地和财富以增强教廷的实力。此外，意大利的威尼斯和热那亚商人为了独占东地中海的贸易特权，也积极支持十字军东征，并为之提供资助。

近东地区的形势，十分有利于十字军的东侵。根据基督教传说，巴勒斯坦是耶稣诞生与升天的地方，他的坟墓就在被视为圣地的耶路撒冷。耶路撒冷在古代曾是犹太人的政治和宗教中心，是希伯来王国的都城，自然也被犹太教徒视为圣地。按照伊斯兰教的说法，真主使者穆罕默德曾于公元 622 年 7 月 17 日在耶路撒冷乘天马升天，于是那一天被伊斯兰教历定为登霄节，耶路撒冷也成了穆斯林的圣城。近东地区虽在 7 世纪并入阿拉伯帝国版图内，但阿拉伯人对异教徒则比较宽容，拜占廷和西欧的朝圣者照样可以自由地进入圣地。

这就为蓄谋已久的西欧教俗封建主的侵略提供了机遇。

因此，十字军东征正是罗马教廷、西欧封建主和意大利城市对近东各国发动的侵略战争，他们借口反对异教徒，打着圣战的旗号，对东部地中海各国发动了长达两个世纪之久的侵略战争。罗马教廷称这场战争是宗教战争，即是基督教反对穆斯林、十字架反对弯月的战争。弯月指新月，是伊斯兰教的象征。十字架是基督教的象征。每个参加出征的人，包括骑士、农民、小手工业者在内，胸前和臂上都佩有“十”字标记，故称“十字军”。

十字军东征前后一共进行了八次，历时 185 年：

第一次十字军东征（1096—1099 年）

公元 1095 年 11 月 26 日，教皇乌尔班二世在克莱蒙（法国）召开的高级宗教会议上宣布了十字军东征的号令，这次东征的人数高达十万人。公元 1097 年，十字军由君士坦丁堡附近渡海进入小亚细亚，攻占塞尔柱人国都尼凯亚，公元 1098 年，又攻占了埃德萨和安条克，建立起最初几个十字军国家——埃德萨伯国和安条克公国。公元 1099 年 7 月，十字军攻占了耶路撒冷，建立耶路撒冷王国。十字军在东方建立的其他国家，均附属于耶路撒冷王国。

城乡居民多次举行起义反抗奴役者。为控制十字军征服的土地和人民，建立了僧侣骑士团、圣殿骑士团和医院骑士团。

第二次十字军东征（1147—1149 年）

第二次东征是在法国国王路易七世和所谓“神圣罗马帝国”皇帝、德意志国王康拉德三世率领下进行的。起因是公元 1144 年塞尔柱突厥人占领了埃德萨。德意志十字军最先出动，在小亚细亚被土耳其军队击溃，法国十字军攻占大马士革的企图也落了空。

第三次十字军东征（1189—1192 年）

由于埃及苏丹撒拉丁军队于公元 1187 年在太巴列湖附近战役中击溃了耶路撒冷王国军队并占领耶路撒冷而引起的。这次东征，是在“神圣罗马帝国”皇帝腓特烈一世、法国国王奥古斯都、腓力二世和英国国王狮心王理查一世统帅下进行的。腓特烈率军沿第二次东征路线从陆路穿越拜占庭前进。法、英两国十字军由海路向巴勒斯坦挺进，途中占领西西里岛。各国十字军之间矛盾重重，此次东征也没有达到目的。德意志十字军（最初约 10 万人）穿越整个小亚细亚，沿途伤亡惨重，腓特烈一世在横渡萨列夫河时溺水死亡，其军队亦随之瓦解。腓力占领阿卡港后，于公元 1191 年率部分十字军返回法国。理查在叙利亚取得一定战果，攻占了塞浦路斯，并建立了塞浦路斯王国，公元 1192 年又与撒拉丁签订和约。据此和约，自推罗至雅法沿海的狭长地带仍归耶路撒冷王国所有，阿卡港实际上成为王国的中心。耶路撒冷仍留在穆斯林手中。

第四次十字军东征（1202—1204 年）

第四次东征是针对拜占庭帝国的战争。由教皇英诺森三世策划。实际上十字军原定东征埃及，但后来改变计划进军拜占庭帝国，先后攻陷两座基督教城：达尔马提亚的扎达尔（1202 年）和君士坦丁堡（1204 年）。十字军在已瓦解的拜占庭帝国的部分领土上建立起几个国家，其中最大的一个国家是直到公元 1261 年才灭亡的拉丁帝国，它有巴尔干半岛许多地区和小亚细亚西北部，以及爱琴海和伊奥尼亚海上的一些岛屿。第四次十字军东征后，威尼斯共和国作为意大利最强大的国家垄断了同东方各国的贸易，并夺取拜占庭许多贸易和军事要地。

教皇英诺森三世曾经屡次想要同化基督教派阿尔比派，但最终还是失败了。公元 1209 年，英诺森三世发起了“阿尔比十字军”，讨伐整个法国南部的阿尔比派。此次暴力镇压经历了 20 年（1209—1229 年）。自此，阿尔比派全被异端裁判所除灭，至 14 世纪末期，该派逐渐消失。

第四次十字东征以后的四次十字军，规模较小，且失败战争较多。

第五次十字军东征（1217—1221 年）

第五次是奥地利大公立奥波德六世和匈牙利国王安德拉什二世率领奥匈

十字军联军对埃及进行的远征。十字军在埃及登陆后，攻占达米埃塔特要塞，但被迫同埃及签订停战协定并撤离埃及。

第六次十字军东征（1228—1229 年）

由神圣罗马帝国皇帝腓特烈二世率领进行。这次东征最大的意义便是基督徒于公元 1229 年一度夺回耶路撒冷，但好景不长，公元 1244 年又被流亡的花剌子模穆斯林占领。

第七次十字军东征（1248—1254 年）

法王路易九世发动第七次十字军东征（1248—1254 年），进攻埃及阿朱布王朝，被埃及马木留克奴隶兵团击败，路易九世被俘，公元 1250 年以大笔赎金赎回。阿朱布王朝也于公元 1250 年被马木留克王朝取代。

公元 1252 年—1260 年，旭烈兀率领 10 万蒙军进行第三次蒙古西征，灭巴格达末代阿拔斯王朝哈里发，大有把西亚穆斯林势力连根拔起之势，之后蒙古征服者建立了伊儿汗国，继续准备西征，近东伊斯兰世界的存亡岌岌可危。

第八次十字军东征（1270—1272 年）

公元 1270 年，此次东征由法王路易九世领导，进攻突尼斯穆斯林哈夫斯王朝。然而一路坎坷，困难重重，发生流行病，路易九世染病身亡，军队撤退。

公元 1271 和公元 1272 年，英国的爱德华亲王又一次发动东征。他知道了法王路易九世在西线战败的消息，率军渡海在巴勒斯坦阿卡登陆，企图从东线进攻，但是最终被埃及马木留克兵团击败。

直到最后十字军在东方的领土也没能逃脱，还是落入了穆斯林手中。公元 1291 年，最后一个据点阿卡（今以色列北部城市）被埃及马木留克军队攻陷，耶路撒冷王国灭亡。

十字军东征是中古时期的世界性战争。这次战争，是历史中最为著名的战争之一，因为它的历时之长、涉及的国家之多、地理范围之大、影响之深远，在历史上是空前的。

十字军东征对西方军事方面也起着很重要的作用。十字军通用重装骑兵战术。战时采用一线队形作战，骑士配置在前，侍从和步兵在后，而且在作战时并没有协同作战，而是在战斗一开始即分为若干小群和单兵进行决斗，而阿拉伯和突厥人的军队主要是轻骑兵，他们装备弓湾、马刀，其战斗素质和机动能力都优于笨重的十字军骑兵。阿拉伯和突厥人骑兵先用弓箭射伤十字军，尔后将其包围，割裂敌军，加以歼灭。十字军东征使西欧重骑兵的作用下降，轻骑兵和步兵的作用日益提高。十字军还从东方学会了制作燃烧剂，后来又掌握了火药和火器的制作技术，增强了战争能力；特别是从阿拉伯人处学会了使用指南针，使得航海技术更加熟练和顺利。在十字军东征过程中，摇桨战船队逐渐被帆船队所取代，这标志着西方海军战略战术发展的新时期已经开始。

总之，十字军东征结束后，欧洲仿佛已不再是昔日的欧洲，面貌焕然一新。从巴勒斯坦国来的人大开了眼界，更新了观念。此外，大批封建主在东征中战死，欧洲各国不再困于那些好战成性的封建主们的扰攘，一时如释重负，颇为自在。国王们用一种初级形态的中央集权政府取代了各自为政的封建体制：警钟楼不久便与封建城堡主塔一样成为防卫与权力的象征。

然而，任何事物都是有利也有弊。十字军东征不仅给西欧带来了胜利和实惠，也有负面影响。十字军东征，使西欧广大劳动人民付出了重大牺牲，自不待言。在策略方面，也有重大失误之处。另外，十字军东侵及其暴行造成了穆斯林人民和欧洲基督教之间的长期仇恨和对立，遗患无穷。当时的人们不会意料到现在的事情对以后会产生多大的影响，而且这也是无法预料的。如今的中东和巴尔干诸多问题，从历史原因上来说，即可以溯源于十字军时代。不过这些都是当时的人们始料不及的。

## 古墓“长明灯”

最开始现实中并没有不熄之火，人们只是在神话传说中听到过这种不熄之火。据说这种不熄的火光是普罗米修斯偷偷地从天宫带到了人间。

古墓长明灯

根据古埃及、希腊和罗马等地的风俗，死亡的人也需要灯光驱逐黑暗，照亮道路。因此，现代人在很多墓地里发现正前方会放一盏灯，然后再将墓地密封，就是这个原因。而富贵荣华之家就要奢侈一些，放上一盏不熄的灯，永远为死者照亮。千百年以后，当这些坟墓的拱顶被打开时，挖掘者发现里面的灯还在好好地燃烧着。身为罗马的继承人，拜占庭帝国的皇帝们都为自己的墓地里放置了长明灯，这是有据可依的。

公元527年，叙利亚发生了一次百姓发起的暴动事件，最后被军队狠狠镇压了。士兵们在山中搜寻起事首领时，无意中发现了一座被废弃的荒墓。一名军官怀疑他们要抓捕的对象就躲藏在里面。于是命令士兵凿开通往墓穴深处的石门，结果在里面的神盒里看到一盏亮着的灯。根据旁边石壁上的铭文可知，这盏灯点亮于公元 27 年，就这样持续燃烧着，直到它燃烧了整整 500 年时，居然被那位文盲出身的军官野蛮地冲上去一脚瑞灭了。这盏神秘的灯的原理已无人知晓。

14 世纪初，意大利正在进行文艺复兴，某考古学者发掘了古罗马一位贵族的坟墓，在墓室里也发现了类似的一盏灯，而且用透明的罩子罩着。根据罩子上的古拉丁文的记载，这盏灯居然燃烧了 2000 多年。即使撤掉罩子，风和水也无法将其熄灭，要想熄灭它，只有一个办法，抽走灯碗里那种奇怪的液体。

公元 1534 年，在古罗马皇帝康斯坦丁父亲的坟墓里，发现了一盏仍在燃烧的灯。这一盏小小的灯火竟然持续燃烧了 1200 年，因为康斯坦丁之父死于公元 300 年。实在是令人难以置信。

除了康斯坦丁之父的坟墓之外，后来还有很多墓地里的不熄之火一直持续燃烧。公元 1540 年，罗马教皇保罗三世在罗马的亚壁古道（一条古罗马大道）旁边的坟墓里发现了一盏燃烧的灯。这个坟墓据说是古罗马政治家西塞罗的女儿之墓，西塞罗的女儿死于公元前 44 年。尽管难以置信，但事实确实是这盏灯在这个封闭的拱形坟墓里燃烧了 1584 年。更有趣的是，坟墓里的尸体浸在一种未知的液体中，看起来像是刚刚才死去的一样，原来古人用这种液体来保存尸体。

这些“长明灯”只是全世界所有发现中的几例。现代考古资料证明，这种古庙灯光或古墓灯光的现象在全球各地都有发现，如印度、中国、埃及、希腊、南美、北美等曾产生过古文明的国家最为常见，就连意大利、英国、爱尔兰和法国等地也出现过。

可惜的是，如此神奇的“长明灯”却没有保留到今天。

科技技术比现在落后很多的古代居然有这种神奇的东西。难道是因为古代人对所发现的“长明灯”不够重视吗？其实古代人的确保存了这些神灯，可是很奇怪，上述这些灯一旦现身，就会以某种方式很快毁坏掉，如被野蛮的掠夺者和挖掘者毁坏，实在令人捉摸不透。

17 世纪中期，在法国的格勒诺布尔，一位叫杜·普瑞兹的瑞士士兵偶然发现了一个古墓的入口。密封的古墓并不容易进去，费尽九牛二虎之力进入古墓后，这个年轻人并没有发现任何他想要的金银珠宝。不过，让他更惊讶的是，在这与世隔绝的坟墓，竟然还有一盏正在燃烧的玻璃灯，惊异之余，他把这盏神秘的灯带出了坟墓，送给了修道院，修道院里的僧侣们同样目瞪口呆，这盏灯至少已经燃烧了千年。他们十分珍惜它，时刻保护着它，生怕被破坏，可惜的是，几个月后，一位老年僧侣竟然不小心把它碰掉在了地上，摔碎了。

除此之外还有很多类似的事情，如在英格兰一个神秘的不同寻常的坟墓被打开了。打开这个坟墓的人发现，在坟墓拱顶上悬挂着一盏灯，照亮了整个坟墓。当这个人往前走时，地板的一部分随着他的走动在颤动。突然，一个身着盔甲、原本固定的雕像开始移动，举着手中的某种武器，移动到灯附近，伸出手中的武器击毁了这盏灯。这个宝贵的灯就这样被毁坏了。

这也许真的就是古人在利用魔咒给这些神灯施了法，神灯的奥秘被严密地保守着，再也没有后人知道。

但是，在科技如此发达的今天，我们不禁会产生疑问，到底是什么能量让这些灯在墓穴之中燃烧千年而不熄灭呢？即使在科技日益发展的今天，利用现代高效能浓缩燃料技术，制造一盏永不熄灭的“神灯”，似乎也是不大可能的。

一些学者们研究认为，这些神灯是古代电灯的一种，灯碗里那看似燃料的液体可能就是用来导电的汞，所以这些液体永不见少，而且也不怕风吹雨淋。如果这种灯真的是用电点亮的，那么电能是如何产生的呢？

17 世纪以前，人们对于电的探索所知甚少，而且也没有史册和相关材料对于电的记载，虽然在某些传闻逸事或野史中有过人类探索雷电奥秘的行为，但都没有获得任何实质性的成果。假设古墓中装有能发电的机器，要做到持续千年不停地发电，只能利用太阳能。古人能掌握这项在今天看来仍是困难重重的高难度技术吗？

总之，古墓“神灯”之谜到目前为止尚不能对它做出全面的、科学的论断。但是科学技术如此先进的现代，还有拥有智慧的人们，总有一天，人类一定会揭开蒙在“神灯”上面的神秘面纱。

## 秘密武器——希腊火

希腊火是拜占庭帝国所利用的一种以石油为基本原料，可以在水上燃烧的液态燃烧剂，为早期热兵器，主要应用于海战中，“希腊火”或“罗马火”只是阿拉伯人对这种恐怖武器的称呼，拜占庭人自己则称之为“海洋之火”“流动之火”“液体火焰”“人造之火”和“防备之火”，等等。

根据文献记载，希腊火不仅多用在墓地里保持燃烧，还有其他很重要的用途，而且有着巨大作用。它多次为拜占庭帝国的军事胜利做出颇大的贡献，一些学者和历史学家认为它是拜占庭帝国能持续千年之久的原因之一，希腊火的配方现已失传，成分至今仍是一个谜团，而据当时受希腊火所伤的十字军记述：“每当敌人用希腊火攻击我们，所做的事只有屈膝下跪，祈求上天的拯救。”这段引文足以说明希腊火的威力。

据说，公元668年，一个叙利亚的工匠加利尼科斯，将希腊火带进了君士坦丁堡。

加利尼科斯是一名基督教徒，本来是在叙利亚的赫立奥波利斯城（今日黎巴嫩的巴尔拜克）从事建筑业，在寻找和研究建筑防水材料时，对化学特别是炼金术有不少的研究，并且进行了一些实验。

而随着阿拉伯人的崛起和扩张，他们开始进攻叙利亚，想要占有叙利亚，终于叙利亚成为战火纷飞之地，加利尼科斯便打算逃往君士坦丁堡。就是这个偶然的契机，石油就是在这时被发现的。在途经小亚细亚时，他偶然发现了当地生产的一种黑色黏稠油脂可以在水上漂浮和燃烧（其实这种油脂就是石油）。加利尼科斯本来就对化学有研究，加上当时战争不断，于是他突发灵感，产生了使用这种油脂制作武器的念头，并借助自己掌握的化学配制技术，进行了多次实验，终于获得了成功，并将技术带去了君士坦丁堡。

希腊火

公元678年，拜占庭帝国遭到了海陆双面进攻，海陆双面受阻，而发动这场残忍进攻的正是阿拉伯哈里发穆阿维叶一世。最后拜占庭帝国被攻占了马尔马拉海东南沿海的基兹科斯，作为发动大规模海上进攻的基地。6月25日，阿拉伯舰队向君士坦丁堡发动总攻。拜占庭海军出动装有希腊火的小船，对载有攻城器械和士兵的阿拉伯军舰展开了火攻。阿拉伯舰队虽然赶紧撤离，但已有大约三分之二的船只被焚毁。

拜占庭帝国不再节节败退，一直防御，而是开始反击。穆阿维叶命令剩余的阿拉伯船只向南撤退。但拜占庭海军乘胜进攻，在西莱夫基亚附近再次动用希腊火，使阿拉伯海军几乎全军覆没。拜占庭人欣喜若狂，于是把拯救了自己命运的神秘火焰称为“防备之火”或“海洋之火”。

久久未攻下拜占庭帝国，阿拉伯人忍受不下去了。蛰伏了四十年的阿拉伯人兵分两路，试图再度攻打拜占庭。其中陆军有十余万士兵，由哈里发奥马尔二世的弟弟莫斯雷马萨统帅，跨过了赫立斯滂海峡（即达达尼尔海峡），从色雷斯方向进攻，严密封锁了君士坦丁堡与欧洲的陆地联系。

同时，君士坦丁堡在海上也被围攻了，水上的进出口被阿比杜斯率领的近两千艘阿拉伯战船围困了，此外还有后备部队不断地从其他地区调拨过来。阿拉伯军队在尝试了陆上进攻未果之后，便决定采取封锁地战术，把君士坦丁堡变为一座死城。

9 月 1 日，金角湾也将要被围攻了，阿拉伯人带领舰队企图对其进行封锁。拜占庭皇帝立奥三世立即命令舰队出战，使用希腊火烧毁了二十艘阿拉伯战舰，其余的军舰则均被俘获。此后，因惧怕希腊火的攻击，阿拉伯舰队再也不敢突入金角湾，坐视拜占庭运粮船向君士坦丁堡运去补给。

公元 718 年的春天，事先得到消息的立奥三世等到了合适的时机出击，使用希腊火摧毁了阿拉伯舰队。在这次围城战中，阿拉伯军队一共使用了 2 560 艘船只，回到叙利亚和亚历山大港的却只剩下 5 艘，基本上全军覆没。

这次战争中这种不熄之火起到了很重要的作用，也开始被人们所知晓。战争结束后，在海战中发挥了重大作用的“海上之火”得到了各国极大的关注，深受其害的阿拉伯人称之为“希腊火”或“罗马火”。

如此神奇的希腊火在当时的地位极高，其配方和制作方法自然是保密的，因此后世知之甚少。拜占庭研制和生产希腊火都是在皇宫的密室之中进行，由深授皇帝谕令又被牢牢控制的加利尼科斯家族操控着整个运作系统。

拜占庭皇帝君士坦丁七世曾经跟加利尼科斯的儿子说：“你要谨慎看管原料和制作方法，如果有人胆敢向你打听这个机密，你要严词拒绝，不得外传。”不仅如此，有关这种武器的所有事情都严格保密，甚至不允许用文字记载下来。所以后世可以征引的希腊文资料中的确少见有关记载，只有几位皇室成员留下了只言片语的资料。其中包括立奥六世皇帝在其《战术学》中的描述，这种“人造火”用虹吸管喷出，而此管由青铜制成，放在战船的前端，能将火射向上下左右各个方面。士兵则用小手筒从铁盾后面放出火。

12 世纪，拜占庭公主安娜·科穆宁娜在撰写的一部史著中，记录了其父阿历克塞一世在与意大利比萨人作战所用战舰上装备希腊火的情况。她记载说：“皇帝知道比萨人擅长海战，因而对即将到来的战争甚感忧虑。故此，他命令匠人用铜抑或铁，铸造起狮子或其他陆上猛兽的头像，兽口要全部张开，然后把它们安装在所建造的每艘船的船头，让人一看到它们，就会心惊胆战。随即，他命人在兽口之中接上管子，为了可以使兽口从正面喷出火焰，给人以野兽吐火的印象。”还有一点需要注意，兽头是放置于每根馆子的弯曲部位，这同样说明它是虹吸管装置。

希腊火对于拜占庭来说十分宝贵，他们不仅对希腊火的配方极端保密，而且为了防止敌人窥探到相关的秘密，甚至很少在战争中应用之，宁可牺牲将士，非到紧急关头，不可示人以武器。因此有研究学者指出，这种保密工作做的如此到家，以致于几个世纪后，连拜占庭人自己都不再得知希腊火准确的配方了。倒是拜占庭的敌人们，特别是深受其害的阿拉伯人，通过多种途径对之加以了解，最终掌握了希腊火的技术秘密（事实上，后世得以了解拜占庭人关于希腊火的相关记载，也要很大程度上归功于阿拉伯人的翻译工作）。希腊火在很多地方都起到了重要作用，也展现了他的很多特点。根据相关记载可以总结出希腊火的四大特点：它可以在水上燃烧，它是液体，它用类似于虹吸管的装置喷射，它很可能在喷射的时候会发出巨大的轰鸣声，并伴以浓烟。

除了史册之外，还有很多史记中记载了关于希腊火的信息。最有价值的著作当数“希腊人马克”在十四世纪所著《焚敌火攻书》。此书的第 26 节提供了一个配置希腊火的配方：取活性硫、酒石、sarcolla 和沥青、煮过的食盐、石油以及普通的油，将他们共煮之，再浸沉之，提起并放在火上。还有一个方法就是用漏斗倾倒，做完这些之后再点火。火将无法扑灭，除非用尿、醋或沙。

从这些记载中我们可以知道希腊火的大致构成，希腊火以可燃并且比重较小的轻质石油（俗称石脑油）为主体，在制作时混入一定比例的硫磺、沥青、松香、树脂等易燃物质，通过加热而溶为燃烧性能极佳的液体，可以在水面飘浮和燃烧，并且容易附着在敌船或者落水士兵的身上。但是上述配置方法都需要人点燃后才能使用。

如此神奇的希腊火让很多人向往，也有很多科学家多次尝试模拟这种办法试图制造出已经消失的希腊火。1939 年，德国学者豪森施坦根据此类希腊火配方，进行了模拟实验，取得了成功，但在解释起火现象时遇到了疑难。因为生石灰遇水产生的热，不足以使希腊火燃料达到发火点，除非是直接点燃。关于这点很多科学家有了分歧，有的学者认为，希腊火的确不需要点燃，而是触水即燃，这是因为希腊火的成分之中含有一定量的磷化钙，大概由石灰石、骨炭甚至尿液构成。磷化钙是红棕色或灰色结晶块状物，熔点约 1600℃，遇水、潮湿空气、酸类能分解，放出剧毒而有自燃危险的磷化氢气体，在潮湿状态下能够自燃。

俗话说水火不相容。然而希腊火的神奇之处就在于这一点。希腊火当遇水的时候火势会更猛烈，可作海上兵器。把希腊火装到包有黄铜的木管中，以它的膨胀力和水的压力造成喷射装置，把希腊火射到一定的距离。

一开始的时候，希腊火只是相当于火箭的作用，方法相传是用罗马轻型投石机，把一个装有一块发火布的烧瓶投掷，以焚烧敌船，而射程则约为 300 ~450 公尺。

希腊火被称为是“既湿，且稠，又黑”的火，拜占庭人的敌人这么称呼他是因为它的特性。在当时的传说中，希腊火能在任何环境之下继续燃烧，即使在水中也不例外。所以希腊火常常被用于海战中。因为当希腊火黏在被击中的对象后就会不停燃烧，而该火焰是不能扑灭的；这形成了拜占庭军在海战上压倒性的优势，令当时的敌舰闻风丧胆，躲得越远越好，而它最后一次的使用是在君士坦丁堡的围攻战中，在此之后，希腊火的配方便随着奥斯曼帝国的焚毁而失传了。

人们往往认为，希腊火的发射装置大概有油罐、手动气泵、导管、管口引火机等。以为这些组成部分是必不可少的。油罐安置在船的甲板之下，导管则由一个力大的士兵抱持着，可以根据情况调整高度和角度。手动气泵的作用非常关键，因为它是喷射希腊火的动力源。在喷射之前，首先对希腊火进行加热和增压，在这种情况下，如果将阀门打开，火焰便会猛烈喷出，而喷射器管口的引火机关，则会随时引燃经过的液体，这样最终喷出的就是火焰了。

随着时间的推移，人类的科学技术也先进了许多。拜占庭人还把希腊火装入压力大、隔温性强的发射器中，在喷洒之前就点燃之，这样喷出的就是熊熊的火焰，更适合近距离作战和应急之用。另外，喷射管也可能不再需要人抱持，而是固定在船头，但固定处有滑轮，所以它可以调整方向。值得强调的是，无论在什么情况下，最重要的一点就是喷射器的管子都要远远的伸出己方船只，这样做是为了防止自身受到回火的伤害，在火攻方面非常重要。

拜占庭还专门设计了运载希腊火的战船，这些战船体积小，运转灵活，但防卫却十分坚固，可能用厚重而且浸湿的兽皮包裹，特别是配备了精锐的弓箭手，阿拉伯人称之为“火船”。当靠近敌船时，在弓箭手们的掩护下，一个士兵启动气泵，把希腊火抽到导管之中，另一个士兵则启动管口的点火机关，需要让强壮且力气大的士兵手持导管，对准目标发射希腊火。这样一来，万事俱备，只欠东风。在强大的气压下，加以顺风的鼓动，火焰一般会一下子喷出 50 码之远。

在现实中，希腊火被应用在各个方面，或先将其喷洒到海面上，然后用火箭点燃之；或装入油罐之中，从城头倒向攻城的敌人，然后再引燃之。从一些中世纪的绘图中可见，上述希腊火的喷射装置同样可能运用于陆战之中，特别是攻城战。更甚的是，烈火还会起到一种强大的震撼力，从而起到瓦解敌人战斗力的作用。

希腊火最伟大的作用依然是在军事上的贡献，这也是它备受关注的根本原因。而它也是东罗马帝国长期能屹立不倒的原因之一；它的贡献在人口不足以有效地抵御外侮的末期尤其明显。最先在军事上使用希腊火是在公元 674—677 年于塞拉埃姆（在今土耳其）击败伊斯兰入侵者的战争；在公元 717—718 年，拜占庭人也用了同样的武器击退了伊斯兰入侵者。

然而希腊火并不是一开始就可以在军事上运用自如的，不熟练的人用希腊火会不太好控制。当时拜占庭军的船只上装设了高压虹吸管，即使在不用希腊火的情况下也足以打败敌人。而且偶尔也会发生拜占庭军舰自焚的事件。无疑，希腊火在对付敌船的效用是毋庸至疑的，但是它在特定的场合才能发挥其最大的功用，比如在大海中，它的效用远比在窄海峡中为低。所以，希腊火大多是适合作防御使用，而不是作为拜占庭解决一切海上战争的方法。在当时的海战中，希腊火还没有占主要位置，而只是作为一种进攻或防御武器。拜占庭仍需依赖传统的海战方法。

然而希腊火不鸣则已，一鸣惊人。使用了希腊火之后才意识到希腊火多么令人震惊。公元941年，基辅罗斯大公伊戈尔率领号称战船数千艘的罗斯舰队横渡黑海，奔袭拜占庭。拜占庭应战的弱小舰队中虽然只有15艘配备了希腊火，但结果却是罗斯人大败而归。俄罗斯的《古史纪年》对这场战役的描写显示了希腊火的骇人威力："罗斯人随即攻打希腊之军。双方战斗激烈，希腊人虽然险胜对手，但罗斯人却返回船上，准备逃走。希腊人随即上船，与他们交战，并开始用管子向罗斯人的船只投射火器。令人胆寒的奇特景象出现了：罗斯人看到大火燃烧，便纷纷跳入海中，准备泅水逃生，却纷纷丧生，而没有跳入海中的人们反而平安回到家。在踏上本国土地之后，每个人都向自己的人民谈起令人难以置信的一幕。他们说："希腊人拥有'一种东西'，和天上的闪电很像，他们把它释放出来，打算烧死我们。这就是我们没能征服他们的原因所在。"

很久之后，人们在相关记载中发现：

"某一晚，当我们在夜间巡逻时，那群人（指拜占庭人）用一种从未用过的机器对付我们，而希腊火便是被装在这种武器上。在我身边的骑士对我说：'主公，我们身陷空前的灾难，如果他们向我们的炮台及栖身之所放火的话，我们必成灰烬。如果我们背离这里相信我们的守军，这更是一种侮辱!! 我们已经走投无路，只能等待上帝的解救。而当下我们只能——每当敌人用希腊火攻击我们，所做的事只有屈膝下跪，祈求上天的拯救才能脱险啊!'

我们无法进行任何反抗，只能默默忍受着那群人对我们发动的进攻。第一发穿过两炮台，并在我们前面落下。而我军的消防队便立刻上前救火。在另一厢的阿拉伯人，虽不可能被拜占庭军直接瞄准，但因为拜占庭王把希腊火射上天上，火屑于是把下面的阿拉伯部队烧的精光。

关于希腊火的特性和神奇之处我们已经了解了很多，接下来描述一下它的样子。它的前面像醋罐一样宽，而尾部的径则有如长矛一样。它所发出的声音响如雷鸣，像一条龙在空中飞过；它发出的光，即使在日间也看得十分清楚，因为这是由大量的火焰所组成的。

在那一晚，他们不断向我们发射希腊火，而其中四次更是用弩发射的。"

公元1151年，法国安茹伯爵戈德弗鲁瓦五世统治境内发生了叛乱，于是这时法国使用了希腊火来平定这场叛乱。杰弗雷率军镇压，攻打蒙特利由-伯里城堡三年不成，最后动用了希腊火。杰弗雷将希腊火装在铁坛之内，加热之后用投石器掷向敌人，对方旋即投降。

希腊火在西欧的战争中被运用了很多次。最有名的一次则是在公元1356年百年战争期间，法王约翰二世在7月包围了纳瓦拉（中世纪时期的位于西班牙东北部和法国西南部的王国）人控制的布雷特依。法王建造了庞大的攻城塔楼，塔楼有三层之高，每一层都有200个投掷手或弓箭手。而纳瓦拉人则联合英国人，向塔楼发射希腊火，遂使之毁于一旦。

从古至今流传的关于希腊火的传说，很容易让人们随意想象希腊火的样子，甚至会以为希腊火就是现代的火药，如在英国广播公司的剧集《罗宾汉》中，黑火药被称为希腊火。但是希腊火虽然含有硫、炭和其他可燃物，但还是不能称为火药混合物。因为缺乏作为氧化剂的硝石，故此希腊火只能依靠空气中氧的助燃作用才能燃烧，只是速燃之物；而火药却可以在无氧的情况下燃烧，属于爆燃之物。这是希腊火与火药的根本区别。另外，在使用希腊火时，必须先点燃之，因此会发生能量耗散的问题。而火药却无须在施放时直接点着火药，而只要用烙锥烙透球壳与火药包，尔后借助抛石机或弓、弩向敌方抛射和施放。一般来说火药在发射过程中会消耗能量，抵达目标时能量已经减弱。但是他在运行过程中，作为燃烧源的火药并不燃烧，不但没有能量耗散的问题，而且在射中目标之后火药才被引燃，产生的燃烧也远较希腊火猛烈得多。正因为此，恩格斯才说火药是“注定使整个作战方法改变的新因素”。

火攻武器亚述帝国留存的浮雕显示，很早之前火就已经被应用到军事中了。早在公元前19世纪，火已经应用到守城战中。而随着时代的发展，火攻的材料、方法都在不断的提高。对于希腊火来说，这种提高的意义表现在相互联系的两个方面：第一，火攻技术的提高；第二，将石油运用于火攻。

随着科学技术的发展，各方面技术都已经提高了，火攻技术也不例外。特别是化学物质开始被人们灵活的运用于这一作战方式之中。古希腊历史学家修昔底德就在其巨著《伯罗奔尼撒战争史》中记载了两则例子。

第一则发生在战争开始后的第三年（公元前429年），斯巴达在攻打普拉提亚时，要使用火攻就要有可燃物。他把一捆捆的木柴堆积在该城的外围，随后大量的扔在其城的内部。然后，他们便加上了硫磺和松脂，把柴堆点燃。“于是，产生了人们从未见过的大火，比人类所造成的任何火势都要大些”。

另一则例子发生在战争的第八年（公元前424年），此时的火攻技术也比以前要先进很多。当时波奥提亚人进攻雅典人镇守的狄里昂城，成功攻下要塞的利器居然只是一种机械。这种机械的构造是这样的：“他们把一根很大的树梁从中间锯作两部分，分别把他们从中间凿通，然后再把它们紧密的合拢来，像一根管子一样。树梁的前端，用铁索系着一口大锅，从树梁中间的空洞处伸出一根铁管，完全插入锅中。树梁的表面上大都被铁皮包裹。他们把这个机械从相当的距离外，当时那座城墙主要是由葡萄藤及其他木材所建成，经机械运到这座城墙下。当机械靠近城墙的时候，他们把巨大的风箱插入树梁的后端，鼓风入内。于是产生了巨大的火焰，使城墙燃烧起来，守城者无人能坚守岗位了。他们弃城而逃，因此要塞就这样被攻占了。”

从此之后，人们纷纷效仿将硫磺等材料运用于火战，硫磺等材料的应用越来越多，比如公元前414年的西里卡斯战役、公元前304年的罗得岛战役，等等。一般来说，较为成熟的用法，是把可燃混合物放入“水壶”或“火罐”之中，再通过机械弹射力投向敌人，以期引起燃烧。据希腊军事家泰克蒂卡斯公元前305年的说法，这种可燃物的主要成分包括硫磺、松炭、沥青等传火物于亚麻屑，成为“海上之火”或“野火”。

其实火攻中最必不可少就是石油了。虽然关于石油的记载不是很多，但实际上，石油已经早已为人所初步认识和应用。有关石油的最早记载可以追溯到公元前3000年的两河流域——幼发拉底河的希特，据称从地里渗出某种黑色黏性物质。当时这种物质被称为沥青。修建耶律哥和巴比伦的城墙时，沥青曾用作砌砖的沙浆，另外还用于筑路、照明、做药还有战争。大约成书于公元前9世纪末到8世纪初的《荷马史诗》中，火已经频繁而有效的运用于特洛伊战争之中。这场战争中特洛伊人很可能就是运用了石油，因为其中第21卷火神赫法伊斯托斯发出的烈火经久不灭，甚至“清澈的河水”都无能为力。

但是还是需要再继续发展火攻技术，等技术进一步提高时，作为液体的石油便可以与上述“野火”交融，其中蒸馏技术和导引技术由为重要。这些技术在希腊化时代得到了突飞猛进的进步，如阿基米得就成为力学、流体力学的奠基人和古希腊第一个将数学和力学、机械学研究紧密结合在一起的学者。但对于希腊火而言，影响最大的还是神秘的炼金术的发展。

炼金术最早出现的地方是希腊，但是技术最为发达的却是埃及。为了满足富人奢侈的生活需要，一些工匠用炼金术把贱金属制作成了各种精美的手工艺品。炼金术与人们的生活紧密相关，这种技术随着人类交往的扩大而流传，并且和当时的思想领域联系逐渐紧密。炼金士们首先把锡、铅、铜、铁熔合成一种黑色合金，然后加入水银、砷或锑，铜成了与白银相似的白色，最后加入少量的黄金，让它起到和酵母一样的作用，再用硫磺水或触媒剂处理这种白色合金，这样白色合金就变成了黄色。炼金术中运用了多种技术，随着炼金术的传播，其中运用到的加热、蒸馏和导引技术都得到了极大的发展，这便于石油和其他易燃物质的融合，并进而为火攻创造了条件。

到了公元3世纪，此时的火攻技术已经得到提高，石油与“野火”也开始融合。虽然所应用的技术尚不成熟，却为后世军事技术专家的创造打下了基础，特别是在作为希腊化受益最大地区之一的叙利亚，科学技术获得了尤其巨大的发展。罗马人在城市建设中显著的发展了管道技术，这就为希腊火装置的设计奠定了基础。正是在两者的基础上，加利尼科斯做出了富有创建性的发明。希腊火也因而成为火药引入之前西方世界最为恐怖的化学武器。

其实，在古代中国同样有相关的火攻武器，最常见的就是猛火油，是中国古代战争中常常使用的一种以火为武器的燃烧物。在五代以及宋金辽元时期，最为常见，也正是在这一时期，石油被称为“猛火油”。

## 神秘的地下城

有着世界第八自然奇迹之称的卡帕多基亚高原，位于距离如今的土耳其首都安卡拉东南方向大约300公里处的阿纳多利亚中部，是土耳其最具游览价值的景点之一。该地区以其独特的喀斯特地貌，以及久负盛名的拜占庭风格的岩窟教堂和神秘的“地下城”，被联合国教科文组织评为世界自然和文化双遗产。

如果卡帕多基亚仅仅凭借她天然的光怪陆离的风景和石林，其实并不足以被列为世界文化遗产。20世纪的60年代，土耳其当地政府派遣了一支专业的考古学家队伍，对这片石林地下城进行了细致全面的调查，意外获得了惊人的发现，才使这片被掩埋在地下半个多世纪的地下城得以面世。

无人知晓古代人们留下的地下城到底有多少，到目前为止，考古学家在这一地区发现的地下城超过36座，大部分共有8层甚至更高，估计可容纳10.5万人。

地下城里的构造简直让人叹为观止。地下城其实是一片巨大的地下洞穴，而通往地下的通道更是奇特，它们隐藏在镇上各家的房屋里，而在地面能找到许多从地下深处一直延伸上来的竖井。地下的房间多由起居室和卧室组成，另外还有公用厕所、厨房以及下水道，最底层还建有蓄水池，用以储蓄生活用水。此外，还有会议室、教室、葡萄酒作坊、教堂甚至墓地。

地下城市可以让人像在地上一样正常的生活，因为地下城是以兼具物资出入口和通风孔作用的深150米的竖井作为洞窟的中心，与各层无数房间相连通。房间之间用楼梯或通道相连，还配备圆盘状石门，一旦遭到入侵，只要滚动石门堵住洞口，就能御敌于门外了。

地下城市除了内部构造的奇特之外，其地质位置也非常奇特。卡帕多基亚在八百万年前曾是火山活动的中心，经风化侵蚀，松质灰岩被冲走，玄武岩层留了下来，形成今日所见的岩锥、悬崖地貌。这里的地层并非十分坚硬，用铁汤匙就可以轻易挖掏掉软岩，留下硬壳，也可以利用天然溶洞进行拓宽改造。然而，即使是这样，如果没有经过几百年的辛劳挖洞工程，是不可能拓建成如此规模的地下世界的。

疑问也随之而来，在纯粹的以人力为主要劳动力的年代，他们如何从坚硬的熔岩层中掏出这么大的空间？又如何清运出这么多土石？而像土耳其这样的伊斯兰教国家，为什么会存在庞大的基督教居住区？

起初人们认为，修建地下城市很可能是为了让修道士专门修行而用。但是后来发现由于地下城里多配有人们日常生活的必须设施，人们便否定了这种推测。历史专家们于是有了如下的推测：卡帕多基亚到公元 3 世纪左右属于罗马帝国，公元 4 世纪罗马帝国分裂为东西两个，卡帕多基亚归东罗马即拜占庭帝国统治。不久，拜占庭帝国陷入与东方的波斯萨萨尼王朝（现在的伊朗、伊拉克）的长期争斗中，靠近边境的卡帕多基亚因此多次被卷入残酷的战争中，受到很大的伤害。至公元 7 世纪，以阿拉伯为主的伊斯兰军代替波斯成为卡帕多基亚的威胁。人们很可能是为了躲避战争的伤害，为了安稳生活才在之前的基督教修道士们挖掘的洞穴的基础上，修建了庞大的地下城。

根据地下城市所在的位置以及其地层的构成，考古学家推测，这一带地下是由较软的凝灰岩构成的，所以推测计算，如果按 4 个人 1 组，用石头和凿子来挖，15 天可挖一间房间。但是要建造出如此庞大的地下城市，不是一代人就可以完成的。显然，这项巨大的工程单单靠修道士们是无法完成的。后来考古学家因在洞中发现的赫梯帝国（前 1750—1200 年）时代的文物，于是也有专家认为地下城的建造其实远比拜占庭帝国时代要早得多，反而是修道士们以此作为避难藏身的场所。

赫梯帝国是一个十分神秘的帝国，据记载，公元前 19 世纪，不知从何处迁移来的一群人突然崛起了，他们在安卡拉东边博阿兹柯伊（古称哈图萨斯）建起了石头神庙，以此为首都，转瞬间征服了整个土耳其。并在公元前 16 世纪攻克了当时世界上最大的都城巴比伦。

公元前 1296 年，当时最为强大的埃及也被他们打败，这个帝国开始改朝换代，成为当时最为强大的国家。但是好景不长，在公元前 1190 年，这个帝国突然消失得无影无踪，纪录上只留下首都“笼罩在熊熊大火中”的文字，而这个强大帝国的首都只留下些残破的柱石。

今天的卡帕多基亚生活美好，然而关于地下城市，人们有太多的疑惑，却也无从得知。卡帕多基亚地下城究竟是谁建造的，又是为了什么目的建造的，至今仍是未解之谜。而这些未解之谜只能慢慢考究，希望有一天可以解开这个谜。昔日的石穴有些改造为住宅，有些修整成旅馆与饭店以招揽游客。大的洞穴饭店高达 6 米以上，可以容纳上百人同时进餐。依山新建的现代化旅游设施与中世纪洞穴相映成趣，别有一番风味。